Fehlzeiten-Report 2005

B. Badura · H. Schellschmidt · C. Vetter (Hrsg.)

Fehlzeiten-Report 2005

Arbeitsplatzunsicherheit und Gesundheit

Zahlen, Daten, Analysen aus allen Branchen der Wirtschaft

Mit Beiträgen von
G. Beelmann · F. Bonkaß · H. Buck · N. Dragano · W. Eichhorst
J. Ferrie · J. Hellgren · A. Hollederer · T. Kieselbach · I. Küsgens
K. Näswall · U. Pröll · H. Rudolph · J. Siegrist · M. Sverke
I. Udris · C. Vetter · U. Walwei · V. Weiss · K. Zok

Springer

Prof. Dr. Bernhard Badura
Universität Bielefeld
Fakultät für Gesundheitswissenschaften
Universitätsstraße 25
33615 Bielefeld

Dr. Henner Schellschmidt
Christian Vetter
Wissenschaftliches Institut der AOK (WIdO)
Kortrijker Str. 1
53177 Bonn

ISBN-10 3-540-27970-9 Springer Berlin Heidelberg New York
ISBN-13 987-3-540-27970-9 Springer Berlin Heidelberg New York

Bibliografische Information Der Deutschen Bibliothek
Die Deutsche Bibliothek verzeichnet diese Publikation in der Deutschen Nationalbibliografie; detaillierte bibliografische Daten sind im Internet über <http://dnb.ddb.de> abrufbar.

Springer ist ein Unternehmen von Springer Science+Business Media

springer.de

Gedruckt in den Niederlanden

Planung: Dr. Thomas Mager, Heidelberg
Herstellung: Frank Krabbes, Heidelberg
Satz: K+V Fotosatz GmbH, Beerfelden
Umschlaggestaltung: design & production, Heidelberg

Gedruckt auf säurefreiem Papier 19/2109/fk – 5 4 3 2 1 0

Vorwort

Seit den 1980er Jahren hat die Globalisierung zu einer weltweiten Zunahme des Wettbewerbs geführt. Viele Unternehmen haben in den letzten Jahren versucht, ihre Wettbewerbsfähigkeit durch Reduzierung der Personalkosten und Abbau von Personal zu sichern. Seit Mitte der neunziger Jahre sind in Deutschland mehr als 2 Millionen Arbeitsplätze verloren gegangen. Aufgrund der fortschreitenden Deregulierung und Flexibilisierung der Arbeitsmärkte haben unsichere Formen der Beschäftigung zugenommen. Anhaltender Personalabbau, der nicht selten mit umfangreichen Restrukturierungen in den Unternehmen einhergeht, kann zu einer tiefgreifenden Verunsicherung der verbleibenden Arbeitnehmer führen. Diese Entwicklung kann man aus sozial- oder gesellschaftspolitischen Gründen kritisieren, sie bestimmt aber faktisch die Arbeitswelt und die Verhältnisse am Arbeitplatz. Entsprechend ist es erforderlich, sich mit den gesundheitlichen Wirkungen dieses Wandlungsprozesses gezielt zu beschäftigen.

Die Forschung hat sich lange Zeit vorrangig mit den gesundheitlichen Auswirkungen von Arbeitslosigkeit auseinandergesetzt. Inzwischen beschäftigt sich jedoch eine zunehmende Zahl von Forschungsarbeiten auch mit den Folgen der Arbeitsplatzunsicherheit und den Auswirkungen des Personalabbaus auf die in den Unternehmen Verbleibenden. Ein Großteil der empirischen Forschung zu diesem Thema stammt aus dem angelsächsischen Raum, zum Teil auch aus Skandinavien. Deutschsprachige Forschung zu diesem Themenfeld existiert bisher nur ansatzweise.

Die Forschungsergebnisse zeigen, dass die Erfahrung von Entlassungen im eigenen Betrieb nicht selten auch zu Verunsicherungen und Reaktionen der Verbleibenden führt. Es kann davon ausgegangen werden, dass sich nach erfolgtem Personalabbau der Arbeitsalltag und die Wahrnehmung des eigenen Arbeitsumfeldes für die Verbleibenden zum Teil massiv verändert. So kann es zu einer Veränderung bzw. Intensivierung der Anforderungen und Beanspruchungen für die verbleibende Belegschaft kommen. Wenn durch den Personalabbau eingespielte Arbeitsbeziehungen und bewährte Teamstrukturen wegbrechen sind zusätzliche Belastungen naheliegend. Daraus können sich Beeinträchtigungen für die Gesundheit und das Wohlbefinden der Beschäftigten ergeben. Arbeitnehmer aus Betrieben mit Personalabbau klagen in höherem Maße über gesundheitliche Belastungen und Erkrankungen als solche aus Betrieben ohne Personalabbau. Vor allem psychische Erkrankungen werden durch Ängste vor Arbeitsplatzverlust begünstigt.

Personalabbau und Arbeitsplatzunsicherheit haben jedoch nicht nur einen Einfluss auf die Gesundheit und das Wohlbefinden der Beschäftigten. Sie wirken sich auch auf die Arbeitseinstellung und das Arbeitsverhalten aus. Bei der Bewertung der Wirksamkeit und Effizienz von Maßnahmen des Personalabbaus und Outsourcing müssen auch negative emotionale, einstellungs- und verhaltensmäßige Reaktionen der im Unternehmen Verbleibenden einkalkuliert werden. In einer Befragung von Personalleitungen und Geschäftsführungen wurden als häufigste negative Folgen genannt: Zunahme eines kurzfristigen, krisenorientierten Denkens, Verschlechterung von Betriebsklima und Arbeitsmoral, geringere Arbeitszufriedenheit, sinkendes gegenseitiges Vertrauen sowie abnehmende Identifikation und Loyalität.

Managementstrategien, die mit Personalabbau umgehen müssen, sollten daher nicht nur Kostenreduzierung in den Blick nehmen, sondern auch berücksichtigen, welche gesundheitlichen und motivationalen Effekte bei den verbleibenden Mitarbeitern ausgelöst werden und wie sich dies längerfristig auf das Betriebsklima und die Innovationskraft des Unternehmens auswirkt.

Arbeitsplatzunsicherheit und Personalabbau sind zu bestimmenden Merkmalen der heutigen Arbeitswelt geworden und werden diese voraussichtlich auch in Zukunft entscheidend prägen. Der Fehlzeiten-Report 2005 untersucht, welche gesundheitlichen Konsequenzen sich daraus für die Beschäftigten ergeben und was dies für die Unternehmen bedeutet. Aktuelle Forschungsergebnisse zu den Auswirkungen von Personalabbau und Arbeitsplatzunsicherheit auf die Gesundheit, das Wohlbefinden und die Produktivität der Beschäftigten werden vorgestellt. Aus den Befunden werden Strategien und Maßnahmen im Betrieb, die dazu beitragen können, negative Folgen für die Mitarbeiter und die Unternehmen zu reduzieren, abgeleitet. Erfolgversprechende Konzepte der Arbeitsmarkintegration und Gesundheitsförderung für instabil Beschäftigte und von Arbeitslosigkeit Betroffene werden aufgezeigt.

Neben den Beiträgen zum Schwerpunktthema enthält der Fehlzeiten-Report wie in jedem Jahr einen umfangreichen Teil mit Daten und

Analysen zur aktuellen Krankenstandsentwicklung in Deutschland. Die Entwicklung in den einzelnen Branchen und Berufsgruppen wird differenziert beleuchtet, Krankheitsschwerpunkte werden aufgezeigt.

Abschließend möchten wir nicht versäumen, uns bei all denen zu bedanken, die durch ihre Mitwirkung und ihr Engagement dieses Buch ermöglicht haben. Zunächst gilt unser Dank den Autorinnen und Autoren, die trotz des restriktiven Zeitrahmens und zahlreicher anderer Verpflichtungen Beiträge zu diesem Band beigesteuert haben. Darüber hinaus danken wir den Kolleginnen und Kollegen vom Wissenschaftlichen Institut der AOK, die bei der Buchproduktion mitgewirkt haben. Unser Dank gilt hier neben Ulla Mielke und Alexander Redmann insbesondere Ingrid Küsgens für die Bereitstellung und Aufarbeitung der umfangreichen Datenbestände zu den krankheitsbedingten Fehlzeiten sowie Fanny Bonkaß, die uns bei der Erstellung der zahlreichen Abbildungen und Tabellen unterstützt hat.

Bielefeld und Bonn, im Oktober 2005

B. Badura
H. Schellschmidt
C. Vetter

Inhaltsverzeichnis

Anhang

A. Schwerpunktthema: Arbeitsplatzunsicherheit und Gesundheit

Arbeitsmarktentwicklung

Die deutsche Arbeitsmarktkrise – Probleme und Reformansätze aus einer international vergleichenden Perspektive

W. Eichhorst · U. Walwei

Zusammenfassung. Der vorliegende Beitrag stellt die Entwicklung des deutschen Arbeitsmarktes im internationalen Vergleich dar und zeigt die wesentlichen Gründe für die unbefriedigende Situation in Deutschland bezüglich auf Wirtschaftswachstum und Beschäftigung auf. Auf dieser Grundlage werden die Reformschritte, welche in den letzten Jahren im Bereich der Arbeitsmarkt-, Sozial- und Wirtschaftspolitik ergriffen wurden, beschrieben und im Hinblick auf ihren Beitrag zur Behebung des vorhandenen Anpassungsbedarfs analysiert. Dabei steht die Frage im Vordergrund, ob die eingeleiteten Maßnahmen einen wirksamen und nachhaltigen Beitrag zur Linderung der Arbeitsmarktkrise leisten können.

1.1 Einleitung

Das gegenwärtige Erfolgsprofil des deutschen Arbeitsmarktes ist im Vergleich zu anderen OECD-Ländern, insbesondere auch Staaten der Europäischen Union, als eher schwach zu bezeichnen. Es war nicht immer derart unbefriedigend. Vielmehr hat sich die Arbeitsmarktperformanz Deutschlands insbesondere in den 90er Jahren absolut und relativ verschlechtert. Das chronische und wachsende Arbeitsplatzdefizit hat überdies Strukturprobleme, z. B. in Form von Langzeitarbeitslosigkeit, deutlicher zum Vorschein gebracht.

1.2 Gründe für hohe Arbeitslosigkeit

Wesentliche Ursachen für die Arbeitsmarktkrise hierzulande sind die anhaltende Wachstumsschwäche, die mangelnde Beschäftigungsdynamik und die Strukturalisierung der Arbeitslosigkeit.

1.2.1 Wachstumsschwäche

Die schon nach dem Wiedervereinigungsboom Anfang der 90er Jahre keinesfalls zufrieden stellende Arbeitsmarktlage hat sich in der folgenden Dekade durch eine akute Schwäche des wirtschaftlichen Wachstums in Deutschland verschärft, welches eine zentrale Determinante der Beschäftigungsdynamik ist. Von 1991 bis zum aktuellen Rand entwickelte sich der Pfad des realen wirtschaftlichen Wachstums weit weniger günstig als in vergleichbaren Industrieländern, wie Abbildung 1.1 verdeutlicht. In Deutschland hat von 1991 bis 2004 das reale BIP um 17% zugenommen, in Kanada und den USA jedoch um 51 bzw. 53%. In Europa verzeichneten unter anderem das Vereinigte Königreich und Schweden mit 42 bzw. 34% über einen längeren Zeitraum hinweg ein signifikant höheres Wachstum.

Mehr Wirtschaftswachstum konnte nicht erreicht werden, weil es der Volkswirtschaft zuletzt vor allem an Binnennachfrage fehlte und es dem Unternehmenssektor immer weniger gelungen ist, für seine Produkte neue Märkte zu erschließen und zukunftsträchtige Güter und Dienste zu entwickeln. Was die gesamtwirtschaftliche Nachfrage angeht, so ist der Export für Deutschland nach wie vor eine tragende Säule. Im Gegensatz dazu hat sich die mangelnde Binnennachfrage als ein zunehmendes Wachstumshemmnis erwiesen. Dazu haben verschiedene Faktoren beigetragen: Ein schwacher Konsum, der durch einen geringen Anstieg der Nettolöhne, wachsende Arbeitslosigkeit und durch massive Verunsicherung angesichts der zunehmenden Abgaben-

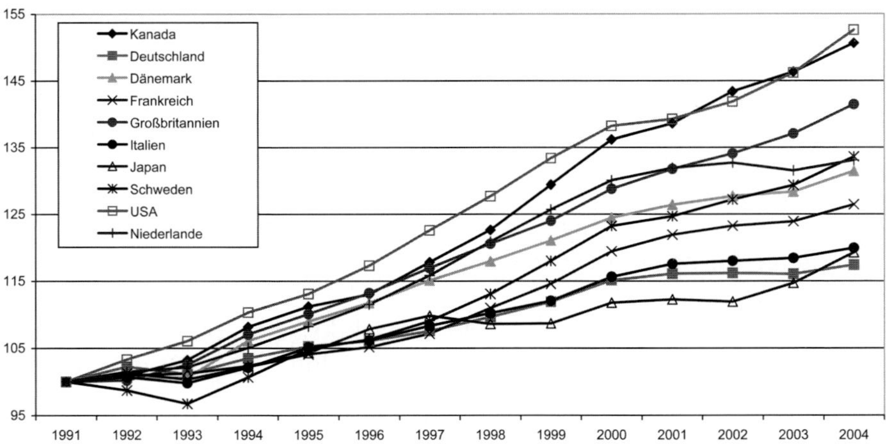

Abb. 1.1. Entwicklung des realen BIP in ausgewählten Ländern 1991–2004 (1991 = 100). Quelle: OECD Compendium 1/2005

last gedrosselt wurde; unzureichende Unternehmensinvestitionen, die kostenseitig – durch Steuern, Abgaben und Regulierungen – und ertragsseitig wegen mangelnder Güternachfrage weniger rentabel wurden; und einem in seiner Ausgabenpolitik zurückhaltenden Staat, der sich nicht zuletzt wegen der gewaltigen finanziellen Lasten der deutschen Einheit und dem Bekenntnis zu den Maastrichter Stabilitätskriterien einer Selbstbeschränkung unterzogen hat [11].

Die gegenwärtige Wachstumsschwäche kann als Begleiterscheinung eines nicht bewältigten Strukturwandels in Richtung einer vom Mittelstand getragenen tertiären Ökonomie gesehen werden [18]. Hierzu haben fiskalpolitische Fehlallokationen beigetragen. So fließen weiterhin erhebliche Subventionen in den Erhalt schrumpfender Produktionen, wie den Kohlebergbau, die Werften oder die Landwirtschaft. Dagegen gehen bei weitem zu wenig Mittel in innovative Felder wie Bildung und einer an betrieblicher Anwendung orientierten Forschung. Gerade in dem für das Hochlohnland Deutschland enorm wichtigen High-Tech-Bereich können deshalb die dort durchaus vorhandenen Potenziale nicht voll ausgeschöpft werden. Neben dem nur unzureichend vollzogenen Strukturwandel sind die Folgen der Wiedervereinigung, insbesondere der stockende Aufholprozess, eine schwere und im internationalen Vergleich einzigartige Hypothek für die hiesige Volkswirtschaft.

1.2.2 Unzureichende Beschäftigungsdynamik

Aufgrund seiner massiven Wachstumsschwäche hat es Deutschland schwer, eine gute Beschäftigungsentwicklung zu erzielen. Bestätigt wird dies durch einen Blick auf die Entwicklung der Beschäftigung im internationalen Vergleich (Abb. 1.2). Hier liegt Deutschland mit einem leichten Rückgang der Beschäftigtenzahl um 0,2% zwischen 1991 und 2004 im Vergleich der G7-Länder nur knapp vor Japan im hinteren Feld; der Abstand zu anderen OECD-Ländern ist in einigen Fällen beträchtlich. So nahm in den Niederlanden die Beschäftigung um knapp 21% zu, in Kanada um fast 25% und in den USA um gut 18%. Neben der stagnierenden Beschäftigung zeigt sich die gravierende Krise des deutschen Arbeitsmarktes in der hohen und langfristig steigenden offenen Arbeitslosigkeit.

Die schwache Beschäftigungsbilanz Deutschlands ist nicht neu. Seit dem Ölpreisschock Mitte der 70er Jahre konnte das infolge der höheren Erwerbsbeteiligung verheirateter Frauen und der Zuwanderung von Übersiedlern, Aussiedlern und Ausländern wachsende, damals noch allein westdeutsche Arbeitskräfteangebot nicht in gewünschtem

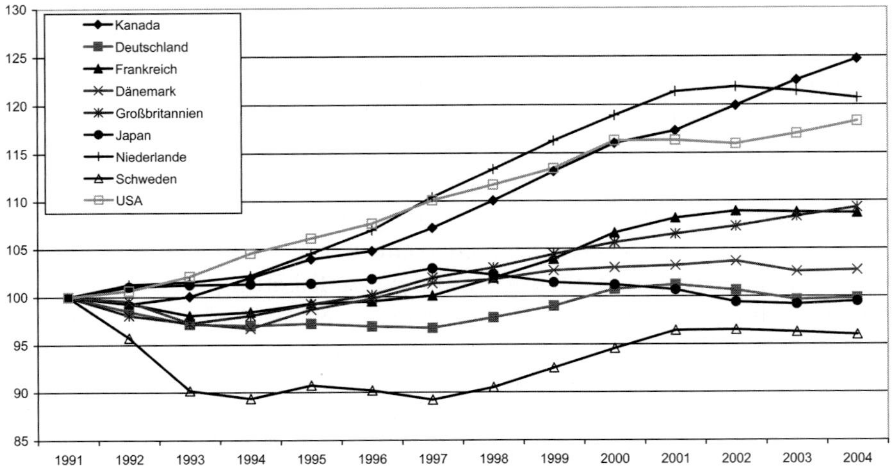

Abb. 1.2. Entwicklung der Beschäftigung in ausgewählten Industrieländern 1991–2004 (1991 = 100). Quelle: OECD Compendium 1/2005

Maße absorbiert werden. In den 90er Jahren hat sich das Missverhältnis von Angebot und Nachfrage noch einmal verschärft. Die Gründe für die geringe Beschäftigungswirkung des deutschen Wirtschaftswachstums sind vielschichtig.

Von besonderer Bedeutung sind die hohen Sozialversicherungsbeiträge, die angesichts der schwierigen Arbeitsmarktlage unzureichende Lohnzurückhaltung und -differenzierung sowie die mangelnde Flexibilität von Arbeitsmarktregulierungen [31]. Hohe Sozialversicherungsbeiträge sind wissenschaftlichen Befunden zufolge eine Ursache für Probleme am Arbeitsmarkt [10, 17]. Sie bilden einen beträchtlichen Teil der Arbeitskosten und belasten ceteris paribus – d. h. falls sie weder auf die Arbeitnehmer noch auf die Konsumenten überwälzt werden können – den Einsatz des Faktors Arbeit und bremsen dadurch die Arbeitsnachfrage. Dieser Effekt schlägt besonders bei niedrig entlohnter Beschäftigung zu Buche, wenn hohe Sozialabgaben und großzügige Transferleistungen Nachfrage und Angebot in diesem Segment hemmen [34].

Löhne sind zum einen Kosten für die Unternehmen und beeinflussen somit die Produktionsentscheidung. Sie sind aber auch ein wesentlicher Einkommensbestandteil und damit Teil der gesamtwirtschaftlichen Nachfrage. Untersuchungen und Simulationsrechnungen deuten darauf hin, dass der mit Lohnzurückhaltung verbundene kurzfristige Kaufkraftentzug mittel- und längerfristig durch geringere Lohnstückkosten, einen gebremsten Preisanstieg, niedrigere Zinsen und einen verminderten Produktivitätsanstieg überkompensiert werden. Zumindest in Zeiten hoher Arbeitslosigkeit sind deshalb Lohnabschlüsse, die oberhalb des Produktivitätsanstiegs liegen, nicht beschäftigungsfreundlich. Allerdings kommt es nicht nur auf die Entwicklung des Lohnsatzes, sondern insbesondere auch auf die dahinter stehenden intersektoralen, regionalen und qualifikatorischen Lohnstrukturen an. Vor allem, wenn die Löhne nach Qualifikationen unzureichend differenziert werden, verschlechtern sich die Beschäftigungschancen wettbewerbsschwächerer Arbeitnehmer [7].

Wichtig für die Beschäftigungssituation ist zudem die Flexibilität der Arbeitsmarktordnung. Dabei werden jedoch häufig die Arbeitsmarktwirkungen überschätzt, was am Beispiel des Beschäftigungsschutzes, d.h. des individuellen Kündigungsschutzes sowie der Regulierung von befristeter Beschäftigung und Zeitarbeit, gezeigt werden kann. So gibt es wenige Hinweise darauf, dass die Regelungsdichte einen starken Einfluss auf das Niveau von Beschäftigung und Arbeitslosigkeit hätte. Allerdings bremst ein strikter Beschäftigungsschutz durch seine bewahrende Funktion den Wandel zu einer tertiären Ökonomie und lenkt die Aufmerksamkeit zu sehr auf Beschäftigungsabbau und zu wenig auf das Entstehen neuer Arbeitsplätze. Die vorliegenden Befunde zeigen weiter, dass der Kündigungsschutz mit Blick auf die Struktur von Arbeitslosen und Beschäftigten keinesfalls neutral ist. Er senkt die Arbeitskräftefluktuation und führt dazu, dass erwerbslosen Outsidern der Zugang zum Arbeitsmarkt erschwert wird [23, 27].

Aufgrund der zu schwachen Beschäftigungsdynamik tritt auch die deutsche Erwerbstätigenquote seit geraumer Zeit auf der Stelle. Eine ganze Reihe von Ländern hat Deutschland in dieser Hinsicht inzwischen überholt (Tabelle 1.1). Besonders niedrige Erwerbstätigenquoten weisen im internationalen Vergleich Ältere und Geringqualifizierte auf. Bei den Frauen liegt zwar die in Köpfen gemessene Erwerbstätigenquote über dem EU-Durchschnitt, jedoch ist bei solchen Betrachtungen immer auch der hohe Teilzeitanteil zu bedenken.

Die Erwerbstätigenquoten älterer Arbeitnehmer sind im Vergleich zu jüngeren Altersgruppen im eigenen Land oder im Vergleich zur selben Altersgruppe in anderen Ländern in Deutschland gering. Dies ist zum einen darauf zurückzuführen, dass ältere Arbeitnehmer in hohem Maße von Arbeitslosigkeit betroffen sind und die noch immer verbreitete Vorruhestandspraxis (einschl. der Möglichkeiten zur Altersteilzeit) attraktive Möglichkeiten für einen frühzeitigen Ausstieg aus dem Erwerbsleben eröffnet. Erleichterte Möglichkeiten eines frühzeitigen Rentenzugangs können für die direkt Beteiligten attraktiv

Tabelle 1.1. Arbeitslosen- und Erwerbstätigenquoten im internationalen Vergleich, 2004

Arbeitslosenquoten (in % der Erwerbspersonen 15–64)			
4,4 (CH)	6,9 (Total OECD)	9,9 (DEU)	11,0 (SPA)
Jugendarbeitslosigkeit (in % der Erwerbspersonen 15–24)			
7,7 (CH)	11,7 (DEU)	13,4 (Total OECD)	23,5 (ITA)
Anteil der Langzeitarbeitslosen (länger als 12 Monate arbeitslos) an allen Arbeitslosen in %			
9,2 (NOR)	32,0 (Total OECD)	41,6 (F)	51,8 (DEU)
Arbeitslosenquoten von gering qualifizierten Beschäftigten (in % der Erwerbspersonen 25–64)			
3,3 (LUX)	7,9 (Total OECD)	12,1 (F)	18,0 (DEU)*
Erwerbstätigenquoten (in % der Bevölkerung 15-64)			
57,4 (ITA)	65,3 (Total OECD)	65,5 (DEU)	77,4 (CH)
Erwerbstätigenquoten der Frauen (in % der Bevölkerung 15–64)			
45,2 (ITA)	55,8 (Total OECD)	59,9 (DEU)	72,7 (NOR)
Erwerbstätigenquoten der Älteren (in % der Bevölkerung 55–64)			
30,1 (BEL)	39,2 (DEU)	50,7 (Total OECD)	69,5 (SWE)
Erwerbstätigenquoten von gering qualifizierten Beschäftigten (in % der Bevölkerung 25–64)			
48,9 (BEL)	50,2 (DEU)	58,0 (Total OECD)	72,2 (POR) *

* Zahlen aus Italien und den Niederlanden fehlen. Quelle: OECD Employment Outlook 2005

sein [22]: für die Betriebe, weil sie damit über die Option eines sanften Personalabbaus bzw. geräuschloser Umstrukturierungen verfügen; für die Arbeitnehmer, weil sie durch einen früheren Ruhestand mehr Freizeitalternativen noch aktiv wahrnehmen können.

Die niedrige Erwerbstätigenquote Geringqualifizierter erklärt sich zu allererst durch die anhaltende Arbeitsmarktkrise, der im Wege von Sortierprozessen vor allem die wettbewerbsschwächsten Arbeitsanbieter zum Opfer fallen. Erschwerend kommt für diesen Personenkreis hinzu, dass zum einen die Qualifikationsanforderungen laufend ansteigen und zum anderen durch hohe Sozialabgaben und relativ großzügige Transferleistungen vor allem für Langzeitarbeitslose wenig angebots- und nachfrageseitige Anreize für Niedriglohnbeschäftigung bestehen [29].

1.2.3 Strukturalisierung der Arbeitslosigkeit

Die unzureichende Generierung von Beschäftigung hat sich aufgrund des anhaltend hohen Arbeitskräfteangebotes zwangsläufig auf das Niveau und die Struktur der Arbeitslosigkeit niedergeschlagen. Auch in dieser Hinsicht hat sich die deutsche Position nachhaltig verschlechtert. Die standardisierte Arbeitslosenquote liegt inzwischen sogar oberhalb des EU-Durchschnitts (Abb. 1.3).

Nur ein geringer Teil der hohen Arbeitslosigkeit lässt sich auf konjunkturelle Faktoren zurückführen, wie empirische Schätzungen zur Ermittlung der „inflationsstabilen Arbeitslosenquote" (NAIRU) für Deutschland zeigen. Die NAIRU ist danach in den 80er und 90er Jahren kontinuierlich gestiegen [8, 25]. Als Gründe für die darin zum Ausdruck kommende Persistenz der Arbeitslosigkeit werden gesamtwirtschaftliche Faktoren wie Angebotsschocks, ordnungspolitische Aspekte wie Lohnrigiditäten und Ausgleichsprobleme am Arbeitsmarkt („Mismatch") genannt [9]. Auf die ersten beiden Gesichtspunkte wurde schon oben eingegangen. Was die Ausgleichsprobleme angeht, ist zudem auf eine lange Zeit nicht optimierte Arbeitsförderung hinzuweisen. Sie orientierte sich durch ABM und den zu starken Einsatz betriebsferner Maßnahmen der beruflichen Fort- und Weiterbildung zu wenig am ersten Arbeitsmarkt. Aufgrund der langen Bezugsdauer von Arbeitslosengeld und der Existenz einer einkommensbezogenen Arbeitslosenhilfe wies Deutschland vor den umfassenden Arbeitsmarktreformen eine im internationalen Vergleich hohe soziale Absicherung für Langzeit-

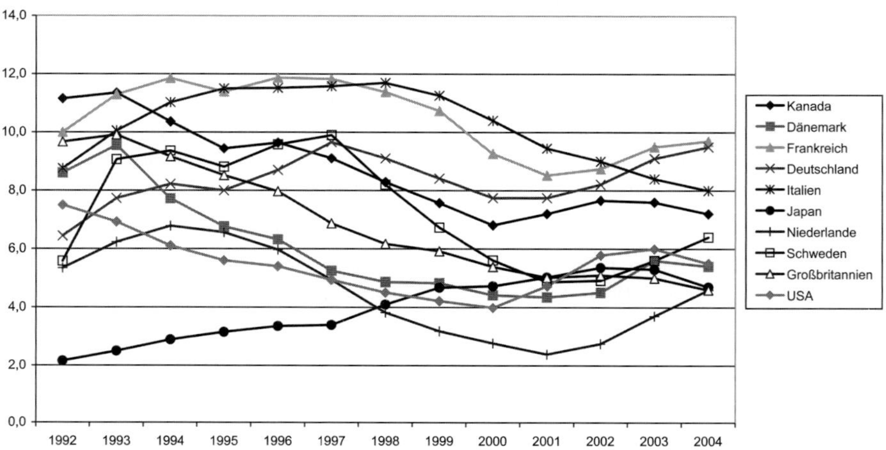

Abb. 1.3. Standardisierte Arbeitslosenquoten in ausgewählten Industrieländern 1992–2004. Quelle: OECD Employment Outlook 2005

arbeitslose auf (vgl. zu spezifischen Arbeitslosenquoten im internationalen Vergleich Tabelle 1.1 oben). Aktivierende Ansätze insbesondere mit Blick auf eine Überprüfung von Arbeitsmarktnähe und Forderung von Eigeninitiative sowie hoher Suchintensität wurden lange Zeit vernachlässigt. Zudem verzichtete man bisher weitgehend auf eine systematische Evaluation arbeitsmarktpolitischer Maßnahmen.

1.3 Zentrale Reformschritte der letzten Jahre

Inwieweit konnten die Reformen, die in Deutschland während der letzten Jahre eingeleitet worden sind, zur Bewältigung der überwiegend strukturellen Probleme beitragen? Der Beobachtungszeitraum wird hierbei auf die sieben Jahre seit dem Antritt der rot-grünen Bundesregierung im Herbst 1998 begrenzt. Die wichtigsten Maßnahmen stellen hierbei zum einen die Umsetzung der Empfehlungen seitens der Hartz-Kommission in den Gesetzen Hartz I bis IV und zum anderen die Verabschiedung der „Agenda 2010" dar. Hierbei sollen zwei wesentliche Handlungsfelder für Reformen unterschieden werden:

1. Veränderungen der Rahmenbedingungen des Arbeitsmarktes, um das Wirtschaftswachstum und seine Beschäftigungsintensität zu erhöhen;
2. Reformen in der Arbeitsmarktpolitik, welche aufgrund ihrer zentralen Stellung auf der politischen Agenda der letzten Jahre besonde-

Rahmenbedingungen für Beschäftigung	Neuausrichtung der Arbeitsmarktpolitik
Deregulierung des Arbeitsrechts Leiharbeit, Befristungen, Schwellenwert Kündigungsschutz	**Konsequente Aktivierung** Frühzeitige Meldepflicht, Zumutbarkeit, Verbindlichkeit
Stärkere Anreize für Niedriglöhne Mini- und Midi-Jobs, Verkürzung der ALG-Bezugsdauer, Arbeitslosengeld II	**Neue Organisation** Reform der BA, mehr Wettbewerb, Bildungs- und Vermittlungsgutscheine
	Neue Instrumente Ich-AG, PSA (SGB III) Arbeitsgelegenheiten, Einstiegsgeld (SGB II)

Abb. 1.4. Wesentliche Elemente der Arbeitsmarktreformen

res Augenmerk verdienen, jedoch eine Beschäftigungspolitik im umfassenderen Sinn nicht ersetzen können (vgl. Abb. 1.4).

Dabei muss jedoch berücksichtigt werden, dass der Zeithorizont für eine empirische Evaluation der Reformen noch zu kurz ist. Für eine abschließende Bewertung ist es daher noch zu früh. Jedoch liegt Deutschland mit dieser Kombination von Reformelementen im internationalen Trend.

1.3.1 Rahmenbedingungen für Wachstum und Beschäftigung

Eine der ersten Maßnahmen der rot-grünen Bundesregierung zur Förderung der wirtschaftlichen Dynamik war eine Reform der Unternehmensbesteuerung mit dem Ziel, die im internationalen Vergleich sehr hohen Steuersätze zu senken. Die Reform der Körperschaftsteuer wurde durch eine mehrstufige Entlastung bei der persönlichen Einkommensteuer ergänzt, welche in einer Senkung der Grenzsteuersätze und einer Anhebung des Grundfreibetrags bestand. Damit wurde die Einkommensteuerlast spürbar vermindert und der private Konsum konnte teilweise gestützt werden. Neben der Reform der persönlichen Einkommen- und der Körperschaftsteuer hat die Bundesregierung mit der Einführung der Ökosteuer einen Beitrag zur Senkung bzw. Stabilisierung der aus beschäftigungspolitischer Sicht problematischen Sozialversicherungsbeiträge geleistet. Dem gleichen Ziel dienten Reformen der Rentenversicherung und im Gesundheitswesen. Allerdings ist mittlerweile absehbar, dass diese Maßnahmen nur zu einer zeitlich begrenzten Stabilisierung der Sozialbeiträge geführt haben. Die fortbestehenden Finanzierungsprobleme in den Sozialkassen werden, möchte man die Beitragslast auf den Faktor Arbeit nicht weiter wachsen lassen oder gar senken, weitere Kürzungen auf der Leistungsseite oder grundsätzliche Änderungen der Finanzierungsform unter Einschluss einer stärkeren privaten Eigenvorsorge erfordern, wie sie mit der Förderung einer zusätzlichen privaten oder betrieblichen Altersvorsorge inzwischen eingeleitet worden ist. Nach wie vor ist die Belastung mit Sozialabgaben in Deutschland im internationalen Vergleich sehr hoch, während die Steuerlast gerade nach den jüngsten Entlastungen eher gering ist [26].

Zur Erleichterung von Unternehmensgründungen gerade im Dienstleistungsgewerbe ist darüber hinaus das Erfordernis eines „großen Befähigungsnachweises“, d.h. des Meisterbriefs, für die Ausübung einer selbstständigen Tätigkeit im Handwerk zum Teil weggefallen. So können sich mittlerweile langjährig tätige Gesellen in einer Reihe von bislang geschützten Berufen selbstständig machen. Dies kann über die

Neugründung von Betrieben und eine vermehrte Konkurrenz in diesem Dienstleistungssegment zu niedrigeren Preisen und stärkerer Nachfrage, mithin auch zu positiven Wachstumseffekten führen.

Neben der Förderung des Wirtschaftswachstums hängt die Entwicklung und Struktur von Beschäftigung maßgeblich von den Rahmenbedingungen des Arbeitsmarktes ab. Die Ansatzpunkte der jüngsten Arbeitsmarktreformen finden sich in der Abbildung 1.4.

Ein Element der jüngsten Arbeitsmarktreformen war die Deregulierung des Arbeitsrechts, um Neueinstellungen für die Betriebe attraktiver zu machen. So wurden durch „Hartz I“ die Beschränkungen für Leiharbeit weitestgehend aufgehoben und die Möglichkeiten der befristeten Beschäftigung Älterer ausgeweitet. Außerdem erfolgte durch die Agenda 2010 eine Heraufsetzung des Schwellenwertes für die Wirksamkeit des Kündigungsschutzes in Kleinbetrieben. Damit betreffen die arbeitsrechtlichen Änderungen so gut wie gar nicht das so genannte „Normalarbeitsverhältnis“, sondern in erster Linie die so genannten „atypischen Erwerbsformen“ oder nur bestimmte Bereiche der Wirtschaft. Der wesentliche Effekt dieser marginalen Reformschritte dürfte in einer gewissen Umverteilung der Beschäftigungschancen zugunsten von Erwerbslosen und bisher Nicht-Erwerbstätigen liegen. Die Chancen für mehr Beschäftigung sind dagegen vergleichsweise gering (vgl. [1]). Jedoch könnten durch weniger arbeitsrechtliche Beschränkungen immerhin vermeidbare Überstunden abgebaut werden. Allerdings ist davon auszugehen, dass sich durch die arbeitsrechtlichen Änderungen in Richtung einer Forcierung der „atypischen Erwerbsformen“ die Segmentation am Arbeitsmarkt in Beschäftigungsgruppen mit relativ viel Schutz und anderen mit vergleichsweise geringem Schutz verstärkt (vgl. [14]).

Mehr Beschäftigung im Niedriglohnbereich sollte u. a. dadurch entstehen, dass durch das zweite Gesetz für moderne Dienstleistungen am Arbeitsmarkt die Verdienstgrenze bei der geringfügigen Beschäftigung (Mini-Jobs) von 325 auf 400 Euro im Monat erhöht wurde. Weiterhin wurde eine geringfügige Beschäftigung im Nebenjob, also neben einem sozialversicherungspflichtigen Haupterwerb, wieder ermöglicht, eine Gleitzone von 400 Euro bis 800 Euro mit niedrigeren Sozialabgaben der Arbeitnehmer (Midi-Jobs) geschaffen sowie Mini-Jobs in Privathaushalten besonders gefördert. Die Mini-Jobs haben sich seit Einführung der Neuregelungen im April 2003 dynamisch entwickelt [2]. Die Zahl der ausschließlich geringfügig Beschäftigten stieg von 4,14 Millionen auf 4,66 Millionen Ende März 2004 beträchtlich. Noch stärker war der Zuwachs bei den geringfügig entlohnten Nebenjobbern. Von geschätzten 0,7 Millionen im April 2003 auf 1,56 Millionen

Ende März 2004 haben sie sich binnen eines Jahres mehr als verdoppelt. Am Ende des vierten Quartals 2004 betrug die Zahl der Mini-Jobs 6,64 Millionen. Dazu beigetragen haben die Mini-Jobber in Privathaushalten, deren Zahl dank geringerem Abgabensatz und steuerlicher Abzugsfähigkeit von 27000 Mitte 2003 auf 103000 Ende 2004 zugenommen hat. Für die Midi-Jobs liegen lediglich für den Zeitraum bis Ende Dezember 2003 Auswertungen vor. Zu diesem Stichtag gab es 0,67 Millionen Arbeitnehmer, die die Midi-Job-Regelung während der gesamten Beschäftigungszeit (0,16 Millionen) oder teilweise (0,51 Millionen) in Anspruch genommen haben.

Zwar sollen die Regelungen zur geringfügigen Beschäftigung den Niedriglohnsektor fördern, jedoch bieten die Mini-Jobs kaum Perspektiven für Geringqualifizierte und andere Problemgruppen am Arbeitsmarkt. Zwar bezog in 2004 jeder achte ausschließlich geringfügig entlohnte Beschäftigte gleichzeitig Lohnersatzleistungen nach dem SGB III, also Arbeitslosengeld oder Arbeitslosenhilfe. Jedoch dienen die Mini-Jobs vor allem als Zuverdienst im Haushaltskontext und können kein Existenz sicherndes Arbeitseinkommen generieren.

Die wieder eingeführte Sozialversicherungsfreiheit bei der ersten Nebenbeschäftigung schafft Möglichkeiten zu einer individuellen Verlängerung der Arbeitszeit. Auch besteht die Option, Beschäftigungsverhältnisse zu Lasten der Sozialversicherung zu zerlegen: Allerdings setzt dies die Bereitschaft bei Arbeitgebern voraus, Arbeitsplätze auf verschiedene Personen aufzuteilen. Die Frage, ob und inwieweit sozialversicherungspflichtig Beschäftigte durch Mini-Jobs verdrängt werden, kann nur durch weitere Forschung beantwortet werden. Statistische Auswertungen zeigen, dass die Ausweitung ausschließlich geringfügig entlohnter Beschäftigung zum größeren Teil auf Betriebe mit Zuwächsen bei sozialversicherungspflichtiger Beschäftigung entfällt [2].

Insgesamt profitieren von den Mini-Job-Regelungen in erster Linie Personen, die kein Beschäftigungsproblem haben. Ein dadurch bedingter Abbau der Arbeitslosigkeit ist deshalb unwahrscheinlich. Positiv zu vermerken ist, dass die Neuregelung zu einer Legalisierung des Arbeitsvolumens beitragen kann, da in gewissem Umfang (z.B. im Bereich der haushaltsnahen Dienstleistungen) vorher in Schwarzarbeit ausgeübte Tätigkeiten angemeldet werden. Die zusätzliche in Köpfen gemessene Beschäftigung dürfte sich aber dennoch eher in Grenzen halten. Für Problemgruppen am Arbeitsmarkt können die Mini-Jobs allenfalls eine Einstiegsposition in den Arbeitsmarkt darstellen. Insbesondere vor dem Hintergrund der weiter gefassten Zumutbarkeitskriterien im Sozialgesetzbuch (SGB) II könnte dieser Weg in Zukunft an Bedeutung gewinnen (vgl. [3]).

1.3.2 Neuausrichtung der Arbeitsmarktpolitik

Die Neuausrichtung der Arbeitsmarktpolitik als zentraler Bestandteil der Reformgesetze steht im Zeichen der „Aktivierung" von Arbeitssuchenden und Leistungsempfängern. Ein wichtiger Bestandteil war die Reform der Bundesagentur für Arbeit und die Schaffung von mehr Wettbewerb durch die Stärkung privater Arbeitsvermittler und eine aktivere Rolle der Kommunen. Ziel ist dabei eine intensivere Betreuung der Arbeitslosen durch die verringerten Fallzahlen für Berater und Case-Manager.

Kernstück der jüngsten Reformen der Arbeitsmarktpolitik ist jedoch die Einführung neuer Steuerungsformen in der „Bundesagentur für Arbeit", so der Zielsteuerung über Zielvereinbarungen in Verbindung mit größerem dezentralem Handlungsspielraum, einem vereinfachten und leichter handhabbaren Instrumentenkasten und einem systematischen Controlling und Leistungsvergleich der „Agenturen für Arbeit". Die lokalen Agenturen für Arbeit, die früheren Arbeitsämter, werden derzeit zu „Kundenzentren" umgebaut, die sich auf verschiedene Gruppen von Stellensuchenden jeweils spezifisch einrichten. Vor allem bei Arbeitslosen mit größeren Vermittlungshemmnissen soll eine deutlich bessere Relation zwischen Vermittler und Stellensuchenden erreicht werden, um so eine intensivere Betreuung gewährleisten zu können.

Ein weiterer wichtiger Bestandteil der Reformen der Arbeitsmarktpolitik ist die konsequentere Ausrichtung an der Wiedereingliederung in den ersten Arbeitsmarkt. Hierzu wurden mit dem ersten Gesetz über moderne Dienstleistungen am Arbeitsmarkt auch neue Instrumente eingeführt. Neu ist die organisierte Nutzung der Zeitarbeit zur Vermittlung Arbeitsloser durch die Einführung von Personal-Service-Agenturen (PSA) in jeder Agentur für Arbeit (vgl. [16]). Ihre Inanspruchnahme bleibt allerdings mit einem Bestand von 30 000 PSA-Beschäftigten weit hinter den Erwartungen zurück. Den Sprung aus der PSA in sozialversicherungspflichtige Beschäftigung haben zuletzt mit gut 30 Prozent nur relativ wenige geschafft (vgl. Abb. 1.5). Die Eingliederungsquote sagt jedoch noch nichts darüber aus, ob sich dadurch die Beschäftigungschancen für die Teilnehmer erhöht haben. Hierzu wäre zu untersuchen, ob PSA-Beschäftigte verglichen mit einer passenden Kontrollgruppe häufiger den Weg zurück in den Arbeitsmarkt finden können. Dabei ist allerdings bei der Auswahl der Bewerber ein Zielkonflikt in den Agenturen zu lösen, denn ehrgeizige Eingliederungsziele schaffen Anreize zum „creaming". Inwieweit diese zum Tragen kommen, wird sich im Zuge der Hartz-Begleitforschung

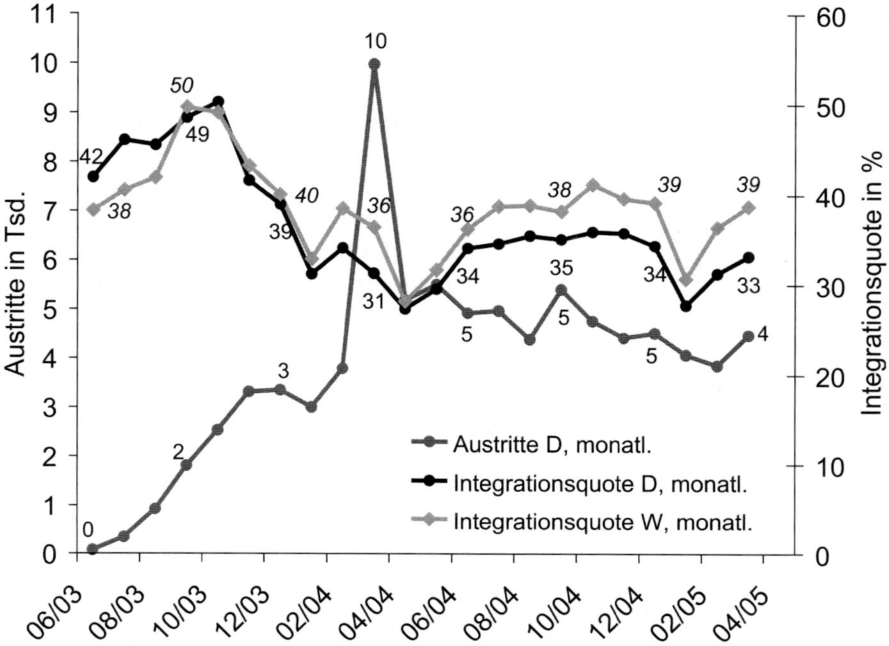

Abb. 1.5. Austritte aus PSA und Integrationsquoten seit Juni 2003

zeigen. Genauso wird im Rahmen dessen zu überprüfen sein, ob durch die PSA die gewerbliche Zeitarbeit vor allem im Bereich der Überlassung von Arbeitslosen verdrängt worden ist.

Vereinfacht und ausgeweitet wurde die Gewährung von Lohnsubventionen bei der Aufnahme einer abhängigen Beschäftigung am ersten Arbeitsmarkt. Dies betrifft zum einen die Eingliederungszuschüsse nach dem SGB III, zum anderen aber auch das „Einstiegsgeld", welches das neue SGB II vorsieht. Erste Evaluationsergebnisse legen nahe, dass Lohnsubventionen für Zielgruppen der Arbeitsförderung die Wiedereingliederungschancen verbessern können. Der Erfolg dieses Instruments muss aber vor allem daran gemessen werden, ob sich Arbeitnehmer durch die Aufnahme einer niedrig entlohnten und anfangs „geförderten" Beschäftigung möglichst dauerhaft vom Transferbezug befreien könnten (vgl. [5, 13]). Dies setzt aber im weiteren Verlauf Produktivitäts- und Einkommenssteigerungen (wie höhere Stundenlohnsätze oder eine Ausweitung der Arbeitszeit) für die Betroffenen voraus. Die anstehenden Evaluationen werden letztlich zeigen, ob dies für geförderte Arbeitnehmer eine wirkliche Perspektive ist.

Und schließlich wurde die Förderung von Existenzgründungen als zusätzlichem Weg aus der Arbeitslosigkeit verstärkt. Neben dem bewährten Überbrückungsgeld können Arbeitslose nun auch den „Existenzgründungszuschuss“ (Ich-AG) bekommen. In Frage kommt der Existenzgründungszuschuss vor allem für Gründer mit geringen Einkommenserwartungen und niedrigem Anspruch auf Arbeitslosengeld. Durch die rege Inanspruchnahme bei den Fördermöglichkeiten seitens der Arbeitslosen wurde in den Jahren 2003 und 2004 rund die Hälfte aller Existenzgründungen in Deutschland durch die Bundesagentur gefördert. Gründungen aus Arbeitslosigkeit können in zweierlei Hinsicht positiv wirken: Einerseits beenden die Gründerpersonen mit dem Schritt in die Selbständigkeit ihre Arbeitslosigkeit und entlasten damit die Arbeitslosenversicherung. Zum anderen können von den Neugründungen zusätzliche Beschäftigungsimpulse ausgehen. Allerdings gilt dies nur, wenn die Gründung dauerhaft Bestand hat [21].

Nach einer Untersuchung von Wießner zum Überbrückungsgeld sind Gründungen umso eher erfolgreich, je höher das Humankapital des Gründers ist [35]. Daher stimmt bedenklich, dass nach ersten Analysen die Gründer einer „Ich-AG“ im Durchschnitt eine deutlich geringere Schul- und Berufsausbildung aufweisen als die Bezieher von Überbrückungsgeld. Positive Beschäftigungseffekte auf der gesamtwirtschaftlichen Ebene sind ohnehin nur dann zu erwarten, wenn die geförderten Gründungen nicht andere Neugründungen bzw. bestehende Unternehmen verdrängen. Für ein abschließendes Urteil zum Erfolg bzw. Misserfolg der „Ich-AG“ ist es aber noch zu früh. Die Evaluierung dazu ist ebenfalls noch im Gang [36].

Unverzichtbarer Bestandteil der „neuen“ Arbeitsmarktpolitik ist aber die konsequente Aktivierung. Hierzu enthielten bereits die Hartz-Gesetze I bis III sowie das Gesetz „Reformen am Arbeitsmarkt“ wichtige Elemente. Hartz IV weitet dieses Prinzip in besonderen Maße auf Langzeitarbeitslose aus. Es geht im Wesentlichen darum, dass die Transferleistungen für den Personenkreis, der bisher Arbeitslosenhilfe bezogen hat, nun tendenziell weniger großzügig ausfallen als vor der Reform. Dies betrifft zum einen die Dauer der Zahlung von Arbeitslosengeld. Mit dem Gesetz zu Reformen am Arbeitsmarkt sollte die Bezugsdauer von Arbeitslosengeld auf 12 bzw. für ältere Arbeitslose auf 18 Monate reduziert werden, auch wenn dies gegenwärtig wieder in Frage gestellt wird. Zum anderen werden Arbeitslosen- und Sozialhilfe durch Hartz IV zum Arbeitslosengeld II zusammengelegt.

Das Arbeitslosengeld II (ALG II) liegt in vielen Fällen niedriger als die Arbeitslosenhilfe. Anders als diese wird es sich zudem durch den befristeten Zuschlag degressiv entwickeln. Die Grundsicherung beträgt in Westdeutschland 345 Euro und in Ostdeutschland 331 Euro. Hinzu kommt der auf zwei Jahre befristete Zuschlag, der sich aus der

Differenz von Arbeitslosengeld und ALG II ergibt und für Alleinstehende im ersten Jahr im Höchstfall 160 Euro beträgt. Nach einem Jahr wird der Zuschlag halbiert und entfällt am Ende des zweiten Jahres des ALG-II-Bezugs. Nicht erwerbsfähige Arbeitslose, die mit dem erwerbsfähigen ALG-II-Empfänger in einer Bedarfsgemeinschaft leben, erhalten Sozialgeld. Zusätzlich zu diesen pauschalierten Leistungen werden die tatsächlichen Kosten für Wohnung und Heizung übernommen sowie weitere Kosten und die Pflichtbeiträge zur Sozialversicherung.

Nimmt man alle diese Leistungen zusammen, so ergeben sich aus Pauschale, Unterkunftskosten und ggf. befristetem Zuschlag je nach Haushaltstyp Beträge zwischen 662 und 2014 Euro. Um ein solches Nettoeinkommen zu erzielen, müssten bei einer Vollzeittätigkeit mit 40 Wochenstunden Nettostundenlöhne von rund 3,10 bis 7,35 Euro (Brutto 3,70 bis 9,25 Euro) erreicht werden (vgl. Tabelle 1.2). Die äquivalenten Bruttostundenlöhne liegen damit unterhalb der Niedriglohnschwelle, die nach einer Untersuchung des IAB bei knapp 10 Euro brutto je Stunde (zwei Drittel des Medianeinkommens bei einer 40-Stunden-Woche) angesetzt werden kann [30]. Insofern ist allenfalls bei Mehrpersonenhaushalten mit relevanten Lohnabstandsproblemen zu rechnen [4].

Die Konstruktion der neuen Grundsicherung bringt es mit sich, dass Arbeitslosenhilfehaushalte mit einem geringen Erwerbseinkom-

Tabelle 1.2. Arbeitslosengeld II und äquivalente Marktlöhne (in Euro)

	Arbeitslosengeld II (einschl. Sozialgeld für weitere Haushaltsmitglieder und Unterkunftskosten) – ALG II plus befristeter Zuschlag [1]	Nettostundenlohn bei 40 h/Woche [2]	Bruttostundenlohn bei 40 h/Woche
Alleinstehend	662–822	3,08–4,38	3,68–5,65
Alleinerziehend, ein Kind unter 7 Jahre	1090–1310	3,35–4,96	4,21–6,31
Verheirateter Alleinverdiener	1034–1354	5,63–7,81	7,08–9,81
Verheirateter Alleinverdiener, zwei Kinder unter 7 Jahre	1574–2014	3,82–7,35	4,79–9,23

[1] Die obere Grenze des ALG-II-Anspruchs enthält den maximalen befristeten Zuschlag im ersten Jahr des Bezugs der Grundsicherung.
[2] Berechnung des Nettolohnes unter Berücksichtigung von Kindergeld, Kinderzuschlag und Wohngeld.
Quelle: Cichorek/Koch/Walwei 2005 b

men vor der Arbeitslosigkeit und ehemalige Sozialhilfeempfänger von der Reform profitieren, während Haushalte mit vorher höherem Einkommen sich in den meisten Fällen schlechter stellen. Zu den Verlierern der Reform – zumindest, was das Niveau der Transferleistung angeht – gehören häufig auch Paare, vor allem, weil das Einkommen eines nicht arbeitslosen Partners auf das ALG II angerechnet wird. Dies gilt auch für Paare mit Kindern und in Ostdeutschland mehr als im Westen, weil dort die Erwerbsbeteiligung der Frauen höher ist. Dagegen profitieren Alleinerziehende überwiegend von der Reform, etwa 70 Prozent von ihnen erhalten höhere Transferleistungen [32]. Im Ergebnis verliert die untere Mittelschicht, die bisher von einer eher „statusorientierten" Sozialpolitik profitiert hat und sich nun stärker in Richtung des Existenzminimums bewegt. Eine statische Betrachtung genügt jedoch nicht. Wenn durch die Reform eine intensivere Stellensuche und verstärkte Lohnzugeständnisse ausgelöst werden, dann werden diese Personen eher als früher ein gering entlohntes Beschäftigungsverhältnis als Einstieg in den Arbeitsmarkt eingehen und darüber die Chance auf ein höheres Einkommen erhalten.

Empirischen Untersuchungen zufolge hat die Dauer des Bezugs von Lohnersatzleistungen einen größeren Einfluss auf Höhe und Dauer der Arbeitslosigkeit als das Niveau der Transferleistung. Dies ist besonders relevant, da in Deutschland die soziale Absicherung von Langzeitarbeitslosen vor den Hartz-Reformen durch die lange Bezugsdauer von älteren Arbeitslosen und die bisher unbefristete Arbeitslosenhilfe relativ hoch ausfiel. Dagegen liegt die Lohnersatzrate von Kurzfristarbeitslosen nicht über der vergleichbarer Industrieländer [19].

Die Großzügigkeit der Transferleistungen wird neben Höhe und Dauer aber auch durch Anwartschaftszeiten und Anspruchsvoraussetzungen wie die Definition der für Arbeitslose „zumutbaren" Beschäftigung sowie die Verfügbarkeit von Leistungsempfängern für den Arbeitsmarkt beeinflusst. Durch die Hartz-Reformen wurden die Zumutbarkeitskriterien für Arbeitslose in dem Sinne verschärft, dass ein Umzug nun früher zumutbar ist und die Beweislast für versicherungswidriges Verhalten umgekehrt wurde. Aus arbeitsökonomischer Sicht ist bei der Beurteilung von Zumutbarkeitsregelungen zweierlei zu beachten. Wird den Erwerbslosen hinsichtlich der Aufnahme von Beschäftigung vergleichsweise wenig „zugemutet", ist für Arbeitslose der Druck geringer, Ausstiegsoptionen aus der Arbeitslosigkeit wahrzunehmen. Dagegen erhöht sich der Druck auf Arbeitslose bei Durchsetzung einer eher weit gefassten Zumutbarkeit, weil dann ein breiteres Spektrum von Beschäftigungsmöglichkeiten in Frage kommt. Für eine Einmündung ohne zu weitgehenden Qualifikationsschutz spricht, dass Arbeitslose negative Signale auf Arbeitgeber befürchten müssen, wenn sie die Stellensuche aus Langzeitarbeitslosigkeit bestreiten müssen.

Auf der gesamtwirtschaftlichen Ebene kann die konsequente Aktivierung zu einem Rückgang der Arbeitslosigkeit beitragen. Hierzu gibt es fünf mögliche Ansatzpunkte (hierzu ausführlicher [20]:

1. Durch die strengeren Anspruchsvoraussetzungen könnten sich Leistungsempfänger mit geringer Erwerbsneigung vom Arbeitsmarkt zurückziehen.
2. Weil durch die Neuregelungen die Suchintensität und die Beschäftigungsfähigkeit von Erwerbslosen positiv beeinflusst werden, bestehen zudem Chancen auf eine zügigere Besetzung offener Stellen. Zudem könnten „aktivierte Bewerber" einen Beitrag leisten, betriebliche Probleme bei der Stellenbesetzung zu verringern oder auch das deshalb erforderliche Überstundenvolumen zu reduzieren.
3. Die insgesamt weniger großzügigen Transferleistungen werden die Konzessionsbereitschaft der Arbeitslosen insgesamt erhöhen. Auf dem Arbeitsmarkt würde sich aber daraus ein Zusatzeffekt nur dann einstellen, wenn weder ein regionaler noch ein qualifikatorischer Mismatch aufträte und Lohnanpassungsprozesse stattfinden (können). Letztere könnten zunächst vor allem in den nicht tarifgebundenen Betrieben greifen.
4. Selbst wenn es dadurch noch nicht zu mehr Beschäftigung käme, könnte die registrierte Arbeitslosigkeit dennoch sinken. Denn „Aktivierte" könnten die stille Reserve und andere Nicht-Erwerbstätige zumindest teilweise in der Warteschlange der Bewerber nach hinten drängen.
5. Weniger großzügige Transferleistungen haben Minderausgaben des Staates zur Folge. Insbesondere wenn der Staat im Sinne einer Umschichtung die eingesparten Mittel für produktive Investitionen verwendet, wäre ein unter dem Strich positiver Beschäftigungseffekt zu erwarten.

1.4 Fazit: Optionen weitergehender Reformen zur Belebung des Arbeitsmarktes

Die jüngsten Reformen zur Verbesserung der Beschäftigungssituation zielten vor allem auf Veränderungen im Bereich der Arbeitsmarktpolitik, also auf einen möglichst wirksamen Einsatz von Maßnahmen zur Wiedereingliederung von Arbeitslosen sowie weniger „großzügige" Lohnersatzleistungen. Insgesamt hat die Neuausrichtung der Arbeitsmarktpolitik damit einen Schritt in die richtige Richtung gebracht. Dies gilt besonders deshalb, weil eine aktivierende Arbeitsmarktpolitik (im Sinne eines Förderns und Forderns) zum einen Druck in Richtung Flexibilität erzeugen und zum anderen höhere individuelle Beschäftigungsrisiken durch passgenaue Förderung flankieren kann. Allerdings sollte man die Erwartungen an die Beschäftigungswirksamkeit einer aktivierenden Arbeitsmarktpolitik auch nicht überziehen. Arbeitsmarktpolitik kann zwar das Matching verbessern und die Stellenbesetzung beschleunigen. Beschäftigungsmöglichkeiten entstehen aber im Wesentlichen in Unternehmen und setzen wirtschaftliche Dynamik, aber auch passende Rahmenbedingungen für den Arbeitsmarkt voraus.

Ansatzpunkte für weitergehende Reformen liefern eine Reihe fundierter Strategiebündel, die in den letzten Jahren von wissenschaftlichen Einrichtungen und sog. „Think tanks" zur Diskussion gestellt wurden. Umfassende Vorschläge zur Stärkung der wirtschaftlichen Dynamik, zur Verbesserung der Rahmenbedingungen für Beschäftigung und zur Modernisierung der Arbeitsmarktpolitik liefern der 2001 veröffentlichte Bericht „Benchmarking Deutschland" [6], der Deutschland-Bericht der OECD aus dem Jahr 2002 [24] und die Studie der „Task-Force Beschäftigung" aus dem Jahr 2003 [33]. Der Sachverständigenrat zur Begutachtung der gesamtwirtschaftlichen Entwicklung machte in seinem Jahresgutachten 2002/2003 Vorschläge zur Förderung des Wirtschaftswachstums und zu mehr Dynamik bei der Beschäftigung [31]. Auf beschäftigungs- und arbeitsmarktpolitische Reformen konzentrierte sich dagegen in erster Linie das „Forschungsinstitut zur Zukunft der Arbeit" (IZA) in seinem Maßnahmenbündel [12]. Schließlich formulierte das Institut für Arbeitsmarkt- und Berufsforschung (IAB) in seinen an früheren, auf Simulationsrechnungen anknüpfenden Überlegungen zu Wegen aus der Arbeitsmarktkrise Handlungsbedarf in den Bereichen Fiskal-, Tarif-, Ordnungs- und Arbeitsmarktpolitik [18].

Der Benchmarking-Bericht und die IAB-Vorschläge weisen ausdrücklich darauf hin, dass es einer politikfeldübergreifenden Strategie bedarf. Wichtig wäre es, notwendige Strukturreformen mit expansiven Impulsen aus anderen Politikbereichen im Sinne eines „two-handed approach" zu verbinden. So könne man kaum gleichzeitig einen konsequenten Konsolidierungskurs, eine moderate Lohnpolitik und die häufig für einkommensschwächere Gruppen schmerzlichen Strukturreformen verfolgen. Will man jedoch eine nachhaltige Verbesserung der Situation am Arbeitsmarkt erreichen, müssen strukturelle Reformen umgehend in Angriff genommen werden – insbesondere, weil ihr Wirksamwerden Zeit benötigt. Dabei steht zum einen im Vordergrund, den Strukturwandel hierzulande in Richtung eines Standortes für Spitzenprodukte zu beschleunigen. Zu denken ist dabei an wichtige Zukunftsinvestitionen (z. B. im Bereich Forschung und unternehmensnahe Infrastruktur), die dringend notwendige Wiederbelebung der Bildungsexpansion und weniger Subventionen, Regulierungen und Bürokratie. Zum anderen geht es um eine konsequente Senkung der Sozialabgaben (durch eine stärkere Steuerfinanzierung und mehr Eigenvorsorge), auch mit dem Ziel, Rahmenbedingungen für beschäftigungsfreundliche Tarifvereinbarungen und für die Schaffung von Arbeitsplätzen im Niedriglohnbereich zu verbessern.

Literatur

[1] Bauer T, Bender S, Bonin H (2004) Arbeitsmarktreformen. Betriebe reagieren kaum auf Änderungen beim Kündigungsschutz. IAB-Kurzbericht 15, Nürnberg

[2] Bundesagentur für Arbeit (2004) Mini- und Midijobs in Deutschland. Sonderbericht, Dezember 2004, Nürnberg

[3] Cichorek A, Koch S, Walwei U (2005 a) Arbeitslosengeld II. Höhere Arbeitsanreize geplant. IAB-Kurzbericht Nr. 7, Nürnberg

[4] Cichorek A, Koch S, Walwei U (2005 b) Arbeitslosengeld II. Erschweren „Zusatzjobs" die Aufnahme einer regulären Beschäftigung? IAB-Kurzbericht 8, Nürnberg

[5] Dann S, Kirchmann A, Spermann A, Volkert J (2002) Einstiegsgeld in Baden-Württemberg – Schlussbericht. hg. vom Sozialministerium Baden-Württemberg

[6] Eichhorst W, Profit S, Thode E (2001) Benchmarking Deutschland: Arbeitsmarkt und Beschäftigung. Berlin

[7] Fitzenberger B, Franz W (1998) Flexibilität der qualifikatorischen Lohnstruktur und Lastverteilung der Arbeitslosigkeit: eine ökonomische Analyse für Westdeutschland. In: Gahlen B, Hesse H, Ramser HJ (Hrsg) Verteilungsprobleme der Gegenwart, Diagnose und Therapie. Tübingen, S 47–79

[8] Franz W (2001) Neues von der NAIRU? Jahrbücher für Nationalökonomie und Statistik, 221:256–284

[9] Franz W (2003) Arbeitsmarktökonomik. 5. Aufl., Berlin

[10] Galler HP (1999) Arbeitsmarkt und soziale Sicherungssysteme. Empirische Evidenz zu den Anreizwirkungen der sozialen Sicherung. In: Allgemeines statistisches Archiv, Heft 1, S 63–87

[11] Gemeinschaftsdiagnose (2004) Die Lage der Weltwirtschaft und der deutschen Wirtschaft im Frühjahr 2004. DIW Wochenbericht 18, Berlin

[12] IZA (2002) An Improved Economic Framework for Increased Employment, IZA COMPACT – Special Issue November/Dezember, Bonn

[13] Jaenichen U (2002) „Lohnkostenzuschüsse und individuelle Arbeitslosigkeit. Analysen auf der Grundlage kombinierter Erhebungs- und Prozessdaten unter Anwendung von Propensity Score Matching". Mitteilungen aus der Arbeitsmarkt- und Berufsforschung, Jg. 35, Heft 3, S 327–351

[14] Jahn EJ, Walwei U (2005) „Kündigungsschutz – Nicht kleckern, sondern klotzen“. IAB-Forum, Heft 1, Nürnberg, S 26–29
[15] Jahn EJ, Windsheimer A (2004 a) Personal-Service-Agenturen I: in der Fläche schon präsent. IAB-Kurzbericht 1, Nürnberg
[16] Jahn EJ, Windsheimer A (2004 b) Personal-Service-Agenturen II: erste Erfolge zeichnen sich ab. IAB-Kurzbericht 2, Nürnberg
[17] Kemmerling A (2002) The Employment Effects of Different Regimes of Welfare State Taxation. MPIfG Discussion Paper 02/8, Köln
[18] Koch S, Walwei U, Wießner F, Zika G (2002) Wege aus der Arbeitsmarktkrise. IAB-Kurzbericht 24, Nürnberg
[19] Koch S, Walwei U (2003) „Mehr Beschäftigung durch geringere Transferleistungen?“, Wirtschaftsdienst, 83, 5, S 289–296
[20] Koch S, Walwei U (2004) „Was bringt Hartz IV für den Arbeitsmarkt?“. Gesundheits- und Sozialpolitik, Jg. 58, Heft 9/10, S 9–23
[21] Koch S, Wießner F (2003) Ich-AG oder Überbrückungsgeld?: Wer die Wahl hat, hat die Qual. IAB-Kurzbericht 2, Nürnberg
[22] Koller B, Bach H-U, Brixy U (2003) Ältere ab 55 Jahren – Erwerbstätigkeit, Arbeitslosigkeit und Leistungen der Bundesanstalt für Arbeit. IAB-Werkstattbericht 5, Nürnberg
[23] OECD (1999) OECD Employment Outlook 1999, Paris
[24] OECD (2002) Wirtschaftsberichte – Deutschland, Paris
[25] OECD (2003a) OECD Employment Outlook 2003, Paris
[26] OECD (2003b) OECD Taxing Wages 2002/2003, Paris
[27] OECD (2004) OECD Employment Outlook 2004, Paris
[28] OECD (2005) OECD Statistical Compendium 2005, Paris
[29] Reinberg A, Walwei U (2000) Qualifizierungspotenziale von „Nicht-formal-Qualifizierten“. IAB-Werkstattbericht 10, Nürnberg
[30] Rhein T, Gartner H, Krug G (2005) Niedriglohnsektor. Aufstiegschancen für Geringverdiener verschlechtert. IAB-Kurzbericht 3, Nürnberg
[31] Sachverständigenrat zur Begutachtung der gesamtwirtschaftlichen Entwicklung (2002) Was jetzt zu tun ist: Eine Politik für Wachstum und Beschäftigung. Stuttgart
[32] Schulte J (2004) Arbeitslosengeld II und Arbeitslosenhilfe: Gewinner und Verlierer. Eine Schätzung der Nettoeinkommenseffekte von Hartz IV. Volkswirtschaftliche Reihe. Diskussionspapier 29 des Fachbereichs Wirtschaftswissenschaft der Freien Universität Berlin
[33] Taskforce-Beschäftigung (2003) Jobs, Jobs, Jobs: Mehr Beschäftigung in Europa schaffen. Luxemburg
[34] Walwei U, Zika G (2005) Arbeitsmarktwirkungen einer Senkung der Sozialabgaben, in: Sozialer Fortschritt. 54. Jg., Heft 4, S 77–90
[35] Wießner F (2001) Arbeitslose werden Unternehmer. Eine Evaluation der Förderung von Existenzgründungen vormals Arbeitsloser mit Überbrückungsgeld nach § 57 SGB III (vormals § 55a AFG). Beiträge zur Arbeitsmarkt- und Berufsforschung Nr. 241, Nürnberg
[36] Wießner F (2005) Neues von der Ich-AG. Nicht jeder Abbruch ist eine Pleite. IAB-Kurzbericht 2, Nürnberg

Personalpolitik in konjunkturschwachen Zeiten, Ergebnisse einer Unternehmensbefragung

H. Buck

Zusammenfassung. *In den letzten Jahren stellte die unternehmensweite Kostenreduzierung das wichtigste strategische Unternehmensziel dar, während der Erhalt und die Entwicklung der Humanressourcen von eher untergeordneter Priorität waren. Das Ziel der Unternehmensbefragung „Personalpolitik in konjunkturschwachen Zeiten" war es, personalpolitische Maßnahmen und Strategien zu erfassen, die Unternehmen in konjunktur- oder umsatzschwachen Zeiten anwenden. Es wird beschrieben, welchen Stellenwert Kürzungen im Personalbereich gegenüber anderen Maßnahmen einnehmen und zu welchen Folgen dies im Unternehmen führt. Die personalpolitische Herausforderung für die Unternehmen besteht in konjunkturschwachen Zeiten darin, trotz Personalabbau die verbleibenden Kernbelegschaften zu fördern und nicht nur als Kostenfaktor zu betrachten. Eine nachhaltige Personalpolitik muss über Phasen der Rezession hinaus denken.*

2.1 Einleitung

„Auch wenn Konzepte wie die Konzentration auf das Kerngeschäft, Lean Management, Outsourcing und Business Reengineering nach wie vor empfohlen und praktiziert werden, gleicht der Prozess des ‚Schrumpfens' oder der Verkleinerung von Unternehmen einem weißen Fleck auf den Landkarten der Managementtheorien" [4].

Wenn die Wirtschaft stagniert oder das Wachstum zurückgeht, bevorzugen Unternehmen unterschiedliche Strategien, um diese Periode abzufedern. Wie lösen die Unternehmen das Dilemma, dass Einsparungen unvermeidlich sind, aber nach Möglichkeit die Innovations- und Wettbewerbsfähigkeit durch die Sparmaßnahmen nicht gefährdet werden sollten?

Das Ziel der Unternehmensbefragung „Personalpolitik in konjunkturschwachen Zeiten" [5] war es, Maßnahmen und Strategien zu erfassen, die Unternehmen in konjunktur- oder umsatzschwachen Zeiten anwenden. Im Zentrum des Interesses stehen dabei die personalpolitischen Optionen und Vorgehensweisen. Es stellt sich die Frage, welchen Stellenwert Kürzungen im Personalbereich gegenüber anderen Maßnahmen in umsatzschwachen Zeiten einnehmen und zu welchen Folgen dies im Unternehmen führt.

In auftragsschwachen Zeiten dominiert im Vergleich zu anderen strategischen Handlungsfeldern, wie z.B. dem Aufbau neuer Geschäftsfelder, bei vielen Unternehmen das Ziel der Kostenreduzierung. Um dieses zu erreichen, senken die Unternehmen oftmals ihre Personalkosten. Diese Personalkostensenkungen sind jedoch nicht automatisch mit betriebsbedingten Entlassungen gleichzusetzen. Den Unternehmen steht eine Vielzahl personalpolitischer Instrumente zur Personalkostensenkung zur Verfügung, deren Bedeutung in der Studie „Personalpolitik in konjunkturschwachen Zeiten“ untersucht werden sollte. Ein nicht ausreichend geplanter und durch geeignete Unterstützungsmaßnahmen abgefederter Personalabbau führt leicht zu negativen Folgen für das Unternehmen und die verbleibenden Mitarbeiter [3]. Es stellt sich die Frage, welche Folgen Entlassungen für die Unternehmen haben und wie diese Folgen kompensiert werden.

2.2 Vorgehensweise

Die Studie „Personalpolitik in konjunkturschwachen Zeiten“ wurde in Zusammenarbeit der VDI nachrichten mit dem Fraunhofer Institut für Arbeitswirtschaft und Organisation (IAO) 2003 erstellt. Bei den befragten Unternehmen handelte es sich um Stellenmarktkunden der VDI nachrichten. Im Rahmen einer schriftlichen Befragung wurden ca. 3500 Unternehmen angeschrieben. Von diesen antworteten ca. 10% (358 Unternehmen).

Die Studie erhebt keinen Anspruch auf statistische Repräsentativität. Allerdings verteilen sich die antwortenden Unternehmen relativ gleichmäßig über alle Größenklassen (gemessen an der Mitarbeiterzahl), sodass keine Verzerrungen der Ergebnisse durch die Betriebsgröße zu vermuten sind. Die meisten antwortenden Unternehmen gehören dem Produktionssektor an; die höchsten Anteile hat der Maschinen- und Anlagenbau (21,7%) sowie die Elektrotechnik (19,9%). Dienstleistungsunternehmen sind in der Stichprobe deutlich unterrepräsentiert.

Der Fragebogen wurde vornehmlich von Personalleitungen (49,7%), der Geschäftsführung (23,3%) und von Mitarbeitern der Personalabteilung (19%) beantwortet. Für kompetente Antworten und Einschätzungen zu grundsätzlichen Fragen der Personalpolitik ist der hohe Anteil von Befragten in Entscheidungspositionen von hoher Bedeutung.

2.3 Ergebnisse der Studie

Die Unsicherheit bezüglich der künftigen Entwicklung der eigenen wirtschaftlichen Situation hat für viele Unternehmen zugenommen. In dieser Konstellation stellt die unternehmensweite Kostenreduzierung das wichtigste strategische Unternehmensziel (46%) dar. Weitere Ziele (vgl. Abb. 2.1) orientieren sich vorrangig an der Akquisition von Aufträgen. Die Erhöhung der Kundenzufriedenheit und -bindung, die Erschließung neuer Märkte und verstärkte Vertriebsaktivitäten bestimmen das Vorgehen. Einen deutlich geringeren Stellenwert haben für alle Unternehmen die Neuentwicklungen von Produkten und Dienstleistungen, die ein entscheidender Faktor im Innovationswettbewerb sind. Der Erhalt des Humankapitals stellt in dieser Prioritätenliste ebenfalls ein stark untergeordnetes Unternehmensziel dar.

Senkung der Personalkosten

Um das zentrale Ziel der Kostenreduzierung zu erreichen, präferieren zwei Drittel der Unternehmen die Senkung der Personalkosten (vgl. Abb. 2.2). Sehr häufig werden auch Maßnahmen, wie die Einsparung variabler Kosten (z.B. bei Zulieferern) und die Zurückstellung von Investitionen genannt. In den letzten Jahren waren vorrangig der Verwaltungs- und Produktionsbereich von Kostensenkungen betroffen, während andere Funktionsbereiche deutlich seltener genannt wurden.

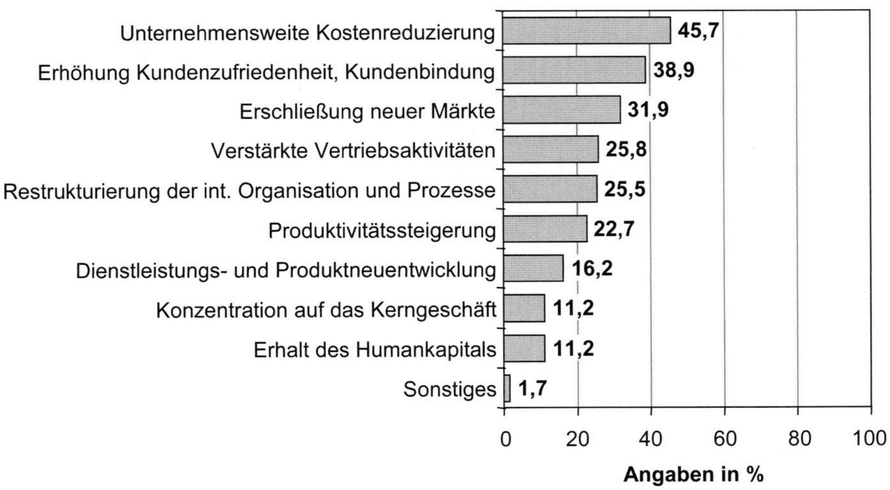

Abb. 2.1. Was ist in der derzeitigen wirtschaftlichen Lage Ihr wichtigstes strategisches Unternehmensziel? (Mehrfachantworten möglich)

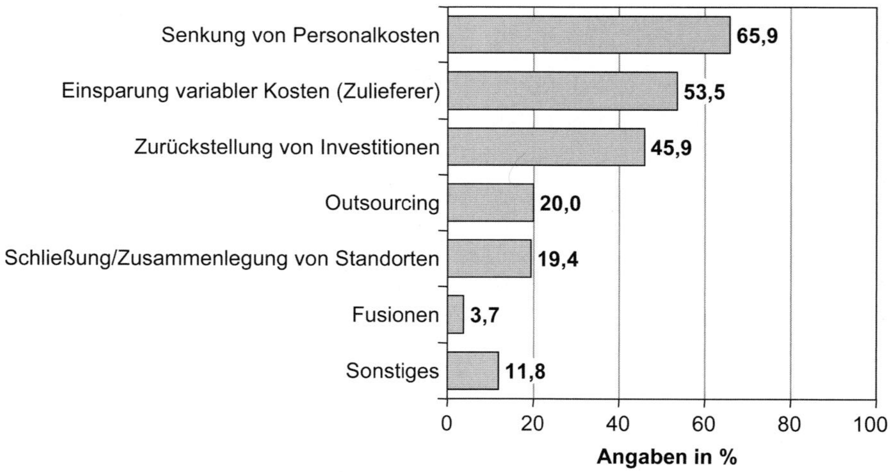

Abb. 2.2. Welche Maßnahmen setzen Sie ein, um Kosten zu senken? (Mehrfachantworten möglich)

Als wichtigste Instrumente zur Personalkostensenkung stehen nicht die betriebsbedingten Kündigungen von Mitarbeiter/-innen im Vordergrund, sondern es werden der Abbau von Zeitkonten, die Nicht-Verlängerung befristeter Arbeitsverhältnisse, der Einstellungsstopp mit Ausnahme von Schlüsselpositionen und die Reduzierung von Mehrarbeit genannt (vgl. Abb. 2.3). Die Kündigung von Mitarbeitern wird nur von einem Drittel der befragten Unternehmen als wichtiges Instrument zur Personalkostensenkung angesehen.

40% der befragten Unternehmen mussten im letzten Jahr vor der Befragung betriebsbedingt Mitarbeiter/-innen kündigen. Nur in einem Teil dieser Unternehmen (18%) waren hiervon beispielsweise auch Ingenieure betroffen. Die Wahrscheinlichkeit, den Arbeitsplatz zu verlieren, ist für die Gruppe der Höherqualifizierten und für Mitarbeiter/-innen in Führungspositionen wesentlich geringer als für die anderen Beschäftigten in den Unternehmen. Die Entlassung qualifizierter Mitarbeiter/-innen orientiert sich nach Angaben der Unternehmen weniger an kurzfristigen Bedarfsschwankungen (12,2%), sondern wird langfristig unter Berücksichtigung des Kompetenzbedarfs geplant (44,3%).

Folgen bei Entlassungen von Ingenieuren

Wenn Unternehmen Ingenieure entlassen, hat dies oftmals zur Folge, dass sich die Qualifikationsanforderungen an die verbleibenden Mitarbeiter/-innen erhöhen (vgl. Abb. 2.4). Wenn sie die Arbeit der Aus-

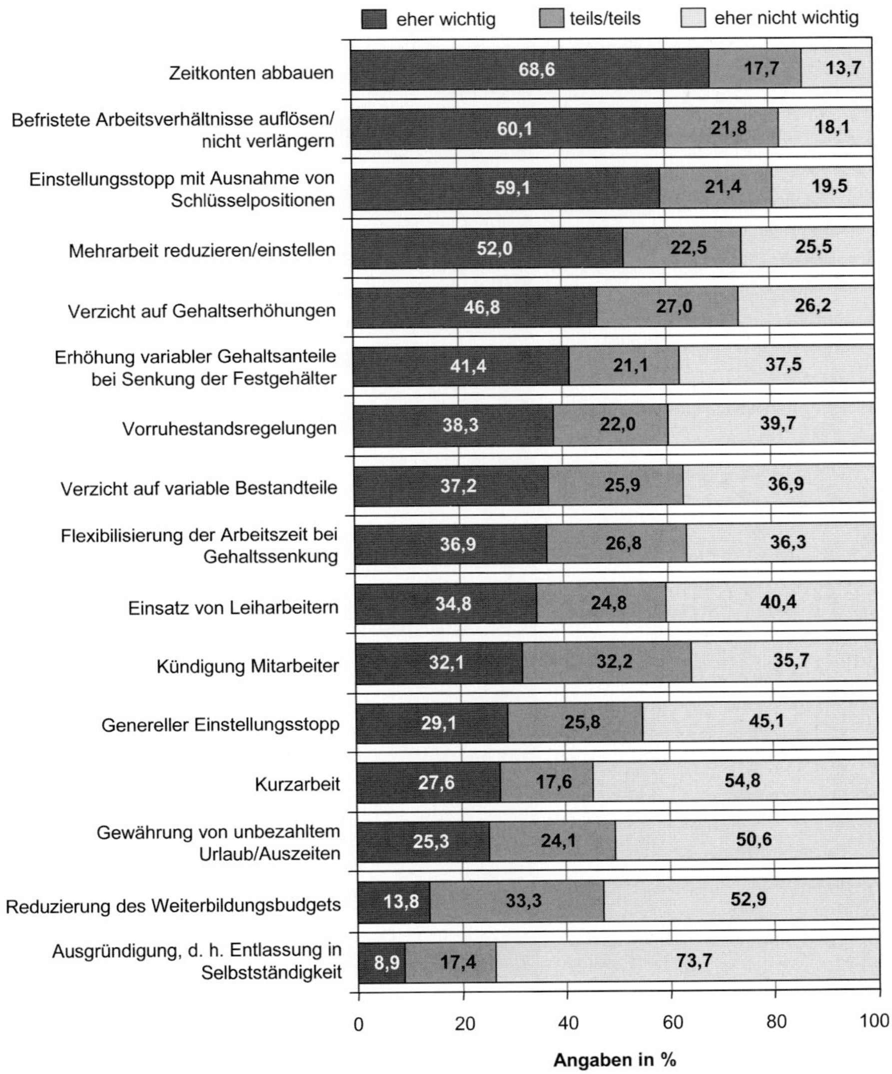

Abb. 2.3. Wie bewerten Sie folgende Instrumente zur Personalkostensenkung?

geschiedenen übernehmen, werden sie mit neuen Aufgaben konfrontiert. D.h. nach einer Entlassungswelle ergibt sich ein erhöhter Qualifizierungsbedarf. Nur 50% der befragten Unternehmen können bestätigen, dass durch Entlassungen das angestrebte Ziel „Kosteneinsparung“ realisiert worden ist. Dies kann u.a. daran liegen, dass durch die Personalabbaumaßnahmen Know-how-Lücken (41%) entstanden sind, langjähriges Erfahrungswissen fehlt, die Motivation der Mit-

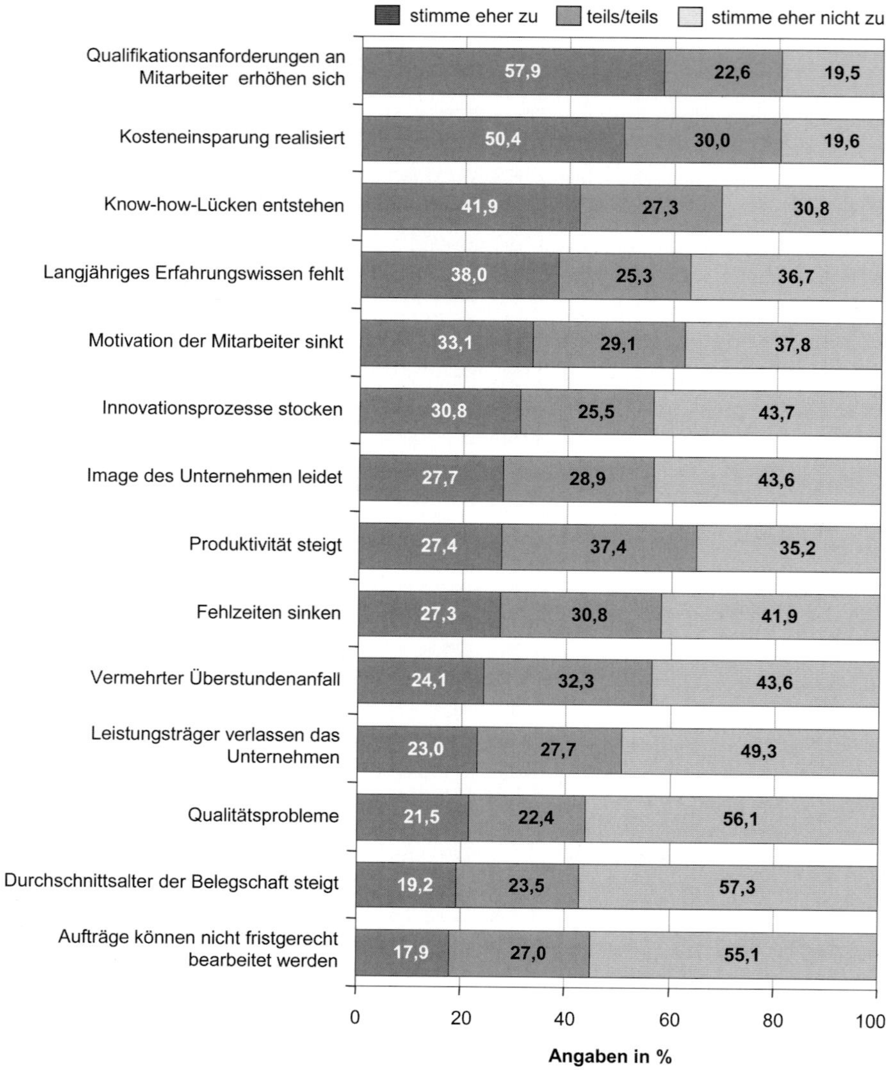

Abb. 2.4. Welche Folgen hat der Personalabbau von Ingenieuren in Ihrem Unternehmen?

arbeiter sinkt und Innovationsprozesse ins Stocken geraten. Allerdings stellt nur ein geringer Prozentsatz der Unternehmen fest, dass in der Folge von Personalabbaumaßnahmen Aufträge nicht fristgerecht bearbeitet werden können oder Qualitätsprobleme auftreten.

Um einen Wissens- und Erfahrungsverlust bei Personalabbau zu vermeiden, verzichten zwei Drittel der Unternehmen darauf, spezielle Erfahrungsträger zu entlassen (vgl. Abb. 2.5). Über die Hälfte betreibt eine

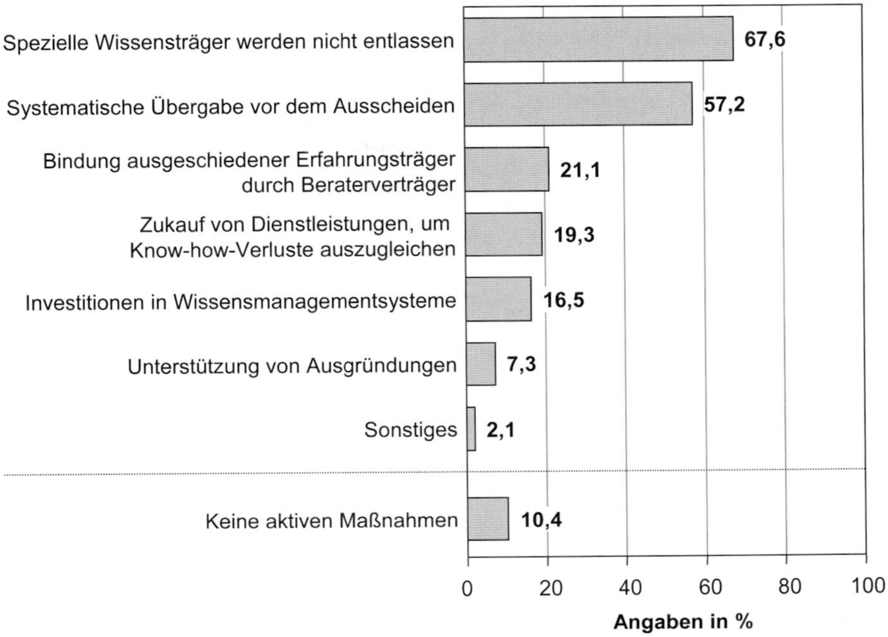

Abb. 2.5. Welche Maßnahmen werden ergriffen, um bei Personalabbau Wissens- und Erfahrungsverlust zu vermeiden? (Mehrfachantworten möglich)

systematische Übergabe vor dem Ausscheiden von Mitarbeitern. Die Dauer dieser Übergabe differiert je nach Unternehmen allerdings erheblich. Immerhin jeweils ein Fünftel der Unternehmen bindet ausgeschiedene Erfahrungsträger durch Beraterverträge oder kauft Dienstleistungen zu, um entstandene Know-How-Verluste auszugleichen.

Als geeignetes Instrument, um die verbleibenden Mitarbeiter/-innen zu binden und zu motivieren, wird von zwei Drittel der Befragten die Zielvereinbarung angesehen (vgl. Abb. 2.6). Jeweils mehr als ein Drittel fördert die eigenen Leistungsträger und eröffnet Entwicklungsmöglichkeiten im Unternehmen, um Bindung und Motivation zu verstärken. Gleichzeitig nutzt nur eine Minderheit der Unternehmen auftragsschwache Zeiten zur Weiterbildung seiner Mitarbeiter. Das Weiterbildungsbudget wird in konjunkturschwachen Zeiten zwar nur in geringem Umfang als Potenzial zur Kostenreduzierung angesehen. Doch lediglich ein Viertel der Unternehmen bietet seinen Mitarbeitern in dieser Situation mehr Fort- und Weiterbildungsmöglichkeiten an, um diese zu motivieren und zu binden – obwohl 36% der Betriebe Weiterbildung auch als Instrument ansehen, die Ertragssituation in auftragsschwachen Zeiten zu verbessern.

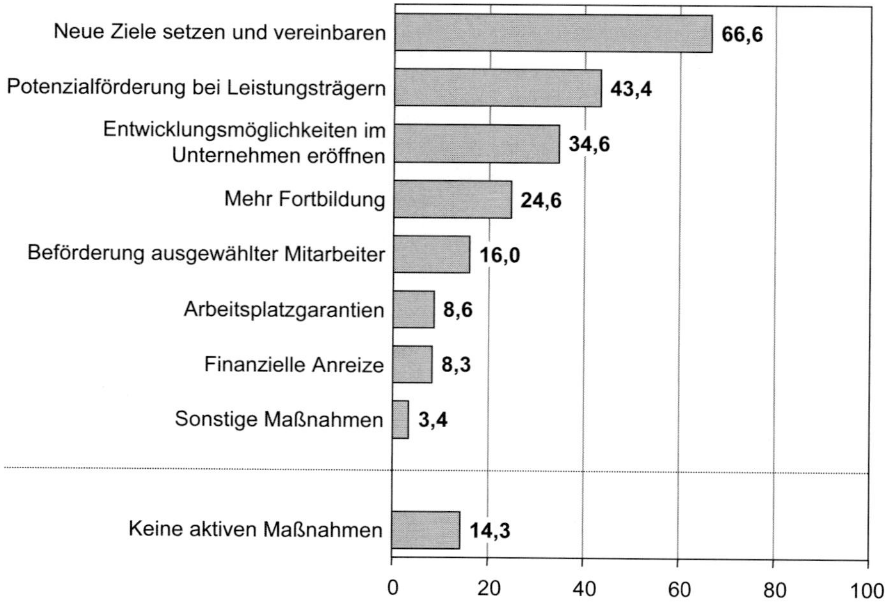

Abb. 2.6. Welche Maßnahmen werden ergriffen, um die Belegschaft in konjunkturschwachen Zeiten zu motivieren und zu binden? (Mehrfachantworten möglich)

Strategien für die Zukunft

Wie nutzen die Unternehmen auftragsschwache Zeiten? Sie konzentrieren ihre Aktivitäten sowohl auf die interne Reorganisation als auch auf die verstärkte Auftragsakquisition. Über die Hälfte gibt jeweils an, sich um verbesserte Kundenbeziehungen und um die Erschließung neuer Märkte zu bemühen. Jedoch nur ein Drittel der Unternehmen nutzt diese Zeiten zur Weiterbildung der Mitarbeiter. Die Rekrutierung neuer Führungskräfte spielt in diesem Zusammenhang eine untergeordnete Rolle (9%).

Sollte die Konjunktur wieder anspringen, greifen die Unternehmen genau zu den Maßnahmen, die in konjunkturschwachen Zeiten auf Eis gelegt werden. Sie intensivieren die Personalrekrutierung, tätigen verschobene Investitionen, stocken die Kernbelegschaft mit Hilfe von Zeit- und Leiharbeit auf und fahren die Überstunden hoch. Die Chance, dass einmal entlassene Mitarbeiter wieder in das frühere Unternehmen zurückkehren, ist allerdings sehr gering (vgl. Abb. 2.7).

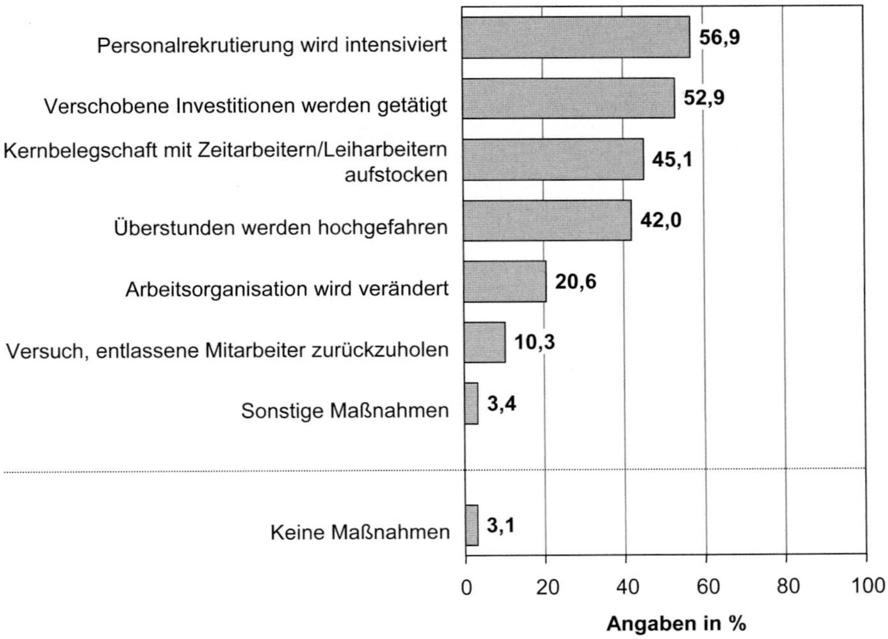

Abb. 2.7. Die Konjunktur springt wieder an: Welche Maßnahmen ergreift Ihr Unternehmen? (Mehrfachantworten möglich)

2.4 Resumee

Wettbewerbsvorteile werden nicht nur durch die Erschließung neuer Märkte und Kunden sowie die Reorganisation der unternehmensinternen Strukturen und Prozesse erlangt, sondern auch durch die gezielte und systematische Entwicklung der Humanressourcen. Leistungsvorteile durch qualifizierte und engagierte Mitarbeiter sind durch Wettbewerber schwer zu imitieren. Die personalpolitische Herausforderung für die Unternehmen besteht in konjunkturschwachen Zeiten darin, trotz Personalabbau die verbleibenden Kernbelegschaften zu fördern und nicht nur als Kostenfaktor zu betrachten. Eine nachhaltige Personalpolitik muss über die konjunkturschwachen Zeiten hinaus denken.

Viele Unternehmen haben sich in den letzten Jahren auf die Kostenreduzierung konzentriert. Selbst wachstumsorientierte Maßnahmen, wie z. B. die Entwicklung innovativer Produkte oder neuer Dienstleistungen hatten nicht den gleichen Stellenwert. Der Erhalt und die Entwicklung des Humankapitals spielte demgegenüber nur eine nachrangige Rolle.

Neuere Studien (vgl. [1]) sehen nach einer Phase der Kostenreduktion Anzeichen für den Beginn einer neuen Wachstumsrunde, in der wieder ein größeres Gewicht darauf gelegt wird, die „Ressource" Mitarbeiter besser zu nutzen und unterschiedliche Talente und Fähigkeiten anzuwerben, weiterzuentwickeln und zu halten. Das Thema der Personalkostensenkung ohne Personalabbau gewinnt stark an Gewicht (vgl. [2]). In diesem Rahmen wird eine Arbeitszeitverlängerung bei gleich bleibender Vergütung als die am besten geeignete Maßnahme angesehen.

In Deutschland fehlen trotz hoher Arbeitslosigkeit immer wieder gerade dort die Fachkräfte, wo sich neue Wachstumsmärkte eröffnen. Angebot und Nachfrage des Arbeitsmarktes passen also oft nicht zusammen. Obwohl es auf absehbare Zeit zu keinem quantitativen Arbeitskräftemangel kommen wird, ist nicht zuletzt aufgrund des demographischen Wandels auf Teilarbeitsmärkten also sehr wohl eine verstärkte Nichtübereinstimmung von Arbeitskräftenachfrage und -angebot zu erwarten. Es stellt sich die Frage, ob es auch kleinen und mittelständischen Unternehmen möglich sein wird, nach einer Phase des Personalabbaus zeitnah Beschäftigte mit genau den Qualifikationen zu rekrutieren, die sie bei einer ansteigenden Auftragslage benötigen.

Literatur

[1] Accenture (2005) High Performance Workforce Studie 2004, Management Zusammenfassung. http://www.accenture.de/static_pdf/HPWF_Study_Final.pdf
[2] Knoche M (2004) Kapital oder Ballast. Personalpolitik in wirtschaftlichen Schwächephasen. Ifo Schnelldienst, 57. Jahrgang, 16:12–20
[3] Marr R, Steiner K (2003) Personalabbau in deutschen Unternehmen. Empirische Ergebnisse zu Ursachen, Instrumenten und Folgewirkungen, Wiesbaden: Gabler Edition Wissenschaft
[4] Spies R (2004) Der lange Weg zum atmenden Unternehmen. Studie zum Personalabbau und zu dessen Folgen. In: Personalführung, 4:66
[5] VDI nachrichten, Fraunhofer Institut für Arbeitswirtschaft und Organisation (2003) Personalpolitik in konjunkturschwachen Zeiten. VDI Verlag, Düsseldorf

KAPITEL 3

Neue Beschäftigungsformen: Brücken aus der Arbeitslosigkeit?

H. RUDOLPH

Zusammenfassung. *Hohe Arbeitslosigkeit und sinkende sozialversicherungspflichtige Beschäftigung fordern die Arbeitsmarktpolitik heraus, neue Brücken zu Einkommen und sozialer Sicherheit zu bauen. Durch Änderungen der Rahmenbedingungen bei der Sozialversicherung und im Arbeitsrecht versucht der Gesetzgeber Beschäftigungsformen wie Mini- und Midi-Jobs, befristete Arbeitsverträge und Zeitarbeit zu fördern, um Betriebe zur Ausweitung ihrer Arbeitsplätze und zur Einstellung von Arbeitslosen zu veranlassen. Trotz Expansion der „neuen" Beschäftigungsformen ist ihre Wirkung als Brücke für Arbeitslose in sozialversicherte Beschäftigung eingeschränkt, weil ihr betrieblicher Einsatz auf spezifische Aufgaben oder bestimmte Arbeitnehmergruppen beschränkt ist. Auch mit Substitutionseffekten muss gerechnet werden.*

3.1 Einleitung

Die Arbeitsmarktbilanz des Jahres 2004 irritiert: Die Erwerbstätigkeit und registrierte Arbeitslosigkeit sind gestiegen, Mini-Jobs und Nebentätigkeit boomten, die sozialversicherungspflichtige Beschäftigung ging jedoch weiter zurück. Mehr Personen als im Vorjahr gehen einer Erwerbstätigkeit nach (Tabelle 3.1). Der Anteil der sozialversicherungspflichtig Beschäftigten an den Erwerbstätigen ging dagegen seit 2000 um 3%-Punkte auf 68,4% zurück. Weniger Arbeitnehmer zahlen Beiträge an die gesetzliche Kranken-, Renten-, Pflege- und Arbeitslosenversicherung. Die Beitragsausfälle bringen die Sozialversicherungssysteme in Finanzierungsprobleme.

Die Erwerbstätigkeit wuchs also an den Rändern, die nicht der Sozialversicherung unterliegen, bei Selbständigen und geringfügig Beschäftigten. Dagegen wird der Kernbereich mit sozialversicherten Arbeitnehmern und Beamten seit Jahren kleiner. Rationalisierung, Strukturwandel und schleppende Binnenkonjunktur belasten hier die Beschäftigungsbilanz.

Tabelle 3.1. Eckzahlen der Arbeitsmarktentwicklung 2003/2004 (in Tsd.)

	Erwerbstätige Inland	Sozialversicherungspflichtig Beschäftigte	Geringfügig Beschäftigte	Registrierte Arbeitslose
JD 2003	38722	27007	4319	4288 *
JD 2004	38860	26569	4658	4381
Veränd. Abs	+138	−438	+339	+93
Veränd. %	+0,4%	−1,6%	+7,8%	+2,2%

* Rückrechnung nach dem 2004 gültigen Erfassungskonzept ohne Teilnehmer an Trainingsmaßnahmen. JD 2003 amtlich: 4377.
Quellen: DESTATIS und BA

Die Flexibilisierung durch neue Beschäftigungsformen wird den Akteuren der Arbeitsmarktpolitik als Möglichkeit für die Schaffung neuer Arbeitsplätze und als Brücke in reguläre Beschäftigung u. a. von Sachverständigenrat und Hartz-Kommission empfohlen. Im Zentrum gesetzlicher Änderungen standen dabei in den vergangenen Jahren

- die Neuregelung der geringfügigen Beschäftigung,
- die Erleichterung befristeter Arbeitsverträge besonders für Ältere,
- die Deregulierung der Zeitarbeit und ihr Einsatz als arbeitsmarktpolitisches Eingliederungsinstrument in Form der Personal-Service-Agenturen (PSA).

Von diesen drei Beschäftigungsformen wird erwartet, dass ihre Erleichterung

a) zu mehr Beschäftigung führe und
b) für Arbeitslose eine Brücke in dauerhafte sozialversicherte Beschäftigung bieten könne.

Dieser Beitrag untersucht die Entwicklung dieser Beschäftigungsformen und untersucht sie auf die ihnen zugeschriebenen Wirkungen.

3.2 Entwicklung der sozialversicherungspflichtigen Beschäftigung

Die Entwicklung der sozialversicherungspflichtigen Beschäftigung ist seit 2000 von einem anhaltenden Rückgang geprägt, der bis Ende 2004 unvermindert anhielt. Im Saldo waren 1,3 Mio. Personen weniger beschäftigt. Dieser Rückgang resultiert aus dem dramatischen Rückgang der Vollzeitbeschäftigung um fast 1,7 Mio. Beschäftigte, der durch eine starke Zunahme der Teilzeit-Beschäftigung jedoch nur zu einem knappen Viertel kompensiert wurde. Die Teilzeitbeschäftigung

Tabelle 3.2. Entwicklung der Voll- und Teilzeitbeschäftigung 2000–2004

jeweils Juni	SVP	SVP-VZ	SVP TZ	TZ Quote %
2000	27826	23897	3929	14,1
2003	26955	22667	4288	15,9
2004	26524	22213	4311	16,2
Veränd. 2000/2004	−1302	−1684	382	

Quelle: BA-Beschäftigtenstatistik Juni 2005

nahm um 382000 (+9,7%) zu, die Teilzeitquote stieg von 14,1% auf 16,2% der sozialversichert Beschäftigten (Tabelle 3.2).

Diese Entwicklung signalisiert bereits, dass die Integration von Arbeitslosen und anderen Nicht-Erwerbstätigen schwieriger geworden und wegen fehlender Stellenangebote und fehlendem Wachstum durch Vermittlungsbemühungen oder vermehrte Suchanstrengungen in der Gesamtbilanz nicht wesentlich verbessert werden konnte.

Der Beschäftigungsrückgang fand in nahezu allen Wirtschaftszweigen statt. Der Beschäftigungsrückgang summiert sich allein in der Bauwirtschaft, im Verarbeitenden Gewerbe und im Handel auf mehr als 1,3 Mio. Arbeitsplätze. Beschäftigungsgewinne verzeichneten nur die relativ kleinen Dienstleistungsbereiche der Unternehmensbezogenen Dienstleis-

Tabelle 3.3. Entwicklung der soz. pfl. Beschäftigung nach Wirtschaftszweigen 2000–2004

Wirtschaftszweig	Juni 2000 – Juni 2004	
	In Tsd.	in %
Insgesamt	−1302	−4,7
Darunter:		
A,B Landwirtschaft, Fischerei	−41	−11,6
C,E Bergbau, Energie	−67	−15,6
D Verarbeitendes Gewerbe	−491	−6,8
F Baugewerbe	−584	−26,2
G Handel, Instandhaltung	−286	−6,7
H Gastgewerbe	−17	−2,2
I Verkehr, Nachrichten	−44	−2,9
J Kredit- u. Versicherungsgewerbe	−42	−4,0
K Grundstücks- u. Wohnwesen, usw.	191	6,4
L Öff. Verwaltung, Verteidigung, Sozialversicherung	−60	−3,4
M Erziehung u. Unterricht	6	0,6
N Gesundheits-, Veterinär-, Sozialwesen	165	5,6
O Sonstige öffentl. u. persönl. Dienstl.	−21	−1,7

tungen (K)[1], Gesundheits- und Sozialwesen und Erziehung und Unterricht (Tabelle 3.3). Es ist klar, dass die Beschäftigungszunahme der kleinen Dienstleistungsbereiche die Verluste der großen Bereiche in Bauwirtschaft und Verarbeitendem Gewerbe weder zahlenmäßig noch hinsichtlich der Qualifikationsanforderungen kompensieren konnten.

3.3 Mini-Jobs

Geringfügige Beschäftigung war traditionell für Hausfrauen, Rentner und Studenten eine Möglichkeit des Zuverdienstes. Als Mitte der 90er Jahre geringfügige Beschäftigung stärker zunahm[2], begann die Politik sich für die Verbreitung dieser Beschäftigungsform zu interessieren wegen der Einnahmeprobleme in der Sozialversicherung. Eine erste Reform im April 1999 versuchte, durch Einfrieren der bis dahin an die Beitragsbemessungsgrenze gekoppelten Verdienstgrenzen auf 325 € und die Einführung pauschaler Arbeitgeberbeiträge zur Kranken- und Rentenversicherung die Ausbreitung zu stoppen. Geringfügige Beschäftigung als Nebenjob wurde voll beitragspflichtig. Anreize zur Substitution sozialversicherter in geringfügige Beschäftigung sollten neutralisiert werden.

Die Hartz-Kommission entdeckte 2002 die Mini-Jobs als Einstiegsgelegenheit für Arbeitslose und Nicht-Erwerbstätige in reguläre Beschäftigung. Sie erwartete von einer Liberalisierung vor allem die Legalisierung von Schwarzarbeit[3]. Durch die Möglichkeit zur steuerlichen Absetzbarkeit von Haushaltshilfen wurden zusätzlich Anreize zu einer Anmeldung und Zahlung der pauschalen Beiträge und Steuern in Privathaushalten gesetzt.

Durch die Neuregelung der Mini-Jobs ab April 2003[4], bisher geringfügige Beschäftigung genannt, setzte die Regierungskoalition die Hartz-Vorschläge um: die Verdienstgrenze für Mini-Jobs wurde von 325 € auf 400 € pro Monat heraufgesetzt und die Begrenzung auf höchstens 15 Arbeitsstunden pro Woche aufgehoben. Ein Mini-Job als Nebenbeschäftigung zu sozialversicherungspflichtiger Beschäftigung

---

[1] In diesen Wirtschaftszweig fallen auch Vermittlungs- und Zeitarbeitsagenturen und EDV-Dienstleistungen.

[2] vgl. Rudolph 1998.

[3] Hartz-Kommission 2002, S. 169. Die Hartz-Kommission hatte eine Verdienstgrenze von 500 € empfohlen.

[4] Zweites Gesetz für moderne Dienstleistungen am Arbeitsmarkt vom 23. 12. 2002.

wurde für Arbeitnehmer wieder versicherungsfrei[5]. Die pauschalen Arbeitgeberbeiträge zur Kranken- und Rentenversicherung erhöhten sich von 22 Prozent auf 23 Prozent, während in Privathaushalten dafür nur ein reduzierter Beitrag von 10 Prozent anfällt. Bei Pauschalbesteuerung sank der Steuersatz, nach dem Arbeitgeber Lohnsteuer abgelten können, von 20% auf 2%. Anmeldung, Beitragszahlung und Besteuerung finden seither vereinfacht über die Mini-Job-Zentrale der Knappschaft statt.

Die Reform bewirkte anscheinend ein wahres Beschäftigungswunder bei den Mini-Jobs. Innerhalb eines Jahres stieg die Zahl der Beschäftigten, die ausschließlich einen Mini-Job ausübten, um fast 600 000 an. Zusätzlich wuchs die Zahl der Mini-Jobs als Nebenbeschäftigung um schätzungsweise 850 000 – bei weiterhin abnehmender sozialversicherter Beschäftigung[6] (Abb. 3.1).

Allerdings wird das Beschäftigungswunder ein wenig geschmälert, wenn man berücksichtigt, dass zum 1. April 2003 ca. 100–200 000 bestehende sozialversicherungspflichtige Beschäftigungsverhältnisse durch Anhebung der Verdienstgrenze und Aufhebung der Arbeitszeitgrenze

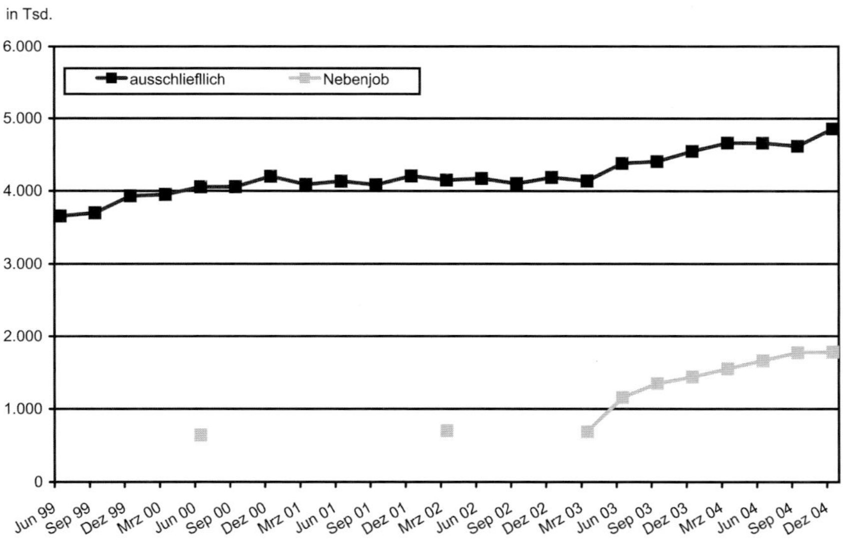

Abb. 3.1. Mini-Jobs (Quelle: BA-Statistik; Nebenjobs unterhalb der Verdienstgrenze bis März 2003 geschätzt)

[5] In der Reform von 1999 hatte der Gesetzgeber versucht, die Einkommensgrenze langfristig bei 325 € festzuschreiben. Geringfügige Nebenbeschäftigung wurde in vollem Umfang versicherungspflichtig.

[6] Schätzungen der BA gehen von knapp 700 000 sozialversicherungspflichtigen Beschäftigungsverhältnissen im März 2003 aus, die durch die Reform für den Arbeitnehmer von den Sozialversicherungsbeiträgen befreit wurden. März 2004: 1,552 Mio. geringfügige Nebenbeschäftigte.

von 15 Std. pro Woche zu Mini-Jobs wurden. Bei den Nebenbeschäftigten dürfte die Reform einen Umstellungseffekt von etwa 700 000 Beschäftigungsverhältnissen ausgelöst haben, die von den Arbeitnehmerbeiträgen zur Sozialversicherung befreit wurden. Ein Teil des Anstiegs erklärt sich also aus diesem gesetzesbedingten Umstellungseffekt.

Aber auch nach der Umstellung stieg die Mini-Job-Beschäftigung bis Ende 2004 weiter an. Von Juni 2003 auf Juni 2004 arbeiteten 282 000 Beschäftigte mehr ausschließlich geringfügig, im 2. Halbjahr 2004 stiegen die Mini-Jobs noch einmal um 200 000, wenn auch zum Teil nur saisonbedingt.

Die Zahl der Mini-Jobs von Nebenbeschäftigten stieg bis Ende 2004 von den geschätzten 700 000 Beschäftigungsverhältnissen auf 1,78 Mio. Ein Gesetz, das als Einstiegsmöglichkeit von Arbeitslosen und Nicht-Erwerbstätigen gemeint war, hat also überwiegend Beschäftigte begünstigt, die unbelastet durch Versicherungsbeiträge und mit einem Steuersatz von 2% „Überstunden" auf einem zweiten Arbeitsplatz in anderen Betrieben machen können.

Die zentrale Frage zur Erklärung des Beschäftigungswunders Mini-Jobs ist, wo die zusätzlichen Beschäftigungsmöglichkeiten bei schlechter Konjunktur und Abbau von versicherungspflichtigen Vollzeitarbeitsplätzen entstanden sind. Es besteht die Befürchtung, dass die Reform zu einer Umwandlung von regulären Arbeitsplätzen in Mini-Jobs geführt hat, statt die erhofften Brücken in sozialversicherte Beschäftigung zu fördern.

Zur Prüfung der Umwandlungshypothese ist die Entwicklung von Mini-Jobs und sozialversicherter Beschäftigung in einzelnen Wirtschaftszweigen zu betrachten und der Umstellungseffekt der Reform auszublenden.

Im Zeitraum zwischen Juni 2003 und Juni 2004 nahm die Zahl der sozialversicherungspflichtig Beschäftigten um 431 000 ab, die Zahl der ausschließlich geringfügig Beschäftigten stieg um 282 000, die der geringfügig Beschäftigten im Nebenjob um 505 000. Insgesamt gab es also im Juni 2004 787 000 Mini-Jobs mehr. Unter Berücksichtigung der kürzeren Arbeitszeiten in Mini-Jobs könnten in einfacher Modellrechnung etwa 46% der verlorenen Arbeitsstunden in versicherter Beschäftigung durch zusätzliche Mini-Jobs kompensiert worden sein [7]. Dies be-

[7] In dieser Vergleichsrechnung wird angenommen, dass im Durchschnitt auf einem Mini-Job etwa ein Viertel der Arbeitsstunden einer sozialversicherungspflichtigen Beschäftigung gearbeitet wird, also etwa 8 Wochenstunden pro Mini-Job und 32 Wochenstunden pro sozialversicherter Voll- oder Teilzeitbeschäftigung. Genaue Daten zu den Arbeitszeitverteilungen liegen nicht vor, die auch zwischen den Wirtschaftszweigen variieren dürften. Die Kompensationsraten sind daher nur als rechnerischer Anhaltspunkt für mögliche Größenordnungen zu interpretieren.

schreibt die mögliche Größenordnung der Umschichtung des geleisteten Arbeitsvolumens auf volkswirtschaftlicher Ebene.

Die Expansion der Mini-Jobs fand sowohl in schrumpfenden als auch in den wenigen wachsenden Branchen statt. Sie nahmen vor allem in Dienstleistungsbereichen mit flexiblen Geschäftszeiten zu. Im Verarbeitenden Gewerbe, im Baugewerbe und im Wirtschaftszweig Handel/Reparatur, den Branchen mit dem größten Abbau sozialversicherungspflichtiger Beschäftigung, betrug die rechnerische Kompensation durch Mini-Jobs 16%, 3% bzw. 37% der entfallenden Arbeitsstunden (Tabelle 3.4). Für Verarbeitendes Gewerbe und Bau wird man daher kaum von Substitution sprechen können, zumal Produktion und Baugewerke kaum eine Stückelung von Arbeitszeiten auf Mini-Jobs zulassen. Im Handel konnten Mini-Jobs einen Teil des Arbeitsvolumens kompensieren, das bei versicherter Beschäftigung entfallen ist. Ob es sich um betriebliche Substitution oder zwischenbetriebliche Verschiebungen der Beschäftigungsformen handelt, muss hier offen bleiben. Jedoch sind gerade im Einzelhandel Flexibilisierungsstrategien vorstellbar, bei denen Mini-Jobs gezielt zu einem Personaleinsatz in Abhängigkeit vom Kundenandrang und zur Kostensenkung führen können.

Im Gastgewerbe wurde der Rückgang an versicherter Beschäftigung durch die Zunahme der Mini-Jobs rechnerisch überkompensiert. Wie im Handel besteht viel Spielraum für die Gestaltung der Arbeitszeiten. Aufgrund der aggregierten Statistiken ist auch für das Gastgewerbe nicht zwischen zwischenbetrieblicher Kompensation und innerbetrieblicher Substitution zu unterscheiden. Der Wegfall der Arbeitszeitgrenze von 15 Stunden pro Woche bei häufig niedrigen Stundenlöhnen könnte, wie auch im Handel, Anreize zur Substitution gesetzt haben.

In den wirtschaftsnahen Dienstleistungen[8] und im Gesundheits- und Sozialwesen nahmen sowohl Mini-Jobs als auch sozialversicherungspflichtige Beschäftigung zu. Bei Verwendung des Umrechnungsschlüssels stieg in der Modellrechnung das Arbeitsvolumen aus den Mini-Jobs hier stärker als das der Sozialversicherten. Der Anstieg der Mini-Jobs ist in diesen Wirtschaftszweigen also nicht aus Substitution, sondern eher als komplementäre Entwicklung bei der Expansion flexibler Dienstleistungen zu interpretieren.

[8] Wirtschaftszweig K: Grundstücks- und Wohnungswesen, Vermietung beweglicher Sachen, Erbringung von wirtschaftlichen Dienstleistungen; enthält auch EDV-Dienstleistungen, Rechts- und Wirtschaftsberatung, Werbung, Vermittlungs- und Zeitarbeitsagenturen, Wach- und Reinigungsdienste.

Tabelle 3.4. Mini-Jobs und sozialversicherte Beschäftigung

Wirtschaftszweig		Mini-Jobs			
	Sozialversicherungspflichtig Beschäftigte	geringfügig entlohnte Beschäftigte	geringfügig Beschäftigte im Nebenjob	Zusammen	Mini-Jobsarbeitszeit gewichtet
Veränderung von Juni 2003 zu Juni 2004 in Tsd.					
Insgesamt	−431	282	505	787	*197*
Darunter:					
A Land-/Forstwirtschaft	−7	61	9	70	*17*
D Verarbeitendes Gewerbe	−156	45	57	101	*25*
F Baugewerbe	−102	−12	26	14	*4*
G Handel/Reparatur	−82	34	86	120	*30*
H Gastronomie	−14	9	55	65	*16*
I Verkehr/Nachrichten	−21	12	35	47	*12*
J Kredit/Versicherungen	−25	0	5	6	*1*
K Wirtschaftsnahe Dienstleistungen	31	71	124	195	*49*
M Erziehung/Unterricht	−10	9	7	16	*4*
N Gesundheits- und Sozialwesen	10	1	46	47	*12*
O Öffentliche und private Dienstleistungen	−20	18	36	54	*14*
P Private Haushalte	−1	30	12	43	*11*

In den privaten Haushalten stieg die Zahl der angemeldeten Mini-Jobs nur um 43 000. Hier sollte die Mini-Job-Reform in Kombination mit der steuerlichen Absetzbarkeit von Aufwendungen für Haushaltshilfen die Schwarzarbeit zurückdrängen: bei vermutlich mehreren 100 000 nicht angemeldeten Hilfen ein schwacher Erfolg.

Die Hypothese der betrieblichen Substitution kann mit dieser Modellrechnung nicht vollständig verworfen werden. Jedoch zeigt die Branchenbetrachtung dafür enge Grenzen auf, zumal der Beschäftigungsrückgang bereits seit 2000/2001 anhält und nicht durch die Mini-Job-Reform 2003 ausgelöst wurde.

Untersuchungen auf Betriebsebene zeigen jedoch, dass nur bei einem kleinen Teil der Betriebe eine Abnahme versicherter und gleichzeitig eine Zunahme geringfügiger Beschäftigungsverhältnisse eingetreten ist. Die Bundesagentur für Arbeit konnte nur bei 182 000 (8,5%) Betrieben zwischen März 2003 und März 2004 eine Verringerung der Zahl der sozialversicherungspflichtig Beschäftigten um

558 000 und gleichzeitig eine Zunahme der geringfügig Beschäftigten um 380 000 feststellen.[9] Der Vergleich schließt auch die aus der Reform resultierenden rechtlichen Umwandlungen mit ein. Bei Berücksichtigung des unterstellten Kompensationsschlüssels hätten in diesen Betrieben etwa 17% der vorher von sozialversicherten Arbeitnehmern geleisteten Arbeitsstunden durch geringfügige Beschäftigung substituiert worden sein können. Mehr geringfügige Beschäftigungsverhältnisse entstanden jedoch in Betrieben, die gleichzeitig auch ihre sozialversicherungspflichtige Beschäftigung ausbauten.

Nach dem IAB-Betriebspanel sind mehr als 200 000 versicherte Arbeitsplätze in Betrieben verloren gegangen, die überhaupt keine geringfügig beschäftigten Mitarbeiter hatten. Dagegen entstanden zwischen Juni 2003 und 2004 in neugegründeten Betrieben etwa 1,125 Mio. neue Beschäftigungsverhältnisse mit Sozialversicherung und 237 000 Mini-Jobs, während in geschlossenen Betrieben 950 000 versicherte und 137 000 Mini-Jobs verloren gingen. Der Aufbau der Mini-Jobs hat also nicht nur in Betrieben mit rückläufiger versicherter Beschäftigung stattgefunden. Neugegründete Betriebe und solche mit stagnierender oder expandierender sozialversicherter Beschäftigung trugen stärker zu der Zunahme bei. Ein Teil der expandierenden Betriebe verringerte sogar die Mini-Jobs.

Als Brückenbau in versicherte Beschäftigung muss die Mini-Job-Reform bisher skeptisch gesehen werden, wenn zwei Drittel der neuen Beschäftigungsverhältnisse auf Nebenbeschäftigte entfielen. Für Arbeitslose haben sie allerdings an Bedeutung gewonnen. Im Juni 2004 nutzten 586 000 Bezieher von Arbeitslosengeld und -hilfe, 131 000 mehr als im Vorjahr, die Möglichkeit über eine geringfügige Beschäftigung ihre Transferleistungen aufzustocken und Kontakt zu Betrieben zu halten[10]. Wegen der Anrechnungsvorschriften werden die Arbeitsverhältnisse oft so gestaltet, dass die Freigrenze von 165 € nicht überschritten wird. Als Zuverdienstmöglichkeit willkommen, bleibt die Funktion als Brücke zweifelhaft, wenn man bedenkt, dass die meisten Arbeitslosen eine Vollzeitbeschäftigung anstreben und die auf den Mini-Jobs geforderten einfachen Qualifikationen nicht den beruflichen Hintergrund der Arbeitslosen erfordern. Eine Nutzung betrieblicher und sozialer Kontakte bei der Stellensuche kann zwar hilfreich sein,

---

[9] Bundesagentur für Arbeit (2004): Sonderbericht Mini- und Midi-Jobs, S. 14, Tabelle 2. Die Aussage bezieht sich auf ausschließlich geringfügig Beschäftigte ohne Nebenjobs.

[10] BA: Der Arbeits- und Ausbildungsstellenmarkt in Deutschland. Monatsbericht Dezember 2004.

erscheint gegenwärtig aber nur in wachsenden Branchen und Betrieben bei berufsnahem Einsatz Erfolg versprechend.

Auch die Altersverteilung zeigt, dass Schüler und Studenten sowie Rentner einen wesentlichen Teil der Mini-Jobs einnehmen. Etwa 10% der ausschließlich geringfügig Beschäftigten sind jünger als 20 Jahre, etwa 23% älter als 60 Jahre. Dies sind jedenfalls nicht Altersgruppen, die Arbeitgeber für die Substitution ihrer Kernbelegschaften einstellen würden[11].

Empirische Ergebnisse zum Übergang aus Mini-Jobs liegen bisher kaum vor. Nach einer Übersicht der Bundesagentur für Arbeit wechselten 2003/2004 etwa genau so viele Personen aus Mini-Jobs in sozialversichungspflichtige Beschäftigung wie umgekehrt (389 000 zu 437 000). Die Brücke wird also in beide Richtungen begangen[12].

In einer Befragung für die Mini-Job-Zentrale im April 2004 gaben etwa die Hälfte der Befragten an, den Mini-Job als Zuverdienstmöglichkeit auszuüben und ausschließlich geringfügig beschäftigt bleiben zu wollen. Nur ein Viertel der befragten Mini-Job-Beschäftigten suchte nach einer nicht geringfügigen Beschäftigung und hatte den Mini-Job als Übergangslösung angenommen in der Hoffnung, dadurch eine nicht geringfügige Stelle zu finden[13]. Aus Sicht der Beschäftigten wird also nur zu einem geringen Teil eine Brückenfunktion angestrebt oder erwartet.

3.4 Befristete Arbeitsverträge

Befristete Arbeitsverträge, ebenso wie Zeitarbeit, erlauben den Betrieben eine flexible Anpassung ihrer Belegschaften über den externen Arbeitsmarkt. Dies gilt vor allem für die Beendigung der Beschäftigungsverhältnisse, weil Vorschriften des Kündigungsschutzes für diese Arbeitsverträge nicht oder nur eingeschränkt gelten. Seit Mitte der achtziger Jahre werden befristete Arbeitsverträge und Zeitarbeit als Instrument zur Erhöhung der Beschäftigung propagiert. Bei unsicherer Konjunkturlage seien Betriebe zu mehr Einstellungen bereit, wenn sie nicht Kündigungskosten befürchten müssten, falls die Geschäftserwartungen sich nicht erfüllen. Befristete Arbeitsverträge seien daher ein Mittel, die Einstellungsbereitschaft zu erhöhen, mehr Beschäftigung zu erreichen und Brücken aus Arbeitslosigkeit in dauerhafte Be-

---

[11] Bundesagentur für Arbeit: Mini- und Midi-Jobs in Deutschland. Sonderbericht Dezember 2004, S. 15

[12] vgl. BA Sonderbericht, Tabelle 2.

[13] Fertig, Michael u.a. 2005, S. 79, Tab. 16.

schäftigung zu bauen. Einerseits bestünde die Möglichkeit zur Entfristung und Übernahme im Betrieb, andererseits sei eine Bewerbung aus einer Beschäftigung häufig einfacher als aus der Arbeitslosigkeit, weil Arbeitsbereitschaft demonstriert und aktuelle Arbeitszeugnisse vorgewiesen werden können.

Das Argument von der „Brückenfunktion" hat eine Reihe von Aspekten, die bei einer Bewertung berücksichtigt werden müssen:

1. Die Erleichterung befristeter Arbeitsverträge kann eine *zusätzliche* Brückenfunktion nur entfalten, wenn dadurch tatsächlich mehr Arbeitsplätze angeboten werden. Vorstellbar ist, dass Betriebe Aufträge mit Überstunden abarbeiten, weil sie bei Zweifeln an der Qualifikation von Bewerbern nicht das Risiko von Fehlbesetzungen und möglicher Kündigungsschutzklagen eingehen wollen. Wenn es gelänge, Überstunden in zusätzliche befristete Arbeitsplätze umzuwandeln, könnten die Beschäftigungschancen von Arbeitslosen und Berufseinsteigern wachsen. Wenn jedoch bei Neueinstellungen grundsätzlich häufiger befristet wird als früher, statt unbefristeter Verträge zunächst die Arbeitsverträge für eine Probezeit abgeschlossen werden, dann sind befristete Arbeitsverträge das Nadelöhr, durch das der Einstieg in den Arbeitsmarkt zu erfolgen hat. Die gestiegenen Befristungsquoten bei jüngeren Arbeitnehmern deuten auf eine veränderte Einstellungspraxis hin. Sowohl für Hochschulabsolventen als auch für gering qualifizierte Berufsanfänger führt der Berufsanfang häufiger über Befristungen.
2. Befristete Beschäftigung ist besser als Arbeitslosigkeit, nicht nur für die öffentlichen Kassen, sondern auch für die Arbeitnehmer selbst. Neben dem Einkommen führt die Beschäftigung zu Erfahrungen in der Arbeitswelt und abhängig vom Arbeitsplatz zu neuen Qualifikationen, die vom Arbeitgeber bescheinigt werden und für weitere Bewerbungen verwendet werden können. Gute Arbeitszeugnisse helfen sicher, Brücken zu bauen. Eine befristete Beschäftigung bietet in der Regel über Kollegen und Kunden auch Kontakte in neue soziale Netzwerke. Bei hoher Arbeitslosigkeit und großer Konkurrenz um wenige Arbeitsplätze helfen Stellenhinweise und Empfehlungen in die Bewerberauswahl vorzudringen.
3. Die Chancen auf Wechsel aus befristeten Einstiegsjobs in dauerhafte Beschäftigungsverhältnisse hängen von Art der Tätigkeit und Dauer des Vertrages ebenso ab wie von dem Befristungshintergrund des Vertrages. Die Entfristung eines Vertrages ist unwahrscheinlich, wenn nur ein vorübergehender Auftrag zu bearbeiten ist oder ein Vertreter gesucht wird. In Kleinbetrieben bestehen dann offenbar auch wenige Chancen, sich für eine andere Stelle im Betrieb zu empfehlen. Besser

stehen die Aussichten auf Übernahme, wenn die Befristung hauptsächlich zur Erprobung der Eignung des Bewerbers vereinbart wurde oder durch unsichere Auftragslage motiviert war.

4. Der Arbeitsmarkt ist mehr oder weniger segmentiert in „gute" Stellen mit Aufstiegsmöglichkeiten und „schlechte" Stellen mit geringen Anforderungen und erhöhtem Arbeitslosigkeitsrisiko. Fällt der Einstieg in Beschäftigung in das untere Segment, so besteht die Gefahr unterdurchschnittlicher Entlohnung und instabiler Beschäftigung.

Welche Bedeutung der Brückenfunktion befristeter Arbeitsverträge für einen Arbeitsmarkteinstieg zukommt, hängt also vom Vergleichsmaßstab und dem Arbeitsmarktsegment ab. Für einen Vergleich ist vor allem eine Perspektive erforderlich, in der der Erwerbsverlauf von Personengruppen mit vergleichbarer Ausgangssituation hinsichtlich des Einflusses befristeter Arbeitsverträge auf das berufliche Fortkommen verglichen wird. Die empirische Arbeitsmarktforschung kann dazu bisher nur einige Aspekte beitragen.

Dazu muss man sich vergegenwärtigen, in welchem Umfang befristete und unbefristete Stellen angeboten werden. Nach der IAB-Erhebung zum gesamtwirtschaftlichen Stellenangebot stieg die Relation von befristeten zu unbefristeten Neueinstellungen im Zeitraum von 1991 bis 2003 von 20:78 auf 39:50. Das gleiche Bild ergibt sich bei den der Bundesagentur für Arbeit neu gemeldeten offenen Stellen

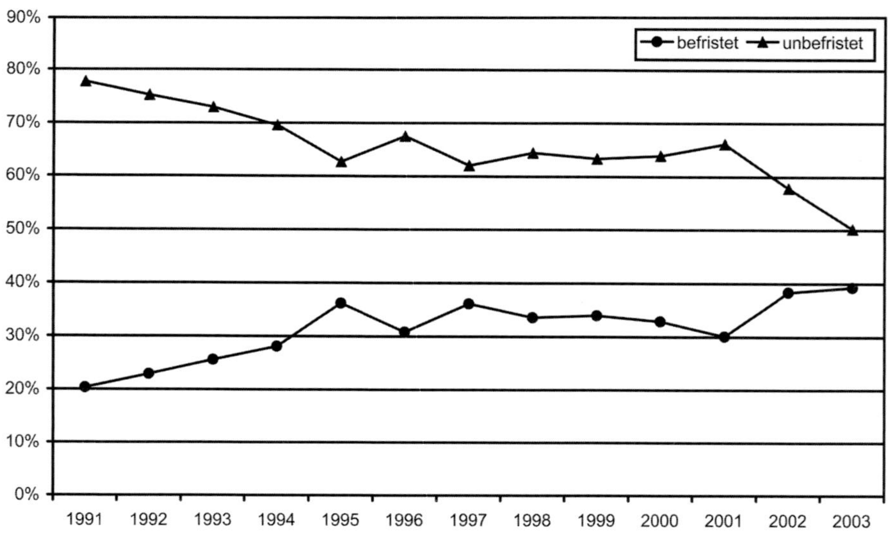

Abb. 3.2. Anteil befristeter und unbefristeter Verträge bei Neueinstellungen (Quelle: IAB-Offene-Stellenbefragung 1991–2003)

für sozialversicherungspflichtige Beschäftigungsverhältnisse. Seit 2000 stieg der Befristungsanteil von 35% auf 47% (Abb. 3.2).

Nach Hagen (2003) bilden befristete Arbeitsverträge Einstiegspositionen für Arbeitslose mit geringen Arbeitsmarktchancen[14]. Die Aufnahme einer befristeten Beschäftigung erhöht die Beschäftigungswahrscheinlichkeit in den folgenden Monaten auf befristeten und unbefristeten Arbeitsplätzen und senkt die Wahrscheinlichkeit, den Arbeitsmarkt zu verlassen. Verglichen wurden Arbeitslose, die einen befristeten Arbeitsvertrag angenommen haben mit solchen, die bei vergleichbarer Dauer der Arbeitslosigkeit dies nicht getan hatten. Allerdings erhöht die befristete Beschäftigung in der Vergangenheit auch die Wahrscheinlichkeit befristeter Beschäftigung in der Zukunft, so dass ein Risiko besteht im instabilen Arbeitsmarktsegment zu verbleiben. Längerfristig zeigte sich für die befristet Beschäftigten kein geringeres Arbeitslosigkeitsrisiko.

Zu ähnlichen Ergebnissen kommen McGinnity u.a. (2004) für Berufsanfänger nach der Ausbildung[15]. Ein befristeter Vertrag als erste Beschäftigung nach der Ausbildung erhöht in den ersten drei Jahren das Arbeitslosigkeitsrisiko beträchtlich. Nach fünf Jahren verschwinden jedoch die Unterschiede zu den Berufsanfängern, die mit einem unbefristeten Arbeitsverhältnis begonnen haben. Längerfristig erwiesen sich befristete Arbeitsverträge nicht als „Falle", die Berufsanfänger in einem unstabilen Arbeitsmarktsegment festhält.

McGinnity und Mertens (2002) analysierten den Verbleib nach befristeter Beschäftigung innerhalb eines Jahres[16]. Etwa 40% der Beschäftigten hatten nach einem Jahr einen Dauerarbeitsvertrag, darunter 28% durch Übernahme beim selben Arbeitgeber und 12% nach Betriebswechsel. 36% hatten weiterhin einen befristeten Arbeitsvertrag und etwas mehr als 20% waren ohne Arbeit. Die Übernahmechancen variieren allerdings stark mit der Qualifikation. Die Autoren sprechen von einem „Zwei-Drittel-Markt", in dem Entlohnung, Wechsel in unbefristete Beschäftigung und Lohnentwicklung in den Folgejahren für das besser qualifizierte Drittel problemlos verlaufen, während 2/3 der geringer Qualifizierten im Durchschnitt niedrigere Löhne im Vergleich zu unbefristet Beschäftigen, niedrigere Chancen auf Übernahme auf Dauerarbeitsplätze, häufigere Arbeitslosigkeit und ungünstigere Lohnentwicklung zu erwarten haben. Im oberen Segment hätten befristete Arbeitsverträge eher die Funktion einer Erprobung, im un-

[14] Daten des Sozio-ökonomischen Panels 1991–2001.
[15] Daten der Lebensverlaufsdaten für die Geburtskohorten 1964 und 1971.
[16] Daten des Sozio-ökonomischen Panels 1995–2000.

teren Segment dienten sie eher zur Anpassung der Beschäftigung in den Betrieben an wechselnde Auftragslagen.

Unter den gegenwärtigen Arbeitsmarktbedingungen ist befristete Beschäftigung für Akademiker und für gering Qualifizierte zu einem „normalen“, zumindest häufigen Berufseinstieg geworden. Für Arbeitslose eröffnen befristete Beschäftigungsverhältnisse Einstiegsmöglichkeiten in den Arbeitsmarkt, die ihre Position gegenüber dauerhaft Arbeitslosen verbessern. Für qualifizierte Beschäftigte sind Erwartungen durchaus berechtigt, ihre Einkommensposition zu verbessern und in der Beschäftigungsstabilität mit unbefristet Beschäftigten gleichziehen. Risiken bestehen für die Arbeitnehmer, die wiederholt zwischen Arbeitslosigkeit und befristeter Beschäftigung wechseln und denen es über längere Zeiträume nicht gelingt, eine stabile Erwerbsbiographie aufzubauen.

Die Verbreitung befristeter Arbeitsverträge nahm in den vergangenen 20 Jahren trotz mehrfacher Lockerungen der Beschränkungen für befristete Arbeitsverträge nur bei jüngeren Arbeitnehmern bis etwa zum 30. Lebensjahr zu (Abb. 3.3)[17]. Offenkundig sind befristete Arbeitsverträge überwiegend eine Erscheinung beim Berufseinstieg, auch für (Fach-)Hochschulabsolventen. Für Arbeitnehmer der mittleren und älteren Jahrgänge lässt sich dagegen bisher keine Zunahme der Befristungsquoten erkennen. Die Altersgrenze für den Abschluss

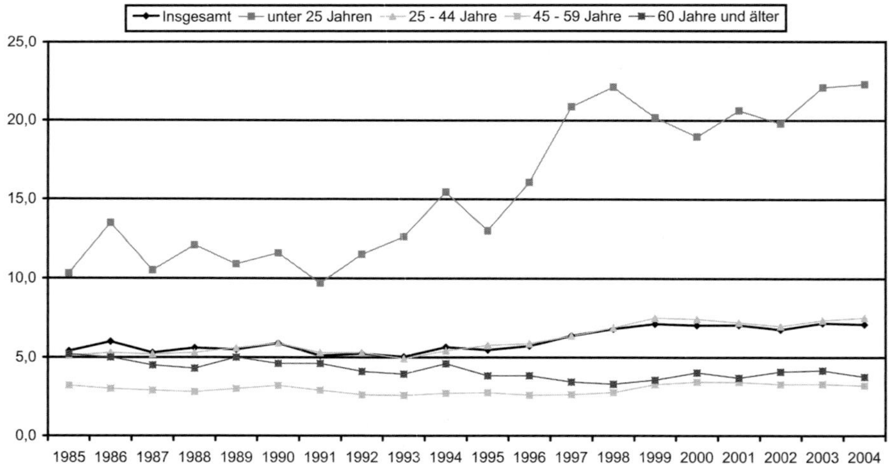

Abb. 3.3. Befristungsquoten nach Altersgruppen (Quelle: Mikrozensus, Berechnungen Rudolph [IAB])

[17] Ergänzende Auswertungen zeigen, dass der Anstieg in der Altersgruppe 25 bis 44 Jahre überwiegend bei den 25- bis 30-Jährigen stattfand.

befristeter Arbeitsverträge ohne sachlichen Grund wurde seit 1996 schrittweise von zuerst 60 Jahren auf inzwischen 52 Jahre herabgesetzt, weil der Gesetzgeber den besonderen Schwierigkeiten älterer Arbeitsloser bei der Arbeitsuche Rechnung tragen wollte, die angeblich mit dem Verweis auf ihren besonderen Kündigungsschutz nicht eingestellt wurden. In Westdeutschland liegt die Befristungsquote für Arbeitnehmer ab 60 Jahren gegenwärtig bei 4% und ist damit niedriger als in den 80er Jahren. Auch in Ostdeutschland ist sie zuletzt gefallen.

3.5 Zeitarbeit und Personal-Service-Agenturen

Auch für die Neuregelung der Zeitarbeit[18] und die Einführung von Personal-Service-Agenturen (PSA) als Instrument der Arbeitsmarktpolitik durch das „Erste Gesetz für Moderne Dienstleistungen am Arbeitsmarkt" wird ihre erwartete „Brückenfunktion" als Begründung in Anspruch genommen. „Die Personal-Service-Agentur (PSA) ist ein wirkungsvolles Instrument zum Abbau der Arbeitslosigkeit. Ziel der PSA ist es, Einstellungsbarrieren zu überwinden und Arbeitslose mit einer neuen Form vermittlungsorientierter Arbeitnehmerüberlassung schnell wieder in den ersten Arbeitsmarkt zu integrieren („Klebeeffekt")", lautete die Empfehlung der Hartz-Kommission[19].

Zeitarbeit ist ähnlich wie befristete Arbeitsverträge ein Instrument zur kurzfristigen externen Anpassung des Personalbedarfs von Betrieben. Zusätzlich übernehmen die Verleihfirmen die vollen Arbeitgeberpflichten und ersparen den Entleihern Suche, Personalauswahl und Personalverwaltung, die sie sich über die vereinbarten Verrechnungssätze vergüten lassen.

Ursprünglich unterlag der Verleih von Arbeitskräften strengen Auflagen, die ein Unterlaufen des Kündigungsschutzes ausschließen und kurze Verleihzeiten zu dauerhaften überbetrieblichen Arbeitsplätzen bündeln sollten. Befristete Arbeitsverträge waren ebenso verboten wie die Synchronisation von Beschäftigungsverhältnis und erstem Verleih und die kurzfristige Wiedereinstellung nach einer Entlassung. Die maximale Verleihdauer an einen Betrieb war ursprünglich auf drei Monate begrenzt, der Verleih von Arbeitern ins Baugewerbe ist verboten.

Seit 1985 lockerte der Gesetzgeber jedoch die Einschränkungen zunächst vorsichtig durch stufenweise Verlängerung der zulässigen Aus-

---

[18] Der gesetzliche Begriff lautet Arbeitnehmerüberlassung, synonym wird häufig von Leiharbeit gesprochen.

[19] Hartz-Kommission: Moderne Dienstleistungen am Arbeitsmarkt. Endbericht 2002.

leihdauer auf inzwischen 24 Monate. Mit den Vorschlägen der Hartz-Kommission zur Einrichtung von Personal-Service-Agenturen als vermittlungsorientierte Arbeitnehmerüberlassung im Rahmen der Arbeitsmarktpolitik fand diese Entwicklung ihren Höhepunkt. Seit 2003 sind Synchronisations-, Befristungs- und Wiedereinstellungsverbot aufgehoben, wenn die Verleihfirmen Tarifverträge abgeschlossen haben. Mit der Neuregelung[20] wurden europäische Mindeststandards ins deutsche Arbeitsrecht übernommen[21].

Im Gegensatz zur schleppenden Beschäftigungsentwicklung in der Gesamtwirtschaft expandierte die Zeitarbeitsbranche in den neunziger Jahren mit hohen Wachstumsraten. Im Juni 2003 gab es in Deutschland etwa 14 400 Verleihbetriebe mit 327 000 Leiharbeitnehmern[22]. In 2004 könnte die Zahl erneut um 30–40 000 angestiegen sein. Damit hat sich gegenüber 1995 die Zahl der Betriebe (1995: knapp 7500) und die Beschäftigtenzahl nahezu verdoppelt (1995: 176 000). Der Anteil an den sozialversicherungspflichtig Beschäftigten stieg von 0,63 Prozent auf 1,21 Prozent.

Die Branche ist nach wie vor durch eine sehr hohe Personalfluktuation gekennzeichnet, die unmittelbar aus den Saisonschwankungen abzulesen ist (Abb. 3.4). Bei 340 000 beschäftigten Leiharbeitnehmern im Jahresdurchschnitt 2003 gab es 900 000 Arbeitsverhältnisse (nicht: Verleiheinsätze). Nur 40 Prozent der Arbeitsverträge dauerten länger als 3 Monate; 11 Prozent sogar nur bis zu einer Woche. Nur etwa 15 Prozent der neu eingestellten Zeitarbeiter bleiben länger als ein Jahr bei der Verleihfirma (Gesamtwirtschaft: ca. 50 Prozent). Die hohe Fluktuation zeigt, dass die Branche nicht nur gegenüber den Entleihern, sondern auch bei der Anpassung des eigenen Personalbestands hoch flexibel reagiert. Die Rechnung des Gesetzgebers, es könnten durch gesetzliche Auflagen dauerhafte Arbeitsplätze bei Verleihbetrieben durch Bündelung von Einsätzen geschaffen werden, ist also kaum aufgegangen[23].

Die Verleihfirmen rekrutieren in hohem Umfang aus Arbeitslosigkeit und Nicht-Erwerbstätigkeit. Ca. 60 Prozent der rekrutierten Arbeitnehmer waren vorher nicht beschäftigt, davon 9 Prozent noch nie und 10 Prozent mehr als 12 Monate nicht beschäftigt. 40 Prozent waren vorher beschäftigt, darunter 10 Prozent bei anderen Verleihern.

[20] Erstes Gesetz für moderne Dienstleistungen am Arbeitsmarkt (Nov. 2002), in Kraft ab 1. 3. 2003.
[21] vgl. Jahn und Rudolph (2002 b).
[22] Arbeitnehmerüberlassungsstatistik der BA.
[23] Jahn, E./Rudolph, H. 2002.

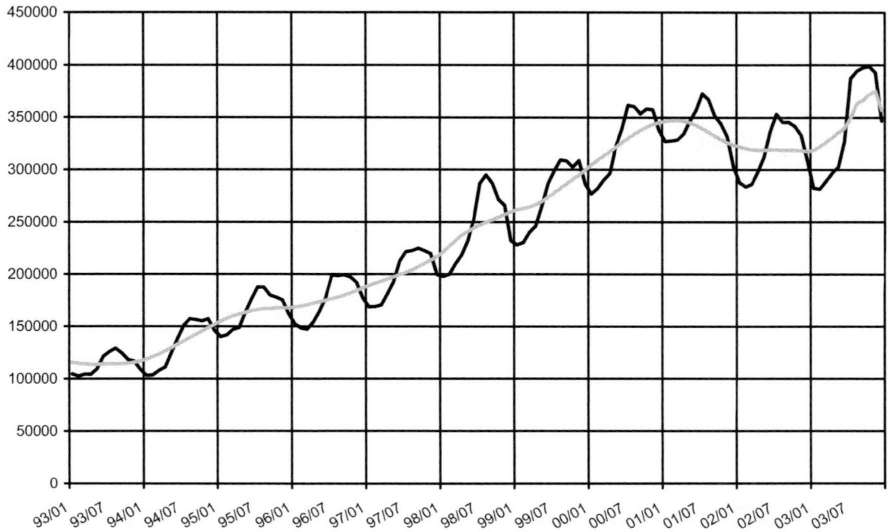

Abb. 3.4. Überlassene Leiharbeiter 1993–2003 (Quelle: Arbeitnehmerüberlassungsstatistik der Bundesagentur für Arbeit. Berechnungen Rudolph IAB)

Hauptmotiv der Arbeitnehmer für die Aufnahme von Zeitarbeit ist daher vor allem, auf der Suche nach einer anderen Stelle, Zeiten der Arbeitslosigkeit zu verkürzen oder zu vermeiden.

Einem bedeutenden Teil der Leiharbeitnehmer gelingt ein nahtloser Wechsel in Beschäftigungsverhältnisse außerhalb der Verleihfirmen. Ende der 80er Jahre waren dies 40 bis 45 Prozent, 1997 ca. 35 Prozent[24]. Nach einer Verbandsumfrage aus dem Jahr 2000 hatten 29 Prozent der Zeitarbeiter innerhalb eines Jahres eine Stelle außerhalb der Verleihbranche erhalten, etwa zur Hälfte über die so gewonnenen Kontakte[25]. Arbeitnehmerüberlassung hat damit für einen erheblichen Teil der Arbeitskräfte eine wichtige Brückenfunktion aus der Arbeitslosigkeit in feste Beschäftigung.

Die Zeitarbeit expandierte vor allem wegen der verstärkten Beschäftigung von einfachen Arbeitern und Arbeitnehmern ohne Berufsausbildung. Die Beschäftigungsanteile der Niedrig-Qualifizierten sind in der Branche gestiegen und höher als in der Gesamtwirtschaft. Die Expansion fand also vor allem in dem Qualifikationssegment statt, in dem die Wirtschaft Arbeitsplätze eingespart hat (Leiharbeit: 1985:

---

[24] Daten der IAB-Beschäftigtenstichprobe; vgl. Rudolph und Schröder 1997.

[25] CIETT 2000: Orchestrating the Evaluation of Private Employment Agencies towards a stronger society. Brüssel.

23 Prozent; 2001: 34,5 Prozent; Gesamtwirtschaft: 1985: 29 Prozent, 2001: 17 Prozent[26]).

Aber Flexibilität hat ihren Preis. Die monatlichen Durchschnittslöhne[27] in Leiharbeit betrugen 2001 in Westdeutschland 58,8 Prozent des Durchschnitts aller Wirtschaftszweige, in Ostdeutschland 68,6 Prozent. Die Unterschiede sind in den vergangenen Jahren eher größer geworden. Da der Schwerpunkt der Entleihbetriebe in Wirtschaftszweigen mit überdurchschnittlichen Lohnsätzen liegt, sind dort die Lohndifferenziale zwischen eigenen Tarifen und Bruttolöhnen von Zeitarbeitnehmern größer als im gesamtwirtschaftlichen Durchschnitt. Tarifgebundene Großbetriebe, früher Referenz für sozial- und arbeitsrechtliche Normen, haben durch Ausweitung von Zeitarbeit Beschäftigungsrisiken und Personalkosten für Randbelegschaften nach außen verlagert.

Diese Erkenntnisse werden von laufenden qualitativen und quantitativen Untersuchungen des IABs gestützt[28]. Im Jahr 2002 nutzten etwa 2,4% der Betriebe in Deutschland zumindest zeitweilig Verleihkräfte. Bei Betrieben mit mehr als 500 Beschäftigten betrug der Nutzungsgrad 35,7%, allerdings überwiegend mit geringer bis mäßiger Nutzungsintensität. Immerhin deckten unter den Betrieben mit mehr als 150 Beschäftigten etwa 8% mehr als 10% ihres Personalbedarfes mit Zeitarbeitskräften ab. Unter den die Zeitarbeit intensiv nutzenden Betrieben scheint es drei typische Fallkonstellationen zu geben, in der Zeitarbeit nicht nur zur Überbrückung vereinzelter Personalengpässe, sondern mit einer strategischen Perspektive eingesetzt wird. Erstens handelt es sich um Großunternehmen, die ihre Personalreserve für abwesenheitsbedingte Fehlzeiten verknappen und durch Zeitarbeit ersetzen. Da nur der tatsächliche Arbeitseinsatz gezahlt werden muss, entstehen auch bei eigene Personalkosten übersteigenden Verrechnungssätzen Kostenvorteile. Bisweilen gründen Industrieunternehmen mit traditionell hohem Lohnniveau eigene Verleihfirmen, in denen niedrigere Tariflöhne gezahlt werden. Zweitens nutzen mittelgroße Betriebe im Verarbeitenden Gewerbe mit geringem Rentabilitätsspielraum und schwankender Auftragslage Zeitarbeitskräfte, um eine zeitnahe Personalanpassung ohne Heuern und Feuern durchführen zu können. Als dritte Gruppe bilden sich neue Dienstleistungsunternehmen z. B. in der IT-Branche, die ihre Aufträge mit hohem Einsatz von

---

26 Höchster Bildungsabschluss: Haupt- oder Realschulabschluss ohne Berufsausbildung. Angaben für Bundesgebiet West.

27 Für vollzeitbeschäftigte Männer zwischen 25 und 35 Jahren.

28 Bellmann u. a. 2005.

Verleihkräften abarbeiten und die gelegentlich auch mit den Verleihfirmen verflochten sind. Aber Zeitarbeit rangiert nach wie vor auf den hinteren Plätzen der betrieblichen Instrumente zur Flexibilisierung des Arbeitseinsatzes, hinter Überstunden, geringfügiger und befristeter Beschäftigung und der Einführung von Arbeitszeitkonten.

Die Auswirkungen des Ersten Gesetzes für moderne Dienstleistungen 2003 und die dadurch ausgelösten Tarifabschlüsse auf die Zeitarbeit lassen sich noch nicht absehen.

Mit dem gleichen Gesetz wurden die Arbeitsagenturen verpflichtet, Verträge mit Zeitarbeitsfirmen zur Errichtung von Personal-Service-Agenturen (PSA) abzuschließen. In jedem Agenturbezirk wurde mindestens eine PSA nach Ausschreibung eingerichtet. Für die Startphase bestand eine Zielvorgabe von 50 000 Arbeitslosen, die in den PSA beschäftigt werden sollten. Durch eine finanzielle Förderung der PSA mit monatlichen Fallpauschalen und Erfolgsprämien wird angestrebt, die Brückenfunktion von Zeitarbeit als arbeitsmarktpolitisches Instrument auszubauen und für die Beschäftigung von Arbeitslosen zu nutzen.

Insgesamt wurden 883 PSA-Verträge mit privaten Zeitarbeitsfirmen (57%), Vermittlungsagenturen (17%) und Bildungsträgern (22%) abgeschlossen[29]. „Beschäftigungs- und verleihfähige" Arbeitslose, die kurzfristig nicht zu vermitteln waren, erhielten befristete Arbeitsverträge über neun bis zwölf Monate, in denen sie durch Verleiheinsätze und Qualifikation für eine Vermittlung oder Übernahme vorbereitet werden sollten.

Im Jahresdurchschnitt 2004 wurden etwa 28 000 zuvor Arbeitslose in PSA beschäftigt. Von den Beschäftigten, die bis Januar 2004 die PSA verließen, konnten 42% in eine sozialversicherungspflichtige Beschäftigung außerhalb der PSA wechseln. Etwa die Hälfte von ihnen fand durch Vermittlung der PSA Beschäftigung in einem anderen Unternehmen. 9% der PSA-Beschäftigten hatten sich eine Stelle selbst gesucht. Bei 11% führte ein Verleiheinsatz zu einer Übernahme im Verleihbetrieb. Andererseits verließen 58% der Teilnehmer die PSA ohne die angestrebte Integration. Der eigentliche „Klebeeffekt", also die Übernahme durch einen Entleihbetrieb fiel mit 11% also geringer als erhofft aus. Allerdings fiel der Start der PSA in eine Periode mit rückläufiger Beschäftigung in der Gesamtwirtschaft, von der auch die Nachfrage nach Dienstleistungen der Zeitarbeitsfirmen betroffen war. Bis Oktober 2004 stabilisierte sich die Integrationsquote, zwischen-

[29] Jahn, Elke (2005): Personal-Service-Agenturen: Start unter ungünstigen Voraussetzungen. IAB-Forum Nr. 1/2005, S. 14–17.

zeitlich beeinträchtigt durch die Insolvenz eines überregionalen PSA-Trägers, bei 36%[30].

Als arbeitsmarktpolitisches Instrument hat Zeitarbeit in Form der Personal-Service-Agenturen bisher nicht die hochgesteckten Erwartungen der Hartz-Kommission erfüllt. Sie ist sicher auch in Konkurrenz zu bestehenden marktwirtschaftlichen Verleihagenturen getreten. Im Vergleich zu den wenigen verfügbaren Informationen zum Übergang aus Zeitarbeit in Beschäftigung in anderen Branchen (Verbandsangabe 1997: 29%) haben die PSA jedoch nicht schlecht abgeschnitten, trotz der Beschäftigung von Arbeitslosen mit unterdurchschnittlichen Arbeitsmarktchancen.

Private Zeitarbeitsfirmen leisten einen Beitrag bei der Personalrekrutierung und der Verminderung von Vakanzzeiten bei den Entleihbetrieben. Bisher haben sie im Umfeld von Großbetrieben einen Puffer zur Stabilisierung oder Reduzierung von Kernbelegschaften gebildet. Diese konnten Einsparungen durch flexible Beschäftigung von Zeitarbeitskräften bei Personalkosten und Abfindungen realisieren. Durch durchschnittlich niedrigere Löhne und geringe Senioritätsrechte waren Zeitarbeitskräfte in der Regel schlechter gestellt als Arbeitnehmer der Entleihbetriebe. Aufgrund des quantitativ noch dominierenden Verleihs von Hilfskräften und Berufsanfängern eröffnen sich für diesen Personenkreis, ähnlich wie bei befristeter Beschäftigung, Möglichkeiten, Berufserfahrung zu sammeln und Kontakte zu knüpfen auf dem Weg in stabile Beschäftigung. Die vorliegenden empirischen Ergebnisse zeigen bisher jedoch für die private Zeitarbeit keine verbesserte Brückenfunktion gegenüber Befristungen. Abzuwarten und zu untersuchen bleibt, ob durch die Tarifverträge und die gesetzliche Verpflichtung, nach mehr als 12 Monaten Beschäftigung in einem Entleihbetrieb die Lohnsätze des Entleihbetriebs zu zahlen, sich die Strukturen und Einsatzbereiche verändern.

3.6 Fazit

In Zeiten hoher Arbeitslosigkeit, besonders von gering qualifizierten Arbeitnehmern, gibt es keine Wundermittel zur Integration in Beschäftigung. Alle Brücken können hilfreich sein, die Berufserfahrung verbessern, Qualifikation fördern, Flexibilität und Arbeitsbereitschaft demonstrieren. Befristete Arbeitsverträge und Zeitarbeit können Türen öffnen und Vorteile in der Konkurrenz um dauerhafte Beschäfti-

---

[30] Jahn (2005), vgl. auch Jahn 2004 a und b.

gung bieten. Mini-Jobs sind eher eine Gelegenheit zum beschränkten Zuverdienst bei Arbeitslosigkeit und werden von den Beschäftigten kaum als Sprungbrett angesehen.

Gesetzliche Änderungen der rechtlichen Rahmenbedingungen können zwar Beschäftigungsformen begünstigen, haben aber in der Regel keinen messbaren Effekt auf die Gesamtbeschäftigung, vor allem wenn sie zu Substitutionseffekten führen. Die Expansion der Mini-Jobs in Nebenbeschäftigung scheint ein Beispiel dafür zu sein.

Literatur

Bellmann L, Promberger M, Theuer St (2005) Leiharbeit in der Praxis nach wie vor kein Hit. In: IAB-Forum Nr. 1/2005, S 18–23

Bundesagentur für Arbeit: Mini- und Midi-Jobs in Deutschland. Sonderbericht Dezember 2004

Cramer U (1986) Zur Stabilität von Beschäftigung. In: Mitteilungen aus der Arbeitsmarkt- und Berufsforschung. Jg. 19 (1986), H. 2, S 243–256

Erlinghagen M, Knuth M (2002) Auf der Suche nach dem „Turbo-Arbeitsmarkt". Graue Reihe des Instituts für Arbeit und Technik Nr. 2002-03. Gelsenkirchen

Europäische Kommission: Richtlinie 99/70/EG über befristete Arbeitsverträge vom 28. 6. 1999

Europäische Kommission: Vorschlag für eine Richtlinie des Europäischen Parlaments und des Rates über die Arbeitsbedingungen von Leiharbeitern, KOM (2002) 149, C5-0140/02, Brüssel

Fertig M, Kluve J, Scheuer M (2005) Was hat die Reform der Mini-Jobs bewirkt? Duncker & Humboldt, Berlin

Hartz-Kommission (2002) Moderne Dienstleistungen am Arbeitsmarkt. Bericht der Kommission

Hagen T (2003) Do Fixed-Term Contracts Increase the Long-Term Employment Opportunities of the Unemployed? ZEW Discussion Paper No. 03-49, Mannheim

Hoffmann E, Walwei U (1998) Längerfristige Entwicklung von Erwerbsformen in Westdeutschland. IAB-Kurzbericht Nr. 2 vom 27. 1. 1998

Jahn E (2004 a) Personal-Service-Agenturen. In der Fläche schon present. IAB-Kurzbericht Nr. 1 vom 14. 1. 2004

Jahn E (2004 b) Personal-Service-Agenturen. Erste Erfolge zeichnen sich ab. IAB-Kurzbericht Nr. 2 vom 15. 1. 2004

Jahn E, Rudolph H (2002) Zeitarbeit Teil I: Auch für Arbeitslose ein Weg mit Perspektive. IAB Kurzbericht Nr. 20 vom 28. 8. 2002

McGinnity F, Mertens A (2002) Fixed-Term contracts in East and West Germany: low wages, poor prospects? Discussion Paper Nr. 72/2002 des Sonderforschungsbereiches 373. Humboldt-Universität Berlin

McGinnity F, Mertens A, Gundert S (im Erscheinen). A bad start? Fixed-term contracts and the transition from education to work in West Germany. European Sociological Review 21:4

Rudolph H (1998) Geringfügige Beschäftigung mit steigender Tendenz. IAB-Werkstattbericht Nr. 9 vom 21. 8. 1998

Rudolph H (2000) Befristete Arbeitsverträge sind bald neu zu regeln. IAB-Kurzbericht Nr. 12 vom 1. 9. 2000

Rudolph H, Schröder E (1997) Arbeitnehmerüberlassung – Trends und Einsatzlogik. Mitteilungen aus der Arbeitsmarkt- und Berufsforschung Jg. 30, Heft 1, S 102–126

Schröder E (1997) Arbeitnehmerüberlassung in Vermittlungsabsicht. BeitrAB 209, Nürnberg

Walwei U (2002) Leiharbeit: Bedeutung für Wirtschaft und Beschäftigung. In: Informationsdienst Europäisches Sozialrecht Heft 10/2002, S 149–166 (Schwerpunktheft zur Arbeitnehmerüberlassung in Europa)

Auswirkungen von Arbeitsplatzunsicherheit und Personalabbau

KAPITEL 4

Arbeitsplatzunsicherheit: Überblick über den Forschungsstand [1]

M. Sverke · H. Hellgren · K. Näswall

Zusammenfassung. *In diesem Beitrag wird das Wesen der Arbeitsplatzunsicherheit beschrieben und es werden konzeptionelle sowie methodische Fragen behandelt, die für das Verständnis ihrer Antezedenzien und Konsequenzen bedeutsam sind. Der vorliegende Forschungsüberblick macht deutlich, dass noch sehr viel theoretische und empirische Arbeit erforderlich ist, um das Wesen der Arbeitsplatzunsicherheit zu erfassen, psychometrisch fundierte Messinstrumente für die verschiedenen Aspekte zu entwickeln, und valide Schlussfolgerungen hinsichtlich der Auswirkungen der Unsicherheit ziehen zu können. Die Arbeitsplatzunsicherheit wird als ein subjektiv empfundener Stressor definiert, der in verschiedene Dimensionen unterteilt werden kann. Die Empfindung von Arbeitsplatzunsicherheit resultiert sowohl aus situationsbedingten als auch aus einer Reihe von individuellen Faktoren. Es gibt konsistente Zusammenhänge zwischen der Wahrnehmung von Arbeitsplatzunsicherheit und Reaktionen wie beispielsweise negativen arbeitsbezogenen Einstellungen und Verhaltensweisen und arbeitsbedingten Stresssymptomen. Obwohl bereits einige Längsschnittstudien zu den Folgen der Arbeitsplatzunsicherheit existieren, stammen bisher die meisten Forschungsergebnisse aus Querschnittstudien, und es sind noch erhebliche Anstrengungen erforderlich, um das Wissen um die Auswirkungen der Arbeitsplatzunsicherheit zu erweitern. Es wurden einige Faktoren identifiziert, die das Verhältnis zwischen der Arbeitsplatzunsicherheit und ihren potenziellen Konsequenzen beeinflussen könnten. Zur Verbesserung des Verständnisses, was Arbeitsplatzunsicherheit ist und was sie für den Einzelnen und die Organisation bedeuten kann, müssen die angesprochenen Fragen in theoretischen sowie empirischen Arbeiten angegangen werden.*

---

[1] Danksagung: Dieser Forschungsbericht wurde unterstützt durch das „Swedish Council for Work Life Research (RALF)", das „Swedish National Institute for Working Life" im Rahmen des „Joint Programme for Working Life Research in Europe (SALTSA)" und Alecta. Übersetzung aus dem Englischen: Christian Vetter und Maria Welsing.

4.1 Wandel der Arbeitswelt

Die Arbeitswelt hat sich in den letzten Jahrzehnten dramatisch verändert (z.B. [45, 54, 92, 96, 114]). Ausdruck dafür sind die zunehmende internationale wirtschaftliche Verflechtung, die sich rapide verändernden Konsumgütermärkte und wachsende Anforderungen an die Flexibilität sowohl innerhalb wie auch zwischen den Unternehmen. Als Konsequenz daraus waren die Unternehmen gezwungen, verschiedene Anpassungsstrategien zu verfolgen, um den neuen Anforderungen gerecht zu werden und in einem immer weniger vorhersehbaren Umfeld zu überleben. Nach Cascio et al. [27] haben Unternehmen zwei Möglichkeiten, rentabler zu werden: Sie können entweder ihre Gewinne steigern oder ihre Kosten senken – häufig geschieht dies durch Verringerung der Anzahl der Mitarbeiter. Diese Möglichkeiten der Unternehmen werden oft durch Maßnahmen wie beispielsweise Outsourcing, Privatisierung, Fusionen und Übernahmen, häufig in Kombination mit Personalabbau durch Entlassungen, Angebote der Frühpensionierung und einen verstärkten Einsatz von Leiharbeitern [22, 23, 117] realisiert. Auch wenn diese Reorganisationsstrategien sich in vielem unterscheiden, so bringen sie doch meistens eines mit sich: Die Mitarbeiter machen sich in zunehmendem Maße Sorgen über ihre Zukunft. Diese Sorgen können sowohl das Überleben der Organisation als Ganzes als auch die zukünftige Existenz des eigenen Arbeitsplatzes oder wertvoller Merkmale des Arbeitsplatzes betreffen.

Eine der gängigsten Taktiken bei der Reorganisation ist die Verringerung des Personalbestands. Strategien des Downsizings können viele unterschiedliche Aspekte und Facetten umfassen, sie beinhalten jedoch alle per definitionem Personalabbau. Kets de Vries and Balazs [62] definierten Downsizing als „die geplante Eliminierung von Stellen oder Arbeitsplätzen" [62, S. 11]. Eine andere Definition betont, dass Downsizing eine organisatorische Entscheidung zur Verringerung der Anzahl der Mitarbeiter und zur Verbesserung der Leistung der Organisation darstellt, und dass diese Entscheidungen absichtlich und bewusst getroffen werden [25]. In den letzten Jahrzehnten haben Downsizing-Maßnahmen in den Industriestaaten zugenommen. Millionen von Arbeitnehmern haben ihre Arbeitsplätze verloren [27]. Während der achtziger und neunziger Jahre wurden allein in den Vereinigten Staaten Stellen von über 3 Millionen Angestellten eliminiert – und die Lage in Asien und Europa ist kaum anders [96].

Durch die Veränderung der Arbeitswelt hat die Problematik unsicherer Arbeitsbedingungen zunehmende Bedeutung erlangt, und eine wachsende Zahl von Wissenschaftlern und Fachleuten widmen sich dem Thema der Arbeitsplatzunsicherheit. In den achtziger und den neunziger Jahren stieg die Anzahl der Personen stark an, die ihr Arbeitsverhältnis als unsicher empfanden [88]. Im Jahr 1996 erfasste die OECD [88] Angaben von Arbeitnehmern aus 21 OECD-Staaten[2]. Der Anteil der Befragten, die eine unzureichende Arbeitsplatzsicherheit angaben, bewegte sich zwischen 31% bei den Norwegern und 50% und mehr bei den Befragten aus Frankreich, Japan, Großbritannien und den Vereinigten Staaten (vgl. auch [2] hinsichtlich der einzelnen Bedingungen in Großbritannien, und [13] hinsichtlich der Angaben für Dänemark). Es liegen auch ausreichende Belege dafür vor, dass sich die Arbeitsbedingungen für die weiterhin in Beschäftigung stehenden Arbeitnehmer dramatisch verändert haben. Arbeitgeber aus praktisch allen Industriestaaten streben in unterschiedlichem Ausmaß nach mehr Flexibilität bei der personellen Ausstattung ihrer Unternehmen [64, 108]. Das Streben der Unternehmen nach funktionaler und numerischer Flexibilität hat neue Qualifikationsanforderungen sowie Änderungen in den Arbeitsverträgen mit sich gebracht. Vor allem zeigten die Unternehmen vermehrt Interesse an der Beschäftigung von Mitarbeitern auf der Grundlage von kurzfristigen oder befristeten Arbeitsverträgen anstelle von langfristigen Verträgen [79, 112]. Zudem müssen die verbleibenden Mitarbeiter, die sogenannten Survivors, nach einer Personalreduktion mit weniger Ressourcen mehr leisten, die Arbeitsbelastung wächst und es herrscht möglicherweise Unsicherheit hinsichtlich der Erfüllung der Aufgaben [23, 47].

Infolge der oben beschriebenen Veränderungen ist die Arbeitsplatzunsicherheit zu einem der bedeutendsten Probleme im gegenwärtigen Arbeitsleben geworden. Inzwischen beschäftigt sich auch die Forschung in zunehmendem Maße mit diesem Phänomen [116]. In dem vorliegenden Beitrag werden theoretische und methodische Fragen hinsichtlich des Begriffs der Arbeitsplatzunsicherheit diskutiert sowie ihre Antezedenzien und Konsequenzen erörtert. Abschließend wird skizziert, in welchen Bereichen zukünftig noch Forschungsbedarf besteht.

[2] Die Prozentangaben basieren auf dem Normwert der Beschäftigungssicherheit und werden als durchschnittliche Prozentsätze der Personen berechnet, die auf vier Fragen zum Grad der empfundenen Arbeitsplatzunsicherheit positiv geantwortet haben. Einzelheiten dazu, s. OECD Employment Outlook (1997, Kapitel 5).

4.2 Arbeitsplatzunsicherheit: Begriffliche Grundlagen und Messmethoden

Angesichts der im Arbeitsleben stattfindenden Veränderungen hat das Konstrukt der Arbeitsplatzunsicherheit selbst eine Bedeutungsveränderung erfahren. Während der sechziger und der siebziger Jahre wurde dieses Konstrukt in umfassenderen Arbeitsklima-Inventaren verwendet. Es wurde eher als Motivator (Arbeitsplatzsicherheit) als ein Stressor (z. B. [46, 97]) angesehen. In diesen Studien wurde die selbst angegebene Arbeitsplatzsicherheit als eine Variable von vielen behandelt, welche zusammen genommen die Arbeitszufriedenheit einer Person insgesamt widerspiegeln. Eine Ausnahme bilden Caplan, Cobb, French, Van Harrison und Pinneau [26], die ein Stress-Inventar entwickelten, das auch eine mehrere Items umfassende Skala zur Erfassung der Arbeitsplatzunsicherheit beinhaltete. Mitte der achtziger Jahre begann sich die Forschung in diesem Bereich systematischer auf die Arbeitsplatzunsicherheit zu konzentrieren. Damit ging auch eine Bedeutungsänderung des Konstrukts einher. Es wurde zunächst als Motivator angesehen, dann jedoch als Stressor [43] definiert. In diesem Kontext entwickelte sich allmählich ein systematischer Forschungsansatz, bei dem vor allem empirische Ergebnisse berücksichtigt wurden, und – in einem gewissen Maß – auch die Theorieentwicklung vorangetrieben wurde (vgl. [116] hinsichtlich eines Überblicks).

Greenhalgh und Rosenblatt [43] gehörten zu den Ersten, welche die Arbeitsplatzunsicherheit in einen größeren theoretischen Zusammenhang setzten. Sie fassten die Definitionen der Arbeitsplatzunsicherheit in ihrem theoretischen Modell zusammen und arbeiteten die potenziellen Ursachen, Wirkungen und Konsequenzen dieses Phänomens für Organisationen näher heraus. Greenhalgh und Rosenblatt definierten die Arbeitsplatzunsicherheit als eine „empfundene Machtlosigkeit, in einer gefährdeten Arbeitplatzsituation die gewünschte Kontinuität aufrecht zu erhalten" [43, S. 438]. Nach ihrer Meinung ergibt sich die Arbeitsplatzunsicherheit aus individuellen Wahrnehmungen und Bewertungen des direkten Arbeitsumfeldes. Dieses impliziert, dass vermittelt durch die perzeptiven und kognitiven Prozesse des Einzelnen subjektiv empfundene Bedrohungen aus objektiven Bedrohungen abgeleitet werden (vgl. Theorien des Psychologischen Klimas; z. B. [57, 58]). Mit dieser Konzeption von Arbeitsplatzunsicherheit als theoretischem Ausgangspunkt wurden in der Literatur eine Reihe von recht ähnlichen Definitionen präsentiert. So wurde die Arbeitsplatzunsicherheit beispielsweise wie folgt beschrieben:

- „Erwartungen hinsichtlich der Kontinuität in einem Arbeitsverhältnis" [30, S. 323],

- „allgemeine Sorge um den zukünftigen Bestand des Arbeitsplatzes" [98, S. 587],
- „von einem Mitarbeiter oder einer Mitarbeiterin wahrgenommene potenzielle Gefahr für die Kontinuität ihres oder seines derzeitigen Arbeitsplatzes" [49, S. 1431],
- „Diskrepanz zwischen dem Grad der Sicherheit, den eine Person erfährt, und dem Grad, den sie sich wünschen würde" [47, S. 7],
- „subjektiv empfundene Antizipation eines fundamentalen und unfreiwilligen Ereignisses" [116, S. 243].

In diesem Zusammenhang sollte darauf hingewiesen werden, dass in den Verhaltenswissenschaften einige Forscher – auch wenn dies in anderen wissenschaftlichen Disziplinen wahrscheinlich häufiger geschieht – Definitionen für Arbeitsplatzunsicherheit verwenden, die größtenteils „objektiv" sind. Diese Definitionen stützen sich auf die Annahme, dass die Arbeitsplatzunsicherheit unabhängig von der Erfahrung und der Interpretation der Situation durch den Einzelnen als ein kontextuelles Phänomen auftritt. Als Beispiel ist hier Pearce [91] zu nennen, der eine befristete Beschäftigung als einen objektiven Typ der Arbeitsplatzunsicherheit definierte, der durch „eine unabhängig determinierte Wahrscheinlichkeit" gekennzeichnet ist, „dass die Arbeiter in absehbarer Zukunft den gleichen Arbeitsplatz haben werden" [91, S. 34]. Andere haben ganze Organisationen oder Arbeitsstätten als mehr oder weniger durch Arbeitsplatzunsicherheit gekennzeichnet eingestuft (z. B. [24, 37]). Bei diesen objektiven Definitionen wird grundsätzlich angenommen, dass Personen in als unsicher eingestuften Arbeitsverhältnissen und/oder Unternehmen eine höhere Arbeitsplatzunsicherheit empfinden als Personen, die sich in einem eher sicheren Beschäftigungsverhältnis befinden oder für eine als sicher eingeschätzte Organisation arbeiten. Es gibt auch Forscher, die ihre Definitionen der Arbeitsplatzunsicherheit auf die Höhe der Arbeitslosigkeit in der Gesellschaft stützen, d. h. dass ein Anstieg der Arbeitslosigkeit als eine Erhöhung der allgemeinen Arbeitsplatzunsicherheit interpretiert werden kann (z. B. [41]).

Wieder andere Forscher verwenden in ihren Forschungsarbeiten Kombinationen aus verschiedenen Definitionen und Operationalisierungen. Mohr [81, S. 339] definierte beispielsweise vier verschiedene Arten der Arbeitsplatzunsicherheit: (1) „Arbeitsplatzunsicherheit als ein Zustand des öffentlichen Bewusstseins", welcher einen hohen Grad an Arbeitslosigkeit in der Gesellschaft beinhaltet; (2) „betriebliche Arbeitsplatzunsicherheit", welche sich auf instabile und unsichere Bedingungen in der Organisation bezieht; (3) „akute Arbeitsplatzunsicherheit", welche die konkrete subjektive Empfindung einer Bedrohung des Arbeitsplatzes betrifft, und (4) „Antizipation des Arbeitsplatzverlustes“, welche für Situationen gilt, in denen in einer Organisation, in der eine Person beschäftigt ist, schon mit Entlassungen begonnen wurde. Die Arbeitsplatzunsicherheit kann daher entweder auf persönlicher Ebene empfunden werden oder auf externe Umstände zurückgeführt werden, wie beispielsweise in Situationen, in denen nach der Definition des Wissenschaftlers die untersuchte Population unsicher hinsichtlich des Fortgangs ihrer zukünftigen Arbeit ist [36]. In einer Vergleichsstudie zu objektiven und subjektiven Arten der Arbeitsplatzunsicherheit stellten De Witte und Näswall [35] fest, dass unter den Personen, die einen hohen Grad an Arbeitsplatzunsicherheit empfanden, eher die Stammmitarbeiter als die Aushilfskräfte eine geringere Zufriedenheit mit dem Arbeitsplatz und ein geringeres Commitment (Bindung) gegenüber der Organisation angaben. Weiterhin argumentierten sie, dass die Arbeitsplatzunsicherheit nicht nur anhand von situativen Merkmalen definiert werden kann, sondern ein Element der Subjektivität enthalten sollte.

Zur Erfassung der Arbeitsplatzunsicherheit werden in der derzeitigen Forschung verschiedene Messmethoden verwendet. Die Hauptunterschiede liegen darin, ob ein objektiver oder ein subjektiver theoretischer Ansatz verwendet wird. Beim subjektiven Ansatz kann unterschieden werden zwischen Ansätzen, die einzelne Items anstatt Skalen, globale Maße an Stelle von multidimensionalen Maßen, und Fragen nach Ängsten und Besorgnissen an Stelle von Wahrscheinlichkeitsfragen einsetzen [116]. Was den zuletzt genannten Punkt angeht, sind einige Forscher bekannt dafür, dass sie ihre Items so formulieren, dass sie beispielsweise Wendungen wie „Ich mache mir Sorgen über“, „Ich fürchte, ich werde“ oder „Ich bin beunruhigt über“ enthalten – um nur einige Beispiele zu nennen (z.B. [2, 9, 21, 78]). Diese Items konzentrieren sich auf die Arbeitsplatzunsicherheit als etwas Negatives und Unerwünschtes, und die Fragen selbst deuten auf die Tatsache hin, dass die Arbeitsplatzunsicherheit einen Stressor darstellt, der für den Einzelnen als unangenehm angesehen wird und gewisse negative Gefühle weckt.

Dagegen setzen andere Forscher Items ein, die sich darauf konzentrieren, für wie sicher die Betroffenen ihr derzeitiges Beschäftigungsverhältnis halten (z.B. [30, 71]). Diese Fragen enthalten Formulierungen wie beispielsweise „Wie sicher sind Sie hinsichtlich Ihrer zukünftigen Beschäftigung bei diesem Unternehmen?“. Damit konzentrieren sie sich auf die Wahrnehmung des Einzelnen hinsichtlich der Kontinuität der gegenwärtigen Arbeit. Andere ähnliche Operationalisierungen legen ihren Schwerpunkt auf die Wahrscheinlichkeit, dass der Einzelne seinen Arbeitplatz in der Zukunft behalten kann (z.B. [34,

81, 101]). Eine typische Frage dieser Art lautet zum Beispiel: „Wie hoch ist die Wahrscheinlichkeit, dass Sie in absehbarer Zukunft die gleiche Stelle noch haben werden?“ (z. B. [34]). Diese Fragen zielen auf die Wahrnehmungen des Einzelnen und die Bewertung der Wahrscheinlichkeit der Beibehaltung seiner Stelle in der Zukunft ab.

Die Operationalisierungen, die Gewissheit und Wahrscheinlichkeit verwenden, haben eine enge Beziehung zueinander und ähneln sich darin, dass sie keine Begriffe enthalten, welche die Empfindung der Arbeitsplatzunsicherheit unbedingt als einen direkten Stressor kennzeichnen. Diese Maße beschreiben auch nicht die unfreiwillige Natur der Empfindungen. Wenn man dies bedenkt, ist es für eine einzelne Person durchaus möglich, die Wahrscheinlichkeit des Verlusts ihres Arbeitsplatzes als hoch einzuschätzen, gleichzeitig jedoch diese Änderung zu begrüßen oder sogar freiwillig zu wählen. Deswegen argumentieren einige Wissenschaftler, dass Operationalisierungen, die verstärkende Begriffe wie „Angst“ oder „Sorge“ enthalten, die Definition der Arbeitsplatzunsicherheit als einen subjektiven und unfreiwilligen Stressor besser wiedergeben [116].

In den Verhaltenwissenschaften und der psychologischen Forschung herrscht die subjektive Definition des Konstrukts vor. Diese Definitionen stützen sich auf zwei grundlegende Voraussetzungen: (1) Die Empfindung der Arbeitsplatzunsicherheit ist individuell und subjektiv und (2) beruht auf einer unfreiwilligen Änderung von einer sicheren zu einer unsicheren Situation.

In den Definitionen des Konstrukts wird zwar größtenteils die Meinung vertreten, dass die Arbeitsplatzunsicherheit ein subjektiv empfundener Stressor sei, dennoch scheint die Definition des Konstrukts umfassend genug zu sein, um verschiedene Aspekte dieser empfundenen Unsicherheit mit einzubeziehen. Außer der Gefahr des bevorstehenden Arbeitsplatzverlustes können auch andere Aspekte – beispielsweise der Verlust geschätzter Arbeitsplatzmerkmale, Degradierung, Karriereunsicherheit – zentrale Punkte der empfundenen Unsicherheit der Beschäftigten darstellen. Greenhalgh und Rosenblatt [43] haben als erste eine multidimensionale Definition vorgestellt und darauf hingewiesen: „Der Verlust von geschätzten Merkmalen eines Arbeitsplatzes stellt einen bedeutenden, jedoch oft übersehenen Aspekt der Arbeitsplatzunsicherheit dar“ [43, S. 441]. Daher muss zwischen „der Unsicherheit über die Kontinuität des Arbeitsplatzes insgesamt und von einzelnen Aspekten des Arbeitsplatzes“ [47, S. 32] unterschieden werden.

Einige Autoren (z. B. [5, 43, 48, 100]) haben darauf hingewiesen, dass die Definition und die Messung der Arbeitsplatzunsicherheit von einer Einbeziehung der Sorgen hinsichtlich schlechterer Arbeitsbedingungen und Karriereaussichten zusätzlich zur Gefahr eines bevorstehenden Arbeitsplatzverlustes profitieren kann. Nach Greenhalgh und Rosenblatt [43] kann die Unsicherheit am besten unter Berücksichtigung der Aspekte Gefahr für die Arbeitsstelle selbst, Bedeutung des Arbeitsplatzes insgesamt, Bedrohung geschätzter Arbeitsplatzmerkmale, Bedeutung der geschätzten Arbeitsplatzmerkmale sowie des Gefühls der Machtlosigkeit, diesen Bedrohungen entgegenzuwirken, beschrieben werden. Ashford et al. [5] entwickelten auf der Grundlage dieser Definition der verschiedenen Aspekte Messinstrumente und kombinierten die Dimensionen zu einer multiplikativen Skala zur Erfassung von Arbeitsplatzunsicherheit. Andere Wissenschaftler (z.B. [63]) verwendeten einen ähnlichen Ansatz, jedoch ohne Unterscheidung zwischen Bedrohungen für den Arbeitsplatz selbst und Bedrohungen für Arbeitsplatzmerkmale.

Borg und Elizur [12] differenzierten zwischen kognitiver Arbeitsplatzunsicherheit (Wahrscheinlichkeit des Arbeitsplatzverlustes) und affektiver Arbeitsplatzunsicherheit (Angst vor Arbeitsplatzverlust). Roskies und Louis-Guerin [100] entwickelten Messinstrumente mit einzelnen Items für fünf verschiedene Aspekte der Arbeitsplatzunsicherheit: die Wahrscheinlichkeit der Kündigung, Frühberentung, Degradierung, Verschlechterung der Arbeitsbedingungen und langfristige Arbeitsplatzunsicherheit. Hellgren, Sverke und Isaksson [53] unterschieden zwischen quantitativer Arbeitsplatzunsicherheit (Sorgen über den Verlust des Arbeitsplatzes selbst) und qualitativer Arbeitsplatzunsicherheit (Sorgen über den Verlust wichtiger Arbeitsplatzmerkmale).

Gemäß Hellgren et al. [53] vertreten wir den Standpunkt, dass es sinnvoll wäre, eine Unterscheidung zwischen mindestens zwei verschiedenen Aspekten der Arbeitsplatzunsicherheit zu treffen: der quantitativen und der qualitativen Unsicherheit. Die quantitative Arbeitsplatzunsicherheit ähnelt globalen Konzeptionen des Konstrukts. Die qualitative Arbeitsplatzunsicherheit betrifft Wahrnehmungen eines potenziellen Qualitätsverlustes im bestehenden Beschäftigungsverhältnis, wie beispielsweise die Verschlechterung von Arbeitsbedingungen, Degradierung, das Fehlen von Karrieremöglichkeiten, sinkende Gehaltsentwicklung und Sorgen hinsichtlich des ‚person-organization fit' in der Zukunft. Wahrscheinlich kann der letzte Aspekt auch in einzelne Dimensionen aufgeteilt werden, dies ist jedoch eine Frage für die zukünftige theoretische und empirische Forschung. Auch wenn Messinstrumente für verschiedene Aspekte verfügbar sind (z.B. [5, 53, 100]), sind die Messeigenschaften der Skalen alles andere als eindeutig. Die Bewertung der Messeigenschaften in unterschiedlichen Settings und potenzielle Verbesserungen der Instrumente mit Hilfe einer konfirmatorischen Faktorenanalyse stellen wichtige Themen für die Forschungsagenda dar. Zudem können diese empirischen Arbeiten nicht ohne gleichzeitige Erzielung konzeptioneller Fortschritte hinsichtlich der Frage, was die wichtigsten und relevantesten Aspekte der Arbeitsplatzunsicherheit sind, durchgeführt werden. Es kann ferner festgehalten werden, dass die Ergebnisse einer Metaanalyse [116] darauf hinweisen, dass Messinstrumente für die Arbeitsplatzunsicherheit auf der Grundlage von Skalen mit mehreren Items gegenüber Messinstrumenten mit einzelnen Items eine stärkere Beziehung zu den Outcomes haben können. Im Allgemeinen weisen mehrere Items umfassende Skalen ein höheres Maß an Reliabilität auf als Skalen mit nur einem Item [44, 109]. Es wurde auch darauf hingewiesen, dass aus mehreren Indikatoren bestehende Messinstrumente besser die Erfahrung der Arbeitsplatzunsicherheit erfassen und einen höheren Grad an inhaltlicher Validität aufweisen als aus einzelnen Items bestehende Messinstrumente [116].

4.3 Antezedenzien der empfundenen Arbeitsplatzunsicherheit

Zum besseren Verständnis des Phänomens der Arbeitsplatzunsicherheit ist es nützlich, Studien zu den potenziellen Antezedenzien der Arbeitsplatzunsicherheit in die Betrachtung mit einzubeziehen. Die empfundene Arbeitsplatzunsicherheit, gleich ob qualitativ oder quantitativ, entsteht aus einer Interaktion zwischen situationsbedingten Merkmalen und den Charakteristika des Einzelnen, welche die Interpretation beeinflussen, die der Einzelne hinsichtlich der umfeldbezogenen Faktoren vornimmt.

Das Alter ist ein demographischer Faktor, der die Interpretation der Umgebungshinweise beeinflusst, die auf eine Gefahr für den Bestand des Arbeitsplatzes hindeuten. Menschen im Alter von 30 bis 40 Jahren gehören beispielsweise zu einer Altersgruppe, deren Mitglieder wahrscheinlich für das Großziehen von Kindern verantwortlich sind und unter diesen Umständen die Möglichkeit eines Arbeitsplatzverlustes tendenziell als negativer empfinden können als Personen, die nur für ihren eigenen Lebensunterhalt verantwortlich sind [34]. In dem Maße, wie sich die Verantwortung für andere verringert, kann die Vulnerabilität gegenüber einem Arbeitsplatzverlust auch abnehmen und insbesondere bei älteren Beschäftigten zu einer geringeren Arbeitsplatzunsicherheit führen. Einige Studien sprechen jedoch auch dafür, dass ältere Beschäftigte eine höhere Arbeitsplatzunsicherheit empfinden (z.B. [47, 81, 85]). Dies wurde darauf zurückgeführt, dass es für ältere Beschäftigte schwieriger sein kann, eine neue Stelle zu finden, sodass ein Arbeitsplatzverlust für sie gravierender wäre [47].

Das Geschlecht kann eine Rolle dabei spielen, wie sich eine Person auf die verschiedenen Ereignisse im Laufe des Lebens vorbereitet. In einigen der wenigen Studien, die sich damit befasst haben, wie die Wahrnehmung der Arbeitsplatzunsicherheit durch das Geschlecht beeinflusst wird, wurde festgestellt, dass Männer eine höhere Arbeitsplatzunsicherheit angaben als Frauen (z.B. [63, 99]). Dies wurde mit der Vermutung erklärt, dass Männer, geprägt durch traditionelle Werte, dazu tendieren, eine höhere Arbeitsplatzunsicherheit zu empfinden als Frauen, da die herkömmliche Rollenverteilung von Männern verlangt, der Ernährer der Familie zu sein. Männer wären danach tendenziell vulnerabler gegenüber der Gefahr des Arbeitsplatzverlustes, da diese nicht nur ihre Einkommensquelle, sondern auch ihre Identität bedroht, in einem höheren Maße als dies bei Frauen der Fall ist. Eine Generalisierung des Einflusses des Geschlechts wird jedoch dadurch erschwert, dass nach dieser Argumentation genauso von einer Frau, die der Hauptverdiener in ihrer Familie ist, erwartet werden kann, dass sie eine höhere Arbeitsplatzunsicherheit als ein Mann empfindet, der diese Verantwortung nicht im gleichen Ausmaß trägt [34]. Dementsprechend gibt es empirische Hinweise dafür, dass Frauen eine höhere Arbeitsplatzunsicherheit als Männer empfinden [85]. Die Frage, wie das Geschlecht die Wahrnehmung der Arbeitsplatzunsicherheit beeinflusst, ist daher noch nicht geklärt.

Nur in wenigen Studien wurde untersucht, ob bestimmte Persönlichkeitsdispositionen in Beziehung zur Empfindung der Arbeitsplatzunsicherheit stehen. Die Ergebnisse aus einigen dieser Studien deuten darauf hin, dass Personen mit einer überwiegend externalen Kontrollüberzeugung (external locus of control) eine höhere Arbeitsplatzunsicherheit angeben [5, 63, 114]. Dagegen wurde ein höheres Selbstwert-Gefühl mit einer geringeren Arbeitsplatzunsicherheit in Zusammenhang gebracht [47]. Es gibt auch einige Hinweise darauf, dass eine negative Affektivität die Wahrscheinlichkeit einer empfundenen Arbeitsplatzunsicherheit erhöht [114].

Die persönliche Empfindung einer Situation kann durch den sozioökonomischen Status beeinflusst werden und zu der Interpretation führen, dass der Arbeitsplatz in Gefahr ist. Der Status kann sich insofern auch darauf auswirken, wie wichtig ein Arbeitsplatz eingeschätzt wird, als er sich auf die Abhängigkeit des Einzelnen vom gegenwärtigen Beschäftigungsverhältnis auswirkt. Mit dem sozioökonomischen Status stehen die Art der Arbeit (körperlich oder nicht körperlich) und das Bildungsniveau des Einzelnen in Beziehung. Personen mit einem Arbeitsplatz, der einen niedrigen Status (oft körperliche Arbeit) aufweist, und niedrigem Einkommen sind häufig abhängiger von ihrem Einkommen und werden daher allgemein für vulnerabler gegenüber der Gefahr des Arbeitsplatzverlustes gehalten [38, 63]. Eine Person mit niedrigem Einkommen ist normalerweise nicht in der Lage, Geld zu sparen, wodurch ein Einkommensverlust schwerwiegender wird. Arbeitsplätze mit niedrigem Status gehen häufig mit einem niedrigeren Bildungsniveau einher, was geringere Coping-Ressourcen und -Strategien mit sich bringt. In Studien wurde auch gezeigt, dass Arbeiter eine höhere Arbeitsplatzunsicherheit angeben als andere Arbeitnehmergruppen [85]. Ein geringeres Bildungsniveau und geringere Fähigkeiten und Kenntnisse tragen auch dazu bei, dass Beschäftigte weniger Optionen für alternative Beschäftigung auf dem Arbeitsmarkt haben, oder dass der Einzelne seine Beschäftigungschancen als geringer einschätzt (vgl. [39]), wodurch die Abhängigkeit von der gegenwärtigen Stelle steigt und die Gefahr der Arbeitslosigkeit schwerwiegender wird [41, 105, 114].

Die Empfindung der Arbeitsplatzunsicherheit kann auch durch die Art des Arbeitsvertrages beeinflusst werden. Beschäftigte mit einer Vollzeitstelle oder einem festen Vertrag empfinden u. U. eine geringere Arbeitsplatzunsicherheit. Solche Beschäftigten fühlen sich möglicherweise stärker in das Unternehmen integriert als Teilzeit- oder Aushilfskräfte [8, 112]. Sollte die Organisation Personal abbauen müssen, könnten die nicht zur Stammbelegschaft gehörenden Beschäftigten die Ersten sein, welche die Organisation verlassen müssen. Jedoch sind möglicherweise Aushilfskräfte aufgrund ihrer Arbeitsverträge auf Instabilität vorbereitet, da jegliche Unsicherheit, die hinsichtlich der Zukunft ihres Beschäftigungsverhältnisses entstehen kann, nicht unerwartet kommt. Zudem ist Beschäftigten mit Zeitarbeitsverträgen im Allgemeinen bewusst, dass ihr Beschäftigungsverhältnis einer zeitlichen Befristung unterliegt, da dies bei Abschluss des Beschäftigungsverhältnisses bereits bekannt war [40]. Beschäftigte, die mit der Organisation weniger stark verbunden sind, sind u. U. weniger daran interessiert, ihren Job zu behalten, und empfinden daher möglicherweise mit geringerer Wahrscheinlichkeit Arbeitsplatzunsicherheit als die Stammbelegschaft. In Studien zur empfundenen Arbeitsplatzunsicherheit bei Aushilfskräften wurde bezeichnenderweise festgestellt, dass Beschäftigte mit zeitlich befristeten Verträgen eine höhere Arbeitsplatzunsicherheit als Stamm- oder Vollzeitbeschäftigte empfinden [85, 112]. Die Beziehung zwischen Teilzeitarbeit und Arbeitsplatzunsicherheit ist jedoch weniger eindeutig, da einige Studien (z. B. [111]) zeigen, dass Teilzeitkräfte eine höhere Arbeitsplatzunsicherheit angeben als Vollzeitarbeitskräfte. Andere kommen wiederum zu unterschiedlichen Ergebnissen: Einige Gruppen von Teilzeitkräften empfinden eine höhere Unsicherheit als Vollzeitarbeitskräfte, andere Gruppen von Teilzeitkräften jedoch empfinden im Vergleich zu Vollzeitarbeitskräften eine geringere Unsicherheit [85].

Als eine mögliche Coping-Ressource zur Verringerung des empfundenen Stresses wurde die soziale Unterstützung genannt [65]. Personen, die Unterstützung durch andere nutzen konnten, gaben eine geringere Arbeitsplatzunsicherheit an [1]. Soziale Unterstützung kann aus einer Reihe verschiedener Quellen kommen. Es wurde festgestellt, dass familiäre Unterstützung, beispielsweise die Präsenz eines Partners, als Puffer gegen einige der negativen Konsequenzen der Arbeitsplatzunsicherheit wirkt [70]. Möglicherweise kann durch das Zusammenleben mit einem Partner der Druck etwas reduziert werden, ein Einkommen zu erzielen, aber es wurde nur in sehr wenigen Studien untersucht, wie der Familienstand den Grad der empfundenen Arbeitsplatzunsicherheit beeinflusst (z. B. [114]). Zudem sind die Ergebnisse nicht schlüssig, was darauf hindeutet, dass noch mehr Forschungsarbeiten mit adäquateren Messinstrumenten erforderlich sind.

Eine weitere Quelle der sozialen Unterstützung ist die Mitgliedschaft in einer Gewerkschaft [1, 32]. Die Mitgliedschaft in einer Gewerkschaft kann als Schutz gegen Maßnahmen der Unternehmensführung dienen, welche den Beschäftigten schaden würden. Das häufig mit der Arbeitsplatzunsicherheit einhergehende Gefühl der Machtlosigkeit kann verringert werden, da Gewerkschaften oft eine starke kollektive Stimme haben und Managementstrategien zugunsten der Beschäftigten beeinflussen können [7, 50, 61, 115]. Die Ergebnisse aus Forschungsarbeiten zum Thema Mitgliedschaft in einer Gewerkschaft und Arbeitsplatzunsicherheit deuten darauf hin, dass Gewerkschaftsmitglieder eine geringere Arbeitsplatzunsicherheit als Nichtmitglieder angeben [114]. Da jedoch nur einige wenige Studien dieses Ergebnis stützen, ist es schwierig, die Rolle der Gewerkschaft abschließend zu bewerten. Es wird sogar vermutet, dass Gewerkschaftsmitglieder möglicherweise eine höhere Arbeitsplatzunsicherheit empfinden, weil Beschäftigte eher einer Gewerkschaft beitreten, wenn ihr Beschäftigungsverhältnis weniger sicher ist (z. B. [11, 85]). Zum gegenwärtigen Zeitpunkt sind weitere Forschungsarbeiten zur Auswirkung der Unterstützung durch die Familie sowie durch die Gewerkschaft auf die Empfindung der Arbeitsplatzunsicherheit erforderlich.

4.4 Konsequenzen der Arbeitsplatzunsicherheit

Man würde intuitiv erwarten, dass die Empfindung von Arbeitsplatzunsicherheit eine starke psychologische Wirkung auf die Betroffenen hat. Eine empfundene Unsicherheit hinsichtlich zukünftiger Beschäftigung hat wahrscheinlich schwerwiegende Konsequenzen für die gesamte Lebenssituation des Beschäftigten, insofern, als wirtschaftliche und andere hoch geschätzte Aspekte des Lebens als bedroht angesehen werden [5, 47]. Das Beschäftigungsverhältnis bietet dem Einzelnen ein Einkommen, soziale Kontakte, Chancen für die persönliche Weiterentwicklung sowie ein strukturierteres Leben [56]. Wenn Individuen den Eindruck haben, dass ihre Bedürfnisse durch eine als unsicher empfundene Beschäftigungssituation gefährdet sind, dann empfinden sie auch eine Bedrohung der wichtigsten wirtschaftlichen, sozialen und persönlichen Aspekte ihres Lebens [34]. Die individuelle Bewertung der Arbeit wird auch durch einen starken Wunsch nach Stabilität bestimmt [103] und der Verlust des Arbeitsplatzes würde auch den Verlust dieser Struktur und Stabilität bedeuten. Individuen, die diese wichtigen Merkmale des Lebens als bedroht ansehen und unsicher sind, wie sie geschützt werden können, werden frustriert sein und Stress empfinden.

Eines der wichtigsten Merkmale der Arbeitsplatzunsicherheit ist in der Tat der Aspekt der Unsicherheit und Ambiguität. Wenn man nicht weiß, wie man einer Bedrohung für etwas Wertvolles entgegenwirken kann, löst dies den Stresstheorien zufolge Stress aus [68]. Durch die empfundene Unsicherheit hinsichtlich der Zukunft der Beschäftigung wird der Einzelne daran gehindert, mit der Gefahr adäquat fertig zu werden, dies vermindert die Chancen zur Reduzierung des Stressniveaus. In Übereinstimmung mit dieser Argumentation geht die Forschung davon aus, dass empfundene Bedrohungen für die Art und den weiteren Bestand eines Arbeitsplatzes genauso schädigende Konsequenzen wie der Arbeitsplatzverlust selbst haben können [32, 67]. Dies stimmt mit der Kernaussage der Stressforschung überein, dass die Antizipation eines stressvollen Ereignisses eine ebenso wichtige, oder vielleicht sogar bedeutendere Ursache der Angst darstellt als das Ereignis selbst [68].

Stressempfindungen gehen mit Stressreaktionen einher, die als somatisch, psychisch und verhaltensbezogen [59, 110] beschrieben werden können. Dementsprechend wurde die Arbeitsplatzunsicherheit mit unterschiedlichen gesundheits-, einstellungs- und verhaltensbezogenen Outcomes in Verbindung gebracht (Überblick zum Forschungsstand: s. [34, 47], Ergebnisse einer Meta-Analyse: s. [116]).

Hinsichtlich der gesundheitlichen Konsequenzen wurde in vielen Studien aufgezeigt, dass zwischen der Arbeitsplatzunsicherheit und dem Wohlbefinden der Beschäftigten eine negative Korrelation besteht. Physische Gesundheitsbeschwerden, die psychische Belastung und Auswirkungen der Arbeit auf die Freizeit nehmen tendenziell mit dem Ausmaß der empfundenen Arbeitsplatzunsicherheit zu (z. B. [5, 9, 47, 60]). Die meisten Studien zu der Beziehung zwischen Arbeitsplatzunsicherheit und der Gesundheit stützen sich auf selbst angegebene gesundheitliche Daten. Es besteht jedoch auch Evidenz dafür, dass die Arbeitsplatzunsicherheit mit Gesundheitsindikatoren in Verbindung steht, die eher physiologischer oder biologischer Natur sind (z. B. [3, 28, 74, 107]). Es wurde allerdings gezeigt, dass subjektive Arbeitsplatzunsicherheit stärker und häufiger mit psychischen Gesundheitsbeschwerden in Zusammenhang steht als mit den eher physischen und biologischen Gesundheitsindikatoren [55, 77].

Jedoch ist damit zu rechnen, dass der radikale Wandel von einem traditionell sicheren zu einem sich schnell ändernden und unsicheren Arbeitsumfeld nicht nur einen Einfluss auf das Wohlbefinden der Beschäftigten hat, sondern auch auf ihre Arbeitseinstellung und ihr Arbeitsverhalten sowie auf lange Sicht auch auf die Vitalität des Unternehmens. Greenhalgh und Rosenblatt [43] drückten es so aus: „Arbeitnehmer reagieren auf Arbeitsplatzunsicherheit, und ihre Reaktionen haben Konsequenzen für die Effektivität des Unternehmens" (S. 438). Es wurden durchgängig Zusammenhänge zwischen der Arbeitsplatzunsicherheit und einer Reihe von verhaltensbezogenen Reaktionen festgestellt. Die am häufigsten erforschte Dimension in diesem Zusammenhang ist die Arbeitszufriedenheit. Ashord et al. [5] zeigten beispielsweise, dass Beschäftigte, die sich hinsichtlich ihres zukünftigen Beschäftigungsverhältnisses unsicher fühlten, unzufriedener mit ihrer Arbeitsstelle waren als diejenigen, die ihre zukünftige Arbeitsplatzsituation als sicherer empfanden. In einer Reihe von Studien wurden ähnliche Ergebnisse erzielt (z. B. [30, 47, 98]). Die Arbeitsplatzunsicherheit wurde auch mit einem geringeren Commitment gegenüber der Organisation (z. B. [1, 30]), geringerem Vertrauen in das Management (z. B. [5, 12]) und geringerem Engagement für die Arbeit (z. B. [66, 69]) in Zusammenhang gebracht.

Eine empfundene Unsicherheit hinsichtlich der zukünftigen Rolle in der Organisation kann auch zu einer Reihe von Verhaltensreaktionen führen. Eine der am häufigsten untersuchten Reaktionen in dieser Hinsicht ist, dass Arbeitnehmer aufgrund der Arbeitsplatzunsicherheit weniger dazu geneigt sind, bei der Organisation zu bleiben. Die Arbeitsplatzunsicherheit kann wie jeder Stressor zu einer Rückzugsreaktion führen, die sich beispielsweise darin manifestieren kann, dass die Absicht, den Arbeitsplatz zu wechseln, zunimmt [4, 15, 23, 30, 32, 47]. Dies ist insbesondere auch für Manager wichtig zu wissen, da qualifizierte Arbeitnehmer leichter einen neuen Job finden und somit schneller das Unternehmen tatsächlich verlassen, wenn sie ein Gefühl der Arbeitsplatzunsicherheit haben [43, 47]. Auch die Leistung der Beschäftigen kann durch den Grad, in dem sie ihre Stelle als sicher empfinden, beeinflusst werden. Die empirische Evidenz hinsichtlich des Zusammenhangs zwischen Arbeitsplatzunsicherheit und Leistung ist noch widersprüchlich. Durch einige Studien wurde die Erwartung empirisch bestätigt, dass eine höhere Arbeitsplatzunsicherheit mit einer Verringerung der selbst bewerteten Leistung einhergeht (z. B. [1, 99]). Es besteht jedoch auch eine andere Auffassung zum Verhältnis zwischen Leistung und Arbeitsplatzunsicherheit. Danach erhöhen Beschäftigte, die eine Gefahr der Entlassung wahrnehmen, ihre Arbeitsanstrengungen, um ihren Wert für das Unternehmen zu steigern und somit nicht den Arbeitsplatz zu verlieren [18, 115].

Die Beziehungen zwischen der Arbeitsplatzunsicherheit und den Reaktionen der Beschäftigten sind jedoch nicht so eindeutig und klar, wie sich dies aus diesem kurzen Überblick erschließen mag. Mehrere Fragen müssen noch weiter erforscht werden, bevor endgültige Schlussfolgerungen hinsichtlich der Konsequenzen der Arbeitsplatzunsicherheit gezogen werden können. Erstens, obwohl Ergebnisse aus Meta-Analysen darauf hinweisen, dass Arbeitsplatzunsicherheit in einem negativen Zusammenhang mit dem Wohlbefinden, den Einstellungen und dem arbeitsbezogenen Verhalten der Beschäftigten steht, muss berücksichtigt werden, dass einige der untersuchten Beziehungen auf einer großen Anzahl von empirischen Studien basieren (z. B. Arbeitszufriedenheit, organisationales Commitment), während sich andere lediglich auf eine kleinere Anzahl von Studien (z. B. Engagement am Arbeitsplatz, Vertrauen) stützen [116]. Zudem müssen noch weitere Faktoren untersucht werden, die Konsequenzen der Arbeitsplatzunsicherheit darstellen könnten, jedoch bisher wenig Beachtung in der Forschung gefunden haben. Weitere Forschungsarbeiten sind erforderlich, um festzustellen, wie die Wahrnehmung von Arbeitsplatzunsicherheit mit Faktoren wie Arbeitsintensität [19], Einhaltung von Sicherheitsverfahren [94], Depression [89], Burnout [123], Nacken- und Schulterproblemen [74] und dem Auftreten von ischämischen Herzerkrankungen [107] in Verbindung steht.

Zweitens muss nicht nur weiter untersucht werden, wie sich die Arbeitsplatzunsicherheit auf die Individuen oder die Organisationen auswirkt, für die sie arbeiten, sondern auch wie andere Akteure davon beeinflusst sein könnten. Wie bei anderen Stressoren ist es sehr wahrscheinlich, dass die Konsequenzen der Arbeitsplatzunsicherheit nicht nur danach kategorisiert werden können, ob sie in erster Linie den Einzelnen oder die Organisation betreffen, sondern auch danach, wie sie sich auf andere Teile des Lebens auswirken. Die Beschäftigten könnten beispielsweise die mit der Arbeitsplatzunsicherheit verbundene Frustration an der Gewerkschaft auslassen, wenn sie meinen, dass die Gewerkschaft nicht genug zu ihrem Schutz getan hat [115]. Es liegen auch einige Hinweise dafür vor, dass die Arbeitsplatzunsicherheit mit negativen Folgen für die Gewerkschaft verbunden ist, wie beispielsweise Unzufriedenheit mit der Gewerkschaft und Gewerkschaftsfluktuation [80, 113, 114]. Die Forschung weist auch darauf hin, dass die Anforderungen, die eine Person mit Arbeitsplatzunsicherheit meint erfüllen zu müssen, die Beziehungen außerhalb der Arbeit beeinflussen können, insofern als die gleichzeitige, gute Erfüllung verschiedener anspruchsvoller Rollen schwierig sein kann [82]. Forschungsergebnisse sprechen dafür, dass der Stress der Arbeitsplatzunsicherheit auf den Ehepartner der jeweiligen Person übertragen werden kann und diesen negativ beeinflussen kann [123]. Es gibt auch Hinweise darauf, dass die Reaktionen auf die Arbeitsplatzunsicherheit Konsequenzen für die Familie des Einzelnen haben und sogar die Einstellung der Kinder gegenüber der Arbeit beeinflussen können, da sie mitbekommen, wie ihre Eltern Arbeitsstressoren erleben und darauf reagieren [6, 72]. Diese Hinweise bedürfen jedoch noch weiterer empirischer Untersuchungen.

Drittens können die verschiedenen Aspekte der Arbeitsplatzunsicherheit auf unterschiedliche Weise mit den Outcomes in Zusammenhang stehen. Da ein wahrgenommener Verlust der Kontinuität in einer Arbeitsplatzsituation von der Gefahr eines bevorstehenden Arbeitsplatzverlustes bis zu einem Verlust von wichtigen Arbeitsplatzmerkmalen reichen kann [30, 43], können diese verschiedenen Aspekte divergierende Reaktionen auslösen [101]. Bislang wurden die Beziehungen zwischen den verschiedenen Dimensionen der Arbeitsplatzunsicherheit und ihren Folgen nur in wenigen Studien untersucht. Ashford et al. [5] untersuchten neben der Entwicklung multiplikativer Messverfahren auch die spezifischen Effekte der verschiedenen Facetten der Unsicherheit. Sie berichteten über annähernd gleich starke Korrelationen zwischen der Wahrscheinlichkeit des weiteren Bestands sowohl der Arbeitsplatzmerkmale als auch des Arbeitsplatzes insgesamt und verschiedenen Arbeitseinstellungen, und nicht signifikante Zusammenhänge mit somatischen Beschwerden. Roskies und Louis-Guerin [101] untersuchten die relative Bedeutung der verschiedenen

Aspekte der Arbeitsplatzunsicherheit für die psychische Gesundheit und das Arbeitsengagement und fanden heraus, dass die Unsicherheit hinsichtlich zukünftiger Arbeitsbedingungen stärker mit den Outcomes zusammenhing als die Unsicherheit hinsichtlich Degradierung und Kündigung. Hellgren et al. [53] stellten fest, dass die qualitative Arbeitsplatzunsicherheit stärker mit den Arbeitseinstellungen zusammenhing, während für die quantitative Unsicherheit eine stärkere Beziehung zu verschiedenen Aspekten der gesundheitlichen Beschwerden nachgewiesen werden konnte. Reisel und Banai [95], die ebenfalls die Auswirkungen verschiedener Aspekte der Arbeitsplatzunsicherheit untersuchten, fanden dagegen heraus, dass die Komponente des Arbeitsplatzverlustes bei der Arbeitsplatzunsicherheit besser die Varianz hinsichtlich des Commitments und Vertrauens gegenüber der Organisation, und des Verhaltens bei der Arbeitsplatzsuche erklärte als die Komponente des Verlusts von Arbeitsplatzmerkmalen. Greenhalgh und Rosenblatt [43] wiesen jedoch darauf hin, dass Sorgen über die weitere Beschäftigung eventuell der wichtigere Aspekt sein könnte. Auch wenn ein Verlust von geschätzten Arbeitsplatzmerkmalen mit Sicherheit einen Aspekt der Arbeitsplatzunsicherheit darstellt, „insofern als er dazu führt, dass der Arbeitsplatz verloren geht, so wie der betroffene Arbeitnehmer ihn derzeit kennt", ist diese Gefahr wahrscheinlich „weniger schwerwiegend, da die Zugehörigkeit zum Unternehmen – und alles was diese Zugehörigkeit für den Einzelnen bedeutet – nicht verloren geht" [43, S. 441]. Für das Verständnis der möglicherweise unterschiedlichen Auswirkungen der verschiedenen Dimensionen der Arbeitsplatzunsicherheit sind auf jeden Fall noch weitere Forschungsarbeiten erforderlich.

Ein viertes Problem hinsichtlich der Beziehung zwischen Arbeitsplatzunsicherheit und ihren postulierten Folgen ist, dass der relative Einfluss der Unsicherheit neben den Effekten anderer Faktoren noch längst nicht geklärt ist. Beispielsweise konnte durch die Forschung noch nicht die Wirkung der Arbeitsplatzunsicherheit über das hinaus geklärt werden, was durch Stimmungsdispositionen erklärt werden könnte [53, 101]. In einem Großteil der Literatur wird darauf hingewiesen, dass selbst gemachte Angaben zu arbeitsbedingtem Stress, Wohlbefinden und Gesundheit unter dem Einfluss von Persönlichkeitsmerkmalen wie positiver und negativer Affektivität stehen, und dass diese Persönlichkeitsdispositionen daher kontrolliert werden sollten [14, 29, 101, 104, 122]. Es gibt auch Hinweise dafür, dass das Ausmaß, in dem ein Einzelner auf die Arbeitsplatzunsicherheit reagiert, durch demographische Charakteristika wie Geschlecht, Alter und Familienstand (z. B. [34]) beeinflusst wird. Zudem wäre es nützlich, die spezifischen über die Wirkungen anderer Stressoren hinausgehenden Effekte der Arbeitsplatzunsicherheit zu erfassen. Die bisherige Forschung hat gezeigt, dass – wenngleich in geringerem Ausmaß – die negativen Effekte der Unsicherheit tendenziell bestehen bleiben, wenn man Demographie, Persönlichkeit und sonstige Stressoren kontrolliert (z. B. [52, 86]). Aber natürlich gibt es verschiedene Variablen, welche die potenziellen Folgen der Arbeitsplatzunsicherheit beeinflussen können.

Fünftens handelte es sich bei den meisten Studien zu den Konsequenzen der Arbeitsplatzunsicherheit um Querschnittsstudien, bei denen die Beziehungen zwischen der Arbeitsplatzunsicherheit und ihren Folgen im Rahmen einer einzigen Datenerhebungswelle untersucht wurden. Dies bedeutet, dass das Wissen über die langfristigen Auswirkungen der Arbeitsplatzunsicherheit begrenzt ist, auch über die weitere Entwicklung der Konsequenzen im Zeitverlauf besteht Unklarheit. Beispielsweise sind die negativen Auswirkungen wahrscheinlich bei denjenigen, die über einen langen Zeitraum Arbeitsplatzunsicherheit ausgesetzt sind, gravierender als bei jenen, bei denen die Erfahrung der Arbeitsplatzunsicherheit von geringerer Dauer ist [49]. Auch in dieser Hinsicht kann die Frage des Zeitrahmens zwischen den Messpunkten entscheidend sein, da einige Stressreaktionen sich schon bald nach der ersten Stressor-Exposition entwickeln und sich im Laufe der Zeit dann verringern oder auch nicht, während sich andere erst nach einem längeren Zeitraum manifestieren [10, 124]. Bei der Planung der Längsschnittforschung muss eine sorgfältige theoretische Betrachtung erfolgen, wie verschiedene Stressreaktionen sich entwickeln könnten, und es muss bei der Erforschung der Arbeitsplatzunsicherheit und ihrer Folgen daran gearbeitet werden, die geeigneten Messzeitpunkte zu bestimmen.

Unsere Kenntnisse sind sogar noch geringer, wenn es um die relativen Auswirkungen der Arbeitsplatzunsicherheit auf die Einstellungen und das Wohlbefinden der Beschäftigten nach Berücksichtigung des Ausgangniveaus der Outcomes geht. Eine sechste Überlegung betrifft somit die Kausalität. Eine Auswertung der Forschung zu Stressreaktionen [33] hat ergeben, dass das Ausgangsniveau der Belastung fast immer bessere Vorhersagen späterer Störungen erlaubt als Stressoren aufgrund von Lebensereignissen, die untersucht wurden. Auch wenn festgestellt wurde, dass Unsicherheiten hinsichtlich der Zukunft des Arbeitsplatzes mit ungünstigeren Arbeitseinstellungen und geringerem Wohlbefinden in Zusammenhang stehen, sogar nach der Kontrolle des Ausgangsniveaus (z. B. [53]), ist die Richtung dieser Beziehung nur angenommen. Einige wenige Studien haben sich jedoch expliziter mit dem Problem der Kausalität beschäftigt. In einer Studie, bei der mögliche Folgen der Arbeitsplatzunsicherheit zu mehreren Messzeitpunkten erfasst wurden, haben Garst, Frese und Molenaar [42] herausgefunden, dass der anfängliche Grad der Arbeitsplatzunsicherheit mit negativen Folgen zu späteren Zeitpunkten korreliert. Es hat sich auch als plausibel erwiesen, dass der anfängliche Grad der Arbeitsplatzunsicherheit mit späteren psychischen Gesundheitsbeschwerden in Zusammenhang steht – eher als das Gegenteil, dass der anfängliche Grad von psychischen Gesundheitsbeschwerden den nachfolgenden Grad der Arbeitsplatzunsicherheit beeinflusst [52]. Jedoch sind in jedem Fall zusätzliche Längsschnittstudien erforderlich, in denen die selben Beschäftigen im Zeitverlauf beobachtet und sowohl die Unsicherheit als auch ihre postulierten Folgen zu mehreren Gelegenheiten gemessen werden, um die Stärke, Richtung und Dauer der Effekte der Arbeitsplatzunsicherheit hinsichtlich möglicher Folgen aufzudecken [5]. Um effektiv untersuchen zu können, ob oder inwieweit Arbeitsplatzunsicherheit zur Verschlechterung des Wohlbefindens, der Einstellungen und des Verhaltens der Beschäftigten beiträgt, sollte die Erfassung des Ausgangsniveaus der untersuchten Zielgrößen natürlich vorzugsweise schon erfolgen, bevor Gerüchte über Unternehmensänderungen zu zirkulieren beginnen, auch wenn dies bei Felduntersuchungen nahezu unmöglich ist.

4.5 Können die negativen Konsequenzen der Unsicherheit reduziert werden?

Es gibt also theoretische und empirische Evidenz dafür, dass die Wahrnehmung der Arbeitsplatzunsicherheit negative Konsequenzen für die Einstellungen und das Wohlbefinden der Beschäftigten hat. Daher stellt sich die dringliche Frage, wie diese Konsequenzen verringert werden können. Organisationen können Maßnahmen zur Verhinderung der schlimmsten negativen Effekte der Arbeitsplatzunsicherheit ergreifen, beispielsweise durch die Bereitstellung genauer Informationen, die Verbesserung der Kommunikation, Angebote von Umschulungsmaßnahmen für alternative Beschäftigungsmöglichkeiten und durch Schulung ihrer Mitarbeiter, wie sie den durch die Arbeitsplatzunsicherheit hervorgerufenen Stress bewältigen können [47, 49, 62]. In mehreren Studien wurden die abpuffernden oder moderierenden Effekte einer Reihe von Faktoren untersucht, die von Persönlichkeitsdispositionen bis hin zu verschiedenen Arten der sozialen Unterstützung reichten.

Greenhalgh und Rosenblatt [43] gehen in ihrem Modell der Arbeitsplatzunsicherheit, ihrer Antezedenzien und Konsequenzen davon aus, dass individuelle Unterschiede moderierende Effekte auf die Beziehung zwischen der Empfindung von Arbeitsplatzunsicherheit und den darauf folgenden Reaktionen der Beschäftigten haben. Es gibt beispielsweise Hinweise dafür, dass Männer negativer als Frauen auf die Arbeitsplatzunsicherheit reagieren [87]. Es ist auch denkbar, dass einige Persönlichkeitsdispositionen die Beziehung zwischen der Arbeitsplatzunsicherheit und ihren Folgen beeinflussen.

Eine der Studien, die konkret die Beziehung zwischen Persönlichkeitsmerkmalen, Arbeitsplatzunsicherheit und dem Wohlbefinden der Arbeitnehmenden untersuchte, wurde von Roskies et al. [101] durchgeführt. Sie fanden heraus, dass Personen, die eine hohe negative Affektivität aufwiesen, nicht zwangsläufig die Folgen der Arbeitsplatzunsicherheit als schwerwiegender wahrnehmen als diejenigen, bei denen diese Eigenschaft weniger stark ausgeprägt ist, diese geben aber möglicherweise aufgrund ihrer erhöhten Ausgangswerte ein geringeres Wohlbefinden an. Sie wiesen auch darauf hin, dass eine positive Affektivität einen gegenteiligen, jedoch genauso starken Einfluss auf den empfundenen Stress und die Einstellungen haben könnte. Ähnliche moderierende Effekte wurden in der von Mak und Mueller [75] durchgeführten Studie festgestellt, in der Personen, die eine hohe negative Affektivität aufwiesen, auch in größerem Maße negative Reaktionen auf die Arbeitsplatzunsicherheit im Hinblick auf die physische Belastung angaben. Roskies und Kollegen [101] stellten auch fest, dass die Persönlichkeit der wichtigste Prädiktor für Belastungen war, sogar noch wichtiger als die wahrgenommene Arbeitsplatzunsicherheit. Zu diesem Ergebnis kam auch eine von Näswall et al. [86] durchgeführte Studie. Nach Kontrolle der negativen Affektivität war die Beziehung zwischen Arbeitsplatzunsicherheit und psychischer Belastung signifikant schwächer. Jedoch wurden in der Studie von Näswall et al. [86] keinerlei moderierende Effekte der negativen oder positiven Affektivität festgestellt.

Nur in wenigen Studien wurden die moderierenden Effekte anderer Persönlichkeitsmerkmale außer der Affektivität untersucht. In einer der wenigen Studien, die sich mit anderen Persönlichkeitsmerkmalen beschäftigte, wurde herausgefunden, dass die Kontrollüberzeugung sich moderierend auf die Beziehung zwischen Arbeitsplatzunsicherheit und psychischen Gesundheitsbeschwerden auswirkte [86]. Personen mit einer eher internalen Kontrollüberzeugung (das Gefühl, dass man ein bestimmtes Maß an Kontrolle über Ereignisse hat [102]); gaben weniger negative Reaktionen auf die Arbeitsplatzunsicherheit an als diejenigen mit einer externalen Kontrollüberzeugung (das Gefühl, dass die Kontrolle über Ereignisse nicht bei dem Einzelnen liegt [102]). Diese Ergebnisse zeigen, dass Persönlichkeitsmerkmale die Beziehung zwischen der Arbeitsplatzunsicherheit und dem Wohlbefinden in gewissem Maße beeinflussen, jedoch grad diese Resultate nicht schlüssig, sodass man beim Ziehen von Rückschlüssen auf den moderierenden Effekt der Persönlichkeitsdisposition auf die Reaktionen auf Arbeitsplatzunsicherheit vorsichtig sein muss. Zudem können andere Dispositionen als Affektivität oder Kontrollüberzeugung (z.B. Selbstwirksamkeit, zentrale Selbstbeurteilungstendenzen, das Bedürfnis nach Sicherheit) die Auswirkung der Arbeitsplatzunsicherheit auf die Folgen [5, 43] moderieren.

Es liegen auch Forschungsarbeiten vor, die sich damit beschäftigen, ob und wie die negativen Effekte des Personalabbaus durch eine faire Behandlung der Beschäftigten reduziert werden können. Die Wahrnehmung fairer Behandlung im Zusammenhang mit Entlassungen und Downsizing hängt mit der individuellen Bewertung der bei organisatorischen Veränderungen eingesetzten Vorgehensweisen zusammen [119]. Auch wenn diese Perspektive in erster Linie bei Downsizing generell angewandt wurde, kann sie auch für das spezifischere Gebiet der Arbeitsplatzunsicherheit verwendet werden. Konzepte wie die Beteiligung am Veränderungsprozess [73, 90], allgemeine Prozesskontrolle [31] und organisatorische Gerechtigkeit [16, 84] haben sich als wichtige Faktoren herausgestellt, die Arbeitseinstellungen, Leistung und das Wohlbefinden der verbleibenden Beschäftigten beeinflussen. Der Hintergedanke dabei ist, dass die Wahrnehmung von fairer Behandlung durch die Beschäftigten während des Veränderungsprozesses und die Beteiligung an der Entscheidungsfindung günstige Auswirkungen auf ihre Arbeitseinstellungen und ihr Wohlbefinden haben und sogar die negativen Effekte des durch den Personalabbau hervorgerufenen Stresses auf diese Dimensionen moderieren können.

Forschungsarbeiten erbrachten empirische Belege für die positive Rolle der verschiedenen Fairness-Faktoren. Mitarbeiter berichten beispielsweise tendenziell über eine höhere Arbeitszufriedenheit, wenn ihnen Gelegenheit gegeben wird, einen Input dazu zu leisten, wie Entscheidungen getroffen werden [65, 73]. Die Einflussnahme auf die Entscheidungsfindung und Wahrnehmungen eines gerechten und fairen Verfahrens sind nachweislich mit weniger ernsten Reaktionen auf die Arbeitsplatzunsicherheit verbunden [16, 51]. Nach einer von Parker et al. [90] durchgeführten Studie geht Partizipation (d.h. die laufende Information und Beteiligung im Verlauf des Downsizings) mit einer höheren Arbeitszufriedenheit und höherem Wohlbefinden einher. Es konnte auch gezeigt werden, dass sich Partizipation moderierend auf die Auswirkungen des Rollenstresses unter Krankenhausmitarbeitern auswirkt [93]. Wahrscheinlich haben die Mitarbeiter ein

Gefühl der Kontrolle über die Situation, wenn ihnen Gelegenheit gegeben wird, die zu treffenden Entscheidungen zu beeinflussen. Barling und Kelloway [9] fanden heraus, dass Kontrollwahrnehmungen direkte positive Auswirkungen auf verschiedene Gesundheitsindikatoren und Arbeitseinstellungen hatten. Zudem moderierten die Kontrollwahrnehmungen die Auswirkungen der Arbeitsplatzunsicherheit auf die physische Gesundheit. Tetrick und LaRocco [118] berichteten, dass Kontrolle mit einem geringeren Stressniveau und einer höheren Arbeitszufriedenheit einher ging und die Beziehung zwischen diesen Variablen moderierte. Brockner und Kollegen haben in mehreren Publikationen (z.B. [16–18]) die Bedeutung der Gerechtigkeit beim Personalabbau aufgezeigt.

Ein Faktor, dem sehr wenig Beachtung als potenzieller Moderator der Arbeitsplatzunsicherheit geschenkt wurde, stellt die Beschäftigungsfähigkeit dar (vgl. [39, 120]). Nichtsdestotrotz ist es nachvollziehbar, dass eine Person, die meint, leicht einen neuen Job zu finden, nicht in gleichem Maße negativ auf eine empfundene Arbeitsplatzunsicherheit reagiert wie eine Person, die meint, keine neue Stelle bekommen zu können. Der moderierende Effekt der Beschäftigungsfähigkeit auf die Beziehung zwischen der Arbeitsplatzunsicherheit und ihren Folgen muss noch genauer untersucht werden.

In der Forschung wurden auch die moderierenden Effekte der sozialen Unterstützung auf die Beziehung zwischen Arbeitsplatzunsicherheit und den Reaktionen der Beschäftigten untersucht. Die zugrunde liegende, auf die Stressforschung gestützte Logik ist, dass Quellen der Unterstützung die resultierenden negativen Reaktionen abmildern können, indem sie dem Individuum bei einer besseren Bewältigung der Stressoren (z.B. Arbeitsplatzunsicherheit) helfen (vgl. [68]). Als wichtiger Puffer gegen Stress wurde die Unterstützung durch Kollegen und Vorgesetzte genannt [121]. Dafür existieren auch einige empirische Belege. So stellte beispielsweise Lim [70] fest, dass eine nicht auf die Arbeit bezogene Unterstützung (z.B. Unterstützung durch Familie und Freunde) die negativen Auswirkungen der Arbeitsplatzunsicherheit auf die Lebenszufriedenheit reduzierte, während die auf die Arbeit bezogene Unterstützung gegen die negativen Auswirkungen auf die Arbeitszufriedenheit, proaktive Stellensuche, und mangelnde Compliance am Arbeitsplatz schützte. Armstrong-Stassen [1] hat auch gezeigt, dass durch die Unterstützung von Vorgesetzten während der Umstrukturierung der Organisation die negative Auswirkung der Arbeitsplatzunsicherheit auf die Einstellungen gegenüber der Organisation abnahm.

Leider wurde nur in sehr wenigen Forschungsarbeiten untersucht, ob und wie die Mitgliedschaft in einer Gewerkschaft mit der Arbeitsplatzunsicherheit und ihren Folgen in Beziehung steht, obwohl die Arbeitsplatzunsicherheit ein immer wichtigerer Faktor sowohl bei Arbeitsplätzen mit als auch ohne Gewerkschaftsvertretung ist. Es wurde darauf hingewiesen, dass die Mitgliedschaft in einer Gewerkschaft dabei helfen könne, die wahrgenommene Arbeitsplatzunsicherheit insofern zu mildern, als die Gewerkschaften das Gefühl der Machtlosigkeit unter den Arbeitnehmern vermindern [43]. Es kann auch argumentiert werden, dass ohne die kollektive Unterstützung durch die Mitgliedschaft in einer Gewerkschaft ein Arbeitnehmer mehr Schwierigkeiten bei der Bewältigung der Arbeitsplatzunsicherheit haben wird [32]. Andererseits könnten die Personen, die nicht Mitglied in einer Gewerkschaft sind, ihren eigenen Fähigkeiten zur Bewältigung der empfundenen Arbeitsplatzunsicherheit vertrauen.

Vor über zehn Jahren stellte Mellor [80] fest, dass „ein überraschender Aspekt in den bisherigen Studien zu Reaktionen auf Entlassungen ist, dass keine in gewerkschaftlich organisierten Arbeitsumfeldern durchgeführt wurde, trotz des Umstandes, dass die meisten Entlassungen in diesem Umfeld erfolgten und nicht in Bereichen ohne gewerkschaftliche Vertretung" [80, S. 581]. Seitdem hat sich unser Verständnis der Rolle der Gewerkschaften etwas verbessert. Beispielsweise ist in einer Studie, die das bloße Vorhandensein einer Mitgliedschaft in einer Gewerkschaft als eine externale Coping-Ressource betrachtete [106], festgestellt worden, dass zwischen der Gewerkschafts-Mitgliedschaft und dem organisationalen Commitment wie auch positiven Einstellungen gegenüber organisatorischen Veränderungen positive Beziehungen bestehen, jedoch keine Interaktionseffekte zwischen der Arbeitsplatzunsicherheit und der Mitgliedschaft in einer Gewerkschaft auf diese Reaktionen. Ähnliche Ergebnisse findet man bei Sverke und Hellgren [115]. Dekker und Schaufeli [32] berichteten, dass die soziale Unterstützung durch die Mitgliedschaft in einer Gewerkschaft, durch Mitarbeiter und Kollegen die moderaten Effekte der Arbeitsplatzunsicherheit auf das Wohlbefinden der Beschäftigen nicht abmilderte.

In einer von Sverke et al. [114] durchgeführten Studie wurde in vier europäischen Ländern untersucht, ob die Wahrnehmung von Unterstützung durch die Gewerkschaft, welche als eine Form der kollektiven sozialen Unterstützung angesehen werden kann, sich moderierend auf die Beziehung zwischen der Arbeitsplatzunsicherheit und verschiedenen Outcomes auswirkte. Die Unterstützung durch die Gewerkschaft moderierte die Beziehung zwischen Arbeitsplatzunsicherheit und physischen Gesundheitsbeschwerden insofern als die Personen, die in Kombination mit einer hohen Arbeitsplatzunsicherheit eine geringe Unterstützung angaben, auch die meisten physischen Gesundheitsbeschwerden angaben. Dieses Muster war für das Commitment gegenüber der Organisation ähnlich, bei dem die Personen, die in Kombination mit einer als geringer empfundenen Unterstützung durch die Gewerkschaften eine hohe Arbeitsplatzunsicherheit empfanden, auch ein schwächeres organisationales Commitment angaben. Durch die Studie von Sverke et al. [114] wurden auch starke Haupteffekte der empfundenen Unterstützung durch die Gewerkschaften aufgezeigt, beispielsweise dass Personen, die eine höhere Unterstützung durch die Gewerkschaft angaben, im Allgemeinen auch im Hinblick auf Wohlbefinden, Arbeitszufriedenheit und Commitment besser abschnitten. Diese Personen waren auch weniger daran interessiert, die Organisation zu verlassen, und gegenüber der Gewerkschaft im Allgemeinen positiver eingestellt.

Eine vielversprechende Richtung für weitere Forschungsarbeiten stellt mit Sicherheit der Bereich der Faktoren dar, welche die negativen Auswirkungen der Arbeitsplatzunsicherheit moderieren könnten. Auch wenn individuelle Unterschiede, faire Behandlung der Beschäftigten bei Entlassungen und soziale Unterstützung nichts gegen den Stressor selbst ausrichten können, d.h. selbst wenn sie die unsichere Arbeitsplatzsituation nicht in eine günstigere verwandeln können, können sie doch vorteilhafte Effekte für den Einzelnen haben, wenn sie den Eintritt der negativsten Reaktionen verhindern. Angesichts der Tatsache, dass die Reaktionen der Beschäftigten auf Unsicherheiten im organisatorischen Kontext sowohl aus der Perspektive der Gesundheit am Arbeitsplatz als auch aus Sicht der Unternehmensführung [76] von fundamentaler Bedeutung sind, werden Moderatoren der Arbeitsplatzunsicherheit noch bedeutsamer. Aus der Perspektive der Gesundheit am Arbeitsplatz ist es von entscheidender Bedeutung zu verstehen, wie durch verschiedene moderierende Variablen die negativen Konsequenzen der Arbeitsplatzunsicherheit für das Wohlbefinden der Beschäftigten und ihre Arbeitseinstellungen gemildert werden können. Aus der Perspektive der Unternehmensführung ist es offensichtlich, dass eine von Stressreaktionen und beeinträchtigtem Wohlbefinden geplagte Belegschaft nicht den Niedergang abwenden und das Unternehmen effektiver machen kann [47]. Dies zeigt deutlich, dass die Milderung der Auswirkungen der Arbeitsplatzunsicherheit in Zukunft mehr Aufmerksamkeit verdient.

4.6 Schlussfolgerungen

Personalabbau und andere Formen organisatorischer Veränderungen, die Entlassungen zur Folge haben (z. B. Fusionen, Übernahmen, Outsourcing, Unternehmensumstrukturierungen), werden weitergehen, so lange die Produktions- und Gemeinkosten nicht wettbewerbsfähig sind [23], und lassen damit die Arbeitsplatzunsicherheit zu einem dauerhaften Merkmal des Arbeitslebens werden. Die damit verbundenen negativen Reaktionen sowie die Tatsache, dass unsichere Arbeitsplatzverhältnisse tendenziell den Widerstand gegen Änderungen erhöhen [83], dass die wertvollsten Mitarbeiter verstärkt dazu tendieren, Jobalternativen zu suchen [43], und dass die verbleibenden Mitarbeiter, die Survivors, mit weniger Ressourcen mehr arbeiten müssen [23], sprechen dafür, dass die Arbeitsplatzunsicherheit sowohl für die Beschäftigten als auch für ihre Organisationen von entscheidender Bedeutung ist.

Mit diesem Forschungsüberblick haben wir das Ziel verfolgt, einen Beitrag zum Verständnis der Arbeitsplatzunsicherheit zu leisten, indem wir sowohl theoretische als auch methodische Fragen erörtert und Bereiche beleuchtet haben, die der weiteren Erforschung bedürfen. Unsere Schlussfolgerungen aus diesem Review fassen wir in einem integrierten Modell der Arbeitsplatzunsicherheit zusammen (s. Abb. 4.1). In diesem Modell wird die Arbeitsplatzunsicherheit als

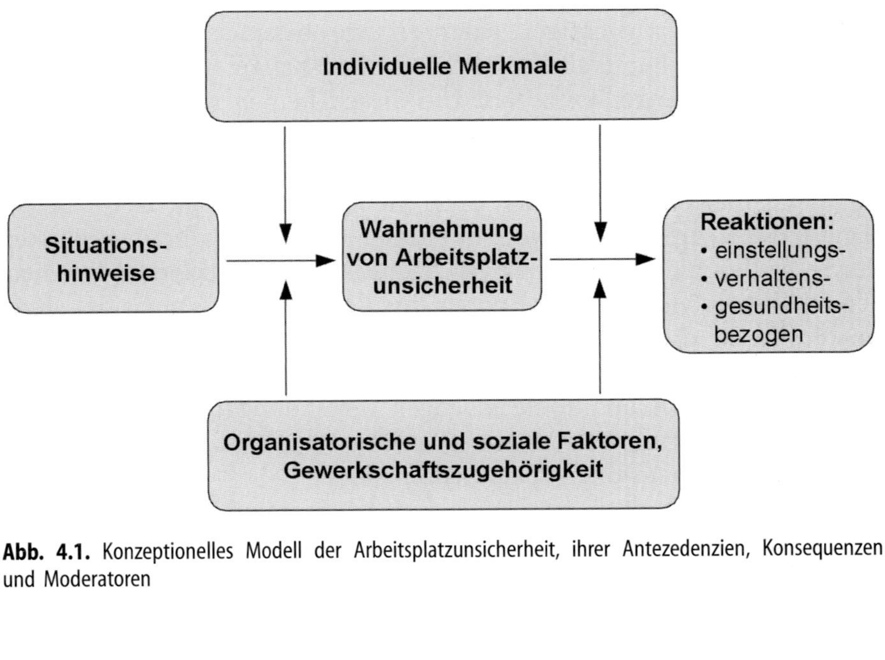

Abb. 4.1. Konzeptionelles Modell der Arbeitsplatzunsicherheit, ihrer Antezedenzien, Konsequenzen und Moderatoren

ein subjektiv empfundenes, multi-dimensionales Phänomen beschrieben, das als eine Funktion der Interaktion zwischen der objektiven Situation und den subjektiven Merkmalen entstehen kann, ein Phänomen, welches negative Konsequenzen für die Einstellungen und das Wohlbefinden der Beschäftigten haben kann, wobei diese Konsequenzen durch eine Reihe von potenziellen Moderatorvariablen abgemildert werden können.

Der Schwerpunkt unseres Berichts lag auf der Arbeitsplatzunsicherheit als einer Konsequenz, die aus den Veränderungen der Arbeitswelt resultieren kann. Wie wir kurz skizziert haben, muss die Arbeitsplatzunsicherheit jedoch nicht eine inhärente und unvermeidbare Konsequenz von Personalabbau, strukturellem Wandel und dem Streben der Organisationen nach Flexibilität darstellen [23, 64]. Arbeitsplatzunsicherheit kann eher als eine Funktion sowohl der objektiven Situation (z. B. Kennzeichen des Arbeitsmarktes, organisatorische Veränderungen) als auch der subjektiven Merkmale des Individuums (z. B. familiäre Verantwortung, Beschäftigungsfähigkeit) beschrieben werden. Weitere Forschungsarbeiten sind erforderlich, um zu untersuchen, welche Gruppen besonders vulnerabel für die Empfindung von Arbeitsplatzunsicherheit sind und wie diese Empfindungen vermindert werden können.

Unseres Erachtens ist auch im Hinblick auf die Konsequenzen der Arbeitsplatzunsicherheit mehr systematische Forschung erforderlich. Zur Behandlung der Fragen der Kausalität, der langfristigen Auswirkungen von Unsicherheit und ihren relativen Auswirkungen nach Kontrolle anderer wichtiger Faktoren wie beispielsweise des Ausgangsniveaus der untersuchten Effektgrößen haben wir mehr Längsschnittuntersuchungen gefordert. Um diese Themen richtig zu behandeln, ist weitere Theorieentwicklung erforderlich. Konzeptionelle Verbesserungen zur Erweiterung der Definition der Arbeitsplatzunsicherheit erscheinen sinnvoll, sodass diese mehr als die Gefahr des Arbeitsplatzverlustes umfasst. Obwohl in dieser Richtung schon gearbeitet wurde, stellen die Sorgen über geschätzte Arbeitsplatzmerkmale einen Bereich dar, in dem mehrere unterschiedliche Aspekte plausibel sind, beispielsweise die Gefahr verschlechterter Arbeitsinhalte, Degradierung, die Entwicklung der Vergütung und die Beziehung zu Kollegen. Die theoretische Arbeit sollte in enger Verbindung mit der Entwicklung und Validierung von Messinstrumenten erfolgen, die diese unterschiedlichen Dimensionen reflektieren.

Unser Meinung nach sind auch weitere Forschungsarbeiten erforderlich, um zu untersuchen, wie die negativen Auswirkungen der Arbeitsplatzunsicherheit verringert werden können. Drei Arten von moderierenden Faktoren scheinen besonders wichtig zu sein – individuelle Unterschiede, die empfundene Fairness und soziale Unterstützung. In jedem dieser Bereiche muss weiter geforscht werden. Insbesondere sind Forschungsarbeiten erforderlich, die sich mit Strategien befassen, die Organisationen und Gewerkschaften zur Unterstützung der Beschäftigten bei der Bewältigung von Arbeitsplatzunsicherheit und ihren Konsequenzen einsetzen können.

Die Beschleunigung der Veränderungsprozesse in den Organisationen deutet darauf hin, dass die Arbeitsplatzunsicherheit ein Phänomen ist, welches auch in den nächsten Jahren weiterhin das moderne Arbeitsleben prägen wird. Da die Flexibilisierung des Arbeitsmarkts in Zukunft wahrscheinlich noch schneller voranschreiten wird, ist es von entscheidender Bedeutung, dass die Forschung im Bereich der Arbeitsplatzunsicherheit auf Änderungen im Arbeitsleben sensibel reagiert und sich mit neuen Beschäftigungsformen beschäftigt. Während Flexibilität mit Sicherheit den Bedürfnissen vieler Arbeitgeber entspricht, könnte es durchaus sein, dass projektbezogene und zeitlich befristete Arbeit auch den Erwartungen und Wünschen bestimmter Gruppen von Erwerbstätigen entgegen kommt, vermutlich sind dies junge Arbeitnehmer, Fachkräfte und Beschäftigte in neuen Wirtschaftsbranchen. Wenn eine derartige Werteverschiebung stattfindet, könnte das Konstrukt der Arbeitsplatzunsicherheit noch weitere Konnotationen annehmen, beispielsweise Gefahren für fortlaufendes On-the-job-Training, die berufliche Entwicklung und die zukünftige Beschäftigungsfähigkeit.

Literatur

[1] Armstrong-Stassen M (1993) Production workers' reactions to a plant closing: The role of transfer, stress and support. Anxiety, Stress and Coping: An International Journal 6:201–214

[2] Armstrong-Stassen M (1994) Coping with transition: A study of layoff survivors. Journal of Organizational Behavior 15:597–621

[3] Arnetz BB, Brenner S-O, Levi L, Hjelm R, Petterson I-L, Wasserman J, Petrini B, Eneroth P, Kallner A, Kvetnansky R, Vigas M (1991) Neuroendocrine and immunologic effects of unemployment and job insecurity. Psychotherapy Psychosomatics Research 55:76–80

[4] Arnold HJ, Feldman DC (1982) A multivariate analysis of the determinants of job turnover. Journal of Applied Psychology 67:350–360

[5] Ashford SJ, Lee C, Bobko P (1989) Content, causes, and consequences of job insecurity: A theory-based measure and substantive test. Academy of Management Journal 4:803–829

[6] Barling J, Dupre KE, Hepburn CG (1998) Effects of parents job insecurity on children's work beliefs and attitudes. Journal of Applied Psychology 83:112–118

[7] Barling J, Fullagar C, Kelloway EK (1992) The union and its members: A psychological approach. Wiley, New York

[8] Barling J, Gallagher DG (1996) Part-time employment. In: Cooper CL, Robertson IT (Eds) International review of industrial and organizational psychology. Wiley, New York, pp 243–277

[9] Barling J, Kelloway KE (1996) Job insecurity and health: The moderating role of workplace control. Stress medicine 12:253–259

[10] Beehr TA, Newman JE (1978) Job stress, employee health, and organizational effectiveness: A facet analysis, model, and literature review. Personnel psychology 31:665–699

[11] Bender KA, Sloane PJ (1999) Trade union membership, tenure and the level of job insecurity. Applied Economics 31:123–135

[12] Borg I, Elizur D (1992) Job insecurity: Correlates, moderators and measurement. International Journal of Manpower 13:13–26

[13] Borg V, Kristensen TS, Burr H (2000) Work environment and changes in self-rated health: A Five year follow-up study. Stress Medicine 16:37–47

[14] Brief AP, Burke MJ, George JM, Robinson BS, Webster J (1988) Should negative affectivity remain an unmeasured variable in the study of job stress? Journal of Applied Psychology 2:193–198

[15] Brockner J (1988) The effects of work layoffs on survivors: Research, theory, and practice. In: Staw BM, Cummings LL (Eds) Research in organizational behavior, Vol. 10. Greenwich, JAI Press, CT

[16] Brockner J (1990) Scope of justice in the workplace: How survivors react to co-worker layoffs. Journal of Social Issues 46:95–106

[17] Brockner J, Grover SL (1988) Predictors of survivors job involvement following layoffs: A field study. Journal of Applied Psychology 3:436–442

[18] Brockner J, Tyler TR, Cooper-Schneider R (1992) The influence of prior commitment to an institution on reactions to perceived unfairness: The higher they are, the harder the fall. Administrative Science Quartely 37:241–261

[19] Brown SP, Leigh TW (1996) A new look at psychological climate and its relationship to job involvement, effort, and performance. Journal of Applied Psychology 81(4):358–368

[20] Burchell BJ, Day D, Hudson M, Ladipo D, Mankelow R, Nolan JP, Reed H, Wichert IC, Wilkinson F (1999) Job insecurity and work intensification. Joseph Rowntree Foundation, York

[21] Burke RJ (1991) Job insecurity in stockbrokers. Journal of Managerial Psychology 5:10–16

[22] Burke RJ, Cooper CL (Eds) (2000) The organization in crisis: Downsizing, restructuring, and privatization. Blackwell, Oxford

[23] Burke RJ, Nelson D (1998) Mergers and acquisitions, downsizing, and privatization: A North American perspective. In: Gowing MK, Kraft JD, Quick JC (Eds) The new organizational reality: Downsizing, restructuring, and revitalization. American Psychological Association, Washington, DC, pp 21–54

[24] Büssing A (1999) Can control at work and social support moderate psychological consequences of job insecurity? Results from a quasi-experimental study in the steel industry. European Journal of Work and Organizational Psychology 8(2):219–242

[25] Cameron K, Freeman S, Mishra A (1991) Best practices in white-collar downsizing: Managing contradictions. Academy of Management Executive 5:57–73

[26] Caplan RD, Cobb S, French JRP, van Harrison R, Pinneau SR (1975) Job demands and worker health. National Institute for Occupational Safety and Health, Washington, DC
[27] Cascio WF (1998) Learning from outcomes: Financial experiences of 311 firms that have downsized. In: Gowing MK, Kraft JD, Quick JC (Eds) The new organizational reality: Downsizing, restructuring, and revitalization. American Psychological Association, Washington, DC, pp 21–54
[28] Catalano R, Rook K, Dooley D (1986) Labor markets and help-seeking: A test of the employment security hypothesis. Journal of Health and Social Behavior 27(3):277–287
[29] Costa PT, McCrae RR (1980) Influence of extraversion and neuroticism on subjective well-being: Happy and unhappy people. Journal of Personality and Social Psychology 4:668–678
[30] Davy JA, Kinicki AJ, Scheck CL (1997) A test of job security's direct and mediated effects on withdrawal cognitions. Journal of Organizational Behavior 18:323–349
[31] Davy JA, Kinicki AJ, Scheck CL (1991) Developing and testing a model of survivor responses to layoffs. Journal of Vocational Behavior 38:302–317
[32] Dekker SWA, Schaufeli WB (1995) The effects of job insecurity on psychological health and withdrawal: A longitudinal study. Australian Psychologist 30:57–63
[33] Depue RA, Monroe SM (1986) Conceptualization and measurement of human disorder in life stress research. Psychological Bulletin 99:36–51
[34] De Witte H (1999) Job insecurity and psychological well-being: Review of the literature and exploration of some unresolved issues. European Journal of Work and Organizational Psychology 8:155–177
[35] De Witte H, Näswall K (2003) „Objective" vs. „Subjective" job insecurity: Consequences of temporary work for job satisfaction and organizational commitment in four European countries. Economic and Industrial Democracy 24(2):209–312
[36] Ferrie J (2001) Is job insecurity harmful to health? Journal of the Royal Society of Medicine 94:71–76
[37] Ferrie JE, Shipley MJ, Marmot MG, Stansfeld SA, Smith GD (1998) An uncertain future: The health effects of threats to employment security in white-collar men and women. American Journal of Public Health 88(7):1030–1036
[38] Frese M (1985) Stress at work and psychosomatic complaints: A causal interpretation. Journal of Applied Psychology 70(2):314–328
[39] Fugate M, Kinicki AJ, Asforth BE (2004) Employability: A psycho-social construct, its dimensions, and applications. Journal of Vocational Behavior 65:14–38
[40] Gallagher DG, McLean Parks J (2001) I pledge thee my troth … contingently: Commitment and the contingent work relationship. Human Resource Management Review 11:181–208
[41] Gallie D, White M, Cheng Y, Tomlinson M (1998) Restructuring the employment relationship. Clarendon Press, Oxford
[42] Garst H, Frese M, Molenaar PCM (2000) The temporal factor of change in stressor-strain relationships: A growth curve model on a longitudinal study in East Germany. Journal of Applied Psychology 85:417–438
[43] Greenhalgh L, Rosenblatt Z (1984) Job insecurity: Toward conceptual clarity. Academy of Management Review 3:438–448
[44] Gorsuch RL (1997) Exploratory factor analysis: Its role in item analysis. Journal of Personality Assessment 68:532–560

[45] Gowing MK, Kraft JD, Campbell Quick J (Eds) (1998) The new organizational reality: Downsizing, restructuring, and revitalization. American Psychological Association, Washington, DC
[46] Hackman JR, Oldham GR (1975) Development of the Job Diagnostic Survey. Journal of Applied Psychology 60(2):159–170
[47] Hartley J, Jacobson D, Klandermans B, van Vuuren T (1991) Job insecurity: Coping with jobs at risk. Sage, London
[48] Hartley J, Klandermans PG (1986) Individual and collective responses to job insecurity. In: Debus G, Schroiff H-W (Eds) The psychology of work and organization. Elsevier Science, Amsterdam, pp 129–136
[49] Heaney CA, Israel BA, House JS (1994) Chronic job insecurity among automobile workers: Effects on job satisfaction and health. Social Science Medicine 38:1431–1437
[50] Hellgren J, Chirumbolo A (2003) Can union support reduce the negative effects of job insecurity on well-being? Economic and Industrial Democracy 24(2):271–289
[51] Hellgren J, Sverke M (2001) Unionized employees' perceptions of role stress and fairness during organizational downsizing: Consequences for job satisfaction, union satisfaction and well-being. Economic and Industrial Democracy 22:543–567
[52] Hellgren J, Sverke M (2003) Does job insecurity lead to impaired well-being or vice versa? Estimation of cross-lagged effects using latent variable modeling. Journal of Organizational Behavior, 24, 215–236
[53] Hellgren J, Sverke M, Isaksson K (1999) A two-dimensional approach to job insecurity: Consequences for employee attitudes and well-being. European Journal of Work and Organization Psychology 8:179–195
[54] Howard A (1995) The changing nature of work. Jossey-Bass, San Francisco, CA
[55] Iversen L, Sabroe S (1988) Psychological well-being among unemployed and employed people after a company closedown: A longitudinal study. Journal of Social Issues 44(4):141–152
[56] Jahoda M (1982) Employment and unemployment: A social-psychological analysis. Cambridge University Press, Cambridge, MA
[57] James LR, Hater JJ, Gent MJ, Bruni JR (1978) Psychological climate: Implications from cognitive social learning theory and interactional psychology. Personnel Psychology 31:783–813
[58] James LR, Sells SB (1981) Psychological climate: Theoretical perspectives and empirical research. In: Magnusson D (Ed) Toward a psychology of situations: An interactional perspective. Lawrence Erlbaum, Hillsdale NJ, pp 275–295
[59] Jex SM, Beehr TA (1991) Emerging theoretical and methodological issues in the study of work-related stress. In: Rowland K, Ferries G (Eds) Research in personnel and human resources management. JAI Press, Greenwich CT, Vol. 9, pp 311–365
[60] Jick TD (1985) As the axe fails: Budget cuts and the experience of stress in organizations. In: Beehr TA, Bhagat RS (Eds) Human stress and cognition in organizations: An integrated perspective. Wiley, New York, pp 83–114
[61] Johnson NB, Bobko P, Hartenian LS (1992) Union influence and local union leaders' perceptions of job insecurity: An empirical test. British Journal of Industrial Relations 30:45–60
[62] Kets de Vries MFR, Balazs K (1997) The downside of downsizing. Human Relations 50:11–50

[63] Kinnunen U, Mauno S, Nätti J, Happonen M (1999) Perceived job insecurity: A longitudinal study among Finish employees. European Journal of Work and Organizational Psychology 8:243–260
[64] Klein Hesselink DJ, van Vuuren T (1999) Job flexibility and job insecurity: The Dutch case. European Journal of Work and Organizational Psychology 8:273–293
[65] Konovsky M, Folger R (1987) Relative effects of procedural and distributive justice on employee attitudes. Representative Research in Social Psychology 17:15–24
[66] Kuhnert KW, Palmer DR (1991) Job security, health and the intrinsic and extrinsic characteristics of work. Group Organization Studies 16:178–192
[67] Latack JC, Dozier JB (1986) After the axe falls: Job loss on a career transition. Academy of Management Review 11:375–392
[68] Lazarus RS, Folkman S (1984) Stress appraisal and coping. Springer, New York
[69] Levanoni E, Sales CA (1990) Differences in job attitudes between full-time and part-time Canadian employees. Journal of Social Psychology 130:231–237
[70] Lim VKG (1996) Job insecurity and its outcomes: Moderating effects of work-based and nonwork-based social support. Human Relations 2:171–194
[71] Lim VKG (1997) Moderating effects of work-based support on the ralationship between job insecurity and its consequences. Work and Stress 11:251–266
[72] Lim VKG, Leng Loo G (2003) Effects of parental job insecurity and parenting behaviors on youth's self-efficacy and work attitutes. Journal of Vocational Behavior 63:86–98
[73] Lind E, Tyler T (1988) The social psychology of procedural justice. Plenum, New York
[74] Lindström K, Leino T, Seitsamo J, Torstila I (1997) A longitudinal study of work characteristics and health complaints among insurance employees in VDT work. International Journal of Human-Computer Interaction 9(4):343–368
[75] Mak AS, Mueller J (2000) Job insecurity, coping resources and personality dispositions in occupational strain. Work Stress 14:312–328
[76] Matteson MT, Ivancevich JM (1987) Controlling work stress: Effective human resource and management strategies. Jossey-Bass, San Francisco
[77] Mattiasson I, Lindgarde F, Nilsson JA, Theorell T (1990) Threat of unemployment and cardiovascular risk factors: Longitudinal study of quality of sleep and serum cholesterol concentration in men threatened with redundancy. British Journal of Medicine 301:461–466
[78] Mauno S, Leskinen E, Kinnunen U (2001) Multi-wave, multi-variable models of job insecurity: Applying different scales in studying the stability of job insecurity. Journal of Organizational Behavior 22:919–937
[79] McLean Parks J, Kidder DL, Gallagher DG (1998) Fitting square pegs into round holes: Mapping the domain of contingent work arrangements onto the psychological contract. Journal of Organizational Behavior 19:697–730
[80] Mellor S (1992) The influence of layoff severity on post-layoff union commitment among survivors – The moderating effect of the perceived legitimacy of a layoff account. Personnel Psychology 45:579–600
[81] Mohr GB (2000) The changing significance of different stressors after the announcement of bankruptcy: A longitudinal investigation with special emphasis on job insecurity. Journal of Organizational Behavior 21:337–359

[82] Netemeyer RG, Boles JS, McMurrian R (1996) Development and validation of work-family conflict and family-work conflict scales. Journal of Applied Psychology 81(4):400–410
[83] Noer D (1993) Healing the wounds: Overcoming the trauma of layoffs and revitalizing downsized organizations. Jossey-Bass, San Francisco
[84] Novelli L Jr, Kirkman BL, Shapiro DL (1995) Effective implementation of organizational change: An organizational justice perspective. In: Cooper CL, Rousseau DM (Eds) Trends in organizational behavior, Vol. 2. Wiley, Chichester UK, pp 15–36
[85] Näswall K, De Witte H (2003) Who feels insecure in Europe? Predicting job insecurity from background variables. Economic and Industrial Democracy 24(2):187–213
[86] Näswall K, Sverke M, Hellgren J (2005) The moderating role of personality characteristics on the relation between job insecurity and strain. Work Stress 19:37–49
[87] Näswall K, Sverke M, Hellgren J (2001) Tryggare kan ingen vara? Metaanalys av relationen mellan anställningsotrygghet och välbefinnande [No one can be safer? Meta-analysis of the relationship between job insecurity and well-being]. Arbetsmarknad Arbetsliv 7:179–195
[88] OECD (1997) Is job insecurity on the increase in OECD countries?, OECD Employment Outlook July. Office for Economic Cooperation and Development, Paris, pp 129–153
[89] Orpen C (1993) Job dependence as a moderator of effects of job threat on employees' job insecurity and performance. Psychological Reports 72(2):449–450
[90] Parker SK, Chmiel N, Wall TD (1997) Work characteristics and employee well-being within a context of strategic downsizing. Journal of Occupational Health Psychology 4:289–303
[91] Pearce JL (1998) Job insecurity is important but not for the reasons you might think: The example of contingent workers. In: Cooper CL, Rousseau CL (Eds) Trends in organizational behavior (Vol. 5). Wiley, New York NY, pp 31–46
[92] Pfeffer J (1998) The human equation: Building profits by putting people first. Harvard University Press, Boston MA
[93] Pozner BZ, Randolph WA (1980) Moderators of role stress among hospital personnel. The Journal of Psychology 105:215–224
[94] Probst TM, Brubaker TL (2001) The effects of job insecurity on employee safety outcomes: Cross-sectional and longitudinal explorations. Journal of Occupational Health Psychology 6:139–159
[95] Reisel WD, Banai M (2002) Comparison of a multidimensional and a global measure of job insecurity: Predicting job attitudes and work behaviors. Psychological Reports 90:913–922
[96] Rifkin J (1995) The end of work: The decline of the global labor force and the dawn of the post-market era. Putnam, New York
[97] Rizzo JR, House RJ, Lirtzman SI (1970) Role conflict and ambiguity in complex organizations. Administrative Science Quarterly 15(2): 150–163
[98] Rosenblatt Z, Ruvio A (1996) A test of a multidimensional model of job insecurity: The case of Israeli teachers. Journal of Organizational Behavior 17:587–605
[99] Rosenblatt Z, Talmud I, Ruvio A (1999) A gender-based framework of the experience of job insecurity and its effects on work attitudes. European Journal of Work and Organizational Psychology 8:197–217

[100] Roskies E, Louis-Guerin C (1990) Job insecurity in managers: Antecedents and consequences. Journal of Organizational Behavior 11:345–359
[101] Roskies E, Louis-Guerin C, Fournier C (1993) Coping with job insecurity: How does personality make a difference? Journal of Organizational Behavior 14:617–630
[102] Rotter JB (1966) Generalized expectancies for internal versus external control of reinforcement. Psychological Monographs 80(1 Whole No 609)
[103] Schabracq MJ, Cooper CL (2000) The changing nature of work and stress. Journal of Mangerial Psychology 15:227–241
[104] Schaubroeck J, Ganster DC, Fox ML (1992) Dispositional affect and work-related stress. Journal of Applied Psychology 3:322–335
[105] Schaufeli W (1992) Unemployment and mental health in well and poorly educated school-leavers. In: Verhaar C, Jansma L (Eds) On the mysteries of unemployment: Causes, consequences and policies. Kluwer Academic Publishers, Dordecht, the Netherlands, pp 253–271
[106] Shaw JB, Fields WM, Thacker JW, Fisher CD (1993) The availability of personal and external coping resources: Their impact on job stress and employee attitudes during organizational restructuring. Work Stress 7:229–246
[107] Siegrist J, Peter R, Junge A, Cremer P, Siegel D (1990) Low status control, high effort at work and ischemic heart disease: Prospective evidence from blue-collar men. Social Science and Medicine 31:1127–1134
[108] Sparrow P (1998) The pursuit of multiple and parallel organizational flexibilities: Reconstituting jobs. European Journal of Work and Organizational Psychology 7:79–95
[109] Spector, PE (1992) A consideration of the validity and meaning of self-report measures of job conditions. In: Cooper CL, Robertson IT (Eds) International review of industrial and organizational psychology (Vol. 7). Wiley, New York, pp 123–151
[110] Spector PE (2000) A control theory of the job stress process. In: Cooper CL (Ed) Theories of organizational stress. University Press, Oxford, pp 153–169
[111] Still LW (1983) Part-time versus full-time salespeople: Individual attributes, organizational commitment, and work attitudes. Journal of Retailing 59:55–79
[112] Sverke M, Gallagher DG, Hellgren J (2000) Alternative work arrangements: Job stress, well-being and pro-organizational attitudes among employees with different employment contracts. In: Isaksson K, Hogstedt C, Eriksson C, Theorell T (Eds) Health effects of the new labour market. Plenum, New York, pp 145–167
[113] Sverke M, Goslinga S (2003) The consequences of job insecurity for employers and unions: Exit, voice, and loyalty. Economic and Industrial Democracy 24(2):241–270
[114] Sverke M, Hellgren J, Näswall K, Chirumbolo A, De Witte H, Goslinga S (2004) Job insecurity and union membership: European unions in the wake of flexible production. P.I.E.-Peter Lang, Brussels
[115] Sverke M, Hellgren J (2001) Exit, voice, and loyalty reactions to job insecurity: Do unionized and non-unionized employees differ? British Journal of Industrial Relations 39:167–182
[116] Sverke M, Hellgren J, Näswall K (2002) No security: A meta-analysis and review of job insecurity and its consequences. Journal of Occupational Health Psychology 7:242–264

[117] Tetrick LE, Quick JC (2003) Prevention at work: Public health in occupational settings. In: Quick JC, Tetrick LE (Eds) Handbook of occupational health psychology. American Psychological Association, Washington DC, pp 3–17

[118] Tetrick LE, LaRocco JM (1987) Understanding, prediction, and control as moderators of the relationships between perceived stress, satisfaction, and psychological well-being. Journal of Applied Psychology 72: 538–543

[119] Thibaut J, Walker L (1975) Procedural justice: A psychological analysis. Erlbaum, Hillsdale NJ

[120] Turnley WH, Feldman DC (1999) The impact of psychological contract violations on exit, voice, loyalty, and neglect. Human Relations 52(7): 895–922

[121] Viswesvaran C, Sanchez JI, Fisher J (1999) The role of social support in the process of work stress: A meta-analysis. Journal of Vocational Behavior 54:314–334

[122] Watson D, Pennebaker JW (1989) Health complaints, stress and distress: Exploring the central role of negative affectivity. Psychological Review 2:234–254

[123] Westman M, Etzion D, Danon E (2001) Job insecurity and crossover of burnout in married couples. Journal of Organizational Behavior 22: 467–481

[124] Zapf D, Dormann C, Frese M (1996) Longitudinal studies in organizational stress research: A review of the literature with reference to methodological issues. Journal of Occupational Health Psychology 1(2): 145–169

KAPITEL 5

Gesundheitliche Folgen der Arbeitsplatzunsicherheit

J. E. Ferrie [1]

Zusammenfassung. *Arbeitsplatzunsicherheit wird entweder von den Arbeitnehmern selbst berichtet oder extern attribuiert, wenn Firmen Personal abbauen oder ganz schließen. Es ist inzwischen erwiesen, dass es einen Kausalzusammenhang sowohl zwischen subjektiv empfundener als auch attribuierter Arbeitsplatzunsicherheit und allen Indikatoren psychischer Erkrankungen gibt. Außerdem liegen ausreichende Hinweise für einen Zusammenhang mit körperlichen Erkrankungen vor. Sowohl von den Arbeitnehmern subjektiv empfundene als auch attribuierte Arbeitsplatzunsicherheit ist mit negativen Veränderungen bei den meisten physiologischen Indikatoren verbunden, die Auswirkungen sind jedoch – mit Ausnahme des Body Mass Index – meist statistisch nicht signifikant. Es gibt begrenzte Evidenz dafür, dass beide Arten der Arbeitsplatzunsicherheit für eine Zunahme der ischämischen Herzkrankheit und nicht letaler Herzinfarkte bei Frauen verantwortlich sein können. Für die Verbindung zwischen Jobunsicherheit und Mortalität liegt jedoch bisher keine ausreichende Evidenz vor; ein Wechsel von einem befristeten in ein unbefristetes Arbeitsverhältnis senkt das Sterberisiko jedoch erheblich, während das Verbleiben in einem befristeten Arbeitsverhältnis das Sterberisiko signifikant erhöht. In letzter Zeit durchgeführte Untersuchungen belegen, dass die Zahl der Arbeitsunfälle durch Arbeitsplatzunsicherheit steigt. Die meisten Studien zeigen, dass attribuierte Arbeitsplatzunsicherheit zu einem erhöhten Krankenstand führt. Bei befristet beschäftigten Arbeitnehmern wurde jedoch ein niedrigerer Krankenstand sowie die Tendenz, trotz Krankheit am Arbeitsplatz zu erscheinen, festgestellt. Beide Arten der Arbeitsplatzunsicherheit führen zu einer häufigeren Inanspruchnahme von Einrichtungen des Gesundheitswesens und höherem Arzneimittelverbrauch. Externe Effekte werden hauptsächlich in Familien beobachtet, können jedoch auch weitere Kreise ziehen.*

---

[1] Übersetzung aus dem Englischen von Susanne Sollmann.

5.1 Einführung

Seit den 1980er Jahren hat sich die Struktur des Arbeitsmarktes in den meisten Industrieländern sehr stark verändert. Dazu haben hauptsächlich vier Faktoren beigetragen: die Deindustrialisierung, der technische Fortschritt, die Globalisierung und die verstärkte Hinwendung zur freien Marktwirtschaft einschließlich der Privatisierung öffentlicher Dienste.

In Industrieländern war eine deutliche Verschiebung weg vom produzierenden hin zum Dienstleistungsgewerbe zu beobachten [1]. Der technische Fortschritt führte dazu, dass viele einfache Tätigkeiten weitgehend durch elektronische Geräte ersetzt wurden (z.B. Geldautomaten) und globale Informationssysteme erlauben eine rasche Verlagerung von Arbeit in Schwellenländer, wo die Lohnkosten niedriger sind [2–4].

Deindustrialisierung und technischer Wandel werden im Allgemeinen durch die Ausweitung und Stärkung der Kräfte des Marktes begleitet. Dies führt dazu, dass viele Arbeitnehmer, die glaubten, eine lebenslange Anstellung zu haben, sich nun sehr viel weniger sicher fühlen. Zahlreiche Arbeitnehmer – insbesondere im öffentlichen Dienst – haben Änderungskündigungen erhalten oder sind gezwungen, gegen interne oder externe Konkurrenten anzutreten. Durch diese Veränderungen hat die Arbeitsplatzunsicherheit in allen OECD-Ländern seit Mitte der 1980er Jahre immer weiter zugenommen [5]. Obwohl die Aussage, dass die Jobunsicherheit in allen Berufsgruppen gestiegen sei, auch bestritten wurde [6], ist man sich weitgehend einig, dass dieser Wandel zu größeren Veränderungen bei Beschäftigungsmustern und Arbeitsplatzsicherheit – seit den 1950er Jahren ein wesentliches Element sozialer Ordnung – führt [4, 7, 8]. Wie alle sozialen Umwälzungen wirken sich diese Veränderungen potenziell auch auf die Gesundheit von Individuen und Populationen aus [9].

Studien aus den Rezessionsperioden der 1930er und 1980er Jahre belegten eindeutig, dass Arbeitslosigkeit sich negativ auf Gesundheit und Wohlbefinden auswirkt [10–18]. Die Folgen der Arbeitsplatzunsicherheit wurden jedoch bisher viel weniger erforscht, obwohl sie ein Risikofaktor im Hinblick auf Arbeitslosigkeit darstellt [19]. Dies liegt teilweise daran, dass es weniger offensichtlich ist, dass sich Arbeitsplatzunsicherheit auf die Gesundheit auswirkt, da sie anders als Arbeitslosigkeit nicht mit Status- und Einkommensverlusten einhergeht. Zudem sind Organisationen, die sich größeren Restrukturierungen unterziehen, nicht gerade daran interessiert, dass Wissenschaftler die Verunsicherungen noch verschärfen. Der folgende Beitrag fasst die Ergebnisse von Studien zusammen, die seit 1970 zu den Auswirkungen der Arbeitsplatzunsicherheit auf die Gesundheit und gesundheitsbezogene Outcomes veröffentlicht wurden[2].

5.2 Hintergrund

5.2.1 Definition

Befragungen zu sozialen Einstellungen und Studien zu Arbeitsplatzeigenschaften legen nahe, dass Sicherheit sowohl für Arbeitnehmer als auch für Unternehmen von größtem Interesse ist [6, 20, 21]. Hartley et al., die zum Konzept der Arbeitsplatzunsicherheit einige Arbeiten beigetragen haben, definieren die Arbeitsplatzunsicherheit als Diskrepanz zwischen dem Sicherheitsniveau, das ein Arbeitnehmer empfindet, und dem Niveau, das er oder sie gern hätte [22]. Man ist sich inzwischen weitgehend einig, dass die Definition, wonach Jobunsicherheit die Gefahr eines unmittelbar bevorstehenden Arbeitsplatzverlustes ist, zu kurz greift, weil sie die Gefahr, die von sich verschlechternden Arbeitsbedingungen und Karrierechancen ausgeht, nicht einbezieht. Während also einige Wissenschaftler das Konzept der Arbeitsplatzunsicherheit noch immer auf den drohenden Arbeitsplatzverlust beschränken, weiten andere Forscher und die Betroffenen selbst es auf den Verlust von allen geschätzten Merkmalen der Arbeitsbedingungen aus [23, 24].

Diese Definition der Arbeitsplatzunsicherheit umfasst eine große Anzahl von Arbeitnehmern, die unsichere Jobs haben; oft sind diese saisonabhängig, befristet oder werden in Teilzeit erbracht. Arbeitnehmer in solchen Arbeitsverhältnissen werden häufig eingesetzt, um kurzfristige Veränderungen der Auftragslage aufzufangen. Arbeitnehmer dieses *Zweiten Arbeitsmarktes* sehen Arbeitsplatzunsicherheit als integralen Bestandteil ihrer Arbeitswelt an und haben daher relativ feststehende Ansichten über den Arbeitsmarkt und ihre eigenen Aussichten. Arbeitnehmer des *Ersten Arbeitsmarktes*, die langfristige stabile Arbeitsverhältnisse gewöhnt sind, müssen jedoch bei Arbeitsplatzunsicherheit ihre Annahme, ihre Position im Unternehmen sei sicher, unfreiwillig korrigieren [22, 25]. In jüngster Zeit haben Restrukturierungen etwa durch Personalabbau, Privatisierungen, Fusionen

[2] Die Autorin wurde durch den „Medical Research Council" bei der Erstellung dieses Artikels unterstützt. Sie dankt dem „Royal College of Medicine" für die Genehmigung, diesen Beitrag auf einem früheren Forschungsüberblick mit dem Titel „Is job insecurity harmful to health?" (*Journal of the Royal Society of Medicine* 2001; 94:71–76) aufzubauen.

und Betriebsschließungen zu einem noch nie da gewesenen Verlust von Arbeitsplätzen in diesem Ersten Arbeitsmarkt geführt. Außerdem kristallisierte sich heraus, dass Arbeitsplatzunsicherheit möglicherweise selbst für Beschäftigte im Ersten Arbeitsmarkt nicht mehr nur ein kurzfristiger Bruch in einem ansonsten vorhersagbaren Arbeitsleben ist, sondern zu einem Strukturmerkmal des neuen Arbeitsmarkts geworden ist [26]. Diese neue arbeitsbedingte Unsicherheit bringt die Beschäftigten des Ersten Arbeitsmarktes näher an die des Zweiten Arbeitsmarktes heran, deren Arbeitsbiografien durch Beschäftigungsunsicherheit – im Gegensatz zu Arbeitsplatzunsicherheit – gekennzeichnet sind. Während Arbeitsplatzsicherheit bedeutet, dass man auf einer bestimmten Arbeitsstelle bleiben kann, steht Beschäftigungssicherheit für die Wahrscheinlichkeit, überhaupt eine bezahlte Beschäftigung ausüben zu können, selbst wenn es sich dabei um mehrere aufeinanderfolgende Jobs handelt [27]. Eine weitere Konsequenz dieser neuen arbeitsbedingten Unsicherheit ist, dass die Arbeitnehmer sich bewusst werden, dass sie selbst dafür verantwortlich sind, ihre Beschäftigungsfähigkeit zu erhalten [26].

Bei der Betrachtung der Arbeitsplatzunsicherheit bei Beschäftigten des Zweiten Arbeitsmarktes ist es schwierig zu entscheiden, ob gesundheitliche Probleme auf Jobunsicherheit und Arbeitslosigkeit zurückzuführen sind oder ob es gerade die Arbeitnehmer mit schlechterem Gesundheitszustand sind, die auf dem zweiten Arbeitsmarkt landen [28]. Deshalb beschränkt sich dieser Forschungsüberblick auf Beschäftigte des Ersten Arbeitsmarktes.

5.2.2 Studien zur Arbeitsplatzunsicherheit

Arbeitsplatzunsicherheit kann von den Beschäftigten subjektiv empfunden werden oder extern attribuiert sein. Die Studienpopulation in Untersuchungen der subjektiv empfundenen Arbeitsplatzunsicherheit setzt sich aus Personen zusammen, die ihren Arbeitsplatz als unsicher bezeichnen. In Untersuchungen zur attribuierten Arbeitsplatzunsicherheit wird die Studienpopulation dagegen von den Wissenschaftlern als von Jobunsicherheit bedroht angesehen, weil die Unternehmensleitung signalisiert hat, entweder Mitarbeiter entlassen oder Standorte oder das ganze Unternehmen schließen zu wollen.

Selbst empfundene und attribuierte Arbeitsplatzunsicherheit haben in signifikanter Weise die erwarteten Auswirkungen [29, 30], und der damit verbundene Stress hängt offensichtlich von der wahrgenommenen Wahrscheinlichkeit und empfundenen Härte des Jobverlusts ab [22]. Von den Arbeitnehmern subjektiv empfundene Arbeitsplatzunsicherheit wird als größerer Stressfaktor betrachtet und die Schätzung des Zusammenhangs erreicht maximale Werte, während Arbeitnehmergruppen, denen Arbeitsplatzunsicherheit extern zugeschrieben wird, vermutlich Personen enthalten, die sich selbst nicht bedroht sehen, sodass die Schätzungen im minimalen Bereich liegen dürften.

Die meisten Definitionen der subjektiv empfundenen Arbeitsplatzunsicherheit spiegeln das Konzept der Arbeitsplatzunsicherheit als subjektiv empfundene Gefahr eines unfreiwilligen Arbeitsplatzverlustes wider [31]. Sverke et al. legen nahe, dass Fragen, die sich auf die Angst oder Sorge beziehen, den Arbeitsplatz zu verlieren, dieses Konzept besser reflektieren als Fragen zur wahrgenommenen Wahrscheinlichkeit eines Jobverlusts [32]. Darüber hinaus stellten sie auf der Basis einer Metaanalyse des Zusammenhangs zwischen subjektiv empfundener Arbeitsplatzunsicherheit und ihren Outcomes fest, dass Studien, die mit multiplen Indikatoren der Arbeitsplatzunsicherheit arbeiten, üblicherweise stärkere Zusammenhänge nachwiesen als Studien mit Einzelindikatoren [32]. Andere Arbeiten zeigten jedoch auch, dass ein globaler Indikator der Arbeitsplatzunsicherheit die Varianz einer Reihe von Outcomes besser erklärt. [33].

Mit einigen bemerkenswerten Ausnahmen [34] arbeiteten bisher die meisten Studien zur Arbeitsplatzunsicherheit mit quantitativen Daten. Eine der jüngeren Studien untersuchte jedoch mithilfe qualitativer Methoden die Auswirkungen der Arbeitsplatzunsicherheit auf die relative Wichtigkeit von Arbeit und Freizeit sowie auf die Verteilung der Hausarbeit in der Familie [35]; diese Outcomes können sich direkt auf den Gesundheitszustand auswirken. Andere qualitative Studien konzentrierten sich auf das Konstrukt der Arbeitsplatzunsicherheit und auf ihre Determinanten [24, 36, 37].

5.3 Ergebnisse

5.3.1 Subjektiv empfundene Arbeitsplatzunsicherheit und psychische Morbidität

Die meisten Studien, die die Auswirkungen der Arbeitsplatzunsicherheit auf die Gesundheit untersuchen, beziehen sich auf die psychische Morbidität; in vielen Fällen sogar ausschließlich. Alle Studien zur subjektiv empfundenen Arbeitsplatzunsicherheit belegen konsistente negative Effekte auf alle Indikatoren der psychischen Morbidität [1, 29, 30, 38–51]. Die Robustheit des Zusammenhangs wird durch die Evidenz einer Dosis-Wirkungs-Beziehung noch verstärkt [8, 43, 52]; zahlreiche Studien liefern außerdem empirische Belege der Kausalrichtung. Längsschnittstudien belegen, dass eine hohe psychische Morbidität bei arbeitslosen Männern, die einen sicheren Arbeitsplatz finden, sinkt, während sie bei Männern, die ihre neuen Arbeitsplätze als unsicher empfinden, auf gleich hohem Niveau verbleibt [38]. Andere Längsschnittstudien belegen den Kausalzusammenhang, indem sie zeigen, dass Arbeitsplatzunsicherheit auch dann signifikante Auswirkungen auf die psychische Gesundheit und das Wohlbefinden hat, wenn man das Ausgangsniveau dieser Faktoren kontrolliert [44, 45, 52–56]. Zudem wurde gezeigt, dass subjektiv empfundene Arbeitsplatzunsicherheit als chronischer Stressfaktor wirkt [40, 52].

Bis jetzt wird die These von den psychischen Folgen der Arbeitsplatzunsicherheit durch eine Kreuzkorrelationsanalyse [57] sowie die Untersuchung von Veränderungen der Arbeitsplatzunsicherheit [52] am stärksten gestützt. Letztere zeigt, dass die psychische Morbidität bei Personen, die ihre Arbeitsplatzsicherheit verloren, verglichen mit Arbeitnehmern, deren Jobs bei Studienbeginn und beim Follow-up (zweieinhalb Jahre später) sicher waren, höher war. Bei denjenigen,

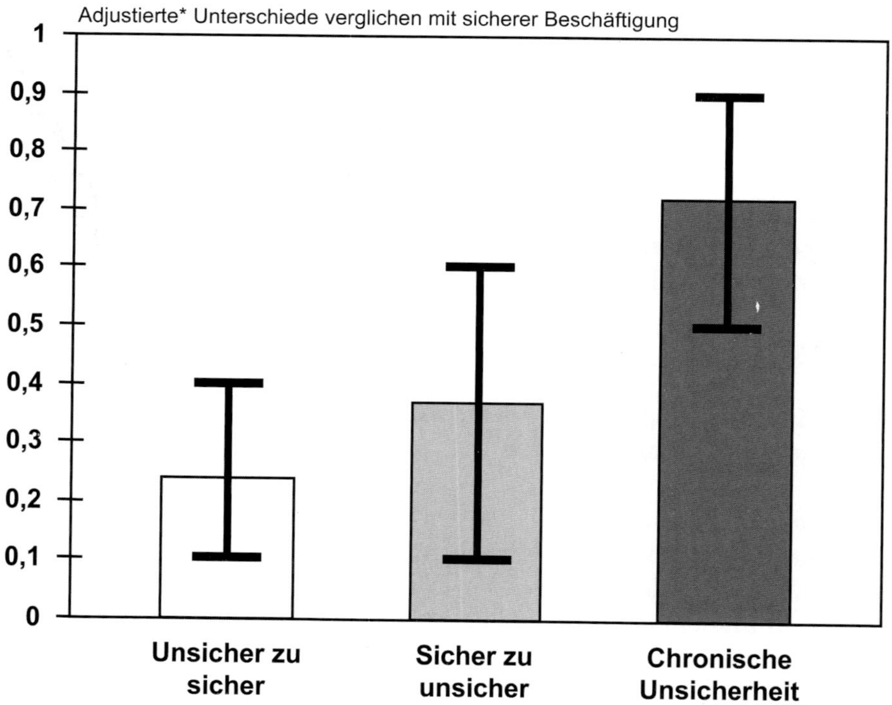

Abb. 5.1. Subjektiv empfundene Arbeitsplatzunsicherheit und Depressionen bei Männern.
* Adjustiert nach den Ausgangswerten für Alter, Stellung im Beruf und Depression. Quelle: [52]

die bei Studienbeginn unsichere Jobs, aber beim Follow-up sichere Jobs hatten, waren jedoch negative Resteffekte zu beobachten, während die Personen, die unter chronischer Jobunsicherheit litten, die größte subjektiv empfundene psychische Morbidität aufwiesen (s. Abb. 5.1) [52].

Eine Studie über australische Manager und höhere Angestellte mittleren Alters zeigte, dass sowohl Arbeitsplatzunsicherheit als auch Arbeitsbelastung (Karasek-Modell) ungünstige Auswirkungen auf Depressionen und Angstgefühle hatten, die unabhängig voneinander auftraten und nicht durch Geschlecht, Ausbildung, Familienstand, wichtige Lebensereignisse, Teilzeit- oder Vollzeitbeschäftigung, finanzielle Probleme oder die Persönlichkeit der Probanden erklärt werden konnten [48]. In einem späteren Artikel wiesen die Wissenschaftler nach, dass die beiden Stressoren bei Studienteilnehmern, die sowohl unter hoher Arbeitsplatzunsicherheit als auch unter hoher Arbeitsbelastung litten, additive und synergetische Effekte haben. Die Betroffenen wiesen ein erhöhtes Risiko auf, Depressionen oder Angstgefühle zu entwickeln [58]. Eine Metaanalyse von 37 Studien zum Zusammenhang zwischen Arbeitsplatzunsicherheit und psychischen Gesundheitsoutcomes schätzte den Effekt jedoch eher mittelhoch als hoch ein [32].

5.3.2 Attribuierte Arbeitsplatzunsicherheit und psychische Morbidität

Abgesehen von zwei Untersuchungen belegen alle Studien zur attribuierten Arbeitsplatzunsicherheit einen Anstieg der psychischen Morbidität [59–65]. Die bemerkenswerteste Ausnahme ist die Michigan-Studie, bei der keine signifikanten Unterschiede gefunden wurden, weder direkt noch indirekt durch finanziellen Abstieg [66]. Dieses Ergebnis war für die Forscher überraschend. „Im psychologischen Bereich scheinen die Ängste der Männer und ihrer Familien in der Statistik nicht in angemessener Weise zum Ausdruck zu kommen.“ [67; S. 180] Diese Beobachtung führten die Forscher auf unzureichende Messtechniken für emotionale Zustände zurück. In einem psychologischen Bericht zur Betriebsschließung wurden jedoch verschiedene psychische Effekte bei den Betroffenen ausführlich dokumentiert [34]. Die andere Ausnahme trat auf, als die Whitehall-II-Studie, eine Längsschnittstudie über höhere Beamte [68], von einem „natürlichen Experiment“ profitierte: Einige Zeit nach Erhebung der Ausgangswerte wurde eine der 20 Abteilungen, die an der Studie teilnahmen, privatisiert. Dadurch verloren die meisten Mitarbeiter ihren Job. Im Vorfeld der Privatisierung wurden jedoch bei keinem der beiden Geschlechter Auswirkungen auf die psychische Gesundheit festgestellt [69]. Eine mögliche Erklärung für diese eigentlich widersprüchlichen Ergebnisse lieferte eine ähnliche Studie, die sich ein „natürliches Experiment" im Rahmen der Maastrichter Kohortenstudie zur „Ermüdung am Arbeitsplatz" zunutze machte: Nachdem die Ausgangswerte erhoben worden waren, drohte einer der Regierungsbehörden in der Studie die Schließung. Die psychische Belastung der betroffenen Mitarbeiter wurde mit der von Mitarbeitern anderer, nicht bedrohter Behörden verglichen. Dabei wurde das Ausgangsniveau der psychischen Belastung berücksichtigt. In den 13 Monaten, die auf die Ankündigung der Schließung folgten, war die Inzidenz psychischer Belastungen in der bedrohten Gruppe signifikant höher als in der nicht bedrohten Gruppe. Die Belastung war jedoch bei den Mitarbeitern, die sich selbst als nicht von Entlassung bedroht sahen, nicht statistisch signifikant; das heißt, subjektiv empfundene Arbeitsplatzunsicherheit zeigte einen deutlichen Zusammenhang, attribuierte Arbeitsplatzunsicherheit jedoch nicht [70].

5.3.3 Empfundene Arbeitsplatzunsicherheit und Bewertung der eigenen physischen Gesundheit

Inzwischen gibt es Evidenz, dass subjektiv empfundene Arbeitsplatzunsicherheit einen negativen Einfluss auf die körperliche Gesundheit hat: Sowohl Querschnitts- als auch Längsschnittstudien lieferten für eine Reihe von Gesundheitsoutcomes hinreichend konsistente Ergebnisse [1, 8, 41, 50–52, 56, 71–76]. Die Nurses' Health Study von 1992 (eine US-amerikanische Studie, an der 120 000 Krankenschwestern teilnahmen) zeigte, dass Arbeitsplatzunsicherheit signifikant mit vermehrter Beeinträchtigung bei der Arbeit durch physische oder psychische Probleme zusammenhängt [41]. Die Maastrichter Kohortenstudie zeigte bei Männern einen signifikanten Zusammenhang zwischen Arbeitsplatzunsicherheit und Erschöpfung, die nicht durch psychische Belastung bedingt war [51], und Querschnittsanalysen der kanadischen Gesundheitsstudie ergaben einen signifikanten negativen Zusammenhang zwischen Arbeitsplatzunsicherheit und der Bewertung des eigenen Gesundheitszustands [1] sowie Migräne bei Frauen [73]. Später durchgeführte Querschnittsanalysen demonstrierten bei beiden Geschlechtern einen signifikanten Zusammenhang zwischen hoher Arbeitsplatzunsicherheit und Bewegungseinschränkungen aufgrund von muskuloskelettalen Beschwerden, die unabhängig von anderen Bedingungen des Arbeitsumfelds auftraten [74]. Längsschnittsdaten zeigten, dass Arbeitsplatzunsicherheit ein unabhängiger Prädiktor arbeitsbedingter Muskel- und Skeletterkrankungen ist, insbesondere bei Beschwerden durch sich ständig wiederholende Bewegungen [76][3]. Die Evidenz einer Dosis-Wirkungs-Beziehung erhöht die Wahrscheinlichkeit einer Kausalität. Dominghetti et al. fanden bei der Schweizer Bevölkerung eine Dosis-Wirkungs-Beziehung zwischen Arbeitsplatzunsicherheit und einer schlechten Bewertung der eigenen Gesundheit, chronischer Schlaflosigkeit und regelmäßig auftretenden Schmerzen im unteren Rückenbereich [8]. Es handelte sich jedoch um eine Querschnittsstudie und es ist möglich, dass die Personen, die die größte Arbeitsplatzunsicherheit empfanden, auch das höchste Beschwerdenniveau aufwiesen.

Überzeugendere Belege eines Kausalzusammenhangs liefern Längsschnittstudien. Die Maastrichter Kohortenstudie stellte eine auf längere Sicht bestehende Beziehung zwischen Arbeitsplatzunsicherheit und grippeähnlichen Erkrankungen fest [75]. Eine frühere Studie zur Arbeitsplatzunsicherheit bei Arbeitern in einer Automobilfabrik über 15 Monate hinweg zeigte auf, dass körperliche Symptome durch längere Perioden der Jobunsicherheit mehr verstärkt werden als durch Jobunsicherheit „nur“ zu einzelnen Zeitpunkten [71]. Dies wird durch eine Studie zu Veränderungen bei der Arbeitsplatzunsicherheit über einen Zeitraum von zweieinhalb Jahren hinweg bestätigt: Sie ergab, dass der Verlust der Arbeitsplatzsicherheit mit einem signifikant höheren Risiko von subjektiv empfundener Morbidität, einer negativen Beurteilung der eigenen Gesundheit und langfristigen Krankheiten verbunden ist, während Arbeitnehmer, die chronischer Arbeitsplatzunsicherheit ausgesetzt sind, die höchste subjektiv empfundene Morbidität aufweisen [52]. Andererseits schätzte eine kürzlich durchgeführte Metaanalyse von 19 Studien das Ausmaß des Zusammenhangs zwischen Arbeitsplatzunsicherheit und physischer Gesundheit eher als gering und nicht als mittelgroß oder groß ein [32].

Die meisten Studien zum Thema Jobunsicherheit stammen aus Europa oder den USA. Eine neue Studie aus Taiwan zeigte in einer großen Stichprobe der arbeitenden Bevölkerung eine Prävalenz der Arbeitsplatzunsicherheit von 50%. Die Arbeitsplatzunsicherheit in dieser Population wies signifikante Zusammenhänge mit einer Reihe von Symptomen auf, u.a. schlechte Einschätzung der eigenen Gesundheit und geringe Vitalität; gemessen wurde anhand des SF36[4]. Die Ergebnisse wurden in nach Stellung im Beruf stratifizierten Analysen bestätigt und waren bei Männern stärker als bei Frauen [49]. Eine Studie unter höheren Angestellten in Australien zeigte, dass sowohl Arbeits-

---

[3] Odds ratio (OR) = 1,76 (1,1–2,9)

[4] Fragebogen zur Erfassung der gesundheitsbezogenen Lebensqualität.

platzunsicherheit als auch hohe Arbeitsbelastung negative Auswirkungen auf die körperliche Gesundheit und die Selbsteinschätzung der Gesundheit hatten, die unabhängig voneinander auftraten und nicht durch Geschlecht, Ausbildung, Familienstand, wichtige Lebensereignisse, Teilzeit- oder Vollzeitbeschäftigung, finanzielle Probleme oder die Persönlichkeit der Probanden erklärbar waren [48]. In einem späteren Artikel setzten die Autoren hohe Arbeitsplatzunsicherheit mit hoher Arbeitsbelastung in Beziehung, um sowohl additive als auch synergetische Effekte auf das Risiko körperlicher Beschwerden und schlechter Einschätzung der eigenen Gesundheit zu demonstrieren [58]. Setzen sich die derzeitigen Trends fort, wird die Anzahl der Arbeitnehmer, die sowohl Arbeitsplatzunsicherheit als auch hoher Arbeitsbelastung ausgesetzt sind, wahrscheinlich steigen. Im Zeitalter des Personalabbaus und Outsourcings sind Unsicherheitsgefühle vermutlich weit verbreitet. Da immer weniger Menschen immer mehr Arbeit haben werden, kommen erhöhte Anforderungen und die Wahrnehmung geringer eigener Kontrollmöglichkeiten noch hinzu.

5.3.4 Attribuierte Arbeitsplatzunsicherheit und Selbsteinschätzung der Morbidität

Zum Zusammenhang von attribuierter Arbeitsplatzunsicherheit und physischer Morbidität gibt es ähnliche Belege. Im Rahmen des natürlichen Experiments innerhalb der Whitehall-II-Studie, das sich ergab, weil eine der teilnehmenden Abteilungen privatisiert werden sollte, wurden bei fast allen Indikatoren der subjektiv empfundenen Morbidität bei beiden Geschlechtern Steigerungen beobachtet, und zwar bereits drei Jahre vor dem Verkauf, als die Privatisierung nur ein Gerücht war (s. Abb. 5.2). Der Anstieg war sowohl im Vergleich zu Kontrollgruppen aus Abteilungen, die nicht privatisiert werden sollten, als auch – und das ist entscheidend – im Vergleich zum Ausgangswert der Morbidität feststellbar [69].

Diese Ergebnisse wurden im Nachhinein durch weitere Analysen der Daten aus der Whitehall-II-Studie bestätigt, in denen die Auswirkungen der Arbeitsplatzunsicherheit im Zusammenhang mit größeren organisatorischen Veränderungen im öffentlichen Dienst untersucht wurden [64]. Die Ergebnisse beider Studien bestätigen Resultate der Michigan-Studie, einer früheren, bahnbrechenden Untersuchung zu diesem Themenbereich bei Männern in einer Autolackfabrik [67]: Im Vorfeld der Werksschließung suchten signifikant mehr Beschäftigte wegen körperlicher Beschwerden ihren Hausarzt auf [77–79]. Anders als bei subjektiv empfundener Arbeitsplatzunsicherheit scheint es sich

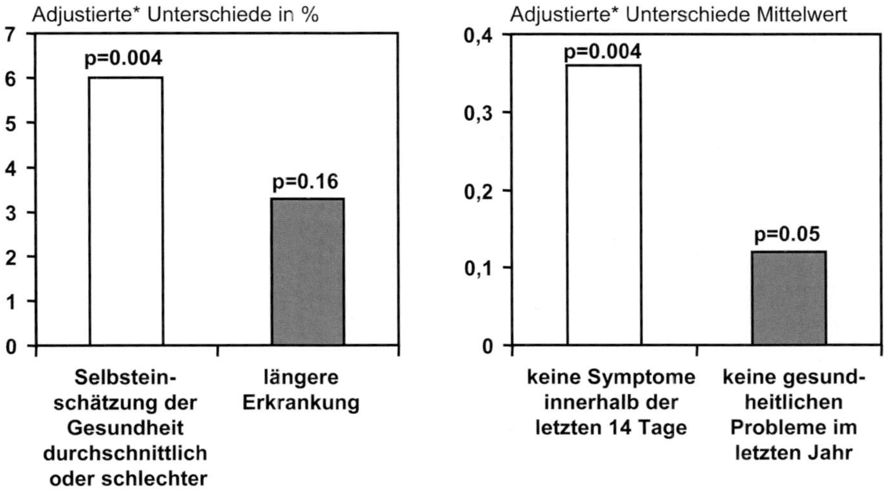

Abb. 5.2. Attribuierte Arbeitsplatzunsicherheit und Selbsteinschätzung der physischen Morbidität bei Männern (Whitehall-II-Studie drei Jahre vor der Privatisierung).
* Adjustiert nach Alter, Stellung im Beruf und dem Ausgangsniveau der Morbidität, Quelle: [69]

jedoch nicht um chronische Krankheiten zu handeln. Die Daten der Whitehall-II-Studie zeigen, dass der relative Anstieg der subjektiv empfundenen Morbidität drei Monate vor der Privatisierung, also zu einem Zeitpunkt, als die Arbeitnehmer schon länger um ihren Job fürchten mussten, geringer war als drei Jahre zuvor, als die ersten Privatisierungsgerüchte auftraten [64].

Studien zu den Auswirkungen auf den Schlaf (streng genommen kein Indikator für physische Morbidität) lieferten überzeugende Evidenz für Schlafstörungen vor dem Eintreten von Arbeitslosigkeit [60, 62, 65, 67, 80], gemäß einer Studie aus Finnland jedoch nicht in Zeiten wirtschaftlicher Rezessionen [81].

5.3.5 Arbeitsplatzunsicherheit und physiologische Indikatoren

Der Effekt der Arbeitsplatzunsicherheit auf physiologische Indikatoren wurde bisher wesentlich seltener untersucht. Sechs Studien enthalten Daten zu Blutdruck bzw. Bluthochdruck (s. Abb. 5.3). In vier dieser Studien handelte es sich um attribuierte Arbeitsplatzunsicherheit aufgrund von Werksschließungen, bei den anderen beiden Studien gaben die Teilnehmer selbst an, ihre Arbeitsplätze seien gefährdet. In zwei der Studien zu Werksschließungen zeigte sich, dass der Blutdruck bei bevorstehender Arbeitslosigkeit bei Arbeitern [82, 83] bzw. bei Angestellten [63] erhöht war. Eine Querschnittsstudie der subjektiv emp-

Meßwerte	Studie	Adjustierungen	Outcome	Referenzgruppe
Systolisch & Diastolisch	Kasl &Cobb (1977)	keine angegeben	Signif. höher als	Wiederbeschäftigung
Systolisch	James et al* (1984)	Alter, BMI, Tageszeit, Anzahl der Zigaretten	Signif. höher als	Kontrollgruppe mit sicherer Beschäftigung
Systolisch & Diastolisch	Mattiasson et al (1990)	keine angegeben	kein signif. Unterschied	Wechsel aus sicherer Beschäftigung verglichen mit Kontrollgruppen
Systolisch & Diastolisch	Schnall et al (1992)	Alter, BMI, Armumfang, Ausgangswerte Blutdruck	Signif. höher als	sichere Beschäftigung
Systolisch & Diastolisch	Ferrie et al (2001)	Alter, Beschäftigungsgrad, familiärer Status, Ausgangswerte Blutdruck	uneinheitliche Effekte	Wechsel aus sicherer Beschäftigung verglichen mit Kontrollgruppen
Systolisch & Diastolisch	Ferrie et al* (2002)	Alter, Beschäftigungsgrad, Ausgangswerte Blutdruck	signif. Anstieg Nur Frauen	Verlust der Arbeitsplatz-sicherheit verglichen mit Kontrollgruppen

Abb. 5.3. Arbeitsplatzunsicherheit und Blutdruck. Attribuierte Arbeitsplatzunsicherheit, außer bei * (subjektiv empfundene Arbeitsplatzunsicherheit). Quellen: [52, 55, 62, 63, 82–85]

fundenen Arbeitsplatzunsicherheit ergab, dass Männer, die sich sehr viele Sorgen um ihren Arbeitsplatz machten, einen im Durchschnitt um 8 mmHg höheren systolischen Wert hatten als Männer, die ihren Arbeitsplatzes für sicher hielten [84]. Daten aus der Alamada-Country-Studie, einer allgemeinen Populationsstudie in den USA, zeigen, dass Arbeitsplatzunsicherheit ein signifikanter Prädiktor für Bluthochdruck über einen Zeitraum von 20 Jahren hinweg ist. Der Zusammenhang war unabhängig von einer ganzen Reihe potenzieller Verhaltens- oder soziodemographischer Risikofaktoren [85]. Die beiden einzigen Studien, die Veränderungen beim Blutdruck im Zeitverlauf bei Arbeitnehmern, deren Arbeitsplätze gefährdet waren, und bei Kontrollgruppen mit sicheren Arbeitsplätzen untersuchten, kamen zu unterschiedlichen Ergebnissen: Bei Schiffsbauern hatte drohende Arbeitslosigkeit keinen Effekt auf den Blutdruck [62], während in der Whitehall-II-Studie Arbeitsplatzunsicherheit mit einem signifikanten Anstieg des Blutdrucks bei männlichen Angestellten assoziiert war, die größeren organisatorischen Veränderungen ausgesetzt waren, sowie bei weiblichen Angestellten drei Monate vor der Privatisierung ihrer Abteilung [55]. Analysen der subjektiv empfundenen Arbeitsplatzunsicherheit in der Whitehall-II-Studie ergaben, dass der Übergang von einem sicheren Arbeitsplatz zum Zeitpunkt 1 zu einem unsicheren zum Zeitpunkt 2 zweieinhalb Jahre später bei Frauen, nicht jedoch bei Männern mit einem signifikanten Blutdruckanstieg einherging. Erstaunlicherweise gab es für beide Geschlechter keine Evidenz dafür, dass chronische Arbeitsplatzunsicherheit, d.h. ein zu beiden Zeitpunkten unsicherer Arbeitsplatz, mit erhöhtem Blutdruck einherging [52].

Außer in zwei skandinavischen Studien wurden andere physiologische Indikatoren als der Blutdruck bisher kaum untersucht. Nicht signifikante Anstiege bei Cortisol, Prolaktin und Cholesterin zeigten sich hauptsächlich bei Arbeiterinnen im Zeitraum unmittelbar vor der Arbeitslosigkeit [60], und bei Arbeiterinnen mit einfachen Tätigkeiten, die von Arbeitslosigkeit bedroht waren, war der Adrenalinspiegel erhöht [86]. Auch in der Whitehall-II-Studie war der Cholesterinwert bei Frauen, die größeren organisatorischen Veränderungen ausgesetzt waren, sowie bei beiden Geschlechtern vor der Privatisierung ihrer Abteilung erhöht [55]. Bei beiden Geschlechtern war jedoch weder ein Übergang von sicheren zu unsicheren Arbeitsplätzen noch chronische Arbeitsplatzunsicherheit mit einem Anstieg des Cholesterinspiegels verbunden [52].

In der Michigan-Studie fand sich bei männlichen Arbeitern kurz vor einer Werksschließung keine Veränderung des Body Mass Index (BMI) [67]. Die Whitehall-II-Studie stellte jedoch fest, dass der BMI bei Angestellten des öffentlichen Dienstes, die wegen einer bevorstehenden Privatisierung ihrer Abteilung ihre Arbeitsplätze als unsicher erlebten, im Vergleich zu Kontrollgruppen aus nicht betroffenen Abteilungen signifikant erhöht war, und zwar selbst dann, wenn der Ausgangs-BMI berücksichtigt wurde [64, 65]. Umgekehrt zeigte die selbe Studie, dass Frauen, die angaben, unter chronischer Arbeitsplatzunsicherheit zu leiden, einen niedrigeren BMI aufwiesen [52]. Der Grund für diese scheinbar widersprüchlichen Resultate könnte darin liegen, dass Arbeitsplatzunsicherheit bidirektionale Effekte auf den BMI hat. Die nationale dänische Kohortenstudie ergab hinsichtlich der arbeitsbedingten Faktoren einer Gewichtsveränderung bei Männern über fünf Jahre hinweg, dass Arbeitsplatzunsicherheit bei übergewichtigen Männern die Wahrscheinlichkeit einer Gewichtszunahme erhöhte, während Männer mit einem niedrigen BMI eher Gewicht verloren [87].

Eine Analyse der Effekte der Arbeitsplatzunsicherheit infolge bevorstehender größerer Umorganisationen oder Privatisierungen im Rahmen der Whitehall-II-Studie zeigte ein im Vergleich zu nicht betroffenen Arbeitnehmern erhöhtes Risiko der Ischämie (auffälliges EKG oder diagnostizierte Angina pectoris) [64, 65]. Bei Frauen war das Risiko höher als bei Männern, insgesamt gibt es hierfür jedoch nur eingeschränkte Evidenz [88]. Außer bei Frauen, die größere Umorganisationen miterlebten, gab es nur geringe Steigerungen [88]. Eine prospektive Studie über sechseinhalb Jahre hinweg unter Arbeitern mittleren Alters ergab nach Bereinigung um somatische und verhaltensbedingte koronare Risikofaktoren, dass subjektiv empfundene Arbeitsplatzunsicherheit ein unabhängiger, wenn auch nicht signifikanter Prädiktor der ischämischen Herzkrankheit ist [89]. Nach ähnlichen Adjustierungen zeigten die Daten der Nurses' Health Study einen statistisch signifikanten Anstieg nicht letaler Herzinfarkte innerhalb von zwei Jahren. Die Studie ergab zudem, dass die Auswirkungen von Arbeitsplatzunsicherheit auf koronare Herzkrankheiten (KHK) insgesamt (nicht letaler Herzinfarkt und letale koronare Herzerkrankung) bei Arbeitnehmern, die wenig Einflussmöglichkeiten hatten, größer waren. Die Autoren warnen jedoch, die Ergebnisse seien mit Vorsicht zu behandeln, weil sie weder für KHK insgesamt noch für die letale KHK über zwei Jahre hinweg und für keines der Outcomes über vier Jahre hinweg reproduzierbar waren [90]. Die ARIC-Querschnittsstudie (vier Stichproben aus den USA) zeigte einen signifikanten positiven Zusammenhang zwischen Arbeitsplatzunsicherheit und arteriellen Gefäßwandverdickungen bei weißen Frauen und schwarzen Männern. Dieser Zusammenhang verschwand jedoch, wenn die Daten um biologische und verhaltensbedingte Risikofaktoren bereinigt wurden [91].

5.3.6 Attribuierte Arbeitsplatzunsicherheit und vorzeitige Mortalität

Die Auswirkungen der Arbeitsplatzunsicherheit auf krankheits- oder suizidbedingte Mortalität wurden bisher noch wenig erforscht. Dies liegt zum Teil daran, dass die Arbeitsplatzunsicherheit bis zur Rezession Anfang der 90er Jahre generell wenig untersucht wurde. Die meisten früheren Studien waren Nebenprodukte von Studien zu Arbeitslosigkeit und Gesundheit. Als Folge der Ölkrise stieg die Arbeitslosenrate in Finnland zwischen 1975 und 1978 rasch an. Der Höhepunkt war 1978 erreicht; danach fiel die Quote wieder, weil die wirtschaftliche Situation sich verbesserte. Ein Vergleich der Todesraten von Männern von 1976–77 mit denen von 1978–80, bei dem die Männer in fünf Grade der Arbeitsplatzsicherheit in Abhängigkeit vom Anstieg der Arbeitslosigkeit innerhalb ihrer Berufsgruppe zwischen 1975 und 1978 eingeteilt wurden, ergab keine signifikanten Unterschiede zwischen den Gruppen [92].

Analysen unter Arbeitern mit manuellen Tätigkeiten in der verarbeitenden Industrie in Städten bestätigten, dass die Mortalitätsraten bei Arbeitern, die eine 30%-Stelle oder weniger hatten und bei denen, die mehr als 30% arbeiteten, ähnlich waren. Die Anzahl der in einem

Industriebetrieb geleisteten Arbeitsstunden mag jedoch kein guter Indikator für Arbeitsplatzunsicherheit sein. Außerdem könnte eine Zeitdifferenz von ein bis vier Jahren zu wenig sein, um signifikante Effekte auf die Mortalität nachzuweisen. Bei einer Studie zu den Auswirkungen einer Werksschließung konnten allerdings bei einem Follow-up nach zehn Jahren keine signifikanten Anstiege festgestellt werden [93]. Obwohl befristet eingestellte Arbeitnehmer meist dem zweiten Arbeitsmarkt zugerechnet werden, untersuchte eine kürzlich durchgeführte Studie mit Daten aus Finnland den Effekt des Wechsels von einem befristeten in ein unbefristetes Arbeitsverhältnis auf die Mortalität. Ein solcher Wechsel war mit einem signifikant geringeren Sterberisiko verbunden, während ein Verbleib auf einer befristeten Arbeitsstelle mit einem signifikant höheren Sterberisiko verbunden war als ein Verbleib auf einer unbefristeten Stelle [94].

Die deutlichste Evidenz für einen Zusammenhang zwischen Exposition und Belastung ist experimentellen Daten zu entnehmen. Das, was einem Experiment auf dem Arbeitsmarkt am nächsten kommt, ist die Schließung einer Fabrik oder eines Betriebs. Bei einer idealen Studie zu Betriebsschließungen stehen Daten aus einem Zeitraum sicherer Arbeitsplätze zur Verfügung sowie Daten aus einer Kontrollgruppe von Teilnehmern, die während der gesamten Studiendauer und der Nachfassaktion in einem vergleichbaren Unternehmen beschäftigt sind. Damit ist gewährleistet, dass die Ergebnisse unabhängig von langfristigen Trends auftreten und nach vorher bestehenden Unterschieden bei den Gesundheitsproblemen der Studienpopulation und der Kontrollgruppe adjustiert werden können [95]. Offensichtlich gibt es selten die Gelegenheit, solche Studien durchzuführen, und selbst wenn sie sich ergibt, reicht die Anzahl der betroffenen Arbeitnehmer meist nicht aus, um Effekte auf die Mortalität ausmachen zu können. Eine solche Gelegenheit bot jedoch die Schließung eines Betriebs der Fleisch verarbeitenden Industrie in Neuseeland 1986. Ein benachbarter Betrieb blieb bis 1994 geöffnet und die Wissenschaftler waren in der Lage, für beide Betriebe Mortalitätsdaten von 1977 bis 1994 einzusehen, also neun Jahre vor und acht Jahre nach der Schließung. Die Anzahl aller aufgrund von Krebs und Suizid Verstorbenen war bei den Arbeitnehmern des geschlossenen Betriebs höher, aber keines der Ergebnisse war statistisch signifikant (s. Abb. 5.4). Obwohl es sich mit jeweils fast 2000 Teilnehmern in der Studienpopulation und der Kontrollgruppe um die mit Abstand größte Studie über eine Werksschließung handelte, war die Anzahl der Verstorbenen nach acht Jahren noch relativ gering und wirtschaftlich instabile Verhältnisse in der Branche, die zum Ende der Follow-Up-Periode zur Schließung des

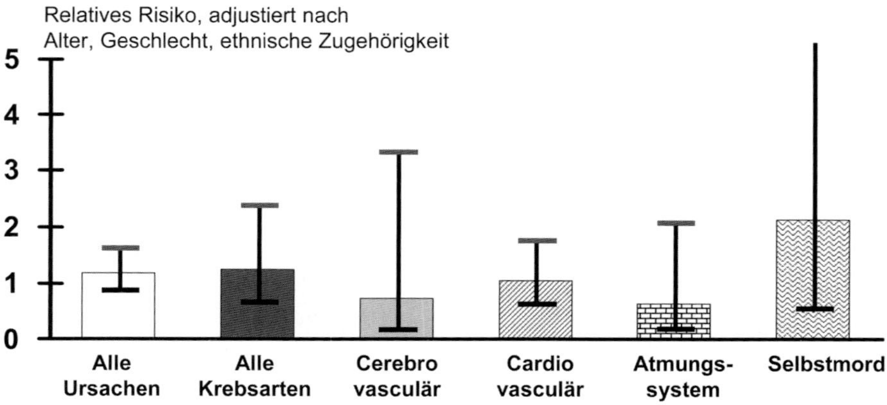

Abb. 5.4. Relatives Mortalitätsrisiko bei Arbeitsplatzunsicherheit und -verlust bei Beschäftigten der Fleisch verarbeitenden Industrie in Neuseeland 1986–94. Quelle: [96]

Kontrollbetriebs führten, könnten dafür sprechen, dass die Ergebnisse zur Schätzung der Auswirkungen wenig geeignet sind [96].

In seiner Untersuchung zu Arbeitslosigkeit und Suizid zitiert Platt acht Langzeitstudien. Die Ergebnisse aller Studien bis auf eine deuten darauf hin, dass Selbstmörder mehr unter Arbeitsplatzunsicherheit und arbeitsbedingten Problemen gelitten haben als Menschen, die nicht Selbstmord begehen [12]. Zwei Männer aus der Michigan-Studie begingen Selbstmord, was einer 30fach erhöhten Quote entspricht. Die Studienpopulation war jedoch zu klein, um daraus Rückschlüsse schließen zu können [67].

5.3.7 Arbeitsplatzunsicherheit und Arbeitsunfälle

In jüngster Zeit haben einige Studien die Auswirkungen der Arbeitsplatzunsicherheit auf die Sicherheit am Arbeitsplatz untersucht. Das wichtigste Ergebnis ist, dass sich die Anzahl der am Arbeitsplatz auftretenden Verletzungen und Unfälle am Arbeitsplatz erhöht, weil sie schädliche Auswirkungen auf die Motivation der Arbeitnehmer hat, auf Sicherheit zu achten und entsprechende Vorschriften zu befolgen [97, 98]. Parker et al. [99] kommen zu einem scheinbar gegenteiligen Ergebnis, indem sie einen nicht signifikanten positiven Zusammenhang zwischen Arbeitsplatzunsicherheit und sicheren Arbeitspraktiken nachweisen. Eine kleine Studie von Propst ergab jedoch, dass in einem Betrieb, der sehr stark auf Sicherheit achtet, der negative Effekt der Arbeitsplatzunsicherheit auf das Sicherheitsbewusstsein, die Befolgung von Sicherheitsvorschriften, Arbeitsunfälle, Beinahe-Unfälle und am Arbeitsplatz erlittene Verletzungen reduziert oder sogar eliminiert wird. Diese Ergebnisse legen nahe, dass Betriebe, die klare Vorgaben zur Priorität der Sicherheit machen, den Mitarbeitern signalisieren, dass die Einhaltung der Sicherheitsvorschriften eher zur Erhaltung der Arbeitsplätze führt als andere Faktoren wie z.B. Produktivität [100].

5.3.8 Arbeitsplatzunsicherheit und Fehlzeiten

In einem großen Betrieb der verarbeitenden Industrie, der 27% der Arbeitsplätze abbaute, nahmen die Fehlzeiten bei leitenden Angestellten zu, während sie bei Arbeitnehmern der unteren Gehaltsgruppen abnahmen [101]. Eine Studie zum Effekt des Arbeitsplatzabbaus auf den Krankenstand unter städtischen Arbeitern während der Wirtschaftskrise in Finnland in den frühen 90er Jahren ergab, dass ein hoher Personalabbau verglichen mit einem geringen Personalabbau zu einem mehr als doppelt so hohen Anstieg von ärztlich attestierten Krankheitszeiten von mehr als drei Tagen führte [102]. Dies galt für alle Erkrankungen insgesamt sowie für Fehlzeiten aufgrund von muskuloskelettalen Erkrankungen und Traumata. Acht Prozent des Anstiegs des Krankenstands insgesamt wurde mit einer empfundenen Arbeitsplatzunsicherheit begründet [103]. In derselben Studie heißt es, dass Arbeitsplatzunsicherheit das Risiko von ärztlich bescheinigten Fehlzeiten im Vergleich zu Arbeitnehmern mit geringer Arbeitsplatzunsicherheit um 30% und von Kurzzeiterkrankungen (bis zu drei Tagen, ohne Krankschreibung) um 20% erhöht. Eine weitere Studie untersuchte speziell Fehlzeiten aufgrund von muskuloskelettalen Erkrankungen. Im Vergleich zu einem geringen Personalabbau war ein Abbau in großem Stil mit fünfeinhalbmal so hohen Fehlzeiten wegen muskuloskelettaler Erkrankungen verbunden. Bei Männern wurden 13% des Zusammenhangs mit Arbeitsplatzunsicherheit begründet [105].

In Abbildung 5.5 finden sich Daten aus der Whitehall-II-Studie, die die Auswirkungen auf längere krankheitsbedingte Fehlzeiten (sieben oder mehr Tage) bei Angestellten des öffentlichen Dienstes unmittelbar vor der Privatisierung ihrer Abteilung sowie bei denen, die größeren Umorganisationen ausgesetzt waren, untersucht hat. Die Ergebnisse decken sich mit denen der finnischen Studie; bei Arbeitnehmern, deren Abteilung privatisiert werden sollte, ergab sich jedoch der gegenteilige Effekt. Die Phase der Privatisierung war auch mit einem Anstieg der Morbidität verbunden, was darauf schließen lässt, dass die Arbeitnehmer trotz Krankheit zur Arbeit gingen [55].

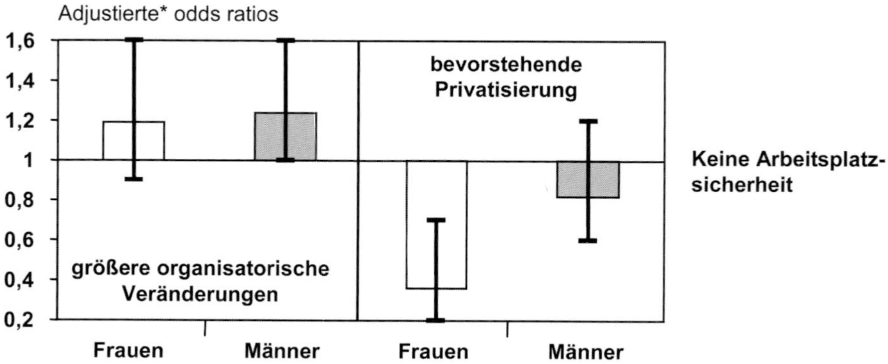

Abb. 5.5. Auswirkungen chronischer attribuierter Arbeitsplatzunsicherheit auf krankheitsbedingte Fehlzeiten (>zehn Tage). Adjustiert nach Alter, Stellung im Beruf, Familienstand und Fehlzeiten zu dem Zeitpunkt, als die Arbeitsplätze noch sicher waren. Quelle: [55]

Bisher beschränkt sich die Erforschung der Fehlzeiten von durch Arbeitsplatzverlust bedrohten Arbeitnehmern auf wenige Studien mit befristet Beschäftigten. Es zeigte sich eine geringere Rate ärztlich bescheinigter krankheitsbedingter Fehlzeiten bei den befristet Beschäftigten, die außerdem häufiger trotz Krankheit am Arbeitsplatz erscheinen [106]. Studien, deren Daten zu Fehlzeiten auf den Angaben der Teilnehmer selbst beruhen, ergaben keine derartigen Unterschiede zwischen unbefristet und befristet Beschäftigten [107, 108].

5.3.9 Selbst empfundene Arbeitsplatzunsicherheit und Inanspruchnahme von Einrichtungen des Gesundheitswesens

Die Beziehung zwischen subjektiv empfundener Arbeitsplatzunsicherheit und Inanspruchnahme von Einrichtungen des Gesundheitswesens oder Arzneimittelverbrauch wurde bisher nur wenig untersucht. Querschnittsanalysen des kanadischen Gesundheitssurveys zeigten einen signifikanten Zusammenhang zwischen hoher Arbeitsplatzunsicherheit und Arzneimittelverbrauch (Tranquilizer und Antidepressiva) [1]. Andere Studien zeigten, dass Frauen, die um ihren Arbeitsplatz fürchten, häufiger zum Haus- oder Facharzt gehen als Frauen, die sichere Arbeitsplätze haben; Männer mit unsicheren Arbeitsplätzen gehen jedoch seltener zum Arzt [109]. Die Evidenz für eine Dosis-Wirkungs-Beziehung zwischen Arbeitsplatzunsicherheit und der Inanspruchnahme von Gesundheitseinrichtungen ist uneinheitlich. Die Daten einer Studie über überwiegend männliche Führungskräfte ergaben eine Dosis-Wirkungs-Beziehung zwischen Arbeitsplatzunsicherheit und einem zusammengesetzten Indikator, der sich auf vermehrte Arztbesuche oder gesteigerten Arzneimittelverbrauch bezog [43]. Während jedoch die Schweizer Bevölkerungsstudie eine Dosis-Wirkungs-Beziehung zwischen dem Ausmaß der Arbeitsplatzunsicherheit und dem Verbrauch von Tranquilizern fand, unterschied sich die Häufigkeit der Arztbesuche innerhalb der letzten zwei Monate nicht signifikant in Abhängigkeit vom Ausmaß der Arbeitsplatzunsicherheit. Dies mag daran liegen, dass Arbeitnehmer mit hoher Arbeitplatzunsicherheit dreimal so häufig auf einen Arztbesuch verzichteten oder ihre Gesundheit vernachlässigten, um nicht bei der Arbeit zu fehlen. Ein Follow-Up der Privatisierung einer Abteilung in der Whitehall-II-Studie zeigte, dass Teilnehmer, die nach der Privatisierung unsichere Arbeitsplätze hatten, signifikant häufiger viermal oder öfter pro Jahr ihren Hausarzt aufsuchten als diejenigen, die sichere Arbeitsstellen fanden [56].

5.3.10 Attribuierte Arbeitsplatzunsicherheit und Inanspruchnahme von Einrichtungen des Gesundheitswesens

Mit Ausnahme von Krankenhausaufnahmen unmittelbar vor der Schließung einer Werft [110] wird Arbeitsplatzunsicherheit in allen Studien, die sich mit diesem Thema beschäftigen, mit einer vermehrten Inanspruchnahme von Einrichtungen des Gesundheitswesens in Zusammenhang gebracht [61, 67, 77, 111, 112]. Die vermutlich größte Studie der Effekte der Arbeitsplatzunsicherheit auf die Inanspruchnahme des Gesundheitswesens untersuchte die Auswirkungen der Schließung eines Betriebs der Fleisch verarbeitenden Industrie in einer kleinen Stadt in Großbritannien. Die Studie führte ein ortsansässiger Allgemeinmediziner durch. In den ersten vier Jahren der Studiendauer waren die Arbeitsplätze sicher, in den Jahren fünf und sechs wusste die Belegschaft jedoch, dass der Betrieb schließen würde. Die Anzahl der Arztbesuche und Krankenhausaufenthalte stieg in diesen beiden Jahren unter den betroffenen Arbeitern signifikant an, und zwar sowohl im Vergleich zu Arbeitnehmern in Betrieben, die nicht geschlossen wurden, als auch zu den Arztbesuchen und Krankenhausaufenthalten der vorausgegangenen Jahre, als die Arbeitsplätze noch sicher waren [113] (s. Abb. 5.6).

5.3.11 Arbeitsplatzunsicherheit und Familie

Die Auswirkungen auf die Inanspruchnahme von Einrichtungen des Gesundheitswesens in der Studie über die Fleischfabrik beschränkten sich nicht auf die Arbeiter selbst. Arztbesuche und Krankenhausaufenthalte waren auch bei den Familien der Arbeiter während der unsi-

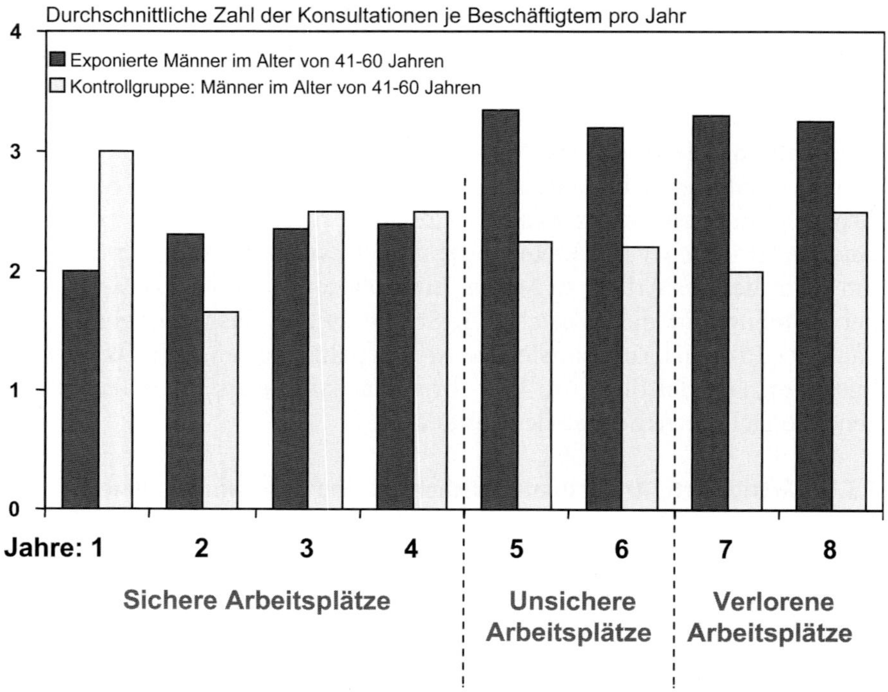

Abb. 5.6. Arbeitsplatzunsicherheit und durchschnittliche Anzahl der Hausarztbesuche pro Jahr. Quelle: [113]

cheren Jahre signifikant erhöht im Vergleich zu den Familien der Arbeitnehmer in der Kontrollgruppe und zu den vorausgegangenen Jahren, als die Arbeitsplätze noch sicher waren [79]. Auswirkungen auf die Familien der Betroffenen konnten auch in jüngeren Studien nachgewiesen werden: Bei Männern ist Arbeitsplatzunsicherheit ein Risikofaktor für Familienkonflikte [114], und steigende Ausmaße von subjektiv empfundener Arbeitsplatzunsicherheit erhöhen nachgewiesenermaßen die Spannung in der Familie [115]. Dies bestätigt Ergebnisse früherer Studien sowohl über subjektiv empfundene als auch über attribuierte Arbeitsplatzunsicherheit und deren Auswirkungen auf Familienmitglieder und -beziehungen sowie das Verhalten von Kindern der Betroffenen [116–120]. Auch konnte nachgewiesen werden, dass Arbeitsplatzunsicherheit bei Frauen mit niedrigem Geburtsgewicht ihrer Kinder verbunden ist [121]. Die Evidenz hierfür beschränkt sich jedoch auf wenige Bereiche, auch wenn die externen Effekte auf die Familie in letzter Zeit vermehrt untersucht werden.

Es wird vermutet, dass es auch in der weiteren Umgebung der Betroffenen [66] oder an den Ersatzarbeitsplätzen [122] Auswirkungen geben könnte, wie z.B. in der Michigan-Studie, wo die neue Fabrik nicht gewerkschaftlich organisiert war und Bezahlung und Arbeitsbedingungen schlechter waren [34]. Auch die Managementliteratur beschäftigt sich häufig mit der Arbeitsplatzunsicherheit als Determinante einer Reihe von negativen Folgen für die Betriebe, wie z.B. Loyalität, Engagement und Produktivität [123, 124]. Daten der Maastrichter Kohortenstudie zeigen, dass Arbeitsplatzunsicherheit eine wichtige Determinante des Arbeitsplatzwechsels ist [125] und dass es meist die wertvollsten Mitarbeiter sind, die sich einen anderen Job suchen [23].

5.3.12 Die Verteilung der Arbeitsplatzunsicherheit

Eine wachsende Zahl von Studien untersucht die Verteilung der Arbeitsplatzunsicherheit und deren Beitrag zu gesundheitlicher Ungleichheit. Es liegt in der Natur der Sache, dass sich viele Studien mit einem bestimmten Betrieb oder einer bestimmten Berufsgruppe beschäftigen. Eine Bevölkerungsstudie aus der Schweiz von 1997 zeigte, dass 10% der arbeitenden Bevölkerung ein hohes Maß an Arbeitsplatzunsicherheit angaben [8] und bei einer großen Stichprobe der arbeitenden Bevölkerung Taiwans fand sich eine Prävalenz der Arbeits-

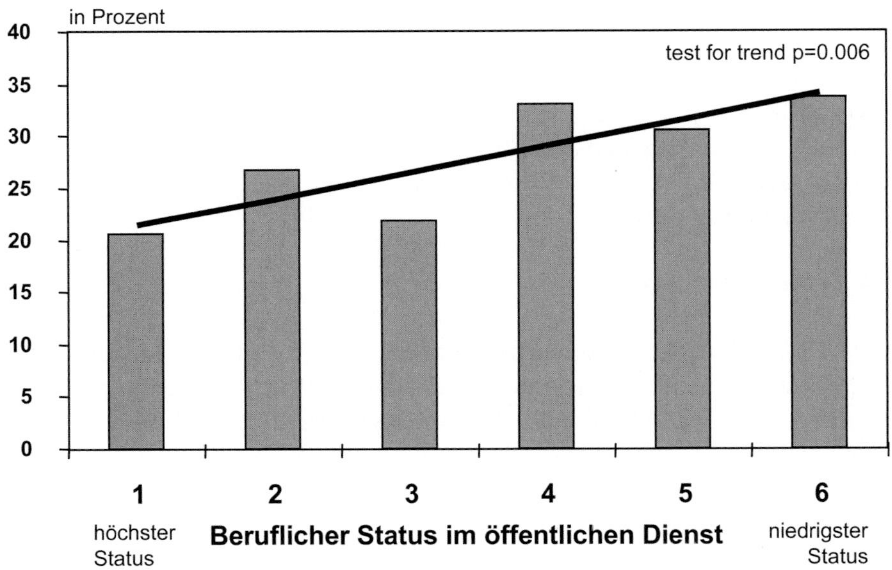

Abb. 5.7. Gefälle der beruflichen Position und subjektiv empfundene Arbeitsplatzunsicherheit bei Frauen. Quelle: [126]

platzunsicherheit von 50% [49]. Diese Ergebnisse legen nahe, dass frühere Studien über große Betriebe oder Regierungsangestellte das Ausmaß der Arbeitsplatzunsicherheit in der Bevölkerung allgemein unterschätzt haben könnten.

Viele Studien haben inzwischen einen signifikanten negativen Zusammenhang zwischen Arbeitsplatzunsicherheit und Stellung im Beruf nachgewiesen. Dies wurde für bestimmte Berufsgruppen, wie z. B. Angestellte des öffentlichen Dienstes (Abb. 5.7) [126] und im Rahmen allgemeiner Bevölkerungsstichproben [47, 49, 127–129] gezeigt. In einer repräsentativen Stichprobe von Arbeitnehmern in Dänemark zeigte sich ein soziales Gefälle der Arbeitsplatzunsicherheit [128], während andere Daten aus derselben Stichprobe nahe legten, dass die Arbeitsplatzunsicherheit bei Frauen mit niedrigem sozioökonomischem Rang am höchsten war [130]. Die Daten der Maastrichter Kohortenstudie ergaben ebenfalls, dass die Auswirkungen der Arbeitsplatzunsicherheit auf die psychische Belastung bei Arbeitnehmern mit der niedrigsten Qualifikation am stärksten waren [70].

In der Whitehall-II-Studie wurden für beide Geschlechter steile Gefälle der beruflichen Position in Relation zu der von den Beschäftigten empfundenen Arbeitsplatzunsicherheit beobachtet. Dennoch konnte für beide Geschlechter das Gefälle der physischen oder psychischen Gesundheit – mit Ausnahme der Depressionen – nur in geringem Maße auf Arbeitsplatzunsicherheit zurückgeführt werden [126]. In einer anderen Studie gab es beim Jahrgang 1958 bei beiden Geschlechtern im Alter von 33 Jahren ein steiles soziales Gefälle bei der Arbeitsplatzunsicherheit [47]. Nach Adjustierung nach beruflicher Stellung bei psychischen Belastungen aufgrund von Arbeitsplatzunsicherheit bei 33-Jährigen verminderte sich das Gefälle bei Frauen nur gering, bei Männern reduzierte es sich jedoch deutlich [131, 132]. Bei 23-Jährigen war dieser Effekt jedoch geringer [47].

5.4 Schlussfolgerungen

Um einen Kausalzusammenhang zwischen Arbeitsplatzunsicherheit und Gesundheit eindeutig nachweisen zu können, müssten Langzeitstudien vorliegen, bei denen die Ausgangswerte für die Betroffenen aus einem Zeitraum mit sicheren Arbeitsplätzen stammen und geeignete Kontrollgruppen von Arbeitnehmern mit sicheren Jobs zur Verfügung stehen. Unter diesen Voraussetzungen gibt es selten Gelegenheiten für ideale Studien. Deshalb ist die Evidenz für einen kausalen Zusammenhang zwischen unsicheren Arbeitsplätzen und gesundheitlichen Faktoren begrenzt, auch wenn das Interesse der Forschung an dieser Frage im Laufe der letzten zehn Jahre zugenommen hat. Dennoch ist inzwischen erwiesen, dass ein Zusammenhang zwischen sowohl subjektiv empfundener als auch attribuierter Arbeitsplatzunsicherheit und allen Indikatoren psychischer Morbidität existiert; ein Zusammenhang mit einer Reihe von physischen Erkrankungen gilt als hinreichend sicher.

Selbst empfundene und attribuierte Arbeitsplatzunsicherheit wurde mit negativen Veränderungen der meisten physiologischen Indikatoren assoziiert; die Effekte sind jedoch uneinheitlich und – mit Ausnahme des BMI – meist statistisch nicht signifikant. Es gilt inzwischen als teilweise erwiesen, dass mit Arbeitsplatzunsicherheit ein Anstieg der ischämischen Herzkrankheit einhergeht. Selbst empfundene Arbeitsplatzunsicherheit wird mit einem nicht signifikanten Anstieg der ischämischen Herzkrankheit bei Männern und einem statistisch signifikanten Anstieg des nicht letalen Herzinfarkts bei Frauen während einer Nachverfolgungszeit von zwei Jahren in Zusammenhang gebracht. Für einen Zusammenhang zwischen unsicheren Arbeitsplätzen und Mortalität gibt es bisher keine zwingenden Belege, was jedoch vermutlich an zu geringen Datenmengen oder zu kurzen Nachverfolgungszeiträumen liegt. Immerhin konnte festgestellt werden, dass ein Wechsel von einem befristeten Arbeitsverhältnis in ein unbefristetes das Sterberisiko signifikant verringert, während ein Verbleiben auf einer befristeten Stelle das Risiko signifikant erhöht.

In jüngster Zeit häufen sich die Hinweise darauf, dass Arbeitsplatzunsicherheit die Anzahl der Arbeitsunfälle erhöht, weil die Motivation der Betroffenen, Sicherheitsvorschriften einzuhalten, verringert ist. Die meisten Studien zeigen, dass eine durch Arbeitsplatzunsicherheit hervorgerufene Verschlechterung der Gesundheit mit einem Anstieg der krankheitsbedingten Fehlzeiten mit und ohne ärztliches Attest einhergeht. Bei befristet Beschäftigten und Arbeitnehmern, die unmittelbar von Arbeitslosigkeit bedroht waren, konnten jedoch auch geringere krankheitsbedingte Fehlzeiten nachgewiesen werden, zudem erschienen sie häufiger auch dann am Arbeitsplatz, wenn sie krank waren. Bisher scheint keine Studie die Auswirkungen von subjektiv empfundener Arbeitsplatzunsicherheit auf krankheitsbedingte Fehlzeiten untersucht zu haben. Sowohl subjektiv empfundene als auch attribuierte Arbeitsplatzunsicherheit gehen mit einer erhöhten Inanspruchnahme des Gesundheitswesens und erhöhtem Arzneimittelverbrauch einher. Beide Arten der Jobunsicherheit haben Effekte, die über das Individuum hinausreichen. Bisher wurde dies hauptsächlich für die Familien der Betroffenen nachgewiesen, es ist jedoch anzunehmen, dass die Effekte darüber hinausgehen.

Es wird vermutet, dass die Auswirkungen der Arbeitsplatzunsicherheit auf die Gesundheit durch Veränderungen der gesundheitsbezogenen Lebensweise beeinflusst werden. Bisher gibt es für diese Hypothese jedoch wenig Belege [1, 56, 64, 65, 69, 133]. Auch wenn einige Studien nachgewiesen haben, dass die Auswirkungen unsicherer Arbeitsplätze auf die Gesundheit durch andere Faktoren relativiert werden, wie z.B. fachliche und soziale Einbindung sowie Kontrollen am Arbeitsplatz [72, 123, 134] oder auch Qualifikation [1], gibt es noch viele ungeklärte Fragen hinsichtlich dieses Zusammenhangs.

Zu guter Letzt ist zu betonen, dass dieser Überblick, der sich auf die Auswirkungen der Arbeitsplatzunsicherheit im ersten Arbeitsmarkt beschränkt, die Effekte auf dem neuen flexiblen Arbeitsmarkt nicht berücksichtigt [135]. Ein umfangreicher Forschungsüberblick zu den Gesundheitseffekten anderer Formen prekärer Beschäftigung wurde von Quinlan et al. [3] erstellt; in einer kürzlich aktualisierten Version wurden auch die gesundheitlichen Auswirkungen befristeter Arbeitsverhältnisse beschrieben [136].

Einige Wissenschaftler weisen darauf hin, wie schwierig es ist, die Politik zur Berücksichtigung von Forschungsergebnissen wie den hier präsentierten zu bewegen [137, 138]. Dies schmälert jedoch nicht das Potenzial bereits existierender Studien, zu politischen Maßnahmen beizutragen, die die Gesundheit der Arbeitnehmer und ihrer Familien verbessern und negative Effekte für ihre Arbeitgeber verhindern. Da das Phänomen der Arbeitsplatzunsicherheit, insbesondere verbunden mit hoher Arbeitsbelastung, voraussichtlich weiterhin besteht, ist weitere Forschung notwendig, um die Evidenzbasis zu verbreitern und Informationen für die Politik bereitzustellen.

Literatur

[1] McDonough P (2000) Job Insecurity and Health. Int J Health Serv 30: 453–476

[2] Labour market changes and job insecurity: a challenge for social welfare and health promotion. Copenhagen: World Health Organisation, 1999

[3] Quinlan M, Mayhew C, Bohle E (2005) The global expansion of precarious employment, work disorganisation, and consequences for occupational health: a review of recent research. Int J Health Serv 31:335–414

[4] Smaglik P (2005) Job movements. Nature 433:901

[5] O.E.C.D. (1997) Is job insecurity on the increase in OECD countries? OECD Employment Outlook. OECD, Paris

[6] Green F (2003) The rise and decline of job insecurity. Department of Economics. University of Kent, Discussion paper 03/05

[7] Smaglik P (2002) Job insecurity. Nature 419:3

[8] Domenighetti G, D'Avanzo B, Bisig B (2000) Health effects of job insecurity among employees in the Swiss general population. Int J Health Serv 30:477–490
[9] Marmot MG (1999) Job insecurity in a broader social and health context. WHO Regional Publications European Series 81:1–9
[10] Jahoda M, Lazarsfeld P, Zeisel H (1972) Marienthal: The Sociography of an Unemployed Community. Tavistock, London
[11] Watkins SJ (1984) Unemployment and health. Lancet 2:1464–1465
[12] Platt S (1984) Unemployment and suicidal behaviour: A review of the literature. Soc Sci Med 19:93–115
[13] Smith R (1987) Unemployment and Health: A Disaster and a Challenge. Oxford University Press, Oxford
[14] Ezzy D (1993) Unemployment and Mental Health: A critical review. Soc Sci Med 37:41–52
[15] Jin RJ, Shah CP, Svoboda TJ (1995) The impact of unemployment on health: A review of the evidence. Can Med Assoc J 153:529–540
[16] Dooley D, Fielding J, Levi L (1996) Health and unemployment. Ann Rev Public Health 17:449–465
[17] Mathers CD, Schofield DJ (1998) The health consequences of unemployment: the evidence. Med J Aust 168:178–182
[18] Kasl SV, Jones D (2000) The Impact of Job Loss and Retirement on Health. In: Berkman LF, Kawachi I (eds) Social Epidemiology. Oxford University Press, Oxford, pp 118–136
[19] Bildt C, Michelsen H (2003) Occupational conditions exceed the importance of non-occupational conditions and ill health in explaining future unemployment among women and men. Arch Women Ment Health 6:115–126
[20] Jackson C, Bevan S, Hirsh W, Hayday S (1992) Staff Attitudes in the Benefits Agency. Institute of Manpower Studies, Brighton, UK
[21] Social Trends 27 (1997) The Stationary Office, London
[22] Hartley J, Jacobson D, Klandermans B, Van Vuuren T (1991) Job Insecurity: Coping with jobs at risk. Sage Publications Ltd, London
[23] Greenhalgh L, Rosenblatt Z (1984) Job insecurity: Towards conceptual clarity. Academy of Management Review 9:438–448
[24] Hertting A, Nilsson K, Theorell T, Larsson US (2005) Assistant nurses in the Swedish healthcare sector during the 1990s: a hard-hit occupational group with a tough job. Scand J Public Health 33:107–113
[25] Hartley J (1999) Models of job insecurity and coping strategies of organizations. In: Ferrie JE, Marmot MG, Griffiths J, Ziglio E (eds) Labour Market Changes and Job Insecurity: A Challenge for Social Welfare and Health Promotion. WHO Regional Publications European Series, No. 81, Copenhagen
[26] Scott HK (2004) Reconceptualizing the nature and health consequences of work-related insecurity for the new economy: the decline of workers' power in the flexibility regime. Int J Health Serv 34:143–153
[27] Bartley M, Ferrie JE (2001) Unemployment, job insecurity and health – Glossary. J Epidemiol Community Health 55:776–781
[28] Bartley M (1988) Unemployment and health: selection or causation – a false antithesis? Sociol Health Illness 10:41–67
[29] Dooley D, Rook K, Catalano R (1987) Job and non-job stressors and their moderators. J Occ Psychol 60:115–132
[30] Catalano R, Rook K, Dooley D (1986) Labour markets and help-seeking: A test of the employment security hypothesis. Journal of Health and Social Behavior 27:277–287

[31] Sverke M, Hellgren J (2002) The nature of job insecurity: Understanding employment uncertainty on the brik of a new millenium. Applied Psychology 51:23–42
[32] Sverke M, Hellgren J, Naswall K (2002) No security: a meta-analysis and review of job insecurity and its consequences. J Occup Health Psychol 7:242–264
[33] Reisel WD, Banai M (2002) Comparison of a multidimensional and a global measure of job insecurity: predicting job attitudes and work behaviors. Psychol Rep 90:913–922
[34] Slote A (1969) Termination: The Closing at Baker Plant. Bobbs-Merrill, Indianapolis
[35] Charles N, James E (2003) Gender and work orientations in conditions of job insecurity. Br J Sociol 54:239–257
[36] Jacobson D (1987) A Personological Study of the Job Insecurity Experience. Social Behaviour 2:143–155
[37] Marmot, M, Ferrie JE, Newman K, Stansfeld S (2001) The contribution of job insecurity to socio-economic inequalities. Research FINDINGS 11 from the Health Variations Programme. Economic and Social Research Council
[38] Burchell B (1994) The Effects of Labour Market Position, Job Insecurity, and Unemployment on Psychological Health. In: Gallie D, Marsh C, Vogler C (eds) Social Change and the Experience of Unemployment. Oxford University Press, Oxford, pp 188-212
[39] Orpen C (1994) The Effects of Self-Esteem and Personal Control on the Relationship between Job Insecurity and Psychological Well-being. Social Behaviour and Personality 22:53–56
[40] Dekker SWA, Schaufeli WB (1995) The Effects of Job Insecurity on Psychological Health and Withdrawal: A Longitudinal Study. Australian Psychologist 30:57–63
[41] Amick III BC, Kawachi I, Coakley EH, Lerner D, Levine S, Colditz GA (1998) Relationship of job strain and iso-strain to health status in a cohort of women in the United States. Scand J Work Environ Health 24:54–61
[42] Kuhnert KW, Sims RR, Lahey MA (1989) The relationship between job security and employee health. Group and Organization Studies 14: 399–410
[43] Roskies E, Louis-Guerin C (1990) Job insecurity in managers: Antecedents and consequences. Journal of Organisational Behaviour 11:345– 359
[44] Kinnunen U, Mauno S, Natti J, Happonen M (1999) Perceived job insecurity: A longitudinal study among Finnish Employees. European Journal of Work and Organisational Psychology 8:243–260
[45] Hellgren J, Sverke M, Isaksson K (1999) A two-dimensional approach to job insecurity: Consequences for employee attitudes and well-being. European Journal of Work and Organisational Psychology 8:179–195
[46] De Witte H (1999) Job insecurity and psychological well-being: Review of the literature and exploration of some unresolved issues. European Journal of Work and Organisational Psychology 8:155–177
[47] Matthews S, Power C, Stansfeld SA (2001) Psychological distress and work and home roles: a focus on socio-economic differences in distress. Psychol Med 31:725–736
[48] D'Souza RM, Strazdins L, Lim LL, Broom DH, Rodgers B (2003) Work and health in a contemporary society: demands, control, and insecurity. J Epidemiol Community Health 57:849–854

[49] Cheng Y, Chen CW, Chen CJ, Chiang TL (2005) Job insecurity and its association with health among employees in the Taiwanese general population. Soc Sci Med 61:41–52
[50] Berth H, Forster P, Brahler E (2003) (Unemployment, job insecurity and their consequences for health in a sample of young adults). Gesundheitswesen 65:555–560
[51] Bultmann U, Kant IJ, Schroer CA, Kasl SV (2002) The relationship between psychosocial work characteristics and fatigue and psychological distress. Int Arch Occup Environ Health75:259–266
[52] Ferrie JE, Shipley MJ, Stansfeld SA, Marmot M (2002) Effects of chronic job insecurity and change in job security on self-reported health, minor psychiatric morbidity, physiological measures and health-related behaviours in British civil servants: the Whitehall II study. J Epidemiol Community Health 56:450–454
[53] Iversen L, Sabroe S (1988) Psychological well-being among unemployed and employed people after a company closedown: A longitudinal study. Journal of Social Issues 44:141–152
[54] Roskies E, Louis-Guerin C, Fournier C (1993) Coping with job insecurity: How does personality make a difference? Journal of Organisational Behaviour 14:617–630
[55] Ferrie JE, Shipley MJ, Marmot MG, Martikainen P, Stansfeld SA, Davey Smith G (2001) Job insecurity in white-collar workers: Towards an explanation of associations with health. Journal of Occupational Health Psychology 6:26–42
[56] Ferrie JE, Martikainen P, Shipley MJ, Marmot M, Stansfeld SA, Davey Smith G (2001) Employment status and health after privatisation in white collar civil servants: prospective cohort study. Br Med J 322: 647–651
[57] Frese M (1985) Stress at work and psychosomatic complaints: A causal interpretation. J Appl Psychol 70:314–328
[58] Strazdins L, D'Souza RM, Lim LL, Broom DH, Rodgers B (2004) Job strain, job insecurity, and health: rethinking the relationship. J Occup Health Psychol 9:296-305
[59] Jenkins R, Macdonald A, Murray J, Strathdee G (1982) Minor psychiatric morbidity and the threat of redundancy in a professional group. Psychol Med 12:799–807
[60] Arnetz BB, Brenner S-O, Hjelm R, Levi L, Petterson I-L (1988) Stress reactions in relation to threat of job loss and actual unemployment: Physiological, psychological and economic effects of job loss and unemployment. Stress Research Reports, Karolinska Institute, Stockholm, No.206
[61] Rowlands P, Huws R (1995) Psychological effects of colliery closure. Int J Soc Psychiatry 41:21–25
[62] Mattiasson I, Lindegärde F, Nilsson JÅ, Theorell T (1990) Threat of unemployment and cardiovascular risk factors: longitudinal study of quality of sleep and serum cholesterol concentrations in men threatened with redudancy. Br Med J 301:461–466
[63] Schnall PL, Landsbergis PA, Pieper CF, Schwartz J, Dietz D, Gerin W et al (1992) The impact of anticipation of job loss on psychological distress and worksite blood pressure. Am J Ind Med 21:417–432
[64] Ferrie JE, Shipley M, Marmot MG, Stansfeld S, Davey Smith G (1998) An uncertain future: The health effects of threats to employment security in white-collar men and women. Am J Public Health 88:1030–1036

5

[65] Ferrie JE, Shipley MJ, Marmot MG, Stansfeld S, Davey Smith G (1998) The health effects of major organisational change and job insecurity. Soc Sci Med 46:243–254
[66] Kasl S (1982) Strategies of research on economic instability and health. Psychol Med 12:637–649
[67] Cobb S, Kasl SV (1977) Termination: The consequences of job loss. Cincinnati: DHEW-NIOSH Publication no 77-224, National Institutes for Occupational Safety and Health
[68] Marmot MG, Davey Smith G, Stansfeld S, Patel C, North F, Head J et al (1991) Health inequalities among British civil servants: the Whitehall II study. Lancet 337:1387–1393
[69] Ferrie JE, Shipley MJ, Marmot MG, Stansfeld S, Davey Smith G (1995) Health effects of anticipation of job change and non-employment: longitudinal data from the Whitehall II study. Br Med J 311:1264–1269
[70] Swaen GM, Bultmann U, Kant I, van Amelsvoort LG (2004) Effects of job insecurity from a workplace closure threat on fatigue and psychological distress. J Occup Environ Med 46:443–449
[71] Heaney C, Israel B, House J (1994) Chronic Job Insecurity Among Automobile Workers: Effects on Job Satisfaction and Health. Soc Sci Med 38:1431–1437
[72] Kinnunen U, Natti J (1994) Job insecurity in Finland: Antecedents and consequences. European Work and Organisational Psychologist 4:297– 321
[73] Wilkins K, Beaudet MP (1998) Work stress and health. Health Reports 10:47–62
[74] Cole DC, Ibrahim SA, Shannon HS, Scott F, Eyles J (2001) Work correlates of back problems and activity restriction due to musculoskeletal disorders in the Canadian national population health survey (NPHS) 1994–1995 data. Occup Environ Med 58:728–734
[75] Mohren DC, Swaen GM, van Amelsvoort LG, Borm PJ, Galama JM (2003) Job insecurity as a risk factor for common infections and health complaints. J Occup Environ Med 45:123–129
[76] Cole DC, Ibrahim S, Shannon HS (2005) Predictors of Work-Related Repetitive Strain Injuries in a Population Cohort. Am J Public Health
[77] Jacobsen K (1972) Afskedigelse og sygelighed. Ugeskr Laeg 134:352–354
[78] Jacobsen K (1974) Arbejdsloshed og afsked som sygdomsfremkaldende faktorer. Ugeskr Laeg 136:1650–1651
[79] Beale N, Nethercott S (1985) Job-loss and family morbidity: a study of a factory closure. J R Coll Gen Pract 35:510–514
[80] Withington J (1989) The anatomy of a shipyard closure. Bedford Square Press, London
[81] Hyyppa MT, Kronholm E, Alanen E (1997) Quality of sleep during economic recession in Finland: A longitudinal cohort study. Soc Sci Med 45:731–738
[82] Kasl SV, Cobb S (1970) Blood pressure changes in men undergoing job loss: A preliminary report. Psychosom Med 32:19–38
[83] Kasl SV (1979) Changes in mental health status associated with job loss and retirement. In: Barrett JE (ed) Stress and Mental Disorder. Raven Press, New York, pp 179–200
[84] James SA, LaCroix AZ, Kleinbaum DG, Strogatz DS (1984) John Henryism and blood pressure differences among black men. II. The role of occupational stressors. J Behav Med 7:259–275
[85] Levenstein S, Smith MW, Kaplan GA (2001) Psychosocial predictors of hypertension in men and women. Arch Intern Med 161:1341–1346

[86] Toivanen H, Lansimies E, Jokela V, Helin P, Penttila I, Hanninen O (1996) Plasma levels of adrenal hormones in working women during an economic recession and the threat of unemployment: Impact of regular relaxation training. Journal of Psychphysiology 10:36–48
[87] Hannerz H, Albertsen K, Nielsen ML, Tuchsen F, Burr H (2004) Occupational factors and 5-year weight change among men in a danish national cohort. Health Psychol 23:283–288
[88] Lavis JN, Mustard CA, Payne JI, Farrant MS (2001) Work-related population health indicators. Can J Public Health 92:72–78
[89] Siegrist J, Peter R, Junge A, Cremer P, Seidel D (1990) Low status control, high effort at work and ischemic heart disease: Prospective evidence from blue-collar men. Soc Sci Med 31:1127–1134
[90] Lee S, Colditz GA, Berkman LF, Kawachi I (2004) Prospective study of job insecurity and coronary heart disease in US women. Ann Epidemiol 14:24–30
[91] Muntaner C, Nieto FJ, Cooper L, Meyer J, Szklo M, Tyroler HA (1998) Work organization and atherosclerosis: findings from the ARIC study. Atherosclerosis Risk in Communities. Am J Prev Med 14:9–18
[92] Valkonen T, Martikainen P (1995) The association between unemployment and mortality: Causation or selection? In: Lopez AD, Gaselli G, Valkonen T (eds) Adult mortality in developed countries: From description to explanation. Clarendon Press, Oxford, pp 201–222
[93] Westin S (1990) Unemployment and health: medical and social consequences of a factory closure in a ten-year controlled follow-up study. University of Trondheim, Trondheim
[94] Kivimaki M, Vahtera J, Virtanen M, Elovainio M, Pentti J, Ferrie JE (2003) Temporary Employment and Risk of Overall and Cause-specific Mortality. Am J Epidemiol 158:663–668
[95] Morris JK, Cook DG (1991) A critical review of the effect of factory closures on health. Br J Ind Med 48:1–8
[96] Keefe V, Reid P, Ormsby C, Robson B, Purdie G, Baxter J et al (2002) Serious health events following involuntary job loss in New Zealand meat processing workers. Int J Epidemiol 31:1155–1161
[97] Probst TM, Brubaker TL (2001) The effects of job insecurity on employee safety outcomes: cross-sectional and longitudinal explorations. J Occup Health Psychol 6:139–159
[98] Probst TM (2002) Layoffs and tradeoffs: production, quality, and safety demands under the threat of job loss. J Occup Health Psychol 7:211–220
[99] Parker SK, Axtell CM, Turner N (2001) Designing a safer workplace: importance of job autonomy, communication quality, and supportive supervisors. J Occup Health Psychol 6:211–228
[100] Probst TM (2004) Safety and insecurity: exploring the moderating effect of organizational safety climate. J Occup Health Psychol 9:3–10
[101] Grunberg L, Anderson-Connolly R, Greenberg ES (2000) Surviving layoffs: The effects on organisational commitment and job performance. Work and Occupations 27:7–31
[102] Vahtera J, Kivimaki M, Pentti J (1997) Effect of organisational downsizing on health of employees. Lancet 350:1124–1128
[103] Kivimaki M, Vahtera J, Pentti J, Ferrie JE (2000) Factors underlying the effect of organisational downsizing on the health of employees: A longitudinal cohort study of changes in work, social relationships and health behaviours. Br Med J 320:971–975

[104] Kivimaki M, Vahtera J, Thomson L, Griffiths A, Cox T, Pentti J (1997) Psychosocial factors predicting employee sickness absence during economic decline. J Appl Psychol 82:858–872
[105] Kivimaki M, Vahtera J, Ferrie JE, Hemingway H, Pentti J (2001) Organisational downsizing and musculoskeletal problems in employees: A prospective study. Occup Environ Med 58:811–817
[106] Virtanen M, Kivimaki M, Elovainio M, Vahtera J, Cooper CL (2001) Contingent employment, health and sickness absence. Scand J Work Environ Health 27:365–372
[107] Aronsson G, Gustafsson K, Dallner M (2000) Sick but yet at work. An empirical study of sickness presenteeism. J Epidemiol Community Health 54:502–509
[108] Benavides FG, Benach J, Diez-Roux AV, Roman C (2000) How do types of employment relate to health indicators? Findings from the Second European Survey on Working Conditions. Journal of Epidemiology and Community Health 54:494–501
[109] Gallie D, Vogler C (1994) Labour Market Deprivation, Welfare and Collectivism. In: Gallie D et al (eds) Social Change and the Experience of Unemployment. OUP, New York, pp 299–336
[110] Iversen L, Sabroe S, Damsgaard MT (1989) Hospital admissions before and after shipyard closure. Br Med J 299:1073–1076
[111] Beale N, Nethercott S (1986) Job-loss and morbidity in a group of employess nearing retirement age. J R Coll Gen Pract 36:265–266
[112] Beale N, Nethercott S (1986) Job-loss and morbidity in married men with and without young children. J R Coll Gen Pract 36:557–559
[113] Beale N, Nethercott S (1986) Job-loss and health – the influence of age and previous morbidity. J R Coll Gen Pract 36:261–264
[114] Jansen NW, Kant I, Kristensen TS, Nijhuis FJ (2003) Antecedents and consequences of work-family conflict: a prospective cohort study. J Occup Environ Med 45:479–491
[115] Burchell B, Day D, Hudson M, Ladipo D, Mankelow R, Nolan J et al (1999) Job insecurity and work intensification. Joseph Rowntree Foundation, York
[116] Rook K, Dooley D, Catalano R (1991) Stress transmission: The effects of husbands' job stressors on the emotional health of their wives. Journal of Marriage and the Family 53:165–177
[117] Larson JH, Wilson SM, Beley R (1994) The Impact of Job Insecurity on Marital and Family Relationships. Family Relations 43:138–143
[118] Stewart W, Barling J (1996) Fathers Work Experiences Effect Childrens Behaviours Via Job-Related Affect and Parenting Behaviours. Journal of Organisational Behaviour 17:221–232
[119] Barling J, Zacharatos A, Hepburn GC (1999) Parents' job insecurity affects children's academic performance through cognitive difficulties. J Appl Psychol 48:49–60
[120] Barling J, Mendelson MB (1999) Parents' job insecurity affects children's grade performance through the indirect effects of beliefs in an unjust world and negative mood. J Occup Health Psychol 4:347–355
[121] Henriksen TB, Hedegaard M, Secher NJ (1994) The relation between psychosocial job strain, and preterm delivery and low birthweight for gestational age. Int J Epidemiol 23:764–774
[122] Bartley M (1986) Redundancy and Health. In: Lee RM (ed) Redundancy, Layoffs and Plant Closures: Causes and Consequences. Croom Helm, Beckenham, Kent, pp 305–329

[123] Barling J, Kelloway EK (1996) Job insecurity and health: the moderating role of workplace control. Stress Medicine 1996;12:253–259
[124] The Organization in Crisis (2000) Downsizing, Restructuring, and Privatisation. In: Burke RJ, Cooper CL (Eds) Blackwell, Oxford
[125] Swaen GM, Kant IJ, van Amelsvoort LG, Beurskens AJ (2002) Job mobility, its determinants, and its effects: longitudinal data from the Maastricht Cohort Study. J Occup Health Psychol 7:121–129
[126] Ferrie JE, Shipley MJ, Stansfeld SA, Davey Smith G, Marmot M (2003) Future uncertainty and socioeconomic inequalities in health: the Whitehall II study. Soc Sci Med 57:637–646
[127] Lynch JW, Kaplan GA, Salonen JT (1997) Why do poor people behave poorly? Variation in adult health behaviours and psychosocial characteristics by stages of the socioeconomic lifecourse. Soc Sci Med 44: 809–819
[128] Borg V, Kristensen TS (2000) Social class and self-rated health: can the gradient be explained by differences in life style or work environment? Soc Sci Med 51:1019–1030
[129] Kawakami N, Haratani T, Kobayashi F, Ishizaki M, Hayashi T, Fujita O et al (2004) Occupational class and exposure to job stressors among employed men and women in Japan. J Epidemiol 14:204–211
[130] Kristensen TS, Borg V, Hannerz H (2002) Socioeconomic status and psychosocial work environment: results from a Danish national study. Scand J Public Health Suppl 59:41–48
[131] Power C, Matthews S, Manor O (1998) Inequalities in self-rated health: explanations from different stages of life. Lancet 351:1009–1014
[132] Power C, Stansfeld SA, Matthews S, Manor O, Hope S (2002) Childhood and adulthood risk factors for socio-economic differentials in psychological distress: evidence from the 1958 British birth cohort. Soc Sci Med 55:1989–2004
[133] Catalano R, Dooley D, Wilson G, Hough R (1993) Job loss and alcohol abuse: A test using data from the Epidemiologic Catchment Area Project. Journal of Health and Social Behavior 34:215–225
[134] Probst TM (2000) Wedded to the job: Moderating effects of job involvement on the consequences of job insecurity. Journal of Occupational Health Psychology 5:63–73
[135] Benach J, Amable M, Muntaner C, Benavides FG (2002) The consequences of flexible work for health: are we looking at the right place? Journal of Epidemiology and Community Health 56:405–406
[136] Virtanen M, Kivimaki M, Joensuu M, Virtanen P, Elovainio M, Vahtera J (2005) Temporary employment and health: a review. Int J Epidemiol 34:610–622
[137] Walt G (1994) How far does research influence policy? Eur J Pub Health 4:233–235
[138] Lavis JN, Farrant MS, Stoddart GL (2001) Barriers to employment-related healthy public policy in Canada. Health Promot Int 16:9–20

Downsizing in Organisationen: Und was ist mit den Verbleibenden nach Personalabbau?

V. Weiss · I. Udris

Zusammenfassung. *Der Beitrag stellt den internationalen Stand der Forschung, einschließlich der eigenen Studien [50, 52], zu den individuellen und sozialen Auswirkungen von organisationalen Personalreduktionen (genannt „Downsizing") auf die Verbleibenden (genannt „Survivors") dar. Die Forschung kommt zum Ergebnis, dass die mit dem Personalabbau angezielten ökonomischen Gewinne und organisationalen Ziele sehr oft nicht erreicht werden. Eine Erklärung dafür sind die negativen emotionalen, einstellungs- und verhaltensmäßigen Reaktionen der Verbleibenden. Eine besondere Rolle kommt der Verschiebung und Auflösung des „psychologischen Kontrakts", der impliziten Übereinkunft zwischen Unternehmen und Arbeitnehmenden, zu. Arbeitsplatzunsicherheit und damit verbundene motivationale Verluste an Commitment und Engagement sowie gesundheitliche Folgen sind in Rechnung zu stellen. Praktische Implikationen, d.h. Strategien und Maßnahmen im Betrieb, werden aus den empirischen Forschungsergebnissen abgeleitet.*

6.1 Downsizing: Phänomen, Begriffe, Probleme

Seit den 1980er Jahren führt die Globalisierung der Wirtschaft zu einer weltweiten Zunahme des Wettbewerbs. Fusionen, Übernahmen von Konkurrenzunternehmen, Outsourcing, Verschiebungen in Billiglohnländer und Umstrukturierungen gehören zu den angewandten Strategien, um möglichst kostengünstig und wettbewerbsfähig zu wirtschaften [52]. Eine weitere Strategie, um Kosten zu sparen, ist der Personalabbau, in der englischsprachigen Literatur *Downsizing* genannt. Downsizing oder Personalabbau versteht sich als eine Strategie, bei der ein Unternehmen Arbeitsplätze planmäßig streicht, mit dem Ziel, die Unternehmensaufwände zu senken. Der Personalabbau *kann* von weiteren Umstrukturierungen begleitet werden und Arbeitsprozesse im Unternehmen verändern. Diejenigen Beschäftigten, die während eines Personalabbaus nicht extern freigesetzt werden und weiterhin über eine Anstellung beim gleichen Unternehmen verfügen, werden als *Verbleibende (Survivors = Überlebende = Stayers = Weiterbeschäftigte)* bezeichnet [5]. Der stigmatisierende Begriff Survivors wird von uns allerdings nicht verwendet.

Die wichtigsten *Gründe* für Personalabbau sind nach Kieser [22]: Einführung arbeitssparender Techniken, Einsparungsprogramme im Gemeinkostenbereich, Deregulierung staatlicher Monopole sowie Privatisierung öffentlicher Unternehmen und zunehmender Shareholder-Druck in Verbindung mit der Forderung nach Stelleneinsparungen. In der Untersuchung von Marr und Steiner [30] nennen die befragten Personalleitungen und Geschäftsführungen als Ursachen von Personalabbau (in absteigender Häufigkeit): Wettbewerbsdruck, Automatisierung und technischen Fortschritt, gestiegene Effizienz des Personaleinsatzes, rückläufige Nachfrage sowie Strukturkrise in der Branche.

Morris et al. [36] zeigten in einer Untersuchung mit über 3500 US-amerikanischen Firmen, dass von 1980–1994 59% der Unternehmen mehr als 5% und 33% über 15% ihres Personalbestandes gekürzt hatten. Ob Personalabbau für ein Unternehmen positive oder negative Folgeerscheinungen nach sich zieht, ist zunächst offen. Kurzfristig werden die Unternehmensaufwände sicherlich gesenkt. Dennoch sind in der Literatur auch viele Fälle beschrieben, die die negativen Folgen von Personalabbau für Unternehmen aufzeigen (u.a. [11, 54]). Tomasko [47] konnte in einer Studie mit über 1000 US-Firmen mit einmaliger oder mehrmaliger Personalreduktion zeigen, dass die mit einem Personalabbau verbundenen Ziele oft nicht erreicht werden: 90% planten eine Kostenreduktion, die nur von 50% erreicht wurde, 75% strebten eine Produktionssteigerung an, nur 22% erreichten diese. Bürokratieabbau und schnellere Entscheidungsfindung wurden von über 50% angestrebt, nur 15% erkannten tatsächlich eine Verbesserung.

Bei der Betrachtung solcher Studien stellt sich die Frage, warum die gewünschten Ziele vielfach nicht erreicht werden. Eine mögliche Erklärung für die genannten Misserfolge sind negative Reaktionen der verbleibenden Mitarbeitenden. Welche das sind, ist der Gegenstand einer zunehmenden Zahl von Studien. Die Mehrheit der empirischen Forschung zu den Folgen von Downsizing für Personal und Unternehmen stammt aus den angelsächsischen Ländern, zum Teil auch aus Skandinavien. Deutschsprachige Forschung existiert erst in Ansätzen [3, 5, 30, 50, 52].

Der vorliegende Beitrag vermittelt einen Überblick über den internationalen Stand der Forschung zu den individuellen und sozialen Auswirkungen von Personalabbau auf die Verbleibenden. Besondere Bedeutung haben in diesem Zusammenhang die Beziehungen zwischen Arbeitgeber und Arbeitnehmenden: Welche Erwartungen und (implizite) gegenseitige Verpflichtungen werden eingehalten bzw. gelockert, oder sogar aufgelöst? Dies wird unter dem Begriff des „psychologischen Kontrakts“ diskutiert (Abschn. 6.2). Es fehlt nicht an Versuchen, die empirisch gefundenen Reaktionen der Verbleibenden theoretisch zu erklären. Einige solcher Modelle, einschließlich des eigenen Konzepts [52], werden vorgestellt (Abschn. 6.3). Die wichtigsten Wirkungen von Downsizing auf das verbleibende Personal lassen sich in vier Kategorien gruppieren: Emotionen, Einstellungen, Verhalten, Gesundheit (Abschn. 6.4). Die Forschungsbefunde werden im Folgenden ausführlicher diskutiert, wobei insbesondere auch auf die aktuelle Studie von Weiss [50, 51] Bezug genommen wird. Weiss führte mit verbleibenden Mitarbeitenden, mit Personal- und Unternehmensverantwortlichen, Gewerkschaftssekretären sowie Unternehmensberatern *qualitative Einzelinterviews* durch. In vier Unternehmen wurde von Weiss nach erfolgtem Personalabbau eine *quantitative Fragebogenstudie* mit Verbleibenden durchgeführt. Als zentrale Einflussfaktoren auf den Zusammenhang von Downsizing und Reaktionen der Verbleibenden haben sich Fairness im Abbauprozess, das Vertrauen in die verantwortlichen Führungskräfte sowie die Kommunikation herausgestellt. Ist das die „Zauberformel“, um negative Folgen für Betrieb und Personal zu minimieren (Abschn. 6.5)? Aus den Forschungsbefunden wurden Strategien und Maßnahmen im Betrieb abgeleitet, die eine Aufrechterhaltung der Leistungsfähigkeit der in ihrem Personalbestand reduzierten Unternehmen sowie der Verbleibenden begünstigen und einen Beitrag zur Verbesserung des Betriebsklimas leisten (Abschn. 6.6). Der Beitrag schließt mit einem kurzen Ausblick mit Hinweisen auf weiteren Forschungsbedarf und Praxisempfehlungen (Abschn. 6.7).

6.2 Arbeitswelt im Wandel: Auflösung des psychologischen Kontrakts?

Neben dem schriftlichen Arbeitsvertrag existiert eine zweite Vertragsart, die die Übereinkünfte zwischen Organisationen und Beschäftigten betrifft: der *psychologische Kontrakt.* Dieser regelt implizite, nicht schriftlich fixierte gegenseitige Erwartungen und Verpflichtungen zwischen Organisationen und Beschäftigten [44]. Er entwickelt sich während der Rekrutierung, aber auch in der Interaktion mit Repräsentanten des Unternehmens und der Wahrnehmung der Unternehmenskultur [48]. Er reduziert Unsicherheit und füllt jene Lücken, die in einem formalen schriftlichen Vertrag nicht festgehalten werden (können) [2,

33, 44]. Inhalte psychologischer Kontrakte unterscheiden sich grundsätzlich nicht von formalen Verträgen. Es sind beispielsweise Erwartungen bzw. Verpflichtungen bezüglich Arbeitsinhalte, Weiterbildung, Lohn oder Beförderung.

Psychologische Kontrakte sind *dynamische Prozesse*, die sich mit der Zeit oder mit wechselnden Voraussetzungen ändern können [2, 44]. Viele Autor/innen erachten es aber für die Tragfähigkeit eines psychologischen Kontraktes als zentral, dass die gegenseitigen Erwartungen und Verpflichtungen des Arbeitgebers und des Arbeitnehmers relativ hoch übereinstimmen (u.a. [2, 31, 44]). Personalabbau- und nicht selten parallele Restrukturierungsmaßnahmen sind veränderte Vorausetzungen für die Beziehung zwischen Arbeitgeber und Arbeitnehmenden: Die traditionelle Übereinkunft, dass das Unternehmen Arbeitsplatzsicherheit, Karriereperspektiven, Ausbildung und Entwicklung innerhalb des Unternehmen sichert, und die Arbeitnehmenden dafür Loyalität, Konformität und Commitment dem Unternehmen entgegenbringen, verliert an Gültigkeit [4]. Von Arbeitnehmenden wird erhöhte Flexibilität, Innovation und Selbstverantwortung für die eigene Karriere gefordert [31]. Eine Studie von Turnley und Feldman [48] mit 800 amerikanischen Manager/innen konnte belegen, dass Verletzungen von psychologischen Verträgen insbesondere in Unternehmen mit Personalabbau oder Restrukturierungen alltäglicher geworden sind. Manager/innen aus Unternehmen mit Downsizing und/oder Restrukturierungen empfanden gegenüber Manager/innen ohne diese Erfahrung gravierendere psychologische Vertragsverletzungen bezüglich Einfluss auf Entscheidungen, Arbeitsplatzsicherheit, Einkommen, Beförderung und Verantwortung.

Wenn nun aufgrund von Personalabbau der Arbeitgeber Arbeitsplatzsicherheit, Karriereperspektiven, Ausbildung und Entwicklung innerhalb des Unternehmen nicht mehr gewährleistet, muss das Gleichgewicht neu definiert werden. Ansonsten kann nicht ausgeschlossen werden, dass Arbeitnehmende Reaktionen zeigen, die für das Unternehmen schädlich sein können. Die Manager/innen in der Studie von Turnley und Feldmann [48] suchten nach Personalabbau und/oder Restrukturierungen beispielsweise häufiger aktiv eine neue Stelle, wurden nachlässiger in ihrem Arbeitsverhalten oder zeigten weniger Unternehmensloyalität.

Mehrere Autor/innen arbeiten an Konzepten, die die Beziehung zwischen Arbeitgeber und Arbeitnehmer/in wieder in die Balance bringen sollen (u.a. [2, 38, 41, 42]). Einheitlich an diesen Konzepten ist die Idee, Arbeitsplatzsicherheit durch fortlaufende Qualifizierung und Erhöhung der *Arbeitsmarktfähigkeit/Employability* zu ersetzen. Die zentralen Inhalte eines neuen psychologischen Kontraktes nach Noer [38] sollen kurz skizziert werden: Anstellungen sind „just-in-time"-Verhältnisse, ohne (lebenslange) Garantie des Arbeitsplatzes. Belohnungssysteme basieren auf Leistungen und sind nicht länger abhängig von der Anstellungsdauer. Jeder Mitarbeitende ist für seine berufliche Laufbahn selber verantwortlich, interne Karrierepfade sind nicht mehr gesichert. Dafür schafft der Arbeitgeber Arbeitsplätze, die den Mitarbeitenden motivieren und ständig qualifizieren (Job Enrichment). In den hierarchisch flachen Unternehmen wird jedem Mitarbeitenden in selbstbestimmten Arbeitsgruppen größtmöglichster Handlungsspielraum (Partizipation), aber auch Qualitätsverantwortung gewährt. Manager/innen übernehmen weniger die Rolle des Kontrolleurs, sondern sind vielmehr Coach, Unterstützer und Helfer und werden auch für diese Fähigkeiten belohnt. Mitarbeitende werden ermuntert, regelmäßig interne, aber auch externe Karrierechancen und -angebote zu prüfen. Firmenabgänge werden nicht als Loyalitätsbruch gewertet.

Der Beweis, dass sich solche neuen psychologischen Kontrakte in der Realität bewähren, indem sie Unsicherheiten und Ängste von Arbeitnehmenden beseitigen, steht noch aus. Eine Forschungsgruppe in der Schweiz zeigte zumindest, dass längst nicht alle Arbeitgeber eine derart drastische Veränderung des psychologischen Kontraktes leben (wollen) und dass Arbeitnehmende teils höhere Erwartungen bezüglich Arbeitsplatzsicherheit an das Unternehmen stellen, als das Unternehmen tatsächlich zu bieten gewillt ist [40, 41]. Auch die Interviewstudie mit Verbleibenden von Weiss [50] verdeutlichte, dass viele Verbleibende mehr Arbeitsplatzsicherheit wünschen bzw. fordern.

6.3 Reaktionen der Verbleibenden: Erklärungsmodelle

In der überwiegend empirisch orientierten Downsizing-Forschung gibt es bislang *kein umfassendes theoretisches Modell* für die Analyse der Wirkungen für Individuum und Organisation. Dies ist einerseits auf die Vielfältigkeit der Fragestellungen zurückzuführen und andererseits sind die Verbleibenden erst seit Mitte der 1980er Jahre wissenschaftlich ein Thema. Dennoch finden sich einige theoretische Modelle, die nachfolgend vorgestellt werden.

Brockner [6] entwickelte ein *Modell zur strukturellen Analyse der Reaktionen* von Verbleibenden. Es strukturiert mögliche Reaktionen der verbleibenden Mitarbeitenden in Emotionen, Einstellungen und Verhalten. Entlassungen rufen emotionale Zustände wie Angst und Unsicherheit über den Arbeitsplatz, Wut, Erleichterung, seinen Arbeitsplatz nicht verloren zu haben, und Schuldgefühle hervor. Diese

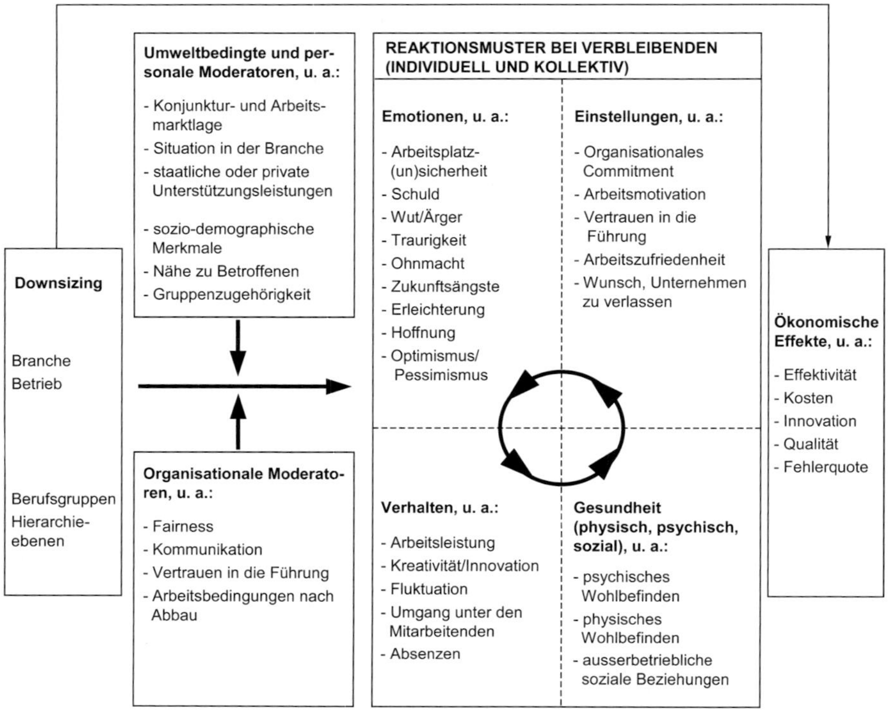

Abb. 6.1. Rahmenmodell Downsizing und Reaktionsmuster bei verbleibenden Mitarbeitenden

Eine moderierende Funktion wird umweltbedingten, personalen und organisationalen Faktoren zugeschrieben. Zentralste Bedeutung wird den organisationalen Faktoren zugemessen (z. B. der wahrgenommenen Fairness, der Kommunikationspolitik oder dem Vertrauen in das Management), weil sie diejenigen Faktoren mit dem größten Einfluss des Unternehmens sind. Die Trennung zwischen Moderations- und Reaktionsvariablen ist nicht immer einfach zu treffen. Zum Beispiel wird beim Vertrauen in die Führung einerseits davon ausgegangen, dass das Vertrauen in die Führung eine zentrale Voraussetzung dafür ist, wie stark negative oder positive Verbleibenden-Reaktionen hervorgerufen werden. Andererseits ist es auch durchaus vorstellbar, dass sich das Vertrauen in die Führung gerade aufgrund von Personalabbau verändert und zur bedeutenden einstellungsorientierten Reaktion wird. Ausgehend von diesem Rahmenmodell wird im Folgenden der internationale Forschungsstand einschließlich der eigenen Forschung dargestellt [50, 52].

6.4 Wirkungen von Downsizing auf das Personal

In der Empirie wurden auf vier Ebenen Reaktionen von Verbleibenden untersucht: Emotionen, Einstellungen, Verhalten und Gesundheit.

6.4.1 Emotionen

Die meist untersuchte und wohl wichtigste Emotion nach Downsizing ist die *Arbeitsplatzunsicherheit.* Dass sie insbesondere bei Verbleibenden ein zentrales Thema ist, konnten unterschiedliche Studien zeigen (u.a. [3, 12, 38, 50]). Immer wieder wurden auch Zusammenhänge zwischen Arbeitsplatzunsicherheit und Wohlbefinden, physischen Gesundheitsbeschwerden oder Stress nachgewiesen [18, 26, 34, 35]. Das Pressekommuniqué des Bundesamtes für Statistik [10] kommentierte kürzlich die Ergebnisse der Schweizerischen Gesundheitsbefragung aus dem Jahre 2002: „Unsicherheit über die berufliche Zukunft wirkt sich auch auf die psychische Gesundheit der Erwerbstätigen aus. Knapp ein Drittel (30%) der Personen mit Angst vor Arbeitsplatzverlust verfügen über ein geringeres psychisches Wohlbefinden, verglichen mit einem Fünftel (20%) der Personen ohne diese Angst". Einige Studien wiesen auch Zusammenhänge mit Arbeitseinstellungen (z.B. verminderte Arbeitszufriedenheit oder Arbeitsmotivation) oder Verhaltensweisen aus (u.a. [18, 40, 43]). Bei 237 Angestellten der Nahrungsmittelbranche stellten Probst und Brubaker [40] fest, dass mit steigender Arbeitsplatzunsicherheit die Motivation und die Einhaltung von Sicherheitsregeln nachließ, was wiederum zu vermehrten Verletzungen und Unfällen am Arbeitsplatz führte.

Häufig werden auch *Schuldgefühle* gegenüber den „Betroffenen" bei den Verbleibenden postuliert. Hierzu sind die Forschungsbefunde allerdings widersprüchlich. Während in einigen Studien häufig Schuldgefühle bei den Verbleibenden nachgewiesen werden konnten (u.a. [1, 12]), waren sie in anderen Studien marginal [38, 50]. Eine mehrfach in Untersuchungen bestätigte Emotion nach Downsizing ist hingegen *Ärger* oder *Wut,* die Verbleibende häufig gegen die Unternehmensleitung richten [3, 12, 38, 50]. Des Weiteren empfinden Verbleibende auch *Traurigkeit, Resignation, Ohnmacht* und *Zukunftsängste* [3, 12, 38, 50]. Seltener wurden positive Emotionen – und wenn, dann häufig auf der Führungsetage – gefunden. Dabei handelt es sich um *Optimismus/Hoffnung* bezüglich einer positiven Unternehmensentwicklung oder um Gefühle der *Erleichterung, den Prozess überstanden zu haben* [3, 12, 38, 50].

6.4.2 Einstellungen

Zu den häufigsten untersuchten Einstellungen bei verbleibenden Mitarbeitenden gehören das *Organisationale Commitment (bzw. Loyalität dem Unternehmen gegenüber)*, die *Arbeitsmotivation*, das *Vertrauen in die Führung* und die *Arbeitszufriedenheit*. In mehreren Studien konnte gezeigt werden, dass sich diese Einstellungen in eine für das Unternehmen ungünstige Richtung entwickeln können.

In einigen Studien litt die Glaubwürdigkeit des Managements durch Personalabbau (u.a. [19, 29, 38]. Dabei scheinen die Verbleibenden insbesondere das *Vertrauen in das oberste Management* zu verlieren [14, 50]. Man traut der obersten Führung nur bedingt zu, dass sie die richtigen Entscheidungen trifft und sich für die Mitarbeitenden einsetzt [50]. Verbleibende bewahrten sich bei Day [14] und Weiss [50] immerhin das Vertrauen ins unmittelbare Arbeitsumfeld: in die Arbeitskolleg/innen und die direkten Vorgesetzten. Bei Luthans und Sommer [28] wie bei Hughes [19] verschlechterte sich allerdings auch das Vertrauen in die eigene Arbeitsgruppe.

Dass auch das *Organisationale Commitment* und/oder die *Motivation* durch Personalabbau Schaden nehmen kann, zeigen mehrere Studien [12, 28, 38, 50]. In der Studie von Noer [38] blieb trotz verminderter Motivation das Organisationale Commitment bei vielen Verbleibenden erstaunlich intakt. Die Bereitschaft, sich für das Unternehmen nach Personalabbau noch gleich zu engagieren, hing bei Weiss [50] neben dem Organisationalen Commitment auch vom Commitment gegenüber den Arbeitskolleg/innen, den Produkten und den Kunden ab. Mitarbeitende stuften ihr Organisationales Commitment in der Fragebogenstudie sogar um einiges moderater ein als ihr Commitment gegenüber den Arbeitskolleg/innen und den Produkten.

Einige Studien verdeutlichen, dass sich nach Personalabbau auch die *Arbeitszufriedenheit* verschlechtern kann [28, 37]. Gegenläufig blieb bei Berner [5], wie auch in der Fragebogenstudie bei Weiss [50], die Arbeitszufriedenheit bei den Verbleibenden trotz Abbau stabil. In der Befragung von Personalleitungen und Geschäftsführungen (also nicht von den Verbleibenden selbst) durch Marr und Steiner [30] wurden als häufigste negative Folgen genannt: Zunahme eines kurzfristigen, krisenorientierten Denkens, Verschlechterung von Betriebsklima und Arbeitsmoral, weniger Arbeitszufriedenheit, sinkendes gegenseitiges Vertrauen, abnehmende Identifikation und Loyalität.

6.4.3 Verhalten

Dass ein Unternehmen die mit einem Personalabbau avisierten Ziele, z. B. erhöhte Effizienz, erreicht, hängt maßgeblich vom Verhalten der Verbleibenden ab. Zu den diskutierten und teils empirisch überprüften Verhaltensweisen, die u. U. durch Personalabbau Schaden nehmen können, gehören: die Leistung, die Kreativität/Innovationsbereitschaft, die Fluktuation und der Umgang unter den Mitarbeitenden.

Amerikanische Gemeinde-Angestellte nahmen ihre *Leistung* nach Downsizing verschlechtert wahr [29]. In einer Studie von Berner [5] schätzten hingegen immerhin etwas mehr als die Hälfte der Verbleibenden die Produktivität des eigenen Teams nach Personalabbau besser ein. Die Leistung von verbleibenden amerikanischen Militärangestellten litt um so weniger unter Abbau [16], je besser man sie informierte, je zufriedener sie mit ihrem Arbeitsplatz waren, je höher ihr Organisationales Commitment ausfiel, je weniger psychologische Symptome auftraten, je fairer sie den Abbauprozess wahrnahmen und je geringer ihre Fluktuationstendenz war. McElroy et al. [32] verglichen die Effekte von *Fluktuationsraten* in verschiedenen Standorten einer amerikanischen Finanzgesellschaft: freiwillige Abgänge, unfreiwillige Abgänge und Abgänge, die aufgrund von Personalabbau initiiert wurden. Jede der drei Fluktuationsraten wirkte sich negativ auf die organisationale Leistung (nebst Finanzzahlen auch Kundenzufriedenheit) aus. Der Leistungsverlust war aber durch Personalabbau bedingte Abgänge am größten. Interessante Aussagen machten einige Interviewpartner/innen von Weiss [50], die Routineleistung nach Abbau erhöht, außerordentliche Leistungen aber als verringert wahrnahmen.

Letzte Aussage passt auch zu Befunden hinsichtlich *kreativer* und *innovativer Leistungen*. In der Studie von Noer [38] waren sich alle Hierarchien einig, dass Mitarbeitende nach Personalabbau weniger Risiken eingehen und sich weniger exponieren. Aus Angst vor negativen Konsequenzen bei der nächsten Abbaurunde hält man gewagte Ideen oder Kritik (z. B. über Unternehmensabläufe) zurück. Innovatives Handeln wird nach einer Studie von Dougherty und Browman [15] aber auch dadurch geschwächt, dass Stellenabbau viele der gewachsenen informellen Vernetzungen schwächt, wenn nicht sogar zerstört.

Viele Verbleibende nehmen das *Arbeitsklima* nach Personalabbau verschlechtert wahr [3, 50]. Interviewpartner/innen bei Weiss [50] beklagen, dass die soziale Unterstützung unter den Verbleibenden ungenügend ist, dass Konflikte im oder insbesondere zwischen Teams zugenommen haben, dass man ein stärkeres Einzelkämpfertum vorfindet und dass soziale Beziehungen mit den Arbeitkolleg/innen stark zurückgegangen sind. Auch bei Manson [29] nahm die erhaltene Unterstützung am Arbeitsplatz ab. Baeckmann [3] spricht von steigendem Konkurrenzdruck oder der Zunahme von Intrigen im Kampf um Ressourcen. Noer [38] beschreibt die Tendenz, dass alle hierachischen Ebenen einander beschuldigen. Dennoch scheint es auch Teams zu geben, die zusammenrücken und deren Mitglieder sich gegenseitig unterstützen [3, 50].

Einige Autor/innen (u.a. [17]) postulieren, dass oft die jüngeren, qualifizierten und produktiven Angestellten mit guten Möglichkeiten auf dem Arbeitsmarkt das Unternehmen nach Personalabbau verlassen. Von einer erhöhten *Fluktuationsrate* berichten die Interviewpartner/innen von Weiss [51]. In ihrer Fragebogenstudie konnte ein solches Ergebnis allerdings nicht repliziert werden. Weiss führt dies auf die relativ „sozial verträglichen" Abbaumaßnahmen in den untersuchten Betrieben und auf die moderate Einschätzung externer Arbeitsmarktchancen zurück. Bei Spreitzer und Mishra [46] war die *Fluktuationstendenz* von Verbleibenden um so geringer, je ausgeprägter sie das Organisationale Commitment, das Vertrauen in die Führung und die eigenen Fähigkeiten, die Fairness, die Einflussnahme und die Selbstbestimmung bewerteten.

6.4.4 Gesundheit

Personalabbau kann die physische, psychische und soziale Gesundheit beeinträchtigen. Bei Noer [38] waren in Gruppendiskussionen mit Verbleibenden Depressionen, Stress, Resignation und Müdigkeit ein Thema. Auch in einem britischen Wasserwerk nahmen nach Downsizing die selbst eingeschätzten psychischen (z.B. depressive Verstimmung, Ängste, geringes Selbstbewusstsein) und physischen Beschwerden zu [37]. In einer finnischen Studie erhöhten sich die emotionale Erschöpfung und die psychischen Gesundheitsbeschwerden (z.B. Konzentrationsprobleme) aufgrund der Antizipation eines Personalabbaus und der Wahrnehmung eines Ungleichgewichts von Investition und Entschädigung bei der Arbeit durch die Mitarbeitenden [20].

Einige bemerkenswerte Befunde stammen aus der finnischen Forschergruppe um Kivimäki: Während jahrelanger Personalabbaumaßnahmen beim Staatspersonal reduzierten sich die kurzfristigen Krankheitsmeldungen ($\leq$3 Tage), gleichzeitig erhöhten sich die langfristigen Absenzen ($>$3 Tage) [23]. Die Kurzzeit-Absenzen kompensierten die Langzeit-Absenzen nicht. Den Rückgang der Kurzzeit-Absenzen erklärt die Autorengruppe mit Ängsten vor der eigenen Entlassung und steigendem sozialen Druck. Steigende Arbeitsbelastung und die Unterlassung, leichtere Krankheiten auszukurieren, könnten sich in langfristigen Krankheiten manifestiert haben. Des Weiteren stellten Kivimäki und Mitarbeitende mit zunehmendem Personalabbau eine steigende Quote an Raucher/innen fest [24]. Außerdem schätzten Staatsangestellte ihre Gesundheit unmittelbar nach der ersten Ankündigung von Personalabbau besser ein als vier Jahre danach und wiederholtem Abbau [25]. Die prospektive Studie des Teams über sieben Jahre zeigte bei Angestellten nach starkem Personalabbau („major downsizing" >18%) im Unterschied zu geringem Abbau („no downsizing" <8%) eine doppelt so hohe Mortalitätsrate aufgrund von koronaren Herzerkrankungen [49].

6.5 Organisationale Faktoren: „Zauberformel" Fairness, Vertrauen und Kommunikation?

Ob die oben dargestellten Reaktionen von Verbleibenden auftreten und in welcher Intensität, machen verschiedene Autor/innen von der *Fairness* und/oder dem *Vertrauen in die Führung* bzw. von der *Kommunikation* abhängig (u. a. [3, 9, 13, 21, 50, 51]).

6.5.1 Fairness

Brockner und Wiesenfeld [9] sowie Kieselbach [21] unterscheiden zwei Arten von Fairness während Personalabbau:

- *Distributive oder Verteilungsgerechtigkeit:* Leistungen für die Entlassenen (z. B. Abfindungen/Entschädigungen) und Ressourcenverteilung unter den verbleibenden Stellen (z. B. gekürzte Stellenprozente in den verschiedenen Abteilungen)
- *Prozedurale oder Verfahrensgerechtigkeit:* Strukturelle und interpersonale Planungs- und Implementierungsprozesse (Konsistenz der Prozeduren oder würde- und respektvolle Behandlung der Mitarbeitenden).

Auf der Basis dieser Fairnesstheorie leitet Brockner [7] mehrere entscheidende *Fairnesskriterien* ab, die bei Personalabbau erfüllt werden sollten (siehe auch Abschn. 6.6):

- Der Abbau muss gerechtfertigt werden.
- Der Abbau muss mit der Firmenkultur kongruent sein.
- Die „Betroffenen" müssen frühzeitig informiert werden.
- Kleinen Details muss besondere Aufmerksamkeit geschenkt werden, sowohl in der Behandlung „Betroffener" wie Verbleibender.
- Kürzungen sollten alle Hierarchieebenen betreffen.

- Abbaukriterien müssen klar und transparent sein. Ihre konsequente Anwendung muss gewährleistet sein.
- „Betroffene“ müssen konkrete Unterstützung erhalten.
- Verbleibende müssen in den Abbauprozess involviert werden.

Zusammenhänge zwischen empfundener Fairness und unerwünschten Reaktionen von Verbleibenden konnten in mehreren Studien bestätigt werden [8, 39, 46, 53]. Wie wichtig die Fairness während des Abbaus ist, zeigen auch die Ergebnisse der Fragebogenstudie von Weiss [50, 51]. Verbleibende mit geringer Fairness fürchten sich im Vergleich mit Verbleibenden mit hoher Fairness intensiver vor der eigenen beruflichen Zukunft, vor Arbeitsplatzverlust, vor schlechten Arbeitsbedingungen und vor finanziellen Einbußen. Sie empfinden häufiger Schuld gegenüber den Betroffenen (=Entlassenen), sind resignativer, pessimistischer und wütender gegen die Verantwortlichen. Die Freude darüber, dass es im Unternehmen wieder voran gehen soll, teilen sie weniger. Außerdem schätzen sie ihr Organisationales und Produkt-Commitment sowie das Arbeitsklima schlechter ein. Sie trauen der Führung weniger zu, dass sie die richtigen Entscheidungen trifft und sich für die Mitarbeitenden einsetzt und denken öfter darüber nach, das Unternehmen zu verlassen. Ihr physisches, psychisches und soziales Umfeld erleben sie als stärker beeinträchtigt.

6.5.2 Vertrauen in die Führung

Viele Autor/innen gewichten neben der Fairness das Vertrauen in die Führung in Zeiten von Abbau als wichtigen Faktor (u.a. [3, 13, 38, 50, 51]). Caplan und Teese [13] gehen davon aus, dass Verbleibende mit hohem Vertrauen in das Management Personalabbau und Managemententscheide stärker akzeptieren, Unsicherheiten besser aushalten und Fehlentscheide sogar eher tolerieren. Sie machen das Vertrauen in das Management von drei Faktoren abhängig:

- *Kompetenz der Geschäftsführung:* Fähigkeiten, die Geschäftsgänge aufrecht zu erhalten.
- *Integrität der Geschäftsführung:* Einhaltung von Versprechen und faire Behandlung der Mitarbeitenden.
- *Konsistenz der Geschäftsführung:* Stimmige dauerhafte Entscheide, z.B. bezüglich Behandlung der Mitarbeitenden, Erreichen der avisierten Geschäftsziele.

Einige Studien belegten, dass Verbleibende nach Personalabbau an der Kompetenz ihres Management zweifeln [13, 38, 46]. Verbleibende warfen der Führung bei Caplan und Teese [13] allerdings weniger Kompetenzmangel vor, wenn die Integrität der Führung positiv beurteilt wurde. Bei Spreitzer und Mishra [46] beurteilten Mitarbeitende ihr Organisationales Commitment ein Jahr nach Personalabbau um so höher, je stärker sie dem Management vertrauten. In der Fragebogenstudie von Weiss [50, 51] unterscheiden sich Verbleibende mit hohem und geringem Vertrauen in die Führung markant: Verbleibende, die die Führung stärker anzweifeln, haben größere Angst um ihren Arbeitsplatz, um ihre eigene berufliche Zukunft, vor schlechten Arbeitsbedingungen und vor finanziellen Einbußen. Sie sind pessimistischer, resignativer und ohnmächtiger. Ihre Wut gegen die Führung ist größer und sie freuen sich weniger darüber, dass man im Unternehmen wieder nach vorne schaut. Ihr Organisationales, ihr Arbeitskolleg/innen- und ihr Produkt-Commitment fallen wesentlich bescheidender aus. Sie erleben das Arbeitsklima stärker beeinträchtigt und tendieren eher dazu, das Unternehmen zu verlassen. Außerdem fühlen sie sich physisch und psychisch belasteter und glauben in einem stärkeren Maße, dass ihr privates Umfeld unter ihrer beruflichen Situation leidet.

6.5.3 Kommunikation

Kommunikation wird von vielen Autor/innen in der Downsizing-Literatur als zentral betrachtet (u. a. [1, 13]). Gleichzeitig wird aber kritisiert, dass während der Abbauprozesse häufig unzulänglich kommuniziert wird.

In einer Interviewsstudie mit Verbleibenden von Caplan und Teese [13] war kein/e einzige/r der verbleibenden Mitarbeitenden mit der Quantität und Qualität der erhaltenen Informationen zufrieden. Sie bemängelten, dass die Information viel mehr auf die „Betroffenen", die Kunden, die Aktionäre und die Presse ausgerichtet war als auf die verbleibenden Mitarbeitenden. Verbleibende wünschten sich Informationen, die direkt an sie gerichtet waren, speziell sie betrafen und ihre Wissenslücken schlossen. Nebst Daten, Zeiten, Orten sowie wer, was und wie wollten sie auch etwas über Visionen, Ziele, Ideen und die Zukunft des Unternehmens erfahren. Sie wollten spüren, wohin ihr Unternehmen will, dass Restrukturierungen gezielt implementiert wurden und es sich nicht nur um einen hilflosen Versuch der Kostenreduktion handelte. Auch ihre Rolle im Abbauprozess sollte geklärt werden. Verbleibende beklagten außerdem die Inkonsistenz von erhaltenen Informationen.

Die innerbetriebliche Informations- und Kommunikationspolitik spielte auch bei Weiss [50] eine zentrale Rolle für die Verbleibenden-

Reaktionen. In der Fragebogenstudie bewerteten Verbleibende die Information nicht allzu günstig. Das Management gab der Kommunikationspolitik höhere Noten und konnte auch die Abbaugründe besser nachvollziehen. Außerdem fühlten sich Verbleibende, die mit der Kommunikation unzufrieden waren, an ihrer Stelle weniger sicher, ängstigten sich häufiger vor Arbeitsplatzverlust, vor schlechten Arbeitsbedingungen, vor finanziellen Einbußen und über ihre berufliche Zukunft. Sie waren der zukünftigen Entwicklung des Unternehmens gegenüber pessimistischer eingestellt, fühlten sich resignativer, hilfloser und wütender gegenüber den Verantwortlichen. Ihr Organisationales Commitment sowie das Kolleg/innen- und Produkt-Commitment fielen geringer aus. Sie erlebten das Arbeitsklima sowie ihr physisches und psychisches Wohlbefinden stärker beeinträchtigt und trauten der Führung weniger. Gedanken über ein freiwilliges Ausscheiden kamen öfter vor.

6.6 Überlegungen zu Implikationen für die betriebliche Praxis

Es existieren kaum systematische Evaluationen über Personalabbau- und Verbleibenden-*Maßnahmen.* Ausgehend von den dargestellten Forschungsbefunden und diese verdichtend sollen daher folgende Überlegungen zu praktischen Implikationen, d.h. zu betrieblichen Strategien und praktischen Maßnahmen, angestellt werden [50].

Mit Personalabbau werden kurzfristig Kosten eingespart. Langfristig entstehen durch Downsizing-Prozesse aber Kosten, die zwar während der Planung weniger offensichtlich sind, deren schädigende Wirkung für das Unternehmen aber nicht unterschätzt werden darf. Dabei handelt es sich z.B. um Motivationsabfall der Mitarbeitenden, Know-How-Verlust, Schmälerung der Glaubwürdigkeit des Managements, Abgänge von Leistungsträger/innen usw. Kosten und Nutzen müssen deshalb einander gegenübergestellt werden. Dabei darf nicht nur einseitig von einer Senkung des Aufwandes aufgrund verminderter Lohn- und Sozialleistungskosten ausgegangen werden. Auch langfristige Überlegungen, z.B. Auswirkungen des Personalabbaus auf die Innovation des Unternehmens, müssen in die Überlegungen einfließen. Eine gründliche *Analyse der Alternativen zum Personalabbau* ist unabdingbar.

Außerdem muss eine Evaluierung des Abbaus mit gleichzeitiger *systematischer Analyse einzelner Tätigkeiten, Abteilungen und Betriebsabläufe* erfolgen. Ein besonderes Augenmerk muss auf die innerbetriebliche Vernetzung, d.h. die Team oder Abteilung übergreifende Zusammenarbeit, gelegt werden. In der Analyse bietet sich eine optimale Möglichkeit, die Verbleibenden *partizipieren* zu lassen. Langfristig werden die Verbleibenden der Organisation nur dann treu bleiben, wenn ihnen herausfordernde Aufgaben und attraktive Arbeitsbedingungen geboten werden.

Auf ein gut durchdachtes *Informations- und Kommunikationssystem*, das regelmäßig über den Abbau und die Geschäftsvorgänge kommuniziert, darf nicht verzichtet werden. Personalabbau verunsichert die Verbleibenden und steigert ihr Kommunikationsbedürfnis. Ziel der Kommunikationspolitik muss es sein, die Unsicherheit so weit wie möglich aufzufangen und damit auch möglichst wenig Nährboden für Gerüchte zu bieten. Dabei dürfen nicht nur die Bedürfnisse der „Betroffenen", der Kunden, der Aktionäre und der Medien berücksichtigt werden. Es braucht auch eine spezifisch auf die Verbleibenden zugeschnittene Kommunikation. Möglichst viele *Kommunikationskanäle* sollten genutzt werden, mündliche Information allein genügt nicht, sie muss jederzeit schriftlich (z.B. über das interne Netz) zur Verfügung stehen. Zu den wichtigsten *Kommunikationsinhalten* gehörend konsistente Fakten zum Abbauprozess: Abbaugründe, Daten, Orte, wer, was, wie, Zukunftsperspektiven etc. Schließlich muss die *Kommunikationsqualität* beachtet werden: Führungspersonen müssen wegen des starken Informationsbedürfnisses der Mitarbeitenden „überkommunizieren", d.h. sie sollten konsequent immer mehr und häufiger kommunizieren, als sie das eigentlich für nötig halten. Diese Kommunikation soll echt, authentisch, transparent, offen und ehrlich sein.

Die im Abschnitt 6.5 diskutierten *Fairnesskriterien* nach Brockner [7] sind zentral im Abbauprozess, d.h. Verbleibende schätzen auf der einen Seite die Verteilung der knapp gewordenen Ressourcen und auf der anderen Seite den Prozessverlauf auf (Un)Fairness ein. Dies sollte bereits bei der Planung von Abbau berücksichtigt werden. Wichtig ist, das Commitment der Schlüsselpersonen zu gewinnen. Einerseits, weil sie wichtige Leistungsträger sind, und andererseits, weil ihre Meinung unter den Mitarbeitenden zählt. Die Führungskräfte müssen darauf vorbereitet werden, dass bei den verbleibenden Mitarbeitenden Emotionen auftreten werden, die, wenn sie ernst genommen werden und wenn ihnen Raum gegeben wird, besser bewältigt werden können. „Betroffene" wie Verbleibende müssen respektvoll behandelt werden. Den „Betroffenen" muss schließlich genügend Zeit eingeräumt werden, dass sie sich eine neue Stelle suchen können.

Die Anforderungen an die *Führung* während des Personalabbaus steigen. Dem Management entgegengebrachtes Vertrauen unterstützt positive und hemmt negative Verbleibenden-Reaktionen. Verbleibende wünschen nach den Ergebnissen von Weiss [50] nach Personalabbau vermehrt den Kontakt zum/zur Vorgesetzten und identifizieren sich stärker mit dem eigenen Team und dem/der direkten Vorgesetzten als mit der Organisation. Die Zugänglichkeit und die Erreichbarkeit der Führungspersonen muss deshalb während Personalabbau erhöht werden. Insbesondere der/die direkte Vorgesetzte übernimmt bei der Begleitung der verbleibenden Mitarbeitenden eine wichtige Funktion. Damit Führungskräfte aber überhaupt fähig sind, Verbleibende adäquat zu unterstützen, müssen sie *erstens* über ein umfassendes Wissen über den Abbau verfügen: z.B. über die Gründe des Abbaus, die Unterstützungsleistungen für die „Betroffenen" und die Verbleibenden, die Ziele des Abbaus oder die Zukunftsperspektiven des Unternehmens. *Zweitens* müssen sie sich ihrer eigenen Reaktionen bewusst werden. Deshalb sind Workshops/Seminare mit Kaderleuten, die einerseits die eigenen Reaktionen aufdecken und thematisieren und andererseits die Leute für die auf sie zukommenden schwierigen Aufgaben (Kommunikation, Betreuung, Unterstützung, Motivation) schulen, unabdingbar. Der größte Fehler, den ein Unternehmen begehen kann, ist, die Emotionen der Verbleibenden zu unterdrücken oder zu ignorieren. Die Verbleibenden dürfen nicht alleine gelassen werden. Ihnen muss die Gelegenheit geboten werden, Ängste, Bedenken, Hoffnungen usw. auszudrücken. Danach sollten Ziele für die Zukunft gemeinsam erarbeitet werden. Für die Verarbeitung des Abbauprozesses und die Zielerarbeitung eignen sich Verbleibenden-Seminare am besten.

Den Verbleibenden hilft es, wenn sie die *Perspektiven* für die Organisation und die strategische Ausrichtung kennen. Außerdem wollen sie die Strategie auch in der Implementierung erkennen. In Unternehmen mit traditioneller Arbeitsplatzsicherheit wird der psychologische Vertrag aufgekündigt. Das Unternehmen muss deshalb den *psychologischen Vertrag neu definieren.* Wichtig dabei ist, dass die gegenseitigen Erwartungen und Verpflichtungen von Arbeitgeber und Arbeitnehmer eine neue Balance finden. Dem Unternehmen muss es gelingen, die Perspektiven für die Organisation und das Individuum in Einklang zu bringen.

6.7 Ausblick

Kieser [22] fragt sich im Titel seines Beitrags im Harvard Business Manager: „Downsizing – eine vernünftige Strategie?", und er gibt gleich die Antwort: „Die Erfahrungen lehren: Radikales Verschlanken macht Firmen selten effizienter." Dass maximale (oder nur optimale?)

Effizienz zu den Hauptzielen von Unternehmen gehört, ist trivial. Kein Unternehmen wird leichtfertig dieses Ziel aufs Spiel setzen. Gerade deshalb erstaunt die Vielzahl in ihren Folgen als „suboptimal" zu bezeichnenden Strategien des Personalabbaus. Liegt es an der Unkenntnis – um nicht zu sagen: Ignoranz – vieler Entscheidungsträger hinsichtlich der Folgewirkungen von Downsizing? Oder hat die Forschung ihre Ergebnisse nicht hinreichend in die Unternehmen hineingetragen? Oder sind die Forschungsbefunde noch nicht abgesichert genug, um sie als „praktikabel" zu bezeichnen? Vielleicht gibt unser Beitrag zumindest einige vorläufige Antworten auf diese Fragen.

Managementstrategien, die die Auswirkungen von Personalabbau einseitig als Einsparungen von Lohn- und Sozialleistungskosten sehen, greifen zu kurz. Wir müssen davon ausgehen, dass sich mit weniger Personal der Arbeitsalltag für die Verbleibenden zum Teil massiv verändert, und dass diese für das Unternehmen häufig „ineffiziente" Reaktionen zeigen. Dies haben wir zu zeigen versucht. Wir müssen aber auch konstatieren, dass die internationale – einschließlich der eigenen – Downsizing-Forschung viele Mechanismen des komplexen Prozesses noch nicht hinreichend erklären kann. Dies liegt zum Teil am strukturellen Forschungsansatz, in dem noch zu viele ungeklärte Wirkgrößen (Moderator-Variablen) auf die Reaktionen der Verbleibenden eine Rolle spielen. Unser Rahmenmodell stellt zwar einen wichtigen, aber nicht „vollständigen" Realitätsausschnitt dar. Die in den Prozessmodellen geforderten Längsschnitt- oder Vorher-Nachher-Studien sind angesichts vieler Schwierigkeiten des praktischen Zugangs zu Betrieben mit Personalabbau immer noch zu selten. Auch fehlen Evaluations- oder Vergleichs-Studien, in denen die beschriebenen Empfehlungen für die Kommunikations-, Führungs- und Begleitungs-Maßnahmen auf ihre – hoffentlich! – positiven Wirkungen hin geprüft werden.

Da Downsizing und Personalabbau auch in Zukunft zu den zentralen Unternehmensstrategien zählen werden, wird der empirischen Forschung und den daraus abgeleiteten praktischen Empfehlungen der Stoff nicht ausgehen – leider!

6

Literatur

[1] Ambrose D (1996) Healing the downsized organization. What every employee needs to know about today's workplace. Harmony, New York

[2] Anderson N, Schalk R (1998) Editiorial: the psychological contract in retrospect and prospect. Journal of Organizational Behavior 19 (Special Issue):637–647

[3] Baeckmann S von (1998) Downsizing – Zwischen unternehmerischer Notwendigkeit und individueller Katastrophe. Rainer Hampp Verlag, München
[4] Baruch Y, Hind P (1999) Perceptual motion in organizations: effective management and the impact of the new psychological contracts on „survivor syndrome". European Journal of Work and Organizational Psychology 8:295–306
[5] Berner S (1999) Reaktionen der Verbleibenden auf einen Personalabbau. Dissertation, Universität St. Gallen (HSG)
[6] Brockner J (1988) The effects of work layoffs on survivors: research, theory, and practise. Research in Organizational Behavior 10: 213–255
[7] Brockner J (1992) Managing the effects of layoffs on survivors. California Management Review 34:9–28
[8] Brockner J, Konovsky M, Cooper-Schneider R et al (1994) Interactive effects of procedural justice and outcome negativity on victims and survivors of job loss. Academy of Management Journal, 3: 397–409
[9] Brockner J, Wiesenfeld BM (1996) An integrative framework for explaining reactions to decisions: interactive effects of outcomes and procedures. Psychological Bulletin 120:189–208
[10] Bundesamt für Statistik (2004) Psychosoziale Belastungen am Arbeitsplatz: ein Gesundheitsrisiko. Medienmitteilung 23. 11. 04. Bundesamt für Statistik, Bern
[11] Burke R, Cooper C (2000) The new organizational reality: transition and renewal. In: Burke RJ, Cooper CL (eds) The Organization in Crisis. Downsizing, Restructuring, and Privatization. Blackwell, Oxford, pp 3–19
[12] Campbell-Jamison F, Worrall L, Cooper C (2001) Downsizing in Britain and its effects on survivors and their organizations. Anxiety, Stress, and Coping 14:35–58
[13] Caplan G, Teese M (1997) Survivors. How to keep your best people on board after downsizing. Davies-Black, Palo Alto, USA
[14] Day AL (2001) Employee reactions during times of uncertainty and downsizing. In: Book of abstracts of the tenth European congress of work and organizational psychology (ed), Globalization – opportunities and threats. Czech Republic, Praha
[15] Dougherty D, Browman EH (1995) The effects of organizational downsizing on product innovation. California Management Review 4:28–44
[16] Evans MA (1999) An analysis and cross-validation of the role of information during downsizing. Military Psychology 11:345–364
[17] Feldman DC, Leana CR (1992) Coping with job loss: how individuals, organizations, and communities respond to layoff. Maxwell Macmillan International, New York
[18] Hellgren J, Sverke M, Isaksson K (1999) A two-dimensional approach to job insecurity: consequences for employee attitudes and well-being. European Journal of Work and Organizational Psychology 8:179–195
[19] Hughes JL (2000) Avoidance of emotional pain during downsizing in a public agency. Consulting Psychology Journal: Practice and Research 52:256–268
[20] Kalimo R, Taris TW, Schaufeli WB (2003) The effects of past anticipated future downsizing on survivor well-being: an equity perspective. Journal of Occupational Health Psychology 8:91–109
[21] Kieselbach T (2001) Wenn Beschäftigte entlassen werden: Berufliche Transitionen unter einer Gerechtigkeitsperspektive. Wirtschaftspsychologie 1:37–50

[22] Kieser A (2002) Downsizing – eine vernünftige Strategie? Die Erfahrungen lehren: Radikales Verschlanken macht Firmen selten effizienter. Harvard Business Manager 2:30–39
[23] Kivimäki M, Vahtera J, Griffiths A et al (2000a) Sickness absence and organizational downsizing. In: Burke RJ, Cooper CL (eds) The organization in crisis. Downsizing, restructuring, and privatization. Blackwell, Oxford, pp 78–94
[24] Kivimäki M, Vahtera J, Pentti J et al (2000b) Downsizing, changes in work, and self-rated health of employees: a 7-year 3-wave panel study. Anxiety, Stress and Coping 14:59–73
[25] Kivimäki M, Vahtera J, Pentti J et al (2001) Factors underlying the effect of organisational downsizing on health of employees: longitudinal cohort study. British Medical Journal 320: 971–975
[26] Klandermans B, van Vuuren T (1999) Job Insecurity: introduction. European Journal of Work and Organizational Psychology 8:145–153
[27] Kübler-Ross E (1969) On death and dying. Collier, New York
[28] Luthans BC, Sommer SM (1999) The impact of downsizing on workplace attitudes: differing reactions of managers and staff in a health care organization. Group & Organization Management 24:46–70
[29] Manson BJ (2000) Downsizing Issues. The impact of employee morale and productivity. Garland, New York
[30] Marr R, Steiner K (2003) Personalabbau in deutschen Unternehmen: Empirische Ergebnisse zu Ursachen, Instrumenten und Folgewirkungen. Deutscher Universitäts-Verlag, Wiesbaden
[31] McCarthy JF, Hall DT (2000) Organizational crisis and change: the new career contract at work. In: Burke RJ, Cooper CL (eds) The organization in crisis. Downsizing, restructuring, and privatization. Blackwell, Oxford, pp 202–219
[32] McElroy JC, Morrow PC, Rude SN (2001) Turnover and organizational performance: a comparative analysis of the effects of voluntary, involuntary, and reduction-in-force turnover. Journal of Applied Psychology 86: 1294–1299
[33] Millward LJ, Brewerton PM (2000) Psychological contracts: employee relations for the twenty-first century? International Review of Industrial and Organizational Psychology 15:1–62
[34] Mohr G (1997) Erwerbslosigkeit, Arbeitsplatzunsicherheit und psychische Befindlichkeit. Lang, Bern
[35] Mohr G (2000) The changing significance of different stressors after the announcement of bankruptcy: a longitudinal investigation with the special emphasis on job insecurity. Journal of Organizational Behavior 21:337–359
[36] Morris JR, Cascio WF, Young, CE (1999) Downsizing after all these years: Questions and answers about who did it, how many did it, and who benefited from it. Organizational Dynamics 27:78–87
[37] Nelson A, Cooper CL, Jackson PR (1995) Uncertainty admits change: the impact of privatization on employee job satisfaction and well-being. Journal of Occupational and Organizational Psychology 68:57–71
[38] Noer D (1993) Healing the wounds. Overcoming the trauma of layoffs and revitalizing downsized organisations. Jossey-Bass, San Francisco
[39] Paterson JM, Cary J (2002) Organizational justice, change anxiety, and acceptance of downsizing: preliminary tests of an AET-based model. Motivation and Emotion 26:83–103

[40] Probst TM, Brubaker TL (2001) The effects of job insecurity on employee safety outcomes: cross-sectional and longitudinal explorations. Journal of Occupational Health Psychology 6:139–159
[41] Raeder S, Grote G (2001) Flexibilität ersetzt Kontinuität. Veränderte psychologische Kontrakte und neue Formen persönlicher Identität. Arbeit 3:352–364
[42] Raeder S, Grote G (2004) Fairness als Voraussetzung für die Tragfähigkeit psychologischer Verträge. In: Schreyögg G, Conrad P, Sydow J (Hrsg) Gerechtigkeit und Management Managementforschung, Bd 14. Gabler, Wiesbaden, S 139–174
[43] Rosenblatt Z, Talmud I, Ruvio A (1999) A gender-based framework of the experience of job insecurity and its effects on work attitudes. European Journal of Organizational Psychology 8: 197–217
[44] Rousseau DM (1995) Psychological contracts in organizations. Understanding written and unwritten agreements. Sage, Nebury Park, CA
[45] Spreitzer GM, Mishra AK (2000) An empirical examination of a stress-based framework of survivor response to downsizing. In: Burke RJ, Cooper CL (eds) The organization in crisis. Downsizing, restructuring, and privatization. Blackwell, Oxford, pp 97–118
[46] Spreitzer GM, Mishra AK (2002) To stay or to go: voluntary survivor turnover following an organizational downsizing. Journal of Organizational Behavior 23:707–729
[47] Tomasko RM (1993) Rethinking the corporation; the architecture of change. Amacon, New York
[48] Turnley W, Feldman D (1999) The impact of psychological contract violation on exit, voice, loyality, and neglect. Human Relations 52:895–922
[49] Vahtera J, Kivimäki M, Pentti J et al (2004) Organisational downsizing, sickness absence, and mortality: 10-town prospective cohort study. British Medical Journal 328:555 (downloaded from *www.bmj.com*: 29.03.05)
[50] Weiss V (2004) Personalabbau in Unternehmen und die Situation der Verbleibenden. Pabst Science Publishers, Lengerich
[51] Weiss V (2005) Zufriedenheit und Wohlbefinden verbleibender Mitarbeitenden nach Personalabbau. Wirtschaftspsychologie 7:81–92
[52] Weiss V, Udris I (2001) Downsizing und Survivors. Stand der Forschung zum Leben und Überleben in schlanken und fusionierten Organisationen. Arbeit 10:103–121
[53] Wiesenfeld BM, Brockner J, Martin C (1999) A self-affirmation analysis of survivors' reactions to unfair organizational downsizings. Journal of Experimental Social Psychology 35:441–460
[54] Worrall L, Cooper C, Campbell F (2000) The impact of organizational change on UK managers' perceptions. In: Burke RJ, Cooper CL (eds) The Organization in Crisis. Downsizing, Restructuring, and Privatization. Blackwell, Oxford, pp 44–57

Personalabbau, Arbeitsplatzunsicherheit und Gesundheit – Ergebnisse einer repräsentativen Umfrage

K. Zok

Zusammenfassung. *Eine Vielzahl von Beschäftigten in Deutschland hat im letzten Jahr Personalabbau und Entlassungen im eigenen Unternehmen erlebt. Der Beitrag geht der Frage nach, welchen subjektiven Belastungen und Beanspruchungen die „survivors" in den Unternehmen ausgesetzt sind.*

Die Ergebnisse einer aktuellen Repräsentativumfrage bei 2000 abhängig Beschäftigten geben Hinweise auf mögliche gesundheitliche Folgen von Arbeitsplatzunsicherheit und Personalabbau. Das Antwortverhalten der Beschäftigten auf Fragen zu Belastungen am Arbeitsplatz und ihrer gesundheitlichen Situation zeigt eine deutliche Verbindung zwischen Arbeitsplatzunsicherheit und Gesundheit. Arbeitnehmer mit unsicheren Jobs und Angst vor Verlust des Arbeitsplatzes geben deutlich häufiger gesundheitliche Nachteile an, Zufriedenheit und Motivation der Belegschaften sind deutlich geringer.

Die verbliebenen Beschäftigten aus Unternehmen, in denen im letzten Jahr Personalabbau vorgenommen wurde, zeigen überdurchschnittlich häufig Befindlichkeitsstörungen, Stresssymptome und psychovegetative Beschwerden wie z.B. Niedergeschlagenheit, Erschöpfung oder Lustlosigkeit sowie Schlafstörungen und Magen-Darmbeschwerden. Die Umfrageergebnisse dokumentieren, dass betriebliche Personalabbaumaßnahmen und Arbeitsplatzunsicherheit gesundheitliche Risiken für die Beschäftigten mit sich bringen können.

7.1 Einleitung

Vor dem Hintergrund hoher Arbeitslosenzahlen in der deutschen Wirtschaft werden immer wieder Zahlen präsentiert, die den Beschäftigten eine wachsende Angst vor Arbeitslosigkeit attestieren [1]. Im Rah-

[1] S. z.B. Infratest dimap (2005), „Arbeitslosigkeit beschäftigt die Deutschen wie noch nie zuvor", in: Infratest dimap DeutschlandTrend vom März 2005.

men einer repräsentativen Erhebung wurden aktuell 2000 sozialversicherungspflichtig beschäftigte Arbeitnehmer zu ihrer Einschätzung der persönlichen Arbeits- und Gesundheitssituation befragt. Der Beitrag geht der Frage nach, ob Personalabbau Belastungen am Arbeitsplatz begünstigt und Auswirkungen auf die gesundheitliche Situation hat. Im Fokus der Analyse steht die Verbindung zwischen Personalreduzierungen in den Unternehmen und der subjektiven Gesundheit der verbleibenden Beschäftigten, die Einschätzung der eigenen Arbeitsplatzsicherheit und die Belastungs- und Beanspruchungssituation der Arbeitnehmer.

Im Folgenden werden die zentralen Ergebnisse der Umfrage in Form einer deskriptiven Analyse vorgestellt. Dabei werden mögliche moderierende Faktoren (Alter, Geschlecht, berufliche Stellung, Wirtschaftsbranche etc.) – soweit von Bedeutung – berücksichtigt.

7.1.1 Methode

Die vorliegende Untersuchung basiert auf einer repräsentativen Umfrage unter 2000 sozialversicherungspflichtig Beschäftigten zwischen 16 und 65 Jahren in Deutschland. Die telefonischen Interviews fanden im Zeitraum April/Mai 2005 statt. Sie wurden vom Sozialwissenschaftlichen Umfragezentrum der Universität Duisburg-Essen durchgeführt. Die Stichprobenauswahl erfolgte als reine, ungeklumpte Zufallsauswahl, die nach einem beim ZUMA (Mannheim) entwickelten Verfahren durchgeführt wurde [3].

7.1.2 Stichprobenstruktur

Die Stichprobe besteht zu 87,8% aus Arbeitnehmern in Westdeutschland und zu 12,2% aus Arbeitnehmern in den neuen Bundesländern. Der Großteil der befragten Beschäftigten ist zwischen 30 und 50 Jahre alt (61,5%). Ein wesentlich geringerer Anteil der Arbeitnehmer ist unter 30 Jahre (15,2%) bzw. über 50 Jahre (21,5%)[2].

Mehr als die Hälfte der befragten Beschäftigten (51,4%) arbeitet im Dienstleistungssektor, 28,4% sind im produzierenden Gewerbe und 14,9% im Handel tätig. Rd. fünf Prozent der Beschäftigten arbeiten in den Bereichen Verkehr und Transport (3,9%) und in der Land- und Forstwirtschaft (1,3%).

[2] Die hier und im Weiteren an 100% fehlenden Werte beziehen sich jeweils auf „keine Angabe“.

Drei von vier Beschäftigten (75,2%) arbeiten in kleinen und mittleren Unternehmen mit bis zu 500 Mitarbeitern. 22,8% arbeiten in Unternehmen mit mehr als 500 Beschäftigten. Die Mehrheit der Beschäftigten arbeitet als Angestellte (71,4%), nur jeder fünfte befragte Arbeitnehmer gibt an, als Arbeiter beschäftigt zu sein (19,3%). 4,5% befinden sich in der Ausbildung und 4,8% der Beschäftigten machten keine näheren Angaben zu ihrem beruflichen Status.

Als Vollzeitarbeitskräfte arbeiten etwa 70% der Arbeitnehmer, knapp ein Viertel (23,9%) der Arbeitnehmer befindet sich in Teilzeitarbeitsverhältnissen. Nur 5,7% der befragten Beschäftigten geben an, auf 400-Euro-Basis („Mini-Job“) zu arbeiten. Auf die Frage nach dem Arbeitsverhältnis führen 86,6% der Befragten an, einen unbefristeten Arbeitsvertrag zu besitzen, lediglich 12,1% der Beschäftigten stehen in einem befristeten Arbeitsverhältnis.

Die Stichprobe besteht zu 47,9% aus Frauen und zu 52,1% aus Männern.

7.2 Einschätzung der Arbeitsplatzsicherheit und Angst vor Jobverlust

Fast jeder zweite Arbeitnehmer in Deutschland hat in seinem Unternehmen im letzten Jahr betriebliche Rationalisierungsmaßnahmen in Form von Personalabbau bzw. Entlassungen erlebt [2]. Die Frage: „Ist in Ihrem Unternehmen bzw. Betrieb im letzten Jahr Personal abgebaut worden?“ (s. Tabelle 7.1) wird von 43,9% der befragten Arbeitnehmer bejaht. Es sind v. a. Beschäftigte in Großbetrieben (59,9%) und Branchen wie dem verarbeitenden Gewerbe (49,0%) und dem Bausektor (47,7%), die eine Reduzierung von Personalkapazitäten in ihrer Arbeitsumgebung wahrnehmen. Der Anteil der Arbeitnehmer, die angegeben haben, im vergangenen Jahr krank geschrieben gewesen zu sein, ist in Betrieben mit erfolgtem Personalabbau in den letzten zwölf Monaten höher als in der Vergleichsgruppe (72,4 zu 63,1%).

Zur persönlichen Einschätzung der Sicherheit des eigenen Arbeitsplatzes wurde mehrstufig vorgegangen: Zunächst wurden die Beschäftigten gebeten, ihren Arbeitsplatz auf einer 4-stufigen Antwortskala als „sicher“ oder „unsicher“ einzustufen. Anschließend ging es um die eigene emotionale Betroffenheit, indem nach der Angst vor Arbeitslosigkeit gefragt wurde. Auch hier waren vier Antworten möglich, gestuft von „sehr große Angst“ bis „keine Angst“. Diese Unterscheidung zwischen der Bewertung der eigenen Arbeitsplatzsicherheit und Angst vor Arbeitslosigkeit ist sinnvoll, da mit der Einschätzung des Arbeitsplatzrisikos möglicherweise unterschiedlich umgegangen wird. Arbeitnehmer, die ihren Arbeitsplatz als unsicher einstufen, haben mögli-

Tabelle 7.1. Wahrnehmung von Personalabbau im Arbeitsumfeld. Ist in Ihrem Betrieb/Unternehmen im letzten Jahr Personal abgebaut worden?

		Nach Wirtschaftsbranchen							
	Befragte insgesamt	Öffentl. Dienst/ Sozialversicherung	Bau	Verarb. Gewerbe	Verkehr/ Transport	Energie/ Bergbau	Dienstleistungen	Handel	Banken/ Versicherungen
n	*2005*	*442*	*130*	*392*	*79*	*47*	*504*	*298*	*87*
ja	43,9	43,2	47,7	49,0	43,0	44,7	40,3	43,0	49,4
nein	54,5	53,8	50,8	50,3	57,0	55,3	58,1	55,0	50,6
weiß nicht	1,5	2,9	1,5	0,8	–	–	1,6	2,0	–

		nach Anzahl Beschäftigter im Unternehmen					
	Befragte insgesamt	< 10	10 bis 49	50 bis 99	100 bis 499	500 bis 999	≥1000
n	*2005*	*332*	*521*	*217*	*438*	*138*	*319*
ja	43,9	26,8	37,6	43,3	49,3	58,0	59,9
nein	54,5	72,0	61,2	54,8	49,8	42,0	37,6
weiß nicht	1,5	1,2	1,2	1,9	0,9	–	2,5

Angaben in %

cherweise gar keine Angst davor, arbeitslos zu werden, da sie überzeugt sind, schnell wieder etwas Neues finden. Umgekehrt gibt es sicherlich Arbeitnehmer, die ihre Arbeitsstelle als sicher einschätzen, sich aber trotzdem vor Arbeitslosigkeit fürchten. Ferner wurden die befragten Arbeitnehmer gebeten, ihre eigenen Chancen auf einen neuen Arbeitsplatz zu bewerten, falls sie ihren jetzigen verlören. Auch diese Frage konnte von den Teilnehmern in vier Antwortkategorien („sehr gut" bis „sehr schlecht") beantwortet werden.

Jeder fünfte Arbeitnehmer (22,1%) schätzt seinen eigenen Arbeitsplatz als unsicher ein.

17,5% der Beschäftigten geben an „große Angst" bzw. „sehr große Angst" davor zu haben, in nächster Zeit arbeitslos zu werden. Auffällig ist, dass viele Arbeitnehmer ihre Chancen auf dem Arbeitsmarkt einen anderen, neuen Arbeitsplatz zu finden, falls sie ihren jetzigen verlieren würden, als „eher schlecht" bzw. „sehr schlecht" einschätzen (59,5%).

Diese Einschätzung begrenzter Chancen auf dem Arbeitsmarkt ist v.a. bei Arbeitnehmern mit niedrigen bzw. einfachen Berufsausbildungsabschlüssen weit verbreitet.

Eine Auswertung nach Branchen ergibt, dass insbesondere die Beschäftigten aus der Baubranche ihre Arbeitsplätze als unsicher eingestuft haben (42,5%), hier ist auch die Angst vor Arbeitslosigkeit am höchsten (27,0%). Mehr als zwei Drittel der Arbeitnehmer aus der Bergbau- und Energiebranche rechnen sich schlechte bzw. sehr schlechte Chancen auf dem Arbeitsmarkt aus (68,0%).

Bei der Betrachtung statistischer Stichprobenvariablen (wie Region, Beschäftigungsstatus, Gesundheitszustand etc.) werden jeweils die Beschäftigten, die ihren Arbeitsplatz als unsicher bewerten, Angst vor Arbeitslosigkeit angeben und ihre Chancen auf dem Arbeitsmarkt als

Tabelle 7.2. Arbeitsplatzunsicherheit nach Beschäftigtengruppen

	Für wie sicher halten Sie Ihren Arbeitsplatz? „eher unsicher" bzw. „sehr unsicher"	Wie groß ist Ihre Angst, arbeitslos zu werden? „groß" bzw. „sehr groß"	Wie bewerten Sie Ihre Chancen, einen anderen Arbeitsplatz zu finden? „eher schlecht" bzw. „sehr schlecht"
n	*444* „trifft zu"-Angaben in %	*351*	*1202*
Beschäftigte insg. in %	22,1	17,5	59,9
Region			
West	20,5	16,2	58,4
Ost	34,0	27,0	71,3
Berufsausbildung			
ohne	26,8	20,6	70,1
einfach	24,2	20,3	64,7
mittel	18,9	12,5	55,2
hoch	18,8	12,3	51,8
berufliche Stellung			
ungelernter Arbeiter	39,4	29,6	75,0
Facharbeiter	36,0	23,1	67,7
Angestellter	19,9	16,1	62,9
leitender Angestellter	13,3	9,7	43,8
Beschäftigte, die Personalabbau im Betrieb erlebt haben	31,0	23,6	65,2
Beschäftigte, die selber schon mal arbeitslos waren	35,0	29,9	63,6
subj. Gesundheit			
sehr gut/gut	18,5	15,3	55,1
mittel/schlecht	34,6	25,4	76,3
mehr als 3 Wochen arbeitsunfähig im letzten Jahr	32,3	25,5	69,6

schlecht einschätzen, nebeneinander betrachtet (aus Platzgründen werden nicht alle Variablen tabellarisch dargestellt, s. Tabelle 7.2).

Ostdeutsche Arbeitnehmer reagieren deutlich pessimistischer und unsicherer als ihre Kollegen in den alten Bundesländern.

Die Auswertung nach der Berufsausbildung der befragten Arbeitnehmer ergibt einen deutlichen positiven Zusammenhang zwischen Qualifikation und subjektiver Arbeitsplatzsicherheit.

Die Auswertung nach Berufsstatus ergibt unterschiedliche Ergebnisse. Während sich in Abhängigkeit von der Intensität der Berufstätigkeit (Vollzeit-, Teilzeit-, geringfügige Beschäftigung) kaum Unterschiede von den Durchschnittswerten erkennen lassen, zeigen Auswertungen nach der Art des Beschäftigungsverhältnisses (befristet, unbefristet) deutliche Unterschiede. Ebenfalls auffällig ist der Unterschied nach beruflichem Status, hier gibt es – ähnlich wie bei der Auswertung nach Berufsausbildung – einen deutlich positiven Zusammenhang zwischen Status und subjektiver Einschätzung: Je höher die Stellung im Beruf, desto geringer ist die Angst vor Jobverlust.

Bei Arbeitnehmern, die schon einmal arbeitslos waren (Auf die Frage „Waren Sie in den letzten zehn Jahren schon einmal beim Arbeitsamt arbeitslos gemeldet?“ antworten 22,3% der Stichprobe mit „ja“), sind die Ängste und die Unsicherheit durchgängig höher als im Durchschnitt.

Auch die Auswertungen nach der subjektiven Gesundheitseinschätzung und Angst vor Arbeitslosigkeit ergeben deutliche Effekte: Bei Befragten, die ihre Gesundheit als nicht gut bezeichnen, haben deutlich mehr Personen Angst vor Jobverlust als in der Vergleichsgruppe mit guter Gesundheit [1]. Ein Blick auf die angegebene Zahl der Arbeitsunfähigkeitstage im letzten Jahr zeigt bei Arbeitnehmern, die angeben, in 2004 mehr als drei Wochen arbeitsunfähig gewesen zu sein, einen deutlich höheren Anteil an Personen mit Angst vor Arbeitslosigkeit, unsicherem Arbeitsplatz und begrenzten Chancen auf dem Arbeitsmarkt.

In Unternehmen, in denen nach Angaben der Beschäftigten im letzten Jahr Personalreduzierungen durchgeführt worden sind, ist die Angst vor Arbeitslosigkeit deutlich größer als in Unternehmen ohne Personalabbau (s. Tabelle 7.3). Auch der Prozentsatz derjenigen, die ihren Arbeitsplatz als unsicher einschätzen, ist bei Arbeitnehmern aus Betrieben mit erfolgter Personalreduktion größer als in der Vergleichsgruppe. Ebenso gibt es einen Unterschied bei der Bewertung der eigenen Chancen auf dem Arbeitsmarkt: In Betrieben mit Personalabbau ist der Anteil derjenigen, die ihre Chancen auf einen neuen Arbeitsplatz als „schlecht“ einschätzen, deutlich höher als in der Vergleichsgruppe.

Tabelle 7.3. Wahrnehmung von Personalabbau

	Wie groß ist Ihre Angst, arbeitslos zu werden?			Für wie sicher halten Sie Ihren Arbeitsplatz?			Wie bewerten Sie Ihre Chancen auf einen anderen Arbeitsplatz?	
	Arbeitnehmer aus Betrieben mit Personalabbau	Arbeitnehmer aus Betrieben ohne Personalabbau		Arbeitnehmer aus Betrieben mit Personalabbau	Arbeitnehmer aus Betrieben ohne Personalabbau		Arbeitnehmer aus Betrieben mit Personalabbau	Arbeitnehmer aus Betrieben ohne Personalabbau
n	*891*	*1092*	*n*	*891*	*1092*	*n*	*891*	*1092*
sehr groß	6,6	4,0	sehr sicher	22,2	36,2	sehr gut	4,0	7,7
groß	17,0	7,8	eher sicher	45,9	48,9	gut	29,4	34,5
eher gering	44,0	42,7	eher unsicher	22,5	11,1	eher schlecht	37,7	31,1
keine Angst	31,7	45,3	sehr unsicher	8,5	3,4	sehr schlecht	27,5	24,1
weiß nicht	*0,7*	*0,2*	*weiß nicht*	*0,9*	*0,5*	*weiß nicht*	*1,4*	*2,5*
top-two	23,6	11,8	top-two	68,1	85,1	top-two	33,4	42,2
bottom-two	75,7	88,0	bottom-two	31,0	14,5	bottom-two	65,2	55,2

Angaben in %

7.3 Charakterisierung der Arbeitssituation

Die jeweiligen Arbeitsbedingungen haben nicht nur Auswirkungen auf die Zufriedenheit und die Gesundheit der Arbeitnehmer, sondern wirken sich auch auf die Motivation der Beschäftigten und die Produktivität in den Unternehmen aus. Ein Schwerpunkt der Umfrage zum Thema lag deshalb in der Erfassung der individuellen Situation am Arbeitsplatz und der Charakterisierung der persönlichen Arbeitsbedingungen der Beschäftigten. Hier ging es um die Benennung zentraler Faktoren, die aktuell das Beschäftigungsverhältnis und den Ar-

Tabelle 7.4. Relevanz einzelner Faktoren der Beschäftigung und deren Veränderung in den letzten 2 Jahren

Welche Aussage trifft auf Sie zu? (Angaben in %) (gestützte Abfrage)		falls zutreffend: Veränderung in den letzten 2 Jahren	
	trifft zu	hat abgenommen	hat zugenommen
Ich bin bereit, mich in meinem Job zu engagieren	97,7	5,1	27,1
Ich bin insgesamt mit meiner Arbeit zufrieden	92,3	11,1	17,0
Es werden hohe Anforderungen an die Qualität meiner Arbeit gestellt	90,9	1,0	43,6
Meine Arbeit ist abwechslungsreich und vielseitig	86,3	2,7	29,6
Der Zusammenhalt unter den Kollegen ist gut	82,4	9,2	14,2
Ich qualifiziere mich mit Weiterbildung und Lehrgängen	61,4	8,4	28,3
Ich habe Zeit- und Termindruck	59,9	1,7	57,8
Ich stehe unter Stress und Leistungsdruck	56,7	1,8	63,0
Ich mache oft Überstunden	54,7	5,1	41,3
Meine Arbeit ist körperlich belastend	35,7	3,4	36,9
Ich fühle mich durch die Arbeit auch privat belastet	35,4	2,5	60,4
Ich habe finanzielle Einbußen bei Lohn und Gehalt	29,4	11,0	62,6
Ich habe Angst, bei der Arbeit Fehler zu machen	24,1	7,6	33,3
Ich habe oft ungünstige Arbeitszeiten	20,5	3,6	30,8
Ich fürchte berufliche Nachteile bei Krankmeldungen	17,9	3,6	55,2
Ich fühle mich durch Vorgesetzte stark kontrolliert	17,8	2,5	61,3
Ich werde unterfordert	13,6	8,1	28,7
Meine Arbeit ist eintönig und monoton	8,2	4,8	15,8

beitsplatz kennzeichnen und – falls relevant – deren Veränderung im Vergleich zu vor zwei Jahren. Den Befragten wurden – jeweils gestützt gefragt – sowohl positive als auch negative beschreibende Aspekte zur Arbeitssituation vorgetragen. In der Tabelle werden die von den Arbeitnehmern genannten Aspekte dokumentiert („trifft zu" in %) und deren jeweilige Zu- bzw. Abnahme (die Prozentanteile, die auf „hat sich nicht verändert" entfallen, wurden der Übersichtlichkeit halber nicht abgebildet) in den letzten zwei Jahren dargestellt (s. Tabelle 7.4).

Die Bereitschaft der Arbeitnehmer, sich für die Arbeit zu engagieren und sich weiter zu qualifizieren, ist hoch. Mehr als jeder Zweite gibt aber auch belastende Arbeitsbedingungen an, diese haben zudem in den letzten zwei Jahren stark zugenommen. Viele Erwerbstätige klagen über hohe Anforderungen, Stress und Leistungsdruck bei der Arbeit.

7.3.1 Arbeitssituation und Personalabbau

Betriebliche Rationalisierungsprozesse wie Personalabbaumaßnahmen haben möglicherweise Auswirkungen auf die im Unternehmen verbleibenden Arbeitnehmer[3]. Im Folgenden werden die Aussagen der Beschäftigten zur eigenen Arbeitssituation erst einmal unterschieden nach tatsächlich erfolgter bzw. nicht erfolgter Personalreduktion im eigenen Unternehmen im letzten Jahr. Im Weiteren werden die Schnittpunkte hinsichtlich der eingeschätzten Arbeitsplatzsicherheit (sicherer Arbeitsplatz vs. unsicherer Arbeitsplatz) und Angst vor Arbeitslosigkeit (Angst vor Arbeitslosigkeit vs. keine Angst vor Arbeitslosigkeit) untersucht.

Eine Betrachtung der Angaben zur Arbeitssituation nach Beschäftigten, in deren Betrieben im letzten Jahr Personal abgebaut wurde, verglichen mit der Gruppe ohne Personalabbau, zeigt deutliche Unterschiede zwischen den beiden Teilgruppen (s. Tabelle 7.5).

Bei Arbeitnehmern in Unternehmen, in denen Personal abgebaut wurde, ist die Anzahl der Personen, die einzelne Belastungsfaktoren als „zutreffend" angeben, durchgängig höher als in der Vergleichsgruppe ohne Personalabbau. Gleichzeitig ist in der Gruppe mit Personalabbau die Zustimmung zu den positiven Aussagen über die Arbeitssituation, wie Engagement, Zufriedenheit etc. durchgängig geringer als in der Vergleichsgruppe aus Unternehmen, in denen im letzten Jahr kein Personalabbau stattgefunden hat.

---

[3] s. hierzu den Beitrag von Dragano und Siegrist in diesem Band.

Tabelle 7.5. Aspekte der Beschäftigung und Personalabbau

Welche Aussage trifft auf Sie zu? (Angaben in %) (gestützte Abfrage)	Arbeitnehmer aus Betrieben ...	
	mit Personalabbau im letzten Jahr (n=881) trifft zu	ohne Personalabbau im letzten Jahr (n=1092) trifft zu
Ich bin bereit, mich in meinem Job zu engagieren	97,2	98,2
Ich bin insgesamt mit meiner Arbeit zufrieden	90,4	94,1
Es werden hohe Anforderungen an die Qualität meiner Arbeit gestellt	91,5	90,6
Meine Arbeit ist abwechslungsreich und vielseitig	87,5	89,4
Der Zusammenhalt unter den Kollegen ist gut	77,8	86,4
Ich qualifiziere mich mit Weiterbildung und Lehrgängen	61,5	61,8
Ich habe Zeit- und Termindruck	65,6	55,7
Ich stehe unter Stress und Leistungsdruck	63,0	52,0
Ich mache oft Überstunden	58,8	52,1
Meine Arbeit ist körperlich belastend	36,7	35,1
Ich fühle mich durch die Arbeit auch privat belastet	42,2	30,2
Ich habe finanzielle Einbußen bei Lohn und Gehalt	39,4	21,2
Ich habe Angst, bei der Arbeit Fehler zu machen	25,8	22,7
Ich habe oft ungünstige Arbeitszeiten	22,7	19,0
Ich fürchte berufliche Nachteile bei Krankmeldungen	22,6	14,1
Ich fühle mich durch Vorgesetzte stark kontrolliert	21,8	14,5
Ich werde unterfordert	15,6	11,6
Meine Arbeit ist eintönig und monoton	9,2	7,2

Die Unterschiede in der Einschätzung der jeweiligen Arbeitssituation sind teilweise sehr groß. Ein Fünftel (21,2%) der Beschäftigten aus Betrieben ohne Personalabbau geben finanzielle Einbußen bei Lohn und Gehalt an, bei den Kollegen der Vergleichsgruppe sind deutlich mehr, nämlich fast zwei Fünftel (39,4%) von finanziellen Einbußen betroffen. Ebenfalls gut zwei Fünftel (42,2%) fühlen sich – in Betrieben mit Entlassungen im letzten Jahr – auch privat durch ihre Arbeit belastet, in Betrieben ohne Personalabbau sind es lediglich 30,2%. Auch der Anteil der Befragten, die unter Stress und Leistungsdruck leiden, ist in Betrieben mit Personalabbau deutlich erhöht (63,0 vs. 52,0%).

Was die Veränderungen in den letzten zwei Jahren angeht, so haben die belastenden Faktoren der Arbeit für die Beschäftigten aus Betrieben mit Personalabbau durchweg stärker zugenommen als für die Personen der Vergleichsgruppe. Gleichzeitig haben positive Faktoren wie Engagement, Zufriedenheit, etc. in der Gruppe mit Personalabbau in den letzten zwei Jahren stärker abgenommen als in der Gruppe ohne Personalabbau.

Bei einem Vergleich der Arbeitssituation zwischen Arbeitnehmern, die ihren Arbeitsplatz als unsicher einschätzen und denjenigen, die ihren Arbeitsplatz als sicher bezeichnen, ergeben sich ebenfalls markante Unterschiede zwischen den beiden Teilgruppen (s. Tabelle 7.6). Bei „unsicheren" Beschäftigten ist die Zustimmung zu den Belastungsfaktoren immer höher als in der Gruppe derer, die ihren Arbeitsplatz als „sicher" bezeichnen. Jeder zweite Beschäftigte, der seinen Arbeitsplatz als unsicher einschätzt, klagt über finanzielle Lohneinbußen (52,7%), bei den Kollegen mit subjektiv sicheren Arbeitsplätzen sind es lediglich 17,4%. Deutlich ist ferner der Unterschied im Umgang mit Arbeitsunfähigkeit. Während bei Arbeitnehmern mit unsicheren Arbeitsplätzen mehr als ein Drittel (37,4%) berufliche Nachteile bei Krankmeldungen befürchtet, fühlen sich hiervon die Kollegen auf sicheren Arbeitsplätzen nur zu 8,4% betroffen. Auch der Aspekt der Vorgesetztenkontrolle wird deutlich unterschiedlich bewertet: Auf subjektiv sicheren Arbeitsplätzen gibt lediglich jeder Zehnte (10,7%) an, durch Vorgesetzte stark kontrolliert zu werden. Bei Arbeitneh-

7

Tabelle 7.6. Aspekte der Beschäftigung und subjektive Arbeitsplatzsicherheit

Welche Aussage trifft auf Sie zu? (Angaben in %) (gestützte Abfrage)	Arbeitnehmer, die ihren Arbeitsplatz als … einschätzen	
	„unsicher" bzw. „sehr unsicher" (n=444) trifft zu	„sicher" (n=597) trifft zu
Ich bin bereit, mich in meinem Job zu engagieren	95,9	98,8
Ich bin insgesamt mit meiner Arbeit zufrieden	83,8	96,0
Es werden hohe Anforderungen an die Qualität meiner Arbeit gestellt	89,4	91,3
Meine Arbeit ist abwechslungsreich und vielseitig	82,4	92,3
Der Zusammenhalt unter den Kollegen ist gut	71,8	89,4
Ich qualifiziere mich mit Weiterbildung und Lehrgängen	51,8	65,8
Ich habe Zeit- und Termindruck	66,7	54,6
Ich stehe unter Stress und Leistungsdruck	64,6	48,2
Ich mache oft Überstunden	59,5	52,4
Meine Arbeit ist körperlich belastend	45,0	31,0
Ich fühle mich durch die Arbeit auch privat belastet	48,9	26,8
Ich habe finanzielle Einbußen bei Lohn und Gehalt	52,7	17,4
Ich habe Angst, bei der Arbeit Fehler zu machen	32,0	17,3
Ich habe oft ungünstige Arbeitszeiten	24,3	21,4
Ich fürchte berufliche Nachteile bei Krankmeldungen	37,4	8,4
Ich fühle mich durch Vorgesetzte stark kontrolliert	29,1	10,7
Ich werde unterfordert	20,5	10,4
Meine Arbeit ist eintönig und monoton	14,9	6,2

mern, die ihren Arbeitsplatz als unsicher einstufen, fühlt sich dagegen fast jeder Dritte (29,1%) stark kontrolliert. Im sozialen Bereich sind ebenfalls deutliche Unterschiede zu beobachten: Fast neun von zehn Erwerbstätigen (89,4%) in sicheren Arbeitsverhältnissen bezeichnen den Zusammenhalt unter den Kollegen als gut. Bei den Kollegen mit subjektiv unsicheren Jobs sind es lediglich 71,8%. Fast zwei Drittel der Beschäftigten (65,8%) in sicheren Arbeitsverhältnissen geben an, sich mit Weiterbildung und Lehrgängen zu qualifizieren, bei Arbeitnehmern mit subjektiv unsicheren Jobs sind es nur 51,8%. Fast jeder Zweite mit einem als unsicher eingestuften Arbeitsplatz fühlt sich dadurch auch privat belastet (48,9%), der Vergleichswert bei Arbeitnehmern mit sicheren Arbeitsplätzen ist deutlich niedriger (26,8%).

Auch ein Vergleich der Gruppe, die Angst vor Arbeitslosigkeit in nächster Zeit angibt, mit denjenigen, die keine Arbeitslosigkeit befürchten, zeigt deutliche Effekte (s. Tabelle 7.7). Bei der Gruppe mit Angst vor Jobverlust ist die Zustimmung zu den belastenden Faktoren durchweg – teilweise um ein Vielfaches – größer als in der Teilgruppe

Tabelle 7.7. Aspekte der Beschäftigung und Angst vor Arbeitslosigkeit

Welche Aussage trifft auf Sie zu? (Angaben in %) (gestützte Abfrage)	Arbeitnehmer mit … arbeitslos zu werden	
	"großer" bzw. „sehr großer" Angst (n=351) trifft zu	„keiner Angst" (n=783) trifft zu
Ich bin bereit, mich in meinem Job zu engagieren	96,6	92,7
Ich bin insgesamt mit meiner Arbeit zufrieden	85,8	95,4
Es werden hohe Anforderungen an die Qualität meiner Arbeit gestellt	89,5	90,0
Meine Arbeit ist abwechslungsreich und vielseitig	81,8	89,8
Der Zusammenhalt unter den Kollegen ist gut	74,6	85,7
Ich qualifiziere mich mit Weiterbildung und Lehrgängen	54,4	64,0
Ich habe Zeit- und Termindruck	62,7	56,1
Ich stehe unter Stress und Leistungsdruck	65,5	48,3
Ich mache oft Überstunden	58,4	53,1
Meine Arbeit ist körperlich belastend	45,3	32,7
Ich fühle mich durch die Arbeit auch privat belastet	47,3	28,0
Ich habe finanzielle Einbußen bei Lohn und Gehalt	49,6	21,6
Ich habe Angst, bei der Arbeit Fehler zu machen	38,2	16,6
Ich habe oft ungünstige Arbeitszeiten	21,4	20,3
Ich fürchte berufliche Nachteile bei Krankmeldungen	41,3	8,8
Ich fühle mich durch Vorgesetzte stark kontrolliert	31,6	11,4
Ich werde unterfordert	18,8	12,9
Meine Arbeit ist eintönig und monoton	14,5	6,8

ohne Angst. Besonders groß sind die Differenzen hinsichtlich befürchteter Nachteile bei Krankmeldungen (41,3 zu 8,8%), und bei der Angabe finanzieller Einbußen (49,6 zu 21,6%). Deutlich ist auch der Unterschied bei der Angst vor fehlerhafter Arbeit (38,2 zu 16,6%) und der Vorgesetztenkontrolle (31,6 zu 11,4%). Auch gibt nahezu jeder zweite Beschäftigte mit Angst vor Arbeitslosigkeit an, dass die Arbeit privat belastet (47,3%), bei Beschäftigten ohne Angst vor Jobverlust ist der Anteil deutlich niedriger (28,0%).

7.3.2 Auswirkungen von Personalabbau auf die Arbeitszufriedenheit

Trotz hoher Anforderungen und teilweise erheblicher Belastungen an den Arbeitsplätzen ist die allgemeine Arbeitszufriedenheit hoch. Jedoch ergeben sich auch hier teilweise deutliche Unterschiede in den einzelnen hier betrachteten Teilgruppen. Bei Beschäftigten aus Betrieben, in denen im letzten Jahr Personal abgebaut wurde, fällt die Arbeitszufriedenheit geringer aus als bei Betrieben ohne Personalabbau. Allerdings sind hier die Unterschiede relativ gering (90,4 vs. 94,1%, s. Tabelle 7.5). Größere Unterschiede hinsichtlich der Arbeitszufriedenheit ergeben sich in Abhängigkeit von der subjektiv eingeschätzten Arbeitsplatzsicherheit (83,8 vs. 96,0%, s. Tabelle 7.6) und der empfundenen Angst vor Arbeitslosigkeit (85,8 vs. 95,4%, s. Tabelle 7.7) (vgl. [5]).

Auch bei der Bewertung einzelner Aspekte der Arbeitszufriedenheit lassen sich deutliche Unterschiede im Antwortverhalten der jeweiligen Teilgruppen feststellen (s. Tabelle 7.8). Aus Platzgründen wird an dieser Stelle exemplarisch nur auf Unterschiede in Abhängigkeit vom Ausmaß der empfundenen Angst vor Arbeitslosigkeit eingegangen, da hier die Unterschiede am größten sind. Wie Tabelle 7.8 zeigt, sind bei Arbeitnehmern die „große" bzw. „sehr große" Angst vor Arbeitslosigkeit angegeben haben, deutlich mehr Personen mit einzelnen Aspekten ihrer Arbeit unzufrieden, als bei Arbeitnehmern, die „keine Angst" vor Arbeitslosigkeit bekunden.

Während beispielsweise die Mehrheit der Beschäftigten ohne Angst vor Arbeitslosigkeit in nächster Zeit Zufriedenheit mit Lohn und Gehalt äußert (64,6%), ist die Reaktion der Vergleichsgruppe mit Angst vor Arbeitslosigkeit deutlich zurückhaltender: Hier sind nur noch zwei Fünftel (43,6%) mit ihrem Verdienst zufrieden, ein Drittel äußert sich indifferent (33,9%) und fast ein Viertel ist unzufrieden (22,5%). Auch hinsichtlich der Aufstiegsmöglichkeiten im Unternehmen werden markante Unterschiede zwischen den beiden Gruppen sichtbar. In der Gruppe ohne Angst vor Jobverlust beurteilt ein Fünftel diesen

Tabelle 7.8. Arbeitszufriedenheit und Angst vor Arbeitslosigkeit

Arbeitnehmer, die „keine Angst vor Arbeitslosigkeit" angeben (n = 783)	Zustimmung in %							
	sehr zufrieden		…		sehr unzufrieden	weiß nicht	zufrieden	unzufrieden
Wie zufrieden sind Sie mit …	1	2	3	4	5		top two (1+2)	bottom two (4+5)
Selbständigkeit bei der Arbeit	67,9	27,3	2,6	1,0	0,4	0,8	95,3	1,4
Verhältnis zu Kollegen	58,5	31,5	6,6	1,4	0,6	1,3	90,0	2,0
Arbeitsinhalten	46,9	40,9	8,8	2,0	0,8	0,7	87,7	2,8
Gesundheitsschutz/Arbeitssicherheit	47,9	36,5	9,6	2,7	0,6	1,6	84,4	3,3
Verhältnis zum Vorgesetzten	47,0	34,6	11,1	4,5	1,1	1,6	81,6	5,6
Sicherheit vor Kündigung	54,7	35,2	6,4	2,0	0,6	0,6	89,9	2,6
Lohn- und Gehalt	17,9	46,7	26,7	7,3	0,9	0,5	64,6	8,2
Aufstiegsmöglichkeiten	14,8	28,7	22,1	15,1	5,6	13,7	43,6	20,7
Arbeitnehmer, die „große" bzw. „sehr große" Angst vor Arbeitslosigkeit angeben (n = 351)	Zustimmung in %							
	sehr zufrieden		…		sehr unzufrieden	weiß nicht	zufrieden	unzufrieden
Wie zufrieden sind Sie mit …	1	2	3	4	5		top two (1+2)	bottom two (4+5)
Selbständigkeit bei der Arbeit	48,7	40,2	5,4	3,7	1,7	0,3	88,9	5,4
Verhältnis zu Kollegen	44,2	35,3	13,4	3,4	3,1	0,6	79,5	6,5
Arbeitsinhalten	29,9	45,3	16,8	6,3	0,9	0,9	75,2	7,2
Gesundheitsschutz/Arbeitssicherheit	31,1	42,7	12,8	8,8	3,7	0,9	73,8	12,5
Verhältnis zum Vorgesetzten	31,1	41,0	14,0	7,1	6,0	0,9	72,1	13,1
Sicherheit vor Kündigung	8,3	19,7	33,6	21,9	13,7	2,9	27,9	35,6
Lohn- und Gehalt	8,3	35,9	33,9	14,2	8,3	–	43,6	22,5
Aufstiegsmöglichkeiten	6,0	17,7	28,8	21,1	15,4	11,1	23,6	36,5

Karriereaspekt kritisch (20,7%). Arbeitnehmer aus der Vergleichsgruppe sind hier deutlich unzufriedener (36,5%). Im sozialen Kontext sind ebenfalls Differenzen zu beobachten. Die Zufriedenheit mit dem Verhältnis zu Kollegen (90,0 zu 79,5%) bzw. zu Vorgesetzten (81,6 zu 72,1%) nimmt bei Beschäftigten mit Angst vor Arbeitslosigkeit deutlich ab, die Zahl derer, die sich hier indifferent bzw. unzufrieden äußern, steigt deutlich an.

Die Ergebnisse dokumentieren einen Zusammenhang zwischen (tatsächlichem oder befürchtetem) Personalabbau und der Arbeitszufriedenheit bei den Beschäftigten. Die markanten Unterschiede in den verschiedenen Teilgruppen bei den Angaben zur Arbeitszufriedenheit lassen erkennen, dass Personalabbau und Arbeitsplatzunsicherheit auch die Qualität und Produktivität der Erwerbsarbeit beeinflussen können.

7.4 Gesundheitliche Beschwerden als Folge der Erwerbsarbeit

Belastende Situationen am Arbeitsplatz können Beeinträchtigungen körperlicher und psychischer Art nach sich ziehen [4]. Der zweite Schwerpunkt der Arbeitnehmerbefragung beschäftigt sich deshalb mit gesundheitlichen Beschwerden, die aus Sicht der betroffenen Beschäftigten auf Risikofaktoren ihrer Arbeit zurückzuführen sind. Auch hier bilden relevante Arbeitsbelastungen und erfahrener oder befürchteter Personalabbau im Betrieb die Schnittstellen der Analyse.

Um die gesundheitlichen Auswirkungen der Arbeit feststellen zu können, wurde den Arbeitnehmern folgende Frage gestellt: „Arbeit kann Auswirkungen auf die Gesundheit und körperliche Leistungsfähigkeit und auf das seelische und soziale Wohlbefinden haben. Ich lese Ihnen jetzt einige Beeinträchtigungen vor. Sagen Sie mir bitte, welche davon auf Sie zutreffen und auf Ihre Arbeit bzw. auf Ihren Arbeitsplatz zurückzuführen sind. – Insgesamt sind also nur solche Beschwerden gemeint, die Ihrer Meinung nach durch die Arbeit entstanden sind."

Die Angabe von „Rücken- oder Gelenkbeschwerden" als Folge der Erwerbstätigkeit führt die Liste (s. Tabelle 7.9) der gesundheitlichen Beeinträchtigungen an, mehr als die Hälfte der befragten Arbeitnehmer (58,2%) benennen hier Probleme.

Auffällig ist aber auch, dass die Arbeitnehmer hauptsächlich Beschwerdebilder benennen, die eher in den Bereich der psychischen Belastungen fallen. So klagt jeder Zweite über „Erschöpfung" (51,2%) als Folge von Arbeitsbelastungen, 46,3% der Beschäftigten geben an, „nicht abschalten zu können". 43,2% klagen über „Nervosität und Reiz-

Tabelle 7.9. Gesundheitliche Beschwerden der Beschäftigten

Welche Beschwerden sind durch die Arbeit entstanden? („Trifft-zu"-Angaben in %) gestützte Abfrage	Insg. (n = 2005)
Rücken- oder Gelenkbeschwerden	58,2
Erschöpfung	51,2
nicht abschalten können	46,3
Nervosität u. Reizbarkeit	43,2
Wut und Verärgerung	42,1
Lustlosigkeit, Ausgebranntsein	39,9
Niedergeschlagenheit	27,9
Kopfschmerzen	27,0
Schlafstörungen	21,1
Konzentrationsprobleme	17,0
Magen-Darm-Beschwerden	16,9
Zweifel an eigenen Fähigkeiten	14,7
Infektionserkrankungen	13,7
Herz-Kreislauf-Beschwerden	11,9
Angstgefühl vor/nach d. Arbeit	10,0
Atemwegserkrankungen	8,1

barkeit", ebenfalls rd. zwei Fünftel über „Wut und Verärgerung" und „Lustlosigkeit, Ausgebranntsein" (42,1 und 39,9%). Mehr als ein Viertel der Befragten (27,9%) gibt ferner „Niedergeschlagenheit" an.

Arbeitnehmer, die bei der Charakterisierung ihrer aktuellen Arbeitsplatzsituation belastende Faktoren angegeben haben, benennen auch überdurchschnittlich häufig gesundheitliche Beschwerden als Folge ihrer Arbeitssituation (s. Tabelle 7.10). So geben Arbeitnehmer, die körperlich belastende Tätigkeiten verrichten, auch deutlich häufiger „Rücken- oder Gelenkbeschwerden" an (78,9 zu 58,2%). Schichtarbeiter und Beschäftigte mit ungünstigen Arbeitszeiten klagen wesentlich häufiger über „Erschöpfung" (66,5 zu 51,2%). Beschäftigte, die unter Stress und Leistungsdruck stehen, geben überdurchschnittlich häufig an, nach der Arbeit „nicht abschalten zu können" (61,0 zu 46,3%).

Der Vergleich der Beschwerdebilder nach Betrieben mit und ohne Personalabbau zeigt deutliche Unterschiede zwischen beiden Teilgruppen. Erwerbstätige in Betrieben mit Personalabbau geben durchgängig in höherem Maße arbeitsbedingte Krankheiten und Beschwerden an als in Betrieben ohne Personalabbau (s. Tabelle 7.11). Am größten sind die Differenzen bei psychovegetativen Symptomen wie „Lustlosigkeit, Ausgebranntsein" (45,3 vs. 35,6%) und „Nervosität und Reizbarkeit" (48,4 vs. 39,4%). Fast jeder zweite Beschäftigte aus Betrieben

Tabelle 7.10. Gesundheitliche Beschwerden und Belastungen am Arbeitsplatz

Welche Beschwerden sind durch die Arbeit entstanden? („Trifft-zu"-Angaben in %)		Arbeitsituation mit …					
	Insg.	… Stress- und Leistungsdruck	… Zeit- und Termindruck	… körperlicher Belastung	… Überstunden	… ungünstigen Arbeitszeiten	… Schichtarbeit
gestützte Abfrage	2005	1137	1200	715	1096	412	206
Rücken- oder Gelenkbeschwerden	58,2	64,9	62,3	78,9	61,6	72,8	69,4
Erschöpfung	51,2	63,2	58,8	65,9	58,0	66,5	66,5
nicht abschalten können	46,3	61,0	56,2	46,0	56,3	54,1	43,2
Nervosität u. Reizbarkeit	43,2	58,6	53,4	48,5	50,0	55,8	47,6
Wut und Verärgerung	42,1	53,3	49,8	46,6	47,8	53,9	47,6
Lustlosigkeit, Ausgebranntsein	39,9	52,1	48,2	46,6	46,0	53,2	50,0
Niedergeschlagenheit	27,9	38,4	34,3	37,5	32,1	40,3	35,9
Kopfschmerzen	27,0	33,7	30,3	26,9	28,3	32,0	23,8
Schlafstörungen	21,1	29,3	26,6	26,9	25,0	32,0	37,9
Konzentrationsprobleme	17,0	22,9	20,7	19,0	18,8	24,3	21,8
Magen-Darm-Beschwerden	16,9	22,9	20,2	22,2	20,8	24,0	21,8
Zweifel an eigenen Fähigkeiten	14,7	19,2	17,6	14,3	16,9	17,5	12,1
Infektionserkrankungen	13,7	15,7	14,3	21,7	15,0	20,1	19,9
Herz-Kreislauf-Beschwerden	11,9	17,3	14,8	16,4	14,0	17,0	14,6
Angstgefühl vor/nach d. Arbeit	10,0	15,0	13,4	11,7	11,2	14,1	11,7
Atemwegserkrankungen	8,1	9,7	8,4	14,4	9,2	14,1	10,2

Tabelle 7.11. Gesundheitliche Beschwerden der Beschäftigten und erfolgter Personalabbau

Welche Beschwerden sind durch die Arbeit entstanden? („Trifft-zu"-Angaben in %) gestützte Abfrage	Arbeitnehmer aus Betrieben ...	
	ohne Personalabbau (n = 1092)	*mit* Personalabbau (n = 881)
Rücken- oder Gelenkbeschwerden	56,1	61,4
Erschöpfung	48,8	54,7
nicht abschalten können	43,7	49,9
Nervosität u. Reizbarkeit	39,4	48,4
Wut und Verärgerung	38,5	47,3
Lustlosigkeit, Ausgebranntsein	35,6	45,3
Niedergeschlagenheit	25,4	31,2
Kopfschmerzen	24,7	30,0
Schlafstörungen	18,4	24,9
Konzentrationsprobleme	14,9	19,4
Magen-Darm-Beschwerden	14,5	20,2
Zweifel an eigenen Fähigkeiten	13,8	16,0
Infektionserkrankungen	12,1	15,4
Herz-Kreislauf-Beschwerden	9,7	14,6
Angstgefühl vor/nach d. Arbeit	8,9	11,7
Atemwegserkrankungen	7,4	9,0

mit Entlassungen im letzten Jahr klagt über arbeitsbedingte Symptome wie „Erschöpfung" (54,7%) und „nicht abschalten können" (49,9%), aber auch über „Wut und Verärgerung durch die Arbeit" (47,3%). In der Vergleichsgruppe aus Betrieben ohne Personalabbau liegen die entsprechenden Anteilswerte nicht so hoch. Auch bei den körperlichen Beschwerden liegen die Angaben von Beschäftigten aus Betrieben mit Rationalisierung über den Werten der Arbeitnehmer aus der Vergleichsgruppe.

Die nächste Darstellung zeigt das Verhältnis zwischen der Einschätzung der eigenen Arbeitsplatzsicherheit und gesundheitlichen Belastungen. Menschen, die im Rahmen der Befragung ihren Arbeitsplatz als unsicher eingestuft haben, geben nahezu durchgängig in einem höheren Maße gesundheitliche Beschwerden an, als Arbeitnehmer mit einem sicheren Arbeitsplatz (s. Tabelle 7.12). Die Anteilswerte bei den einzelnen Erkrankungen nehmen mit zunehmender subjektiver Arbeitsplatzunsicherheit stetig zu.

Der gleiche Effekt ist bei der emotionalen Einschätzung des Risikos Arbeitslosigkeit zu beobachten: Bei Beschäftigten mit Angst vor Arbeitslosigkeit in nächster Zeit ist der Anteil der Befragten mit gesundheitlichen Beschwerden stets höher als bei Arbeitnehmern, die keine Jobangst angeben. Auch hier nehmen die Anteilswerte bei den einzelnen Erkrankungen mit der Angst stetig zu (s. Tabelle 7.13).

Tabelle 7.12. Gesundheitliche Beschwerden der Beschäftigten und Arbeitsplatzsicherheit

Welche Beschwerden sind durch die Arbeit entstanden? („Trifft-zu"-Angaben in %) gestützte Abfrage, n	Für wie sicher halten Sie Ihren Arbeitsplatz?			
	„sehr unsicher" 117	„eher unsicher" 327	„eher sicher" 951	„sehr sicher" 597
Rücken- oder Gelenkbeschwerden	67,5	63,3	60,0	50,3
Erschöpfung	67,5	56,0	51,3	45,6
nicht abschalten können	58,1	52,0	48,2	38,5
Nervosität u. Reizbarkeit	61,5	52,0	44,7	32,7
Wut und Verärgerung	57,3	51,1	43,3	32,5
Lustlosigkeit, Ausgebranntsein	54,7	48,3	40,0	32,0
Niedergeschlagenheit	53,0	36,1	27,1	19,8
Kopfschmerzen	36,8	28,4	28,3	22,1
Schlafstörungen	44,4	27,2	19,0	16,8
Konzentrationsprobleme	29,1	20,8	18,1	11,1
Magen-Darm-Beschwerden	31,6	23,5	16,1	11,5
Zweifel an eigenen Fähigkeiten	23,1	18,3	14,8	10,6
Infektionserkrankungen	18,8	15,9	14,2	10,7
Herz-Kreislauf-Beschwerden	24,8	14,1	12,1	7,7
Angstgefühl vor/nach d. Arbeit	25,6	12,8	9,9	5,5
Atemwegserkrankungen	12,1	13,5	7,5	5,5

Tabelle 7.13. Gesundheitliche Beschwerden der Beschäftigten und Angst vor Arbeitslosigkeit

Welche Beschwerden sind durch die Arbeit entstanden? („Trifft-zu"-Angaben in %) gestützte Abfrage, n	Wie groß ist Ihre Angst, in nächster Zeit arbeitslos zu werden?			
	„sehr groß" 106	„groß" 245	„eher gering" 862	„keine Angst" 783
Rücken- oder Gelenkbeschwerden	68,9	64,9	59,6	53,0
Erschöpfung	67,9	62,0	51,3	45,3
nicht abschalten können	55,7	54,3	48,4	40,0
Nervosität u. Reizbarkeit	51,9	57,1	46,8	33,6
Wut und Verärgerung	52,8	53,5	43,4	35,6
Lustlosigkeit, Ausgebranntsein	51,9	50,6	42,6	31,4
Niedergeschlagenheit	54,7	42,0	27,4	20,2
Kopfschmerzen	32,1	35,5	28,4	21,8
Schlafstörungen	43,4	26,1	20,4	17,0
Konzentrationsprobleme	26,4	22,9	19,0	11,6
Magen-Darm-Beschwerden	23,6	27,3	17,1	12,3
Zweifel an eigenen Fähigkeiten	20,8	23,3	17,1	8,7
Infektionserkrankungen	15,1	19,2	13,5	12,0
Herz-Kreislauf-Beschwerden	29,2	13,9	11,1	9,5
Angstgefühl vor/nach d. Arbeit	22,6	15,9	11,5	4,7
Atemwegserkrankungen	15,1	9,4	7,3	7,2

7.5 Fazit

Die Bereitschaft, sich im Beruf zu engagieren und sich weiter zu qualifizieren, ist insgesamt bei allen Arbeitnehmern sehr hoch. Doch viele Erwerbstätige klagen über hohe Anforderungen, Stress und Leistungsdruck bei der Arbeit. Zugleich benennen sie eine Reihe gesundheitlicher Beschwerdebilder, die auf die individuelle Arbeitssituation zurückgeführt werden.

Eine erste deskriptive Analyse einer aktuellen repräsentativen Umfrage unter sozialversicherungspflichtig Beschäftigten zeigt, dass die Intensivierung der Beanspruchungen und Anforderungen in Betrieben mit Personalabbau zu verstärkten gesundheitlichen Belastungen für die verbleibenden Beschäftigten führen kann. Die Arbeitnehmer in Betrieben mit Personalabbau benennen in höherem Maße Krankheiten und Beschwerdebilder, deren Ursachen sie in ihrer Arbeit sehen, als die Mitarbeiter von Betrieben ohne Personalabbau. Vor allem bei den psychovegetativen Beschwerden sind diese Unterschiede groß.

Auch wenn der Krankenstand in Deutschland zur Zeit sehr niedrig ist, so kann das nicht uneingeschränkt beruhigen. Arbeitsplatzunsicherheit und Personalabbau im eigenen Unternehmen können auch gesundheitliche Risiken für die Beschäftigten mit sich bringen.

Literatur

[1] Domenighetti G, D'Avanzo B, Bisig B (1999) Health effects of job insecurity among employees in swiss general population, o.O.

[2] Dostal W, Jansen R, Parmentier K (2000) Wandel der Erwerbsarbeit: Arbeitssituation, Informatisierung, berufliche Mobilität und Weiterbildung. Beiträge zur Arbeitsmarkt- und Berufsforschung 231. Institut für Arbeitsmarkt- und Berufsforschung, Berlin

[3] Gabler S, Häder S (1997) Überlegungen zu einem Stichprobendesign für Deutschland. In: ZUMA-Nachrichten, 41, S 7–18

[4] Jansen R (1999) Arbeitsbelastungen und Arbeitsbedingungen. In: Badura B, Schellschmidt H, Vetter C (1999) Fehlzeiten-Report 1999. Zahlen, Daten, Analysen aus allen Branchen der Wirtschaft, Berlin Heidelberg New York

[5] Vetter C, Redmann A (2005) Arbeit und Gesundheit. Ergebnisse aus Mitarbeiterbefragungen in mehr als 150 Betrieben, Bonn

Arbeitsbedingter Stress als Folge von betrieblichen Rationalisierungsprozessen – die gesundheitlichen Konsequenzen

N. Dragano · J. Siegrist

Zusammenfassung. *Betriebliche Rationalisierungsprozesse wie Personalabbau, Outsourcing, flexibles Personalmanagement oder die Einführung neuer Produktionsmethoden prägen die moderne Wirtschaftswelt. Dass diese Strategien Auswirkungen auf das Arbeitsumfeld der davon betroffenen Erwerbstätigen haben, ist naheliegend. Unklar ist jedoch, ob ihre Einflüsse soweit reichen, dass ein gesundheitliches Risiko entsteht. Der Beitrag geht dieser Frage nach, indem er psychosoziale Arbeitsbelastungen, die Stress und stressbedingte Erkrankungen auslösen, in den Mittelpunkt stellt. Rationalisierungsmaßnahmen werden daraufhin überprüft, inwieweit sie der Entstehung dieser Belastungen Vorschub leisten und inwieweit gesundheitliche Beschwerden damit gehäuft auftreten. Besonderes Gewicht wird bei der Diskussion dieser Fragen auf eigene Ergebnisse aus einer umfangreichen Befragung einer Stichprobe der deutschen Erwerbsbevölkerung gelegt. In der Summe bestätigen die Ergebnisse, dass Rationalisierung mit negativen gesundheitlichen Folgen für die Belegschaft einher gehen kann, wenn sich Arbeitsbedingungen verändern, die mit dem Auftreten von Stress in Verbindung stehen.*

8.1 Einleitung

Betriebliche Rationalisierungsprozesse wie Personalabbau, Outsourcing, flexibles Personalmanagement und die Einführung neuer Produktionsmethoden prägen die moderne Wirtschaftswelt vieler industrialisierter Länder in zunehmendem Maße. Die makroökonomischen Entwicklungen, die diesem Trend zugrunde liegen und die meist unter dem Schlagwort „Globalisierung" zusammengefasst werden, sind Gegenstand zahlreicher politischer und wissenschaftlicher Auseinandersetzungen. In diesem Buch wird die Perspektive in die andere Richtung gewendet und es wird nach den Folgen des aktuellen Wandels für die Qualität der Arbeit der einzelnen Erwerbstätigen gefragt. Ein wichtiger Aspekt dieser Qualität sind die sozialen und psychischen Arbeitsbedingungen, die nicht nur mitbestimmen, wie zufrieden oder unzufrieden eine Person mit ihrer Tätigkeit ist und wie produktiv und motiviert sie sich einbringt, sondern die auch direkte Auswirkungen auf deren körperliche und seelische Gesundheit haben [10]. Wenn psychosoziale Aspekte der Arbeit dauerhaft zu einer Belastung werden, dann steigt das Risiko starker Stressreaktionen, die nachhaltige körperliche und seelische Schäden nach sich ziehen können.

Eine Antwort auf die Frage, inwieweit übergeordnete Faktoren des Erwerbslebens – wie insbesondere Rationalisierungsmaßnahmen – der Entstehung von psychosozialen Belastungen Vorschub leisten, ist daher aus mehreren Gründen wichtig. Für die Gesundheitsplanung auf überbetrieblicher und betrieblicher Ebene ist es bedeutsam, abschätzen zu können, wie sich die Krankheitslast voraussichtlich entwickeln wird, wenn Risikobedingungen sich systematisch verändern. Die vorliegenden Trend-Daten legen in der Tat eine allgemeine Zunahme krankheitswertiger psychosozialer Belastungen in der Erwerbsbevölkerung nahe, ihre möglichen Konsequenzen sind aber bisher noch kaum quantifizierbar. Zugleich eröffnet eine Kenntnis der Zusammenhänge neue Möglichkeiten der Prävention, indem die Arbeitsorganisation gezielt beeinflusst wird kann, um auf diese Weise potentielle Quellen von Stressbelastungen auszuschalten.

Die Forschung zu den Auswirkungen der sich verändernden Arbeitswelt auf die psychosoziale Qualität der Arbeit steht noch in den Anfängen, obgleich das Bewusstsein für die Relevanz einer systematischen Beschäftigung mit diesem Problem wächst (z.B. [15]). Wir werden in diesem Artikel wichtige Rationalisierungsmaßnahmen vorstellen und im Hinblick auf ihre Auswirkungen auf Arbeitsstress und Gesundheit untersuchen. Dabei werden eigene Auswertungen von Daten einer umfangreichen Befragung der deutschen Erwerbsbevölkerung im Mittelpunkt stehen.

8.2 Was ist arbeitsbedingter Stress und wie wirkt er?

Am Anfang der Betrachtung muss ein kurzer Blick auf den Forschungsstand zu arbeitsbedingtem Stress stehen, denn hier finden sich entscheidende Hinweise darauf, welche Charakteristika der Arbeit tatsächlich zu Stress und Gesundheitsschädigungen führen können. Dies ist das Fundament, auf dem die Auswirkungen der aktuellen Wandlungsprozesse analysiert werden können. In den vergangenen 25 Jahren hat sich die Forschung intensiv damit auseinandergesetzt, wie Stress am Arbeitsplatz entsteht und welche gesundheitlichen Wirkungen davon ausgehen. Es wurden verschiedene theoretische Modelle entworfen und getestet, wobei es nicht leicht ist, diese Ansätze auf einen Nenner zu bringen. Jedoch ist allen Erklärungsversuchen die Einsicht gemeinsam, dass „Stress" ein interaktives Geschehen zwischen einer Anforderungen stellenden Umwelt und einer Person darstellt, die diese zu bewältigen hat, wobei die Stressreaktionen auf verschiedenen Ebenen (emotional, kognitiv, physiologisch, verhaltensbezogen) ablaufen. Aktuelle Übersichten über den auf Arbeitsstress bezogenen Forschungsstand geben u. a. die Bücher von Antoniou und Cooper [2] und Perrewe und Ganster [14].

„Toxische", d.h. bei wiederkehrender Exposition zu Krankheiten führende Stressreaktionen bedürfen einer bestimmten Qualität und Intensität, die sich nicht aus der alltäglichen Erfahrung von „Stress" im Sinne von Hektik, Zeitdruck etc. herleiten lässt. Vielmehr müssen anhand theoretischer Modelle besonders belastungsreiche Kombinationen alltäglicher Arbeitserfahrungen identifiziert werden. Einen besonders oft und erfolgreich getesteten Ansatz stellt das Anforderungs-Kontroll-Modell dar [8]. Danach führt erst die Kombination der beiden Belastungskomponenten „hohe quantitative Anforderungen am Arbeitsplatz" und „geringer Kontroll- bzw. Entscheidungsspielraum bei der Arbeitsaufgabe" zu krankheitswertigen chronischen Stressreaktionen („high strain"). Beispiele von Tätigkeiten, in denen häufig hohe Anforderungen bei gleichzeitiger niedriger Kontrolle auftreten, sind Fließbandarbeit in der industriellen Produktion, aber auch viele einfache Dienstleistungsjobs, die sich häufiger bei weniger qualifizierten Erwerbstätigen finden.

In zahlreichen epidemiologischen Langzeituntersuchungen konnte diese Annahme ganz oder teilweise bestätigt werden. So finden sich u. a. Belege für ein erhöhtes Herzinfarktrisiko, für ein erhöhtes Risiko, an Depression zu erkranken, für häufigere Fehlzeiten und eine höhere Frühinvalidität [2].

Einen anderen Ansatz verfolgt das Modell beruflicher Gratifikationskrisen [16], in dessen Zentrum das Tauschverhältnis des Arbeitsvertrages steht, wonach für erbrachte berufliche Leistungen erwartbare Gratifikationen gewährt werden. Das Modell identifiziert Bedingungen, unter denen ein Ungleichgewicht zwischen erbrachter Verausgabung am Arbeitsplatz und nicht angemessenen Gratifikationen entsteht, wobei neben der Bezahlung, den Aufstiegschancen und der Arbeitsplatzsicherheit auch die bei der Arbeit erfahrene Anerkennung berücksichtigt wird. Solche die Norm der Reziprozität verletzenden Erfahrungen lösen in der Regel starke negative Emotionen aus und gehen auf nachhaltige Weise „unter die Haut".

Von beruflichen Gratifikationskrisen sind Erwerbstätige mit begrenzten Chancen eines alternativen Arbeitsplatzes besonders häufig betroffen (z. B. geringe Qualifikation, höheres Alter), aber auch Beschäftigte in hoch kompetitiven Berufsfeldern. Schließlich spielen hier auch bestimmte psychische Merkmale (v. a. eine übersteigerte berufliche Verausgabungsneigung) eine Rolle. Auch für dieses Modell liegen inzwischen zahlreiche Studienergebnisse vor, die ebenfalls für die oben erwähnten Krankheitsbilder erhöhte Risiken belegen. Zusätzlich scheinen insbesondere männliche Beschäftigte von einer erhöhten Gefahr der Alkoholabhängigkeit betroffen zu sein. Erste Befunde deuten auch darauf hin, dass abweichendes Verhalten bei der Arbeit bei entsprechend frustrierten Berufstätigen häufiger zu befürchten ist [20].

Die beiden vorgestellten Arbeitsstressmodelle stehen exemplarisch für weitere Forschungsansätze, denn die von ihnen hervorgehobenen Aspekte sind in unterschiedlichen Akzentuierungen von zentraler Bedeutung in der Arbeitswelt [10].

8.3 Rationalisierungsprozesse und die Gesundheit der Beschäftigten

Vor diesem theoretischen Hintergrund kann nun der Wandel der Wirtschafts- und Arbeitswelt betrachtet und der Frage nachgegangen werden, ob es bestimmte Aspekte dieses Wandels gibt, die das Auftreten von psychosozialen Belastungen begünstigen oder im Gegenteil geeignet sind sie abzumildern. Dabei ist es nötig sich auf bestimmte Ausschnitte zu konzentrieren, da wir es insgesamt mit einem sehr heterogenen und komplexen Geschehen zu tun haben, in dem sich zahlreiche Entwicklungsstränge wie der demographische Wandel, die anhaltende Technisierung und die Globalisierung der Finanz-, Waren- und Dienstleistungsmärkte verbinden. Wir beschränken uns daher auf die betrieblich-organisatorische Ebene und hier auf die verbreiteten Rationalisierungsstrategien Personalabbau, Ausgliederung („Outsourcing"), eine Flexibilisierung der Arbeitsverhältnisse und die Einführung neuer Produktions- und Arbeitsweisen [15]. Im Kalkül der Unternehmen dienen diese Maßnahmen der Sicherung der Wettbewerbsfähigkeit, indem Kosten reduziert und die Produktivität gesteigert wird. Sie sind beileibe keine Erfindung der modernen, globalisierten Wirtschaft, sondern gehören seit dem Beginn der Industrialisierung zum Repertoire unternehmerischen Handelns. Neu ist aber die Intensität und die Art und Weise in der Rationalisierungsprozesse in den letzten 30 Jahren als Reaktion auf einen wachsenden weltweiten Konkurrenzdruck voran getrieben werden, wobei die Entwicklung nicht auf die Privatwirtschaft beschränkt geblieben ist und längst auch den öffentlichen Sektor erreicht hat [5].

Die Forschung zu den gesundheitlichen Konsequenzen dieser Entwicklung hat sich zunächst auf den direkten Zusammenhang zwischen den einzelnen Strategien und der Gesundheit konzentriert. So wurden beispielsweise Studien durchgeführt, die sich mit den Folgen von Personalabbau für die Gesundheit der im Betrieb verbleibenden Belegschaften befassten oder es wurde untersucht wie sich neue Formen der Arbeitsorganisation auf Gesundheit und Wohlbefinden auswirken. Ergebnisse dieser Forschung werden auch in verschiedenen Beiträgen in diesem Buch vorgestellt. Zusammenfassend lässt sich sagen, dass die bisherigen Resultate die Vermutung stützen, dass Rationalisierungsprozesse mit gesundheitlichen Nachteilen für die betroffenen Arbeitnehmer verbunden sind. Dabei geht es keineswegs um die Zunahme harmloser Beschwerden. Zusammenhänge wurden unter anderem für einen deutlichen Anstieg der Arbeitsunfähigkeitstage, Frühberentung und sogar für eine erhöhte Sterblichkeit beobachtet [18, 19].

Aber wie kommen solch negative Wirkungen zustande? Es steht außer Frage, dass nicht die Arbeitsorganisation selbst, sondern von ihr beeinflusste Risikofaktoren als Ursachen wirken. Neben verschiedenen anderen Faktoren, kommt auch ein Anstieg von psychosozialen Arbeitsbelastungen im Zuge der Rationalisierung als vermittelnder Risikofaktor in Betracht. Indizien hierfür liefern einige aktuelle Studien, beispielsweise zeigte sich in einer finnischen Kohortenstudie, dass Personalabbau bei den im Betrieb verbleibenden Arbeitern mit einem Anstieg der psychosozialen Arbeitsanforderungen einher ging [9]. Der direkte Zusammenhang zwischen Personalabbau und einem Anstieg der Arbeitsunfähigkeitstage den die Autoren in der Langzeitbetrachtung beobachten konnten, wurde zu 49% durch die Zunahme von Arbeitsstress bei den mit Personalabbau konfrontierten Erwerbstätigen erklärt.

Aufbauend auf den oben vorgestellten theoretischen Modellen zu Arbeitsstress, zeigt Abbildung 8.1 mögliche Verbindungen zwischen dem übergeordneten sozio-ökonomischen Kontext, Rationalisierungsmaßnahmen und psychosozialen Arbeitsbelastungen. Welche Zusammenhänge sich im Einzelnen dahinter verbergen soll nun für die Ebenen der Organisation und des Arbeitsplatzes vorgestellt werden. Wie bereits in der Einleitung erwähnt, ist das durch wissenschaftliche Studien gestützte Wissen derzeit aber noch begrenzt und vieles ist zum jetzigen Zeitpunkt nur logisch, nicht aber empirisch zu begründen [15]. Hinzu kommt, dass die Mehrzahl der Studien aus angelsächsischen und skandinavischen Ländern stammen und nicht garantiert

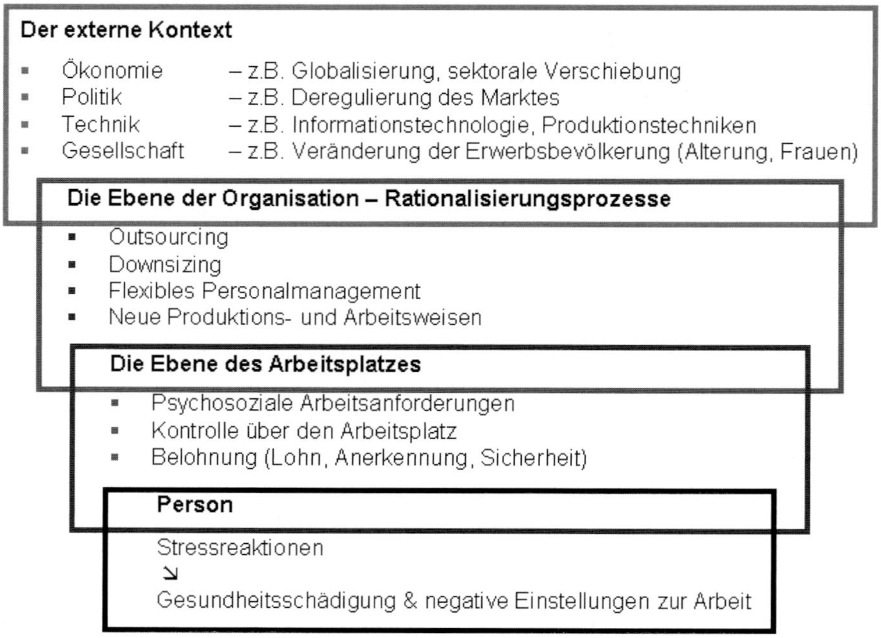

Abb. 8.1. Verbindungen zwischen Rationalisierungsprozessen, Arbeitsstress und Gesundheit (modifiziert nach Sauter et al. [15, S. 2])

ist, dass deren Ergebnisse auch 1 zu 1 auf die speziellen Verhältnisse des Wirtschafts- und Arbeitsmarktes in Deutschland übertragbar sind. Um die dünne empirische Basis zusätzlich zu unterfüttern, wurden für diesen Beitrag neue Berechnungen mit Daten der 1998–1999 BIBB/IAB-Erhebung durchgeführt. Damit die vorgestellten Ergebnisse interpretiert werden können, wird der inhaltlichen Auseinandersetzung eine kurze Vorstellung der Studie voran gestellt.

8.4 Methode: Die BIBB/IAB-Erhebung

Die Daten stammen aus der 1998–1999 BIBB/IAB-Erhebung, die vom Bundesinstitut für Berufsbildung (BIBB) und dem Institut für Arbeitsmarkt- und Berufsforschung der Bundesanstalt für Arbeit (IAB) durchgeführt wurde [6]. Es handelt sich um eine „face-to-face"-Befragung einer 0,1%-Stichprobe der deutschen Erwerbsbevölkerung, wobei die hier gezeigten Ergebnisse auf Arbeiter und Angestellte im Alter zwischen 16 und 59 Jahre beschränkt sind, um hinsichtlich arbeitsrechtlicher Bestimmungen Vergleichbarkeit herzustellen und Selektionseffekte durch Berentung auszuschließen. Insgesamt blieben

22 559 Erwerbstätige (12 400 Männer/10 319 Frauen) für die Analysen übrig.

Rationalisierungsmaßnahmen. Der Fragebogen der BIBB/IAB-Erhebung enthält zahlreiche Fragen zu Arbeitsbedingungen und dem Arbeitsumfeld. Als Indikatoren für Rationalisierung wurden daraus vier Fragen ausgewählt:

- Personalabbau: „Wurde (in den letzten zwei Jahren) Personal reduziert, Stellen abgebaut oder Entlassungen vorgenommen?"
- Outsourcing: „Wurden (in den letzten zwei Jahren) Aufgaben oder Arbeitsbereiche ausgelagert oder vermehrt Aufträge an Fremdfirmen vergeben?"
- Vertragsform: „Sind Sie gegenwärtig in einem befristeten oder unbefristeten Vertragsverhältnis?"
- Umstrukturierung: „Wurden (in den letzten zwei Jahren) Abteilungen oder Arbeitsbereiche umstrukturiert oder umorganisiert?"

Tabelle 8.1 bietet einen Überblick über die Verteilung der Faktoren in der Stichprobe. Am häufigsten wurden Umstrukturierungen berichtet, 40,1% der Männer und 30,0% der Frauen erlebten eine solche Maßnahme an ihrem Arbeitsplatz. Ebenfalls häufig ist der Personalabbau, mit dem 35,2% aller Teilnehmerinnen und Teilnehmer konfrontiert waren. Etwas seltener wurden Outsourcing und befristete Anstellungsverträge berichtet.

Psychosoziale Arbeitsbelastungen. Moderne theoretische Modelle zu Arbeitsstress werden mit psychometrisch getesteten Fragebogeninstrumenten gemessen. Im Fragebogen der BIBB/IAB-Erhebungen war kein solches Instrument enthalten, so dass aus den vorhandenen Einzelfragen eine Messung konstruiert werden musste („Proxy-Messung"). Passende Fragen in ausreichender Zahl konnten nur für das

Tabelle 8.1. Häufigkeit von Rationalisierungsmaßnahmen in der BIBB/IAB-Erhebung

	Gesamt N=22 559		Männer N=12 400		Frauen N=10 319	
	Anzahl	%	Anzahl	%	Anzahl	%
Ja: Personalabbau	7604	35,2	4492	38,2	3112	31,6
Ja: Outsourcing	3197	15,1	2327	20,3	870	8,9
Ja: Befristeter Vertrag	1401	6,2	687	5,6	714	6,9
Ja: Umstrukturierung	7673	35,5	2964	40,1	2964	30,0

Modell beruflicher Gratifikationskrisen identifiziert werden, so dass die Analysen hierauf beschränkt bleiben müssen. Die Messung besteht aus je einer Skala zur Verausgabung und zur Belohnung, sowie einem kombinierten Risikowert. Für die Verausgabungsskala wurden acht Fragen zu Arbeitsanforderungen zu einem Summenwert addiert, wobei hohe Werte für eine hohe Verausgabung stehen. Die Belohnungsskala besteht aus sieben Fragen zu Aspekten der Belohnung, etwa zum Einkommen und zu Weiterbildungsmöglichkeiten. Bei dieser Skala stehen hohe Werte für eine hohe Belohnung, also für eine positive Bilanz. Entsprechend den theoretischen Vorgaben ist die höchste Belastung bei hoher Verausgabung und niedriger Belohnung zu erwarten. Hierfür steht der Quotient aus der Verausgabungs- und der Belohnungsskala, je höher sein Wert, desto extremer übersteigt die Verausgabung die erhaltene Belohnung. Um die Darstellung zu vereinfachen, sind alle kontinuierlichen Skalen unter Verwendung der Tertilgrenzen in einfache dichotome Variablen (Hoch – Niedrig) umgewandelt worden

Gesundheit. Den Befragten wurde eine Checkliste von 20 Symptomen (z. B. Rückenschmerzen, Schlafstörungen, Atemnot) vorgelegt, auf der sie alle Symptome ankreuzen sollten, die häufig während oder unmittelbar nach der Arbeit auftreten. Aus dieser Liste haben wir eine einfache Skala gebildet und in die Kategorien 0–2 Symptome und 3 und mehr Symptome unterteilt.

8.5 Ergebnisse: Verbindungen zwischen Rationalisierung und Arbeitsstress

Wie in der Abbildung 8.1 gezeigt, gibt es verschiedene denkbare Verbindungen zwischen betrieblichen Rationalisierungsmaßnahmen und psychosozialen Arbeitsbelastungen. Beginnend mit Personalabbau, werden die einzelnen Schnittstellen nun erläutert.

8.5.1 Personalabbau

Die erste Schnittstelle ist der Personalabbau, wobei hier nur nach den Folgen für die verbleibenden Mitarbeiter und Mitarbeiterinnen gefragt wird. Eine häufig beobachtete Nebenwirkung des Personalabbaus ist eine Intensivierung der psychischen Arbeitsbelastungen für die verbleibende Belegschaft, die nun die Aufgaben der Entlassenen mit übernehmen muss [9]. Der Druck kann sich noch weiter verschärfen, wenn durch den Personalabbau eingespielte Arbeitsbeziehungen wegfallen und dadurch Arbeitabläufe insgesamt an Effizienz verlieren [4].

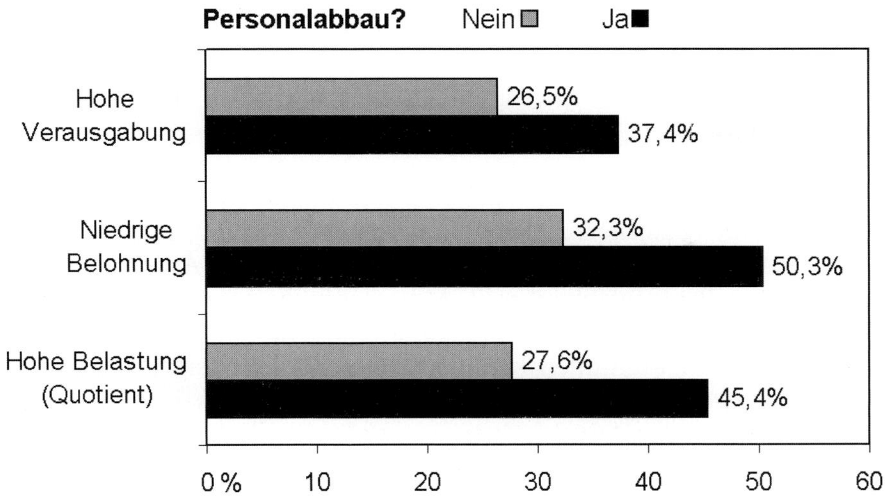

Abb. 8.2. Personalabbau und die Häufigkeit psychosozialer Arbeitsbelastungen

Betrachtet man die Ergebnisse der Auswertung der BIBB/IAB-Erhebung in Abbildung 8.2, so bestätigt sich die Annahme einer erhöhten Arbeitslast. Erwerbstätige in Betrieben, die Personalabbau durchgeführt haben, berichten eine deutliche höhere Verausgabung als die Vergleichsgruppe ohne Personalabbau. Starke Unterschiede sind auch bei der Belohnung zu erkennen. Hier ist die Zahl der Personen, die eine geringe Belohnung berichten, ebenfalls bei der Gruppe mit Personalabbau deutlich erhöht. Dies könnte damit zusammenhängen, dass sowohl der soziale Zusammenhalt insgesamt abnimmt, als auch Aufstiegs- und Weiterbildungsmöglichkeiten blockiert sind. Beide Trends summieren sich zu einer höheren Arbeitsstressbelastung, gemessen als Ungleichgewicht zwischen Verausgabung und Belohnung in Betrieben mit Personalabbau. Hier fallen 45,4% der Befragten in die Kategorie „hohe Belastung", während es in den anderen Betrieben nur 27,6% sind.

Empirische Aussagen über den Faktor Kontrolle, sind mit dem vorliegenden Datensatz nicht möglich. Ein Rückgriff auf die vorhandenen Studien bringt hier leider nur wenig Klarheit, da das Bild eher uneindeutig ist. Beispielsweise nahm in der bereits erwähnten finnischen Studie von Kivimäki und Mitarbeitern das Ausmaß, in dem eigene Fähigkeiten angewandt und weiterentwickelt werden konnten, ab, während der Handlungsspielraum aber im Wesentlichen konstant blieb. Wägt man aber die Kontrolle gegen die Anforderungen ab, so wie im Modell von Karasek vorgesehen, so scheinen die erhöhten Anforderungen dazu zu führen, dass das Stressniveau insgesamt nach Personalabbau steigt [22].

8.5.2 Outsourcing

Die Ausgliederung von Unternehmensteilen und die verstärkte Inanspruchnahme externer Firmendienstleistungen (Outsourcing) lässt ähnliche Effekte auf die psychosoziale Qualität der Arbeit erwarten wie direkter Personalabbau, weil es auch durch Outsourcing zu einer Arbeitsverdichtung, zur Zerschlagung gewachsener Teamstrukturen und zu sozialen Konflikten kommen kann. Zudem steigen Kommunikations- und Koordinationsanforderungen, da Produktions- bzw. Arbeitsprozesse von externen Akteuren abhängig werden und somit ein größeres Maß an Abstimmung nötig wird. Allerdings fehlen bisher Studien, in denen die möglichen Auswirkungen auf die Häufigkeit psychosozialer Arbeitsbelastungen untersucht werden. Die Auswertung der BIBB/IAB-Erhebung kann aber erste Hinweise liefern. In Abbildung 8.3 ist die Verteilung der Belastungswerte dargestellt. Die Unterschiede zwischen den Gruppen sind deutlich, nach Outsourcing ist sowohl die Verausgabung erhöht, als auch die Belohnung niedriger. Entsprechend werden weit mehr Beschäftige aus Firmen mit Outsourcing als hoch belastet eingestuft, der Unterschied zur Gruppe ohne Outsourcing beträgt ca. 15 Prozentpunkte.

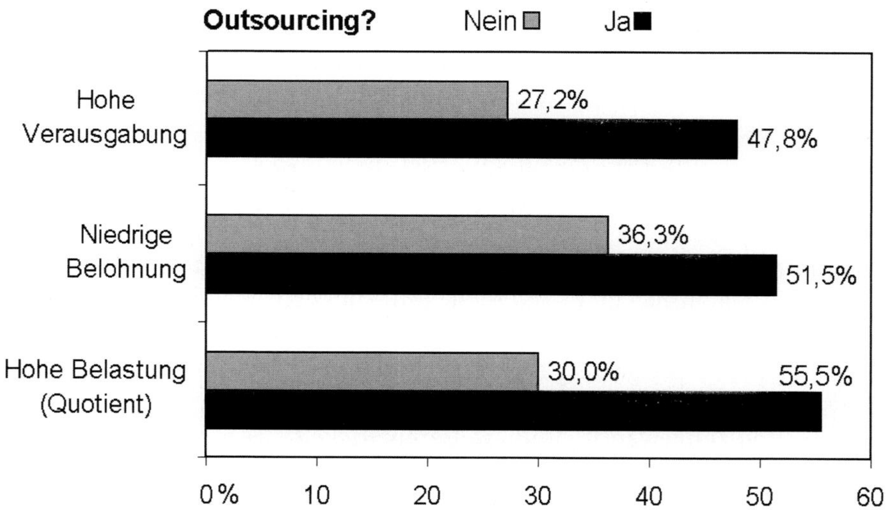

Abb. 8.3. Outsourcing und die Häufigkeit psychosozialer Arbeitsbelastungen

8.5.3 Flexibilisierung der Arbeitsverhältnisse

Der Flexibilisierung der Arbeitsverhältnisse kommt eine wachsende Bedeutung bei der Personalplanung zu, da sich Unternehmen vom Einsatz befristet Beschäftigter eine verbesserte Reaktionsfähigkeit auf veränderte Markt- und Produktionsbedingungen und auf saisonale oder konjunkturelle Schwankungen des Arbeitsaufkommens versprechen. Entsprechend steigt der Anteil von befristeten Anstellungsverhältnissen und von Zeitarbeit europaweit [7]. Ob diese Anstellungsformen einen Einfluss auf die Gesundheit der Arbeitnehmer und Arbeitnehmerinnen haben ist umstritten. Beschäftigte mit Zeitverträgen haben, das zeigen aktuelle Studien, entweder gar keine oder nur leicht erhöhte Erkrankungsrisiken im Vergleich zu Festangestellten [21]. Inwieweit das Arbeitsverhältnis und Arbeitsstress überhaupt assoziiert sind, ist ebenso fraglich. Die wenigen vorliegenden Ergebnisse, die sich alle auf das Anforderungs-Kontroll-Modell beziehen, legen nahe, dass Beschäftigte auf Zeit zwar weniger Kontrolle über ihren Arbeitsbereich haben, dieser Mangel aber dadurch ausgeglichen wird, dass sie zugleich weniger Anforderungen ausgesetzt sind und die Gefahr einer Chronifizierung von Arbeitsstress aufgrund der zeitlichen Befristung geringer ist. Für das Modell beruflicher Gratifikationskrisen lagen bisher keine Daten vor, so dass die Auswertung der BIBB/IAB-Daten erstmalig Aussagen auf Basis einer großen Stichprobe ermöglicht. Das auffälligste Ergebnis ist, dass Personen mit befristeten Ver-

8

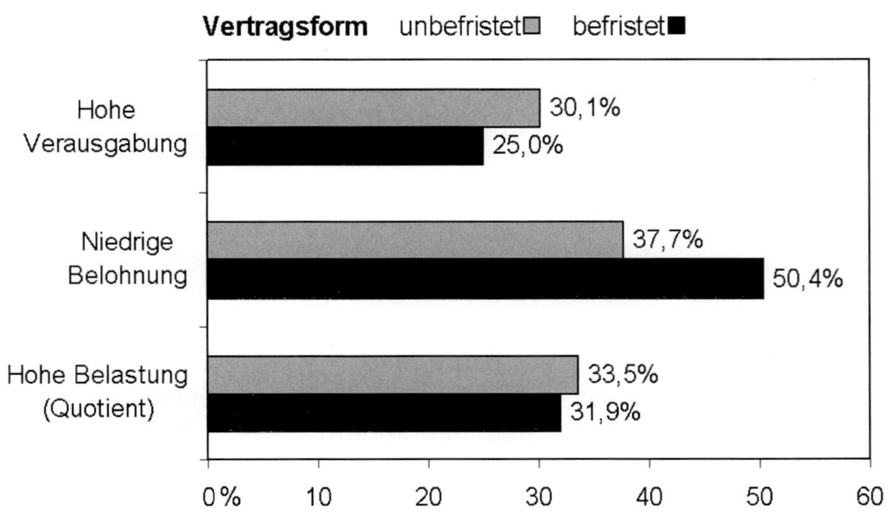

Abb. 8.4. Flexible Vertragsformen und die Häufigkeit psychosozialer Arbeitsbelastungen

trägen eine niedrigere Belohnung berichten, sich zugleich aber weniger verausgaben, so dass sich die beiden Dimensionen neutralisieren (Abb. 8.4). Unter dem Strich führt dies sogar zu einer leicht geringeren Arbeitsstressbelastung bei befristet Beschäftigten.

Von einer generellen Mehrbelastung durch befristete Arbeitsverhältnisse kann also nach dem aktuellen Forschungsstand nicht ausgegangen werden. Bei diesem Fazit muss aber berücksichtigt werden, dass die befristete Vertragsform von einem höchst heterogenen Mix von Erwerbstätigen – freiwillig oder unfreiwillig – in Anspruch genommen wird. So werden beispielsweise hochqualifizierte und bewusst flexible „job hopper" und niedrig qualifizierte Zeitarbeitskräfte, die sich von Zeitvertrag zu Zeitvertrag hangeln, als eine Gruppe behandelt, was Arbeitsumstände und Risikopotenziale unzulässig vermengt. In der Zukunft werden daher feinere Analysestrategien nötig sein, welche die einzelnen Gruppen der befristet Arbeitenden getrennt betrachten und deren spezielle Situation berücksichtigen.

8.5.4 Neue Produktions- und Arbeitsweisen

Die Einführung neuer Produktions- und Arbeitsweisen ist eine Kernmaßnahme der Rationalisierung, die inzwischen quer durch alle Wirtschaftssektoren angewendet wird. Vorreiter waren Betriebe der industriellen Massenproduktion, in denen seit ca. Mitte der 1980er Jahre begonnen wurde die traditionelle hochstandardisierte Arbeitsorganisation nach tayloristischen Prinzipien durch neue Produktionsformen zu ersetzen [12]. Die Veränderungen waren durch die Idee motiviert, dass eine stärkere Einbindung der Arbeiter in den Produktionsprozess deren Kreativität und Problemlösungskompetenz zur Effizienzsteigerung und stetigen Verbesserung der Arbeitsabläufe nutzbar machen würde. Konkret wurden u. A. Entscheidungsprozesse dezentralisiert, Teamarbeit gefördert, Arbeitsabläufe zeitlich enger verzahnt, Feedback-Methoden eingeführt und eine strikte Kundenorientierung zur Handlungsmaxime erhoben. Inzwischen sind die verschiedensten Ansätze hierzu entwickelt worden, bekannte Prinzipien sind beispielsweise die „schlanke" Produktion, die „just-in-time"-Produktion oder das „total-quality-managment (TQM)". Auf der einen Seite bieten diese neuen Methoden zahlreiche Chancen zur Verbesserung des psychosozialen Arbeitsumfeldes indem beispielsweise den einzelnen Arbeitern mehr Handlungsspielraum und Kontrolle zugebilligt wird, die Teamzugehörigkeit gefördert und Arbeitsanforderungen durch höhere Arbeitseffizienz reduziert werden [11]. Auf der anderen Seite lassen sich aber auch negative Tendenzen erkennen. In der Realität sind die

Kompetenzgewinne häufig nur „zeremoniell“ [15, S. 15] und althergebrachte hierarchische Strukturen dominieren auch die neuen, auf Rationalität ausgerichteten Systeme. Häufig beschränken sich die Mitwirkungsmöglichkeiten auf die Optimierung von Arbeits- und Produktionsabläufen im Rahmen von Qualitätssicherungszyklen, so dass kaum von einer realen Zunahme der Entscheidungsfreiheit gesprochen werden kann. Was allerdings oft steigt, sind die Anforderungen, da durch die konsequente Straffung der Tätigkeitsschritte, den Abbau von unproduktiven Zeiten und die Verkürzung der Produktionszyklen die Arbeitsintensität wächst. Landsbergis kommt dann auch in einem Literatur-Review zu dem Schluss, dass „schlanke Produktion die Arbeitslast und die Anforderungen intensiviert. Zuwächse im Handlungsspielraum [...] fallen nur moderat aus und/oder bleiben zeitlich begrenzt“ [11, S. 65]. In der Summe ist eine Zunahme der Belastung im Sinne eines „high strain“ zu verbuchen. Anhand unserer Analysen zeigt sich ein vergleichbarer Trend für das Verausgabungs-Belohnungs-Ungleichgewicht. Nach einer Umstrukturierung berichteten die Befragten in der BIBB/IAB-Erhebung eine höhere Verausgabung und eine niedrigere Belohnung als Befragte an deren Arbeitsplatz keine Veränderungen durchgeführt wurden (Abb. 8.5). Allerdings muss hier einschränkend vermerkt werden, dass die verwendete Frage nur eine grobe Annäherung an tatsächliche Umstellungen erlaubt, denn es wurde nicht erfragt welcher Art die Umstrukturierung war; ob tatsächlich

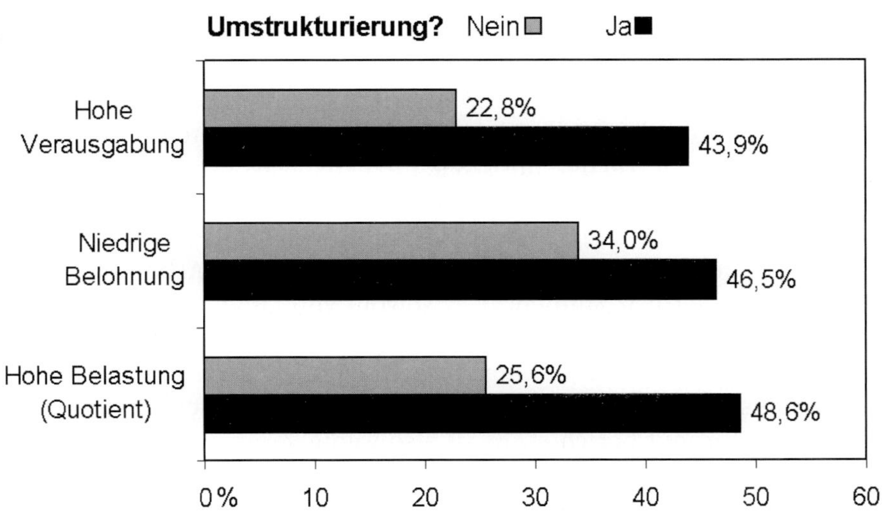

Abb. 8.5. Umstrukturierungen und die Häufigkeit psychosozialer Arbeitsbelastungen

neue Management- und Produktionsprinzipien gemeint sind, ist daher unklar.

Zusammenfassend ist die Evidenz für einen Einfluss neuer Produktions- und Arbeitsweisen auf das Arbeitsstressrisiko gemischt. In einigen Fällen sind durchaus positive Effekte auf die psychosoziale Qualität der Arbeit beobachtbar, während in anderen Fällen die Belastung mit der Einführung neuer Methoden steigt. Das bisherige Wissen reicht aber noch nicht aus, um zu prognostizieren, wann die Folgen positiv und wann negativ sein werden.

8.6 Fazit: Die gesundheitlichen Folgen

Berichte über einen steigenden Krankenstand in Unternehmen und Organisationen, die einschneidende Rationalisierungsmaßnahmen durchführen, sind alarmierend [13]. Abgesehen davon, dass solche Eingriffe häufig nicht zum gewünschten ökonomischen Erfolg führen [4], entstehen zusätzliche Nachteile durch den Verlust von Arbeitsfähigkeit und -motivation der Belegschaft. Da Rationalisierung häufig im Kontext einer schwierigen Wettbewerbssituation stattfindet, sind solche Nebenwirkungen umso schmerzlicher, als sie eine erfolgreiche Anpassung zusätzlich erschweren. Nicht minder gravierend können die Folgen für die einzelnen Beschäftigten sein; die vorliegenden Studien zeigen, dass sie von kurzfristigen gesundheitlichen Störungen bis hin zu schweren Krankheiten reichen (z.B. [12, 219]). In diesem Beitrag wurde mit den psychosozialen Arbeitsbelastungen eine von mehreren möglichen Verbindungen zwischen betrieblich-organisatorischen Strategien und der individuellen Gesundheit vorgestellt. Die Arbeitsorganisation und das gesamte Umfeld des Arbeitsplatzes bestimmen in erheblichem Maße, wie wahrscheinlich es ist, dass Beschäftige ihre Arbeit als Belastung erleben und somit lautet die These, dass Rationalisierungsmaßnahmen auch das Auftreten von psychosozialen Arbeitsbelastungen begünstigen. Diese Belastungen sind wiederum die Auslöser von Stressreaktionen, welche an der Entstehung einer Reihe von Erkrankungen beteiligt sind. Bleibt man bei den im Text vorgestellten Modellen zu Arbeitsstress, so zeigen die bisherigen Studien, dass sowohl von „high strain", als auch von beruflichen Gratifikationskrisen ungefähr eine Risikoverdopplung für eine manifeste Herzkrankheit ausgeht. Vergleichbare Effekte werden für psychische Erkrankungen, muskuloskelettale Beschwerden, Diabetes oder Burnout berichtet. Es ist also wenig verwunderlich, dass Beschäftige, die hohen psychosozialen Belastungen ausgesetzt sind, häufiger Fehlzeiten in Anspruch nehmen, als unbelastete Personen (z.B. [1]). Dieser Zusammenhang geht so weit, dass mit steigender Stressbelastung das Risiko gesundheitsbedingt die Frührente beantragen zu müssen, messbar größer wird [17]. Auch im Datensatz der BIBB/IAB-Befragung lässt sich eine Assoziation zwischen Belastung und arbeitsbedingten Symptomen nachweisen. Männer und Frauen, die eine berufliche Gratifikationskrise berichteten, hatten ca. 3-mal häufiger drei und mehr Symptome. Dieser statistisch signifikante Kennwert wurde durch eine logistische Regressionsrechnung ermittelt und ist für zahlreiche Drittvariablen kontrolliert (Alter, Ost-Westdeutschland, berufliche Stellung, Bildung, physische Arbeitsbelastungen, chemische Belastungen, Wochenarbeitszeit und Arbeitsplatzunsicherheit).

Eine Verschlechterung der psychosozialen Arbeitsbedingungen im Zuge von Rationalisierung, kann also nach dem momentanen Stand der Forschung dazu führen, dass stressbedingte Erkrankungen zunehmen. Allerdings muss genau differenziert werden, welcher Art die Rationalisierungsma2ßnahme ist und welche Charakteristika der Arbeit dadurch betroffen sind. Zudem darf nicht vergessen werden, dass es auch durchaus positive Auswirkungen zu geben scheint, beispielsweise dann, wenn neue Managementkonzepte zu einer echten Ausweitung der Kompetenzen und Aufgabenfelder der Mitarbeiter führen, oder wenn durch sinnvolles Outsourcing Mitarbeiter von fachfremden Aufgaben entbunden werden und sich auf ihre Kerntätigkeiten konzentrieren können. Auch Unternehmen in der Krise, etwa bei erzwungenem Personalabbau, haben Möglichkeiten, negative Auswirkungen zu dämpfen, wie Studien zum Umgang mit der Belegschaft in einer solchen Situation zeigen [3]. Vor dem Hintergrund des derzeit aber noch begrenzten Wissens über mögliche Interventionsmaßnahmen ist für die Zukunft eine stärkere Vernetzung zwischen Forschung und Praxis wünschenswert, um entsprechende anwendungsorientierte Projekte gemeinsam durchzuführen.

8

Literatur

[1] Ala-Mursala L, Vahtera J, Kivimäki M et al (2002) Employee control over working times: associations with subjective health and sickness absence. J Epidemiol Community Health 56:272–278

[2] Antoniou AS, Cooper CL (2005) Research companion to organizational health psychology. Edward Elgar, Cheltenham

[3] Brockner J, Greenberg J (1990) The impact of layoffs on survivors: an organizational justice perspective. In: Carroll JS (ed) Applied social psychology and organizational settings. Lawrence Erlbaum, Hillsdale, pp 45–75

[4] Burke RJ, Nelson D (1998) Mergers and Acquisitions, Downsizing, and Privatization: A North American Perspective. In: Gowing MK, Kraft JD, Quick JC (eds) The New Organizational Reality. American Pschological Association, Washington DC, pp 21–53

Unternehmensverantwortung bei Entlassungen: Berufliche Transitionsberatung zur Sicherung von Beschäftigungsfähigkeit

T. Kieselbach · G. Beelmann

Zusammenfassung. *Der folgende Beitrag befasst sich mit dem Konzept „Berufliche Transitionsberatung" im Zusammenhang mit Personalabbaumaßnahmen. Es wird berichtet über das EU-Projekt SOCOSE, in dem empirische Studien durchgeführt wurden (a) zum Stand von Outplacement/Replacement-Beratung in Europa, (b) zum individuellen Umgang mit beruflicher Unsicherheit bei Beschäftigten, die von Personalabbau bedroht sind, (c) zur Verantwortung von Unternehmen, die sich von Personal trennen müssen, (d) zur inhaltlichen Ausgestaltung beruflicher Transitionsberatung und (e) zu den individuellen Auswirkungen erfolgreich verlaufender beruflicher Transitionen. Abschließend werden 10 Empfehlungen für ein europäisches Rahmenmodell zur Gestaltung beruflicher Transitionen formuliert.*

9.1 Einführung

Das europäische Forschungsprojekt „Social Convoy and Sustainable Employability: Innovative Strategies for Outplacement/Replacement Counselling (SOCOSE) wurde von Juli 2000 bis Januar 2004 im Rahmen des Forschungsprogramms „Improving the Human Potential and the Socio-Economic Knowledge Base" im 6. Rahmenprogramm der EU durchgeführt und aus Mitteln des Generaldirektorats Forschung finanziert. Es besteht aus fünf Partnerländern (Belgien, Deutschland, Italien, Niederlande und Spanien), in denen parallel empirische Studien durchgeführt wurden. Gleichzeitig sind an dem Projekt zwei assoziierte Partner aus Deutschland und den Niederlanden beteiligt, die begleitend die juristischen Rahmenbedingungen und unternehmensethischen Implikationen von Personalabbau untersuchen. Die Koordination des Projekts lag beim Institut für Psychologie der Arbeit, Arbeitslosigkeit und Gesundheit der Universität Bremen (IPG) (Prof. Dr. Thomas Kieselbach).

Der Projektablauf orientierte sich an folgenden drei Forschungsphasen:

1. In der ersten Phase wurde eine Analyse der ökonomischen und politischen Rahmenbedingungen vorgenommen, soweit sie für den Kontext von Outplacement/Replacement-Ansätzen und arbeitsmarktbezogenen Interventionen von Bedeutung sind. Zusätzlich wurden Interventionsansätze für Arbeitslose analysiert.
2. In der zweiten Phase wurden qualitative Studien durchgeführt, in denen zum einen die Erwartungen unsicher Beschäftigter an das Unternehmen in der konkreten Situation von Arbeitsplatzunsicherheit erfragt, zum anderen Beschäftigte interviewt wurden, die in einer Phase von Arbeitsplatzbedrohung eine professionelle berufliche Beratung in Anspruch nehmen konnten und dadurch fließend in ein neues Arbeitsverhältnis einmündeten. Für beide Gruppen sind in den Partnerländern jeweils n = 25 Interviews erhoben worden, so dass insgesamt im SOCOSE-Projekt für jede Subgruppe n = 125 Interviews vorliegen. Schließlich wurden in dieser Forschungsphase innovative Fälle analysiert („models of good practice"). Zum einen waren dies unternehmensbasierte Beratungsangebote zur Abfederung der Folgen unvermeidbaren Personalabbaus, zum anderen Angebote professioneller Outplacement-Beratungsunternehmen. Für das Gesamtprojekt wurden insgesamt 37 innovative Fallstudien zusammengestellt.
3. Phase 3 beinhaltete insgesamt 38 Interviews, die mit Experten aus unterschiedlichen institutionellen und organisationalen Bereichen durchgeführt wurden (Personalabteilungen großer Unternehmen, Arbeitgeberverbände, Gewerkschaften, Arbeitsverwaltung, politische Institutionen). Dabei waren diejenigen Experten einschlägig, die in ihrer Funktion Verantwortung für Personalabbauprozesse mittragen.

Die Ergebnisse aus den drei Forschungsphasen mündeten in Empfehlungen zur Gestaltung beruflicher Übergänge und skizzieren die institutionellen Erfordernisse bei der Bewältigung beruflicher Transitionsprozesse.

9.2 Zum Konzept beruflicher Transitionsberatung

Im Folgenden wird auf den Begriff Outplacement/Replacement-Beratung aufgrund seiner beschränkten Reichweite und sprachlich-stigmatisierender Konnotation verzichtet [3]. Stattdessen wird umfassender von beruflicher Transitionsberatung gesprochen. Darunter wird allgemein ein Beratungsinstrument für alle Ebenen der betrieblichen Hierarchie im Kontext einer präventiven Unternehmens- und Arbeitsmarktpolitik verstanden. Zentrale Merkmale beruflicher Transitionsberatung sind aus Sicht der Beschäftigten und Arbeitgeber [6]:

- die Nutzung betriebsinterner und -externer Möglichkeiten zur Vermeidung von Personalabbau bereits im Vorfeld angekündigter Entlassungen,
- die betrieblichen und außerbetrieblichen Möglichkeiten zur beruflichen Um- und Neuorientierung ohne dabei unter ökonomischen Druck zu geraten,
- die individuelle Beratung und kontinuierliche Begleitung im Zuge von Personalanpassungsmaßnahmen durch externe professionelle Hilfen.

In diesem Zusammenhang ist das Konzept der interaktiven Beschäftigungsfähigkeit (interactive employability) von Bedeutung, das wir in Anlehnung an Gazier [2] verwenden. Danach bezeichnet Beschäftigungsfähigkeit die relative Fähigkeit einer Person, unter Berücksichtigung der Interaktion zwischen persönlichen Eigenschaften und den Bedingungen des Arbeitsmarktes, eine Beschäftigung zu finden. Diese Definition ergänzt die Dimension der individuellen Verantwortung um eine dynamische Komponente, indem veränderte Arbeitsbedingungen zentral berücksichtigt werden.

Das Konzept der beruflichen Transitionsberatung dient der Förderung und Sicherung von langfristiger Beschäftigungsfähigkeit, weil damit eine zielgenaue berufsbezogene Förderung und Unterstützung intendiert ist, ohne dabei notwendige unternehmerische Belange und Gestaltungsspielräume sowie arbeitsmarktliche Rahmenbedingungen zu vernachlässigen. Beschäftigungsfähigkeit umfasst Faktoren wie die individuelle Leistungsfähigkeit und Basisqualifikationen, objektive und subjektive Arbeitsmarktchancen, die Verwertbarkeit individueller Qualifikation auf dem Arbeitsmarkt sowie die firmeninterne Weiterbildung und Qualifizierung (vgl. [5]).

9.3 Ergebnisse

9.3.1 Umgang mit beruflicher Unsicherheit

Hinsichtlich der Teilstichprobe „unsicher Beschäftigte“ stellt sich die Frage, auf welche Weise die Befragten ihre berufliche Unsicherheit bewältigen? [1]. Befunde der empirischen Studien zeigen, dass berufliche Unsicherheiten die Sozialbeziehungen der Betroffenen im Betrieb wesentlich beeinträchtigen. Der Gruppenzusammenhalt zwischen Kollegen nimmt ab und das gegenseitige Misstrauen unter Beschäftigten und gegenüber Vorgesetzten nimmt zu. Die Arbeitsatmosphäre wird als belastend wahrgenommen und die Beschäftigten versuchen, durch individuelle Verhaltensweisen einen drohenden Arbeitsplatzverlust zu vermeiden (z.B. Vermeidung von Krankmeldungen, Akzeptanz von Überstunden, verstärkter Arbeitseinsatz).

Eine weitere Bewältigungsreaktion ist darin zu sehen, dass einige der Befragten in ihrer unsicheren Beschäftigungssituation lediglich auf den Erhalt der Arbeitsplätze hoffen. Aktive Bewältigungsstrategien im Sinne der Suche nach einem neuen Arbeitsplatz oder der Teilnahme an Fort- und Weiterbildungsaktivitäten lassen sich bei der überwiegenden Zahl der Betroffenen nicht feststellen. Hier bilden allerdings die Befragten aus der IT-Branche eine Ausnahme, da sie eine kontinuierliche Weiterbildung als unabdingbare Voraussetzung für die Bewältigung beruflicher Anforderungen ansehen. Es lassen sich bei einigen der Befragten aus der IT-Branche auch Adaptationseffekte an die berufliche Unsicherheit feststellen, da sie sich bereits früher in ähnlichen betrieblichen Konstellationen befunden haben. Gewöhnungseffekte berichten auch Befragte, die sich über Jahre hinweg in unsicheren Beschäftigungsverhältnissen befanden (z.B. in der Baubranche).

9.3.2 Individuelle und Unternehmens-Verantwortung im Kontext unsicherer Beschäftigung

Im Hinblick auf die wahrgenommene berufliche Unsicherheit der Befragten wurde danach gefragt, welche Erwartungen die Betroffenen an die Unternehmen stellen [4]? Zu den wichtigsten Erwartungen der betroffenen Mitarbeiter zählt die Verbesserung der Interaktionsgerechtigkeit. Damit sind die Kommunikationsprozesse zwischen Arbeitgeber und Beschäftigten gemeint, die in Phasen von betrieblicher Unsicherheit im Hinblick auf eine faire Behandlung der von Entlassung Bedrohten von erheblicher Bedeutung sind. Danach sollten Informationen seitens des Unternehmens über geplanten Personalabbau frühzeitiger und umfangreicher erfolgen. Die Verbesserung der Transparenz des Entscheidungsprozesses (prozedurale Gerechtigkeit) macht es zudem Mitarbeitern leichter, das Ergebnis der Entscheidung (distributive Gerechtigkeit) zu akzeptieren. Eine erhöhte Akzeptanz wird auch durch ein klares Entscheidungsverfahren bei der Sozialauswahl gewährleistet, das keinen Raum für subjektive Auswahlkriterien lässt.

Vorrangige Aufgabe des Unternehmens ist es nach Ansicht der Befragten jedoch, Entlassungen zu vermeiden. Sind Entlassungen oder

Umstrukturierungen unumgänglich, sollte das Unternehmen vermehrt für Problemgruppen, wie z.B. ältere Arbeitnehmer, Verantwortung übernehmen. Dies könnte z.B. im Rahmen von betrieblichen Stellenbörsen geschehen, die eine unternehmensinitiierte Weitervermittlung von allen von Entlassung betroffenen Mitarbeitern leistet. Hierzu sind insbesondere vorhandene Kontakte im betrieblichen Netzwerk (Kunden und Lieferanten) zu nutzen. Aus Sicht der Beschäftigten hat dabei Vermittlung Vorrang vor Weiterbildung, was in besonderem Maß für ältere Arbeitnehmer gilt. Die Gewerkschaften sollten aus Sicht der Befragten ihr betriebliches Engagement verstärken, um ihr Know-how in Situationen des Beschäftigungsabbaus verstärkt einzubringen.

Vielen der befragten unsicher Beschäftigten fehlt es an der notwendigen Kompetenz, um sich auf dem Arbeitsmarkt neu zu orientieren. Hier wird Beratung und Unterstützung seitens des Unternehmens eingefordert, die den Betroffenen einen beruflichen Übergang erleichtern soll. Bei den langfristig orientierten Maßnahmen steht aus der Sicht der Arbeitnehmer die Verbesserung ihrer Beschäftigungsfähigkeit im Vordergrund. Weiterbildungsmaßnahmen dürfen sich nicht, wie in fast allen Betrieben üblich, auf kurzfristig angelegte, oft produktspezifische Schulungen beschränken, sondern sollten eine systematische und umfassende Verbesserung der Kompetenzen der Mitarbeiter beinhalten. Dazu gehört die Verbesserung der fachlichen Qualifikation ebenso wie eine Stärkung von Prozessqualifikation und personaler Qualifikation, da außerfachliche Kompetenzen zukünftig vermehrt an Bedeutung für die individuelle Beschäftigungsfähigkeit gewinnen werden. Gleichzeitig muss das innerbetriebliche Weiterbildungssystem flexibler gestaltet werden, um auf individuelle Weiterbildungsbedürfnisse einzugehen und sich damit auch an Erfordernisse von z.B. Schichtarbeitern anzupassen. Insgesamt sollte dabei eine Verbesserung der individuellen Kompetenzen angestrebt werden.

9.3.3 Elemente erfolgreicher beruflicher Transitionsberatung

Die Teilstichprobe der „erfolgreich Wiederbeschäftigten" sollte den Prozess der erfolgreich durchlaufenen beruflichen Transition rückblickend bewerten. Dabei stellt sich die Frage, welche Aspekte aus Sicht der Befragten den Erfolg einer beruflichen Transitionsberatung begründen, wie die Maßnahmen bewertet werden und welche individuellen Effekte daraus resultieren?

In den unterschiedlichen Beratungskontexten finden sich eine Reihe innovativer Elemente, die die Effektivität beruflicher Transitionsberatung erhöhen. Ein Instrumentarium, das von vielen Befragten als hilfreich empfunden wurde, sind die vom Unternehmen initiierten externen Beschäftigungsmöglichkeiten. Firmenkontakte werden genutzt, um Personal kurz- oder langfristig extern zu beschäftigten, ohne dabei den Kontakt zur früheren Firma zu verlieren. Weitere betriebsinterne Lösungen sind der Einsatz von Personal an anderen Betriebsstandorten und die Unterstützung von Beratungsunternehmen bei der Kontaktvermittlung zu anderen Unternehmen. Diese Formen flexibler Beschäftigungsstrategien werden zukünftig vermutlich weiter zunehmen. Ein wesentliches Problem besteht u.E. darin, dass derartige Konzepte eine erhöhte Mobilität voraussetzen, die oftmals nur sehr schwer mit familiären Planungen verknüpft werden kann.

Folgende Elemente beruflicher Transitionsberatung haben sich aus Sicht der Befragten als nützlich herausgestellt:

- Persönliche Gespräche und emotionale Unterstützung bei der Aufbereitung des Trennungsprozesses
  - Überwindung der Schockphase nach der Entlassung
  - Überwindung von Frustrationsphasen bei Misserfolgen
- Individuelle Beratung und kontinuierliche Begleitung
  - wechselseitiger Austausch zwischen Berater und Klienten (Aufbau eines vertrauensvollen Verhältnisses)
  - Aufrechterhaltung der Motivation
  - Förderung von Eigeninitiative und aktivem Handeln
- Konkrete Maßnahmen zur Steigerung der Beschäftigungsfähigkeit
  - spezifische Beratung zur persönlichen und beruflichen Weiterentwicklung
  - Aktualisierung von Bewerbungsunterlagen und Steigerung von Bewerbungskompetenzen
  - Weiterbildung und Qualifizierung (nur sinnvoll, wenn Klarheit darüber besteht, in welchen Bereichen die berufliche Wiedereingliederung erfolgen soll).

9.3.4 Individuelle Auswirkungen erfolgreicher beruflicher Transitionen

Hinsichtlich der positiven Auswirkungen einer gelungenen beruflichen Transition wurden von den Befragten folgende Aspekte benannt:

- Minderung psychischer Anspannung
- Steigerung individueller Fertigkeiten und Fähigkeiten
- berufliche Veränderung eröffnet Möglichkeiten zur persönlichen Weiterentwicklung und eines beruflichen Neubeginns
- Zurückgewinnung der Freude an der Arbeit
- größere Zufriedenheit mit der neuen Arbeit und gesteigerte Motivation

Für viele der Befragten hinterlässt die erfolgreiche berufliche Transition den Eindruck einer persönlichen beruflichen Zäsur. Personalabbau und drohender Arbeitsplatzverlust werden zunehmend stärker als Charakteristikum der Arbeitswelt akzeptiert und für den Einzelnen hat sich durch die Beratung die Einsicht durchgesetzt, dass Beschäftigungsübergänge und berufliche Veränderungen zunehmend Bestandteil der beruflichen Biographie sein werden. Um diese Herausforderungen angemessen zu bewältigen, ist nicht nur die Änderungsbereitschaft des Einzelnen wichtig, sondern auch Unternehmen müssen rechtzeitig die Beschäftigten unterstützen. Dabei ist es aus Sicht der Befragten sinnvoll, bei drohenden Entlassungen zunächst alle betriebsinternen und externen Lösungen zur Vermeidung von Personalabbau auszunutzen. Parallel sollte eine zielgerichtete Beratung erfolgen, in der individuelle Vorstellungen und berufliche Alternativen des Einzelnen einbezogen werden. Ist der Stellenabbau unausweichlich, sollte den Betroffenen seitens des Unternehmens eine Art „befristeter Schutzraum" zur Verfügung gestellt werden. In diesem Schutzraum, in dem sich die berufliche Transition vollzieht, sollte den Betroffenen Zeit und Raum gegeben werden, sich ohne ökonomischen Druck beruflich umzuorientieren, Kenntnisse zu erweitern und gezielt eine berufliche Perspektive zu entwickeln. Damit wird die Möglichkeit gegeben, Beschäftigungsübergänge konstruktiv zu gestalten und die Beschäftigungsfähigkeit des Einzelnen zu erhöhen.

9

9.4 Empfehlungen für ein europäisches Rahmenmodell zur Gestaltung beruflicher Transitionen

Die Gestaltung beruflicher Übergänge in Unternehmen wird unter den gegenwärtigen ökonomischen Rahmenbedingungen zukünftig an Bedeutung gewinnen. Viele Beschäftigte, die ihren Arbeitsplatz verlieren werden oder aber von Arbeitsplatzunsicherheit betroffen sind, werden ohne professionelle Hilfestellung diese berufliche Transition nicht angemessen bewältigen und keinen adäquaten Arbeitsplatzersatz finden. Aber nicht nur Beschäftigte in unsicheren Arbeitsverhältnissen, auch Beschäftigte, die in „gesunden" Unternehmen tätig sind, sind darauf angewiesen, ihre Beschäftigungsfähigkeit dauerhaft zu sichern und sich langfristig an die Gegebenheiten und Erfordernisse des Arbeitsmarktes anzupassen. Insofern stellt die berufliche Transitionsberatung einerseits ein personalpolitisches Instrument zur Begleitung notwendiger beruflicher Übergänge dar, gleichzeitig dient es aber auch zum Erhalt und Sicherstellung der Beschäftigungsfähigkeit. Im Rahmen des Projektes SOCOSE wurden aus den eigenen empirischen Ergebnissen als auch den Experteninterviews zehn Empfehlungen zur Gestaltung eines europäischen Rahmenmodells beruflicher Transitionen formuliert.

Die Empfehlungen gründen auf der Notwendigkeit, im Falle von Entlassungen stärker als bisher auf aktive Unterstützungsformen zurückzugreifen, statt sich auf passive Formen zu beschränken. Dies muss gelingen, ohne die Arbeitskosten insgesamt zu erhöhen – indem z. B. finanzielle Abfindungen in Beratungsangebote umgewandelt werden – wobei eine ausreichende ökonomische Grundsicherung gewährleistet sein muss.

9.4.1 Normalisierung von Beratungsangeboten im Kontext beruflicher Transitionen

Abhängig Beschäftigte sehen es in der Regel nicht als selbstverständlich an, bei beruflichen Transitionen externe Beratung in Anspruch zu nehmen und äußern sich in betrieblichen Krisensituationen gegenüber Beratungsangeboten seitens der Arbeitgeber eher skeptisch. Allerdings kann eine berufliche Transferberatung für Arbeitnehmer und Arbeitgeber gleichermaßen hilfreiche Unterstützung bei der Bewältigung beruflicher Transitionen bieten.

Es ist unstrittig, dass sich Arbeitsmärkte grundlegend verändern und größere Flexibilität von den Beschäftigten erfordern. Gerade Arbeitnehmer in Dauerbeschäftigung sind jedoch häufig nicht oder nur unzureichend auf unvermeidbare berufliche Transitionen vorbereitet. Oftmals fehlen die Ressourcen, um die Anforderungen, die durch Personalabbau oder betriebliche Umstrukturierung entstanden sind, angemessen zu bewältigen. Die Veränderungen im Arbeitsumfeld werden als Schock erlebt; präventive Ansätze von betrieblicher Seite zur Abfederung negativer Auswirkungen von drohendem Personalabbau bleiben eher die Ausnahme.

In einer solchen Situation neigen die Beschäftigten und ihre Vertreter oftmals dazu, finanzielle Kompensationen einer beruflichen Beratung vorzuziehen. Selbst wenn Beratungsangebote gemacht werden, fehlt es oftmals an einem vertrauensvollen Verhältnis zwischen Arbeitgebern und Beschäftigten, auf dessen Grundlage erst eine Akzeptanz von Beratung als effektiverer Unterstützungsform möglich wäre. Eine langfristig geplante, präventive Unternehmensstrategie sollte daher Karriereberatung routinemäßig beinhalten, um anstehenden beruflichen Veränderungen der Mitarbeiterinnen und Mitarbeiter effektiver begegnen zu können. In diesem Sinne sollte auch die Normalisierung von Beratungsangeboten in beruflichen Umbruchsituationen wesentlicher Teil eines weitreichenden Konzepts von Sozialer Unternehmensverantwortung (Corporate Social Responsibility) sein, in dem Firmen weitergehende Verantwortung für Beschäftigte auch im Fall von Personalabbau übernehmen. Ein solches Beratungsangebot sollte auf einem legitimen Anspruch des Beschäftigten beruhen und nicht auf der Selbstdefinition, hilfsbedürftig zu sein (die eher zu einer passiven Haltung führt statt einen proaktiven Umgang zu befördern).

9.4.2 Frühzeitige Intervention

Stress und Unsicherheit auf Seiten der Beschäftigten können erheblich reduziert werden, wenn die Beratungsangebote unmittelbar nach der Entlassungsmitteilung, also noch in der Phase der Beschäftigung, beginnen. Eine solche Strategie ist noch effektiver, wenn sie Teil einer langfristigen, präventiven Konzeption ist, und sie sollte bis in die Wiederbeschäftigung hinein ausgedehnt werden.

Das frühzeitige Angebot von Beratung bei betrieblichen Umstrukturierungsphasen ist eine wichtige Voraussetzung, um Personalabbau sozialverträglich zu gestalten. Das setzt voraus, dass Beratungsangebote in eine umfassende Unternehmensstrategie eingebettet sind. Der berufliche Transferprozess sollte noch während der Beschäftigung im alten Unternehmen beginnen und bis in das neue Beschäftigungsverhältnis hinein fortbestehen. Es ist besonders wichtig, dass die begleitenden Beratungsangebote noch während der Kündigungsfrist beginnen, bevor die betroffenen Beschäftigten arbeitslos geworden sind. Sonst besteht die Gefahr, dass sie Beratungsangeboten eher kritisch gegenüber stehen, ihr Selbstvertrauen verlieren sowie ihre Eigeninitiative und die Fähigkeit, sich mit den verschiedenen Institutionen effektiv auseinander zu setzen.

Eine frühe Intervention kann die negativen individuellen Erfahrungen, die mit Personalabbau verbunden sind, reduzieren, vor allem dann, wenn sie unmittelbar nach der Entlassungsankündigung einsetzt und wenn diese auf einem legitimen Anspruch des Beschäftigten und auf einer korporativen Verfahrensweise basiert. Bürokratische Prozeduren, die die effiziente Beratung behindern und zu einer Verzögerung in der Versorgung mit professioneller Beratung führen, sollten aufgrund ihres kontraproduktiven Charakters möglichst vermieden werden.

9.4.3 Nachhaltige Strategien zur Sicherung der Beschäftigungsfähigkeit statt kurzfristiges Krisenmanagement

Eine aktive Auseinandersetzung mit den aktuellen Arbeitsmarktveränderungen erfordert eine proaktive Förderung von Beschäftigungsfähigkeit – sowohl auf der Seite der Beschäftigten als auch der Unternehmen; dies schließt auch die Bereiche Aus- und Weiterbildung mit ein. Gegenwärtig sind sich Beschäftigte einer solchen Anforderung in der Regel nicht bewusst, und Unternehmen konzentrieren sich vornehmlich auf kurzfristige Qualifizierungsanforderungen.

Interventionen, die nur kurzfristig als Krisenmanagement zum Einsatz kommen, reichen nicht aus. Gegenwärtig sind jedoch weder die Unternehmen noch die Beschäftigten ausreichend auf die stattfindenden ökonomischen Veränderungen eingestellt. Dies gilt ebenso für weite Bereiche der Arbeitsverwaltung und anderer Akteure in diesem Feld. Teilweise sind diese Unzulänglichkeiten auf eine generell eingeschränkte Vorhersagbarkeit dieser Arbeitsmarktveränderungen zurückzuführen. Allerdings könnte die Situation deutlich verbessert werden, wenn alle Experten in diesem Feld ihre unterschiedlichen Expertisen zusammenbringen würden.

Es scheint unabdingbar, dass alle Arbeitsmarktakteure – einzelne wie Institutionen – generell eine stärker proaktive Haltung in dem Sinne einnehmen, dass den einzelnen Beschäftigten ermöglicht wird, sich auf diese Veränderungen einzustellen und sich die notwendigen Fähigkeiten anzueignen (Eigeninitiative hinsichtlich der Erweiterung der eigenen Qualifikationen, Unternehmergeist, Selbstmanagement, aktives und kompetentes Agieren auf dem Arbeitsmarkt). Die beteiligten Institutionen wiederum müssen ihre Angebote und Anforderungen auf langfristige Überlegungen aufbauen, damit die Beschäftigten angemessen reagieren können. Dies stellt den Aus- und Weiterbildungssektor vor besondere Herausforderungen, jedoch auch die Unternehmen, die ihre Strategien nicht mehr nur auf kurzfristige Ziele und Produktivitätssteigerungen auslegen sollten. Vielmehr sollten sie die Belegschaften beim Erwerb von Qualifikationen unterstützen, die nicht nur an momentanen Anforderungen ausgerichtet sind, sondern sie auf möglicherweise anstehende Veränderungen – vor allem auf einen möglichen Verlust der Beschäftigung und eine Neuorientierung auf dem Arbeitsmarkt – vorbereiten. Auf diese Weise könnte Veränderungen effektiver begegnet werden, mit weniger nachteiligen Folgen sowohl für die Beschäftigten als auch die Unternehmen oder das soziale Umfeld.

Die internen Bildungs- und Weiterbildungskonzepte von Unternehmen sollten sich nicht nur an den eigentlichen Erfordernissen der Arbeitsplätze ausrichten, sondern auch zukünftige Entwicklungen des Arbeitsmarktes und qualifikationsspezifische Anforderungen berücksichtigen, um die Beschäftigungsfähigkeit der einzelnen Mitarbeiter im Falle einer Unternehmensumstrukturierung zu erhöhen. Da ein solches Konzept deutlich über die Grenzen eines einzelnen Unternehmens hinausgeht, müssen für eine effektive Umsetzung die Arbeitsverwaltungen sowie der Aus- und Weiterbildungssektor ebenfalls eine aktive Rolle übernehmen.

9.4.4 Ausdehnung des Konzepts „Corporate Social Responsibility" über die aktuelle Beschäftigung hinaus

Die juristische Verantwortung der Arbeitgeber für ihre Beschäftigten endet mit der Beendigung des Beschäftigungsverhältnisses. Ein nachhaltiger Erfolg beruflicher Transitionsberatung erfordert jedoch die beratende Begleitung der Betroffenen in ein neues Beschäftigungsverhältnis hinein. Die Unternehmensverantwortung sollte entsprechend ausgedehnt werden, um die Beschäftigten zu befähigen, die von ihnen geforderte Flexibilität erfolgreich umzusetzen.

Gemäß den gesetzlichen Grundlagen endet die Verantwortung eines Arbeitgebers für die Arbeitnehmer mit der Beendigung des Beschäftigungsverhältnisses. In der Folge werden dann meistens Sozialpläne verhandelt, die eine finanzielle Entschädigung für den Arbeitsplatzverlust vorsehen. Lediglich in höheren Unternehmenshierarchien sind Vereinbarungen in den Arbeitsverträgen geläufig, die im Falle der Kündigung eine Outplacement-Beratung vorsehen. Eine allgemeine Orientierung auf aktive Sozialpläne, die konkrete Beratungsangebote beinhalten, muss in Zukunft stärker unterstützt und befördert werden. Der nachhaltige Erfolg einer Intervention kann jedoch nur gewährleistet werden, wenn sie den gesamten beruflichen Transitionsprozess von der Entlassungsankündigung bis zur Wiederbeschäftigung umfasst. Dies wird auch dem entlassenden Unternehmen nützen, weil es auch von denjenigen als positives Signal verstanden wird, die nach einem Personalabbauprozess im alten Unternehmen verbleiben („survivors-of-layoffs").

Ein solches Konzept von Transitionsberatung kann Phasen von Arbeitslosigkeit verringern oder sogar ganz vermeiden. Dabei sollte es nicht allein dem entlassenden Unternehmen überlassen sein, welche Form und welcher Umfang von Beratung angeboten wird. Ein solch umfassendes Verständnis von Corporate Social Responsibility erfordert eine Unternehmenskultur, welche die Notwendigkeit von mehr Flexibilität als Chance mit einbezieht und sie nicht als Bedrohung erscheinen lässt, um so diejenigen effektiv zu unterstützen, von denen diese Flexibilität gefordert wird.

9.4.5 Bildung regionaler Netzwerke zur Effizienzsteigerung beruflicher Transitionsberatung

Die unterschiedlichen sozialen Akteure – Beschäftigte, Arbeitgeber, Verwaltung, politische Instanzen – können den gegenwärtigen Veränderungen nur mittels intensiver Kooperation effektiv begegnen. Beispielhafte Modelle für solche Kooperation und Vernetzung liegen bereits vor; sie sollten systematisch analysiert werden hinsichtlich ihrer Übertragbarkeit auf andere Kontexte und Regionen.

Es ist offensichtlich, dass keiner der sozialen Akteure (Gewerkschaften, Arbeitgeber, Arbeitsverwaltungen) den neuen Herausforderungen, welche die gegenwärtigen Arbeitsmarktveränderungen mit sich bringen, isoliert begegnen kann. Die Beschäftigten müssen hierauf vorbereitet werden – was Aufgabe der Unternehmen ist, aber auch des gesamten Aus- und Weiterbildungssektors. Aufgrund der eingeschränkten Vorhersagbarkeit der Veränderungen auf dem Arbeitsmarkt ist ein einzelner Arbeitgeber allein nicht in der Lage, nachhaltige Strategien zur Beschäftigungssicherung zu entwickeln. Der Arbeitsmarktpolitik hingegen mangelt es häufig an langfristigen Perspektiven und einer systematischen Verzahnung von aktiven und passiven Unterstützungsformen.

Vor diesem Hintergrund erlangen Netzwerke in zweifacher Hinsicht besondere Bedeutung. Einerseits ist es erforderlich, dass die sozialen Akteure generell verstärkt zusammenarbeiten, um die Systeme sozialer Unterstützung (weiter) zu entwickeln. Dies schließt die Definition wechselseitiger Verantwortlichkeiten mit ein sowie die Etablierung eines Gleichgewichtes der unterschiedlichen Anforderungen, welche die verschiedenen Rollen der sozialen Akteure mit sich bringen. Hierfür ist ein kontinuierlicher Austausch unabdingbar, in dessen Rahmen positive Erfahrungen gesammelt werden können – als Voraussetzung für die Etablierung eines Vertrauensverhältnisses. Aus diesem Grund sollten solche Netzwerke an bestehende Kooperationsstrukturen angebunden und, wo nötig, von unabhängigen Mediatoren unterstützt werden.

Damit Netzwerke erfolgreich entstehen und funktionieren können, müssen darüber hinaus Strukturen und Verfahren entwickelt werden, die deren Management und Monitoring in angemessener Weise sicherstellen. Die Zusammenarbeit in Netzwerken erfordert zusätzliche Aufwendungen und Kompetenzen, und Netzwerke müssen auf unterschiedlichen Ebenen angesiedelt werden.

Eine noch konkretere, kurzfristige Zusammenarbeit in Netzwerken ist erforderlich, wenn es um die Entwicklung und Durchführung konkreter Maßnahmen der Transitionsberatung geht. Angesichts der Schwierigkeiten, vor denen Arbeitnehmer in solchen Situationen stehen, sollten sie sich nicht mit unterschiedlichen Institutionen gleichzeitig befassen müssen. Der Zugang zu Information, Unterstützung und Beratung sollte systematisch verknüpft werden, um allen Betroffenen eine möglichst einfache Orientierung zu ermöglichen. Und obwohl die Beratungskonzepte in den einzelnen Ländern unterschiedlich weit entwickelt sind, finden sich in verschiedenen Ländern Beispiele, wie Transitionen effektiver gestaltet und erleichtert werden können. Die Belastung für den Einzelnen, auch in finanzieller Hinsicht, kann auf diese Weise abgemildert werden, indem Synergieeffekte genutzt werden, wo sonst häufig eher eine Konkurrenzsituation vorherrscht. Hier gilt es, Finanzierungsmodelle zu entwickeln, welche die Kosten auf private und öffentliche Quellen angemessen verteilen.

9.4.6 Verbesserung der Qualifikation von Beratern und Qualitätskontrolle von Interventionen

Gegenwärtig verfügen die im Kontext beruflicher Transitionen tätigen Berater über ein sehr heterogenes Qualifikations- und Erfahrungsprofil. Dies – sowie ihre praktische Tätigkeit – gilt es zu vereinheitlichen und zu evaluieren, damit die Beratung standardisierten Qualitätskriterien genügt. Gleichzeitig müssen die Konzepte in Richtung eines allgemeinen Ansatzes von Laufbahnberatung ausgeweitet werden.

Der Beruf des Outplacement-Beraters ist noch verhältnismäßig jung, und die Berater verfügen über sehr unterschiedliche Ausbildungen und Erfahrungshintergründe. Formen der Qualitätskontrolle ihrer Ausbildung und ihrer praktischen Arbeit gilt es zu entwickeln. Dies wird dazu beitragen, dass berufliche Transitionsberatung im Rahmen von Personalabbauprozessen eine größere Akzeptanz gewinnt. Des Weiteren muss dieser Ansatz über die enge Konzeption des traditionellen Outplacements hinausgehen in Richtung einer umfassenderen Berufslaufbahnberatung und eines Laufbahnmanagements.

9.4.7 Erfolgreiche Elemente beruflicher Transitionsberatung

Bislang mangelt es an systematischen Evaluationen von Outplacement-Interventionen. Aus Sicht der Betroffenen, der jeweiligen Berater und externer Experten werden allerdings bestimmte Elemente der Beratung benannt, die einen Transitionsprozess positiv beeinflussen bzw. in der Nachbetrachtung positiv bewertet werden.

Obwohl sich Outplacement-Beratung als umfassendes Beratungskonzept inzwischen etabliert hat und weit verbreitet ist, fehlt es an systematischer Evaluation. Dennoch liegen umfassende Erfahrungen vor aus der Einzel- und Gruppenberatung, aus intern sowie extern organisierten Beratungsprozessen, aus dem klassischen Outplacement und aus Maßnahmen, die bei Massenentlassungen Teil eines ausgedehnten Rahmenkonzeptes waren. Insofern erscheint es gerechtfertigt, aus den Aussagen von (ehemaligen) Teilnehmern solcher Maßnahmen wie auch jenen von involvierten Experten Erfolgskriterien abzuleiten. Diese lassen sich in zwei Kategorien einteilen:

a) Systeme der Unterstützung

Diese Kategorie umfasst Beratungsanteile, die es zu integrieren gilt – zugeschnitten auf die individuellen Bedürfnisse der Teilnehmenden:

- *Psychologische Unterstützung:*
  Eine nachhaltig sinnvolle Neuorientierung erfordert es, dass den Betroffenen zunächst Zeit eingeräumt wird, um die Entlassungserfahrung zu bewältigen. Hier gilt es, mit negativen Gefühlen umzugehen, und oft wird Unterstützung benötigt, um ein positives Selbstwertgefühl neu aufzubauen. Hierbei ist es von besonderer Bedeutung, dass die Beratung auf die individuellen Bedürfnisse zugeschnitten wird.
- *Finanzielle Unterstützung:*
  Eine erfolgreiche berufliche Neuorientierung erfordert in der beruflichen Transitionsphase finanzielle Sicherheit. Ohne ökonomischen Druck sollte den Betroffenen Zeit und Raum gegeben werden, um sich beruflich umzuorientieren und gezielt eine berufliche Perspektive zu entwickeln.
- *Techniken der Stellensuche:*
  Grundlegende Fertigkeiten müssen entwickelt werden für die Aktualisierung von Bewerbungsunterlagen und – allgemeiner – eine aktive Auseinandersetzung mit den Arbeitsmarktanforderungen. Eine sorgfältige Vorbereitung hierauf ist unverzichtbar, wenn die Wiederbeschäftigung von Dauer sein soll und der neue Arbeitsplatz sowohl dem individuellen Qualifikationsprofil als auch den persönlichen Präferenzen entsprechen soll.

b) Systematische Verbindung unterschiedlicher Unterstützungselemente

Es ist unerlässlich, dass die oben beschriebenen Beratungselemente systematisch aufeinander bezogen werden. Ihre jeweilige Gewichtung verändert sich im Verlauf der Beratung, und sie können für die Betroffenen von unterschiedlicher Bedeutung sein.

Diese systematische Verknüpfung bezieht sich gleichfalls auf die Kombination von individueller Unterstützung und Gruppenberatung. Die Einbeziehung beider Angebote – in je spezifischen Phasen und Anteilen des Beratungsprozesses – steigert die Effizienz der Maßnahmen und ermöglicht sowohl eine Konzentration auf jeden einzelnen Teilnehmer als auch den Austausch von unterschiedlichen Erfahrungen sowie gegenseitige Unterstützung und Rückmeldung.

Schließlich muss noch ein weiterer Aspekt berücksichtigt werden: Es ist unverzichtbar, dass jede Intervention evaluiert wird und dass die weitere Entwicklung von Maßnahmen auf einer systematischen Analyse ihrer Effekte aufbaut. Diese beziehen sich einerseits auf Wiederbeschäftigungsquoten; sie müssen jedoch auf Kriterien wie Qualität und Nachhaltigkeit der neuen Beschäftigung ausgedehnt werden; und es müssen gleichfalls Effekte auf Seiten der Teilnehmer berücksichtigt werden, die über den aktuellen Transitionsprozess hinausgehen, z. B. eine Erweiterung von Bewältigungsstrategien der Teilnehmer und die Erhöhung von Beschäftigungsfähigkeit im Allgemeinen.

9.4.8 Angemessene Informations- und Kommunikationsstrategien bei Umstrukturierungen von Unternehmen

Rechtzeitige und umfassende Informationen sind in der Phase der Umstrukturierung wesentlich, um die Ungewissheit und Unsicherheit der Beschäftigten zu verringern. Desinformation und Unsicherheit kann zu Erfahrungen des Kontrollverlusts führen, die die erforderliche proaktive Einstellung gegenüber den beruflichen Veränderungen hemmen und sich auch negativ auf diejenigen auswirken, die im Unternehmen verbleiben.

Im Hinblick auf alle bisher genannten Punkte ist es von wesentlicher Bedeutung, dass sowohl innerhalb von Unternehmen als auch zwischen den verschiedenen Akteuren offen über anstehende Umstrukturierungen kommuniziert wird. Dies ist für Formen von Unterstützung ebenso von Bedeutung wie für die berufliche Transition insgesamt. Häufig halten Unternehmer Informationen bei Umstrukturierungen zurück, was zu Gerüchtebildung führt und die Unsicherheiten der Beschäftigten im Prozess der Umstrukturierung weiter verstärkt. Wird Information spät oder nur unvollständig gegeben oder erscheint sie inkorrekt, mangelt es ihr häufig an Glaubwürdigkeit. Sind die Beschäftigten von den Entwicklungen im Unternehmen ausgeschlossen, dann wird dies als Kontrollverlust erlebt, was sich negativ auf die

Transition auswirkt – einer Phase, in der die Beschäftigten sich jedoch aktiv engagieren sollen.

In diesem Zusammenhang müssen widersprechende Interessen berücksichtigt werden. Arbeitgeber können gute Gründe haben, Informationen zurückzuhalten – angesichts möglicher Wettbewerbsnachteile und mit Rücksicht auf die Aktionäre. Die Beschäftigten hingegen müssen zeitnah informiert werden; sie sehen sich der unvorhergesehenen Notwendigkeit beruflicher Neuorientierung gegenüber, die nicht nur ihr weiteres Berufsleben nachhaltig beeinflusst, sondern auch in ihr Privatleben hineinwirkt.

Eine umfassende Corporate Social Responsibility wird dieser Konfliktsituation gerecht werden und sowohl Arbeitgeber- als auch Arbeitnehmerinteressen berücksichtigen müssen. Dabei muss es vor allem darum gehen, Gerüchtebildung entgegen zu wirken, weil diese die Umstrukturierung behindern und Konflikte schüren. Es gilt, eine Atmosphäre zu schaffen, die es den Beschäftigten ermöglicht, sich aktiv zu beteiligen. Hierzu müssen präventive, pro-aktive Konzepte und Interventionen entwickelt werden.

9.4.9 Implementierung von Transitionsberatung auf verschiedenen Ebenen

Innerhalb der europäischen Debatte wird ein vergleichbarer rechtlicher Rahmen benötigt, um grundlegende Rechte von Arbeitnehmern in Personalabbauprozessen länderübergreifend sicherzustellen. Solch ein Rahmen kann jedoch nur als eine Grundvoraussetzung betrachtet werden. Um zu einem gemeinsamen Verständnis über notwendige Maßnahmen zu gelangen und um diese auf die jeweils spezifischen Umstände zuzuschneiden, bedarf es weiterer Formen der Implementierung.

Die einzelnen Europäischen Staaten unterscheiden sich erheblich bezüglich der arbeitsrechtlichen Regelungen im Zusammenhang mit betrieblichen Umstrukturierungen. Innerhalb der hier gesetzten Grenzen gibt es jedoch eine Reihe von Möglichkeiten, die es im Rahmen nationaler Gesetzgebung erlauben, individuelle Lösungen für Unternehmen zu erarbeiten, z. B. die Einbeziehung professioneller Beratung in Transfersozialplanmaßnahmen sowie die Herstellung eines Ausgleichs zwischen beraterischer und finanzieller Entschädigung. Es sollte stärker darum gehen, vorhandene Möglichkeiten auf nationaler Ebene auszuschöpfen als primär erweiterte, europaweite Regulierungen zu entwickeln. Die Erfahrungen aus Belgien und den Niederlanden bieten wertvolle Hinweise guter Praxis in der Anwendung beruflicher Transitionsberatung. Ob diese neuen Konzepte bereits in rechtliche Forderungen überführt werden sollten oder ob solche sich stärker an Beispielen guter Praxis orientieren sollten, kann erst diskutiert werden, wenn mit dieser ersten Phase der Implementierung ausreichend Erfahrungen gesammelt wurden. Allerdings muss langfristig eine gemeinsame europäische Basis geschaffen werden hinsichtlich einer finanziellen Absicherung sowie eines gemeinsamen Verständnisses von Arbeitnehmerrechten und einer Balance zwischen unterschiedlichen Interessen und Beratungsansprüchen.

a) Beschäftigungsrichtlinien der Europäischen Kommission
Diese sollten einen allgemeinen Rahmen bei der Unterstützung von Arbeitnehmern in beruflichen Transitionen darstellen – bezogen auf finanzielle Unterstützung und Beratung sowie auf ein angemessenes Abwägen zwischen beidem. Allgemeiner formuliert sollen diese Richtlinien die Staaten ermutigen, neue Strategien zu entwickeln, um den Herausforderungen, die sich aus zunehmender Flexibilisierung ergeben, erfolgreich zu begegnen.

b) Verhaltenskodizes
Unternehmen sollten sich selbst zu einer Unternehmenspolitik verpflichten, die eine angemessene Unterstützung der Beschäftigten im Kontext betrieblicher Umstrukturierung und die Förderung und Sicherstellung ihrer Beschäftigungsfähigkeit vorsieht. Hierbei sollten Unternehmensverbände sowie -netzwerke mit einbezogen werden. Dies sollte nicht allein dem Gesetzgeber überlassen werden, sondern sollte sich vorrangig aus einer positiven Unternehmenspraxis und -erfahrung heraus entwickeln.

c) Gesetzgebung auf verschiedenen Ebenen
(z.B. Arbeits- bzw. Tarifrechte)
Neue Gesetzesinitiativen auf europäischer Ebene können den Rahmen für eine ausgedehnte Unterstützung von Beschäftigten in beruflichen Transitionen darstellen und damit einheitliche Wettbewerbsbedingungen innerhalb Europas schaffen. Gleichzeitig sollten jedoch die schon vorhandenen gesetzlichen Möglichkeiten ausgeschöpft werden, um bereits innerhalb der bestehenden Rahmenbedingungen die Voraussetzungen für Transitionsberatung aktiv zu nutzen.

d) Stärkung positiver Beispiele
Es gilt, eine Kultur zu entwickeln, die offen wird für den Austausch von Ansätzen „guter Praxis“ zwischen Unternehmen. Diese Beispiele guter Praxis können durch Soziale Audits überprüft und prämiert

Literatur

[1] De Witte H (1999) Job insecurity and psychological well-being: Review of the literature and exploration of some unresolved issues. European Journal of Work and Organizational Psychology 8(2):155–177
[2] Gazier B (1999) Employability: Concepts and policies. European Commission
[3] Hofmann W (2001) Outplacement – Chancen und Potentiale eines Konzepts gegen drohende Erwerbslosigkeit. In: Zempel J, Bacher J, Moser K (Hrsg) Erwerbslosigkeit: Ursachen, Auswirkungen und Interventionen. Leske + Budrich, Opladen, S 322–344
[4] Kieselbach T (1998) Die Verantwortung von Organisationen bei Personalentlassungen: Berufliche Transitionen unter einer Gerechtigkeitsperspektive. In: Bickle G (Hrsg) Ethik in Organisationen – Konzepte, Befunde, Praxisbeispiele. Hogrefe, Göttingen, S 233–250
[5] Lombriser R, Uepping H (Hrsg) (2001) Employability statt Jobsicherheit: Personalmanagement für eine neue Partnerschaft zwischen Unternehmen und Mitarbeitern. Luchterhand, Neuwied
[6] Mayrhofer W (1989) Trennung von der Organisation. Vom Outplacement zur Trennungsberatung. Deutscher Universitäts-Verlag, Wiesbaden

Präventive Handlungsbedarfe und Gestaltungsmöglichkeiten im Kontext der neuen Arbeitsmarktpolitik

U. Pröll

Zusammenfassung. *Die neue Arbeitsmarktpolitik der Bundesregierung zielt auf grundlegende Strukturveränderungen an der Schnittstelle von Beschäftigungssystem und Arbeitsmarkt. Durch die Förderung atypischer Erwerbsformen (Personal-Service-Agenturen, Ich-AGs und Mini-Jobs) und Reformen der Arbeitsförderung und Arbeitsvermittlung (Job-Center-Konzept, Arbeitslosengeldgeld II usw.) soll das Prinzip „Fordern und Fördern" radikalisiert und die Integration in den ersten Arbeitsmarkt erleichtert werden.*

Alle Anzeichen deuten darauf hin, dass dies zu einem beschleunigten Wachstum von „flexibler Unterbeschäftigung" führt und damit Risiken sowohl für die Qualität der Arbeit wie die Gesundheit der betroffenen Arbeitskräfte birgt. Dringend erforderlich sind deshalb wirksamere Gestaltungs- und Präventionsansätze vor allem für flexible Beschäftigungsformen wie Zeitarbeit, Selbstbeschäftigung und geringfügige Beschäftigung. Notwendig ist außerdem eine engere Verzahnung von Arbeitsförderung und Arbeitsvermittlung mit Prävention und Gesundheitsförderung. Für beide Felder werden präventionsstrategische Handlungsoptionen vorgestellt.

10.1 Einleitung

Die auf die Empfehlungen der Hartz-Kommission gestützten arbeitsmarktpolitischen Reformen der rot-grünen Bundesregierung verfolgen zwei Hauptanliegen: Sie zielen zum einen auf die Öffnung des ersten Arbeitsmarktes durch ein erweitertes Angebot an Beschäftigungsformen jenseits bzw. unterhalb des klassischen Normalarbeitsverhältnisses. Zugleich soll durch den Umbau der staatlichen und kommunalen Arbeitsförderung nach dem Job-Center-Modell deren Qualität und Effizienz gesteigert werden. Veränderte Anreiz- und Sanktionsmechanismen sollen die Verweildauer in Arbeitslosigkeit senken und die rasche Wiederbesetzung von Arbeitsplätzen erleichtern [1].

Unter den Rahmenbedingungen wirtschaftlicher Stagnation, anhaltender Massenarbeitslosigkeit, fortschreitender Deregulierung und Globalisierung führt diese Arbeitsmarktpolitik zu nachhaltigen Veränderungen der Arbeitsmarktstrukturen, Beschäftigungsbedingungen und Arbeitsbeziehungen in Deutschland, deren Konturen sich schon heute deutlich abzeichnen. Vorliegende Forschungsergebnisse, vor allem aus Staaten mit bereits stark deregulierten und flexibilisierten Arbeitsmärkten, deuteten seit längerem darauf hin, dass eine marktradikale, nur auf quantitative Beschäftigungseffekte zielende *work fare policy* eine Reihe höchst bedenklicher sozialer und gesundheitlicher Nebenwirkungen haben kann. So sind unter flexiblen Arbeits- und Erwerbsformen gesundheitskritische Konstellationen häufig anzutreffen, wachsende Selbstregulationsanforderungen, Erfahrungen ökonomischer Unsicherheit und Desintegrationsrisiken sind zu beobachten. Die organisatorischen und personalen Ressourcen der Betroffenen zur nachhaltigen Bewältigung dieser Anforderungen sind dagegen oft unzureichend [17].

Kritische Beobachter sehen darin erhebliche Risiken für Public Health, Innovationsbereitschaft, gesellschaftliche Kohäsion, Demokratie und Zivilgesellschaft [1, 11] (vgl. auch die Beiträge im Abschnitt 2 dieses Readers). Am Syndrom der „arbeitenden Armen“ lassen sich solche pathogenen Regelkreise besonders anschaulich rekonstruieren [4]. Und so hat die Gemeindepsychologie genügend Anlass, sich mit den sozialen und gesundheitlichen Folgekosten von Unterbeschäftigung auseinander zu setzen [2, 3, 7].

Dieses Spannungs- und Gestaltungsfeld zwischen (neuer) Arbeitsmarktpolitik und einer an Prävention und Gesundheitsförderung orientierten arbeitsweltbezogenen Gesundheitspolitik ist Gegenstand dieses Beitrags. Empirische Anknüpfungspunkte sind zum einen die durch die Arbeitsmarktreform gezielt geförderten „flexiblen“ Beschäftigungsoptionen Mini-Job, Ich-AG und Personal-Service-Agentur (s. Abschn. 2), andererseits das neue Konzept der Arbeitsmarktintegration, in dessen Mittelpunkt das Modell des Job-Centers steht (s. Abschn. 3). Der Schwerpunkt liegt jeweils auf den präventionsstrategi-

[1] Vgl. dazu den Beitrag von W. Eichhorst und U. Walwei in diesem Band.

schen Aspekten[2]; eine detaillierte Beschreibung der einzelnen Instrumente ist ebenso wenig möglich wie eine Diskussion des Forschungsstandes zum Zusammenhang von Arbeitsmarkt- und Gesundheitsrisiken. Beide Themenfelder werden in anderen Beiträgen dieses Readers ausführlicher behandelt.

10.2 Integration in Erwerbsarbeit durch neue Beschäftigungsoptionen: Mini-Job, Ich-AG und Personal-Service-Agentur

Ein zentrales Maßnahmenbündel der „Hartz-Kommission" zielte darauf, im Segment flexibler Erwerbsformen *zusätzliche Beschäftigungsoptionen* einzurichten, die eine Brücke in den ersten Arbeitsmarkt bilden sollen. Die Namen der Instrumente sind längst in aller Munde: „Personal-Service-Agentur" (PSA), „Mini-Job" und „Ich-AG" (Existenzgründungszuschuss) sollen innerhalb der Erwerbsmuster Zeitarbeit, geringfügige Beschäftigung und Kleingründungen (Wieder-) Eintritte in den ersten Arbeitsmarkt bzw. das Erwerbsleben erleichtern. Gut zwei Jahre nach Beginn der Implementation zeigt sich nun, dass diese Module die in sie gesetzten arbeitsmarktpolitischen Effizienz-Erwartungen in sehr unterschiedlichem Maße erfüllen und je spezifische Bedarfe an gesundheitlicher Prävention erzeugen.

10.2.1 Mini-Job

Die Mini-Job-Regelung erleichtert geringfügige Beschäftigung durch Anhebung der Einkommensgrenze auf 400 € (bzw. 800 €) sowie sozialversicherungsrechtliche und steuerliche Subventionen. Intention waren Anreize zur Schaffung zusätzlicher Arbeitsplätze für geringer qualifizierte Arbeitskräfte, speziell im Bereich haushaltsnaher Dienstleistungen.

Seit Einführung der Mini-Jobs ist ein rasantes Wachstum geringfügiger Beschäftigung von 4,2 Mio. (BA-Statistik 12/2003) auf 6,55 Mio. im März 2005 [13] zu verzeichnen. In Privathaushalten sind aber lediglich ca. 102 000 Mini-Jobber/innen (nach dem Haushaltscheck-Verfahren) gemeldet. Die sehr bescheidenen arbeitsmarktlichen Nettoeffekte im eigentlichen Zielsektor werden offensichtlich durch großflächiges Splitting „vollwertiger" Arbeitsplätze konterkariert.

---

[2] Empirischer Hintergrund ist eine Konzeptstudie, die im Auftrag der Bundesanstalt für Arbeitsschutz und Arbeitsmedizin zwischen Mitte 2003 und Mitte 2004 erstellt wurde [18].

Gleichzeitig wurde – insbesondere mit den Neuregelungen im SGB II (Arbeitslosengeld II usw.) – die Akzeptanzschwelle für Mini-Jobs gesenkt. Geringfügige Beschäftigung wird damit für immer mehr Individuen und „Bedarfsgemeinschaften" zu einem unverzichtbaren Bestandteil der grundlegenden *Existenzsicherung*. Das Risiko latenter Unterbeschäftigung, geringfügiger Mehrfachbeschäftigung[3] und schließlich des *Working-poor*-Syndroms nimmt deutlich zu. Mini-Jobs können so zur Transformation von Arbeitslosigkeit in Unterbeschäftigung beitragen, die arbeits-, sozial- und gesundheitspolitisch kaum weniger problematisch ist [2]. Andererseits bedeutet die Substitution regulärer Beschäftigungsverhältnisse durch geringfügige einen strukturellen Verlust an Arbeitsqualität.

Aus präventionspolitischer Perspektive erfordert die neue Arbeitsmarktpolitik dringend Maßnahmen, die die Qualität der Arbeit auch bei Unterbeschäftigung auf einem sozio-kulturell akzeptablen Niveau sichern und verhindern, dass aus Mini-Jobs zunehmend Billig-Jobs und aus Mini-Jobbern „arbeitende Arme" werden. Wichtige strategische Ansatzpunkte könnten dabei sein:

- Geringfügige Beschäftigung spielt sich überwiegend im Arbeitsmarktsegment einfacher, manuell geprägter und kleinbetrieblich organisierter Dienstleistungen ab. Dort sind jedoch die Arbeitsbedingungen häufiger als in anderen Beschäftigungsfeldern durch ein Missverhältnis von überdurchschnittlichen Arbeitsbelastungen und Gesundheitsgefährdungen (Mängel bei Arbeitssicherheit, Ergonomie und Arbeitshygiene) und Defiziten hinsichtlich Information und Unterweisung, präventionsfachlicher Betreuung, Beteiligung und Mitsprache gekennzeichnet. Diese typische Kombination von Gestaltungsmängeln und fehlenden präventiven Ressourcen bei Mini-Jobs erfordert erhöhte Aufmerksamkeit des Arbeitsschutzsystems, das seine Zielgruppenkonzepte, Interventionsstrategien und Instrumente stärker auf Beschäftigte und Arbeitsplätze im Bereich der „Randbelegschaften" und der Niedriglohnsektoren ausrichten muss.
- Die betriebliche Sozialintegration der geringfügig Beschäftigten ist eine wichtige Dimension von Gesundheit und Wohlbefinden. Prävention schließt deshalb die Vermeidung jeglicher Form faktischer oder symbolischer Marginalisierung ein, z.B. durch Ausgrenzung aus betrieblichen Kommunikationsroutinen und Sozialangeboten.

---

[3] Die Zahl der geringfügigen *Beschäftigungsverhältnisse* lag Ende März 2005 bei ca. 7015 Mio., so dass rechnerisch etwa 463 000 Personen einen zweiten Mini-Job ausübten.

- Gerade in den für Mini-Jobs typischen flexiblen Arbeitszeitarrangements ist ein Mindestmaß an *Arbeitszeitsouveränität*, d.h. an individueller Kontrolle über Flexibilität, eine wichtige Voraussetzung für Stressbegrenzung und *work life balance*. Durch den unter Mini-Jobbern weit überdurchschnittlichen Anteil an Frauen mit typischen familiären Zusatzbelastungen gewinnt diese Anforderung spezifisches Gewicht. Dies setzt auf Seiten der Arbeitgeber sowohl personalwirtschaftliches Hintergrundwissen als auch die Bereitschaft zu einem fairen Interessenausgleich bei der Arbeitszeitgestaltung voraus. Da sich viele Verteilungskonflikte um „Flexibilitätsgewinne" bei Mini-Jobs außerhalb der Reichweite formeller Betriebsverfassung und Interessenvertretung abspielen, gewinnen allgemein anerkannte arbeitskulturelle Standards „anständiger Beschäftigung" zunehmende Bedeutung.
- Unterbeschäftigte tragen ein hohes Risiko der Chronifizierung ihrer prekären Erwerbssituation und damit einer langfristigen Verschlechterung ihrer Arbeitsmarktchancen. Um solche „Prekäritäts-Spiralen" zu entschärfen, müssten auch für geringfügig Beschäftigte Angebote zur Förderung der Beschäftigungsfähigkeit auf niedriger Schwelle erreichbar sein. Ein modernisiertes System der Arbeitsförderung darf gerade seine in Unterbeschäftigung „integrierten" Klienten nicht vernachlässigen.

Eine Möglichkeit zur Verknüpfung der genannten Gestaltungsansätze könnte das für geringfügige Beschäftigung entwickelte Modell der *Dienstleistungsagenturen* bieten. Dabei handelt es sich um Pools, die nachfragende Haushalte von der Arbeitgeberfunktion entlasten und für ihre Beschäftigten soziale und ökonomische Vorzüge betriebsförmiger Arbeit nutzen: Stabilisierung der Beschäftigung, Möglichkeiten zur Ausweitung des Arbeitszeitvolumens und besserer Zugang zu betrieblichen Sozialleistungen (Weiterbildung etc.) [21].

10.2.2 Ich-AG

Die Einführung des Existenzgründungszuschusses (ExGZ) nach §421 (1) SGB III sollte Arbeitslosen zusätzliche Anreize für die Aufnahme einer selbstständigen Erwerbstätigkeit („Ich-AG") geben. Die maximal dreijährige, degressive Förderung ist unabhängig von Entgeltersatzansprüchen eine Pflichtleistung der Arbeitsförderung. Auf besondere Anforderungen an die Fundierung der Geschäftskonzepte der Antragsteller wurde zu Beginn weitgehend verzichtet. Nach sehr schlechten Erfahrungen mit der Bestandsfestigkeit der Neugründungen ist inzwischen ein fachkundig geprüfter Geschäftsplan obligatorisch. Im Mai 2005 befanden sich ca. 236 000 Personen in der laufenden Förderung. Das anfangs fast exponentielle Bestandswachstum scheint sich nun spürbar zu verlangsamen. Ursache sind nicht allein weniger Zugänge, sondern vor allem eine mit dem Alter des Bestandes wachsende Abbrecherquote: Allein am Übergang vom ersten in das zweite Förderjahr scheiden 40% aus, Experten prognostizieren für das Jahr 2005 ein Anwachsen der Abbrüche auf 90 000 [4].

Deutlicher noch als das Übergangsgeld zielt die Ich-AG-Regelung auf Personenkreise, die mit einer selbstständigen Existenz – schon auf dem Niveau von Selbstbeschäftigung und Kleinstgründungen – ein sehr hohes persönliches Risiko eingehen. Die für nachhaltige Selbstständigkeit unverzichtbaren personalen und sozialen Ressourcen wie Selbstvertrauen, Zielstrebigkeit, unternehmerische Kompetenz, soziale Unterstützung und Vernetzung usw. [6, 14] sind oft prekär und nicht selten durch längere Arbeitslosigkeit zusätzlich geschwächt. Die dieser Zielgruppe zugänglichen Märkte sind vergleichsweise arm an „Nischen" und in der Regel durch starke Anbieter- und Preiskonkurrenz geprägt.

Nachhaltig erfolgreiche Selbstständigkeit erfordert deshalb ein fein abgestuftes System des Assessment und der Kompetenzentwicklung nach entrepreneurialen Kriterien [19], das wiederum mit gesundheitspräventiven Inhalten verzahnt werden müsste. Hier sind wir zunächst mit einem generellen Manko der deutschen Präventionspolitik konfrontiert, die selbstständige Erwerbspersonen als persönlich Betroffene nicht systematisch im Blick hat: Weder der institutionelle Arbeitsschutz noch die betriebliche Gesundheitsförderung zeigen bislang ein nennenswertes Interesse an der gesundheitlichen Prävention Selbstständiger, obwohl über die Hälfte Ein-Personen-Unternehmen betreiben und weitere vier von zehn kleine Unternehmen bzw. Teams leiten. Die systematischen Arbeiten an einem nationalen Präventionskonzept für diese Majorität selbstständig Erwerbstätiger haben gerade erst begonnen [5]. In den bisherigen Überlegungen und Diskussionen zeichnen sich folgende strategische Hebel ab:

---

[4] Pressemitteilung der Gründerinitiative Überbrückungsgeld und der TU Dresden vom 4. 2. 2005 (www.ueberbrueckungsgeld.de/presse)

[5] Der Rat der Europäischen Union hat 2003 allen Mitgliedstaaten empfohlen, bis 2007 nationale Handlungskonzepte zur Verbesserung des Gesundheitsschutzes und der Sicherheit Selbstständiger bei der Erwerbsarbeit auszuarbeiten. Mit der nationalen Koordination ist die Bundesanstalt für Arbeitsschutz und Arbeitsmedizin beauftragt worden, die dabei durch ein Verbundprojekt „selbstständig & gesund" unter Leitung der Sozialforschungsstelle Dortmund unterstützt wird (www.selbststaendig-und-gesund.de).

- Kritische Selbstevaluation von individuellen Gründungsprojekten, Umsteuern auf weniger riskante Alternativen oder gezielte Entwicklung defizitärer Humanressourcen (z. B. über Gründerzentren, Coaching, Mentoring, Lotsen-Modelle).
- Vermittlung persönlicher Präventionskompetenz: Selbstaufmerksamkeit, Stressbewältigung, Entspannung, Work-Life-Balance, Basiswissen in pragmatischer Ergonomie und Arbeitssicherheit.
- Unterstützung der sozialen Integration durch interessen- und lageorientierte Netzwerke und Gemeinschaften, Selbstorganisation und Selbsthilfe.
- Soziale Grundsicherung: Vom aktuellen Erwerbsstatus unabhängige Zugangsmöglichkeit zu Renten- u. Krankenversicherung sowie Arbeitsförderung.
- Krisenprävention bzw. -intervention durch Verzahnung ökonomischer und psychosozialer Aspekte in Beratungsprozessen.

Für Gründungen aus der Arbeitslosigkeit bietet das Modell *regionaler Gründerzentren* einen viel versprechenden Ausgangspunkt [12]. Dieser Projekttypus ist offen für unterschiedliche Gründungsziele und Gründertypen, die erst im Prozessverlauf segmentiert und bedarfsgerecht gefördert werden. Im Unterschied zur klassischen, klientelspezifischen Gründungsberatung (z. B. der Kammern) organisieren sie mehrstufige Prozesse der Selbstselektion und Selbstentwicklung, zumeist unter Einschluss gruppendynamischer Lernkonzepte. Auf der Nahtstelle zwischen Arbeitslosigkeit und Selbstständigkeit könnten die Zentren wichtige Funktionen des Profilings und der individuellen Unterstützung im Rahmen des Fallmanagements übernehmen.

Darüber hinaus haben die in Gründerzentren bevorzugten Förderphilosophien und Beratungskonzepte (Selbstentwicklung, Selbstmanagement usw.) eine hohe Kompatibilität mit modernen Präventionsansätzen. Sie bieten damit günstige Voraussetzungen für die *Integration von Inhalten der Gesundheitsförderung und der psycho-sozialen Stabilisierung* in schwierigen beruflichen Übergangsphasen.

In den Angeboten müssen allerdings die sozio-ökonomischen Besonderheiten der Zielgruppe „Ich-AG" konzeptionell berücksichtigt werden. Dies betrifft vor allem die Erfahrung längerer Arbeitslosigkeit, ein tendenziell niedrigeres Bildungsniveau und eine vermutlich geringere autodidaktische Kompetenz. Angesichts der typischen, eher manuell geprägten Geschäftsfelder von Ich-AGs sollte auch die Bedeutung „klassischer" Arbeitsschutzthemen (Unfallverhütung, Ergonomie, Arbeitshygiene) nicht unterschätzt werden.

10.2.3 Personal-Service-Agenturen

Mit dem Instrument der Personal-Service-Agenturen (PSA) sollen die „Klebeeffekte" kommerzieller Zeitarbeit genutzt werden, um Arbeitslose mit relativ hoch entwickelter Arbeits- und Beschäftigungsfähigkeit in den ersten Arbeitsmarkt zu integrieren. Dazu überstellen die Arbeitsagenturen Arbeitslose an spezielle Niederlassungen von Zeitarbeitsunternehmen oder Beschäftigungsträgern, die gegen Entgelt eine „vermittlungsorientierte Arbeitnehmerüberlassung" betreiben und durch Qualifizierungsmaßnahmen die Beschäftigungsfähigkeit fördern sollen.

Bei kaum einem Instrument des Hartz-Programms dürften inzwischen Erwartungen und Erfolg so weit auseinander klaffen wie bei den PSA. Einst als „Herzstück" der Reformen apostrophiert, zeigte schon bald die Insolvenz des größten Anbieters (Maatwerk) die Grenzen des Versuchs, positive Modellerfahrungen aus den 90er Jahren großflächig in die neue Arbeitsmarktpolitik zu integrieren. Lediglich 20 000 Teilnehmer wies der PSA-Bestand im Mai 2005 auf, und dies mit fallender Tendenz.

Auch unter dem Aspekt der gesundheitlichen Prävention stellt das PSA-Modell ein heikles Unterfangen dar, weil es mit einer Vielzahl struktureller Qualitätsdefizite der Zeitarbeit konfrontiert ist [16, 18]. So betonen Präventionsstrategien für die Zeitarbeit vor allem folgende Ziele und Maßnahmen:

- Verbesserung der funktionellen und sozialen Integration von Leiharbeitskräften in den Kundenunternehmen, insbesondere durch eine effektivere Unterweisung, Einarbeitung und Betreuung durch Führungskräfte und (soweit vorhanden) Fachkräfte des Arbeits- und Gesundheitsschutzes;
- Beanspruchungsoptimierung durch eine anforderungsgerechte Personaldisposition. Dies erfordert vor allem eine verbesserte Kommunikation zwischen Disponenten und Kundenunternehmen auf der Basis personalwirtschaftlicher (und ansatzweise auch arbeitswissenschaftlicher) Grundkenntnisse sowie größere Betriebserfahrung und -präsenz der Disponenten.

Erste Evaluationsergebnisse [9, 10] signalisieren einen hohen Anteil persönlich bedingter Kündigungen an den vorzeitigen Austritten aus PSA sowie relativ geringe „Klebeeffekte", d.h. direkt auf die Überlassung zurückführbare Beschäftigungsverhältnisse. Dies deutet auf ein Missverhältnis von Selektions- und Integrationsleistungen hin. Sollen jedoch PSA mehr als ein „Härtetest auf Arbeitsbereitschaft" sein, muss dies Konsequenzen für die Rekrutierung und Förderung der PSA-Belegschaften haben. Fehlselektionen sollten dabei soweit wie möglich vermieden werden, nicht zuletzt weil diese mit gravierenden psycho-sozialen Belastungen für die betroffenen Beschäftigten (Frustrationen, Demotivierung, Resignation, Selbstabwertung usw.) verbunden sein können.

Das Verfahren der Personalauswahl für die PSA müsste zunächst gewährleisten, dass nur Arbeitslose mit reellen Chancen auf die Bewältigung der hohen überfachlichen Anforderungen der Zeitarbeit (Flexibilität, Mobilität, Belastbarkeit) aufgenommen werden. Dies setzt ein sorgfältiges „Profiling" seitens der Arbeitsagenturen voraus, das durch gemeinsam mit den PSA-Betreibern geführte Bewerbungsgespräche und (bei Bedarf) weitere Eignungsfeststellungen im Vorfeld der Überlassung ergänzt werden müsste.

PSA-Beschäftigung als Integrationsprozess erfordert ein *begleitendes kooperatives Fallmanagement* mit einer Rückmeldeschleife, die individuelle Probleme bei Kundeneinsätzen sensibel anzeigt. So besteht eine Chance, bei arbeitsbezogenen Konflikten präventiv einzugreifen, bevor diese zu massiven Kundenbeschwerden und Entlassungen aus der PSA führen. Erforderlich ist also eine enge klientenorientierte Zusammenarbeit zwischen den Fallverantwortlichen der Arbeitsagentur (bzw. in deren Auftrag tätigen Dienstleistern) und den PSA-Disponenten.

Die vertragliche Verpflichtung der PSA-Träger zur Qualifizierung der Beschäftigten in verleihfreien Zeiten bietet einen geeigneten Ansatzpunkt für die systematische Verknüpfung mit allgemeinen Inhalten der Prävention und Gesundheitsförderung. Dabei könnten auch Arbeits- und Gesundheitsschutzkenntnisse einsatzbezogen aufgefrischt werden. Darüber hinaus sollten Maßnahmen der Gesundheitsförderung (Ernährung, Bewegung, Stressbewältigung) bis zu Kognitions- und Verhaltenstrainings zur allgemeinen psychosozialen Stabilisierung im Integrationsprozess angeboten werden. Hierzu wären vordringlich standardisierte, effizienz- und qualitätsgesicherte Trainings-Module zu Prävention und Gesundheitsförderung zu entwickeln, die nach dem Werkzeugkasten-Prinzip mit verschiedenen Inhalten der fachlichen Qualifizierung kombiniert werden können. Um ihre Anwendung wirksam zu stimulieren, sollten die Qualifizierungsauflagen für PSA nicht nur optionalen Charakter haben und Inhalte der Prävention und Gesundheitsförderung obligatorisch einschließen.

10.3 Vernetzung von Arbeitsmarktintegration und Gesundheitsförderung

Auf einer zweiten Großbaustelle der neuen Arbeitsmarktpolitik wird das institutionelle Gefüge von *Arbeitsvermittlung und Arbeitsförderung* grundlegend umgebaut [20]. Die Wiedereingliederung in den ersten Arbeitsmarkt soll deutlich beschleunigt, Drehtüreffekte, Maßnahme-Karrieren und Langzeit-Arbeitslosigkeit sollen wirksam reduziert werden. Instrumente sind eine radikale Neudefinition der Handlungserwartungen an Arbeitslose (verstärkte Eigenaktivität und Vermittlungskooperation, materielle Sanktionen und Anreize, verschärfte Zumutbarkeitskriterien) in Verbindung mit einer Effizienzsteigerung öffentlicher Arbeitsvermittlung (besseres Kooperations- und Schnittstellenmanagement über Job-Center, verbessertes Profiling und Fallmanagement usw.).

Auch die im Bereich der Arbeitsförderung und Arbeitsvermittlung eingeleiteten Reformen, die sich am Grundmodell der „Job-Center" orientieren [8, 15], drängen auf eine intensivere Vernetzung mit Prävention und Gesundheitsförderung. Die „Kunden" nunmehr als „Koproduzenten" von Integrationsleistungen einzuspannen, konfrontiert diese mit erheblichen Anforderungen an Eigeninitiative und Eigenaktivität. Eine leidlich robuste seelische Gesundheit – möglichst wenig beeinträchtigt durch die psycho-sozialen Belastungen des Arbeitsplatzverlustes – wird damit zu einer stillschweigenden Voraussetzung für den Gesamterfolg der Arbeitsmarktintegration. Die Vorverlegung des Interventionszeitpunktes (veränderte Meldevorschriften) und die methodische Verfeinerung des Integrationsprozesses durch Tiefenprofiling, Fallmanagement, Integrationspläne usw. eröffnen allerdings auch erweiterte Spielräume für gesundheitliche Interventionen.

Bei der Ausgestaltung der institutionellen Schnittstelle zwischen Arbeits- und Gesundheitsförderung sind allerdings noch eine Reihe von Problemen zu lösen [5, 18]:

- Noch fehlen weitgehend die alltagstauglichen Praxiskonzepte und Instrumente für ein „gesundheitsintegratives Fallmanagement".
- Standardisierung, Qualitäts- und Effizienzsicherung von Interventionsmodulen für die psycho-soziale Stabilisierung Erwerbsloser, die sich nach dem Baukastensystem für unterschiedliche Zielgruppensegmente und Integrationspfade einsetzen lassen, stehen ebenfalls erst am Anfang.
- Auch die Erprobung praktikabler Kooperationsformen zwischen den Trägern der Arbeits- und Beschäftigungsförderung (Arbeitsagenturen, Kommunen, Integrations-Dienstleister) und institutionellen Akteuren des Gesundheitssystems (Kranken- und Rentenver-

sicherung, niedergelassene Ärzte) muss noch erheblich forciert werden.

Inzwischen wurden erste Modellprojekte aufgelegt, die ausbaufähige Lösungsansätze für diesen Problembereich produzieren wollen[6].

Effektive Prävention und Gesundheitsförderung funktionieren nur nach den Prinzipien der ganzheitlichen Personorientierung, der Einsicht und der freiwilligen Kooperationsbereitschaft. Ihrer bloß zweckgerichteten Instrumentalisierung für Arbeitsmarktintegration und Beschäftigungsfähigkeit sind dadurch Grenzen gesetzt. Daher scheint es problematisch, Ziele und Maßnahmen der Gesundheitsförderung mit gleicher Verbindlichkeit in Integrations- und Hilfepläne aufzunehmen wie z.B. solche zur beruflichen Qualifizierung und Integration. Eine Kopplung mit Sanktionen wäre hier wohl ausgesprochen kontraproduktiv.

Akteure der Arbeitsförderung zeigen verständlicher Weise ein besonderes Interesse, Problemgruppen mit manifesten gesundheitlichen Vermittlungshemmnissen (häufig Langzeitarbeitslose) in den Arbeitsmarkt zu integrieren, was zu einer Überbetonung rehabilitativer und kurativer Interventionen führt. Die *primäre* Prävention der psychosozialen Risiken von Arbeitsplatzverlusten und kritischen Arbeitsmarktübergängen – z.B. durch kognitiv-verhaltenstherapeutische Trainings und Krisenintervention – darf darüber jedoch nicht vernachlässigt werden.

Je gesundheitssensitiver der Integrationsprozess ansetzt, desto differenziertere und anspruchsvollere Kriterien ergeben sich für das qualitative Profil der Arbeitsplätze, über die eine nachhaltige Arbeitsmarktintegration erfolgen soll. Der Bestand an Arbeitsplätzen mit solch hoher „Integrationsqualität" hinsichtlich Arbeitsbedingungen, Beschäftigungsstabilität, Gratifikationsgerechtigkeit und Sozialintegration scheint jedoch eher rapide abzunehmen. Dies verweist auf den

10

[6] Auf Initiative des MASGF Brandenburg wurde eine Machbarkeitsstudie zur Vorbereitung eines landesweiten Modellvorhabens „Arbeitsmarktintegration mit gesundheitsbezogener Ausrichtung" (AmigA) durchgeführt, der nun eine Interventionsstudie folgen soll. In Nordrhein-Westfalen haben der Bundesverband der Betriebskrankenkassen und das Land NRW 2005 gemeinsam ein Modellprojekt „Gesundheitskompetenzförderung zur Verbesserung der Beschäftigungsfähigkeit Arbeitssuchender" gestartet, das ähnliche Ziele verfolgt. Mentor dieser Initiative ist das Forum „Arbeitsmarktintegration und Gesundheitsförderung" des Deutschen Netzwerks für Betriebliche Gesundheitsförderung" (DNBGF), das sich Ende 2003 konstituierte, um spezifische präventive Handlungsbedarfe im Kontext der Arbeitsmarktpolitik zu thematisieren (vgl. dazu die Arbeitsplattform dieses Forums unter http://www.dnbgf.org/download//DNBGF_Arbeitsmarkt.pdf).

engen gesundheitspolitischen Zusammenhang von Arbeitsmarkt- und Arbeitsqualitätspolitik. Letztere müsste gerade im Segment atypischer sowie gering qualifizierter bzw. entlohnter Beschäftigung wirksamer greifen, dem die neue Arbeitsmarktpolitik ja eine so wichtige Brückenfunktion bei der Arbeitsmarkintegration zuweist.

10.4 Ausblick

Die bisherige Implementation der neuen arbeitsmarktpolitischen Instrumente ist nach Auffassung vieler Beobachter durch den prioritären Umbau von Organisations- und Infrastrukturen der Arbeitsverwaltung, die Umsetzung neuen Leistungsrechts (ALG II) usw. in eine bürokratische Schieflage geraten, die zu einer faktischen Überbetonung des Prinzips „Fordern" geführt hat. Qualitativ-innovative Potenziale der Arbeitsmarktreformen im Sinne einer besseren individuellen Förderung von Arbeitsmarktchancen, sind dagegen bislang nicht mit gleicher Kraft realisiert worden. Die zur großflächigen und zuverlässigen Umsetzung einer modernen Integrationspraxis erforderlichen Personalstrukturen, Kooperationsmuster, professionellen Standards, Leitideen und Instrumente werden vermutlich noch eine Weile auf sich warten lassen. An die Entfaltung dieser innovativen Qualität knüpfen sich jedoch die meisten der in diesem Beitrag diskutierten (primär-)präventiven Handlungsoptionen. Umso wichtiger scheint es, die Chancen eines „konvergenten Lernprozesses" von Arbeitsmarktintegration und Gesundheitsprävention konsequent zu nutzen. Die Existenz erster Projektverbünde, Entwicklungspartnerschaften und übergreifender Vernetzungsansätze zur Integration von Arbeits- und Gesundheitsförderung geben dafür ein positives Signal. Eine hilfreiche politische Weichenstellung wäre darüber hinaus die – leider unterbliebene – Einbeziehung der Arbeitslosenversicherung in die Regelungen des geplanten Präventionsgesetzes gewesen, mit der der Rahmen für die nun erforderlichen Entwicklungsarbeiten hätte stabilisiert werden können.

Auf die Institutionen des Arbeitsschutzes (*Berufsgenossenschaften* und *Arbeitsschutzverwaltungen*) kommen bei der Sicherung von Mindestarbeitsbedingungen – vor allem im Mini-Job- und Niedriglohn-Milieu – wichtige und zugleich schwierige Beratungs- und Überwachungsaufgaben zu, zumal in diesem Umfeld eine tragfähige subsidiäre Arbeitsschutz-Infrastruktur häufig fehlt. Die absehbaren Entwicklungen im Beschäftigungssystem lassen auch Befürchtungen zu, dass die Arbeitsqualität in vielen Erwerbssektoren bis hinter die Mindestvorschriften des technischen, sozialen und medizinischen Arbeitsschutzes bedroht ist. Gerade in dieser Situation scheint es wichtig, öffentlichen Kontroll- und Sanktionsdruck (als ultima ratio) gegen solche Grenzverletzungen als elementare Sozialstaatsfunktion glaubhaft aufrecht zu erhalten.

Die vorliegende Literatur liefert Hinweise dafür, dass das „allgemeine Arbeitsmarktklima" den Zusammenhang von Arbeit und Gesundheit bis weit in das Normalarbeitsverhältnis hinein beeinflusst (vgl. die Beiträge im zweiten Abschnitt dieses Bandes). Alle Anzeichen sprechen dafür, dass durch die aktuellen Arbeitsmarktentwicklungen das bislang durch den „psychologischen Vertrag" geschützte Vertrauen auf einigermaßen sichere Beschäftigungsperspektiven erschüttert ist und in weit verbreitete Verunsicherung einmündet. Eine wichtige Aufgabe der Arbeitsmarkt- und Sozialpolitik von Staat und Kommunen liegt nun darin, neue Ankerpunkte für Sicherheitserfahrungen in Bezug auf den Arbeitsmarkt und das Beschäftigungssystem zu installieren. Dabei muss es vor allem gelingen, individuelle Flexibilität durch zeitgemäße Formen sozialer Sicherheit zu belohnen und zu unterstützen. Im Umgang mit solchen Flexicurity-Konzepten kann an positive Erfahrungen anderer Länder (wie Dänemark, Niederlande, Finnland u.a.) angeknüpft werden.

Literatur

[1] Aronsson G (1999) Influence of worklife on public health. Scandinavian Journal of Work, Environment and Health 25 (6):597–604

[2] Dooley D (2003) Unemployment, Underemployment, and Mental Health: Conceptualizing Employment Status as a Continuum. American Journal of Community Psychology (32) 1/2:9–20

[3] Dooley D, Catalano R (2003) Introduction to Underemployment and Its Social Costs. American Journal of Community Psychology (32) 1+2:1–7

[4] Ehrenreich B (2001) Arbeit poor. Unterwegs in der Dienstleistungsgesellschaft. Antje Kunstmann, München

[5] Elkeles Th, Kirschner W (2004) Arbeitslosigkeit und Gesundheit. Interventionen durch Gesundheitsförderung und Gesundheitsmanagement – Befunde und Strategien. Wirtschaftsverlag NW, Bremerhaven

[6] Ertel M, Pröll U (2004) Arbeitssituation und Gesundheit von „neuen Selbstständigen" im Dienstleistungssektor. ARBEIT (1):3–15

[7] Fryer D (2001) Zurück in die Zukunft. Eine gemeindepsychologische Annäherung an Arbeitslosigkeit und psychische Gesundheit. In: Zempel J, Bacher J, Moser K (Hrsg.) Erwerbslosigkeit. Ursachen, Auswirkungen und Interventionen. Psychologie sozialer Ungleichheit, Bd 12. Leske & Budrich, Opladen, S 415–435

[8] Hackenberg H (Hrsg) (2003) Lokale Arbeitsmarktpolitik – Stand und Perspektiven. Gesamtbericht des Netzwerkprojektes „BiK – Beschäftigungsförderung in Kommunen" der Bertelsmann Stiftung. Bertelsmann Stiftung, Gütersloh

[9] Jahn E, Windsheimer A (2004a) Personal-Service-Agenturen: In der Fläche schon präsent. IAB-Kurzbericht (1)
[10] Jahn E, Windsheimer A (2004b) Personal-Service-Agenturen: Erste Erfolge zeichnen sich ab. IAB-Kurzbericht (2)
[11] Karasek RA (1999) Labour partizipation and work quality policy: outline of an alternative economic vision. Ferrie J, Marmot M, Griffiths J, Ziglio E (eds) Labour Market Changes and Job Insecurity: A Challenge for Social Welfare and Health Promotion. WHO: Kopenhagen, pp 169–240
[12] Kritikos A, Wießner F (2004) Existenzgründungen: Die richtigen Typen sind gefragt. IAB-Kurzbericht (3)
[13] Minijob-Zentrale der Bundesknappschaft (2005) Aktuelle Entwicklungen im Bereich der geringfügigen Beschäftigung, Ausgabe 1 (März), Bochum (www.minijob-zentrale.de)
[14] Müller GF (2003) Analyse unternehmerischer Persönlichkeitspotenziale. Zeitschrift für Management 9:14–18
[15] MWA-NRW [Ministerium für Wirtschaft und Arbeit in Nordrhein-Westfalen] (Hrsg) (2003) Initiativ in NRW. JobCenter. Organisation und Methodik (Zweiter Zwischenbericht zum Projekt „Sozialagenturen"). Düsseldorf
[16] Pietrzyk U (2003) Flexible Beschäftigungsform „Zeitarbeit" auf dem Prüfstand. ARBEIT (2):112–130
[17] Pröll U, Gude D (2003) Gesundheitliche Auswirkungen flexibler Arbeitsformen. Risikoabschätzung und Ableitung von Gestaltungsanforderungen (Schriftenreihe der Bundesanstalt für Arbeitsschutz und Arbeitsmedizin; Fb 986). Wirtschaftsverlag NW, Bremerhaven
[18] Pröll U (2004) Arbeitsmarkt und Gesundheit. Gesundheitliche Implikationen der neuen Arbeitsmarktpolitik und Ansätze zur Prävention (Schriftenreihe der Bundesanstalt für Arbeitsschutz und Arbeitsmedizin; Fb 1018). Wirtschaftsverlag NW, Bremerhaven
[19] Seidel M (2002) Existenzgründung aus der Arbeitslosigkeit. Erfolgsfaktoren und ihre prozesshafte Entstehung und Veränderung. Deutscher Universitäts-Verlag, Wiesbaden
[20] Trube A, Wohlfahrt N (2002) Prämissen und Folgen des Hartz-Konzepts. Die Modernisierung des Sozialstaats durch Arbeitszwang und Selektion nach erwerbstätiger Nützlichkeit. In: Gerntke A, Klute J, Troost A; Trube A (Hrsg) Hart(z) am Rande der Seriosität? Die Hartz-Kommission als neues Modell der Politikberatung und -gestaltung? Kommentare und Kritiken. Lit-Verlag, Münster, S 117–121
[21] Weinkopf C (2003) Mini-Jobs und Gleitzone – Rettungsanker für zusätzliche Beschäftigung? IAT-Report (5)

Arbeitslosigkeit, Gesundheit und ungenutzte Potenziale von Prävention und Gesundheitsförderung

A. Hollederer

Zusammenfassung. *Einer von vier Arbeitslosen hat im Schnitt vermittlungsrelevante gesundheitliche Einschränkungen in der offiziellen Arbeitslosenstatistik. Der Anteil von Arbeitslosen mit gesundheitlichen Einschränkungen nimmt mit der Dauer der Arbeitslosigkeit schon nach drei Monaten rapide zu, insbesondere bei Männern. Arbeitslose mit gesundheitlichen Einschränkungen haben im Vergleich zu den übrigen Arbeitslosen öfter so genannte multiple Vermittlungshemmnisse wie höheres Alter, niedrigeren Bildungsgrad oder fehlende Berufsausbildung. Im Bereich der Zielberufe „Ordnungs- und Sicherheitsberufe" ist der Anteil der Arbeitslosen mit gesundheitlichen Einschränkungen mit rund zwei Dritteln am höchsten. In amtlichen Gutachtenverfahren diagnostizierte der Ärztliche Dienst der Bundesagentur für Arbeit am häufigsten Erkrankungen des Muskel-Skelett-Systems und psychische Erkrankungen. Die Arbeitsunfähigkeitsfälle von Arbeitslosen werden zwar von BA und Krankenkassen erfasst, die Daten bislang aber wenig genutzt. Die wechselseitigen Beziehungen zwischen Arbeitslosigkeit und Gesundheit zeigen einen spezifischen Bedarf für Prävention und Gesundheitsförderung auf. Die Ansätze zur arbeitsmarktintegrativen Gesundheitsförderung sind aber bisher kaum entwickelt. Die Potenziale sollten von Krankenkassen und der Bundesagentur für Arbeit zukünftig ausgeschöpft werden.*

11.1 Zusammenhänge von Arbeitslosigkeit und Gesundheit

Macht Arbeitslosigkeit krank oder Krankheit arbeitslos? Oder trifft beides zu? Die Wechselbeziehungen zwischen Arbeitslosigkeit und Gesundheit sind sehr vielfältig. Zahlreiche repräsentative Vergleichsuntersuchungen der letzten Jahrzehnte zeigen signifikante Gesundheitsunterschiede zwischen Arbeitslosen und Beschäftigten in einer beträchtlichen Breite von Krankheiten auf. Dazu gehören auch bevölkerungsbezogene Erhebungen wie der Mikrozensus [9], das sozioökonomische Panel [13, 34], die nationalen Gesundheitssurveys [11, 44] oder regionale Befragungen wie sächsische Längsschnittstudien [14, 20]. Die beobachteten Unterschiede sind insbesondere bei psychischen Krankheitsbildern sehr groß.

Nach einer Sekundäranalyse von Krankenkassendaten durch Grobe und Schwartz [19] ist in allen Diagnosekapiteln des ICD-10 für Arbeitslose eine höhere Inanspruchnahme von Krankenhausleistungen im Vergleich zu Beschäftigten zu beobachten (gemessen in Krankenhaustagen). Die Zahl der Krankenhaustage lag bei arbeitslosen Männern 2,3-mal und bei arbeitslosen Frauen 1,7-mal höher als bei berufstätigen Männern bzw. Frauen (bezogen auf 1000 Versicherungsjahre und altersstandardisiert). In der Diagnosegruppe „psychische Störungen“ war die Differenz der stationären Krankenhaustage zwischen Arbeitslosen und Berufstätigen mit Abstand am größten.

In der Forschung wird seit langem diskutiert,

- ob Krankheit zu Arbeitslosigkeit führt (Selektionshypothese) und sich Gesundheitsunterschiede z. B. dadurch erklären, dass Personen mit Gesundheitsproblemen als Beschäftigte eher entlassen werden bzw. als Arbeitslose mit geringerer Wahrscheinlichkeit Stellenangebote erhalten, oder
- ob sich die Arbeitslosigkeit selbst als eigenständiger Faktor ursächlich auf individuelle Gesundheitszustände auswirkt (Kausationshypothese).

Nach heutigem Forschungsstand bestehen durch Arbeitslosigkeit verursachte Effekte parallel zu Selektionsprozessen auf dem Arbeitsmarkt. Vor allem Befunde zu einem erhöhten Sterberisiko sprechen für einen kausalen Effekt der Arbeitslosigkeit auf Gesundheitszustände von Arbeitslosen. In einer aktuellen Studie von Grobe [45] wuchs das Mortalitätsrisiko der Versicherten mit steigender Arbeitslosigkeit in der Längsschnittbetrachtung kontinuierlich an. Das Risiko der Sterblichkeit war in einem dreijährigen Beobachtungszeitraum von 2000 bis 2003 bei Arbeitslosen mit mindestens 2 Jahren Arbeitslosigkeit (in den Jahren 1998 bis 2000) um den Faktor 3,8 erhöht, im Vergleich zu durchgängig Beschäftigten. Die Untersuchung ergab außerdem einen deutlichen Zusammenhang zwischen Erkrankungsrisiko und Arbeitslosigkeitsdauer, auch unter statistischer Berücksichtigung von Vorerkrankungen. Die Ergebnisse bestätigen frühere Analysen süddeutscher AOK-Daten von Schach et al. [36], die ebenfalls ein erhöhtes Sterberisiko für Arbeitslose in ähnlicher Größenordnung feststellten. Auch international wird ein höheres Risiko für vorzeitige Mortalität von Arbeitslosen in multivariaten Längsschnittstudien beobachtet und der Arbeitslosigkeit dabei ein unabhängiger kausaler Effekt zugeschrieben [29, 30, 40].

Die Befunde decken sich mit dem Resultat der Meta-Analysen von Murphy und Athanasou [31] sowie von Paul und Moser [32], demzufolge langandauernde Arbeitslosigkeit vor allem psychische Krankheiten verursachen oder verschlimmern kann. Diese beiden Arbeiten werteten bisherige internationale Längsschnittstudien im Verfahren der Meta-Analyse aus. Sie sichteten und bewerteten den jeweiligen Forschungsstand und vereinheitlichten die bisherigen statistischen Untersuchungsergebnisse. Murphy und Athanasou [31] bezogen 16 vergleichende Studien bis 1995 ein. Die Analysen von Paul, Hassel und Moser [46] stützten sich bereits auf 87 international publizierte Untersuchungen. Beide Meta-Analysen beschränkten sich auf die Wirkungszusammenhänge von Arbeitslosigkeit und psychischem Befinden und zogen eine Vielzahl von Indikatoren zur psychischen Gesundheit heran. Die Meta-Analysen ergaben, dass sich bei einem Statuswechsel von Beschäftigung in Arbeitslosigkeit die psychische Gesundheit oft verschlechtert. Umgekehrt verbessert sich das seelische Befinden meist sehr, wenn Arbeitslose wieder erwerbstätig werden. Paul und Moser [32] sehen eine zusätzliche Unterstützung der Kausationshypothese durch die longitudinalen Untersuchungen bei Schülern. Sie stellten im Übergang von Schule in Beschäftigung eine Verbesserung der psychischen Gesundheit der Befragten fest. Im Falle des Eintritts in Arbeitslosigkeit konstatierten sie eine Verschlechterung der psychischen Gesundheit.

Die Schlussfolgerungen von Murphy und Athanasou [31] und Paul, Hassel und Moser [46] stehen in großer Übereinstimmung mit Einschätzungen der Autoren früherer Überblicksarbeiten. Diese vorangegangenen Reviews markieren die Forschungsentwicklung, waren aber meist nur deskriptiv angelegt (z. B. [10, 15, 27, 42, 43]).

Aus Public-Health-Perspektive sind die genannten kausalen Bezüge nicht überraschend. Schon vor rund 200 Jahren stellten führende deutsche Sozialmediziner Zusammenhänge von Krankheiten und sozialen Verhältnissen her. Hier sei auf die Lebenswerke von Persönlichkeiten wie Johann Peter Frank, Christoph Wilhelm Hufeland oder Rudolf Virchow hingewiesen. Seit langem werden Auswirkungen von Armut auf die Entstehung und Verbreitung von Krankheiten diskutiert. Sehr bekannt wurde die 1933 veröffentlichte Untersuchung über „Die Arbeitslosen von Marienthal“ bzw. über die Folgen langer Arbeitslosigkeit als eine der ersten großangelegten Gemeindestudien in der Sozialforschung [24]. Zu Beginn der 80er Jahre löste der „Black-Report“ aus England erneut weltweit Diskussionen über soziale Ungleichheit und Gesundheit aus [2]. Nach wie vor ist Arbeitslosigkeit einer der Hauptrisikofaktoren für Armut – aktuelle Tendenz in Deutschland „stark steigend“. Laut dem 2. Armuts- und Reichtumsbericht der deutschen

Bundesregierung [7, S. 118] erhöhte sich die Armutsrisikoquote von Arbeitslosen von 33,1% in 1998 auf 40,9% in 2003.

Etliche Theorien versuchten in der Vergangenheit die Wirkung der Arbeitslosigkeit auf den Gesundheitszustand zu erklären, von denen hier nur drei elaborierte Ansätze erwähnt werden können. Große Beachtung fand die Theorie der „psychischen Deprivation" von Jahoda [25, 26]. Jahoda schrieb die Bedeutung des Arbeitsplatzes und der psychosozialen Folgen des Verlustes seinen manifesten und latenten Funktionen zu. Ein Arbeitsplatz sichert nicht nur den Verdienst, sondern strukturiert latent Tagesabläufe, ermöglicht soziale außerfamiliäre Kontakte, setzt Ziele, ist identitätsstiftend und aktiviert. Auf diesen Erklärungsansatz baut das so genannte „Vitaminmodell" von Warr [41] auf, das die komplexen Beziehungen von psychischer Gesundheit mit einer Reihe von Umweltfaktoren beschreibt. So wie „Vitamine" die körperliche Gesundheit beeinflussen, wirken sich verschiedene Faktoren in jeweiliger Dosis auf die psychische Gesundheit aus. In diesem Modell berücksichtigt Warr [41] die Qualität der Umgebungsbedingungen anhand von neun Einzelfaktoren: Möglichkeiten der Kontrolle, der Nutzung seiner Fähigkeiten, zur Zielsetzung, zu interpersonellen Kontakten und Abwechslung, Transparenz der Umwelt, Verfügbarkeit von Geld, körperliche Sicherheit und mögliches Erreichen einer wichtigen sozialen Position.

Für Fryer [16] sind dagegen Menschen nicht nur abhängig und reaktiv, sondern „proaktiv". Sie planen und organisieren – intrinsisch motiviert – ein zufriedenstellendes Leben. In ihrer Handlungs-Restriktionstheorie sieht Fryer für Arbeitslose aber häufig reduzierte Handlungsspielräume und finanzielle Restriktionen, die dann zu Frustrationen führen.

Aktuell werden vier Ansätze in der Sozialepidemiologie diskutiert, um den Einfluss der Arbeitslosigkeit auf individuelle Gesundheitszustände zu erklären [3]:

1. Ökonomische Deprivation durch finanzielle Belastungen und Armut aufgrund der Arbeitslosigkeit (siehe oben).
2. Stresskonzepte mit Arbeitsplatzwegfall als stresshaftes Lebensereignis. Zum Teil wird versucht, den Stressfaktor mit gesundheitsschädigenden Verhaltensweisen wie Tabak- oder erhöhtem Alkoholkonsum zu bewältigen.
3. Devianzphänomene durch mit Arbeitslosigkeit verbundene soziale Vorurteile, Diskriminierung und Stigmatisierung.
4. Arbeitszentrierter Ansatz, der den Verlust der sozialen und psychischen Funktionen der Arbeit im Falle der Arbeitslosigkeit fokussiert.

Die Adaption dieser Theorien und der o.g. gesundheitswissenschaftlichen Befunde sind allerdings in der gegenwärtigen Arbeitslosenforschung, Beschäftigungspolitik sowie Vermittlung und Beratung von Arbeitslosen bisher gering ausgeprägt, obwohl Arbeitslose mit gesundheitlichen Einschränkungen im Schnitt deutlich schlechtere Wiedereingliederungschancen auf dem Arbeitsmarkt haben. Das Risiko für Langzeitarbeitslosigkeit ist sowohl für Arbeitslose mit anerkannten Behinderungen als auch mit anderen gesundheitlichen Einschränkungen signifikant erhöht [33, 35]. Multivariate Analysen zeigen, dass sich die gesundheitlichen Einschränkungen als ein eigenständiger Hemmfaktor für die Vermittlung von Arbeitslosen auswirken [8, 35, 39]. Auch bei der Suche nach einer neuen Arbeitsstelle sind sie eines der Haupthemmnisse [8, 22].

Anhand der Routinedaten der Arbeitslosenstatistik werden im nachfolgenden Abschnitt Arbeitslose mit vermittlungsrelevanten gesundheitlichen Einschränkungen mit den übrigen Arbeitslosen verglichen. Die Gegenüberstellung zeigt Strukturmerkmale und so genannte multiple Vermittlungshemmnisse von Arbeitslosen mit gesundheitlichen Einschränkungen auf.

11.2 Strukturmerkmale von Arbeitslosen mit gesundheitlichen Einschränkungen

Die amtliche Arbeitslosenstatistik wies Ende September 2004 einen Bestand von fast 4,3 Millionen Arbeitslosen aus. Die Arbeitsvermittler erfassen gesundheitliche Einschränkungen von Arbeitslosen, wenn sie sich auf die berufliche Tätigkeit auswirken könnten, für die die Bewerber in Betracht kommen.

Die Daten des Arbeitslosenbestands vom September 2004 eignen sich im Prinzip gut für vergleichende Untersuchungen, da im Monat September Saisoneinflüsse relativ gering sind und der Untersuchungszeitpunkt noch vor In-Kraft-Treten des vierten Gesetzes für moderne Dienstleistungen am Arbeitsmarkt lag. Dadurch sind die Vergleiche unverzerrt durch viele – bis zum Berichtszeitpunkt anhaltende – Einflussfaktoren in der Übergangsphase der Hartz-IV-Reform seit 1.1.2005 wie den Aufbau der Arbeitsgemeinschaften in geteilter Trägerschaft, die Untererfassung der Arbeitslosigkeit in optierenden Kommunen oder neue, regional uneinheitliche ärztliche Begutachtungssysteme im SGB-II-Bereich.

11.2.1 Arbeitslose nach Art der gesundheitlichen Einschränkungen, Geschlecht, Alter und Staatsangehörigkeit

Im September 2004 wurden bei über 1 Million Arbeitslosen gesundheitliche Einschränkungen (GE) registriert (Tabelle 11.1). Das entspricht rund einem Viertel des Arbeitslosenbestandes. Von ihnen gel-

Tabelle 11.1. Strukturmerkmale von Arbeitslosen mit eingetragenen gesundheitlichen Einschränkungen, September 2004

	Arbeitslose **mit** Gesundheitseinschränkungen	Arbeitslose **ohne** Gesundheitseinschränkungen	Arbeitslose **mit** Gesundheitseinschränkungen	Arbeitslose **ohne** Gesundheitseinschränkungen
	Anzahl	Anzahl	Spalten-%	Spalten-%
Arbeitslose insgesamt	1 001 118	3 255 546	100	100
Männer	607 751	1 712 595	61	53
Frauen	393 367	1 542 951	39	47
Deutsche	901 196	2 821 391	90	87
Ausländer	99 922	434 155	10	13
Angestelltenberufe	317 918	1 385 075	32	43
übrige Berufe (Arbeiter)	683 200	1 870 471	68	57
Arbeitszeit				
Vollzeit	925 279	2 943 376	92	90
Teilzeit	75 839	312 170	8	10
Berufsausbildung				
ohne abgeschlossene Berufsausbildung	369 516	1 090 189	37	33
mit abgeschlossener Berufsausbildung	631 602	2 165 357	63	67
– betriebliche Ausbildung	575 237	1 765 873	57	54
– Berufsfach-/Fachschule	36 748	166 402	4	5
– Fachhochschule	7 658	81 609	1	3
Universität	11 959	151 473	1	5
Status vor Arbeitslosmeldung				
Erwerbstätigkeit	349 111	1 666 291	35	51
Ausbildung	106 523	447 313	11	14
Nichterwerbstätigkeit	544 675	1 139 155	54	35

Tabelle 11.1 (Fortsetzung)

	Arbeitslose **mit** Gesundheitseinschränkungen	Arbeitslose **ohne** Gesundheitseinschränkungen	Arbeitslose **mit** Gesundheitseinschränkungen	Arbeitslose **ohne** Gesundheitseinschränkungen
	Anzahl	Anzahl	Spalten-%	Spalten-%
Alter				
unter 20 Jahre	7764	83006	1	3
20 bis unter 25 Jahre	46222	389281	5	12
25 bis unter 30 Jahre	59933	375790	6	12
30 bis unter 35 Jahre	74845	393946	7	12
35 bis unter 40 Jahre	114184	468377	11	14
40 bis unter 45 Jahre	148603	468186	15	14
45 bis unter 50 Jahre	163709	404520	16	12
50 bis unter 55 Jahre	200321	383158	20	12
55 bis unter 60 Jahre	167116	250388	17	8
60 bis unter 65 Jahre	18421	38894	2	1
Dauer der Arbeitslosigkeit				
unter 1 Monat	65761	358073	7	11
1 bis unter 3 Monate	109638	560540	11	17
3 bis unter 6 Monate	120898	471412	12	14
6 bis unter 12 Monate	189960	663313	19	20
1 bis unter 2 Jahre	223844	595881	22	18
2 Jahre und länger	291017	606327	29	19
Gesundheitliche Einschränkung				
Schwerbehinderte	172989	–	17	–
– GdB 80 und mehr	30140	–	3	–
– GdB 50 bis unter GdB 80	130284	–	13	–
– GdB 30 bis unter GdB 50, gleichgestellt	12565	–	1	–
GdB 30 bis unter GdB 50, nicht gleichgestellt	121242	–	12	–
übrige gesundheitliche Einschränkungen	706887	–	71	–

Quelle: Statistik-Datenzentrum der BA vom 6.1.2005, eigene Berechnungen.

ten 17 Prozent als schwerbehindert oder wurden Schwerbehinderten gleichgestellt. Bei 3% stellte das Versorgungsamt schwere Beeinträchtigungen mit einem Grad der Behinderung zwischen 80 und 100 fest. 12% der Arbeitslosen mit GE haben einen Grad der Behinderung zwischen 30 und 50 ohne Gleichstellung. Bei dem Großteil der Arbeitslosen mit GE (71%) ist kein anerkannter Grad an Behinderung, sondern eine sonstige vermittlungsrelevante gesundheitliche Einschränkung eingetragen. Hier ist zu beachten, dass Krankheit und Behinderung meist eng miteinander verbunden sind. Nach der amtlichen Schwerbehindertenstatistik geht bei 84% aller Schwerbehinderten in Deutschland die Behinderung auf eine allgemeine Krankheit zurück [38].

Die Gruppe der Arbeitslosen mit GE unterscheidet sich im September 2004 von den übrigen Arbeitslosen in einer Reihe von Strukturmerkmalen signifikant (Tabelle 11.1). Der Männeranteil der Arbeitslosen mit GE ist mit 61% deutlich höher als bei den übrigen Arbeitslosen mit 53%.

Arbeitslose mit GE sind im Durchschnitt älter. Von ihnen zählen 39% zur Altersgruppe ab 50 Jahre, von den übrigen Arbeitslosen dagegen lediglich 21%.

Nur 32% der Arbeitslosen mit GE kommen aus Angestelltenberufen, bei den übrigen Arbeitslosen sind es dagegen 43%.

Arbeitslose mit GE besitzen etwas häufiger die deutsche Staatsangehörigkeit (90 versus 87%) und suchen öfter eine Vollzeitstelle (92 versus 90%).

11.2.2 Arbeitslose mit gesundheitlichen Einschränkungen und Arbeitslosigkeitsdauer

Die aktuelle Arbeitslosigkeitsperiode dauert bei Arbeitslosen mit GE im Schnitt schon länger an. Gut die Hälfte der Arbeitslosen mit GE ist langzeitarbeitslos, bei den übrigen Arbeitslosen ist es über ein Drittel.

Der Anteil von Arbeitslosen mit GE am Bestand nimmt mit Dauer der aktuellen Arbeitslosigkeitsperiode rapide zu (Abb. 11.1). Die Rate ist bei Personen mit einer Arbeitslosigkeitsdauer von über 2 Jahren doppelt so hoch wie bei denen, die unter 1 Monat arbeitslos sind (32 versus 16%).

Arbeitslose Männer sind von dieser Entwicklung besonders betroffen. Bei einer Arbeitslosigkeitsdauer bis 1 Monat beträgt der Anteil der arbeitslosen Männer mit GE 17%. Mit anhaltender Arbeitslosigkeitsdauer steigt dieser Wert an und erreicht 24% in der Gruppe der Männer zwischen 6 und 12 Monaten Arbeitslosigkeitsdauer. Bei einer Arbeitslosigkeitsdauer von 1 bis 2 Jahren wächst der Anteil der Männer mit GE dann auf 31%. Schließlich erhöht er sich stark mit einer Dauer der Arbeitslosigkeit von über 2 Jahren auf 38%.

Diese Raten sind bei arbeitslosen Frauen durchweg niedriger als bei arbeitslosen Männern, die Entwicklungstendenz ist aber ähnlich. Insgesamt steigert sich der Anteil der arbeitslosen Frauen mit GE von

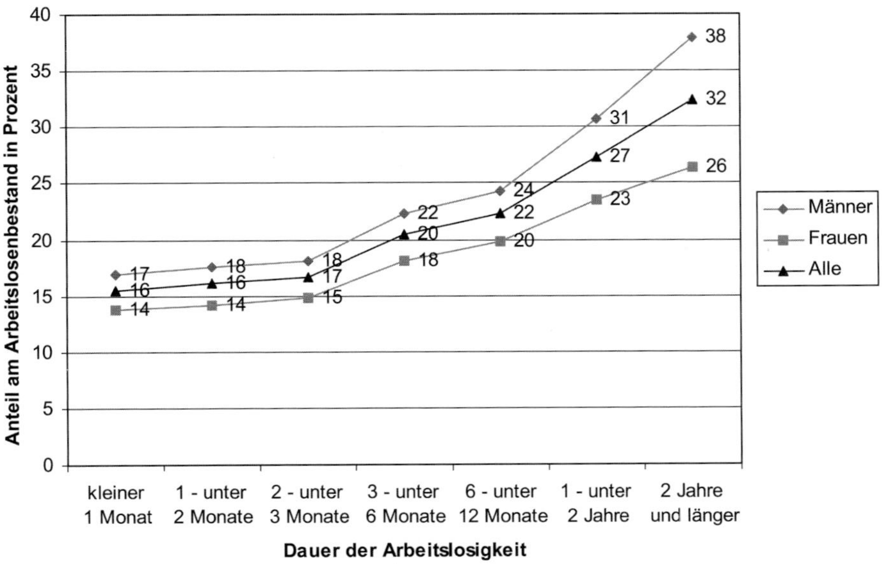

Abb. 11.1. Anteile arbeitsloser Männer und Frauen mit gesundheitlichen Einschränkungen am Arbeitslosenbestand nach Dauer der aktuellen Arbeitslosigkeitsperiode, September 2004.
Quelle: Statistik- Datenzentrum der BA vom 6.1.2005, eigene Berechnungen

14% (bei einer Arbeitslosigkeitsdauer bis 1 Monat) bis auf 26% (bei einer Arbeitslosigkeitsdauer von über 2 Jahren). Die Anteile bei Frauen mit einer Arbeitslosigkeitsdauer von unter 12 Monaten liegen um ca. 3 bis 4 Prozentpunkte unter den äquivalenten Werten der Männer. Danach vergrößert sich der Abstand erheblich.

11.2.3 Arbeitslose nach Ziel- bzw. Ausbildungs- und Herkunftsberufe

Lediglich 2% der Arbeitslosen mit GE absolvierten eine Hochschulausbildung gegenüber 8% bei den übrigen Arbeitslosen. Außerdem fehlt Arbeitslosen mit GE etwas häufiger als bei den übrigen Arbeitslosen eine abgeschlossene Berufsausbildung (37 versus 33%). In den Statistiken der BA werden die Berufskennziffern der Zielberufe von Arbeitslosen erfasst, auf die sich die Aktivitäten der Arbeitsvermittlung richten. Die Zielberufe können identisch mit den Ausbildungs- und Herkunftsberufen, aber auch unterschiedlich sein. Ein Vergleich Arbeitsloser mit GE und übrigen Arbeitslosen nach Berufszugehörigkeit (Tabelle 11.2) ergibt erwartungsgemäß einen über dem Durchschnitt liegenden Anteil an Arbeitslosen mit GE bei „Hilfsarbeitern ohne Tätigkeitsangaben“ und „sonstigen Arbeitskräften ohne nähere Tätigkeitsan-

Tabelle 11.2. Zielberufe nach Anteil an Arbeitslosen mit gesundheitlichen Einschränkungen und Schwerbehinderung, September 2004

	Alle Arbeitslosen	darunter Arbeitslose mit gesundheitlichen Einschränkungen		darunter Schwerbehinderte	
	Anzahl	Anzahl	Zeilen-%	Anzahl	Zeilen-%
Berufsabschnitt (Berufskennziffer)					
Ordnungs-, Sicherheitsberufe (79–81)	190 721	125 990	66	25 481	13
Sonstige Arbeitskräfte (97–99)	31 583	15 893	50	3 540	11
Bergleute, Mineralgewinner (07–09)	3 068	1 205	39	181	6
Warenprüfer, Versandfertigmacher (52)	137 054	53 177	39	9 910	7
Montierer und Metallberufe, a. n. g. (32)	113 040	39 103	35	7 441	7
Verkehrsberufe (71–74)	388 991	129 429	33	18 838	5
Hilfsarbeiter ohne Tätigkeitsangaben (53)	23 071	7 137	31	1 555	7
Holzaufbereiter, -warenfertiger, verw. Berufe (18)	13 946	3 935	28	535	4
Chemiearbeiter, Kunststoffverarbeiter (14–15)	39 917	10 139	25	1 414	4
Übrige Berufsabschnitte	3 315 273	615 110	19	104 094	3
Insgesamt	4 256 664	1 001 118	24	172 989	4

Quelle: Statistik-Datenzentrum der BA vom 06.01.2005, eigene Berechnungen

gabe". Bei knapp einem Drittel der arbeitslosen Hilfsarbeiter ohne Tätigkeitsangaben und bei der Hälfte der arbeitslosen sonstigen Arbeitskräfte sind gesundheitliche Einschränkungen registriert worden.

Am höchsten ist der Anteil allerdings im Bereich der Ordnungs- und Sicherheitsberufe (Tabelle 11.2). Zu dieser Berufsgruppe zählen die Dienst- und Wachberufe (z. B. Werkschutzleute, Wächter, Pförtner), Sicherheitswahrer (z. B. Soldaten, Polizei, Feuerwehr) sowie die Rechtswahrer und -berater (z. B. Rechtspfleger). Zwei Drittel der 190 721 Arbeitslosen dieser Zielberufsgruppe haben erfasste gesundheitliche Einschränkungen. Der Anteil ist rund dreimal so hoch wie der Durchschnittswert der anderen Berufsgruppen. 25 481 Arbeitslose der Ordnungs- und Sicherheitsberufe sind schwerbehindert oder Schwerbehinderten gleichgestellt. Der Schwerbehindertenanteil von 13% ist hier der höchste in allen Berufsabschnitten. Einer von acht Arbeitslosen mit GE wird durchschnittlich diesen Zielberufen und nochmals ca. einer von acht Arbeitslosen mit GE den Verkehrsberufen (=Berufe des Land-, Wasser- und Luftverkehrs, Lagerverwalter, Lager- und Transportarbeiter) zugerechnet.

Bei den arbeitslosen Bergleuten und Mineralgewinnern beträgt der Anteil von Arbeitslosen mit GE 39%. Die Gesamtzahl von 3068 arbeitslosen Bergleuten und Mineralgewinnern ist aber vergleichsweise niedrig. Die Zusammenhänge dürften daher vor allem regionale Bedeutung in Bergbauregionen haben.

In der Rangfolge kommen dann die Zielberufe Warenprüfer/Versandfertigmacher, die Montierer/Metallberufe sowie die Verkehrsberufe. Bei den Arbeitslosen dieser drei Berufsgruppen hat mindestens jeder Dritte gesundheitliche Einschränkungen. Dies ist überproportional häufig.

Die vorliegenden Bestandsdaten lassen aber keine gesicherten Rückschlüsse auf eventuelle Selektionen oder Kausalitäten zu und können lediglich auf Zusammenhänge hinweisen. Auffällig ist der mit Abstand höchste Anteil von Arbeitslosen mit GE bei den Ordnungs- und Sicherheitsberufen. Es liegt die Vermutung nahe, dass Arbeitslose, die ursprünglich für andere Berufe ausgebildet wurden, aufgrund starker gesundheitlicher Einschränkungen in diese Zielberufe vermittelt werden sollen. Im Bereich der Dienst- und Wachberufe könnten außerdem besondere Selektionseffekte zu diesem hohen Wert beitragen. Ein solcher Effekt würde entstehen, wenn Arbeitslose mit langjährigen gesundheitlichen Einschränkungen schon vor Eintritt der Arbeitslosigkeit innerhalb der Betriebe aus gesundheitlichen Gründen auf „Schonarbeitsplätze" dieser Berufsgruppe, z.B. im Pförtnerdienst, versetzt wurden. D.h., dieser Zielberuf wäre identisch mit dem Herkunftsberuf bzw. vorherigen Tätigkeit.

Als weiterer Selektionseffekt kommt unter Umständen hinzu, dass für Arbeitslose mit GE die Reintegration im Bereich der Ordnungs- und Sicherheitsberufe besonders schwierig ist. Möglicherweise wurden durch allgemeine Entlassungs- oder Outsourcing-Strategien der Betriebe gerade solche „Schonarbeitsplätze" entweder stark abgebaut oder von anderen Unternehmen im Auftrag übernommen, die nun vergleichsweise höhere Anforderungen an gesundheitliche Voraussetzungen zu evtl. ungünstigeren Arbeitskonditionen stellen. Hier besteht generell noch Bedarf an weitergehenden Analysen und Biografieforschung hinsichtlich Ausbildung und Berufsverläufe.

Die Arbeitsvermittlung steht hier vor einer ganz besonderen Herausforderung. Es gilt nicht nur, bei einem überproportional hohen Anteil von Arbeitslosen die gesundheitlichen Einschränkungen zu berücksichtigen. In diesem Zielberufsbereich der Ordnungs- und Sicherheitsberufe herrscht auch die höchste Arbeitslosigkeit von allen vor. Im Jahr 2004 standen den rund 190 000 Arbeitslosen mit diesem Zielberuf nur ca. 430 000 sozialversicherungspflichtig Beschäftigte der Ordnungs- und Sicherheitsberufe gegenüber [47, S. 136].

11.3 Diagnosen des Ärztlichen Dienstes der Bundesagentur für Arbeit

Krankheiten sind meist die Ursachen für gesundheitliche Einschränkungen. Ihre Diagnosen bieten mit den zugehörigen Funktionsaussagen Ansatzpunkte für Sekundär- und Tertiärprävention. Bisher gibt es aber nur wenige Informationen über Krankheitsarten und ihre Häufigkeiten bei Arbeitslosen. Die deutsche Bundesstatistik weist Arbeitslose in wichtigen nationalen Auswertungen wie der Krankheitsartenstatistik nicht gesondert aus. International stehen meist nur selbstberichtete Gesundheitsdaten von ausgewählten Arbeitslosen zur Verfügung. In repräsentativen Befragungen sind häufig die Stichproben zu klein, um Zusammenhänge von Arbeitslosigkeit und einzelnen Krankheitsgruppen im Detail aufzeigen zu können. „Gesundheitliche Einschränkungen“ werden in der Arbeitslosenforschung daher selten und meist nur als dichotomes Diskriminierungsmerkmal im Sinne von „vorhanden/nicht vorhanden“ neben vielen anderen Variablen berücksichtigt. Dabei bleibt unbeachtet, dass hinter „vermittlungsrelevanten gesundheitlichen Einschränkungen“ von Arbeitslosen eine Vielzahl von Krankheits- und Behinderungsphänomenen stehen, die

Tabelle 11.3. Funktionsdiagnosen zur Leistungsfähigkeit von Arbeitslosen in Gutachten des Ärztlichen Dienstes der BA nach Krankheitsgruppen im Jahr 2001

	Krankheiten des Muskel-Skelett-Systems und des Bindegewebes	Psychische und Verhaltensstörungen	Sonstige Krankheiten	Gesamt
Abgeschlossene Gutachten	129 912	75 162	99 180	304 254
Funktionsdiagnose	Spalten-%	Spalten-%	Spalten-%	Spalten-%
Wechsel angezeigt	55%	25%	44%	44%
nur 3 bis unter 6 Stunden belastbar	2%	5%	3%	3%
weniger als 3 Stunden belastbar	4%	32%	15%	15%
bisherige Tätigkeit unter Berücksichtigung der Gesundheit geeignet	39%	38%	38%	38%
ohne Einschränkung leistungsfähig	1%	1%	1%	1%

Quelle: Hollederer (2003 b, S. 10) [23].

sich sehr unterschiedlich auf die Leistungs- und damit auf die Vermittlungsfähigkeit am Arbeitsmarkt auswirken können.

Auswertungen der abgeschlossenen Gutachtenverfahren des Ärztlichen Dienstes der BA im Jahr 2001 (Tabelle 11.3) zeigen, dass am häufigsten bei Arbeitslosen Erkrankungen des Muskel-Skelett-Systems und psychische Erkrankungen diagnostiziert wurden [23]. Für über die Hälfte der untersuchten Arbeitslosen mit Krankheiten des Muskel-Skelett-Systems und des Bindegewebes war aus medizinischer Sicht ein Wechsel der bisherigen Tätigkeit oder des Berufs angezeigt. Bei den Arbeitslosen mit psychischen und Verhaltensstörungen trifft das nur auf jeden Vierten zu. Dafür ziehen diese Erkrankungen bei ca. jedem Dritten eine nur kurze oder gar keine arbeitszeitliche Einschränkung der Leistungsfähigkeit nach sich. Bei zwei Dritteln aller Gutachten wurden neben der Hauptdiagnose auch noch eine Zweitdiagnose festgestellt, die sich auf eine weitere Gesundheitsstörung bezog. In den gestellten Krankheitsdiagnosen spiegeln sich zum Teil auch Suchtproblematiken wider. Ein Drittel der diagnostizierten psychischen und Verhaltensstörungen hängt mit dem Konsum von psychotropen Substanzen, insbesondere Alkohol, zusammen.

11.4 Arbeitsunfähigkeitsdaten von Arbeitslosen

Die Sozialgesetzbücher II und III verpflichten die Leistungsempfänger zur Mitwirkung. Sie müssen nach dem Gesetz eine eingetretene Arbeitsunfähigkeit und deren voraussichtliche Dauer unverzüglich anzeigen und spätestens vor Ablauf des dritten Kalendertages eine ärztliche Bescheinigung über die Arbeitsunfähigkeit und deren voraussichtliche Dauer vorlegen (§ 56 SGB II und § 311 SGB III). Dauert die Arbeitsunfähigkeit länger als in der Bescheinigung angegeben, so ist der Agentur für Arbeit eine neue ärztliche Bescheinigung vorzulegen. Parallel werden die Arbeitsunfähigkeitsfälle auch bei den Krankenkassen registriert und in der Krankenkassenstatistik KG 2 zusammengeführt. Die Krankenkassen haben aber im Vergleich zur BA die vollständigeren Daten. Ein Abgleich für das Jahr 2001 [21, S. 3] ergab, dass bei den Krankenkassen mehr als doppelt so viele Arbeitsunfähigkeitsfälle erfasst wurden.

Bisher liegen nur wenige Analysen über die Arbeitsunfähigkeitsfälle und -dauern von Arbeitslosen vor ([18, 19, 21, 39] u. a.). Nach der Bundesstatistik war die durchschnittliche Dauer der Arbeitsunfähigkeitsperioden von Arbeitslosen mit rund 22 Tagen erheblich länger als die der pflichtversicherten Beschäftigten mit 13 Tagen im Jahr 2000 (BMG, KG-2-Statistik). Auch die durchschnittliche Dauer des

Krankengeldbezugs lag in diesem Jahr bei Arbeitslosen um ein Drittel höher als bei versicherungspflichtigen Beschäftigten. Die Unterschiede der fallbezogenen Arbeitsunfähigkeitsdauer erklären sich zum Teil dadurch, dass Arbeitslose bei Kurzzeiterkrankungen (z.B. der Atemwege) in geringerem Maße eine ärztliche Versorgung mit „Krankschreibung" in Anspruch nehmen und daher durchschnittlich in weniger Fällen, aber mit längeren Dauern, erfasst werden [18]. Entgegen dem allgemeinen Rückgang der Arbeitsunfähigkeitszeiten erhöhen sich aktuell die Fehlzeiten wegen psychischer Störungen bei Berufstätigen moderat und bei Arbeitslosen sehr stark [39].

Im Einzelfall geben die Meldungen zur Arbeitsunfähigkeit relevante Zusatzinformationen über die gesundheitliche Lage. Auf Systemebene könnten vulnerable Zielgruppen mit Auffälligkeiten wie einer sehr hohen Häufigkeit von Arbeitsunfähigkeitsfällen oder langen Arbeitsunfähigkeitsdauern identifiziert werden. Die Rückkehr aus Arbeitsunfähigkeit böte gegebenenfalls einen Anlass für die Einschaltung der Amtsärztlichen Dienste, um beispielsweise einer drohenden Langzeit-Arbeitsunfähigkeit entgegenzuwirken oder gegebenenfalls Leistungen zur Rehabilitation bzw. zur Teilhabe anzuregen.

Im Arbeitslosenbestand führt aber paradoxerweise die Vorlage der ärztlichen Bescheinigung über die Arbeitsunfähigkeit zu einem statistischen Statuswechsel bzw. einer Abgangsbuchung. Der arbeitsunfähig Gemeldete wird ein „nichtarbeitslos Arbeitsuchender" ab dem ersten Tag der Krankmeldung bzw. des Bekanntwerdens der Arbeitsunfähigkeit. Durch diese statistische Zählweise fehlen die Personen im offiziellen Arbeitslosenbestand, die zum jeweiligen Zeitpunkt arbeitsunfähig erkrankt sind. Dieser Bias trifft auch auf die Statistiken der Tabellen 11.1 und 11.2 sowie Abbildung 11.1 zu. Im Laufe des Jahres 2004 wurden bei der BA fast 1,3 Millionen Abgangsfälle mit dem Grund „Arbeitsunfähigkeit" verbucht [5]. Diese Vorgänge machen fast ein Fünftel der registrierten Abgänge aus Arbeitslosigkeit aus. Nach Beendigung der Arbeitsunfähigkeit wird der Status wieder statistisch den neuen Umständen angepasst und ein Zugang registriert. Im Jahr 2004 finden sich in den Zugängen an Arbeitslosen über 1 Million Bewegungen von Personen, die unmittelbar vor der Arbeitslosenmeldung den Status Arbeitsunfähigkeit besaßen [6]. Das ist einer der Hauptgründe für die großen Unterschiede beim Status vor der Arbeitslosmeldung in Tabelle 11.1. Über die Hälfte der Arbeitslosen mit GE war vor der Arbeitslosmeldung „nicht erwerbstätig", während der Anteil bei den übrigen Arbeitslosen nur rund ein Drittel beträgt.

Die aktuell arbeitsunfähig Gemeldeten könnten allerdings bei Bedarf – zumindest technisch – über die BA-Verwaltungsdaten zu Arbeitsuchenden oder Leistungsempfängern sowie über die Krankenkassendaten identifiziert werden.

11.5 Präventionspotenziale ausschöpfen

Die Anteile der Arbeitslosen mit GE am Bestand steigen – wie oben beschrieben – mit zunehmender Dauer der aktuellen Arbeitslosigkeitsperiode schon nach drei Monaten stark an. Eine weitere große Zunahme ist nach einem Jahr Arbeitslosigkeitsdauer bzw. nach Eintritt der Langzeitarbeitslosigkeit – besonders bei Männern – zu beobachten. Diese Entwicklung weist auf die Notwendigkeit möglichst frühzeitiger Interventionen sowohl im Bereich des Sozialgesetzbuches III als auch II hin.

Ein besonderer Bedarf für Maßnahmen der Prävention und Gesundheitsförderung zeigt sich hier vor allem durch

- die im Durchschnitt deutlich schlechtere Gesundheit von Arbeitslosen im Vergleich zu Beschäftigten,
- ein im Durchschnitt riskanteres Gesundheitsverhalten von Arbeitslosen im Vergleich zu Beschäftigten wie z. B. beim Tabakkonsum [9],
- die wechselseitigen Beziehungen zwischen Arbeitslosigkeit und Gesundheit, die ungünstigere Wiedereingliederungschancen in den Arbeitsmarkt zur Folge haben können und zu den oben erläuterten unterschiedlichen Strukturmerkmalen zwischen Arbeitslosen mit GE und den übrigen Arbeitslosen führen.

Bislang wurden spezifische Präventionsansätze für Arbeitslose aber nur in sehr geringem Maße entwickelt und etabliert. Die Entwicklung von Modellen arbeitsmarktintegrativer Gesundheitsförderung befindet sich in einem relativ frühen Stadium und die Zahl wissenschaftlich evaluierter Praxisprojekte für Arbeitslose mit gesundheitlichen Einschränkungen ist deswegen noch klein. Aktuelle Überblicke über Ansätze und Modellprojekte zur arbeitsmarktintegrativen Gesundheitsförderung von Arbeitslosen finden sich bei Kuhnert und Kastner [28], Elkeles und Kirschner [12] sowie Hollederer und Brand [48]. Dynamik erhält die Interventionsforschung in jüngster Zeit vor allem durch neue Anstrengungen in Form von Modellprojekten und Netzwerken. Hierzu zählen u. a.

- ein vom Land Brandenburg initiiertes Modellprojekt „Arbeitsförderung mit gesundheitsbezogener Ausrichtung – AmigA“ in Kooperation mit dem Ärztlichen Dienst der BA [4],
- ein im Januar 2005 gestartetes BKK-Modellprojekt „Gesundheitskompetenzförderung zur Verbesserung der Beschäftigungsfähigkeit Arbeitsuchender in NRW“ [17],

- das Forum „Arbeitsmarktintegration und Gesundheitsförderung" des Deutschen Netzwerks für Betriebliche Gesundheitsförderung (www.dnbgf.org) und
- zwei von der Universität Dortmund koordinierte Entwicklungspartnerschaften im Programm EQUAL: das „Netzwerk Arbeitsmarktintegrative Gesundheitsförderung N.A.G." bis 30.6.2005 (www.geabnag.de/nag.html) und ab 1.7.2005 „Stabilisierende und multimediale Arbeits- und Sozialassistenz SUMAS".

Im Bereich der Krankenkassen sollten Leistungen zur Primärprävention gemäß §20 Abs.1 SGBV „den allgemeinen Gesundheitszustand verbessern und insbesondere einen Beitrag zur Verminderung sozial bedingter Ungleichheit von Gesundheitschancen erbringen". Die Spitzenverbände der Krankenkassen sahen in ihrer gemeinsamen Umsetzungsempfehlung dieses Gesetzesauftrags „Ansatzpunkte für eine gesundheitsförderliche Politik im Risikoverhalten und in selbstschädigenden Verhaltensweisen sowie in gesundheitsbelastenden Bedingungen in der Umwelt und in der Arbeitswelt, einschließlich der psychosomatischen Belastungen durch Arbeitslosigkeit" [1]. Hier ist Arbeitslosigkeit bereits angesprochen. Ein aktuelles Gutachten, das die grundsätzliche Möglichkeit gesundheitlicher Interventionen bei Arbeitslosen für Krankenkassen zum Ziel hatte, kam zu dem Schluss, dass „gerade mit der Forderung nach einer sozialkompensatorisch ausgerichteten Gesundheitsförderung die Gruppe der Arbeitslosen und Langzeitarbeitslosen stärker in den Mittelpunkt gerückt werden sollte" [12, S. 240]. Eine stärkere Ausrichtung und Priorisierung der Gesundheitsförderung auf diese Zielgruppe wird in dem Gutachten begründet mit

- dem prinzipiellen gesundheitspolitischen Handlungsbedarf durch die enorme Morbiditätslast der Arbeitslosen und ihre hohe Exposition durch Gesundheitsrisiken,
- dem Fehlen einer Lobby- und Interessensvertretung für Arbeitslose,
- der möglichen Enttabuisierung des Themas Arbeitslosigkeit hinsichtlich ihrer Ursachen und Folgen,
- den hinreichenden Interventionserfahrungen der Krankenkassen sowie vorhandenen Management- und Handlungsstrukturen [12].

Für Krankenkassen kommen als weitere Gründe für ein Engagement hinzu, dass bei inadäquater Bewältigung der Arbeitslosigkeit Folgekosten durch höhere Inanspruchnahme ambulanter oder stationärer Leistungen entstehen, da Krankheiten verursacht oder sich bestehende Krankheiten verschlimmern bzw. chronisch werden können. Wenn Arbeitslose wegen gesundheitlicher Einschränkungen zeitverzögert wieder in Beschäftigung münden, werden auch erst später die an den Bruttolöhnen orientierten höheren Sozialversicherungsbeiträge eingenommen. Außerdem sind arbeitslose Krankenversicherte von diversen Zuzahlungen befreit.

Der weiteren Entwicklung von Präventionskonzepten für Arbeitslose wäre auch eine Verbesserung der Datengrundlage zuträglich. Die gesundheitliche Lage von Arbeitslosen wird bisher in der Arbeitslosenstatistik nur bruchstückhaft dargestellt und in der Gesundheitsberichterstattung meist vernachlässigt. Neben den Leistungsfällen bei Arbeitsunfähigkeit und Krankengeld könnten die weiteren routinemäßig erfassten Kassenleistungen für Arbeitslose, z. B. in der Krankheitsartenstatistik (KG 8), mit geringem Aufwand zeitnah, kontinuierlich und kassenartenübergreifend aufbereitet werden. Außerdem würden Analysen von Gesundheitszuständen bei neu zugegangenen Arbeitslosen Hinweise auf vorherige gesundheitsgefährdende Arbeitsbedingungen in einzelnen Branchen und Unternehmen geben, die für den Arbeitsschutz und betriebliche Gesundheitsförderung genutzt werden könnten. Sie stellen ggf. eine sinnvolle Ergänzung der betrieblichen oder branchenbezogenen Gesundheitsberichte dar, um eine mögliche Verzerrung durch einen „healthy worker effect" zu vermeiden.

Die o. g. Auswertungen der Arbeitslosenstatistik zeigen, dass bei einem Teil der Arbeitslosen gesundheitliche Einschränkungen schon bei Eintritt in Arbeitslosigkeit bestehen. Das unterstreicht die Bedeutung frühzeitiger betrieblicher Gesundheitsförderung und eines Arbeitsplatzerhaltungsmanagements für solche vulnerablen Personengruppen. Insbesondere im Bereich der prekären Arbeitsverhältnisse mit häufigen Wechseln zwischen Beschäftigung und Arbeitslosigkeit sind umfassende Präventionsstrategien und übergreifende Kooperationen notwendig.[1] Darauf weisen die überdurchschnittlich hohen Anteile an Arbeitslosen mit gesundheitlichen Einschränkungen am Bestand z. B. bei Hilfsarbeitern oder gering Qualifizierten hin.

Für den Bereich der Arbeitsförderung wäre es „gesamtgesellschaftlich wünschenswert, wenn der Präventionsgedanke integraler Bestandteil der Beratungs- und Vermittlungsprozesse von Arbeitslosen würde". Dafür sprach sich der Ärztliche Dienst der BA in einer Stellungnahme zur Vorbereitung auf ein neues Präventionsgesetz aus [22, S. 7]. Bisher beteiligt sich die BA aber noch nicht an einem national abgestimmten und zielorientierten Präventionskonzept, wie es im großen gesellschaftlichen Konsens von allen anderen Sozialversicherungs-

[1] Näheres dazu findet sich im Beitrag von U. Pröll in diesem Band.

trägern, Bund und Ländern sowie parteienübergreifend im Zuge eines neuen Präventionsgesetzes forciert wird. Wie obige Ausführungen zeigten, käme aber gerade im Zuständigkeitsbereich der BA eine große Zahl von Arbeitslosen als Zielgruppe für Maßnahmen der Prävention und Gesundheitsförderung in Betracht. Die Wechselwirkungen zwischen Arbeitslosigkeit und Gesundheit sind evident und mit zwei großen Fachdiensten, dem Ärztlichen Dienst und dem Psychologischen Dienst der BA, stünden Strukturen und Fachkompetenz bereits zur Verfügung. Die optierenden Kommunen und Arbeitsgemeinschaften (ARGEn) könnten außerdem lokal vorhandene Präventionsträger wie Gesundheitsämter oder Dritte beauftragen (i.S. § 17 SGB II). Das Ziel von Prävention und Gesundheitsförderung steht in völligem Einklang mit den globalen Zielen der Arbeitsförderung, wenn dadurch z.B. die Beschäftigungsfähigkeit oder „die Erwerbsfähigkeit des Hilfebedürftigen erhalten, verbessert oder wieder hergestellt wird“ (§ 1 SGB II, Abs. 1).

Die Potenziale der Prävention und Gesundheitsförderung wurden für Arbeitslose bislang weitgehend nicht genutzt und sollten im Interesse der Menschen sowie im wohlverstandenen Eigeninteresse der Sozialversicherungsträger ausgeschöpft werden. Prävention und Gesundheitsförderung sind gesamtgesellschaftliche Aufgaben, insbesondere im Fall von Arbeitslosigkeit!

Literatur

[1] AOK-Bundesverband, BKK-Bundesverband, IKK-Bundesverband, See-Krankenkasse, Bundesverband der landwirtschaftlichen Krankenkassen, Bundesknappschaft, Verband der Angestellten-Krankenkassen e.V., Arbeiter-Ersatzkassen-Verband e.V. (2001) Gemeinsame und einheitliche Handlungsfelder und Kriterien der Spitzenverbände der Krankenkassen zur Umsetzung von § 20 Abs. 1 und 2 SGB V vom 21. Juni 2000 in der Fassung vom 12. September 2003

[2] Black D, Morris J, Smith C, Townsend P (1980) Inequalities in Health: Report of a Research Working Group, Department of Health and Social Security, London

[3] Bormann C (2005) Geschlechtsspezifische Aspekte zum Zusammenhang zwischen Erkrankungen und Erwerbstätigkeit mit besonderer Fokussierung auf die Arbeitslosigkeit in den alten und neuen Bundesländern Deutschlands. Habilitationsschrift

[4] Braunmühl C, Toumi I (2005) Gesundheitsförderung bei Arbeitslosen: Alles machbar! Ergebnisse einer brandenburgischen Machbarkeitsstudie. In: Hollederer und Brand (Hrsg) Arbeitslosigkeit, Gesundheit und Krankheit. Verlag Hans Huber, Bern (im Druck)

[5] Bundesanstalt für Arbeit (2004 a) Abgang an Arbeitslosen nach Abgangsgründen und nach ausgewählten Personenkreisen – Dezember 2004

[6] Bundesanstalt für Arbeit (2004b) Zugang an Arbeitslosen nach der Herkunftsstruktur und nach ausgewählten Personenkreisen – Dezember 2004
[7] Bundesregierung (2005) Lebenslagen in Deutschland. Der 2. Armuts- und Reichtumsbericht der Bundesregierung
[8] Cramer R, Gilberg R, Hess, D, Marwinski K, Schröder H, Smid M (2002) Suchintensität und Einstellungen Arbeitsloser. Institut für Arbeitsmarkt- und Berufsforschung (Hrsg), Beiträge zur Arbeitsmarkt- und Berufsforschung 261, Nürnberg
[9] Dittrich S (2001) Fragen zur Gesundheit: Ergebnisse des Mikrozensus 1999. In: Statistisches Bundesamt (Hrsg) Wirtschaft und Statistik 9, S 771–780
[10] Dooley D, Catalano R (1980) Economic Change As a Cause of Behavioral Disorder. Psychological Bulletin, Vol 87, No 3, S 450–468
[11] Elkeles T (1999) Arbeitslosigkeit, Langzeitarbeitslosigkeit und Gesundheit. Sozialer Fortschritt 6:150–155
[12] Elkeles T, Kirschner W (2004) Arbeitslosigkeit und Gesundheit. BKK Bundesverband (Hrsg) Bd. Nr. 3, Essen
[13] Elkeles T, Seifert W (1996) Immigrants and health: unemployment and health-risks of labour migrants in the Federal Republic of Germany, 1984–1992. Soc Sci Med 43 (7):1035–1047
[14] Förster P, Berth H, Brähler E (2004) Arbeitslosigkeit und Gesundheit. Ergebnisse der Sächsischen Längsschnittstudie 17. Welle 2003. Otto Brenner Stiftung (Hrsg) Juni 2004, Berlin
[15] Frese M, Mohr G (1978) Die psychopathologischen Folgen des Entzugs von Arbeit: Der Fall Arbeitslosigkeit. Frese, Greif, Semmer (Hrsg.) Industrielle Psychopathologie. Huber, Bern
[16] Fryer D (1986) Employment deprivation and personal agency during unemployment: A critical discussion of Jahoda's Explanation of the psychological effects of unemployment. Social Behaviour 1 (3), 3–23
[17] G.I.B. NRW (2005) Projektaufruf: „Gesundheitskompetenzförderung zur Verbesserung der Beschätigungsfähigkeit von Arbeitsuchenden in NRW". Modellprojekt des BKK BV, gefördert vom Ministerium für Wirtschaft und Arbeit des Landes NRW
[18] Grobe T, Dörning H, Schwartz FW (1999) GEK-Gesundheitsreport 1999. Schwerpunkt Arbeitslosigkeit und Gesundheit. GEK Gmünder Ersatzkasse Deutschland (Hrsg) Schriftenreihe zur Gesundheitsanalyse, Bd 12, Schwäbisch Gmünd
[19] Grobe T, Schwartz FW (2003) Arbeitslosigkeit und Gesundheit. RKI (Hrsg) Gesundheitsberichterstattung des Bundes Heft 13
[20] Harych H, Harych P (1997) Der subjektive und objektive Gesundheitszustand von Arbeitslosen – Eine Studie in Sachsen. IAB-Werkstattbericht Nr. 8 vom 20. 5. 1997
[21] Hollederer A (2002) Arbeitslosigkeit und Gesundheit: Ein Überblick über empirische Befunde und die Arbeitslosen- und Krankenkassenstatistik. Institut für Arbeitsmarkt- und Berufsforschung (Hrsg) Mitteilungen aus Arbeitsmarkt- und Berufsforschung MittAB 3/2002:411–428
[22] Hollederer A (2003a) Arbeitslos – Gesundheit los – Chancenlos. IAB-Kurzbericht Nr. 4 vom 21. 3. 2003 (http://doku.iab.de/kurzber/2003/kb0403.pdf)
[23] Hollederer A (2003b) The Health Status of the Unemployed in German Unemployment Statistics. IAB (Hrsg). TOPICS No. 54 (http://doku.iab.de/topics/2003/topics54.pdf)

[24] Jahoda M, Lazarsfeld P, Zeisel H (1975) Die Arbeitslosen von Marienthal (1933) Suhrkamp Verlag, Frankfurt
[25] Jahoda M (1979) PFL: Hedgehog of Fox. In: Merton RK, Coleman JS und Rossi PH (Hrsg) „Qualitative and Quantitative Social Research". The Free Press, New York, S 3–22
[26] Jahoda M (1981) Work, employment, and unemployment - values, theories, and approaches in social research. American Psychologist 36(2), S 184–191
[27] Kieselbach T (1998) Arbeitslosigkeit. Statistisches Bundesamt (Hrsg) Gesundheitsbericht für Deutschland. Verlag Metzler-Poeschel, Stuttgart, S 116–121
[28] Kuhnert P, Kastner M (2002) Neue Wege in Beschäftigung - Gesundheitsförderung bei Arbeitslosigkeit. In: Röhrle B (Hrsg) Prävention und Gesundheitsförderung Bd.II. dgvt-Verlag, Tübingen, S 373–406
[29] Martikainen PT (1990) Unemployment and mortality among Finnish men. BMJ 1990 Sep 1;301(6749):407–11
[30] Morris JK, Cook DG, Shaper AG (1994) Loss of employment and mortality. BMJ 308(6937):1135–1139
[31] Murphy G, Athanasou J (1999) The effect of unemployment on mental health. Journal of Occupational and Organizational Psychology, 72, S 83–99
[32] Paul K, Moser K (2001) Negatives psychisches Befinden als Wirkung und Ursache von Arbeitslosigkeit: Ergebnisse einer Metaanalyse. In: Zempel et al (Hrsg) Erwerbslosigkeit. Leske + Budrich, Opladen, S 83–110
[33] Rauch A, Brehm H (2003) Licht am Ende des Tunnels? Eine aktuelle Analyse der Situation schwerbehinderter Menschen am Arbeitsmarkt. IAB-Werkstattbericht Nr. 6/2003
[34] Romeu Gordo L (2005) Beeinflusst die Dauer der Arbeitslosigkeit die Gesundheitszufriedenheit? In: Hollederer A, Brand H (Hrsg) Arbeitslosigkeit, Gesundheit und Krankheit. Verlag Hans Huber, Bern
[35] Rudolph H (1998) Risiko von Langzeitarbeitslosigkeit frühzeitig erkennen: Berechnung der Verbleibswahrscheinlichkeit von Arbeitslosen. IAB Werkstattbericht Nr. 14 vom 19. 11. 1998
[36] Schach E, Schach S, Wille L, Glimm E, Rister-Mende S (1994) Die Gesundheit von Arbeitslosen und Erwerbstätigen im Vergleich. Forschungsbericht Fb 708 Wirtschaftsverlag NW, Bremerhaven
[37] Schettkat R, Semlinger K (1982) Der eigenständige Effekt gesundheitlicher Einschränkungen als Vermittlungshemmnis. Mitt AB 4/82:434–442
[38] Statistisches Bundesamt (2005) Statistik der schwerbehinderten Menschen 2003. Kurzbericht März 2005, Wiesbaden
[39] Techniker Krankenkasse (2005) Gesundheitsreport. Auswertungen 2005. Hamburg
[40] Voss M, Nylén L, Floderus B, Diderichsen F, Terry P (2004) Unemployment and Early Cause-Specific Mortality: A Study Based on the Swedish Twin Registry. American Journal of Public Health
[41] Warr P (1987) Work, Unemployment and Mental Health. Clarendon Press, Oxford
[42] Warr P, Jackson P, Banks M (1988) Unemployment and Mental Health: Some British Studies. Journal of Social Issues, Vol. 44, No. 4, S 47–68
[43] Winefield A (1995) Unemployment: Its psychological costs. International Review of Industrial and Organizational Psychology. Wiley (Ed) Vol 10, S 169–212

[44] Bormann C (2005) Gesundheitliche Konsequenzen von Arbeitslosigkeit in den alten und neuen Ländern bei Männern und Frauen. In: Hollederer A, Brand H (Hrsg) Arbeitslosigkeit, Gesundheit und Krankheit. Verlag Hans Huber, Bern (im Druck)
[45] Grobe T (2005) Sterben Arbeitslose früher? In: Hollederer A, Brand H (Hrsg) Arbeitslosigkeit, Gesundheit und Krankheit. Verlag Hans Huber, Bern (im Druck)
[46] Paul K, Hassel A, Moser K (2005) Die Auswirkungen von Arbeitslosigkeit auf die psychische Gesundheit. In: Hollederer A, Brand H (Hrsg) Arbeitslosigkeit, Gesundheit und Krankheit. Verlag Hans Huber, Bern (im Druck)
[47] Bundesagentur für Arbeit (2005) Arbeitsmarkt 2004. 30. August 2005, Nürnberg
[48] Hollederer A, Brand H (Hrsg) (2005) Arbeitslosigkeit, Gesundheit und Krankheit. Verlag Hans Huber, Bern (im Druck)

B. Daten und Analysen

KAPITEL 12

Krankheitsbedingte Fehlzeiten in der deutschen Wirtschaft im Jahr 2004

C. Vetter · I. Küsgens · F. Bonkass

12.1 Branchenüberblick

Zusammenfassung. *Der Beitrag liefert umfassende und differenzierte Daten zu den krankheitsbedingten Fehlzeiten in der deutschen Wirtschaft. Datenbasis sind die Arbeitsunfähigkeitsmeldungen der 9,7 Millionen erwerbstätigen AOK-Mitglieder in Deutschland. Ein einführendes Kapitel gibt zunächst einen Überblick über die allgemeine Krankenstandsentwicklung und wichtige Determinanten des Arbeitsunfähigkeitsgeschehens. Im Einzelnen wird u. a. eingegangen auf die Verteilung der Arbeitsunfähigkeit, die Bedeutung von Kurz- und Langzeiterkrankungen und Arbeitsunfällen, regionale Unterschiede in den einzelnen Bundesländern sowie die Abhängigkeit des Krankenstandes von Faktoren wie der Betriebsgröße und der Beschäftigtenstruktur. In elf separaten Kapiteln wird dann detailliert die Krankenstandsentwicklung in den unterschiedlichen Wirtschaftszweigen analysiert.*

12.1.0 Einführung

Der Trend zu niedrigen Krankenständen hat sich weiter fortgesetzt. Im Jahr 2004 erreichte der Krankenstand der in der Gesetzlichen Krankenversicherung (GKV) Pflichtversicherten in Deutschland den niedrigsten Wert seit Einführung der Lohnfortzahlung im Jahr 1970.

Für die Arbeitgeber führt der niedrige Krankenstand zu erheblichen Einsparungen bei den Lohnnebenkosten. Nach Angaben des Bundesministeriums für Gesundheit und Soziale Sicherung gingen die Kosten der Lohnfortzahlung allein im Jahr 2004 um rd. 1 Mrd. Euro zurück, nachdem schon das Vorjahr eine Entlastung von etwa 1,5 Mrd. Euro gebracht hatte[1]. Neben Kosteneinsparungen bringt der Rückgang des Krankenstandes für die Unternehmen auch mehr Spielraum beim verfügbaren Arbeitsvolumen mit sich [5]. Das Ausfallvolumen durch Krankenstand nahm nach Berechnungen des Instituts für Arbeitsmarkt- und Berufsforschung von 1977 Mio. Stunden im Jahr 2001 auf 1559 Mio. Stunden im Jahr 2004 ab [1].

Auch die Aufwendungen der Krankenkassen für Krankengeld sind deutlich gesunken. 2004 reduzierten sich die Ausgaben für das Krankengeld im Vergleich zum Vorjahr um 8,5 Prozent[2]. Damit setzte sich der Trend aus den beiden Vorjahren fort.

Trotz insgesamt sinkender Krankenstände haben jedoch Fehlzeiten aufgrund psychischer Erkrankungen in den letzten Jahren erheblich zugenommen. Psychische Erkrankungen sind mittlerweile die vierthäufigste Ursache für Fehlzeiten in deutschen Unternehmen. Auch hat der in den letzten Jahren zu beobachtende kontinuierliche Rückgang der krankheitsbedingten Fehlzeiten nicht zu einer Einebnung der teilweise beträchtlichen Unterschiede zwischen den einzelnen Wirtschaftszweigen und Berufsgruppen geführt. Dies sind Gründe, die dafür sprechen, dem Thema weiterhin Aufmerksamkeit zu schenken.

Der folgende Beitrag liefert umfassende und differenzierte Daten zu den krankheitsbedingten Fehlzeiten in der deutschen Wirtschaft. Es wird aufgezeigt, wo die Krankheitsschwerpunkte in den einzelnen Branchen und Berufsgruppen liegen und von welchen Faktoren die Höhe des Krankenstandes abhängt. Ein einführendes Kapitel gibt zunächst einen Überblick über die allgemeine Krankenstandsentwicklung in Deutschland. Im Folgenden wird dann in separaten Kapiteln das Arbeitsunfähigkeitsgeschehen in den einzelnen Wirtschaftszweigen detailliert analysiert.

[1] Quelle: Pressemitteilung des Bundesministeriums für Gesundheit und Soziale Sicherung, 29. Dezember 2004, Nr. 342.

[2] Quelle: Pressemitteilung des Bundesministeriums für Gesundheit und Soziale Sicherung, 29. Juni 2005.

12.1.1 Datenbasis und Methodik

Die folgenden Ausführungen zu den krankheitsbedingten Fehlzeiten in der deutschen Wirtschaft basieren auf einer Analyse der Arbeitsunfähigkeitsmeldungen aller **erwerbstätigen AOK-Mitglieder.** Die AOK ist nach wie vor die Krankenkasse mit dem größten Marktanteil in Deutschland. Sie verfügt daher über die umfangreichste Datenbasis zum Arbeitsunfähigkeitsgeschehen. Bei den Auswertungen wurden auch freiwillig Versicherte berücksichtigt. Ausgewertet wurden die Daten des Jahres 2004. In diesem Jahr waren insgesamt 9,7 Millionen Arbeitnehmer bei der AOK versichert.

Datenbasis der Auswertungen sind sämtliche Arbeitsunfähigkeitsfälle, die der AOK im Jahr 2004 gemeldet wurden[3]. Allerdings werden **Kurzzeiterkrankungen** bis zu drei Tagen von den Krankenkassen nur erfasst, soweit eine ärztliche Krankschreibung vorliegt. Der Anteil der Kurzzeiterkrankungen liegt daher höher, als dies in den Krankenkassendaten zum Ausdruck kommt. Hierdurch verringern sich die Fallzahlen und die rechnerische Falldauer erhöht sich entsprechend. **Langzeitfälle** mit einer Dauer von mehr als 42 Tagen wurden in die Auswertungen mit einbezogen, da sie von entscheidender Bedeutung für das Arbeitsunfähigkeitsgeschehen in den Betrieben sind.

Die **Arbeitsunfähigkeitszeiten** werden von den Krankenkassen so erfasst, wie sie auf den Krankmeldungen angegeben sind. Auch Wochenenden und Feiertage gehen dabei in die Berechnung mit ein, soweit sie in den Zeitraum der Krankschreibung fallen. Die Ergebnisse sind daher mit betriebsinternen Statistiken, bei denen nur die Arbeitstage berücksichtigt werden, nur begrenzt vergleichbar. Bei jahresübergreifenden Arbeitsunfähigkeitsfällen wurden nur Fehlzeiten in die Auswertungen mit einbezogen, die im Auswertungsjahr anfielen.

Tabelle 12.1.1 gibt einen Überblick über die wichtigsten Kennzahlen und Begriffe, die in diesem Beitrag zur Beschreibung des Arbeitsunfähigkeitsgeschehens verwendet werden. Die Berechnung der Kennzahlen erfolgt auf der Basis der Versicherungszeiten, d.h. es wird berücksichtigt, ob ein Mitglied ganzjährig oder nur einen Teil des Jahres bei der AOK versichert war bzw. als in einer bestimmten Branche oder Berufsgruppe beschäftigt geführt wurde.

Aufgrund der speziellen **Versichertenstruktur** der AOK sind die Daten nur bedingt repräsentativ für die Gesamtbevölkerung in der Bundesrepublik Deutschland bzw. die Beschäftigten in den einzelnen Wirtschaftszweigen. In Folge ihrer historischen Funktion als Basiskas-

[3] Im Zusammenhang mit Schwangerschaften und Kuren auftretende Fehlzeiten wurden bei den Auswertungen nicht berücksichtigt.

Tabelle 12.1.1. Kennzahlen und Begriffe zur Beschreibung des Arbeitsunfähigkeitsgeschehens

Kennzahl	Definition	Einheit, Ausprägung	Erläuterungen
AU-Fälle	Anzahl der Fälle von Arbeitsunfähigkeit	je AOK-Mitglied bzw. je 100 AOK-Mitglieder in % aller AU-Fälle	Jede Arbeitsunfähigkeitsmeldung, die nicht nur die Verlängerung einer vorangegangenen Meldung ist, wird als ein Fall gezählt. Ein AOK-Mitglied kann im Auswertungszeitraum mehrere AU-Fälle aufweisen.
AU-Tage	Anzahl der AU-Tage, die im Auswertungsjahr anfielen	je AOK-Mitglied bzw. je 100 AOK-Mitglieder in % aller AU-Tage	Da arbeitsfreie Zeiten wie Wochenenden und Feiertage, die in den Krankschreibungszeitraum fallen, mit in die Berechnung eingehen, können sich Abweichungen zu betriebsinternen Fehlzeitenstatistiken ergeben, die bezogen auf die Arbeitszeiten berechnet wurden. Bei jahresübergreifenden Fällen werden nur die AU-Tage gezählt, die im Auswertungsjahr anfielen.
AU-Tage je Fall	mittlere Dauer eines AU-Falls	Kalendertage	Indikator für die Schwere einer Erkrankung.
Krankenstand	Anteil der im Auswertungszeitraum angefallenen Arbeitsunfähigkeitstage im Kalenderjahr	in %	War ein Versicherter nicht ganzjährig bei der AOK versichert, wird dies bei der Berechnung des Krankenstandes entsprechend berücksichtigt.
Krankenstand, standardisiert	nach Alter und Geschlecht standardisierter Krankenstand	in %	Um Effekte der Alters- und Geschlechtsstruktur bereinigter Wert.
AU-Quote	Anteil der AOK-Mitglieder mit einem oder mehreren Arbeitsunfähigkeitsfällen im Auswertungsjahr	in %	Diese Kennzahl gibt Auskunft darüber, wie groß der von Arbeitsunfähigkeit betroffene Personenkreis ist.
Kurzzeiterkrankungen	Arbeitsunfähigkeitsfälle mit einer Dauer von 1–3 Tagen	in % aller Fälle/Tage	Erfasst werden nur Kurzzeitfälle, bei denen eine Arbeitsunfähigkeitsbescheinigung bei der AOK eingereicht wurde.
Langzeiterkrankungen	Arbeitsunfähigkeitsfälle mit einer Dauer von mehr als 6 Wochen	in % aller Fälle/Tage	Mit Ablauf der 6. Woche endet in der Regel die Lohnfortzahlung durch den Arbeitgeber, ab der 7. Woche wird durch die Krankenkasse Krankengeld gezahlt.
Arbeitsunfälle	durch Arbeitsunfälle bedingte Arbeitsunfähigkeitsfälle	je 100 AOK-Mitglieder in % aller AU-Fälle/-Tage	Arbeitsunfähigkeitsfälle, bei denen auf der Krankmeldung als Krankheitsursache „Arbeitsunfall" angegeben wurde, nicht enthalten sind Wegeunfälle.

Tabelle 12.1.1 (Fortsetzung)

Kennzahl	Definition	Einheit, Ausprägung	Erläuterungen
AU-Fälle/Tage nach Krankheitsarten	Arbeitsunfähigkeitsfälle/-tage mit einer bestimmten Diagnose	je 100 AOK-Mitglieder in % aller AU-Fälle bzw. -Tage	Ausgewertet werden alle auf den Arbeitsunfähigkeitsbescheinigungen angegebenen ärztlichen Diagnosen, verschlüsselt werden diese nach der Internationalen Klassifikation der Krankheitsarten (ICD-10).

se weist die AOK einen überdurchschnittlich hohen Anteil an Versicherten aus dem gewerblichen Bereich auf. Angestellte sind dagegen im Versichertenklientel der AOK unterrepräsentiert.

Die **Wirtschaftsgruppensystematik** entspricht der Klassifikation der Wirtschaftszweige der Bundesanstalt für Arbeit [2] (s. Anhang). Diese enthält insgesamt fünf Differenzierungsebenen, von denen allerdings bei den vorliegenden Analysen nur die ersten drei berücksichtigt wurden. Unterschieden wird zwischen Wirtschaftsabschnitten, -abteilungen und -gruppen. Ein *Abschnitt* ist beispielsweise das „Verarbeitende Gewerbe". Dieser untergliedert sich in die *Wirtschaftsabteilungen* „Chemische Industrie", „Herstellung von Gummi- und Kunststoffwaren", „Textilgewerbe" usw. Die Wirtschaftsabteilung „Chemische Industrie" umfasst wiederum die *Wirtschaftsgruppen* „Herstellung von chemischen Grundstoffen", „Herstellung von Schädlingsbekämpfungs- und Pflanzenschutzmitteln" etc. Im vorliegenden Unterkapitel erfolgt die Betrachtung zunächst ausschließlich auf der Ebene der Wirtschaftsabschnitte[4].

[4] Die Abschnitte E (Energie- und Wasserversorgung) und C (Bergbau und Gewinnung von Steinen und Erden) wurden unter der Bezeichnung „Energie/Wasser/Bergbau" zusammengefasst. Der Bereich Dienstleistungen umfasst die Abschnitte H (Gastgewerbe), K (Grundstücks- und Wohnungswesen, Vermietung beweglicher Sachen, Erbringung von Dienstleistungen überwiegend für Unternehmen), N (Gesundheits-, Veterinär- und Sozialwesen), O (Erbringung von sonstigen öffentlichen und persönlichen Dienstleistungen) und P (Private Haushalte). Der Bereich Land- und Forstwirtschaft umfasst die Wirtschaftsabschnitte A (Land- und Forstwirtschaft) und B (Fischerei und Fischzucht). Unter der Bezeichnung „Öffentliche Verwaltung und Sozialverwicherung" wurden die Abschnitte L (Öffentl. Verwaltung und Sozialversicherung) und Q (Exterritoriale Organisationen) zusammengefasst. Das Verarbeitende Gewerbe umfasst in diesem Unterkapitel auch die Metallindustrie. Als Synonym für den Begriff „Wirtschaftsabschnitte" werden auch die Begriffe Branchen oder Wirtschaftszweige verwandt. Im Text sowie in den Tabellen und Grafiken werden die offiziellen Bezeichnungen der Bundesanstalt für Arbeit aus Platzgründen teilweise abgekürzt bzw. pars pro toto verwandt. Die vollständigen Bezeichnungen finden Sie im Anhang.

Tabelle 12.1.2. AOK-Mitglieder nach Wirtschaftsabschnitten im Jahr 2004

Wirtschaftsabschnitte	Pflicht-mitglieder		Freiwillige Mitglieder
	Absolut	Anteil an der Branche (in %)	Absolut
Banken/Versicherungen	108 733	10,6	6 062
Baugewerbe	759 705	46,2	4 298
Dienstleistungen	3 186 098	38,7	28 706
Energie/Wasser/Bergbau	80 382	22,2	2 517
Handel	1 258 729	31,9	10 860
Land- und Forstwirtschaft	220 123	70,1	314
Öffentl. Verwaltung/Sozialversicherung	687 990	40,1	9 452
Verarbeitendes Gewerbe	2 481 031	36,6	44 953
Verkehr/Transport	592 387	40,3	3 037
Sonstige	209 875	20,5	1 587
Insgesamt	9 585 053	36,1	111 786

In den folgenden Kapiteln wird dann auch nach Wirtschaftsabteilungen und teilweise auch nach Wirtschaftsgruppen differenziert. Die Metallindustrie, die nach der Systematik der Wirtschaftszweige der Bundesanstalt für Arbeit zum verarbeitenden Gewerbe gehört, wird, da sie die größte Branche des Landes darstellt, in einem eigenen Kapitel behandelt. Auch dem Bereich „Erziehung und Unterricht" wird angesichts der zunehmenden Bedeutung des Bildungsbereichs für die Produktivität der Volkswirtschaft ein eigenes Kapitel gewidmet. Aus Tabelle 12.1.2 ist die Anzahl der AOK-Mitglieder in den einzelnen Wirtschaftsabschnitten sowie deren Anteil an den sozialversicherungspflichtig Beschäftigten insgesamt[5] ersichtlich.

Angesichts nach wie vor unterschiedlicher Morbiditätsstrukturen werden neben den Gesamtergebnissen für die Bundesrepublik Deutschland die Ergebnisse für **Ost- und Westdeutschland** separat ausgewiesen.

Die **Verschlüsselung der Diagnosen** erfolgte bis zum Jahr 1999 nach der 9. Revision des ICD (International Classification of diseases) [6]. Im Jahr 2000 wurde die Umstellung auf die 10. Revision vollzogen. Mit Wirkung vom 1. Januar 2000 hat das Bundesministerium für Gesundheit eine für Zwecke der Abrechnung mit den Krankenkassen überarbeitete Fassung der 10. Revision des ICD („ICD-10-SGB V") in Kraft gesetzt.

[5] Errechnet auf der Basis der Beschäftigtenstatistik der Bundesanstalt für Arbeit, 2004 [1].

[6] International übliches Klassifikationssystem der Weltgesundheitsorganisation.

Mit der Einführung des ICD-10 war eine Vielzahl von Änderungen und Neuerungen verbunden, auf die hier nicht im Einzelnen eingegangen werden kann. Der ICD-10 ist insgesamt feiner gegliedert und nimmt z.T. andere Zuweisungen der Diagnosen zu den Diagnosegruppen vor. Bis 1999 war die Verschlüsselung Sache der Krankenkassen. Seit 2000 erfolgt diese direkt durch die Krankenhäuser und Vertragsärzte.

Teilweise weisen die Arbeitsunfähigkeitsbescheinigungen mehrere Diagnosen auf. Um einen Informationsverlust zu vermeiden, werden bei den diagnosebezogenen Auswertungen im Unterschied zu anderen Statistiken[7], die nur eine (Haupt-)Diagnose berücksichtigen, auch **Mehrfachdiagnosen**[8] in die Auswertungen mit einbezogen.

12.1.2 Allgemeine Krankenstandsentwicklung

Der Krankenstand der AOK-Mitglieder betrug im Jahr 2004 4,48% (vgl. Tabelle 12.1.3). Die Versicherten waren im Durchschnitt 16,4 Kalendertage krankgeschrieben[9]. 51,2% der AOK-Mitglieder haben sich 2004 mindestens einmal krank gemeldet. 5,9% der Arbeitsunfähigkeitstage waren auf Arbeitsunfälle zurückzuführen.

Im Vergleich zum Vorjahr nahm die Zahl der Krankmeldungen in der deutschen Wirtschaft im Jahr 2004 um 8,9% ab. Die durchschnittliche Dauer der Arbeitsunfähigkeitsfälle stieg dagegen leicht an (s. Tabelle 12.1.3), sodass bei der Zahl der Arbeitsunfähigkeitstage nur ein Rückgang um 7,6% zu verzeichnen war.

12

Tabelle 12.1.3. Krankenstandskennzahlen 2004 im Vergleich zum Vorjahr

	Krankenstand (in %)	Arbeitsunfähigkeiten je 100 AOK-Mitglieder				Tage je Fall	Veränd. z. Vorj. (in %)	AU-Quote (in %)
		Fälle	Veränd. z. Vorj. (in %)	Tage	Veränd. z. Vorj. (in %)			
West	4,52	137,1	−8,8	1653,4	−7,2	12,1	1,3	51,6
Ost	4,30	133,3	−9,7	1573,0	−9,3	11,8	0,0	48,9
Bund	4,48	136,5	−8,9	1640,6	−7,6	12,0	1,7	51,2

[7] Beispielsweise die von den Krankenkassen im Bereich der gesetzlichen Krankenversicherung herausgegebene Krankheitsartenstatistik.

[8] Leidet ein Arbeitnehmer an unterschiedlichen Krankheitsbildern (Multimorbidität) kann eine Arbeitsunfähigkeitsbescheinigung mehrere Diagnosen aufweisen. Insbesondere bei älteren Beschäftigten kommt dies häufiger vor.

[9] Wochenenden und Feiertage eingeschlossen.

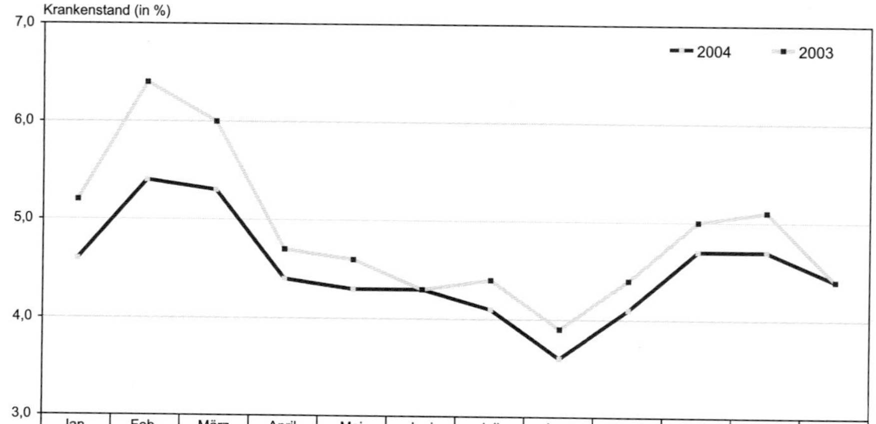

	Jan.	Feb.	März	April	Mai	Juni	Juli	Aug.	Sept.	Okt.	Nov.	Dez.
2004	4,6	5,4	5,3	4,4	4,3	4,3	4,1	3,6	4,1	4,7	4,7	4,4
2003	5,2	6,4	6,0	4,7	4,6	4,3	4,4	3,9	4,4	5,0	5,1	4,4

Abb. 12.1.1. Krankenstand 2004 im saisonalen Verlauf im Vergleich zum Vorjahr, AOK-Mitglieder

In Ostdeutschland nahm sowohl die Zahl der Arbeitsunfähigkeitsfälle als auch die Zahl der Arbeitsunfähigkeitstage stärker ab als in Westdeutschland.

Auch die Zahl der von Arbeitsunfähigkeit betroffenen AOK-Mitglieder (AU-Quote: Anteil der AOK-Mitglieder mit mindestens einem AU-Fall) nahm im Jahr 2004 weiter ab (West: 2,1; Ost: 2,3 Prozentpunkte).

Im Jahresverlauf erreichte der Krankenstand im Februar seinen höchsten Wert (5,4%, vgl. Abb. 12.1.1). Der niedrigste Wert war, urlaubs- und wetterbedingt, im August zu verzeichnen (3,6%). Abgesehen vom Juni und Dezember, wo identische Werte zu registrieren waren, gingen die Werte im Vergleich zum Vorjahr durchgängig zurück.

Abbildung 12.1.2 zeigt die längerfristige Entwicklung des Krankenstandes in den Jahren 1974–2004 auf der Basis von Stichtagserhebungen der gesetzlichen Krankenkassen [10]. Der Krankenstand erreichte in Deutschland nach der Wiedervereinigung 1995 mit 5,1% seinen

[10] Dabei wird jeweils zum Monatsersten der prozentuale Anteil der arbeitsunfähigen Pflichtmitglieder ermittelt. Aus den 12 Stichtagswerten des Jahres und dem Stichtagswert vom 1.1. des Folgejahres wird als arithmetisches Mittel ein Jahresdurchschnittswert errechnet. Unberücksichtigt bleiben dabei die Rentner, Studenten, Jugendlichen und Behinderten, Künstler, Wehr-, Zivil- und Grenzschutzpflichtdienstleistende, landwirtschaftliche Unternehmer sowie Vorruhestandsgeldempfänger, da für diese Gruppen in der Regel keine Arbeitsunfähigkeitsbescheinigungen von einem behandelnden Arzt ausgestellt werden. Die AU-Bescheinigungen sind vom Arzt unmittelbar an die Krankenkasse zu senden, die sie zur Ermittlung des Krankenstandes auszählt.

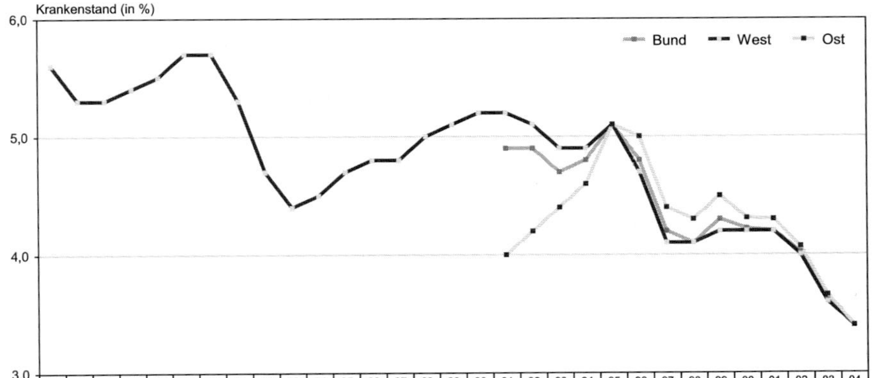

	74	75	76	77	78	79	80	81	82	83	84	85	86	87	88	89	90
Bund																	
West	5,6	5,3	5,3	5,4	5,5	5,7	5,7	5,3	4,7	4,4	4,5	4,7	4,8	4,8	5,0	5,1	5,2
Ost																	

	91	92	93	94	95	96	97	98	99	00	01	02	03	04
Bund	4,9	4,9	4,7	4,8	5,1	4,8	4,2	4,1	4,3	4,2	4,2	4,0	3,6	3,4
West	5,2	5,1	4,9	4,9	5,1	4,7	4,1	4,1	4,2	4,2	4,2	4,0	3,6	3,4
Ost	4,0	4,2	4,4	4,6	5,1	5,0	4,4	4,3	4,5	4,3	4,3	4,1	3,7	3,4

Abb. 12.1.2. Krankenstand 1974 bis 2004, Gesetzliche Krankenversicherung: Arbeitsunfähig kranke Pflichtmitglieder in %. Quelle: Bundesministerium für Gesundheit und Soziale Sicherung

höchsten Wert. In den Jahren 1996 und 1997 ging er stark zurück. In den Folgejahren stabilisierte sich der Krankenstand auf niedrigem Niveau mit Werten um die 4%. 2003 ging der Krankenstand nochmals deutlich zurück und unterschritt mit einem Wert von 3,6% erstmals die 4%-Marke. 2004 sank der Krankenstand auf 3,4% und erreichte damit den niedrigsten Stand seit der Wiedervereinigung.

Bis zum Jahr 1995 war der Krankenstand in Ostdeutschland stets niedriger als in Westdeutschland. In den Jahren 1996 bis 1999 waren dann jedoch in den neuen Ländern etwas höhere Werte als in den alten zu verzeichnen. Inzwischen liegen die Krankenstände in West- und Ostdeutschland auf annähernd gleichem Niveau. Diese Entwicklung wird vom Institut für Arbeitsmarkt- und Berufsforschung auf Verschiebungen in der Altersstruktur der erwerbstätigen Bevölkerung zurückgeführt [3]. Diese war nach der Wende zunächst in den neuen Ländern günstiger, weil viele Arbeitnehmer vom Altersübergangsgeld Gebrauch machten. Inzwischen sind diese Effekte jedoch ausgelaufen, so dass es zu einer Angleichung der Krankenstände kam.

12.1.3 Verteilung der Arbeitsunfähigkeit

Im Jahr 2004 waren 51,2% der AOK-Mitglieder mindestens einmal von Arbeitsunfähigkeit betroffen (Arbeitsunfähigkeitsquote). 25,0% meldeten sich nur einmal, 13,0% zweimal und 13,2% dreimal oder häufiger krank (Abb. 12.1.3). Insbesondere der Anteil der AOK-Mit-

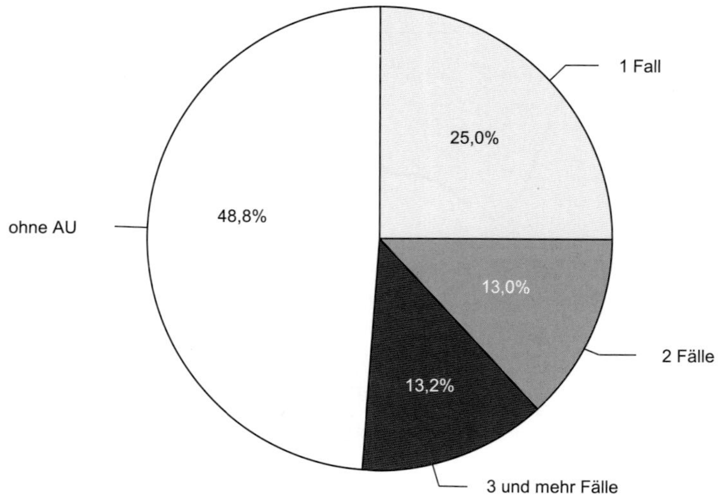

Abb. 12.1.3. Arbeitsunfähigkeitsquote: AOK-Mitglieder mit Arbeitsunfähigkeit (in %), 2004

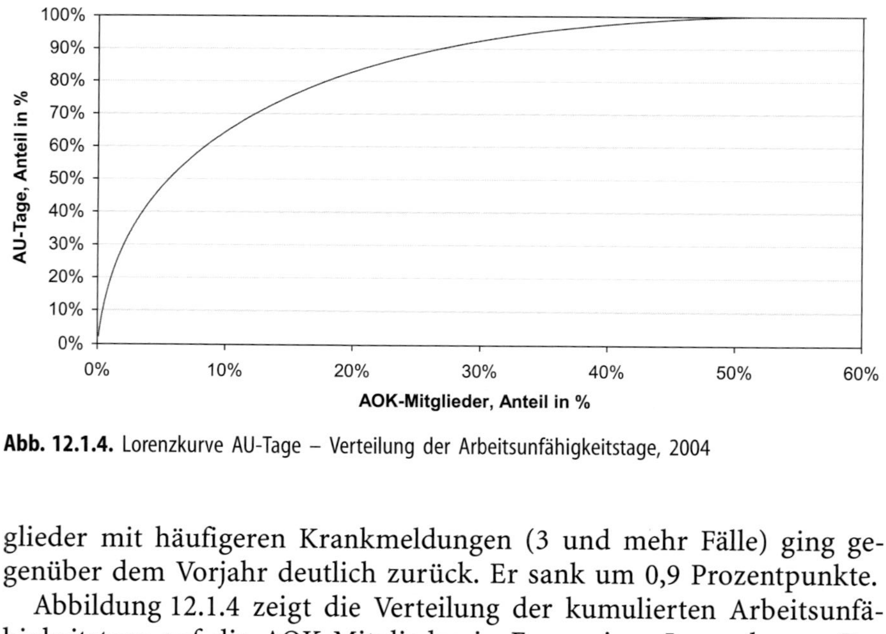

Abb. 12.1.4. Lorenzkurve AU-Tage – Verteilung der Arbeitsunfähigkeitstage, 2004

glieder mit häufigeren Krankmeldungen (3 und mehr Fälle) ging gegenüber dem Vorjahr deutlich zurück. Er sank um 0,9 Prozentpunkte.

Abbildung 12.1.4 zeigt die Verteilung der kumulierten Arbeitsunfähigkeitstage auf die AOK-Mitglieder in Form einer Lorenzkurve. Daraus ist ersichtlich, dass der überwiegende Teil der Tage sich auf einen relativ kleinen Teil der AOK-Mitglieder konzentriert. Die folgenden Zahlen machen dies deutlich:

- Ein Viertel der Arbeitsunfähigkeitstage entfällt auf nur 1% der Mitglieder.

- Die Hälfte der Tage wird von lediglich 5% der Mitglieder verursacht.
- 80% der Arbeitsunfähigkeitstage gehen auf nur 18% der AOK-Mitglieder zurück.

12.1.4 Kurz- und Langzeiterkrankungen

Die Höhe des Krankenstandes wird entscheidend durch länger dauernde Erkrankungen bestimmt. Die Zahl dieser Erkrankungsfälle ist zwar relativ gering, diese sind aber für eine große Zahl von Ausfalltagen verantwortlich (Abb. 12.1.5). 2004 waren fast die Hälfte aller Arbeitsunfähigkeitstage (49,6%) auf lediglich 8,1% der Arbeitsunfähigkeitsfälle zurückzuführen. Dabei handelt es sich um Fälle mit einer Dauer von mehr als vier Wochen. Besonders zu Buche schlagen Langzeitfälle, die sich über mehr als sechs Wochen erstrecken. Obwohl ihr Anteil an den Arbeitsunfähigkeitsfällen im Jahr 2004 nur 4,5% betrug, verursachten sie 39,4% des gesamten AU-Volumens.

Kurzzeiterkrankungen wirken sich zwar häufig sehr störend auf den Betriebsablauf aus, spielen aber, anders als häufig angenommen, für den Krankenstand nur eine untergeordnete Rolle. Auf Arbeitsunfähigkeitsfälle mit einer Dauer von 1–3 Tagen gingen 2004 lediglich 5,8% der Fehltage zurück, obwohl ihr Anteil an den Arbeitsunfähigkeitsfällen 35,2% betrug. Da viele Arbeitgeber in den ersten drei Tagen einer Erkrankung keine ärztliche Arbeitsunfähigkeitsbescheinigung verlangen,

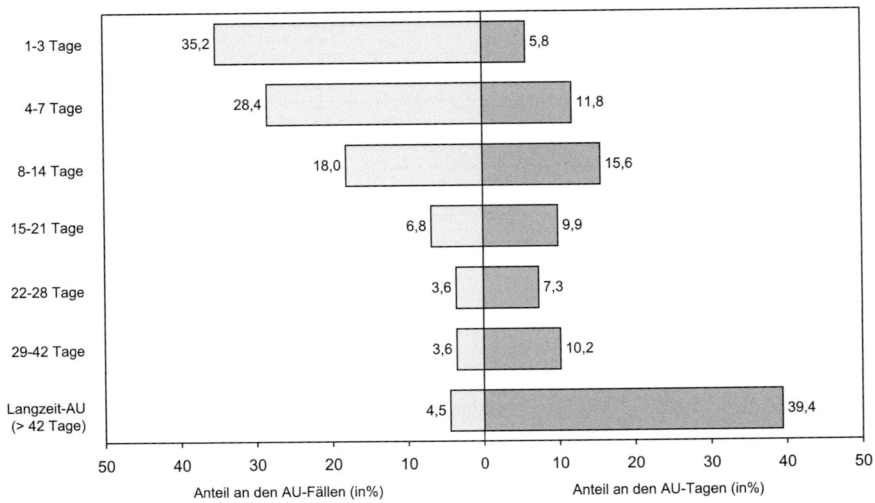

Abb. 12.1.5. Arbeitsunfähigkeitstage und -fälle nach der Dauer, 2004

liegt der Anteil der Kurzzeiterkrankungen allerdings in der Praxis höher, als dies in den Daten der Krankenkassen zum Ausdruck kommt. Nach einer Befragung des Instituts der deutschen Wirtschaft [8] hat jedes zweite Unternehmen die Attestpflicht ab dem ersten Krankheitstag eingeführt. Der Anteil der Kurzzeitfälle von 1–3 Tagen an den krankheitsbedingten Fehltagen in der privaten Wirtschaft beträgt danach insgesamt durchschnittlich 11,3%. Auch wenn man berücksichtigt, dass die Krankenkassen die Kurzzeit-Arbeitsunfähigkeit nicht vollständig erfassen, ist also der Anteil der Erkrankungen von ein bis drei Tagen am Arbeitsunfähigkeitsvolumen insgesamt nur gering. Von Maßnahmen, die in erster Linie auf eine Reduzierung der Kurzzeitfälle abzielen, ist daher kein durchgreifender Effekt auf den Krankenstand zu erwarten. Maßnahmen, die auf eine Senkung des Krankenstandes abzielen, sollten vorrangig bei den Langzeitfällen ansetzen. Welche Krankheitsarten für die Langzeitfälle verantwortlich sind, wird in Kapitel 12.1.15 dargestellt.

Im Vergleich zum Vorjahr hat 2004 der Anteil der Langzeiterkrankungen[11] zugenommen. Bei den AU-Fällen war ein Anstieg um 0,2 Prozentpunkte, bei den AU-Tagen um 0,4 Prozentpunkte zu verzeichnen. Der Anteil der der AOK gemeldeten Kurzzeiterkrankungen ging dagegen zurück.

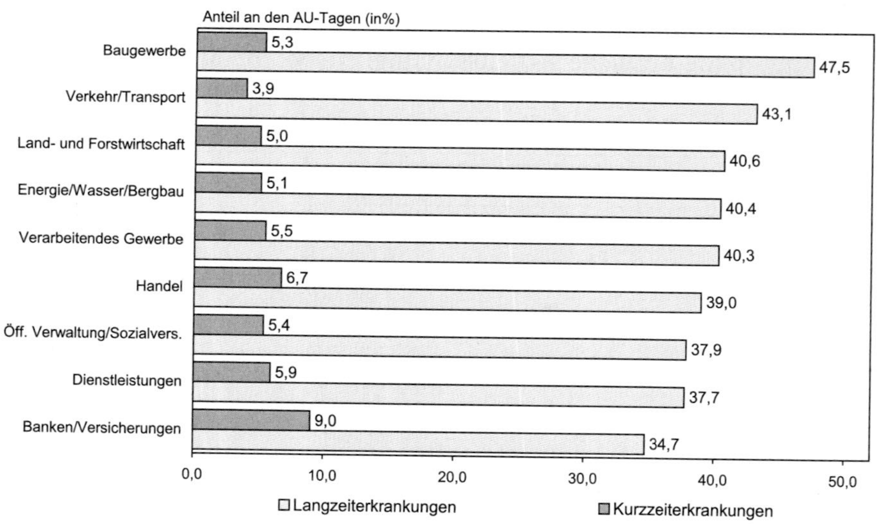

Abb. 12.1.6. Anteil der Kurz- und Langzeiterkrankungen an den Arbeitsunfähigkeitstagen nach Branchen, 2004

[11] Mit einer Dauer von mehr als sechs Wochen.

Am höchsten war der Anteil der Langzeiterkrankungen 2004 ebenso wie bereits im Jahr 2003 mit 47,5% im Baugewerbe und am niedrigsten bei Banken und Versicherungen (34,7%). Der Anteil der Kurzzeiterkrankungen schwankte in den einzelnen Wirtschaftszweigen zwischen 9,0% bei Banken und Versicherungen und 3,9% im Bereich Verkehr und Transport (Abb. 12.1.6).

12.1.5 Krankenstandsentwicklung in den einzelnen Branchen

Den höchsten Krankenstand wiesen im Jahr 2004 wie auch bereits in den Vorjahren mit 5,2% die öffentlichen Verwaltungen auf, den niedrigsten mit 3,1% die Banken und Versicherungen (Abb. 12.1.7). Bei dem hohen Krankenstand in der öffentlichen Verwaltung muss allerdings berücksichtigt werden, dass ein großer Teil der in diesem Sektor beschäftigten AOK-Mitglieder keine Bürotätigkeiten ausübt, sondern in gewerblichen Bereichen mit teilweise sehr hohen Arbeitsbelastungen tätig ist, wie z. B. im Straßenbau, in der Straßenreinigung und Entsorgung, in Gärtnereien etc. Insofern sind die Daten, die der AOK für diesen Bereich vorliegen, nicht repräsentativ für die gesamte öffentliche Verwaltung. Hinzu kommt, dass die bei den öffentlichen Verwaltungen beschäftigten AOK-Mitglieder eine im Vergleich zur freien Wirtschaft ungünstige Altersstruktur aufweisen, die zum Teil für die erhöhten Krankenstände mitverantwortlich ist. Schließlich spielt auch die Tatsache, dass die öffentlichen Verwaltungen ihrer Verpflichtung zur Beschäftigung Schwerbehinderter stärker nachkommen

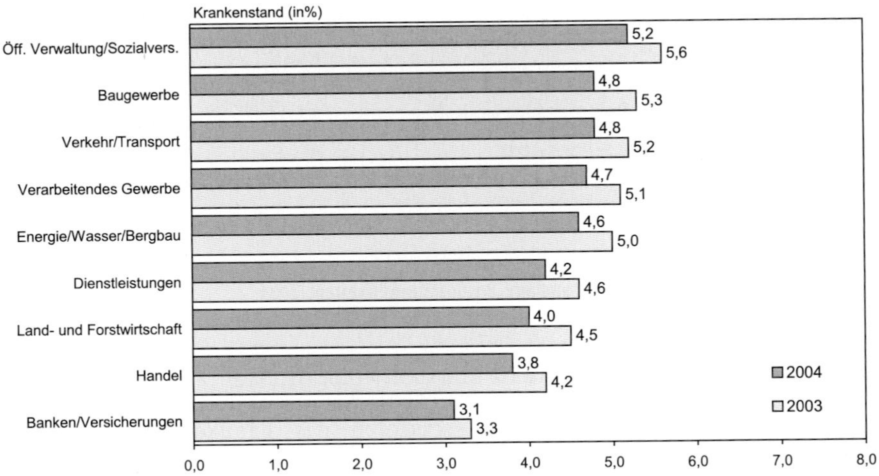

Abb. 12.1.7. Krankenstand nach Branchen, 2004 im Vergleich zum Vorjahr

als andere Branchen, eine erhebliche Rolle. Der Anteil erwerbstätiger Schwerbehinderter liegt im öffentlichen Dienst um etwa 50% höher als in anderen Sektoren (6,6% der Beschäftigten in der öffentlichen Verwaltung gegenüber 4,2% in anderen Beschäftigungssektoren). Nach einer Studie der Hans-Böckler-Stiftung ist die gegenüber anderen Beschäftigungsbereichen höhere Zahl von Arbeitsunfähigkeitsfällen im öffentlichen Dienst knapp zur Hälfte allein auf den erhöhten Anteil an schwerbehinderten Arbeitnehmern zurückzuführen [6] [12].

Im Vergleich zum Vorjahr nahm im Jahr 2004 die Zahl der Krankmeldungen in allen Branchen erneut ab. Die stärksten Rückgänge waren in der Land- und Forstwirtschaft (10,0%), im Bereich Verkehr/Transport (9,9%), im Handel (9,8%) und im Dienstleistungsbereich (9,6%) zu verzeichnen. Auch der Krankenstand ging in allen Wirtschaftsbereichen weiter zurück (0,2–0,5 Prozentpunkte, s. Abb. 12.1.7).

Die Höhe des Krankenstandes resultiert aus der Zahl der Krankmeldungen und deren Dauer. Bei den öffentlichen Verwaltungen lag sowohl die Zahl der Krankmeldungen als auch die mittlere Dauer der Krankheitsfälle über dem Durchschnitt (Abb. 12.1.8). Der überdurch-

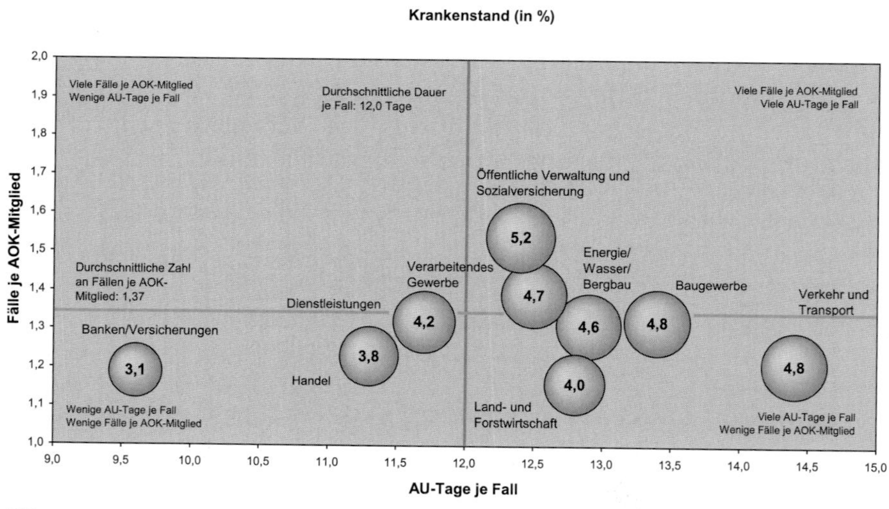

Abb. 12.1.8. Krankenstand nach Branchen: Bestimmungsfaktoren, 2004

[12] Vgl. dazu den Beitrag von Gerd Marstedt et al. in: Badura B, Litsch M, Vetter C (Hrsg) (2001) Fehlzeiten-Report 2001, Springer, Berlin (u.a.). Weitere Ausführungen zu den Bestimmungsfaktoren des Krankenstandes in der öffentlichen Verwaltung finden sich im Beitrag von Alfred Oppolzer in: Badura B, Litsch M, Vetter C (Hrsg) (2000) Fehlzeiten-Report 1999, Springer, Berlin (u.a.).

schnittlich hohe Krankenstand im Baugewerbe und im Bereich Verkehr/Transport war dagegen ausschließlich auf die lange Dauer (13,4 bzw. 14,4 Tage) der Arbeitsunfähigkeitsfälle zurückzuführen. Auf den hohen Anteil der Langzeitfälle in diesen Branchen wurde bereits in Kapitel 12.1.4 hingewiesen. Die Zahl der Krankmeldungen war dagegen im Baugewerbe und im Bereich Verkehr/Transport geringer als im Branchendurchschnitt (vgl. Tabellen 12.3.1 und 12.12.1).

Tabelle 12.1.4. Krankenstandsentwicklung 1993–2004 (in %)

Wirtschafts-abschnitte		1993	1994	1995	1996	1997	1998	1999	2000	2001	2002	2003	2004
Banken/ Versiche-rungen	West	4,2	4,4	3,9	3,5	3,4	3,5	3,6	3,6	3,5	3,5	3,3	3,1
	Ost	2,9	3,0	4,0	3,6	3,6	3,6	4,0	4,1	4,1	4,1	3,5	3,2
	Bund	3,9	4,0	3,9	3,5	3,4	3,5	3,7	3,6	3,6	3,5	3,3	3,1
Baugewerbe	West	6,7	7,0	6,5	6,1	5,8	6,0	6,0	6,1	6,0	5,8	5,4	5,0
	Ost	4,8	5,5	5,5	5,3	5,1	5,2	5,5	5,4	5,5	5,2	4,6	4,1
	Bund	6,2	6,5	6,2	5,9	5,6	5,8	5,9	5,9	5,9	5,7	5,3	4,8
Dienst-leistungen	West	5,6	5,7	5,2	4,8	4,6	4,7	4,9	4,9	4,9	4,8	4,6	4,2
	Ost	5,4	6,1	6,0	5,6	5,3	5,2	5,6	5,5	5,4	5,2	4,7	4,2
	Bund	5,5	5,8	5,3	4,9	4,7	4,8	5,0	5,0	4,9	4,8	4,6	4,2
Energie/ Wasser/ Bergbau	West	6,4	6,4	6,2	5,7	5,5	5,7	5,9	5,8	5,7	5,5	5,2	4,9
	Ost	4,8	5,2	5,0	4,1	4,2	4,0	4,4	4,4	4,4	4,5	4,1	3,7
	Bund	5,8	6,0	5,8	5,3	5,2	5,3	5,6	5,5	5,4	5,3	5,0	4,6
Handel	West	5,6	5,6	5,2	4,6	4,5	4,6	4,6	4,6	4,6	4,5	4,2	3,9
	Ost	4,2	4,6	4,4	4,0	3,8	3,9	4,2	4,2	4,2	4,1	3,7	3,4
	Bund	5,4	5,5	5,1	4,5	4,4	4,5	4,5	4,6	4,5	4,5	4,2	3,8
Land- und Forst-wirtschaft	West	5,6	5,7	5,4	4,6	4,6	4,8	4,6	4,6	4,6	4,5	4,2	3,8
	Ost	4,7	5,5	5,7	5,5	5,0	4,9	6,0	5,5	5,4	5,2	4,9	4,3
	Bund	5,0	5,6	5,6	5,1	4,8	4,8	5,3	5,0	5,0	4,8	4,5	4,0
Öffentl. Verwaltung/ Sozialver-sicherung	West	7,1	7,3	6,9	6,4	6,2	6,3	6,6	6,4	6,1	6,0	5,7	5,3
	Ost	5,1	5,9	6,3	6,0	5,8	5,7	6,2	5,9	5,9	5,7	5,3	5,0
	Bund	6,6	6,9	6,8	6,3	6,1	6,2	6,5	6,3	6,1	5,9	5,6	5,2
Verarbeitendes Gewerbe	West	6,2	6,3	6,0	5,4	5,2	5,3	5,6	5,6	5,6	5,5	5,2	4,8
	Ost	5,0	5,4	5,3	4,8	4,5	4,6	5,2	5,1	5,2	5,1	4,7	4,3
	Bund	6,1	6,2	5,9	5,3	5,1	5,2	5,6	5,6	5,5	5,5	5,1	4,7
Verkehr/ Transport	West	6,6	6,8	4,7	5,7	5,3	5,4	5,6	5,6	5,6	5,6	5,3	4,9
	Ost	4,4	4,8	4,7	4,6	4,4	4,5	4,8	4,8	4,9	4,9	4,5	4,2
	Bund	6,2	6,4	5,9	5,5	5,2	5,3	5,5	5,5	5,5	5,5	5,2	4,8

Ebenso wie in den Vorjahren war der Krankenstand auch im Jahr 2004 in den meisten Wirtschaftszweigen in Ostdeutschland niedriger als in Westdeutschland, teilweise erheblich niedriger. Im Bereich Energie, Wasser, Bergbau lag er 1,2 Prozentpunkte unter dem westdeutschen Niveau. In der Land- und Forstwirtschaft (0,5 Prozentpunkte) sowie bei den Banken und Versicherungen (0,1 Prozentpunkte) waren jedoch in den neuen Bundesländern höhere Werte festzustellen.

Tabelle 12.1.4 zeigt die Krankenstandsentwicklung in den einzelnen Branchen in den Jahren 1993–2004, differenziert nach West- und Ostdeutschland. Im Vergleich zum Vorjahr ging der Krankenstand im Jahr 2004 in West- und Ostdeutschland in allen Branchen zurück.

Einfluss der Alters- und Geschlechtsstruktur

Die Höhe des Krankenstandes hängt entscheidend vom Alter der Beschäftigten ab. Die krankheitsbedingten Fehlzeiten nehmen mit steigendem Alter deutlich zu. Die Höhe des Krankenstandes variiert auch in Abhängigkeit vom Geschlecht (Abb. 12.1.9).

Zwar geht die Zahl der Krankmeldungen mit zunehmendem Alter zurück, die durchschnittliche Dauer der Arbeitsunfähigkeitsfälle steigt jedoch kontinuierlich an (Abb. 12.1.10). Ältere Mitarbeiter sind also seltener krank als ihre jüngeren Kollegen, fallen aber, wenn sie erkranken, in der Regel wesentlich länger aus. Der starke Anstieg der Falldauer hat zur Folge, dass der Krankenstand trotz der Abnahme

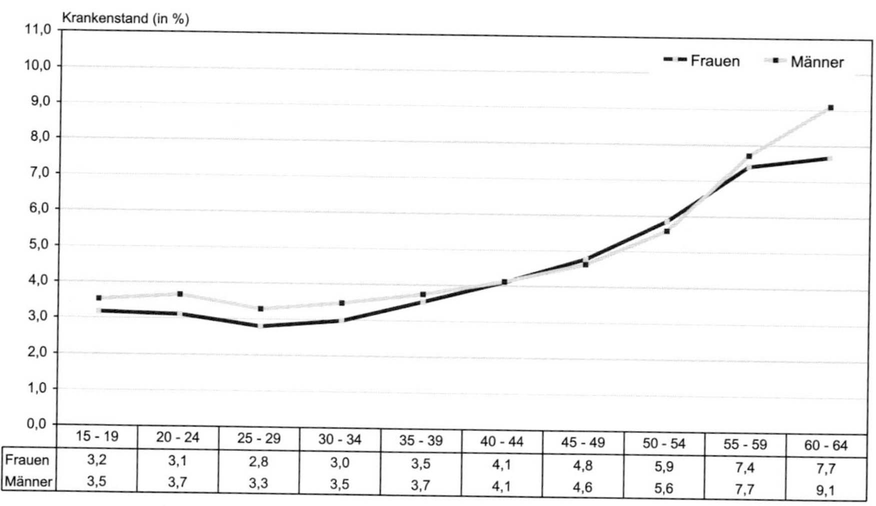

	15 - 19	20 - 24	25 - 29	30 - 34	35 - 39	40 - 44	45 - 49	50 - 54	55 - 59	60 - 64
Frauen	3,2	3,1	2,8	3,0	3,5	4,1	4,8	5,9	7,4	7,7
Männer	3,5	3,7	3,3	3,5	3,7	4,1	4,6	5,6	7,7	9,1

Abb. 12.1.9. Krankenstand 2004 nach Alter und Geschlecht, AOK-Mitglieder

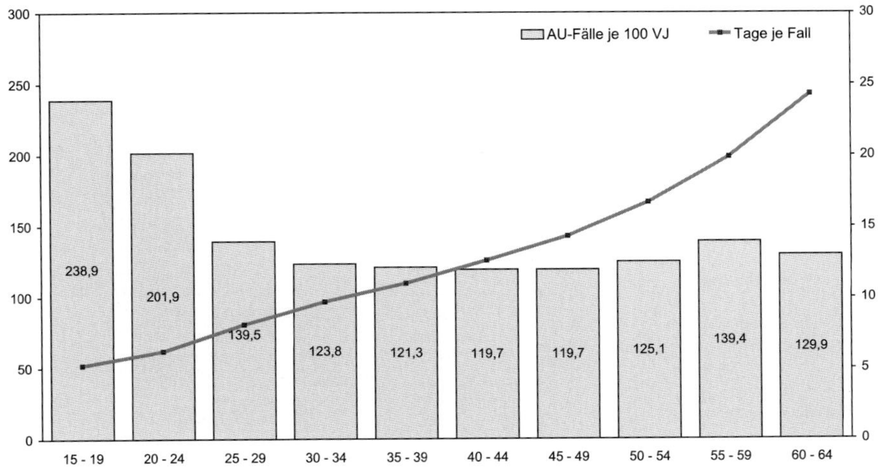

Abb. 12.1.10. Arbeitsunfähigkeitsfälle nach Altersgruppen: Fallhäufigkeit und Falldauer, AOK-Mitglieder, 2004

der Krankmeldungen mit zunehmendem Alter deutlich ansteigt. Hinzu kommt, dass ältere Arbeitnehmer im Unterschied zu ihren jüngeren Kollegen häufiger von mehreren Erkrankungen gleichzeitig betroffen sind (Multimorbidität). Auch dies kann längere Ausfallzeiten mit sich bringen.

12

Da die Krankenstände in Abhängigkeit von Alter und Geschlecht sehr stark variieren, ist es sinnvoll, beim Vergleich der Krankenstände unterschiedlicher Branchen oder Regionen die Alters- und Geschlechtsstruktur zu berücksichtigen. Mit Hilfe von Standardisierungsverfahren lässt sich berechnen, wie der Krankenstand in den unterschiedlichen Bereichen ausfiele, wenn man eine durchschnittliche Alters- und Geschlechtsstruktur zugrunde legen würde. Abbildung 12.1.11 zeigt die standardisierten Werte für die einzelnen Wirtschaftszweige im Vergleich zu den nicht standardisierten Krankenständen[13].

In den meisten Branchen fallen die standardisierten Werte niedriger aus als die nicht standardisierten. Insbesondere im Baugewerbe und in der öffentlichen Verwaltung ist der überdurchschnittlich hohe Krankenstand zu einem erheblichen Teil (0,7 bzw. 0,5 Prozentpunkte) auf die Altersstruktur in diesen Bereichen zurückzuführen. Im Handel dagegen ist es genau umgekehrt. Dort wären bei einer durchschnitt-

[13] Berechnet nach der Methode der direkten Standardisierung. Zugrunde gelegt wurde die Alters- und Geschlechtsstruktur der erwerbstätigen Mitglieder der gesetzlichen Krankenversicherung insgesamt im Jahr 2000 (Mitglieder mit Krankengeldanspruch). Quelle: VDR-Statistik.

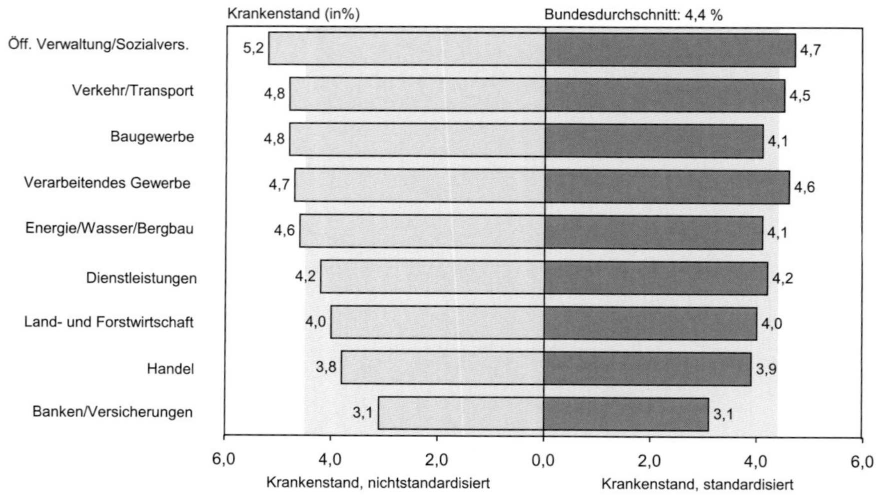

Abb. 12.1.11. Krankenstand nach Branchen, alters- und geschlechtsstandardisiert, 2004

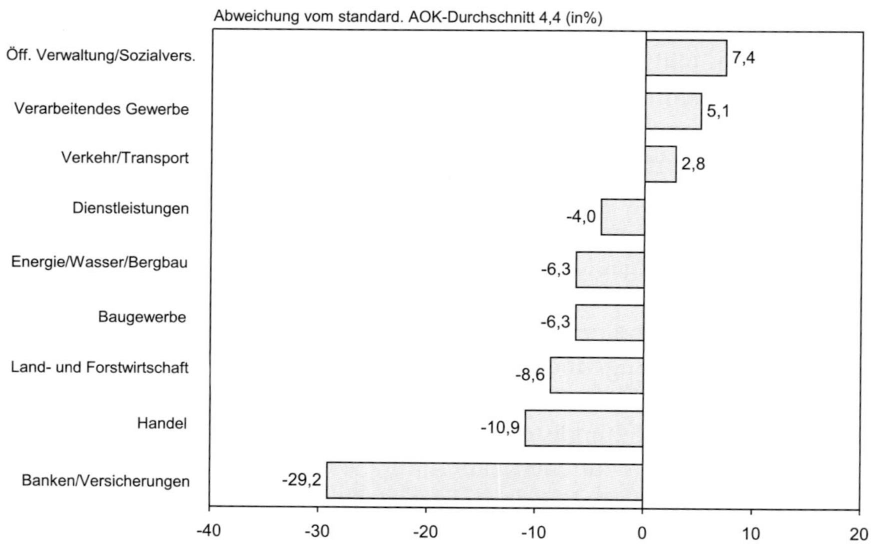

Abb. 12.1.12. Krankenstand nach Branchen, 2004, Abweichungen der alters- und geschlechtsstandardisierten Krankenstände vom Bundesdurchschnitt

lichen Altersstruktur etwas höhere Krankenstände zu erwarten (0,1 Prozentpunkte).

Abbildung 12.1.12 zeigt die Abweichungen der standardisierten Krankenstände vom Bundesdurchschnitt. Die höchsten Werte weist die öffentliche Verwaltung auf. Dort liegen die standardisierten Werte 7,4% über dem Durchschnitt. Die günstigsten Werte sind bei den Banken und Versicherungen zu verzeichnen. In diesem Bereich ist der standardisierte Krankenstand 29,2% niedriger als im Bundesdurchschnitt. Dies ist in erster Linie auf den hohen Angestelltenanteil in dieser Branche zurückzuführen (vgl. Kap. 12.1.9).

12.1.6 Fehlzeiten nach Bundesländern

Der Krankenstand in West- und Ostdeutschland unterschied sich im Jahr 2004 nur geringfügig (West: 4,52%; Ost: 4,30%). Zwischen den einzelnen Bundesländern gab es jedoch erhebliche Unterschiede im Krankenstand (Abb. 12.1.13). Die höchsten Krankenstände waren 2004 in den Stadtstaaten Berlin (5,6%), Bremen (5,4%) und Hamburg

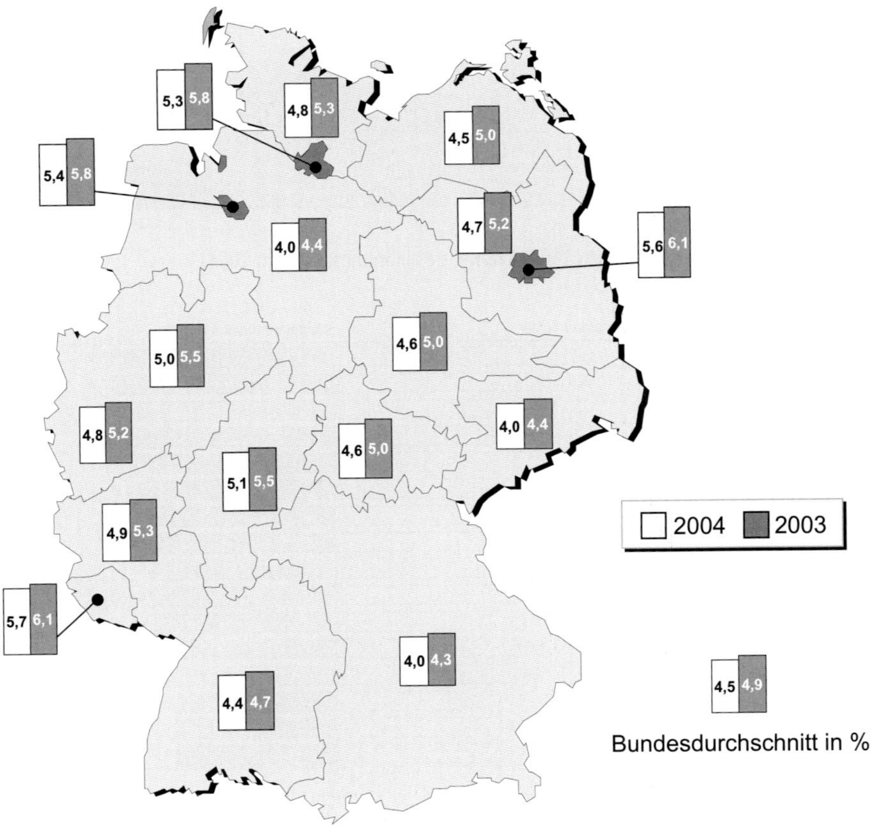

Abb. 12.1.13. Krankenstand nach Landes-AOK's im Vergleich zum Vorjahr

(5,3%) sowie im Saarland (5,7%) zu verzeichnen. Die niedrigsten Krankenstände wiesen die Bundesländer Bayern (4,0%), Niedersachsen (4,0%) und Sachsen (4,0%) auf.

Die hohen Krankenstände in den Stadtstaaten kommen auf unterschiedliche Weise zustande. In Berlin, Bremen und Hamburg lag sowohl die Zahl der Arbeitsunfähigkeitsfälle als auch deren durchschnittliche Dauer über dem Bundesdurchschnitt (s. Abb. 12.1.14). Im Saarland ist der hohe Krankenstand dagegen fast ausschließlich auf die lange Dauer der Arbeitsunfähigkeitsfälle zurückzuführen.

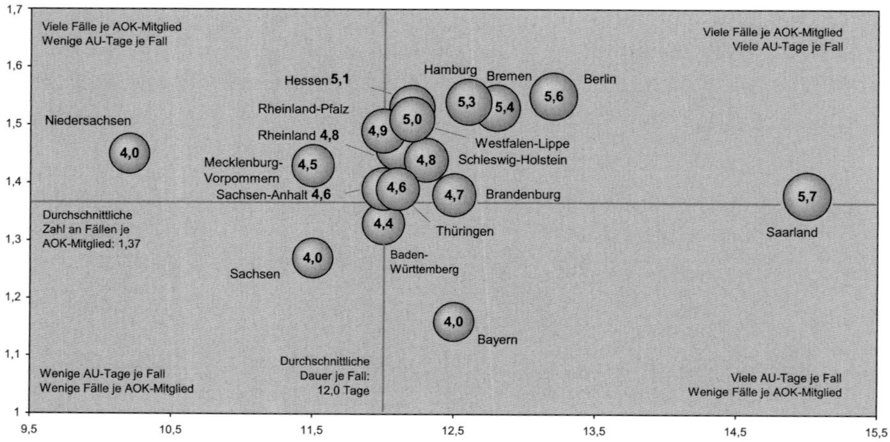

Abb. 12.1.14. Krankenstand nach Landes-AOK's: Bestimmungsfaktoren, 2004

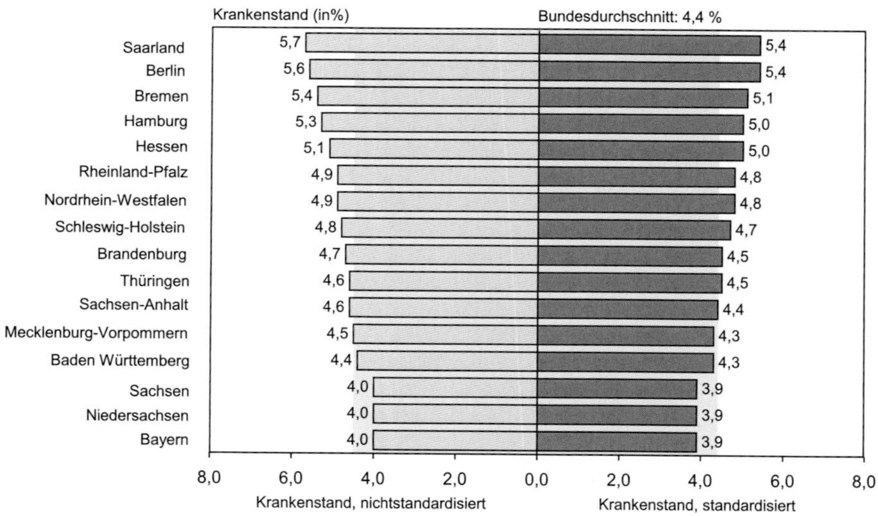

Abb. 12.1.15. Krankenstand nach Bundesländern, alters- und geschlechtsstandardisiert, 2004

Inwieweit sind die regionalen Unterschiede im Krankenstand auf unterschiedliche Alters- und Geschlechtsstrukturen zurückzuführen? Abbildung 12.1.15 zeigt die nach Alter und Geschlecht standardisierten Werte für die einzelnen Bundesländer im Vergleich zu den nicht standardisierten Krankenständen[14]. Durch die Berücksichtigung der Alters- und Geschlechtsstruktur relativieren sich die beschriebenen regionalen Unterschiede im Krankenstand nur geringfügig. Die oben beschriebene Verteilungsstruktur bleibt im Wesentlichen erhalten. Bei den Stadtstaaten Berlin, Bremen und Hamburg fallen die standardisierten Werte lediglich um 0,2 bzw. 0,3 Prozentpunkte niedriger aus als die Rohwerte. Bayern, Niedersachsen und Sachsen erzielen auch nach der Standardisierung die günstigsten Werte.

Abbildung 12.1.16 zeigt die Abweichungen der standardisierten Krankenstände vom Bundesdurchschnitt. Die höchsten Werte weisen das Saarland und Berlin auf. Dort liegen die standardisierten Werte 23,4% über dem Durchschnitt. Die günstigsten Werte sind in Sachsen, Niedersachsen und Bayern zu verzeichnen. In diesen Bundesländern

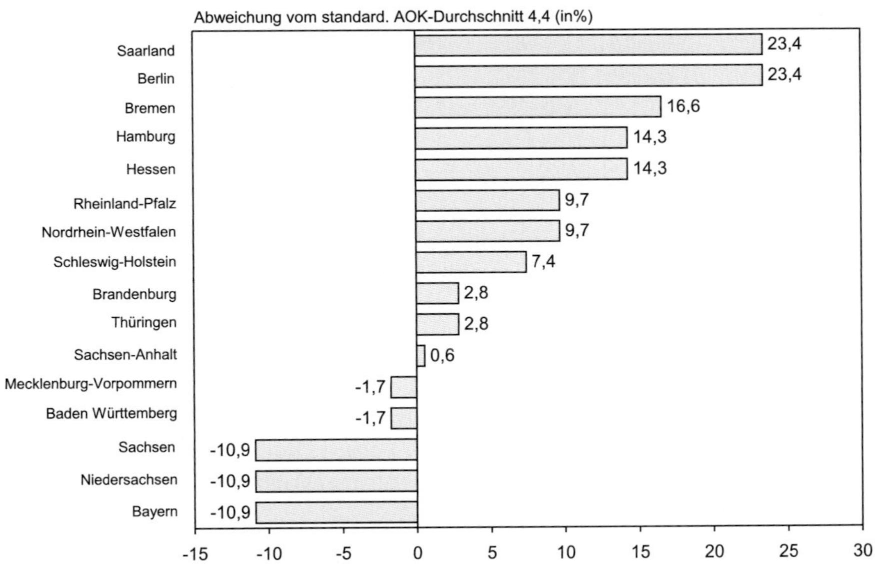

Abb. 12.1.16. Krankenstand nach Bundesländern, 2004, Abweichungen der alters- und geschlechtsstandardisierten Krankenstände vom Bundesdurchschnitt

[14] Berechnet nach der Methode der direkten Standardisierung. Zugrunde gelegt wurde die Alters- und Geschlechtsstruktur der erwerbstätigen Mitglieder der gesetzlichen Krankenversicherung insgesamt im Jahr 2000 (Mitglieder mit Krankengeldanspruch). Quelle: VDR-Statistik.

Tabelle 12.1.5. Krankenstandskennzahlen 2004 im Vergleich zum Vorjahr

	Arbeitsunfähigkeiten je 100 AOK-Mitglieder				Tage je Fall	Veränd. z. Vorj. (in %)
	Fälle	Veränd. z. Vorj. (in %)	Tage	Veränd. z. Vorj. (in %)		
Baden-Württemberg	132,9	−9,0	1599,7	−6,4	12,0	2,6
Bayern	115,8	−9,6	1452,8	−7,4	12,5	2,5
Berlin	155,3	−6,7	2052,1	−7,9	13,2	−1,5
Brandenburg	137,6	−10,1	1716,8	−9,8	12,5	0,8
Bremen	153,4	−10,6	1966,9	−7,4	12,8	3,2
Hamburg	153,9	−9,4	1933,0	−8,9	12,6	0,8
Hessen	153,5	−7,5	1878,8	−6,3	12,2	0,8
Mecklenburg-Vorpommern	143,1	−8,7	1646,6	−9,7	11,5	−0,9
Niedersachsen	144,7	−9,0	1471,4	−8,2	10,2	1,0
Rheinland	145,6	−8,9	1764,3	−6,7	12,1	2,5
Rheinland-Pfalz	149,1	−8,1	1784,4	−7,4	12,0	0,8
Saarland	138,5	−8,0	2074,6	−6,2	15,0	2,0
Sachsen	127,1	−10,0	1460,1	−9,5	11,5	0,9
Sachsen-Anhalt	139,2	−8,4	1676,4	−8,1	12,0	0,0
Schleswig-Holstein	143,6	−9,0	1763,0	−8,8	12,3	0,8
Thüringen	139,1	−8,4	1689,3	−6,8	12,1	1,7
Westfalen-Lippe	150,6	−8,2	1832,2	−8,3	12,2	0,0
Bund	136,5	−8,9	1640,6	−7,6	12,0	1,7

ist der standardisierte Krankenstand 10,9% niedriger als im Bundesdurchschnitt.

Im Vergleich zum Vorjahr hat 2004 die Zahl der Krankmeldungen in allen Bundesländern weiter deutlich abgenommen (s. Tabelle 12.1.5). Am stärksten nahm sie in Bremen (10,6%), Brandenburg (10,1%) und Sachsen (10,0%) ab. Auch die Zahl der Arbeitsunfähigkeitstage war in allen Ländern rückläufig. Die stärksten Rückgänge waren in Brandenburg (9,8%), Mecklenburg-Vorpommern (9,7%) und Sachsen (9,5%) zu verzeichnen.

12.1.7 Fehlzeiten nach Betriebsgröße

Mit zunehmender Betriebsgröße steigt die Anzahl der krankheitsbedingten Fehltage. Während die Mitarbeiter von Betrieben mit 10–99 AOK-Mitgliedern im Jahr 2004 durchschnittlich 17,0 Tage fehlten, fielen in Betrieben mit 500–999 AOK-Mitgliedern pro Mitarbeiter 19,6

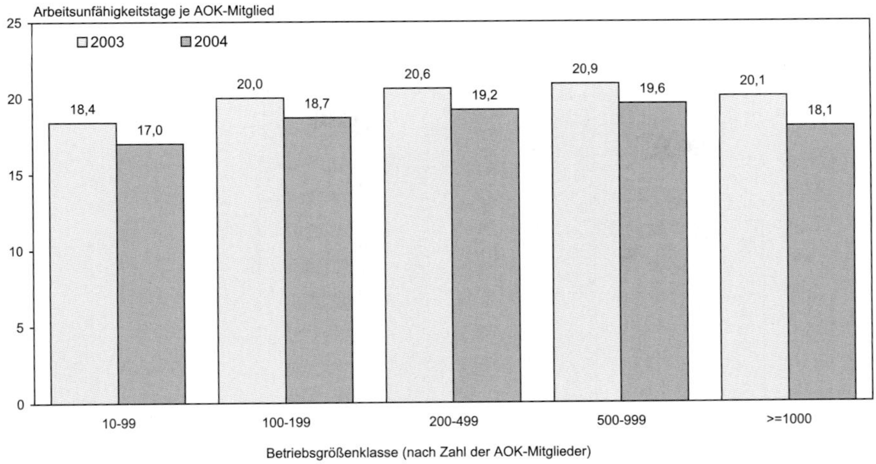

Abb. 12.1.17. Arbeitsunfähigkeitstage nach Betriebsgröße, 2004 im Vergleich zum Vorjahr

Fehltage an (vgl. Abb. 12.1.17)[15]. In größeren Betrieben mit 1000 und mehr AOK-Mitgliedern nimmt dann allerdings die Zahl der Arbeitsunfähigkeitstage wieder deutlich ab. Dort waren 2004 nur 18,1 Fehltage je Mitarbeiter zu verzeichnen.

Eine Untersuchung des Instituts der Deutschen Wirtschaft kam zu einem ähnlichen Ergebnis [6]. Mit Hilfe einer Regressionsanalyse konnte darüber hinaus nachgewiesen werden, dass der positive Zusammenhang zwischen Fehlzeiten und Betriebsgröße nicht auf andere Einflussfaktoren wie zum Beispiel die Beschäftigtenstruktur oder Schichtarbeit zurückzuführen ist, sondern unabhängig davon gilt.

Im Vergleich zum Vorjahr nahm die Zahl der Arbeitsunfähigkeitstage im Jahr 2004 bei allen Betriebsgrößen weiter ab (im Bereich von 6,2–10,0%).

12.1.8 Fehlzeiten nach Stellung im Beruf

Die krankheitsbedingten Fehlzeiten variieren erheblich in Abhängigkeit von der beruflichen Stellung (Abb. 12.1.18). Die höchsten Fehlzeiten weisen Arbeiter auf (19,8 Tage je AOK-Mitglied), die niedrigsten Angestellte (11,7 Tage). Facharbeiter (17,2 Tage), Meister, Poliere (13,5 Tage) und Auszubildende (13,1 Tage) liegen hinsichtlich der Fehltage

[15] Als Maß für die Betriebsgröße wird hier die Anzahl der AOK-Mitglieder in den Betrieben zugrunde gelegt, die allerdings in der Regel nur einen Teil der gesamten Belegschaft ausmachen.

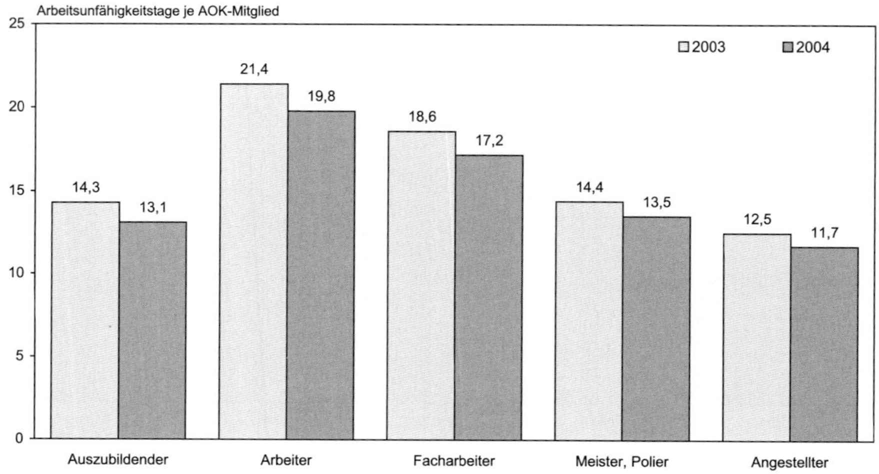

Abb. 12.1.18. Arbeitsunfähigkeitstage nach Stellung im Beruf, 2004 im Vergleich zum Vorjahr

im Mittelfeld. Diese Rangfolge findet sich fast durchgängig in allen Branchen wieder.

Im Vergleich zum Vorjahr nahm im Jahr 2004 die Zahl der Arbeitsunfähigkeitstage bei allen Statusgruppen ab, am stärksten bei den Auszubildenden (8,4%), Arbeitern (7,5%) und Facharbeitern (7,5%).

Worauf sind die erheblichen Unterschiede in der Höhe des Krankenstandes in Abhängigkeit von der beruflichen Stellung zurückzuführen? Zunächst muss berücksichtigt werden, dass Angestellte häufiger als Arbeiter bei Kurzerkrankungen von ein bis drei Tagen keine Arbeitsunfähigkeitsbescheinigung vorlegen müssen. Dies hat zur Folge, dass bei Angestellten die Kurzzeiterkrankungen in geringerem Maße von den Krankenkassen erfasst werden als bei Arbeitern. Dann ist zu bedenken, dass gleiche Krankheitsbilder je nach Art der beruflichen Anforderungen durchaus in einem Fall zur Arbeitsunfähigkeit führen können, im anderen Fall aber nicht. Bei schweren körperlichen Tätigkeiten, die im Bereich der industriellen Produktion immer noch eine große Rolle spielen, haben Erkrankungen viel eher Arbeitsunfähigkeit zur Folge als etwa bei Bürotätigkeiten. Hinzu kommt, dass sich die Tätigkeiten von gering qualifizierten Arbeitnehmern im Vergleich zu höher qualifizierten Beschäftigten in der Regel durch ein größeres Maß an physiologisch-ergonomischen Belastungen, eine höhere Unfallgefährdung und damit durch erhöhte Gesundheitsrisiken auszeichnen. Eine nicht unerhebliche Rolle dürfte schließlich auch die Tatsache spielen, dass in höheren Positionen das Ausmaß an Verantwortung, aber gleichzeitig auch der Handlungsspielraum und die Gestaltungsmöglichkeiten zunehmen. Dies führt zu größerer Motivation und stärkerer Identifikation mit der beruflichen Tätigkeit. Aufgrund dieser Tatsache ist in der Regel der Anteil motivationsbedingter Fehlzeiten bei höherem beruflichen Status geringer.

Nicht zuletzt muss berücksichtigt werden, dass sich das niedrigere Einkommensniveau bei Arbeitern ungünstig auf die außerberuflichen Lebensverhältnisse wie z.B. die Wohnsituation, die Ernährung und die Erholungsmöglichkeiten auswirkt. Untersuchungen haben auch gezeigt, dass bei einkommensschwachen Gruppen verhaltensbedingte gesundheitliche Risikofaktoren wie Rauchen, Bewegungsarmut und Übergewicht stärker ausgeprägt sind als bei Gruppen mit höheren Einkommen [7].

12.1.9 Fehlzeiten nach Berufsgruppen

Auch bei den einzelnen Berufsgruppen gibt es große Unterschiede hinsichtlich der krankheitsbedingten Fehlzeiten (Abb. 12.1.19). Die Art der ausgeübten Tätigkeit hat erheblichen Einfluss auf das Ausmaß der Fehlzeiten. Die meisten Arbeitsunfähigkeitstage weisen Berufsgruppen aus dem gewerblichen Bereich auf, wie beispielsweise Straßenreiniger, Waldarbeiter und Gerüstbauer. Dabei handelt es sich häufig um Berufe mit hohen körperlichen Arbeitsbelastungen und überdurchschnittlich vielen Arbeitsunfällen (vgl. Kap. 12.1.11). Einige der Berufsgruppen mit hohen Krankenständen sind auch in beson-

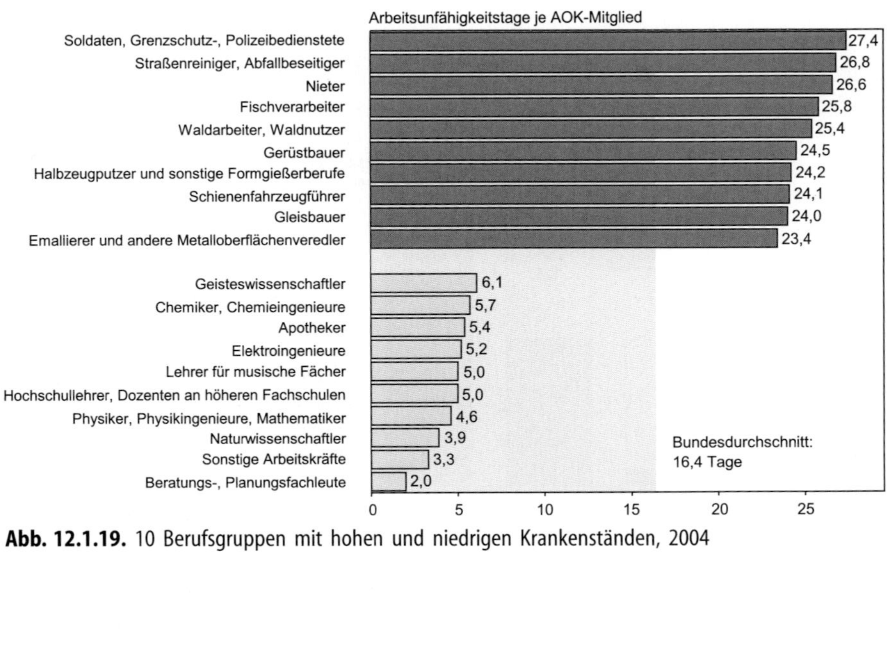

Abb. 12.1.19. 10 Berufsgruppen mit hohen und niedrigen Krankenständen, 2004

ders hohem Maße psychischen Arbeitsbelastungen ausgesetzt, wie beispielsweise Soldaten, Grenzschutz- und Polizeibedienstete. Die niedrigsten Krankenstände sind bei akademischen Berufsgruppen wie z.B. Naturwissenschaftlern, Hochschullehrern, Apothekern und Geisteswissenschaftlern zu verzeichnen. Während Naturwissenschaftler im Jahr 2004 im Durchschnitt nur 3,9 Tage krank geschrieben waren, waren es bei den Straßenreiniger und Abfallbeseitigern 26,8 Tage, also mehr als das Sechsfache.

Auch der Anteil der Beschäftigten, die von Arbeitsunfähigkeit betroffen sind, differiert in den einzelnen Berufsgruppen erheblich. Bei den darstellenden Künstlern meldeten sich im Jahr 2004 nur 19,0% der AOK-Mitglieder ein- oder mehrmals krank. Bei Straßenwarten waren es dagegen 71,7%, also beinahe viermal soviel.

12.1.10 Fehlzeiten nach Wochentagen

Die meisten Krankschreibungen sind am Wochenanfang zu verzeichnen (Abb. 12.1.20). Zum Wochenende hin nimmt die Zahl der Arbeitsunfähigkeitsmeldungen tendenziell ab. 2004 entfiel knapp ein Drittel (32,9%) der wöchentlichen Krankmeldungen auf den Montag.

Bei der Bewertung der gehäuften Krankmeldungen am Montag muss allerdings berücksichtigt werden, dass der Arzt am Wochenende in der Regel nur in Notfällen aufgesucht wird, da die meisten Praxen geschlossen sind. Deshalb erfolgt die Krankschreibung für Erkrankungen, die am Wochenende bereits begannen, in den meisten Fällen erst

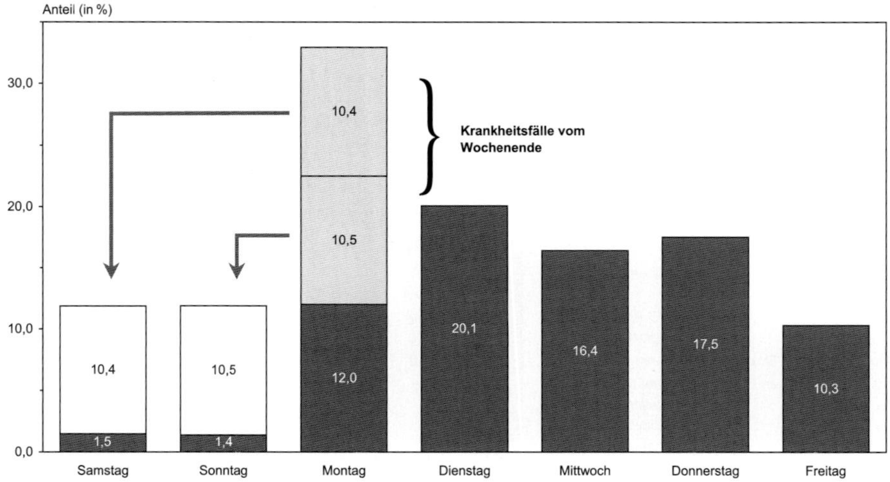

Abb. 12.1.20. Arbeitsunfähigkeitsfälle nach AU-Beginn, 2004

am Wochenanfang. Insofern sind in den Krankmeldungen vom Montag auch die Krankheitsfälle vom Wochenende mitenthalten. Die Verteilung der Krankmeldungen auf die Wochentage ist also in erster Linie durch die ärztlichen Sprechstunden bedingt [4]. Dies wird häufig in der Diskussion um den „blauen Montag" nicht bedacht.

Geht man davon aus, dass die Wahrscheinlichkeit zu erkranken an allen Wochentagen gleich hoch ist und verteilt die Arbeitsunfähigkeitsmeldungen vom Samstag, Sonntag und Montag gleichmäßig auf diese drei Tage, beginnen am Montag – „wochenendbereinigt" – nur noch 12,0% der Krankheitsfälle. Danach ist der Montag nach dem Freitag (10,3%) der Wochentag mit der geringsten Zahl an Krankmeldungen.

Das Ende der Arbeitswoche wird von der Mehrheit der Ärzte als Ende der Krankschreibung bevorzugt (Abb. 12.1.21). 2004 endeten 47,2% der Arbeitsunfähigkeitsfälle am Freitag. Nach dem Freitag ist der Mittwoch der Wochentag, an dem die meisten Krankmeldungen (13,9%) abgeschlossen sind.

Da meist bis Mittwoch oder Freitag krankgeschrieben wird, nimmt der Krankenstand zum Wochenende hin kontinuierlich zu und erreicht seinen Höchststand am Donnerstag und Freitag. Daraus abzuleiten, dass am Freitag besonders gerne „krank gefeiert" wird, um das Wochenende auf Kosten des Arbeitgebers zu verlängern, erscheint wenig plausibel, insbesondere wenn man bedenkt, dass der Freitag der Werktag mit den wenigsten Krankmeldungen ist.

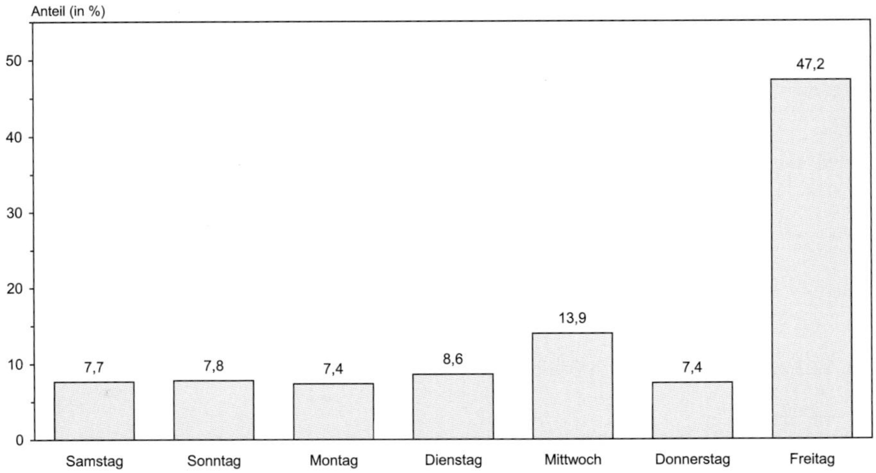

Abb. 12.1.21. Arbeitsunfähigkeitsfälle nach AU-Ende, 2004

12.1.11 Arbeitsunfälle

Im Jahr 2004 waren 4,9% der Arbeitsunfähigkeitsfälle auf Arbeitsunfälle zurückzuführen. Diese waren für 5,9% der Arbeitsunfähigkeitstage verantwortlich. Bezogen auf 1000 AOK-Mitglieder waren 67 Arbeitsunfälle mit einem Arbeitsunfähigkeitsvolumen von 970 Tagen zu verzeichnen. Die durchschnittliche Falldauer eines Arbeitsunfalls betrug 14,6 Tage. Im Vergleich zum Vorjahr waren die Zahl der Arbeitsunfälle und die darauf zurückgehenden Fehlzeiten rückläufig (2003: 71 Fälle und 1029 Tage je 1000 AOK-Mitgl.).

In kleineren Betrieben kommt es wesentlich häufiger zu Arbeitsunfällen als in größeren Betrieben (Abb. 12.1.22)[16]. Die Unfallquote lag 2004 in Betrieben mit 10–49 AOK-Mitgliedern um 72% höher als in Betrieben mit 1000 und mehr AOK-Mitgliedern. Auch die durchschnittliche Dauer einer unfallbedingten Arbeitsunfähigkeit ist in kleineren Betrieben höher als in größeren Betrieben, was darauf hindeutet, dass dort häufiger schwere Unfälle passieren. Während ein Arbeitsunfall in einem Betrieb mit 10–49 AOK-Mitgliedern durchschnittlich 15,1 Tage dauerte, waren es in Betrieben mit 500–999 AOK-Mitgliedern lediglich 13,7 Tage.

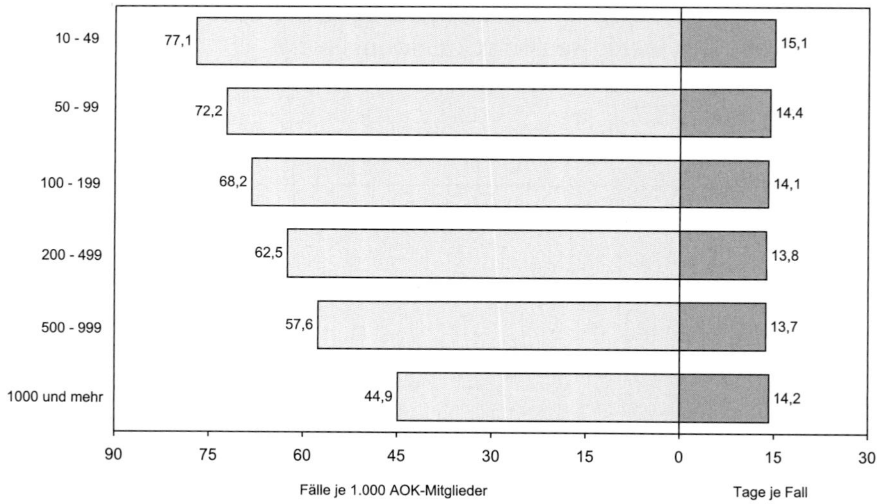

Abb. 12.1.22. Arbeitsunfälle nach Betriebsgröße, 2004

[16] Als Maß für die Betriebsgröße wird hier die Anzahl der AOK-Mitglieder in den Betrieben zugrunde gelegt, die allerdings in der Regel nur einen Teil der gesamten Belegschaft ausmachen (vgl. Kap. 12.1.7).

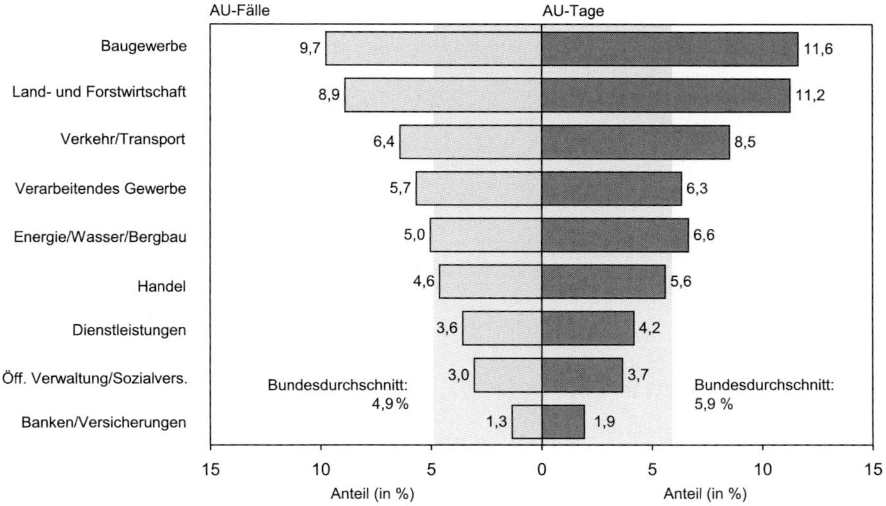

Abb. 12.1.23. Arbeitsunfälle nach Branchen 2004

In den einzelnen Wirtschaftszweigen variiert die Zahl der Arbeitsunfälle erheblich, die meisten sind im Baugewerbe zu verzeichnen (Abb. 12.1.23). Dort war der Anteil der Arbeitsunfälle an den Arbeitsunfähigkeitsfällen im Jahr 2004 mehr als siebenmal so hoch wie im Bereich Banken und Versicherungen. 9,7% der AU-Fälle und 11,6% der -Tage gingen auf Arbeitsunfälle zurück. Ohne die arbeitsbedingten Unfälle wäre der Krankenstand im Baugewerbe (4,8%) um 0,6 Prozentpunkte niedriger. Neben dem Baugewerbe waren auch in der Land- und Forstwirtschaft (8,9% der Fälle), im Bereich Verkehr und Transport (6,4% der Fälle), im verarbeitenden Gewerbe (5,7% der Fälle) sowie im Bereich Energie, Wasser und Bergbau (5,0% der Fälle) überdurchschnittlich viele Arbeitsunfälle zu verzeichnen. Am wenigsten traten auf bei Banken und Versicherungen (1,3% der Fälle) sowie in der öffentlichen Verwaltung und Sozialversicherung (3,0% der Fälle).

In Ostdeutschland ist zwar die Zahl der Arbeitsunfälle etwas geringer als in Westdeutschland (Ost: 65 Fälle je 1000 AOK-Mitglieder; West: 67), die durchschnittliche Dauer der Fälle ist jedoch deutlich höher (16,1 vs. 14,3 Tage). Daher ist auch der Anteil der Arbeitsunfälle am Krankenstand in den östlichen Bundesländern größer als in den westlichen.

Insbesondere in der Land- und Forstwirtschaft sowie im Dienstleistungsbereich war die Zahl der auf Arbeitsunfälle zurückgehenden Arbeitsunfähigkeitstage in Ostdeutschland höher als in Westdeutschland

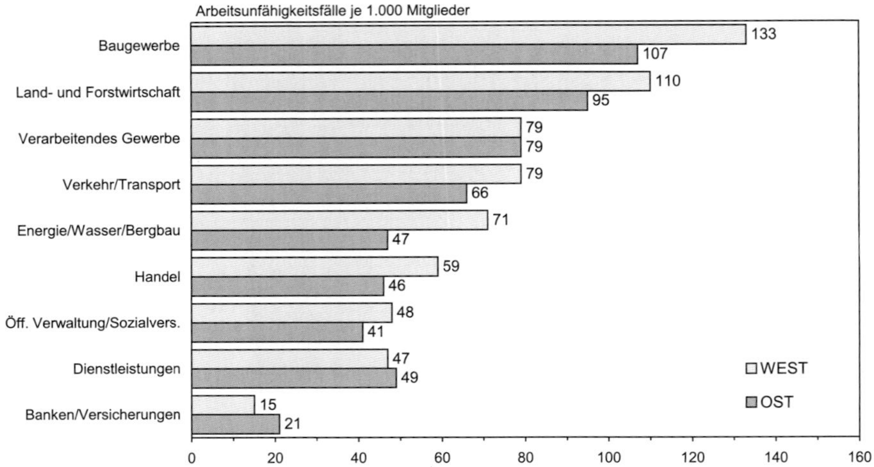

Abb. 12.1.24. Arbeitsunfälle nach Branchen in West- und Ostdeutschland, 2004

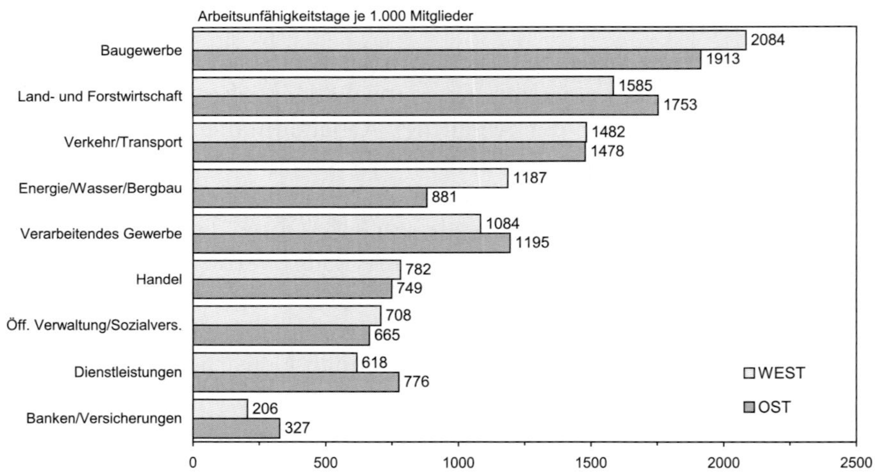

Abb. 12.1.25. Fehlzeiten durch Arbeitsunfälle nach Branchen in West- und Ostdeutschland, 2004

(s. Abb. 12.1.25). Im Bereich Energie, Wasser, Bergbau, im Baugewerbe, in der öffentlichen Verwaltung sowie im Handel fielen dagegen in Ostdeutschland weniger unfallbedingte Ausfallzeiten an.

Tabelle 12.1.6 zeigt die Berufsgruppen, die in besonderem Maße von arbeitsbedingten Unfällen betroffen sind. Spitzenreiter sind Waldarbeiter (4259 AU-Tage je 1000 AOK-Mitglieder), Betonbauer (3983 AU-Tage je 1000 AOK-Mitglieder) und Bauhilfsarbeiter/Bauhelfer (3909 AU-Tage je 1000 AOK-Mitglieder).

Tabelle 12.1.6. Arbeitsunfähigkeitstage durch Arbeitsunfälle nach Berufsgruppen, 2004

Tätigkeit	AU-Tage je 1000 AOK-Mitglieder
Waldarbeiter, Waldnutzer	4259
Betonbauer	3983
Bauhilfsarbeiter, Bauhelfer	3909
Straßenreiniger, Abfallbeseitiger	3857
Kraftfahrzeugführer	3828
Isolierer, Abdichter	3757
Wächter, Aufseher	3625
Tiefbauer	3560
Helfer in der Krankenpflege	3556
Transportgeräteführer	3505
Straßenbauer	3471
Maurer	3451
Dachdecker	3446
Raum-, Hausratreiniger	3372
Bauhilfsarbeiter	3366
Tierpfleger und verwandte Berufe	3364
Zimmerer	3309
Lager-, Transportarbeiter	3243
Maler, Lackierer (Ausbau)	3208
Chemiebetriebswerker	3203
Lagerverwalter, Magaziner	3185
Hauswirtschaftliche Betreuer	3166
Sozialarbeiter, Sozialpfleger	3165
Gärtner, Gartenarbeiter	3131
Fleisch-, Wurstwarenhersteller	3022

12.1.12 Krankheitsarten im Überblick

Das Krankheitsgeschehen wurde im Jahr 2004 wie bereits in den Vorjahren im Wesentlichen von sechs großen Krankheitsgruppen bestimmt: Muskel- und Skeletterkrankungen, Verletzungen, Atemwegserkrankungen, psychischen und Verhaltensstörungen, Herz-/Kreislauferkrankungen sowie Erkrankungen der Verdauungsorgane (Abb. 12.1.26). 70,6% der Arbeitsunfähigkeitsfälle und 72,0% der Arbeitsunfähigkeitstage gingen auf das Konto dieser sechs Krankheitsarten. Der Rest verteilte sich auf sonstige Krankheitsgruppen.

Der häufigste Anlass für Krankschreibungen waren Atemwegserkrankungen. Im Jahr 2004 ging mehr als jeder fünfte Arbeitsunfähigkeitsfall (21,2%) auf diese Krankheitsart zurück. Aufgrund einer relativ geringen durchschnittlichen Erkrankungsdauer betrug der Anteil der Atemwegserkrankungen am Krankenstand allerdings nur 12,0%. Die meisten Arbeitsunfähigkeitstage wurden durch Muskel-

und Skeletterkrankungen verursacht, die häufig mit langen Ausfallzeiten verbunden sind. Allein auf diese Krankheitsart waren 2004 bereits 25,2% der Arbeitsunfähigkeitstage zurückzuführen, obwohl sie nur für 18,6% der Arbeitsunfähigkeitsfälle verantwortlich war.

Abbildung 12.1.27 zeigt die Anteile der Krankheitsarten an den krankheitsbedingten Fehlzeiten im Jahr 2004 im Vergleich zum Vorjahr. Ein deutlicher Rückgang ist bei den Atemwegserkrankungen (1,7 Pro-

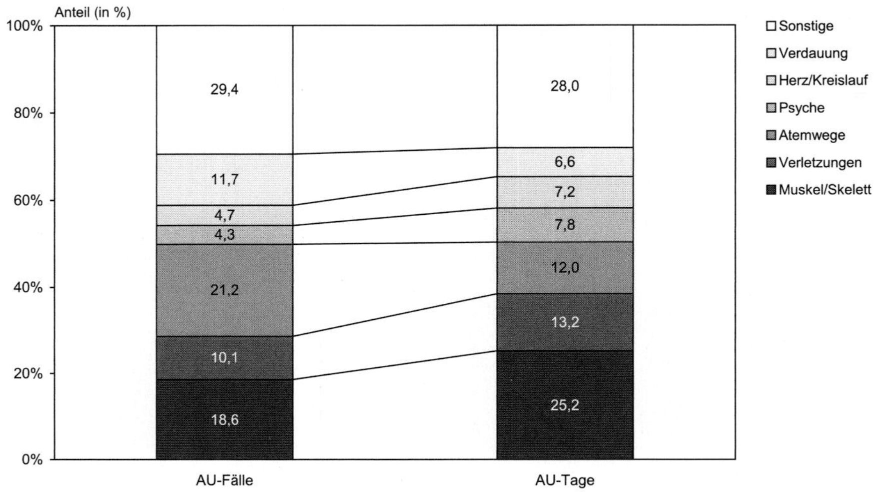

Abb. 12.1.26. Arbeitsunfähigkeit nach Krankheitsarten, 2004

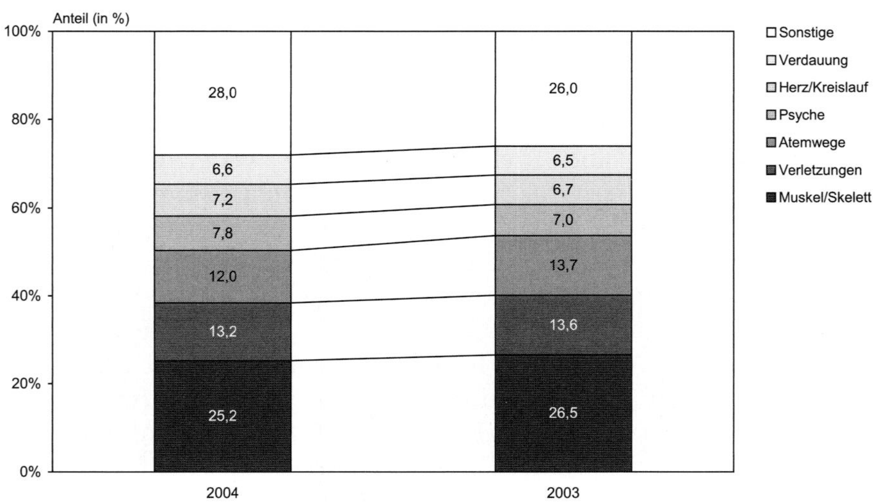

Abb. 12.1.27. Arbeitsunfähigkeitstage nach Krankheitsarten, 2004 im Vergleich zum Vorjahr

zentpunkte) und den Muskel- und Skeletterkrankungen (1,3 Prozentpunkte) zu verzeichnen. Auch der Anteil der Verletzungen (0,4 Prozentpunkte) ist rückläufig. Zugenommen hat der Anteil der Arbeitsunfähigkeitstage, die auf psychische und Verhaltensstörungen (0,8 Prozentpunkte), auf Herz-/Kreislauferkrankungen (0,5 Prozentpunkte) und Erkrankungen der Verdauungsorgane (0,1 Prozentpunkte) zurückgehen.

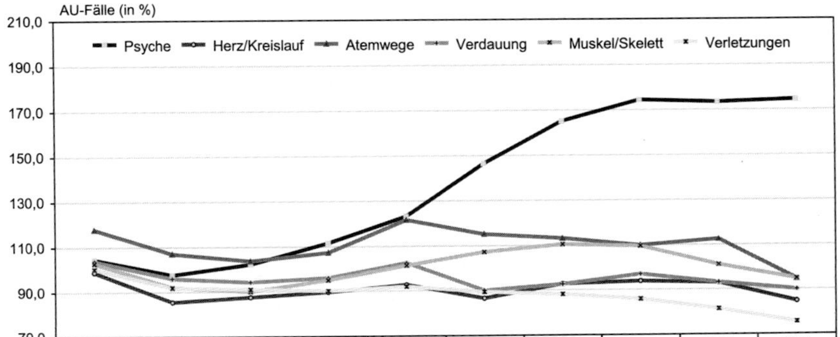

	1995	1996	1997	1998	1999	2000	2001	2002	2003	2004
Psyche	104,7	97,7	102,3	111,6	123,3	146,5	165,1	174,4	173,4	174,5
Herz/Kreislauf	99,0	85,4	87,5	89,6	92,7	86,5	92,7	93,8	92,9	84,8
Atemwege	117,8	107,1	103,8	107,4	121,6	115,3	113,2	109,9	112,6	94,6
Verdauung	103,9	96,1	94,3	96,1	102,6	89,9	92,5	96,9	93,0	89,9
Muskel/Skelett	102,9	92,1	90,1	95,0	101,5	107,3	110,5	109,6	101,0	94,7
Verletzungen	100,4	91,9	91,0	90,2	91,9	89,3	88,0	85,9	81,4	75,6

Abb. 12.1.28. Arbeitsunfähigkeitsfälle nach Krankheitsarten 1995–2004, Indexdarstellung (1994 = 100%)

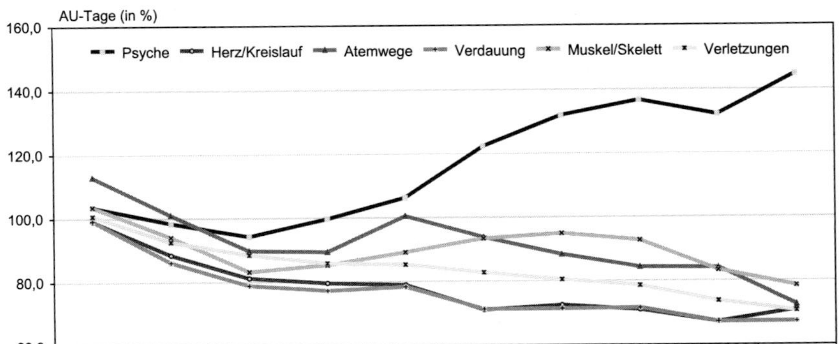

	1995	1996	1997	1998	1999	2000	2001	2002	2003	2004
Psyche	103,5	98,4	94,3	99,7	106,3	122,4	131,9	136,7	132,1	144,7
Herz/Kreislauf	99,2	88,5	81,2	79,5	78,9	71,1	72,4	71,0	67,1	71,0
Atemwege	113,0	100,9	89,8	89,4	100,5	93,8	88,3	84,2	84,0	72,5
Verdauung	99,2	86,1	78,8	77,2	78,3	71,3	71,4	71,6	67,2	67,2
Muskel/Skelett	103,6	94,1	83,3	85,3	89,2	93,4	94,9	92,7	83,2	78,4
Verletzungen	100,7	92,6	88,5	85,8	85,3	82,7	80,4	78,5	73,7	70,6

Abb. 12.1.29. Arbeitsunfähigkeitstage nach Krankheitsarten 1995–2004, Indexdarstellung (1994 = 100%)

Die Abbildungen 12.1.28 und 12.1.29 zeigen die Entwicklung der häufigsten Krankheitsarten in den Jahren 1995–2004 in Form einer Indexdarstellung. Ausgangsbasis ist dabei der Wert des Jahres 1994. Dieser wurde auf 100 normiert. Wie in den Abbildungen deutlich erkennbar ist, haben die psychischen und Verhaltensstörungen stark zugenommen, während die übrigen Krankheitsarten rückläufig waren. Die Zahl der auf diese Krankheitsart zurückgehenden Arbeitsunfähigkeitsfälle ist in den letzten zehn Jahren um 74,5%, die der -tage um 44,7% gestiegen[17]. In den Jahren 2000 und 2001 war ein besonders starker Anstieg der Krankmeldungen aufgrund psychischer Störungen zu verzeichnen. Dies dürfte nicht nur auf eine Zunahme der Erkrankungsraten, sondern auch auf veränderte Diagnosestellungen in den Arztpraxen (Wechsel des Diagnoseschlüssels von ICD-9 zu ICD-10 im Jahr 2000)[18] zurückzuführen sein.

Zwischen West- und Ostdeutschland sind nach wie vor deutliche Unterschiede in der Verteilung der Krankheitsarten festzustellen (Abb. 12.1.30). In den westlichen Ländern verursachten insbesondere

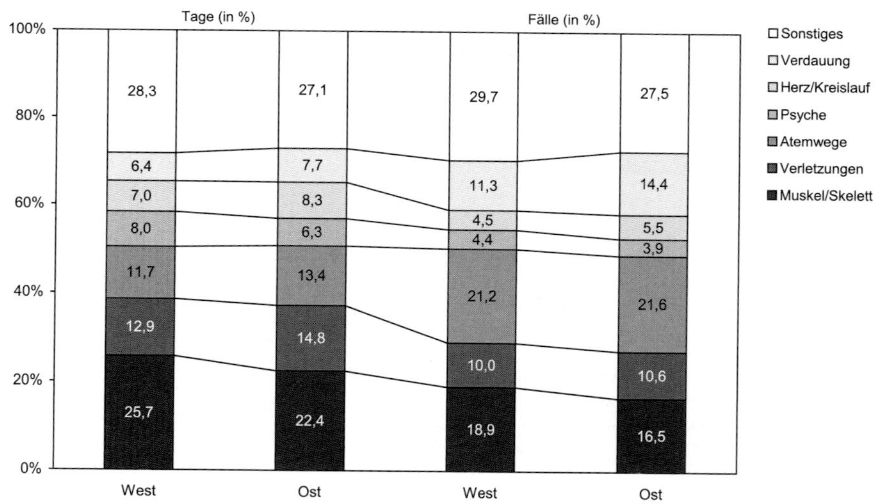

Abb. 12.1.30. Arbeitsunfähigkeit nach Krankheitsarten in West- und Ostdeutschland, 2004

---

[17] Die Zunahme von durch psychische Störungen bedingten Arbeitsunfähigkeiten ist nicht nur bei AOK-Mitgliedern, sondern auch bei den Versicherten anderer Krankenkassen zu beobachten. So berichtet beispielsweise die DAK von einem Anstieg der AU-Fälle aufgrund psychischer Erkrankungen um 70% in den Jahren 1997 bis 2004. Die Zahl der AU-Tage stieg im gleichen Zeitraum um 69% (DAK-Gesundheits-Report 2005).

[18] Vgl. dazu Kapitel 12.1.1.

Muskel-/Skeletterkrankungen (3,3 Prozentpunkte) und psychische Erkrankungen (1,7 Prozentpunkte) deutlich mehr Fehltage als in den neuen Bundesländern. In Ostdeutschland dagegen ging ein höherer Anteil an Ausfalltagen auf das Konto von Verletzungen (1,9 Prozentpunkte), Atemwegserkrankungen (1,7 Prozentpunkte), Erkrankungen des Herz-/Kreislauf- (1,3 Prozentpunkte) und des Verdauungssystems (1,3 Prozentpunkte).

Auch in Abhängigkeit vom Geschlecht ergeben sich deutliche Unterschiede in der Morbiditätsstruktur (Abb. 12.1.31). Verletzungen und muskuloskelettale Erkrankungen führen bei Männern häufiger zur Arbeitsunfähigkeit als bei Frauen. Dies dürfte damit zusammen hängen, dass Männer nach wie vor in größerem Umfang körperlich beanspruchende und unfallträchtige Tätigkeiten ausüben als Frauen. Auch der Anteil der Erkrankungen des Verdauungssystems an den Arbeitsunfähigkeitsfällen und -tagen ist bei den Männern etwas höher als bei den Frauen. Bei den Herz- und Kreislauferkrankungen lassen sich hinsichtlich des Anteils an den AU-Fällen keine geschlechtsspezifischen Unterschiede feststellen. Der Anteil an den AU-Tagen ist jedoch bei den Männern höher als bei den Frauen, da diese in stärkerem Maße von schweren und langwierigen Erkrankungen wie Herzinfarkt betroffen sind.

Psychische Erkrankungen und Atemwegserkrankungen kommen dagegen bei Frauen häufiger vor als bei Männern. Bei den psychischen Erkrankungen sind die Unterschiede besonders groß. Während sie bei

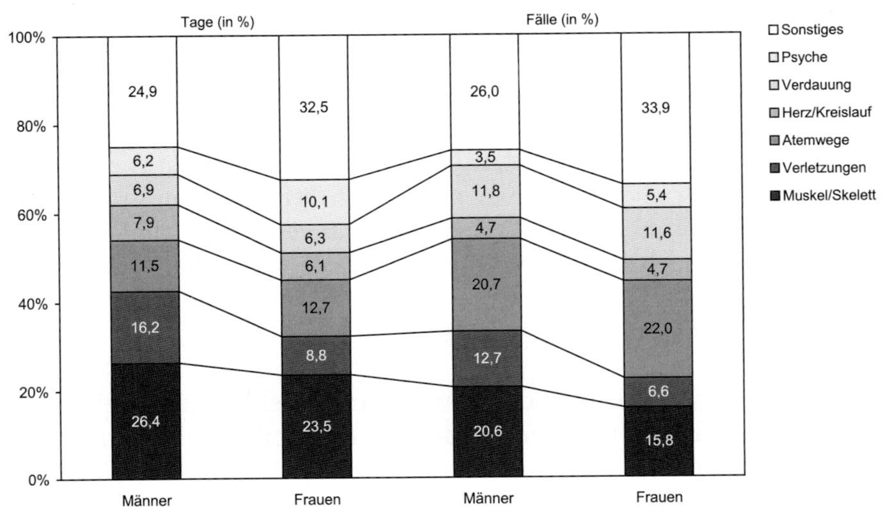

Abb. 12.1.31. Arbeitsunfähigkeit nach Krankheitsarten und Geschlecht, 2004

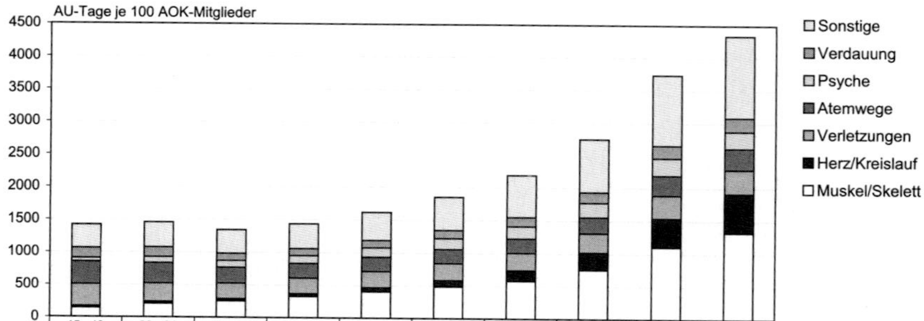

	15 - 19	20 - 24	25 - 29	30 - 34	35 - 39	40 - 44	45 - 49	50 - 54	55 - 59	60 - 64
Sonstige	356,3	381,9	361,9	378,0	427,4	506,3	637,9	810,9	1083,0	1253,7
Verdauung	155,1	148,7	111,1	105,6	112,0	123,1	139,3	159,9	192,4	213,5
Psyche	55,7	91,3	103,8	120,3	143,8	167,4	185,7	219,6	266,5	255,9
Atemwege	348,8	314,1	243,0	226,2	220,5	214,4	220,5	244,1	301,3	326,3
Verletzungen	336,1	281,4	241,3	239,8	247,9	259,9	264,8	292,3	348,8	366,6
Herz/Kreislauf	26,7	32,9	33,7	45,1	63,8	99,6	163,8	266,8	439,2	597,0
Muskel/Skelett	141,8	206,7	250,7	323,8	405,1	487,2	581,5	756,2	1108,4	1328,9

Abb. 12.1.32. Arbeitsunfähigkeitstage je 100 AOK-Mitglieder nach Alter und Krankheitsarten, 2004

den Männern in der Rangfolge nach AU-Tagen erst an sechster Stelle stehen, nehmen sie bei den Frauen bereits den dritten Rangplatz ein.

Abbildung 12.1.32 zeigt die Bedeutung der Krankheitsarten für die Fehlzeiten in den unterschiedlichen Altersgruppen. Aus der Abbildung ist deutlich zu ersehen, dass die Zunahme der krankheitsbedingten Ausfalltage mit dem Alter vor allem auf den starken Anstieg der Muskel- und Skeletterkrankungen und der Herz- und Kreislauferkrankungen zurückzuführen ist. Während diese beiden Krankheitsarten bei den jüngeren Altersgruppen noch eine untergeordnete Bedeutung haben, verursachen sie in den höheren Altersgruppen die meisten Arbeitsunfähigkeitstage. Bei den 60- bis 64-Jährigen gehen nahezu ein Drittel (30,6%) der Ausfalltage auf das Konto der muskuloskelettalen Erkrankungen. Muskel-/Skeletterkrankungen und Herz-/Kreislauferkrankungen zusammen sind bei dieser Altersgruppe für fast die Hälfte des Krankenstandes (44,4%) verantwortlich. Neben diesen beiden Krankheitsarten nehmen vor allem auch Fehlzeiten aufgrund psychischer Erkrankungen und Verhaltensstörungen in den höheren Altersgruppen vermehrt zu, allerdings in deutlich geringerem Ausmaß.

12.1.13 Die häufigsten Einzeldiagnosen

Nachdem im letzten Kapitel dargestellt wurde, welche Krankheitsarten das Arbeitsunfähigkeitsgeschehen dominieren, soll nun auf der Ebene der Einzeldiagnosen aufgezeigt werden, welche konkreten Krankheitsbilder innerhalb der einzelnen Krankheitsarten von Bedeutung sind. In Tabelle 12.1.7. sind die 40 Diagnosen aufgelistet, die im Jahr 2004

Tabelle 12.1.7. Anteile der 40 häufigsten Einzeldiagnosen an den AU-Fällen und AU-Tagen, 2004

ICD-10	Bezeichnung	AU-Fälle (in %)	AU-Tage (in %)
M54	Rückenschmerzen	7,6	7,7
J06	Akute Infektionen an mehreren oder nicht näher bezeichneten Lokalisationen der oberen Atemwege	5,3	2,4
J20	Akute Bronchitis	3,3	1,8
K52	Sonstige nichtinfektiöse Gastroenteritis und Kolitis	3,1	1,1
A09	Diarrhoe und Gastroenteritis, vermutlich infektiösen Ursprungs	2,4	0,8
K08	Sonstige Krankheiten der Zähne und des Zahnhalteapparates	2,2	0,5
J40	Bronchitis, nicht als akut oder chronisch bezeichnet	2,1	1,1
K29	Gastritis und Duodenitis	1,8	0,9
T14	Verletzung an einer nicht näher bezeichneten Körperregion	1,7	1,5
J03	Akute Tonsillitis	1,6	0,7
I10	Essentielle (primäre) Hypertonie	1,4	2,2
J01	Akute Sinusitis	1,4	0,7
B34	Viruskrankheit nicht näher bezeichneter Lokalisation	1,3	0,6
M53	Sonstige Krankheiten der Wirbelsäule und des Rückens, anderenorts nicht klassifiziert	1,3	1,5
R10	Bauch- und Beckenschmerzen	1,3	0,7
J11	Grippe, Viren nicht nachgewiesen	1,1	0,5
J02	Akute Pharyngitis	1,0	0,5
J32	Chronische Sinusitis	1,0	0,6
F32	Depressive Episode	1,0	2,0
M51	Sonstige Bandscheibenschäden	0,9	2,3
R51	Kopfschmerz	0,8	0,4
M77	Sonstige Enthesopathien	0,8	1,1
M75	Schulterläsionen	0,8	1,4
S93	Luxation, Verstauchung und Zerrung der Gelenke und Bänder in Höhe des oberen Sprunggelenkes und des Fußes	0,8	0,8
M99	Biomechanische Funktionsstörungen, anderenorts nicht klassifiziert	0,7	0,5
F43	Reaktionen auf schwere Belastungen und Anpassungsstörungen	0,7	1,1
M23	Binnenschädigung des Kniegelenkes [internal derangement]	0,7	1,3
M25	Sonstige Gelenkkrankheiten, anderenorts nicht klassifiziert	0,7	0,7
R50	Fieber unbekannter Ursache	0,6	0,3
J04	Akute Laryngitis und Tracheitis	0,6	0,3
G43	Migräne	0,6	0,2
B99	Sonstige und nicht näher bezeichnete Infektionskrankheiten	0,6	0,3
M79	Sonstige Krankheiten des Weichteilgewebes, anderenorts nicht klassifiziert	0,6	0,5
F45	Somatoforme Störungen	0,6	0,7
E66	Adipositas	0,6	1,1
R42	Schwindel und Taumel	0,5	0,4
R11	Übelkeit und Erbrechen	0,5	0,3
M65	Synovitis und Tenosynovitis	0,5	0,6
N39	Sonstige Krankheiten des Harnsystems	0,5	0,4
	Sonstige	45,2	57,4

die meisten Fehlzeiten verursachten. Auf diese Diagnosen war fast die Hälfte (46,7%) aller AU-Tage zurückzuführen.

Der größte Anteil der krankheitsbedingten Fehlzeiten geht auf das Konto der Muskel- und Skeletterkrankungen. Dementsprechend finden sich auch auf der Ebene der Einzeldiagnosen auf den ersten Rangplätzen vor allem Erkrankungen aus dem Bereich des Muskel- und Skelettsystems. Rückenschmerzen ist die häufigste Diagnose, die zu Krankmeldungen führt. Darauf waren im Jahr 2004 7,6% der AU-Fälle und 7,7% der AU-Tage zurückzuführen. Nach Krankheitstagen stehen an dritter Stelle Bandscheibenschäden, die oft mit langen Ausfallzeiten verbunden sind. Daneben spielen vor allem sonstige Krankheiten der Wirbelsäule und des Rückens sowie Gelenkerkrankungen eine Rolle.

Bei den Atemwegserkrankungen verursachten akute Infektionen der oberen Atemwege und Bronchitisfälle die meisten Fehlzeiten.

Bei den psychischen und Verhaltensstörungen sind die Diagnosen mit dem höchsten Anteil an den AU-Tagen depressive Episoden, Reaktionen auf schwere Belastungen und Anpassungsstörungen sowie somatoforme Störungen, bei denen die Patienten über körperliche Symptome klagen, ohne dass ein organischer Befund vorliegt.

Bei den Verletzungen führten Verletzungen im Bereich der unteren Extremitäten sowie der Hand und des Handgelenks zu den meisten Ausfallzeiten.

Bei den Krankheiten des Verdauungssystems waren Entzündungen von Magen und Darm (nichtinfektiöse Gastroenteritis und Kolitis, Gastritis und Duodenitis) für den größten Anteil an den AU-Tagen verantwortlich.

12.1.14 Krankheitsarten nach Branchen

Bei der Verteilung der Krankheitsarten bestehen erhebliche Unterschiede zwischen den Branchen, die im Folgenden für die wichtigsten Krankheitsgruppen aufgezeigt werden.

Muskel- und Skeletterkrankungen

Die Muskel- und Skeletterkrankungen verursachen in allen Branchen anteilmäßig die meisten Fehltage (Abb. 12.1.33). Ihr Anteil an den Arbeitsunfähigkeitstagen bewegte sich im Jahr 2004 in den einzelnen Branchen zwischen 19% bei Banken und Versicherungen und 30% im Baugewerbe. In Wirtschaftszweigen mit überdurchschnittlich hohen Krankenständen sind häufig die muskuloskelettalen Erkrankungen besonders ausgeprägt und tragen wesentlich zu den erhöhten Fehlzeiten bei.

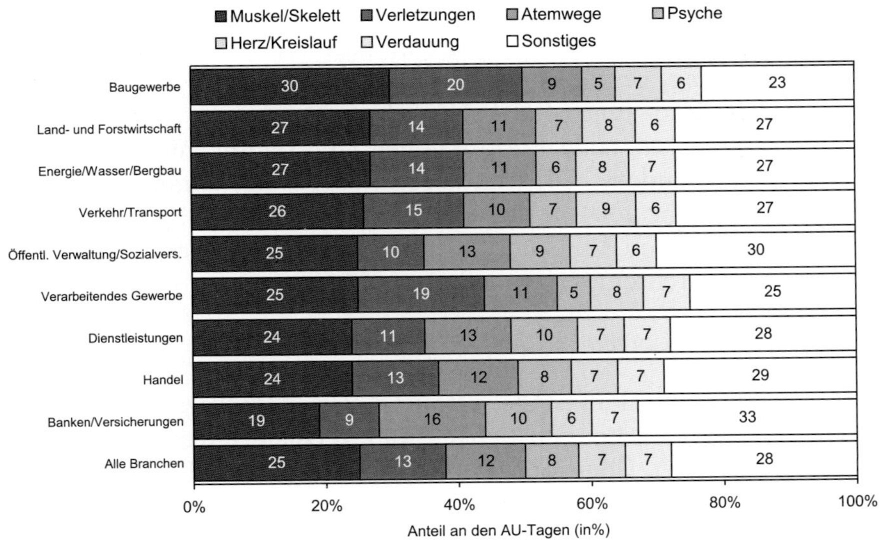

Abb. 12.1.33. Arbeitsunfähigkeitstage nach Branchen und Krankheitsarten, 2004

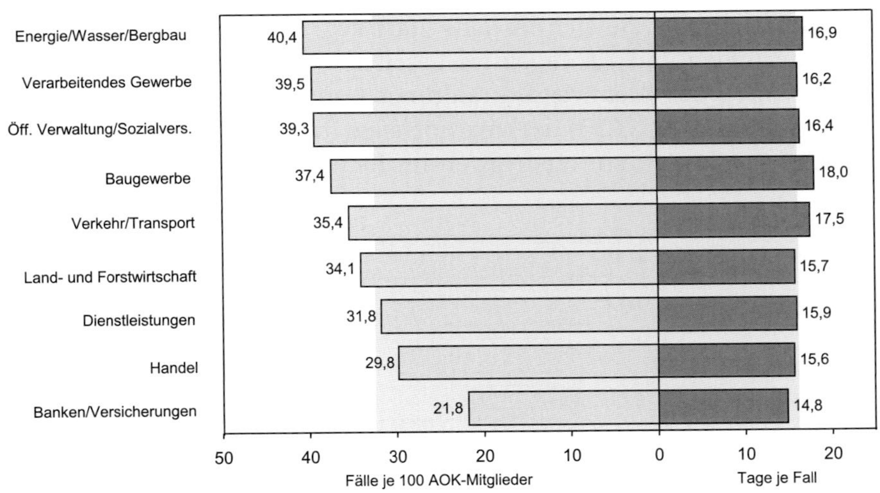

Abb. 12.1.34. Krankheiten des Muskel- und Skelettsystems und des Bindegewebes nach Branchen, 2004

Abbildung 12.1.34 zeigt die Anzahl und durchschnittliche Dauer der Krankmeldungen aufgrund von Muskel- und Skeletterkrankungen in den einzelnen Branchen. Die meisten Arbeitsunfähigkeitsfälle waren im Bereich Energie/Wasser/Bergbau zu verzeichnen, fast doppelt so viele wie bei den Banken und Versicherungen, wo die Zahl der

Krankheitsfälle am niedrigsten ausfiel. Überdurchschnittlich hoch war die Anzahl der Fälle auch im Verarbeitenden Gewerbe, in der öffentlichen Verwaltung, im Baugewerbe, im Bereich Verkehr und Transport sowie in der Land- und Forstwirtschaft.

Die muskuloskelettalen Erkrankungen sind häufig mit langen Ausfallzeiten verbunden. Die mittlere Dauer der Krankmeldungen schwankte im Jahr 2004 in den einzelnen Branchen zwischen 14,8 Tagen bei Banken und Versicherungen und 18,0 Tagen im Baugewerbe. Im Branchendurchschnitt lag sie bei 16,1 Tagen.

Atemwegserkrankungen

Die meisten Erkrankungsfälle aufgrund von Atemwegserkrankungen waren im Jahr 2004 bei den Banken und Versicherungen zu verzeichnen (Abb. 12.1.35). Überdurchschnittlich viele Fälle fielen auch in der öffentlichen Verwaltung, im Dienstleistungsbereich, im verarbeitenden Gewerbe, im Bereich Energie/Wasser/Bergbau und im Handel an.

Aufgrund einer großen Anzahl an Bagatellfällen ist die durchschnittliche Erkrankungsdauer bei dieser Krankheitsart relativ gering. Im Branchendurchschnitt liegt sie bei 6,7 Tagen. In den einzelnen Branchen bewegte sie sich im Jahr 2004 zwischen 5,6 bei Banken und Versicherungen und 7,8 Tagen im Bereich Verkehr und Transport.

Der Anteil der Atemwegserkrankungen an den Arbeitsunfähigkeitstagen (vgl. Abb. 12.1.33) ist am höchsten bei den Banken und Versicherungen (16%), am niedrigsten im Baugewerbe (9%).

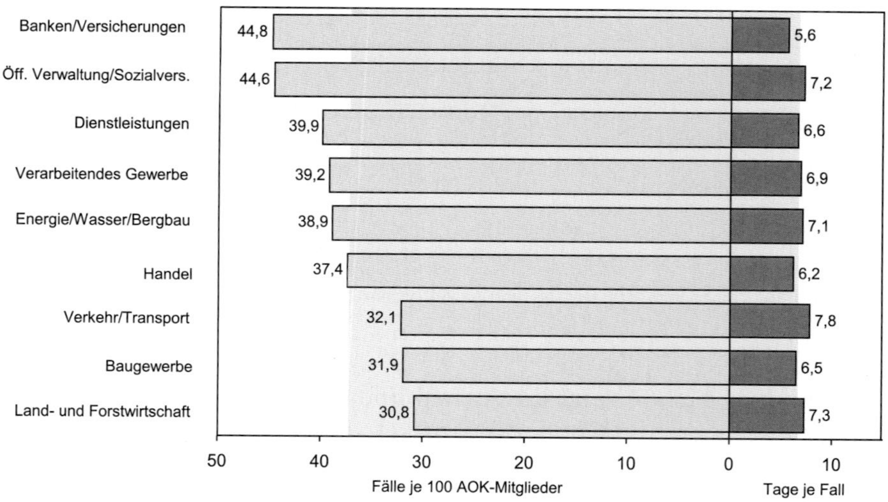

Abb. 12.1.35. Krankheiten des Atmungssystems nach Branchen, 2004

Verletzungen

Der Anteil der Verletzungen an den Arbeitsunfähigkeitstagen variiert sehr stark zwischen den einzelnen Branchen (s. Abb. 12.1.33). Am höchsten ist er in Branchen mit vielen Arbeitsunfällen. Im Jahr 2004 bewegte er sich zwischen 9% bei den Banken und Versicherungen

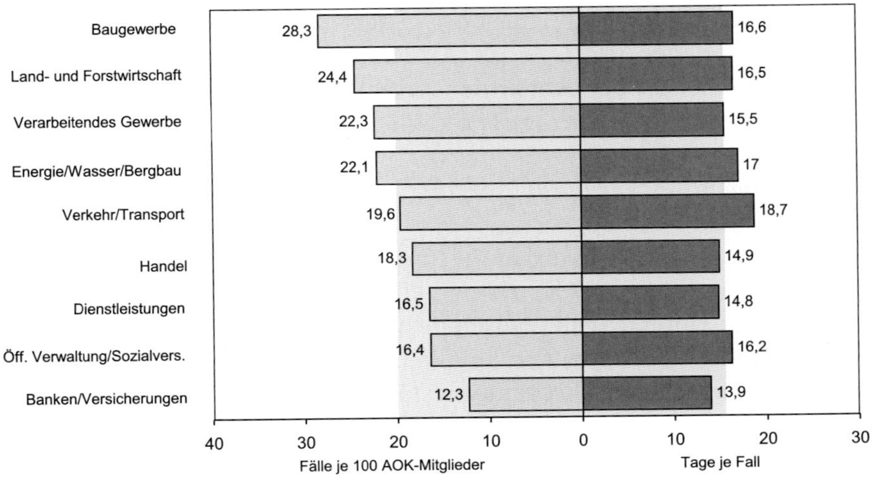

Abb. 12.1.36. Verletzungen, Vergiftungen und bestimmte andere Folgen äußerer Ursachen, nach Branchen, 2004

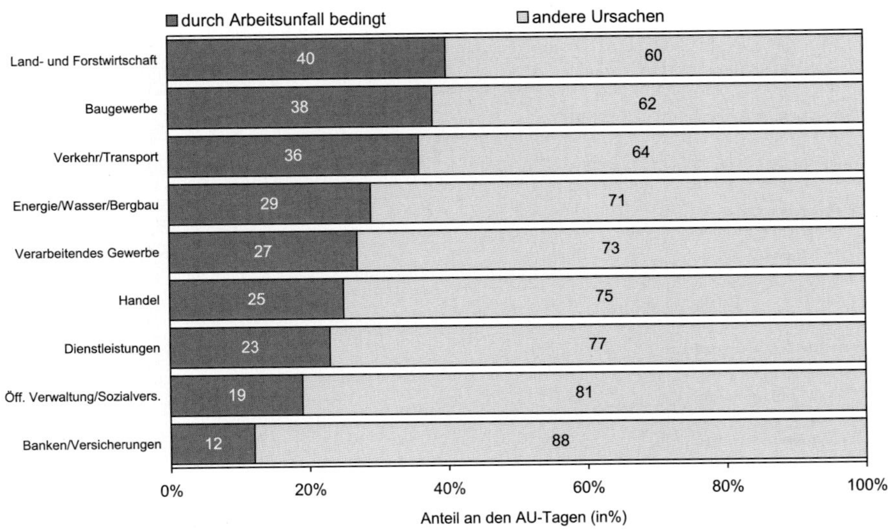

Abb. 12.1.37. Anteil der Arbeitsunfälle an den Verletzungen nach Branchen, 2004

und 20% im Baugewerbe. Das Baugewerbe ist Spitzenreiter bei den Verletzungen. Dort war die Zahl der Fälle mehr als doppelt so hoch wie bei Banken und Versicherungen (Abb. 12.1.36). Die Dauer der verletzungsbedingten Krankmeldungen schwankte in den einzelnen Branchen zwischen 13,9 Tagen bei Banken und Versicherungen und 18,7 Tagen im Bereich Verkehr und Transport.

Ein erheblicher Teil der Verletzungen ist auf Arbeitsunfälle zurückzuführen. In der Land- und Forstwirtschaft, dem Baugewerbe sowie im Bereich Verkehr und Transport gehen bei den Verletzungen mehr als ein Drittel der Fehltage auf Arbeitsunfälle zurück (Abb. 12.1.37). Am niedrigsten ist der Anteil der Arbeitsunfälle bei den Banken und Versicherungen. Dort beträgt er lediglich 12%.

Erkrankungen der Verdauungsorgane

Auf Erkrankungen der Verdauungsorgane gingen im Jahr 2004 in den einzelnen Branchen 6–7% der Arbeitsunfähigkeitstage zurück (Abb. 12.1.33). Die Unterschiede zwischen den Wirtschaftszweigen hinsichtlich der Zahl der Arbeitsunfähigkeitsfälle sind relativ gering (Abb. 12.1.38). Die meisten Erkrankungsfälle waren im Bereich Energie, Wasser, Bergbau und in der öffentlichen Verwaltung zu verzeichnen. Am niedrigsten war die Zahl der Arbeitsunfähigkeitsfälle im Bereich Verkehr/Transport. Die Dauer der Fälle betrug im Branchendurchschnitt 6,7 Tage. In den einzelnen Branchen bewegte sie sich zwischen 5,5 und 8,1 Tagen (Abb. 12.1.38).

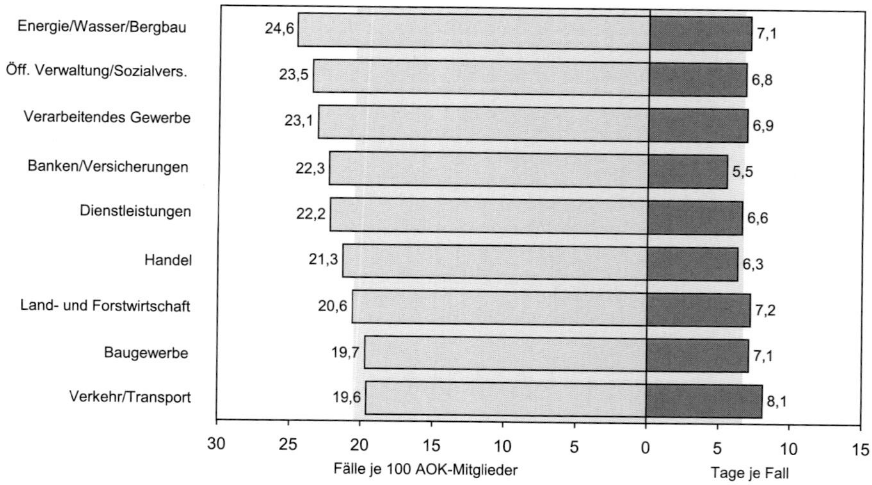

Abb. 12.1.38. Krankheiten des Verdauungssystems nach Branchen, 2004

Herz- und Kreislauferkrankungen

Der Anteil der Herz- und Kreislauferkrankungen an den Arbeitsunfähigkeitstagen lag im Jahr 2004 in den einzelnen Branchen zwischen 6 und 9%. Die meisten Erkrankungsfälle waren im Bereich Energie, Wasser und Bergbau zu verzeichnen. Am niedrigsten war die Anzahl der Fälle bei den Beschäftigten im Baugewerbe. Herz- und Kreislauferkrankungen bringen oft lange Ausfallzeiten mit sich. Die Dauer eines Erkrankungsfalls bewegte sich in den einzelnen Wirtschaftsberei-

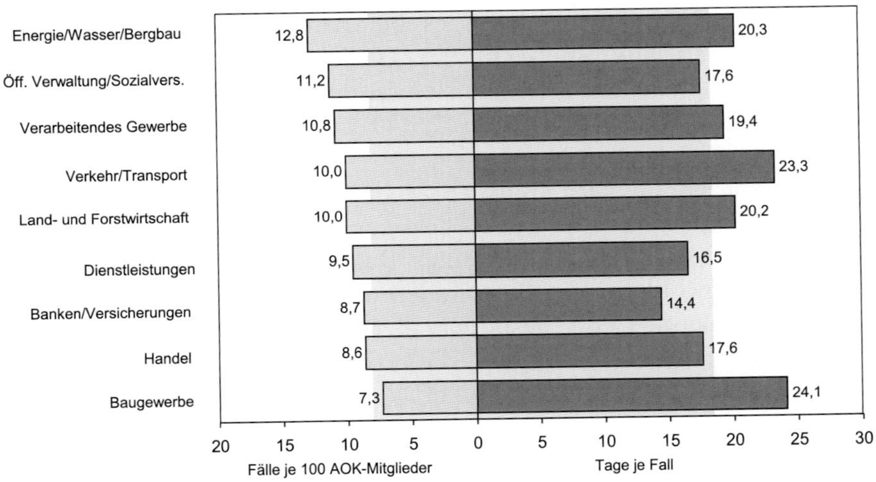

Abb. 12.1.39. Krankheiten des Kreislaufsystems nach Branchen, 2004

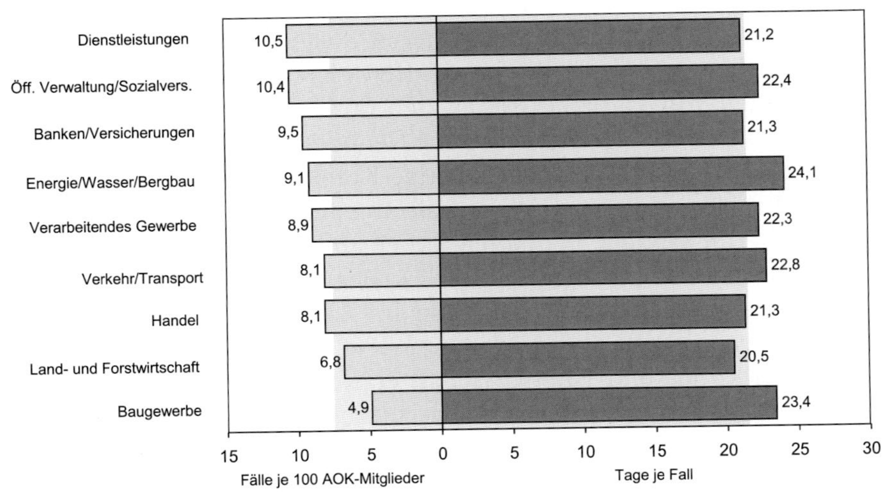

Abb. 12.1.40. Psychische und Verhaltensstörungen nach Branchen, 2004

12

chen zwischen 14,4 Tagen bei den Banken und Versicherungen und 24,1 Tagen im Baugewerbe (Abb. 12.1.39).

Psychische und Verhaltensstörungen

Der Anteil der psychischen und Verhaltensstörungen an den krankheitsbedingten Fehlzeiten schwankte in den einzelnen Branchen erheblich. Die meisten Erkrankungsfälle sind im tertiären Bereich zu verzeichnen. Während im Baugewerbe und im verarbeitenden Gewerbe nur 5% der Arbeitsunfähigkeitstage auf psychische und Verhaltensstörungen zurückgingen, waren es bei Banken und Versicherungen und im Dienstleistungsbereich 10%. Die durchschnittliche Dauer der Arbeitsunfähigkeitsfälle bewegte sich in den einzelnen Branchen zwischen 20,5 und 24,1 Tagen (Abb. 12.1.40).

12.1.15 Langzeitfälle nach Krankheitsarten

Langzeitarbeitsunfähigkeit mit einer Dauer von mehr als sechs Wochen stellt sowohl für die Betroffenen als auch für die Unternehmen und Krankenkassen eine besondere Belastung dar. Daher kommt der Prävention der Erkrankungen, die zu derart langen Ausfallzeiten führen, eine spezielle Bedeutung zu.

Abbildung 12.1.41 zeigt, welche Krankheitsarten für die Langzeitfälle verantwortlich sind. Ebenso wie im Arbeitsunfähigkeitsgeschehen insgesamt spielen auch hier die Muskel- und Skeletterkrankungen und Verletzungen eine entscheidende Rolle. Auf diese beiden Krankheitsarten gingen 2004 bereits 40% der durch Langzeitfälle verursachten Fehlzeiten zurück. An dritter und vierter Stelle stehen die psychischen und Verhaltensstörungen sowie die Herz-/Kreislauferkrankungen mit einem Anteil von 11 bzw. 10% an den durch Langzeitfälle bedingten Fehlzeiten. Der Rest verteilt sich auf Neubildungen, Ernährungs- und Stoffwechselkrankheiten sowie sonstige Krankheitsarten.

Auch in den einzelnen Wirtschaftsabteilungen geht die Mehrzahl der durch Langzeitfälle bedingten Arbeitsunfähigkeitstage auf die o.g. Krankheitsarten zurück (Abb. 12.1.42). Der Anteil der muskuloskelettalen Erkrankungen ist am höchsten im Baugewerbe (31%). Bei den Verletzungen werden die höchsten Werte ebenfalls im Baugewerbe und in der Land- und Forstwirtschaft erreicht (jeweils 20%). Die psychischen und Verhaltensstörungen verursachen bezogen auf die Langzeiterkrankungen die meisten Ausfalltage bei Banken und Versicherungen (16%). Der Anteil der Herz-/Kreislauferkrankungen ist am ausgeprägtesten im Bereich Verkehr und Transport (12%).

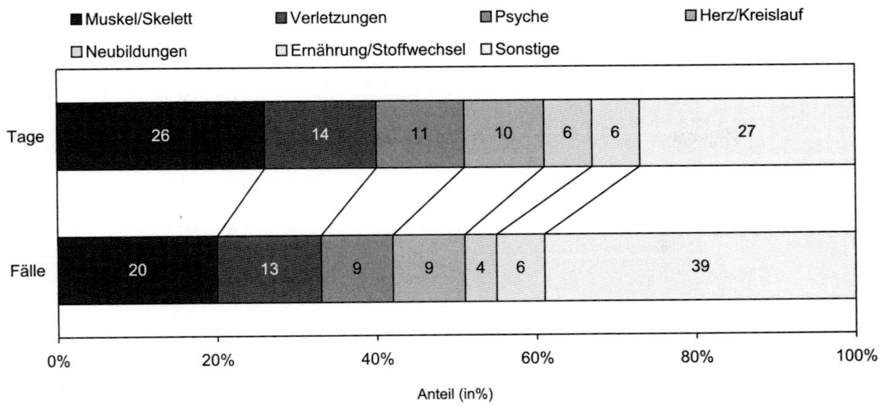

Abb. 12.1.41. Langzeit-Arbeitsunfähigkeit (>6 Wochen) nach Krankheitsarten, 2004

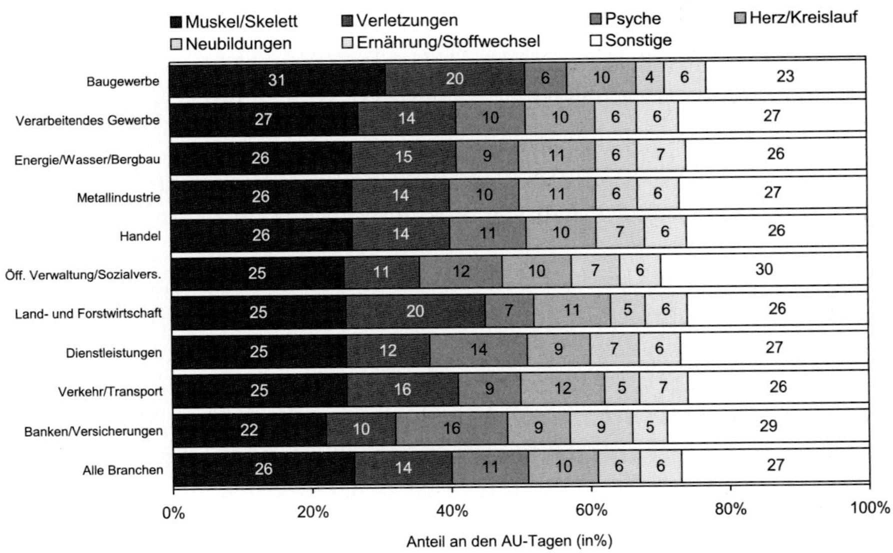

Abb. 12.1.42. Langzeit-Arbeitsunfähigkeit nach Branchen und Krankheitsarten, 2004

12.1.16 Krankheitsarten nach Diagnoseuntergruppen

Muskel- und Skeletterkrankungen

Bei den Muskel- und Skeletterkrankungen dominieren die Rückenerkrankungen (Abb. 12.1.43). Auf sie entfallen im Branchendurchschnitt mehr als die Hälfte der durch diese Krankheitsart verursachten Krankmeldungen (55% der Arbeitsunfähigkeitsfälle und 51% der

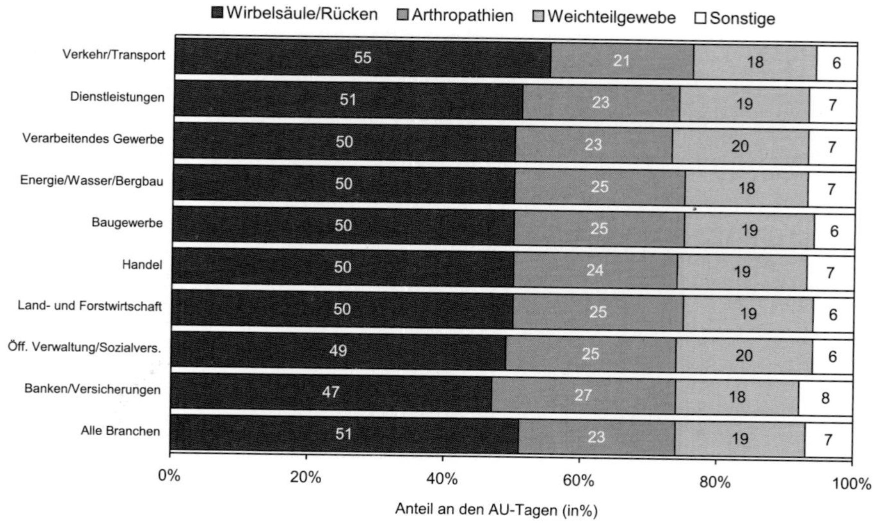

Abb. 12.1.43. Krankheiten des Muskel-, Skelett-Systems und Bindegewebserkrankungen nach Branchen und Diagnoseuntergruppen, 2004

-tage). Daneben spielen vor allem Arthropathien und Krankheiten der Weichteilgewebe eine Rolle. Der Rest entfällt auf und sonstige Erkrankungen.

Bei den Muskel- und Skeletterkrankungen sind die Rückenerkrankungen in allen Wirtschaftsabteilungen vorherrschend. Ihr Anteil an den Arbeitsunfähigkeitstagen lag im Jahr 2004 in den einzelnen Branchen zwischen 47 und 55%. An zweiter Stelle standen in allen Wirtschaftszweigen die Arthropathien; deren Anteil an den Muskel- und Skeletterkrankungen bewegte sich zwischen 21 und 27%. Auf Krankheiten der Weichteilgewebe gingen in den einzelnen Branchen 18 bis 20% der durch diese Krankheitsart bedingten Arbeitsunfähigkeitstage zurück.

Verletzungen, Vergiftungen und bestimmte andere Folgen äußerer Ursachen

Nach dem ICD-10 erfolgt die Klassifikation der Verletzungen nach der betroffenen Körperregion. Abbildung 12.1.44 zeigt die Verteilung der Diagnoseuntergruppen in den einzelnen Branchen. Für die meisten Ausfalltage waren Verletzungen im Bereich von Knie und Unterschenkel verantwortlich.

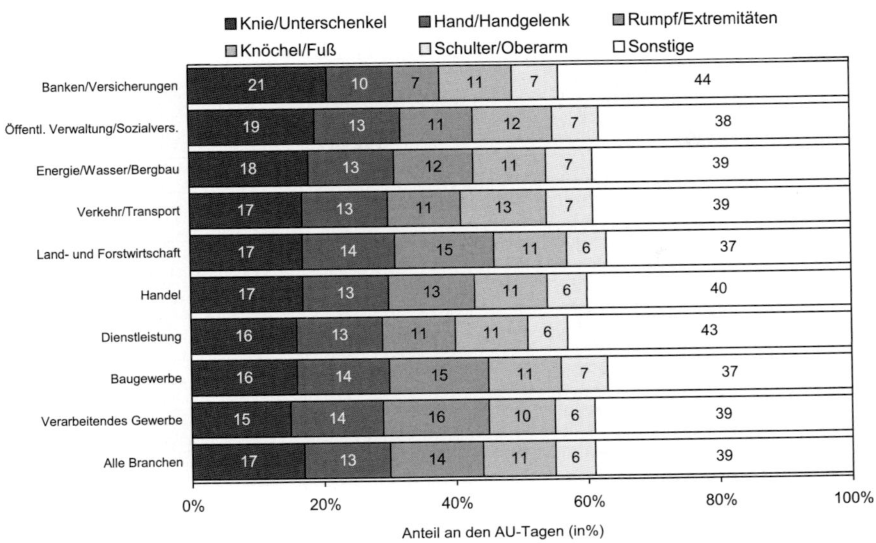

Abb. 12.1.44. Verletzungen, Vergiftungen und bestimmte andere Folgen äußerer Ursachen, nach Branchen und Diagnoseuntergruppen, 2004

Erkrankungen des Atmungssystems

Bei den Erkrankungen des Atmungssystems dominieren akute Infektionen der oberen und unteren Atemwege sowie chronische Krankheiten der unteren Atemwege. Zu den Infektionen gehören u.a. Erkältungen, Hals- und Rachenentzündungen sowie Entzündungen der Neben- und Kieferhöhlen. Darauf entfielen zusammen im Branchendurchschnitt mehr als die Hälfte (53%) der krankheitsbedingten Fehltage aufgrund von Atemwegserkrankungen. Chronische Krankheiten der unteren Atemwege, wie z.B. Bronchitis, waren für 23% der Ausfallzeiten aufgrund von Atemwegserkrankungen verantwortlich. Weitere 11% gingen auf sonstige Krankheiten der oberen Atemwege, wie z.B. Heuschnupfen, zurück. Der Rest verteilte sich auf sonstige Krankheiten.

Abbildung 12.1.45 zeigt aufgegliedert nach den einzelnen Branchen die Anteile der verschiedenen Diagnoseuntergruppen an den Arbeitsunfähigkeitstagen, die auf Atemwegserkrankungen zurückgehen.

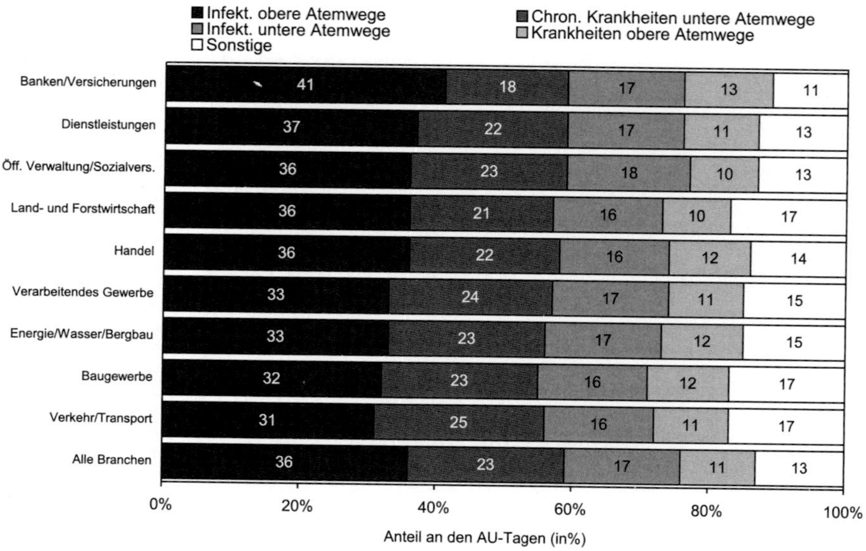

Abb. 12.1.45. Krankheiten des Atmungssystems nach Branchen und Diagnoseuntergruppen, 2004

Erkrankungen der Verdauungsorgane

Bei den Erkrankungen des Verdauungssystems entfiel im allgemeinen Branchendurchschnitt der größte Anteil auf Krankheiten der Speiseröhre, des Magens und des Zwölffingerdarms und zwar 25% der Fälle und 24% der Tage. An zweiter Stelle standen nichtinfektiöse Enteritis und Kolitis-Fälle mit einem Anteil von 19% an den Arbeitsunfähigkeitstagen. Auf dem dritten Rangplatz folgen Hernien (Nabel-, Leistenbrüche). Der Rest entfiel auf Krankheiten des Darms, der Gallenblase, der Gallenwege und des Pankreas sowie sonstige Erkrankungen.

Abbildung 12.1.46 zeigt, welche Rolle die unterschiedlichen Diagnoseuntergruppen in den einzelnen Wirtschaftszweigen spielten. In den meisten Branchen geht der Löwenanteil der durch Erkrankungen der Verdauungsorgane bedingten Arbeitsunfähigkeitstage auf Krankheiten der Speiseröhre, des Magens und des Zwölffingerdarms sowie nichtinfektiöse Enteritis und Kolitis-Fälle zurück (zusammen 37 bis 46%).

Krankheiten des Kreislaufsystems

Bei den Herz- und Kreislauferkrankungen entfielen im Branchendurchschnitt anteilmäßig die meisten Krankheitstage auf Hypertoniefälle und ischämische Herzkrankheiten, wie z.B. Herzinfarkt. Auf die-

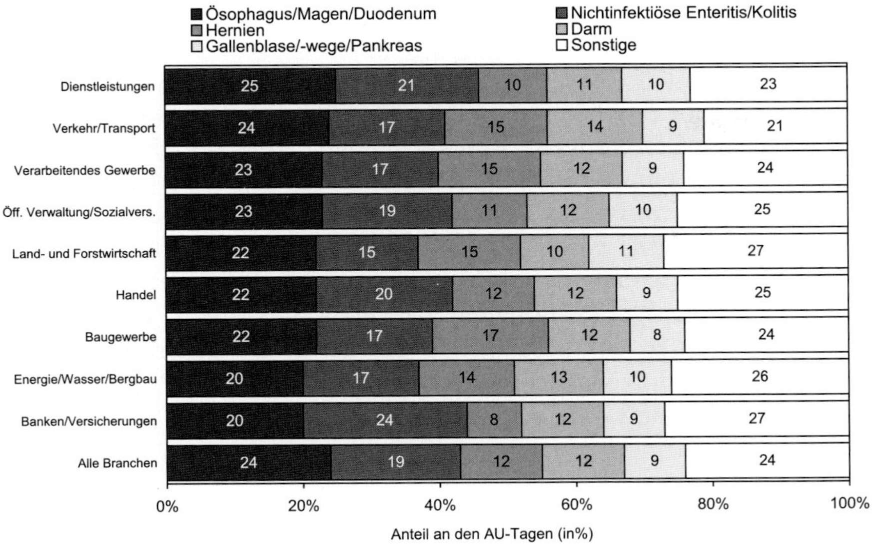

Abb. 12.1.46. Krankheiten des Verdauungssystems nach Branchen und Diagnoseuntergruppen, 2004

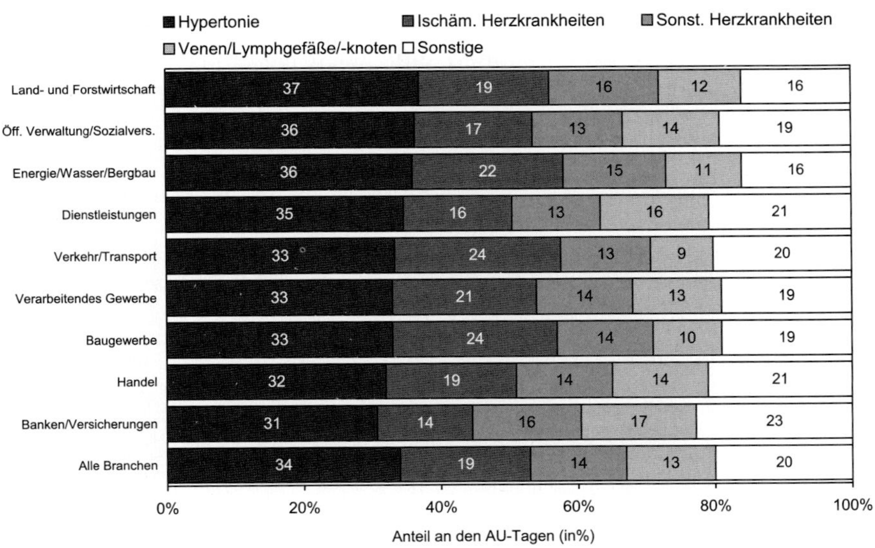

Abb. 12.1.47. Krankheiten des Kreislaufsystems nach Branchen und Diagnoseuntergruppen, 2004

se beiden Diagnosegruppen gingen im Branchendurchschnitt zusammen mehr als die Hälfte (53%) der durch Krankheiten des Kreislaufsystems verursachten Arbeitsunfähigkeitstage zurück. Den dritten und vierten Rangplatz nahmen sonstige Formen der Herzkrankheit (z.B.

12

Herzklappenkrankheiten oder Herzmuskelentzündungen) sowie Krankheiten der Venen, der Lymphgefäße und der Lymphknoten ein. Der Rest entfiel auf sonstige Erkrankungen des Kreislaufsystems.

Der Anteil der ischämischen Herzkrankheiten an den auf Herz- und Kreislauferkrankungen zurückgehenden Arbeitsunfähigkeitstagen variiert in den einzelnen Branchen sehr stark (Abb. 12.1.47). Er bewegte sich 2004 zwischen 14% bei Banken und Versicherungen und 24% im Baugewerbe sowie im Bereich Verkehr und Transport. Auch hinsichtlich des Anteils der durch Erkrankungen der Venen, Lymphgefäße und sonstige Krankheiten des Kreislaufsystems verursachten Fehltage gibt es in den einzelnen Branchen große Unterschiede. Der Anteil an den AU-Tagen bewegt sich zwischen 9 und 17%. Der Anteil der Hypertonie und Hochdruckkrankheiten schwankte zwischen 31 und 37%.

Psychische und Verhaltensstörungen

Bei den psychischen und Verhaltensstörungen dominieren neurotische, Belastungs- und somatoforme Störungen, zu denen u. a. Phobien und andere Angststörungen gehören, sowie affektive Störungen, bei denen insbesondere Depressionen eine wichtige Rolle spielen. Diese beiden Diagnosegruppen haben im Branchendurchschnitt einen Anteil

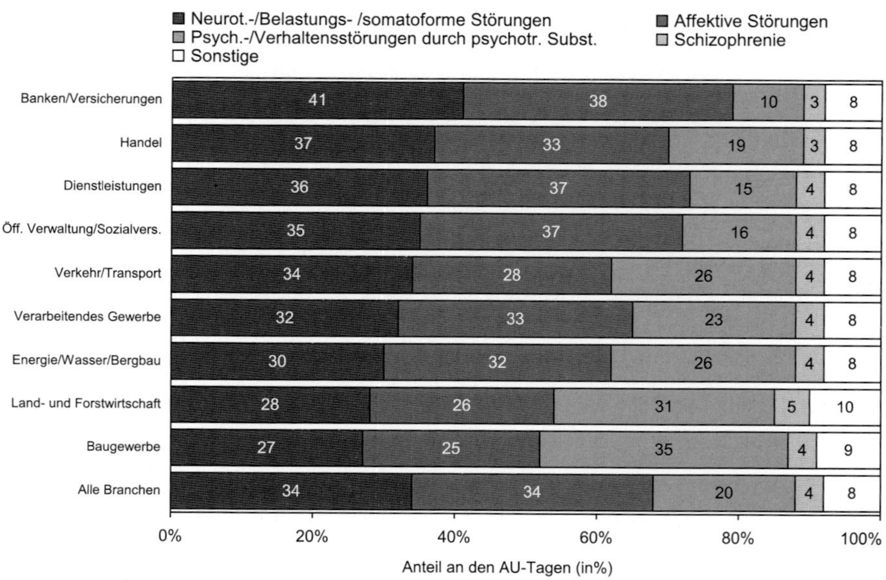

Abb. 12.1.48. Psychische und Verhaltensstörungen nach Branchen und Diagnoseuntergruppen, 2004

von jeweils 34% an den auf psychische Erkrankungen zurückgehenden Arbeitsunfähigkeitstagen. Auf psychische und Verhaltensstörungen durch psychotrope Substanzen, wie z.B. die Alkoholabhängigkeit, gingen 20% der Krankheitstage zurück. Schizophrenie, schizotype und wahnhafte Störungen waren für 4% der Fehltage verantwortlich. Der Rest entfiel auf sonstige Erkrankungen.

Abbildung 12.1.48 zeigt die Anteile der Diagnoseuntergruppen an den Arbeitsunfähigkeitstagen in den einzelnen Branchen. Die Anteile der Diagnoseuntergruppen variierten in den einzelnen Wirtschaftszweigen sehr stark. Dies gilt in besonderem Maße für psychische und Verhaltensstörungen durch psychotrope Substanzen. Während im Baugewerbe 35% der durch psychische Erkrankungen verursachten Ausfalltage auf Suchterkrankungen zurückgingen, waren es bei Banken und Versicherungen lediglich 10%.

Literatur

[1] Bach HU et al (2004) Deutschland – Entwicklung des Arbeitsmarktes im Jahr 2005. IAB-Kurzbericht, Ausgabe Nr. 17/12. 11. 2004, Bundesagentur für Arbeit, Nürnberg
[2] Bundesagentur für Arbeit (2004) Sozialversicherungspflichtig Beschäftigte nach Wirtschaftszweigen der WZ 2003 in der Bundesrepublik Deutschland. Stand Juni 2004, Nürnberg
[3] Bundesministerium für Wirtschaft und Arbeit in Zusammenarbeit mit der Bundesanstalt für Arbeitsschutz und Arbeitsmedizin (Hrsg) (2005) Sicherheit und Gesundheit bei der Arbeit 2003. Unfallverhütungsbericht Arbeit, Schriftenreihe der Bundesanstalt für Arbeitsschutz und Arbeitsmedizin Sonderschrift S 82, Dortmund/Berlin/Dresden
[4] Ferber C von, Kohlhausen K (1970) Der „blaue Montag" im Krankenstand. In: Arbeitsmedizin, Sozialmedizin, Arbeitshygiene, Heft 2, S 25–30
[5] Kohler H (2002) Krankenstand – Ein beachtlicher Kostenfaktor mit fallender Tendenz. IAB-Werkstattbericht, Diskussionsbeiträge des Instituts für Arbeitsmarkt- und Berufsforschung der Bundesanstalt für Arbeit, Ausgabe Nr. 1/30. 1. 2002
[6] Marstedt G, Müller R (1998) Ein kranker Stand? Fehlzeiten und Integration älterer Arbeitnehmer im Vergleich Öffentlicher Dienst – Privatwirtschaft. Berlin: Ed. Sigma, Forschung aus der Hans-Böckler-Stiftung; 9
[7] Mielck A (2000) Soziale Ungleichheit und Gesundheit. Huber, Bern
[8] Schnabel C (1997) Betriebliche Fehlzeiten, Ausmaß, Bestimmungsgründe und Reduzierungsmöglichkeiten. Institut der deutschen Wirtschaft, Köln

12.2 Banken und Versicherungen

12.2.1 Kosten der Arbeitsunfähigkeit

Im Juni 2004 zählte der Wirtschaftsbereich Banken und Versicherungen 1025735 sozialversicherungspflichtig beschäftigte Arbeitnehmer[1]. Mit einem Anteil von 10,6% waren 108733 Beschäftigte dieser Branche Versicherte der AOK. Im Jahr 2004 waren die AOK-Mitglieder durchschnittlich 11,4 Tage krank geschrieben. Hochgerechnet auf die Branche insgesamt waren 11,7 Mio. krankheitsbedingte Fehltage zu verzeichnen, welche einem Arbeitsausfall von 31983 Jahren entsprechen. Bemessen an dem durchschnittlichen jährlichen Arbeitnehmerentgelt in dieser Branche in Höhe von 50562 Euro[2], beliefen sich die Kosten aufgrund von Produktionsausfällen durch Arbeitsunfähigkeit im Bereich Banken und Versicherungen auf rd. 1,6 Mrd. Euro. Für ein mittelständisches Unternehmen mit 100 Mitarbeitern entstanden demnach im Durchschnitt Kosten von 157654 Euro aufgrund von krankheitsbedingten Fehlzeiten.

12.2.2 Allgemeine Krankenstandsentwicklung

Der Bereich Banken und Versicherungen wies 2004 einen Krankenstand von 3,12% auf. Damit befand sich der Krankenstand auf einem um 0,19 Prozentpunkte niedrigeren Niveau als im Jahr 2003. Die Zahl

[1] Bundesagentur für Arbeit, Sozialversicherungspflichtig Beschäftigte nach Wirtschaftszweigen der WZ2003/BA in der Bundesrepublik Deutschland am 30. Juni 2004, Nürnberg 2005.

[2] Das Arbeitnehmerentgelt setzt sich zusammen aus den Bruttolöhnen und -gehältern sowie den tatsächlichen und unterstellten Sozialbeiträgen der Arbeitgeber. Quelle: Statistisches Bundesamt, Volkswirtschaftliche Gesamtrechnungen, Fachserie 18, Reihe 26, Arbeitnehmerentgelt im Inland, Revidierte Jahresergebnisse 1991–2004, Stand April 2005, Wiesbaden.

Tabelle 12.2.1. Krankenstandsentwicklung im Bereich Banken und Versicherungen, 2004

	Krankenstand (in %)	Arbeitsunfähigkeiten je 100 AOK-Mitglieder				Tage je Fall	AU-Quote (in %)
		Fälle	Veränd. z. Vorj. (in %)	Tage	Veränd. z. Vorj. (in %)		
West	3,10	117,6	–6,7	1135,9	–5,3	9,7	49,9
Ost	3,23	127,7	–6,9	1181,3	–8,7	9,3	51,6
Bund	3,12	118,8	–6,5	1141,2	–5,5	9,6	50,2

der Arbeitsunfähigkeitsfälle war gegenüber dem Vorjahr rückläufig. Es waren durchschnittlich 118,8 Krankheitsfälle je 100 AOK-Mitglieder zu verzeichnen, was einem Rückgang von 6,5% entspricht. Die durchschnittliche Dauer der Fälle hingegen stieg von 9,5 auf 9,6 Tage leicht an. Der Nettoeffekt aus gesunkenen Fallzahlen und gestiegener Falldauer ergibt eine sinkende Zahl an Arbeitsunfähigkeitstagen mit einem Rückgang von 5,5%. Im betrachteten Zeitraum des Jahres 2004 betrug die Arbeitsunfähigkeitsquote, welche den Anteil der Beschäftigten angibt, die sich einmal oder häufiger krank meldeten, 50,2%.

Wie bereits in den Jahren zuvor lag der Krankenstand in Ostdeutschland auch 2004 über dem westdeutschen Vergleichswert (Ost: 3,23%; West: 3,10%). Allerdings weisen die östlichen Bundesländer das zweite Jahr in Folge sinkende Arbeitsunfähigkeitskennzahlen auf: gegenüber 2003 sank im Jahr 2004 sowohl die Zahl der Arbeitsunfähigkeitsfälle (–6,9%) als auch die Zahl der Arbeitsunfähigkeitstage (–8,7%) erheblich. Ebenso wie in Ostdeutschland war auch in Westdeutschland ein Absinken der Krankmeldungen zu verzeichnen (–6,7%). Gleichzeitig stieg jedoch die durchschnittliche Dauer der Fälle leicht an, entgegen der Entwicklung im Osten der Bundesrepublik. Aufgrund des starken Rückgangs der Krankmeldungen sank aber auch in Westdeutschland die Zahl der Arbeitsunfähigkeitstage (–5,3%), trotz der gestiegenen Falldauer.

Sowohl die Anzahl der Krankmeldungen (118,8 Fälle je 100 AOK-Mitglieder gegenüber durchschnittlich 136,5 Fällen) als auch die durchschnittliche Krankheitsdauer (9,6 Tage je Fall gegenüber 12,0 Tagen) lagen im Bereich Banken und Versicherungen niedriger als in den übrigen Wirtschaftszweigen. Daraus ergibt sich für das Kredit- und Versicherungsgewerbe der niedrigste Krankenstand im Branchenvergleich. Die vergleichsweise geringen Fehlzeiten sind maßgeblich auf den hohen Anteil an Angestellten in dieser Branche zurückzuführen (vgl. Kap. 12.1.8).

Abbildung 12.2.1 [3] zeigt die Krankenstandsentwicklung bei Banken und Versicherungen im Zeitverlauf von 1993 bis 2004. Nachdem in den Jahren 1993 und 1994 zunächst in Ostdeutschland deutlich niedrigere Werte als in Westdeutschland zu verzeichnen waren, kam es zwischen 1995 und 1998 zu einer weitgehenden Angleichung des Krankenstandes. 1999 stieg der Krankenstand in den neuen Bundesländern deutlich an, bei nahezu unveränderter Entwicklung im Westen der Bundesrepublik. In den Folgejahren lagen die ostdeutschen Werte auf einem deutlich höheren Niveau als im Westen (2002: Ost: 4,1%; West: 3,5%). Eine Trendwende lässt sich seit 2003 feststellen. Der Krankenstand in Ostdeutschland sank sowohl 2003 als auch 2004 stärker als in Westdeutschland, sodass sich die Krankenstände beider Regionen auf einem niedrigen Niveau weitgehend angeglichen haben (2004: Ost 3,2%; West 3,1%).

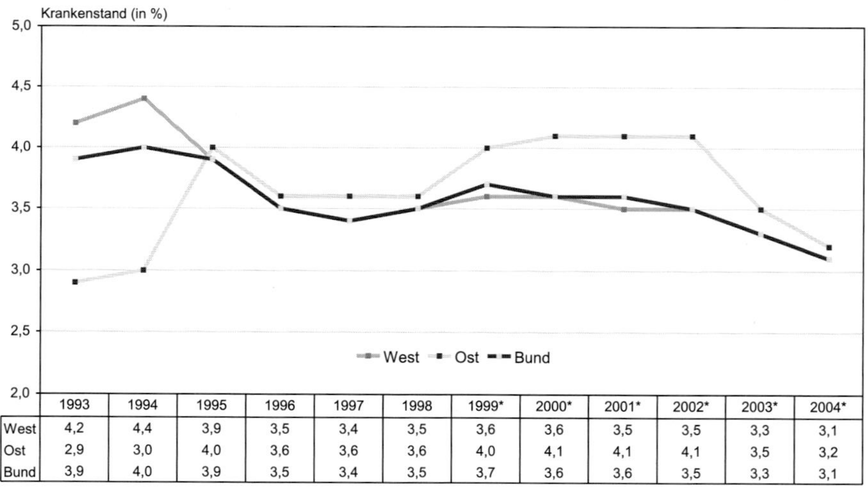

	1993	1994	1995	1996	1997	1998	1999*	2000*	2001*	2002*	2003*	2004*
West	4,2	4,4	3,9	3,5	3,4	3,5	3,6	3,6	3,5	3,5	3,3	3,1
Ost	2,9	3,0	4,0	3,6	3,6	3,6	4,0	4,1	4,1	4,1	3,5	3,2
Bund	3,9	4,0	3,9	3,5	3,4	3,5	3,7	3,6	3,6	3,5	3,3	3,1

Abb. 12.2.1. Krankenstandsentwicklung bei Banken und Versicherungen 1993–2004

[3] Die Werte der Jahre ab 1999 basieren auf der Klassifikation der Wirtschaftszweige der Bundesanstalt für Arbeit aus dem Jahre 1993 (WZ 93/NACE), ab 2003 auf dem WZ 2003/NACE, während den Werten der Jahre 1993 bis 1998 noch der Wirtschaftszweigschlüssel aus dem Jahr 1973 zugrunde lag.

12.2.3 Krankenstandsentwicklung nach Wirtschaftsabteilungen

Innerhalb des Kredit- und Versicherungsgewerbes existieren, wie bereits in den Jahren zuvor, deutliche Unterschiede bezüglich der krankheitsbedingten Fehlzeiten (Tabelle 12.2.2). So fiel der Krankenstand im Jahr 2004 im Versicherungsgewerbe um 0,6 Prozentpunkte höher aus als im Kreditgewerbe. Statistisch betrachtet resultiert der Krankenstand aus zwei Komponenten: aus der Anzahl der Krankmeldungen und aus deren Dauer. Im Versicherungsgewerbe bewegten sich beide Parameter auf einem höheren Niveau als im Kreditgewerbe. Wie die in Tabelle 12.2.2 ausgewiesenen nach Alter und Geschlecht standardisierten Werte[4] zeigen, sind die festgestellten Differenzen nicht auf eine unterschiedliche alters- bzw. geschlechtsspezifische Zusammensetzung der Belegschaften zurückzuführen.

Die Zahl der Krankmeldungen war im Jahr 2004 in allen Wirtschaftsabteilungen des Bereichs Banken und Versicherungen deutlich rückläufig. Die stärkste Veränderung gegenüber dem Vorjahr hatte das Versicherungsgewerbe zu verzeichnen (–9,0%). Die Zahl der Arbeitsunfähigkeitstage ging ebenfalls in allen Wirtschaftsabteilungen zurück. Im Kredit- und Versicherungsgewerbe sank die Zahl der Tage

Tabelle 12.2.2. Krankenstandsentwicklung im Bereich Banken und Versicherungen nach Wirtschaftsabteilungen, 2004

Wirtschaftsabteilung	Krankenstand (in %)			Arbeitsunfähigkeiten je 100 AOK-Mitglieder				Tage je Fall	AU-Quote (in %)
	2004	2004 stand.*	2003	Fälle	Veränd. z. Vorj. (in %)	Tage	Veränd. z. Vorj. (in %)		
Kreditgewerbe	3,1	3,0	3,3	118,6	–5,9	1127,2	–4,9	9,5	51,8
Versicherungsgewerbe	3,7	3,7	4,0	132,6	–9,0	1347,8	–7,4	10,2	51,4
Assoziierte Tätigkeiten	2,7	3,0	2,9	102,2	–4,8	983,8	–5,4	9,6	39,0

* Krankenstand alters- und geschlechtsstandardisiert

[4] Berechnet nach der Methode der direkten Standardisierung. Zugrunde gelegt wurde die Alters- und Geschlechtsstruktur der erwerbstätigen Mitglieder der gesetzlichen Krankenversicherung insgesamt im Jahr 2000 (Mitglieder mit Krankengeldanspruch). Quelle: VDR-Statistik.

12

allerdings nicht im gleichen Ausmaß wie die Zahl der Fälle, da die durchschnittliche Dauer der Krankheitsfälle etwas anstieg (Tabelle 12.2.2). Auch die AU-Quote nahm in allen Wirtschaftsabteilungen ab.

Tabellarische Übersichten und Abbildungen

12.2.4 Krankenstand nach Berufsgruppen

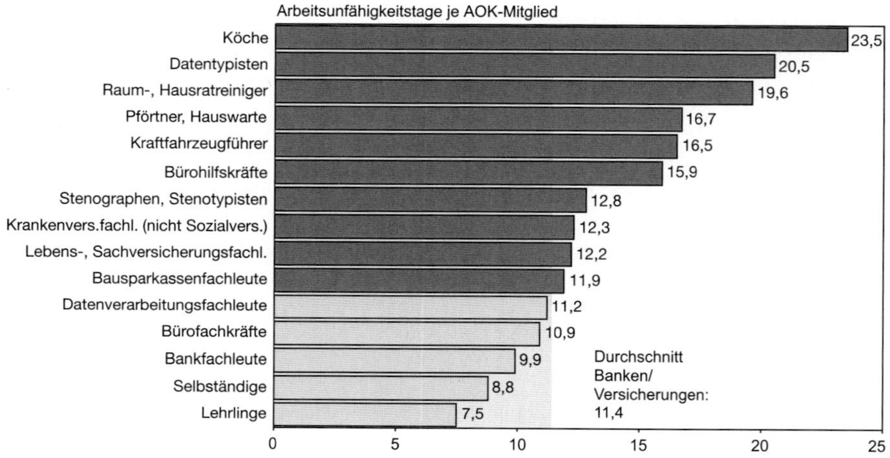

Abb. 12.2.2. Krankenstände bei Banken und Versicherungen nach Berufsgruppen, 2004

Tabelle 12.2.3. Banken und Versicherungen, Krankenstandskennzahlen nach ausgewählten Berufsgruppen, 2004

Tätigkeit*	Krankenstand (in %)	Arbeitsunfähigkeiten je 100 AOK-Mitglieder		Tage je Fall	AU-Quote (in %)	Anteil Arbeitsunfälle an den AU-Tagen (in %)
		Fälle	Tage			
Bankfachleute	2,7	118,4	985,0	8,3	51,8	1,6
Bausparkassenfachleute	3,3	129,2	1190,0	9,2	53,0	0,6
Bürofachkräfte	3,0	118,7	1093,1	9,2	44,5	1,2
Bürohilfskräfte	4,3	125,9	1586,8	12,6	48,1	1,4
Datenverarbeitungsfachleute	3,1	119,6	1118,2	9,3	48,9	1,9
Köche	6,4	155,3	2347,1	15,1	63,8	3,3
Krankenversicherungsfachleute	3,4	138,6	1233,6	8,9	51,3	3,3
Lebens-, Sachversicherungsfachleute	3,3	132,7	1215,7	9,2	49,5	1,3
Pförtner, Hauswarte	4,6	100,3	1671,2	16,7	49,0	4,6
Raum-, Hausratreiniger	5,3	121,1	1957,0	16,2	54,9	2,3
Stenographen, Stenotypistinnen, Maschinenschreiber	3,5	120,8	1284,9	10,6	51,1	1,4

* Berufsgruppen mit mehr als 1000 AOK-Versicherten

12

12.2.5 Kurz- und Langzeiterkrankungen

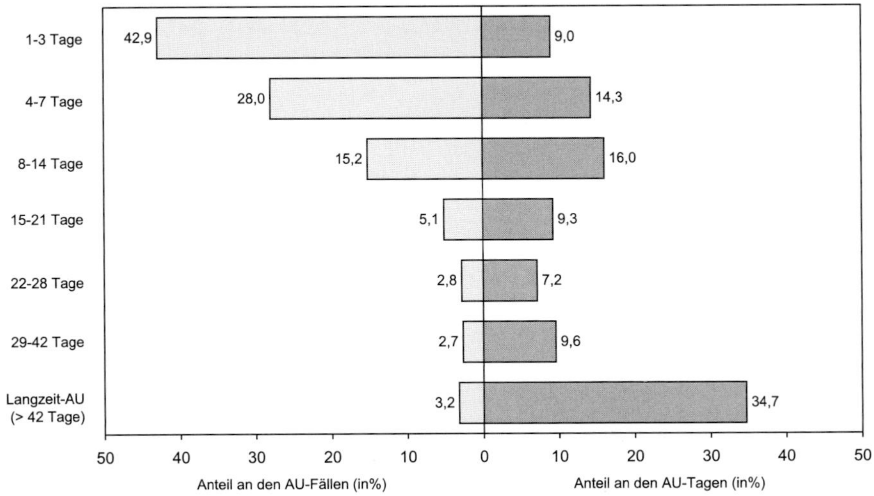

Abb. 12.2.3. Arbeitsunfähigkeitsfälle und -tage bei Banken und Versicherungen nach der Dauer, 2004

12.2.6 Krankenstand nach Bundesländern

Tabelle 12.2.4. Banken und Versicherungen, Arbeitsunfähigkeit nach Bundesländern, 2004 im Vergleich zum Vorjahr

	Arbeitsunfähigkeiten je 100 AOK-Mitglieder					
	AU-Fälle	Veränd. z. Vorj. (in %)	AU-Tage	Veränd. z. Vorj. (in %)	Tage je Fall	Veränd. z. Vorj. (in %)
Baden-Württemberg	111,9	–8,7	1066,9	–4,8	9,5	4,4
Bayern	97,8	–9,5	1013,0	–8,5	10,4	2,0
Berlin	110,8	–6,5	1447,7	–14,5	13,1	–8,4
Brandenburg	128,2	–3,8	1434,8	0,3	11,2	4,7
Bremen	136,9	–5,8	1597,5	–4,8	11,7	1,7
Hamburg	146,5	–5,8	1667,5	8,5	11,4	15,2
Hessen	143,5	–3,9	1387,3	–7,3	9,7	–3,0
Mecklenburg-Vorpommern	132,2	–16,2	1368,8	–11,4	10,4	6,1
Niedersachsen	130,7	–4,8	1096,6	–3,8	8,4	1,2
Nordrhein-Westfalen	139,0	–2,9	1271,8	–2,3	9,1	0,0
Rheinland-Pfalz	129,0	–5,8	1294,4	–1,6	10,0	4,2
Saarland	139,6	3,9	1734,4	5,9	12,4	1,6
Sachsen	125,8	–6,6	1150,0	–5,0	9,1	1,1
Sachsen-Anhalt	134,0	–2,2	1285,8	–11,6	9,6	–9,4
Schleswig-Holstein	128,9	–3,7	1250,0	–7,2	9,7	–4,0
Thüringen	135,7	2,0	1159,1	–13,7	8,5	–15,8
Bund	118,8	–6,5	1141,2	–5,5	9,6	1,1

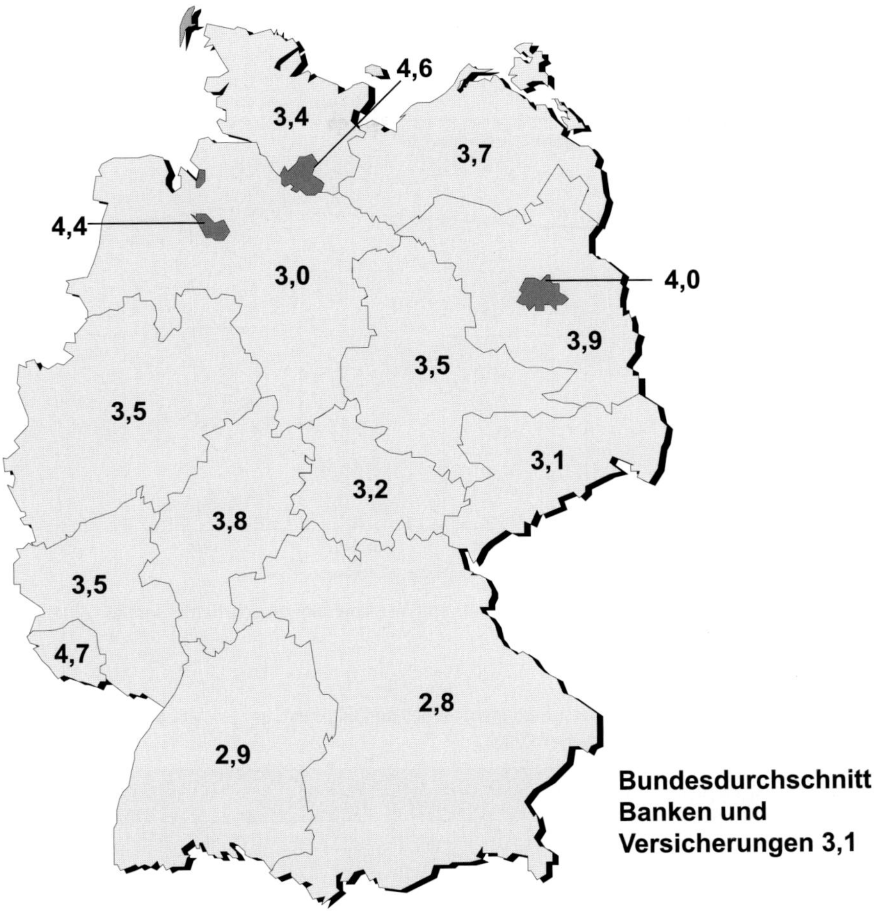

Abb. 12.2.4. Krankenstand (in %) bei Banken und Versicherungen nach Bundesländern, 2004

12.2.7 Krankenstand nach Betriebsgröße

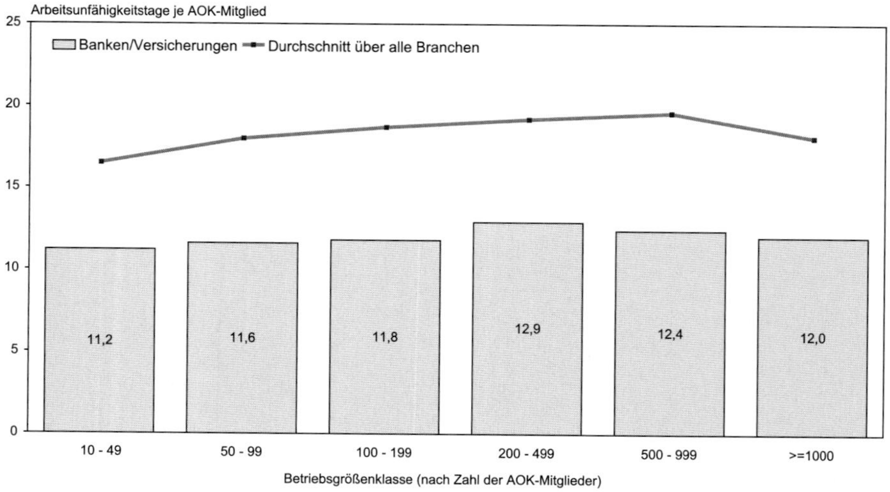

Abb. 12.2.5. Arbeitsunfähigkeitstage bei Banken und Versicherungen nach Betriebsgröße, 2004

Tabelle 12.2.5. Banken und Versicherungen, Arbeitsunfähigkeitstage je AOK-Mitglied nach Betriebsgröße (Anzahl der AOK-Mitglieder), 2004

Wirtschaftsabteilung	10–49	50–99	100–199	200–499	500–999	≥1000
Kreditgewerbe	10,6	10,9	11,3	12,9	12,4	12,0
Versicherungsgewerbe	13,9	15,0	14,0	12,9	12,4	–
Assoziierte Tätigkeiten	13,5	17,3	18,7	–	–	–
Durchschnitt über alle Branchen	16,5	18,0	18,7	19,2	19,6	18,1

12.2.8 Krankenstand nach Stellung im Beruf

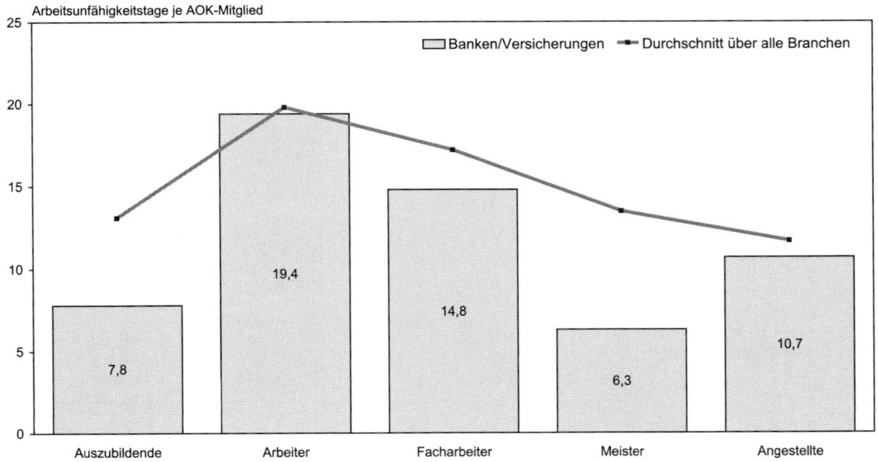

Abb. 12.2.6. Arbeitsunfähigkeitstage bei Banken und Versicherungen nach Stellung im Beruf, 2004

Tabelle 12.2.6. Banken und Versicherungen, Krankenstand (in %) nach Stellung im Beruf, 2004

Wirtschaftsabteilung	Auszu-bildende	Arbeiter	Fach-arbeiter	Meister, Poliere	Ange-stellte
Kreditgewerbe	2,1	5,3	4,1	1,8	2,8
Versicherungsgewerbe	2,2	5,7	3,8	2,6	3,7
Assoziierte Tätigkeiten	2,7	4,6	4,1	1,1	2,7

12.2.9 Arbeitsunfälle

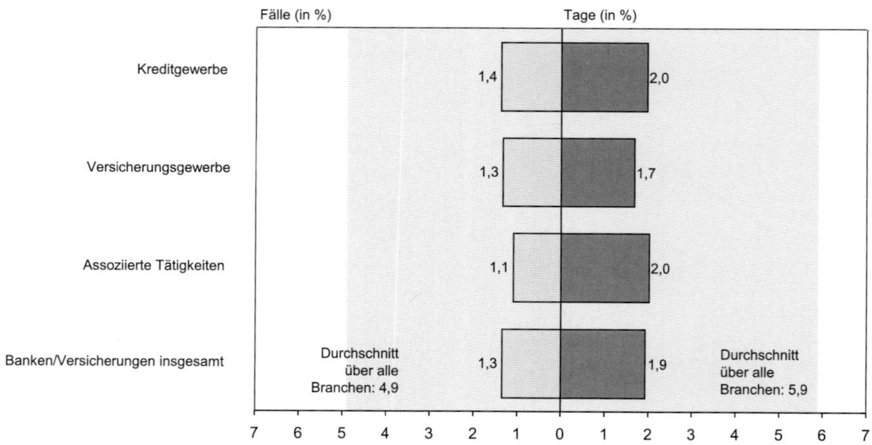

Abb. 12.2.7. Arbeitsunfälle bei Banken und Versicherungen nach Wirtschaftsklassen, Anteil an den AU-Fällen und -Tagen in %, 2004

Tabelle 12.2.7. Banken und Versicherungen, Arbeitsunfähigkeitstage durch Arbeitsunfälle nach Berufsgruppen, 2004

Tätigkeit	AU-Tage je 1000 AOK-Mitglieder	Anteil an den AU-Tagen insgesamt (in %)
Kraftfahrzeugführer	1299,9	7,9
Köche	785,7	3,3
Pförtner, Hauswarte	783,9	4,6
Raum-, Hausratreiniger	458,4	2,3
Bürohilfskräfte	207,8	1,4
Bankfachleute	164,1	1,6
Lebens-, Sachversicherungsfachleute	161,3	1,3
Bürofachkräfte	132	1,2

12.2.10 Krankheitsarten

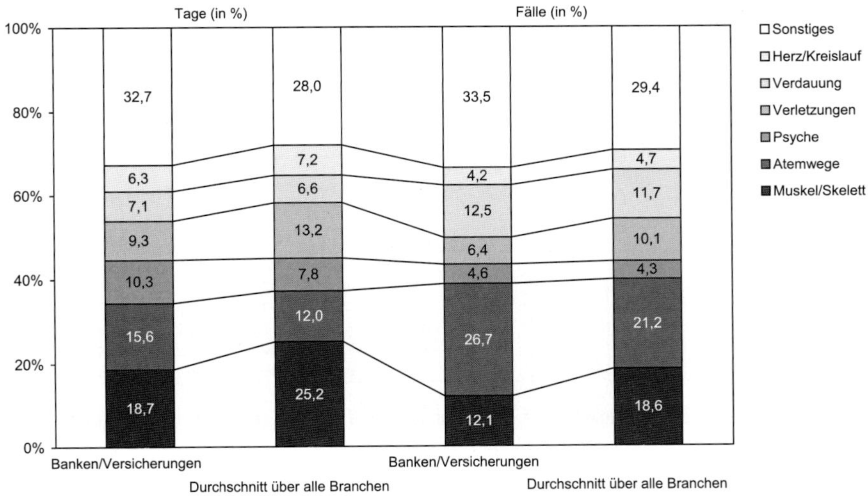

Abb. 12.2.8. Arbeitsunfähigkeiten bei Banken und Versicherungen nach Krankheitsarten, 2004

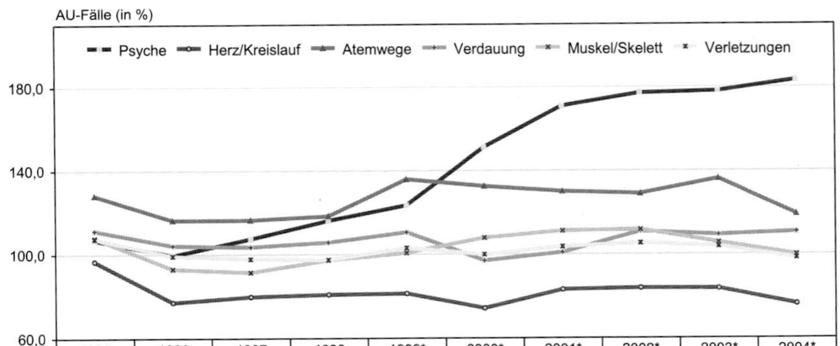

	1995	1996	1997	1998	1999*	2000*	2001*	2002*	2003*	2004*
Psyche	106,8	99,5	107,4	116,2	123,5	151,2	170,9	177,1	178,0	183,3
Herz/Kreislauf	96,8	77,3	79,9	80,9	81,4	74,3	83,1	83,8	83,7	76,2
Atemwege	128,3	116,5	116,5	118,4	135,9	132,6	130,0	129,0	136,1	119,0
Verdauung	111,4	104,3	103,6	105,8	110,5	97,0	100,8	110,8	109,1	110,6
Muskel/Skelett	107,9	93,2	91,5	97,3	100,7	107,9	111,1	111,6	105,5	99,8
Verletzungen	107,6	99,2	97,9	97,5	103,0	99,9	103,5	105,3	103,7	98,1

Abb. 12.2.9. Arbeitsunfähigkeitsfälle bei Banken und Versicherungen nach Krankheitsarten 1995–2004, Indexdarstellung (1994 = 100%)

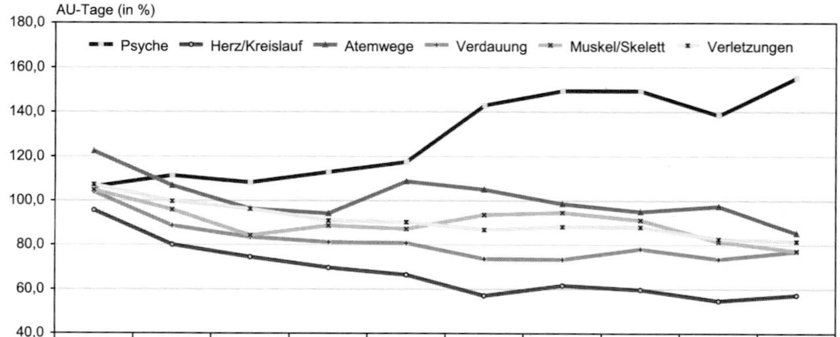

	1995	1996	1997	1998	1999*	2000*	2001*	2002*	2003*	2004*
Psyche	106,3	111,4	108,3	112,9	117,5	143,0	149,4	149,4	138,4	155,2
Herz/Kreislauf	95,7	80,0	74,5	69,6	66,4	57,1	61,6	59,7	54,7	57,3
Atemwege	122,3	106,8	96,3	94,2	108,7	105,1	98,6	95,1	97,5	85,3
Verdauung	104,0	88,6	83,5	81,1	80,7	73,6	73,3	78,0	73,5	77,0
Muskel/Skelett	104,9	95,9	84,2	88,7	87,1	93,7	94,6	91,2	81,4	77,2
Verletzungen	107,3	99,7	96,3	91,0	90,2	86,8	88,2	88,0	82,6	81,5

Abb. 12.2.10. Arbeitsunfähigkeitstage bei Banken und Versicherungen nach Krankheitsarten 1995–2004, Indexdarstellung (1994 = 100%)

Tabelle 12.2.8. Banken und Versicherungen, Arbeitsunfähigkeitstage nach Krankheitsarten (in %), 2004

Wirtschafts-abteilung	Muskel/Skelett	Atem-wege	Psyche	Verlet-zungen	Verdau-ung	Herz/Kreislauf	Sons-tige
Kreditgewerbe	18,7	15,8	9,7	9,2	7,1	6,5	33,0
Versicherungs-gewerbe	19,1	15,7	13,2	9,3	6,8	5,8	30,1
Assoziierte Tätigkeiten	17,5	14,2	10,4	10,2	7,4	5,8	34,5

Tabelle 12.2.9. Banken und Versicherungen, Arbeitsunfähigkeiten nach Krankheitsarten, Anteile der ICD-Untergruppen an den ICD-Hauptgruppen, 2004

ICD-Untergruppen	Anteil an den AU-Fällen (in %)	Anteil an den AU-Tagen (in %)
Muskel-/Skeletterkrankungen		
Krankheiten der Wirbelsäule und des Rückens	52,1	46,7
Arthropathien	19,6	27,3
Krankheiten der Weichteilgewebe	19,5	17,9
Sonstige	8,8	8,1
Verletzungen		
Verletzungen nicht näher bezeichneter Teile des Rumpfes, der Extremitäten oder anderer Körperregionen	15,2	10,4
Verletzungen des Knies und des Unterschenkels	13,1	21,0
Verletzungen der Knöchelregion und des Fußes	13,0	10,8
Verletzungen des Kopfes	8,4	6,4
Verletzungen des Handgelenkes und der Hand	7,1	7,0
Sonstige	43,2	44,4
Atemwegserkrankungen		
Akute Infektionen der oberen Atemwege	48,5	41,3
Sonstige akute Infektionen der unteren Atemwege	16,7	16,5
Chronische Krankheiten der unteren Atemwege	15,4	18,2
Sonstige Krankheiten der oberen Atemwege	10,6	12,5
Sonstige	8,8	11,5
Herz-/Kreislauferkrankungen		
Hypertonie (Hochdruckkrankheit)	30,6	30,7
Krankheiten der Venen, der Lymphgefäße und der Lymphknoten, anderenorts nicht klassifiziert	20,7	16,8
Sonstige und nicht näher bezeichnete Krankheiten des Kreislaufsystems	17,7	6,8
Sonstige Formen der Herzkrankheit	13,0	15,9
Sonstige	18,0	29,8
Verdauung		
Nichtinfektiöse Enteritis und Kolitis	30,9	24,3
Krankheiten der Mundhöhle, der Speicheldrüsen und der Kiefer	26,0	12,3
Krankheiten des Ösophagus, des Magens und des Duodenums	21,2	20,1
Sonstige Krankheiten des Darmes	7,7	12,3
Krankheiten der Gallenblase, der Gallenwege und des Pankreas	3,9	8,8
Sonstige	10,3	22,2
Psychische und Verhaltensstörungen		
Neurotische, Belastungs- und somatoforme Störungen	48,9	41,5
Affektive Störungen	31,9	37,9
Psychische und Verhaltensstörungen durch psychotrope Substanzen	11,1	9,6
Verhaltensauffälligkeiten mit körperlichen Störungen und Faktoren	2,8	2,3
Sonstige	5,3	8,7

12.3 Baugewerbe

12.3.1 Kosten der Arbeitsunfähigkeit

Im Jahr 2004 waren im Baugewerbe 1,64 Millionen Arbeitnehmer sozialversicherungspflichtig beschäftigt[1]. Nahezu die Hälfte der in dieser Branche Beschäftigten waren bei der AOK versichert (46,2%). Im Durchschnitt waren die im Baugewerbe tätigen AOK-Mitglieder im Jahr 2004 17,7 Tage krank geschrieben. Hochgerechnet auf die Branche insgesamt waren 29,1 Millionen krankheitsbedingte Ausfalltage oder 79 395 Ausfalljahre zu verzeichnen. Bei einem durchschnittlichen Arbeitnehmerentgelt von 29 342 Euro[2] im Jahr 2004 ergeben sich daraus auf volkswirtschaftlicher Ebene Kosten in Höhe von rd. 2,3 Milliarden Euro aufgrund von Produktionsausfällen durch Arbeitsunfähigkeit. Für einen Betrieb mit 100 Mitarbeitern lagen die entsprechenden Kosten durchschnittlich bei rd. 141 700 Euro.

12.3.2 Allgemeine Krankenstandsentwicklung

Im Baugewerbe hat sich der Trend zu niedrigen Krankenständen weiter fortgesetzt. Der Krankenstand ging im Jahr 2004 von 5,3% im Vorjahr auf 4,8% zurück. Die Zahl der Arbeitsunfähigkeitsfälle nahm um

---

[1] Bundesagentur für Arbeit, Sozialversicherungspflichtig Beschäftigte nach Wirtschaftszweigen der WZ2003/BA in der Bundesrepublik Deutschland am 30. Juni 2004, Nürnberg 2005.

[2] Das Arbeitnehmerentgelt setzt sich zusammen aus den Bruttolöhnen und -gehältern sowie den tatsächlichen und unterstellten Sozialbeiträgen der Arbeitgeber. Quelle: Statistisches Bundesamt, Volkswirtschaftliche Gesamtrechnungen, Fachserie 18, Reihe 26, Arbeitnehmerentgelt im Inland, Revidierte Jahresergebnisse 1991–2004, Stand April 2005, Wiesbaden.

8,6% ab. Bei den Arbeitsunfähigkeitstagen war ein Rückgang um 8,2% zu verzeichnen. Auch die AU-Quote[3] war rückläufig. Sie sank von 52,4 auf 49,8%.

In Ostdeutschland fiel der Krankenstand mit 4,1% deutlich niedriger aus als in Westdeutschland. Dort lag er bei 5,0%. Zurückzuführen ist dies auf eine geringere Zahl an Krankmeldungen. Auch die AU-Quote lag mit 43,7% erheblich niedriger als in den alten Ländern, wo sie 51,3% betrug. Die durchschnittliche Dauer der Krankheitsfälle war dagegen im Osten geringfügig höher als im Westen (s. Tabelle 12.3.1). Im Vergleich

Tabelle 12.3.1. Krankenstandsentwicklung im Baugewerbe, 2004

	Krankenstand (in %)	Arbeitsunfähigkeiten je 100 AOK-Mitglieder				Tage je Fall	AU-Quote (in %)
		Fälle	Veränd. z. Vorj. (in %)	Tage	Veränd. z. Vorj. (in %)		
West	5,0	136,6	−8,2	1824,3	−7,8	13,4	51,3
Ost	4,1	110,8	−9,9	1512,9	−10,0	13,7	43,7
Bund	4,8	131,9	−8,6	1767,6	−8,2	13,4	49,8

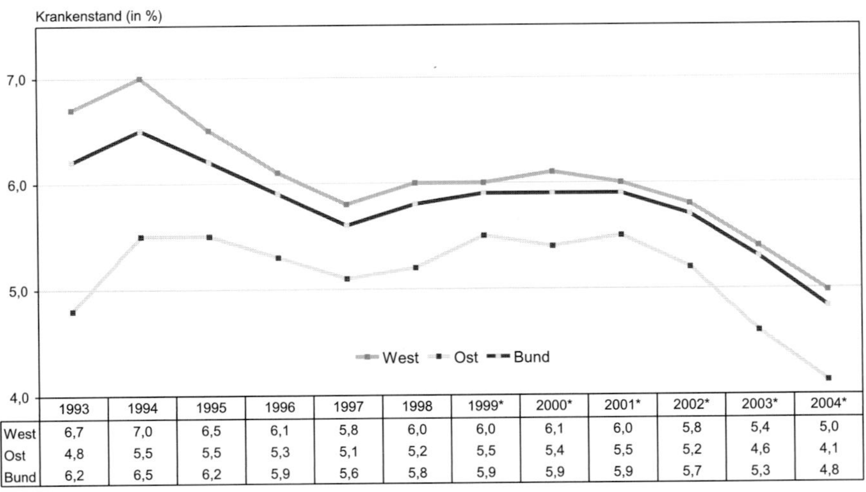

	1993	1994	1995	1996	1997	1998	1999*	2000*	2001*	2002*	2003*	2004*
West	6,7	7,0	6,5	6,1	5,8	6,0	6,0	6,1	6,0	5,8	5,4	5,0
Ost	4,8	5,5	5,5	5,3	5,1	5,2	5,5	5,4	5,5	5,2	4,6	4,1
Bund	6,2	6,5	6,2	5,9	5,6	5,8	5,9	5,9	5,9	5,7	5,3	4,8

Abb. 12.3.1. Krankenstandsentwicklung im Baugewerbe 1993–2004

[3] Prozentualer Anteil der Beschäftigten, die sich einmal oder mehrfach krank meldeten.

zum Vorjahr nahm die Zahl der Arbeitsunfähigkeitsfälle und -tage in Ostdeutschland stärker ab als in Westdeutschland.

Abbildung 12.3.1[4] zeigt die Krankenstandsentwicklung im Baugewerbe in den Jahren 1993 bis 2004. In den Jahren 1994 bis 1997 ging der Krankenstand von 6,5 auf 5,6% zurück. In den Folgejahren war dann wieder ein leichter Anstieg zu verzeichnen. Seit 2002 nahm der Krankenstand erneut deutlich ab und erreichte 2004 mit einem Wert von 4,8% den niedrigsten Stand seit 1993.

In Ostdeutschland waren im Zeitraum von 1993 bis 2004 stets geringere Werte zu verzeichnen als in Westdeutschland. In den Jahren 1993 bis 2001 kam es zunächst zu einer deutlichen Annäherung der Werte. Der Abstand zwischen den Werten sank von 1,9 Prozentpunkten im Jahr 1993 auf 0,5 Prozentpunkte im Jahr 1999. In den Folgejahren hat sich dann allerdings der Abstand zwischen den Krankenstandswerten in West- und Ostdeutschland wieder vergrößert. 2004 differierten die Werte um 0,9 Prozentpunkte.

12.3.3 Krankenstandsentwicklung nach Wirtschaftsgruppen

In den einzelnen Wirtschaftsgruppen des Baugewerbes gibt es deutliche Unterschiede im Krankenstand (Tabelle 12.3.2). Der höchste Krankenstand war 2004, ebenso wie im Vorjahr, mit 5,3% in der Gruppe „Vermietung von Baumaschinen und -geräten mit Bedienungspersonal“ zu verzeichnen, dicht gefolgt vom Hoch- und Tiefbau mit 5,2%. Am niedrigsten lag der Krankenstand mit 4,4% im Bereich „Bauinstallation“.

Zurückzuführen sind diese unterschiedlichen Krankenstände vor allem auf Abweichungen in der durchschnittlichen Dauer der Arbeitsunfähigkeitsfälle. Die nach Alter und Geschlecht standardisierten Krankenstände fallen in allen Bereichen des Baugewerbes niedriger, teilweise deutlich niedriger als die nicht standardisierten Werte aus[5].

Im Vergleich zum Vorjahr nahm 2004 die Zahl der Krankheitsfälle und -tage in sämtlichen Wirtschaftsgruppen des Baugewerbes deutlich ab. Auch die AU-Quote war in allen Bereichen rückläufig.

---

[4] Die Werte der Jahre ab 1999 basieren auf der Klassifikation der Wirtschaftszweige der Bundesanstalt für Arbeit aus dem Jahre 1993 (WZ 93/NACE), ab 2003 auf dem WZ 2003/NACE, während den Werten der Jahre 1993 bis 1998 noch der Wirtschaftszweigschlüssel aus dem Jahr 1973 zugrunde lag.

[5] Berechnet nach der Methode der direkten Standardisierung. Zugrunde gelegt wurde die Alters- und Geschlechtsstruktur der erwerbstätigen Mitglieder der gesetzlichen Krankenversicherung insgesamt im Jahr 2000 (Mitglieder mit Krankengeldanspruch). Quelle: VDR-Statistik.

Tabelle 12.3.2. Krankenstandsentwicklung im Baugewerbe nach Wirtschaftsgruppen, 2004

Wirtschaftsgruppe	Krankenstand (in %)			Arbeitsunfähigkeiten je 100 AOK-Mitglieder				Tage je Fall	AU-Quote (in %)
	2004	2004 stand.*	2003	Fälle	Veränd. z. Vorj. (in %)	Tage	Veränd. z. Vorj. (in %)		
Bauinstallation	4,4	3,9	4,8	139,2	–8,9	1611,1	–8,6	11,6	52,3
Hoch- und Tiefbau	5,2	4,0	5,6	125,7	–8,6	1890,6	–7,8	15,0	49,0
Vermietung von Baumaschinen u. -geräten mit Bedienungspersonal	5,3	4,8	5,8	116,1	–9,8	1945,2	–8,8	16,8	48,8
Vorbereitende Baustellenarbeiten	4,9	4,0	5,3	118,2	–10,0	1808,9	–6,2	15,3	42,4
Sonstiges Baugewerbe	4,5	4,2	5,0	139,5	–8,5	1657,6	–8,9	11,9	50,0

* Krankenstand alters- und geschlechtsstandardisiert

Tabellarische Übersichten und Abbildungen

12.3.4 Krankenstand nach Berufsgruppen

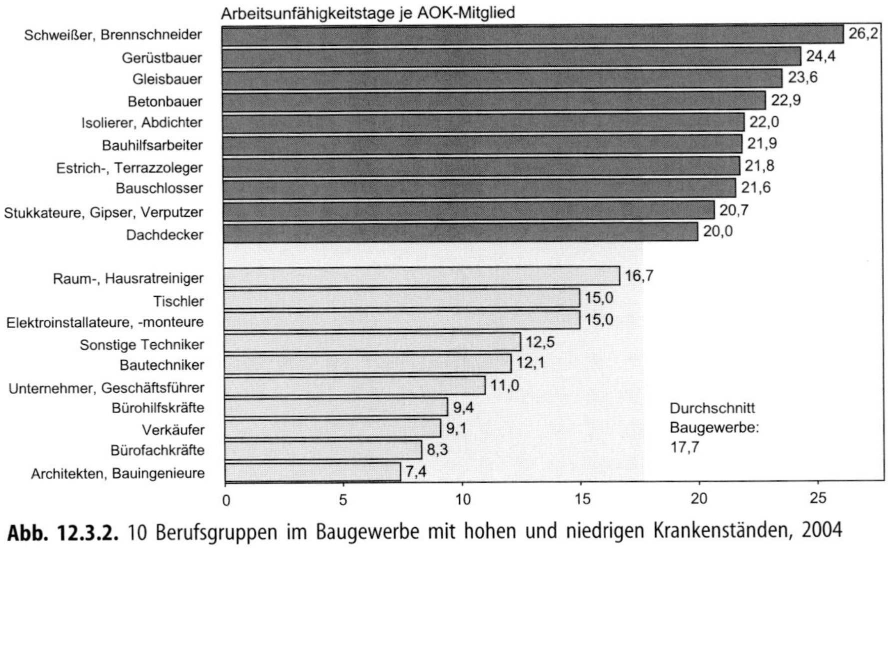

Abb. 12.3.2. 10 Berufsgruppen im Baugewerbe mit hohen und niedrigen Krankenständen, 2004

12.3.6 Krankenstand nach Bundesländern

Tabelle 12.3.4. Baugewerbe, Arbeitsunfähigkeit nach Bundesländern, 2004 im Vergleich zum Vorjahr

	Arbeitsunfähigkeiten je 100 AOK-Mitglieder					
	AU-Fälle	Veränd. z. Vorj. (in %)	AU-Tage	Veränd. z. Vorj. (in %)	Tage je Fall	Veränd. z. Vorj. (in %)
Baden-Württemberg	142,5	−9,2	1963,2	−7,1	13,8	2,2
Bayern	115,4	−9,7	1575,5	−8,6	13,7	1,5
Berlin	121,1	−10,6	2028,8	−14,5	16,7	−4,6
Brandenburg	115,7	−10,5	1627,6	−9,0	14,1	2,2
Bremen	140,7	−8,6	2028,7	−5,5	14,4	2,9
Hamburg	151,1	−6,0	2358,8	−10,8	15,6	−4,9
Hessen	148,8	−7,3	2102,5	−9,2	14,1	−2,1
Mecklenburg-Vorpommern	109,4	−11,5	1469,2	−15,7	13,4	−5,0
Niedersachsen	135,6	−6,7	1439,9	−6,7	10,6	0,0
Nordrhein-Westfalen	151,9	−7,8	1991,5	−5,9	13,1	2,3
Rheinland-Pfalz	155,7	−7,1	2003,0	−7,9	12,9	−0,8
Saarland	1145,5	−6,2	2390,3	−3,4	16,4	3,1
Sachsen	107,3	−9,4	1412,5	−10,4	13,2	−0,8
Sachsen-Anhalt	116,4	−7,3	1646,4	−7,1	14,1	0,0
Schleswig-Holstein	139,9	−7,3	1869,9	−6,7	13,4	0,8
Thüringen	113,7	−10,9	1634,4	−7,0	14,4	4,3
Bund	131,9	−8,6	1767,6	−8,2	13,4	0,8

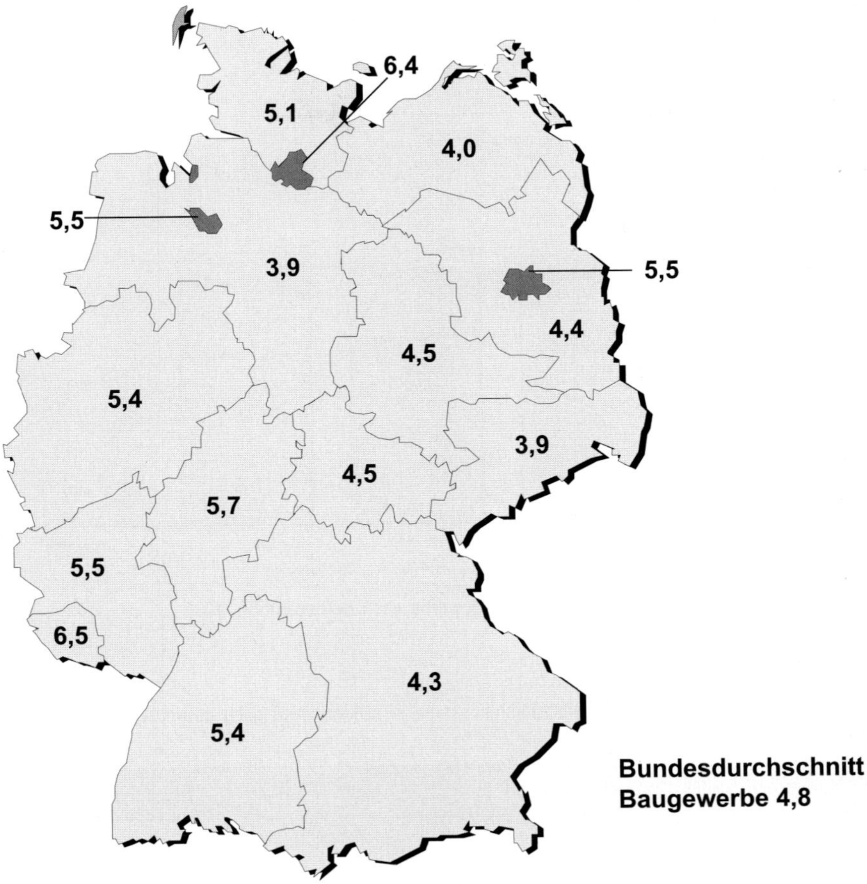

Abb. 12.3.4. Krankenstand (in %) im Baugewerbe nach Bundesländern, 2004

12.3.7 Krankenstand nach Betriebsgröße

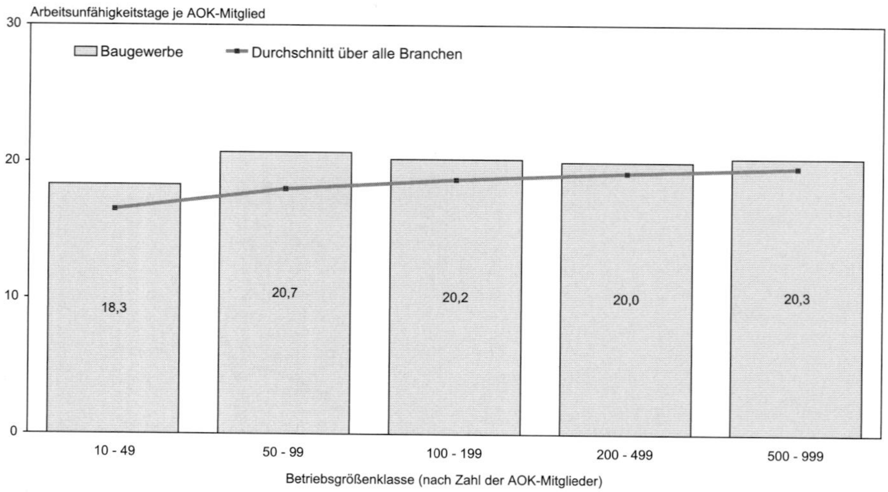

Abb. 12.3.5. Arbeitsunfähigkeitstage im Baugewerbe nach Betriebsgröße, 2004

Tabelle 12.3.5. Baugewerbe, Arbeitsunfähigkeitstage je AOK-Mitglied nach Betriebsgröße (Anzahl der AOK-Mitglieder), 2004

Wirtschaftsgruppe	10–49	50–99	100–199	200–499	500–999	≥1000
Bauinstallation	16,7	19,8	17,5	19,2	15,0	–
Hoch- und Tiefbau	18,9	21,1	21,2	20,3	22,5	–
Vermietung von Baumaschinen und -geräten mit Bedienungspersonal	22,0	27,5	23,9	–	–	–
Vorbereitende Baustellenarbeiten	18,0	18,2	17,8	20,3	–	–
Sonstiges Ausbaugewerbe	18,2	19,3	17,3	18,0	–	–
Durchschnitt über alle Branchen	16,5	18,0	18,7	19,2	19,6	18,1

12.3.8 Krankenstand nach Stellung im Beruf

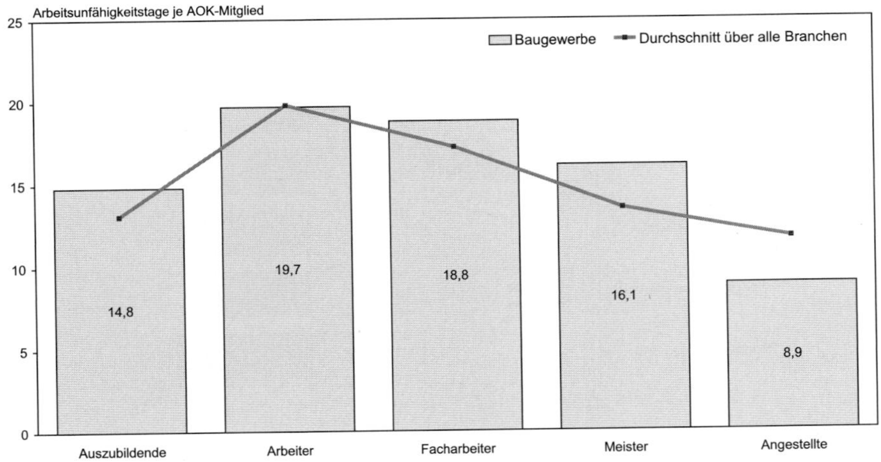

Abb. 12.3.6. Arbeitsunfähigkeitstage im Baugewerbe nach Stellung im Beruf, 2004

Tabelle 12.3.6. Baugewerbe, Krankenstand (in %) nach Stellung im Beruf, 2004

Wirtschaftsgruppe	Auszubildende	Arbeiter	Facharbeiter	Meister, Poliere	Angestellte
Bauinstallation	3,7	5,1	4,8	4,0	2,4
Hoch- und Tiefbau	4,4	5,7	5,4	4,6	2,4
Vermietung von Baumaschinen u. -geräten mit Bedienungspersonal	3,0	5,1	5,9	5,8	2,6
Vorbereitende Baustellenarbeiten	4,0	5,5	4,8	7,0	2,2
Sonstiges Baugewerbe	4,2	4,9	4,8	4,3	2,6

12.3.9 Arbeitsunfälle

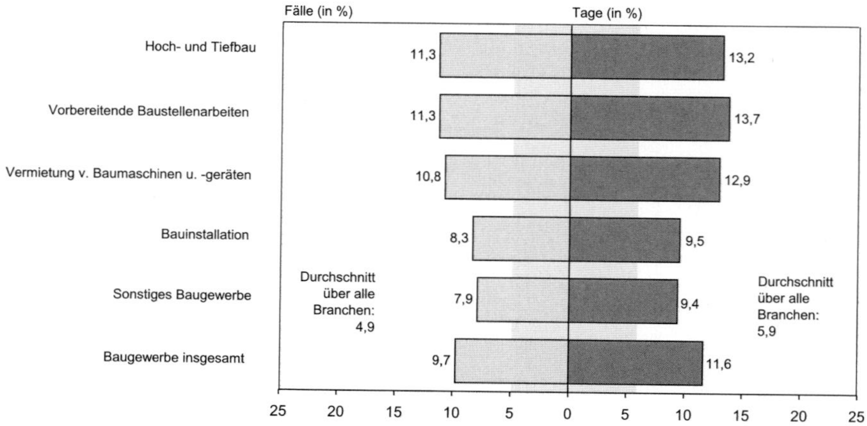

Abb. 12.3.7. Arbeitsunfälle im Baugewerbe nach Wirtschaftsgruppen, Anteil an den AU-Fällen und -Tagen in %, 2004

Tabelle 12.3.7. Baugewerbe, Arbeitsunfähigkeitstage durch Arbeitsunfälle nach Berufsgruppen, 2004

Tätigkeit	AU-Tage je 1000 AOK-Mitglieder	Anteil an den AU-Tagen insgesamt (in %)
Gerüstbauer	3837,0	15,6
Zimmerer	3558,5	19,6
Dachdecker	3220,0	16,1
Betonbauer	3205,8	14,0
Bauhilfsarbeiter	2749,6	12,5
Sonstige Bauhilfsarbeiter, Bauhelfer, a. n. g.	2641,9	15,0
Maurer	2600,6	13,7
Sonstige Tiefbauer	2516,8	13,1
Isolierer, Abdichter	2282,2	10,3
Baumaschinenführer	2220,4	11,5
Kraftfahrzeugführer	2144,1	11,0
Stukkateure, Gipser, Verputzer	2132,1	10,3
Straßenbauer	2092,0	10,7
Tischler	2080,0	13,8
Rohrinstallateure	1798,3	10,2
Maler, Lackierer (Ausbau)	1557,6	9,1
Elektroinstallateure, -monteure	1373,1	9,1

12.3.10 Krankheitsarten

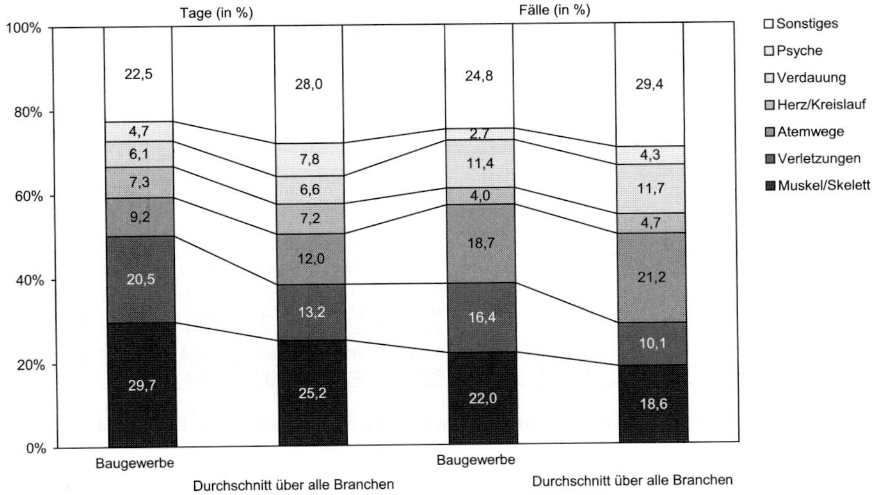

Abb. 12.3.8. Arbeitsunfähigkeiten im Baugewerbe nach Krankheitsarten, 2004

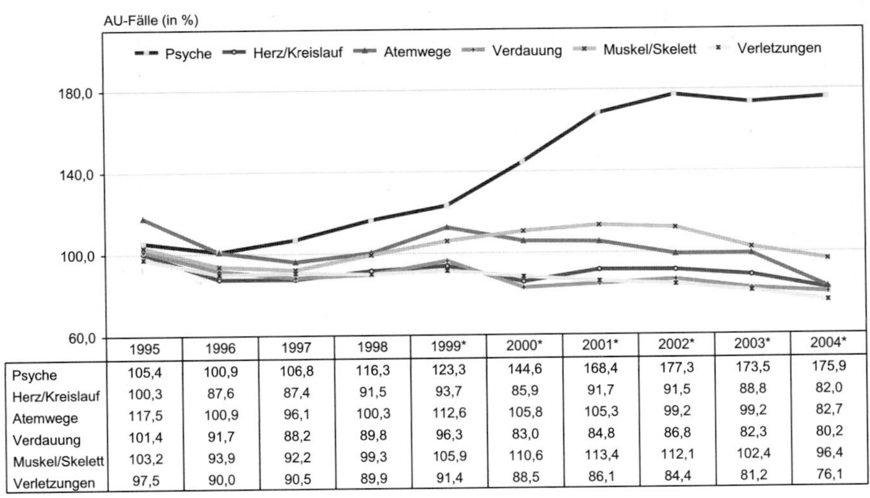

	1995	1996	1997	1998	1999*	2000*	2001*	2002*	2003*	2004*
Psyche	105,4	100,9	106,8	116,3	123,3	144,6	168,4	177,3	173,5	175,9
Herz/Kreislauf	100,3	87,6	87,4	91,5	93,7	85,9	91,7	91,5	88,8	82,0
Atemwege	117,5	100,9	96,1	100,3	112,6	105,8	105,3	99,2	99,2	82,7
Verdauung	101,4	91,7	88,2	89,8	96,3	83,0	84,8	86,8	82,3	80,2
Muskel/Skelett	103,2	93,9	92,2	99,3	105,9	110,6	113,4	112,1	102,4	96,4
Verletzungen	97,5	90,0	90,5	89,9	91,4	88,5	86,1	84,4	81,2	76,1

Abb. 12.3.9. Arbeitsunfähigkeitsfälle im Baugewerbe nach Krankheitsarten 1995–2004, Indexdarstellung (1994 = 100%)

12

12.4 Dienstleistungen

12.4.1 Kosten der Arbeitsunfähigkeit

Im Dienstleistungsbereich waren im Jahr 2004 rund 8,24 Millionen Erwerbstätige sozialversicherungspflichtig beschäftigt.[1] Der Anteil der AOK-Versicherten unter den Beschäftigten lag bei 38,7%. Die AOK-Mitglieder waren 2004 durchschnittlich 15,4 Kalendertage krankgeschrieben. Hochgerechnet auf die Branche ergibt dies eine Summe von 126,8 Millionen krankheitsbedingten Fehltagen oder 346 317 Erwerbsjahren. Bei einem durchschnittlichen Arbeitnehmerentgelt von 25 580 Euro[2] ergeben sich für das Jahr 2004 für den Dienstleistungsbereich Kosten in Höhe von rd. 8,9 Milliarden Euro aufgrund von Produktionsausfällen durch Arbeitsunfähigkeit. Die mittlere finanzielle Belastung eines Betriebes mit 100 Mitarbeitern durch diese Kosten betrug 107 548 Euro.

12.4.2 Allgemeine Krankenstandsentwicklung

Der Trend zu niedrigen Fehlzeiten hat sich auch im Jahr 2004 weiter fortgesetzt. Der Krankenstand im Bereich Dienstleistungen lag 2004 bei 4,2%, im Jahr zuvor waren es noch 4,6% gewesen. Die Zahl der Arbeitsunfähigkeitsfälle (–9,6%) und der krankheitsbedingten Fehltage (–7,8%) ging deutlich zurück. Der Anteil der Versicherten, die sich im Jahr 2004 ein- oder mehrmals krank meldeten (AU-Quote), war ebenfalls rückläufig. Er sank von 48,2 auf 46,5%.

---

[1] Bundesagentur für Arbeit, Sozialversicherungspflichtig Beschäftigte nach Wirtschaftszweigen der WZ2003/BA in der Bundesrepublik Deutschland am 30. Juni 2004, Nürnberg 2005.

[2] Das Arbeitnehmerentgelt setzt sich zusammen aus den Bruttolöhnen und -gehältern sowie den tatsächlichen und unterstellten Sozialbeiträgen der Arbeitgeber. Quelle: Statistisches Bundesamt, Volkswirtschaftliche Gesamtrechnungen, Fachserie 18, Reihe 26, Arbeitnehmerentgelt im Inland, Revidierte Jahresergebnisse 1991–2004, Stand April 2005, Wiesbaden.

Die Krankenstandswerte in West- und Ostdeutschland haben sich inzwischen vollständig einander angeglichen. Im Vergleich zum Vorjahr war allerdings sowohl hinsichtlich der AU-Fälle als auch der AU-Tage in Ostdeutschland ein stärkerer Rückgang zu verzeichnen als in Westdeutschland (s. Tabelle 12.4.1).

Abbildung 12.4.1 [3] zeigt die Krankenstandsentwicklung im Bereich Dienstleistungen für den Zeitraum zwischen 1993 und 2004. In den

Tabelle 12.4.1. Krankenstandsentwicklung im Bereich Dienstleistungen, 2004

	Krankenstand (in %)	Arbeitsunfähigkeiten je 100 AOK-Mitglieder				Tage je Fall	AU-Quote (in %)
		Fälle	Veränd. z. Vorj. (in %)	Tage	Veränd. z. Vorj. (in %)		
West	4,2	132,8	-9,3	1542,1	-7,2	11,6	46,5
Ost	4,2	127,3	-10,9	1520,9	-10,9	12,0	46,1
Bund	4,2	131,9	-9,6	1538,8	-7,8	11,7	46,5

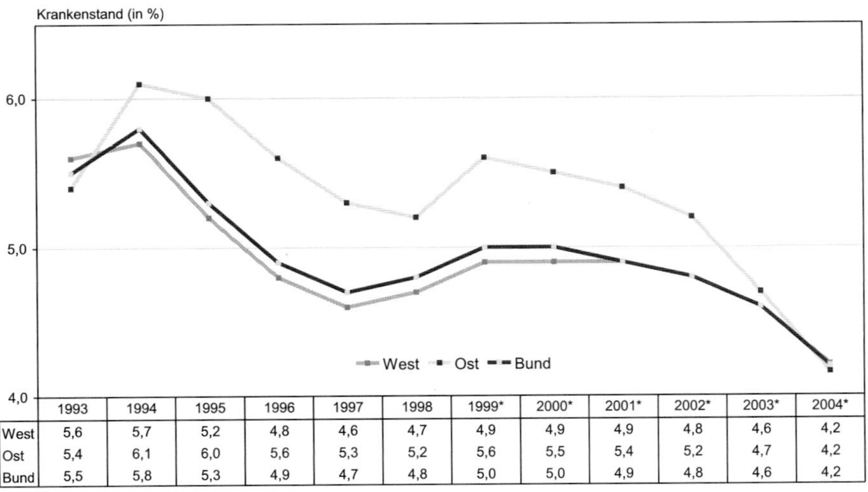

	1993	1994	1995	1996	1997	1998	1999*	2000*	2001*	2002*	2003*	2004*
West	5,6	5,7	5,2	4,8	4,6	4,7	4,9	4,9	4,9	4,8	4,6	4,2
Ost	5,4	6,1	6,0	5,6	5,3	5,2	5,6	5,5	5,4	5,2	4,7	4,2
Bund	5,5	5,8	5,3	4,9	4,7	4,8	5,0	5,0	4,9	4,8	4,6	4,2

Abb. 12.4.1. Krankenstandsentwicklung im Dienstleistungsbereich 1993–2004

[3] Die Werte der Jahre 1999–2002 basieren auf der Klassifikation der Wirtschaftszweige der Bundesanstalt für Arbeit aus dem Jahre 1993 (WZ 1993/NACE), während den Werten der Jahre 1993 bis 1998 noch der Wirtschaftszweigschlüssel aus dem Jahr 1973 zugrunde lag. 2003 wurde der Wirtschaftsschlüssel erneut aktualisiert (WZ 2003/NACE).

Jahren 1995 bis 1997 ging der Krankenstand deutlich zurück. In den folgenden Jahren stieg er zwar wieder geringfügig an, bewegte sich aber im Vergleich zu den Jahren 1993 bis 1995 nach wie vor auf einem relativ niedrigen Niveau. Seit 2001 sank der Krankenstand wieder und erreichte 2004 den niedrigsten Stand seit 1993. Ab 1994 waren in Ostdeutschland konstant höhere Krankenstandswerte zu verzeichnen als in Westdeutschland. In den letzten Jahren haben sich die Werte zunehmend einander angenähert. 2004 waren in West- und Ostdeutschland identische Werte zu verzeichnen.

12.4.3 Krankenstandsentwicklung nach Wirtschaftsabteilungen

In den einzelnen Wirtschaftsabteilungen des Dienstleistungsbereichs differieren die Krankenstände sehr stark. Der Unterschied zwischen dem höchsten und dem niedrigsten Krankenstand lag 2004 bei 3,6 Prozentpunkten. Den mit Abstand höchsten Krankenstand hatte ebenso wie in den Vorjahren der Bereich „Abwasser- und Abfallbeseitigung und sonstige Entsorgung“ (6,2%). In dieser Abteilung lag sowohl die Zahl der Krankmeldungen als auch deren Dauer erheblich über dem allgemeinen Branchendurchschnitt. Auch in den Bereichen „Gesundheits-, Veterinär- und Sozialwesen“ (4,7%) sowie „Interessenvertretungen, kirchliche und sonstige religiöse Vereinigungen“ (4,6%) waren erneut für die Dienstleistungsbranche überdurchschnittlich hohe Krankenstände zu verzeichnen. Niedrige Krankenstände hatten die Wirtschaftsabteilungen „Datenverarbeitung und Datenbanken“ (2,6%), „Private Haushalte“ (2,6%), „Kultur, Sport und Unterhaltung“ (3,0%) sowie das Gastgewerbe (3,3%) (vgl. Tabelle 12.4.2).

Tabelle 12.4.2 weist neben den Rohwerten auch standardisierte Krankenstandswerte aus, bei denen verzerrende Einflüsse der Alters- und Geschlechtsstruktur in den einzelnen Branchen herausgerechnet wurden[4]. Der hohe Krankenstand im Bereich Abwasser- und Abfallbeseitigung und sonstige Entsorgung ist teilweise auf die spezielle Beschäftigtenstruktur in dieser Branche zurückzuführen. Der standardisierte Wert fällt um 0,7 Prozentpunkte niedriger aus als der Rohwert. In den Wirtschaftszweigen mit niedrigen Krankenständen, insbesondere in der Abteilung Datenverarbeitung und Datenbanken, ergeben sich dagegen teilweise etwas höhere Werte.

[4] Berechnet nach der Methode der direkten Standardisierung. Zugrunde gelegt wurde die Alters- und Geschlechtsstruktur der erwerbstätigen Mitglieder der gesetzlichen Krankenversicherung insgesamt im Jahr 2000 (Mitglieder mit Krankengeldanspruch). Quelle: VDR-Statistik.

Tabelle 12.4.2. Krankenstandsentwicklung im Bereich Dienstleistungen nach Wirtschaftabteilungen, 2004

Wirtschaftsabteilung	Krankenstand (in %)			Arbeitsunfähigkeiten je 100 AOK-Mitglieder				Tage je Fall	AU-Quote (in %)
	2004	2004 stand.*	2003	Fälle	Veränd. z. Vorj. (in %)	Tage	Veränd. z. Vorj. (in %)		
Abwasser- und Abfallbeseitigung und sonstige Entsorgung	6,2	5,5	6,5	160,2	–7,9	2272,3	–4,9	14,2	59,1
Datenverarbeitung und Datenbanken	2,6	2,9	2,8	109,0	–8,6	933,2	–7,6	8,6	41,7
Erbringung von Dienstleistungen überwiegend für Unternehmen	4,2	4,0	4,7	140,0	–11,4	1548,4	–9,9	11,1	44,5
Erbringung von sonstigen Dienstleistungen	3,7	4,0	4,0	131,4	–9,6	1341,5	–7,6	10,2	49,7
Forschung und Entwicklung	3,6	3,6	3,8	133,0	–3,8	1331,2	–3,7	10,0	48,1
Gastgewerbe	3,3	3,4	3,6	96,3	–11,9	1207,3	–9,0	12,5	35,6
Gesundheits-, Veterinär- und Sozialwesen	4,7	4,6	5,1	142,7	–7,9	1729,5	–6,6	12,1	55,1
Grundstücks- und Wohnungswesen	3,9	3,5	4,4	104,2	–13,5	1435,6	–10,6	13,8	44,0
Interessenvertretungen, kirchliche und sonstige religiöse Vereinigungen	4,6	4,6	4,9	166,6	–8,5	1692,1	–5,0	10,2	53,4
Kultur, Sport und Unterhaltung	3,0	2,9	3,3	83,5	–12,7	1100,4	–9,3	13,2	31,1
Private Haushalte	2,6	2,4	2,9	70,1	–13,0	941,4	–11,4	13,4	33,3
Vermietung beweglicher Sachen ohne Bedienungspersonal	4,1	4,1	4,6	114,4	–11,4	1505,5	–10,9	13,2	45,3

* Krankenstand alters- und geschlechtsstandardisiert

Auch der Anteil der Arbeitnehmer, die 2004 einmal oder mehrfach krankgeschrieben waren, fiel in den verschiedenen Wirtschaftszweigen des Dienstleistungssektors sehr unterschiedlich aus. Während die AU-Quote in der Wirtschaftsabteilung Abwasser- und Abfallbeseitigung und sonstige Entsorgung bei 59,1% lag, waren es im Bereich Kultur, Sport und Unterhaltung lediglich 31,1%.

Im Vergleich zum Jahr 2003 nahm die Zahl der Arbeitsunfähigkeitsfälle und -tage in allen Wirtschaftszweigen des Dienstleistungsbereichs teilweise deutlich ab. Hinsichtlich der krankheitsbedingten Fehlzeiten (AU-Tage) waren die stärksten Rückgänge bei privaten Haushalten, im Bereich „Vermietung beweglicher Sachen" sowie im Grundstücks- und Wohnungswesen zu verzeichnen (s. Tabelle 12.4.2). In diesen Bereichen gingen die Fehlzeiten um mehr als 10% zurück. Auch der Anteil der Beschäftigten, die sich krank meldeten (AU-Quote), war in den meisten Wirtschaftszweigen rückläufig.

Tabellarische Übersichten und Abbildungen

12.4.4 Krankenstand nach Berufsgruppen

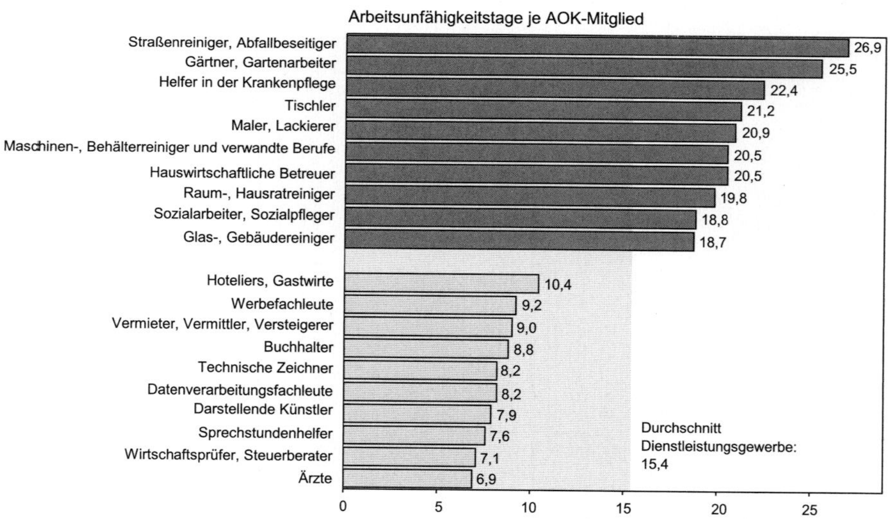

Abb. 12.4.2. 10 Berufsgruppen im Dienstleistungsbereich mit hohen und niedrigen Krankenständen, 2004

Tabelle 12.4.3. Dienstleistungen, Krankenstandskennzahlen nach ausgewählten Berufsgruppen, 2004

Tätigkeit*	Krankenstand (in %)	Arbeitsunfähigkeiten je 100 AOK-Mitglieder		Tage je Fall	AU-Quote (in %)	Anteil Arbeitsunfälle an den AU-Tagen
		Fälle	Tage			
Bürofachkräfte	2,9	123	1067	8,7	45	1,8
Datenverarbeitungsfachleute	2,2	102,2	819,6	8	40,3	2,5
Friseur(e/innen)	2,9	145,1	1064,1	7,3	51,7	1,7
Glas-, Gebäudereiniger	5,1	136,1	1868,5	13,7	48,8	5,0
Hauswirtschaftliche Betreuer	5,6	140,6	2047,3	14,6	53,4	2,8
Heimleiter, Sozialpädagogen	3,7	125,2	1339	10,7	53,5	3,4
Hoteliers, Gastwirt(e/innen), Hotel-, Gaststättengeschäftsführer/innen	2,8	117,5	1040,7	8,9	43	4,2
Kindergärtnerinnen, Kinderpflegerinnen	3,5	154,5	1285,5	8,3	58,9	1,7
Köche	4,2	114,9	1538,6	13,4	42	4,7
Krankenschwestern, -pfleger, Hebammen	4	121,5	1467,2	12,1	53,8	2,3
Lager-, Transportarbeiter	5,2	180,8	1904,1	10,5	47,2	6,2
Masseure, Krankengymnasten und verwandte Berufe	3,1	113,9	1134,9	10	48,4	2,1
Pförtner, Hauswarte	4,4	99,6	1615,3	16,2	44,6	5,7
Raum-, Hausratreiniger	5,4	133,1	1980,9	14,9	51	3,2
Restaurantfachleute, Stewards/ Stewardessen	3	89,5	1098	12,3	32,8	3,7
Sozialarbeiter, Sozialpfleger	5,1	149,6	1882	12,6	56,9	2,4
Sprechstundenhelfer	2,1	114,9	762,1	6,6	45,7	1,7
Verkäufer	3,8	113,6	1401,4	12,3	40,3	3,5
Wächter, Aufseher	4,8	111,3	1756,6	15,8	43,9	4,4
Wirtschaftsprüfer, Steuerberater	1,9	116,9	710,4	6,1	47,0	1,3

* Berufsgruppen mit mehr als 2000 AOK-Versicherten

12.4.5 Kurz- und Langzeiterkrankungen

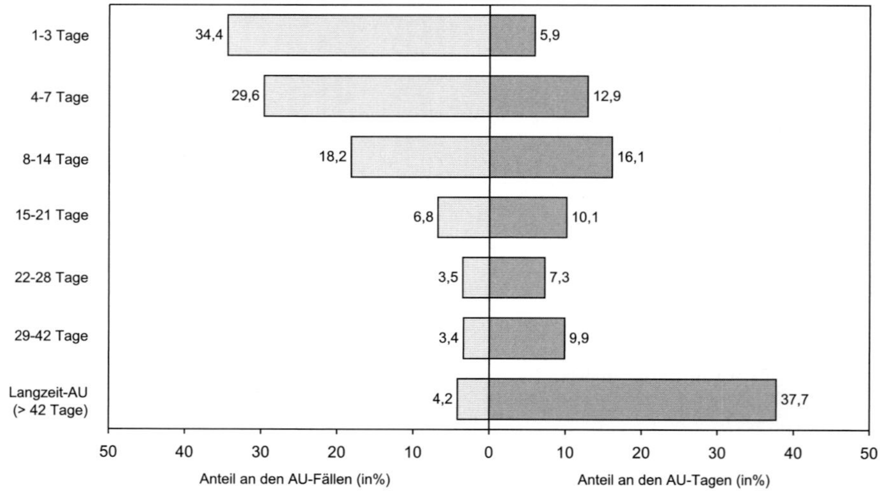

Abb. 12.4.3. Arbeitsunfähigkeitsfälle und -tage im Dienstleistungsbereich nach der Dauer, 2004

12.4.6 Krankenstand nach Bundesländern

Tabelle 12.4.4. Dienstleistungen, Arbeitsunfähigkeit nach Bundesländern, 2004 im Vergleich zum Vorjahr

	Arbeitsunfähigkeiten je 100 AOK-Mitglieder					
	AU-Fälle	Veränd. z. Vorj. (in %)	AU-Tage	Veränd. z. Vorj. (in %)	Tage je Fall	Veränd. z. Vorj. (in %)
Baden-Württemberg	124,7	−9,4	1438,6	−6,1	11,5	3,6
Bayern	108,8	−10,0	1318,2	−8,3	12,1	1,7
Berlin	152,7	−5,5	2050,9	−4,9	13,4	0,8
Brandenburg	130,7	−11,2	1667,3	−11,2	12,8	0,0
Bremen	156,8	−11,2	1895,3	−8,1	12,1	3,4
Hamburg	151,6	−10,9	1783,4	−8,7	11,8	2,6
Hessen	148,1	−8,1	1779,1	−5,6	12,0	2,6
Mecklenburg-Vorpommern	131,9	−11,4	1559,5	−11,6	11,8	−0,8
Niedersachsen	142,0	−9,6	1416,1	−8,8	10,0	1,0
Nordrhein-Westfalen	143,5	−9,3	1644,8	−7,4	11,5	2,7
Rheinland-Pfalz	148,4	−9,5	1666,4	−7,2	11,2	1,8
Saarland	141,3	−11,7	1873,5	−9,0	13,3	3,1
Sachsen	123,0	−11,8	1420,5	−11,0	11,5	0,9
Sachsen-Anhalt	126,3	−9,4	1605,8	−9,4	12,7	0,0
Schleswig-Holstein	139,6	−9,5	1707,2	−7,7	12,2	1,7
Thüringen	136,9	−8,1	1648,0	−8,6	12,0	−0,8
Bund	131,9	−9,6	1538,8	−7,8	11,7	2,6

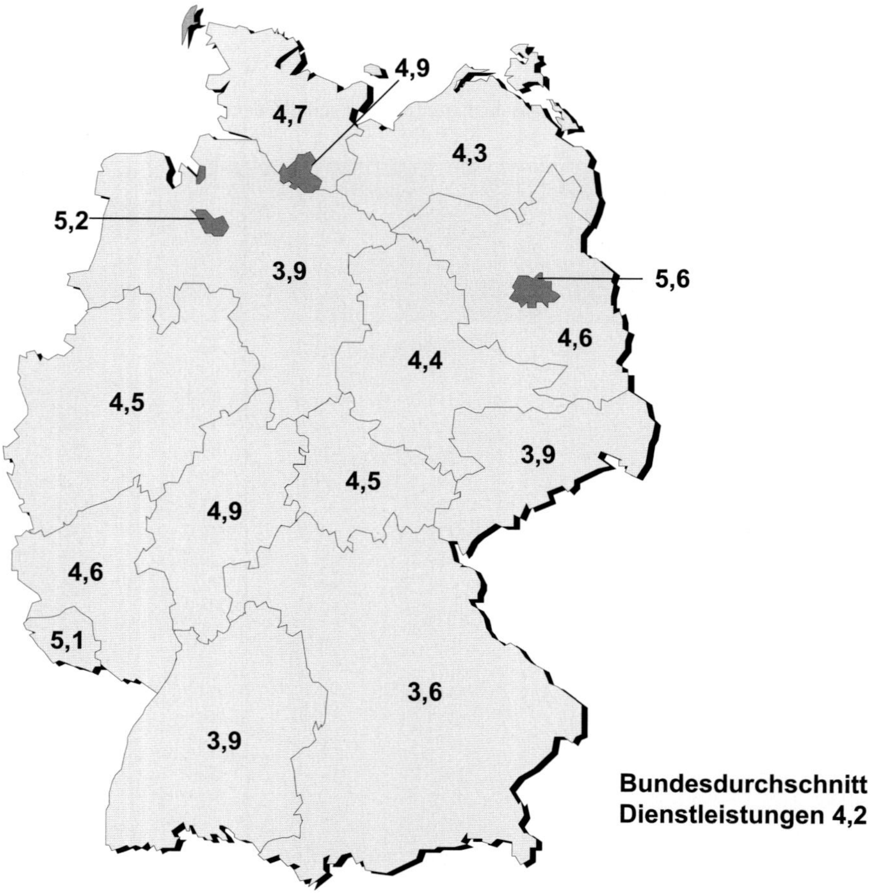

Abb. 12.4.4. Krankenstand (in %) im Dienstleistungsbereich nach Bundesländern, 2004

12.4.7 Krankenstand nach Betriebsgröße

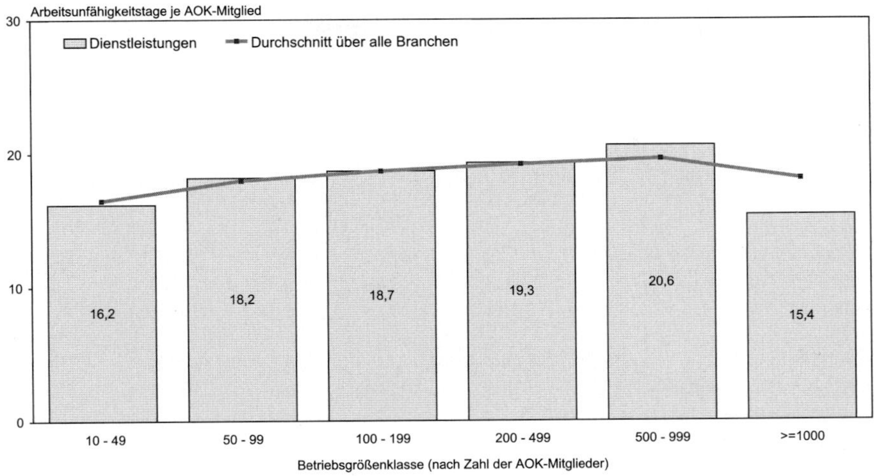

Abb. 12.4.5. Arbeitsunfähigkeitstage im Dienstleistungsbereich nach Betriebsgröße, 2004

Tabelle 12.4.5. Dienstleistungen, Arbeitsunfähigkeitstage je AOK-Mitglied nach Betriebsgröße (Anzahl der AOK-Mitglieder), 2004

Wirtschaftsgruppe	10–49	50–99	100–199	200–499	500–999	≥1000
Abwasser- und Abfallbeseitigung und sonstige Entsorgung	20,6	23,3	25,3	27,1	28,6	31,2
Datenverarbeitung und Datenbanken	10,5	13,0	13,7	8,4	–	–
Erbringung von Dienstleistungen überwiegend für Unternehmen	15,2	16,5	20,7	19,7	25,5	31,3
Erbringung von sonstigen Dienstleistungen	15,9	17,0	17,2	18,2	19,6	15,9
Forschung und Entwicklung	12,6	15,4	16,7	17,5	17,0	–
Gastgewerbe	12,7	15,8	17,1	20,7	18,8	23,9
Gesundheits-, Veterinär- und Sozialwesen	18,7	19,4	19,3	19,6	21,4	19,0
Grundstücks- und Wohnungswesen	16,9	19,8	21,5	21,0	21,9	–
Interessenvertretungen, kirchliche und sonstige religiöse Vereinigungen	16,4	19,1	21,5	20,4	20,3	15,2
Kultur, Sport und Unterhaltung	14,6	16,4	17,5	16,5	6,5	5,9
Private Haushalte	11,7	5,8	3,0	–	–	–
Vermietung beweglicher Sachen ohne Bedienungspersonal	16,9	15,8	20,5	23,7	–	–
Durchschnitt über alle Branchen	16,5	18,0	18,7	19,2	19,6	18,1

12.4.8 Krankenstand nach Stellung im Beruf

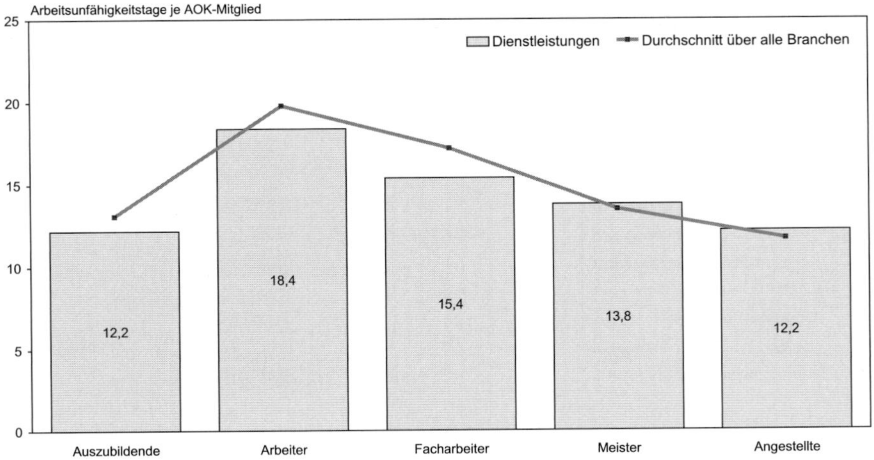

Abb. 12.4.6. Arbeitsunfähigkeitstage im Dienstleistungsbereich nach Stellung im Beruf, 2004

Tabelle 12.4.6. Dienstleistungen, Krankenstand (in %) nach Stellung im Beruf, 2004

Wirtschaftsabteilung	Auszubildende	Arbeiter	Facharbeiter	Meister, Poliere	Angestellte
Abwasser- und Abfallbeseitigung und sonstige Entsorgung	3,4	7,0	5,8	3,9	3,4
Datenverarbeitung und Datenbanken	2,1	5,5	3,9	2,6	2,3
Erbringung von Dienstleistungen überwiegend für Unternehmen	3,2	4,5	3,1	3,3	3,3
Erbringung von sonstigen Dienstleistungen	2,9	4,8	4,8	4,0	2,7
Forschung und Entwicklung	2,5	6,1	4,5	3,6	2,6
Gastgewerbe	3,5	3,4	3,2	3,1	2,4
Gesundheits-, Veterinär- und Sozialwesen	3,3	7,4	5,1	4,1	4,0
Grundstücks- und Wohnungswesen	2,6	4,7	4,7	2,9	2,8
Interessenvertretungen, kirchliche und sonstige religiöse Vereinigungen	4,9	7,5	5,4	4,0	3,7
Kultur, Sport und Unterhaltung	2,8	4,4	4,8	4,2	1,8
Private Haushalte	1,7	2,9	2,5	5,7	2,2
Vermietung beweglicher Sachen ohne Bedienungspersonal	2,6	4,9	4,5	4,1	2,7

12

12.4.9 Arbeitsunfälle

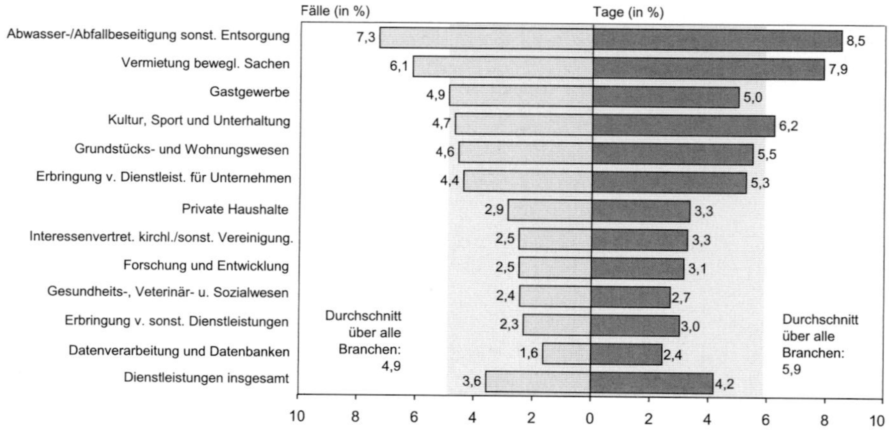

Abb. 12.4.7. Arbeitsunfälle im Dienstleistungsbereich nach Wirtschaftsabteilungen, Anteil an den AU-Fällen und -Tagen in %, 2004

Tabelle 12.4.7. Dienstleistungen, Arbeitsunfähigkeitstage durch Arbeitsunfälle nach Berufsgruppen, 2004

Tätigkeit	AU-Tage je 1000 AOK-Mitglieder	Anteil an den AU-Tagen insgesamt (in %)
Straßenreiniger, Abfallbeseitiger	2284,9	8,5
Industriemechaniker/innen	2011,9	11,5
Kraftfahrzeugführer	1712,7	8,6
Gärtner, Gartenarbeiter	1491,6	5,8
Maschinen-, Behälterreiniger und verwandte Berufe	1478,1	7,1
Hilfsarbeiter ohne nähere Tätigkeitsangabe	1197	6,7
Lager-, Transportarbeiter	1194,3	6,2
Glas-, Gebäudereiniger	943,9	5,0
Pförtner, Hauswarte	925,2	5,7
Wächter, Aufseher	775,8	4,4
Köche	743,9	4,7
Raum-, Hausratreiniger	639	3,2
Helfer in der Krankenpflege	597,9	2,6
Hauswirtschaftliche Betreuer	580,8	2,8
Gästebetreuer	540,1	4,2
Verkäufer	503,5	3,5
Sozialarbeiter, Sozialpfleger	457,4	2,4
Restaurantfachleute, Stewards/Stewardessen	424,2	3,7
Krankenschwestern, -pfleger, Hebammen	354	2,3
Bürofachkräfte	204,7	1,8

12.4.10 Krankheitsarten

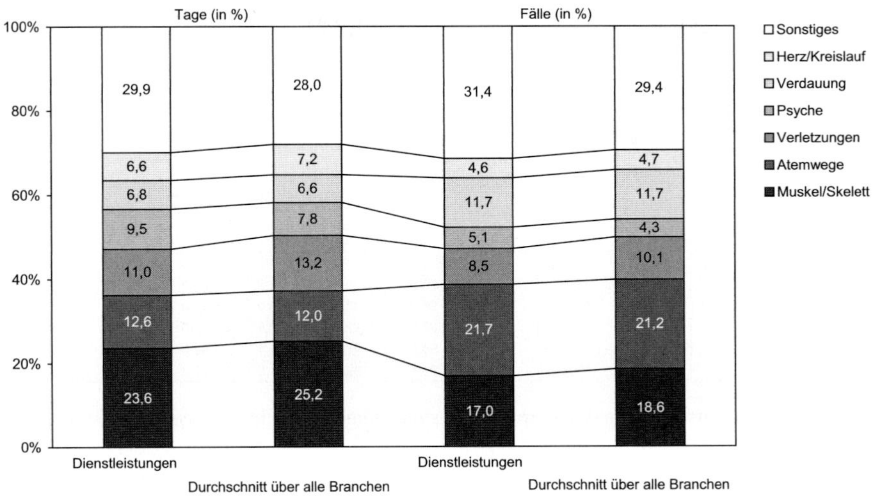

Abb. 12.4.8. Arbeitsunfähigkeiten im Dienstleistungsbereich nach Krankheitsarten, 2004

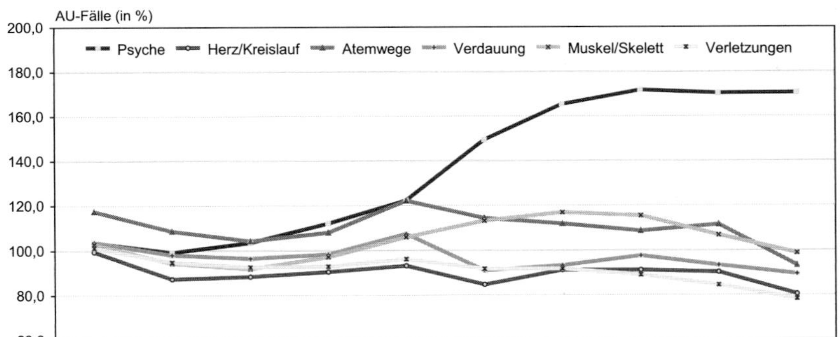

	1995	1996	1997	1998	1999*	2000*	2001*	2002*	2003*	2004*
Psyche	103,5	99,2	103,5	112,0	122,3	149,4	165,4	171,8	170,4	170,6
Herz/Kreislauf	99,5	87,3	88,4	90,5	93,2	84,7	91,3	91,3	90,3	80,4
Atemwege	117,5	108,6	104,3	108,0	122,2	114,4	111,8	108,6	111,5	93,3
Verdauung	103,8	98,1	96,5	98,4	107,4	91,1	93,3	97,6	93,4	89,4
Muskel/Skelett	102,8	94,4	91,9	97,1	106,0	113,2	116,9	115,4	106,8	98,8
Verletzungen	101,2	94,9	92,7	92,9	96,2	91,8	91,8	89,1	84,4	78,2

Abb. 12.4.9. Arbeitsunfähigkeitsfälle im Dienstleistungsbereich nach Krankheitsarten 1995–2004, Indexdarstellung (1994 = 100%)

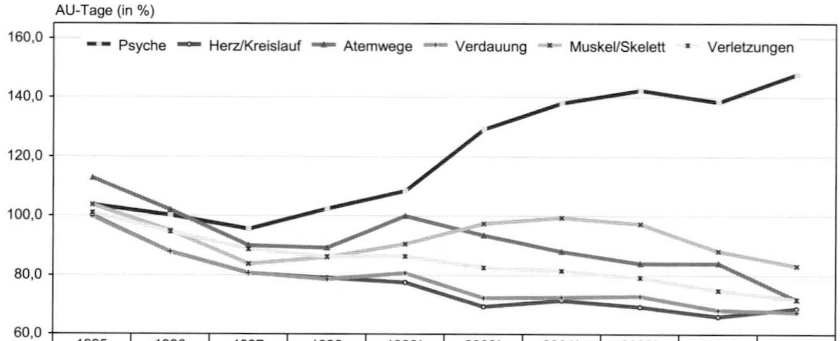

	1995	1996	1997	1998	1999*	2000*	2001*	2002*	2003*	2004*
Psyche	103,7	100,2	95,6	102,4	108,4	129,2	138,1	142,4	138,4	147,9
Herz/Kreislauf	100,0	87,9	80,7	79,1	77,6	69,4	71,5	69,3	66,1	68,8
Atemwege	112,8	102,0	90,0	89,3	99,9	93,5	88,0	84,0	84,1	71,8
Verdauung	99,8	87,9	80,8	78,7	80,8	72,3	72,6	72,9	68,2	67,5
Muskel/Skelett	103,7	95,0	83,9	86,1	90,6	97,4	99,4	97,3	88,2	83,2
Verletzungen	101,0	94,7	88,8	86,3	86,4	82,6	81,5	79,3	74,9	71,8

Abb. 12.4.10. Arbeitsunfähigkeitstage im Dienstleistungsbereich nach Krankheitsarten 1995–2004, Indexdarstellung (1994 = 100%)

Tabelle 12.4.8. Dienstleistungen, Arbeitsunfähigkeitstage nach Krankheitsarten (in %), 2004

Wirtschaftsabteilung	Muskel/ Skelett	Verletzungen	Atemwege	Herz/ Kreislauf	Verdauung	Psyche	Sonstige
Abwasser- und Abfallbeseitigung und sonstige Entsorgung	28,9	14,7	11,1	8,7	6,5	5,9	24,2
Datenverarbeitung und Datenbanken	16,7	10,1	18,0	5,7	8,2	10,4	30,9
Erbringung von Dienstleistungen überwiegend für Unternehmen	22,1	10,9	13,0	6,2	7,5	8,9	31,4
Erbringung von sonstigen Dienstleistungen	24,5	12,1	12,8	6,6	7,1	8,2	28,7
Forschung und Entwicklung	21,2	10,9	15,9	6,5	7,2	8,5	29,8
Gastgewerbe	22,5	12,7	11,4	6,6	7,2	9,2	30,4
Gesundheits-, Veterinär- und Sozialwesen	23,6	9,1	12,4	6,4	6,3	11,1	31,1
Grundstücks- und Wohnungswesen	23,9	12,3	10,4	9,4	6,4	8,5	29,1
Interessenvertretungen sowie kirchliche und sonstige religiöse Vereinigungen	21,5	10,1	15,1	6,3	7,1	9,7	30,2
Kultur, Sport und Unterhaltung	22,0	13,1	11,9	7,6	6,2	9,7	29,5
Private Haushalte	21,7	11,1	9,5	7,3	6,2	9,3	34,9
Vermietung beweglicher Sachen ohne Bedienungspersonal	25,2	16,4	10,7	7,7	6,1	7,1	26,8

12

Tabelle 12.4.9. Dienstleistungen, Arbeitsunfähigkeiten nach Krankheitsarten, Anteile der ICD-Untergruppen an den ICD-Hauptgruppen, 2004

ICD-Untergruppen	Anteil an den AU-Fällen (in %)	Anteil an den AU-Tagen (in %)
Muskel-/Skeletterkrankungen		
Krankheiten der Wirbelsäule und des Rückens	56,2	50,9
Krankheiten der Weichteilgewebe	20,2	19,1
Arthropathien	16,4	23,2
Sonstige	7,2	6,8
Verletzungen		
Verletzungen nicht näher bezeichneter Teile an Rumpf/Extremitäten/etc.	18,1	12,9
Verletzungen des Handgelenkes und der Hand	12,2	11,4
Verletzungen der Knöchelregion und des Fußes	11,3	11,2
Verletzungen des Knies und des Unterschenkels	10,6	16,5
Verletzungen des Kopfes	7,8	5,8
Sonstige	40,0	42,2
Atemwegserkrankungen		
Akute Infektionen der oberen Atemwege	45,0	36,6
Sonstige akute Infektionen der unteren Atemwege	18,0	17,1
Chronische Krankheiten der unteren Atemwege	17,7	22,2
Sonstige Krankheiten der oberen Atemwege	9,8	11,4
Sonstige	9,5	12,7
Herz-/Kreislauferkrankungen		
Hypertonie [Hochdruckkrankheit]	33,6	34,8
Krankheiten der Venen/Lymphgefäße/Lymphknoten	18,2	15,6
Sonstige u. nicht näher bez. Krankheiten des Kreislaufsystems	16,6	6,3
Sonstige Formen der Herzkrankheit	12,2	13,0
Sonstige	19,4	30,3
Verdauung		
Nichtinfektiöse Enteritis und Kolitis	31,6	21,0
Krankheiten des Ösophagus/Magens/Duodenums	26,3	25,3
Krankheiten der Mundhöhle/Speicheldrüsen/Kiefer	18,6	7,9
Sonstige Krankheiten des Darmes	6,9	11,0
Krankheiten der Gallenblase/-wege/Pankreas	4,4	9,8
Sonstige	12,2	25,0
Psychische und Verhaltensstörungen		
Neurotische, Belastungs- und somatoforme Störungen	43,4	36,5
Affektive Störungen	30,2	37,0
Psychische und Verhaltensstörungen durch psychotrope Substanzen	17,2	14,6
Schizophrenie, schizotype und wahnhafte Störungen	2,6	4,0
Sonstige	6,6	7,9

12.5 Energiewirtschaft, Wasserversorgung und Bergbau

12.5.1 Kosten der Arbeitsunfähigkeit

Im Jahr 2004 waren im Bereich Energiewirtschaft, Wasserversorgung und Bergbau[1] 362 173 Arbeitnehmer sozialversicherungspflichtig beschäftigt[2]. Mehr als jeder fünfte Arbeitnehmer (22,2%) dieses Wirtschaftszweiges war bei der AOK versichert, insgesamt 80 382 Erwerbstätige. Jedes in der Branche tätige AOK-Mitglied war im Jahresdurchschnitt 1,3-mal krank gemeldet, wobei ein Erkrankungsfall im Schnitt 12,9 Kalendertage dauerte. Somit fehlte ein Arbeitnehmer durchschnittlich 17,0 Tage krankheitsbedingt an seinem Arbeitsplatz. Hochgerechnet auf die Branche insgesamt waren 6,1 Millionen Ausfalltage zu verzeichnen. Dies entspricht 16 776 Erwerbsjahren. Bei einem durchschnittlichen Arbeitnehmerentgelt von 53 840 Euro[3] ergibt sich daraus für die Branche insgesamt eine Kostenbelastung in Höhe von 903 Millionen Euro aufgrund von Produktionsausfällen durch Arbeitsunfähigkeit. Umgerechnet auf einen Betrieb mit 100 Mitarbeitern betrug die finanzielle Belastung im Jahr 2004 durchschnittlich 249 386 Euro.

[1] Inklusive der Wirtschaftsabteilung Gewinnung von Steinen und Erden.

[2] Bundesagentur für Arbeit, Sozialversicherungspflichtig Beschäftigte nach Wirtschaftszweigen der WZ2003/BA in der Bundesrepublik Deutschland am 30. Juni 2004, Nürnberg 2005.

[3] Das Arbeitnehmerentgelt setzt sich zusammen aus den Bruttolöhnen und -gehältern sowie den tatsächlichen und unterstellten Sozialbeiträgen der Arbeitgeber. Quelle: Statistisches Bundesamt, Volkswirtschaftliche Gesamtrechnungen, Fachserie 18, Reihe 26, Arbeitnehmerentgelt im Inland, Revidierte Jahresergebnisse 1991–2004, Stand April 2005, Wiesbaden.

12.5.2 Allgemeine Krankenstandsentwicklung

Wie in den vergangenen Jahren lag der Krankenstand im Bereich Energiewirtschaft, Wasserversorgung und Bergbau auch im Jahr 2004 mit 4,6% etwas über dem allgemeinen Branchendurchschnitt (4,5%). In Ostdeutschland waren deutlich weniger Krankmeldungen zu verzeichnen als in Westdeutschland (s. Tabelle 12.5.1). Auch die durchschnittliche Dauer der Krankheitsfälle war mit 11,9 Tagen im Osten kürzer als im Westen (13,1 Tage). Daher fiel der Krankenstand in den neuen Ländern um 1,2 Prozentpunkte niedriger aus als in den alten Ländern. 2004 war die Zahl der Arbeitsunfähigkeitsfälle sowohl in Ost- als auch in Westdeutschland im Vergleich zum Vorjahr rückläufig. In Ostdeutschland ging gleichzeitig auch die durchschnittliche Dauer der Fälle deutlich zurück, sodass insbesondere in den neuen Ländern erheblich weniger

Tabelle 12.5.1. Krankenstandsentwicklung im Bereich Energie, Wasser und Bergbau, 2004

	Krankenstand (in %)	Arbeitsunfähigkeiten je 100 AOK-Mitglieder				Tage je Fall	AU-Quote (in %)
		Fälle	Veränd. z. Vorj. (in %)	Tage	Veränd. z. Vorj. (in %)		
West	4,9	135,2	–6,2	1777,0	–6,4	13,1	57,2
Ost	3,7	114,8	–5,6	1364,6	–9,4	11,9	53,5
Bund	4,6	131,1	–6,3	1695,3	–7,1	12,9	56,5

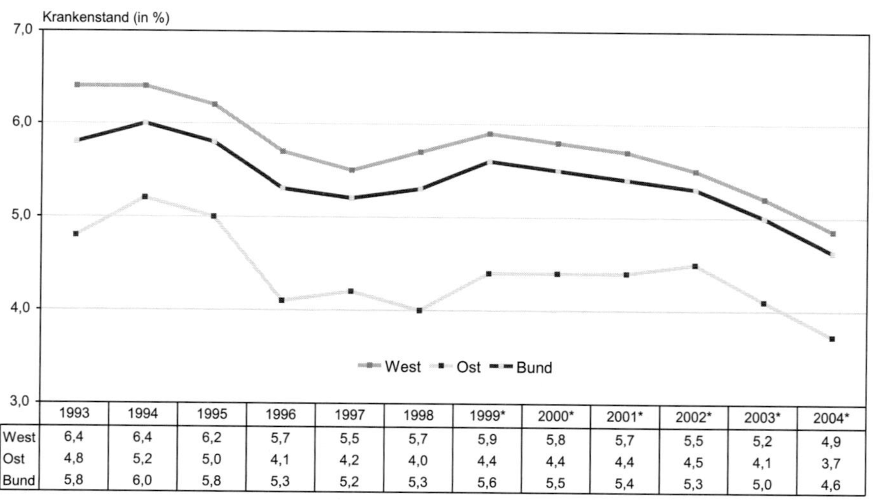

	1993	1994	1995	1996	1997	1998	1999*	2000*	2001*	2002*	2003*	2004*
West	6,4	6,4	6,2	5,7	5,5	5,7	5,9	5,8	5,7	5,5	5,2	4,9
Ost	4,8	5,2	5,0	4,1	4,2	4,0	4,4	4,4	4,4	4,5	4,1	3,7
Bund	5,8	6,0	5,8	5,3	5,2	5,3	5,6	5,5	5,4	5,3	5,0	4,6

Abb. 12.5.1. Krankenstandsentwicklung im Bereich Energie, Wasser und Bergbau 1993–2004

krankheitsbedingte Fehltage zu verzeichnen waren als im Vorjahr. Die Zahl der Arbeitsunfähigkeitstage sank in Ostdeutschland um 9,4%, in Westdeutschland um 6,4%.

Abbildung 12.5.1 zeigt die Krankenstandsentwicklung im Bereich Energiewirtschaft, Wasserversorgung und Bergbau in den Jahren 1993 bis 2004. Nachdem der Krankenstand seit 1995 zurückging, folgte er im Wesentlichen dem allgemeinen Trend: 1998 und 1999 stieg der Krankenstand vorübergehend an, war aber in den Folgejahren weiter rückläufig. Insbesondere in den letzten beiden Jahren sank der Krankenstand deutlich. 2004 erreichte er mit einem Wert von 4,6% den niedrigsten Stand seit 1993.

12.5.3 Krankenstandsentwicklung nach Wirtschaftsabteilungen

Innerhalb der Branche Energiewirtschaft, Wasserversorgung und Bergbau variierten die Krankenstände der einzelnen Wirtschaftsabteilungen zum Teil erheblich. Die höchsten Werte waren in den Abteilungen Erzbergbau (5,3%) und Wasserversorgung (5,0%) zu verzeichnen, die niedrigsten Werte in den Bereichen „Gewinnung von Erdöl und Erdgas, Erbringung damit verbundener Dienstleistungen" (3,5%)

Tabelle 12.5.2. Krankenstandsentwicklung im Bereich Energie, Wasser und Bergbau nach Wirtschaftsabteilungen, 2004

Wirtschafts-abteilung	Krankenstand (in %)			Arbeitsunfähigkeiten je 100 AOK-Mitglieder				Tage je Fall	AU-Quote (in %)
	2004	2004 stand.*	2003	Fälle	Veränd. z. Vorj. (in %)	Tage	Veränd. z. Vorj. (in %)		
Energieversorgung	4,6	4,2	4,9	137,4	−5,9	1666,8	−7,2	12,1	57,3
Erzbergbau	5,3	3,7	5,9	158,2	−5,3	1932,8	−9,9	12,2	64,4
Gewinnung von Erdöl und Erdgas, Erbringung damit verbundener Dienstleistungen	3,5	2,6	3,8	117,2	−3,1	1268,0	−8,4	10,8	49,9
Gewinnung von Steinen und Erden, sonstiger Bergbau	4,7	3,9	5,1	114,4	−8,8	1731,9	−7,8	15,1	53,2
Kohlenbergbau, Torfgewinnung	3,9	4,4	4,4	126,9	−4,2	1437,6	−10,0	11,3	51,4
Wasserversorgung	5,0	4,2	5,2	138,0	−5,2	1810,2	−3,6	13,1	60,9

* Krankenstand alters- und geschlechtsstandardisiert

und „Kohlenbergbau, Torfgewinnung" (3,9%) (vgl. Tabelle 12.5.2). Der hohe Krankenstand im Erzbergbau war auf eine überdurchschnittlich hohe Zahl von Krankmeldungen zurückzuführen. Auch der Anteil der von Arbeitsunfähigkeit betroffenen Beschäftigten (AU-Quote) variierte in den einzelnen Wirtschaftsabteilungen erheblich. Während sich im Erzbergbau 64,4% der Beschäftigten 2004 einmal bzw. mehrfach krankmeldeten, waren es im Bereich „Gewinnung von Erdöl und Erdgas, Erbringung damit verbundener Dienstleistungen" lediglich 49,9%.

Die Zahl der Krankmeldungen nahm im Vergleich zum Vorjahr in allen sechs Wirtschaftsabteilungen ab. Der stärkste Rückgang ergab sich mit 8,8% im Bereich „Gewinnung von Steinen und Erden, sonstiger Bergbau". Gleichzeitig ging die durchschnittliche Dauer der Krankheitsfälle in fast allen Bereichen zurück. Bei sinkenden Fallzahlen und gleichzeitig abnehmender Krankheitsdauer fielen somit in allen Wirtschaftsabteilungen deutlich weniger Arbeitsunfähigkeitstage an als im Jahr 2003.

Tabelle 12.5.2 weist neben den Rohwerten auch standardisierte Krankenstandswerte aus, bei denen verzerrende Einflüsse der Alters- und Geschlechtsstruktur in den einzelnen Branchen herausgerechnet wurden[4]. Die standardisierten Werte fallen, mit Ausnahme des Bereichs „Kohlebergbau, Torfgewinnung", in allen Wirtschaftsbereichen niedriger aus. Die stärkste Abweichung zeigt sich im „Erzbergbau". Dies ist vor allem auf den überdurchschnittlich hohen Anteil älterer Arbeitnehmer in den einzelnen Wirtschaftsabteilungen zurückzuführen.

[4] Berechnet nach der Methode der direkten Standardisierung. Zugrunde gelegt wurde die Alters- und Geschlechtsstruktur der erwerbstätigen Mitglieder der gesetzlichen Krankenversicherung insgesamt im Jahr 2000 (Mitglieder mit Krankengeldanspruch). Quelle: VDR-Statistik.

Tabellarische Übersichten und Abbildungen

12.5.4 Krankenstand nach Berufsgruppen

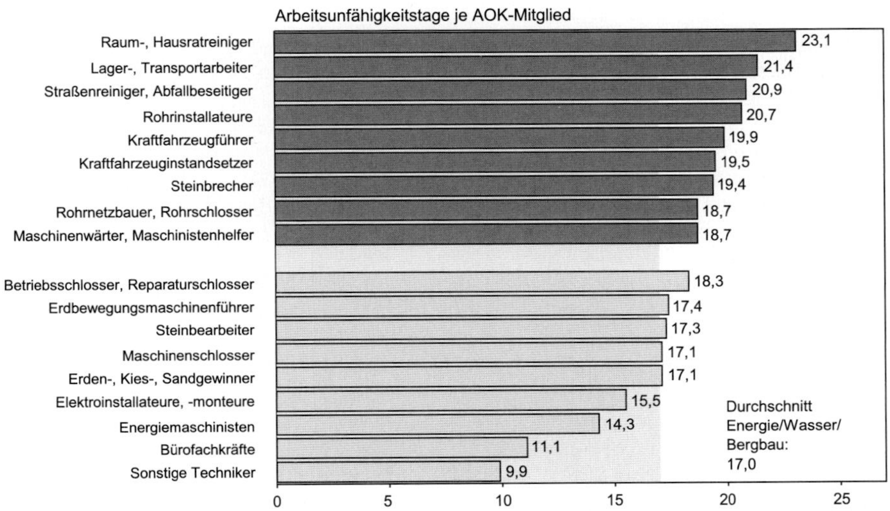

Abb. 12.5.2. Berufsgruppen im Bereich Energie, Wasser und Bergbau mit hohen und niedrigen Krankenständen, 2004

12

Tabelle 12.5.3. Energie, Wasser und Bergbau, Krankenstandskennzahlen nach ausgewählten Berufsgruppen, 2004

Tätigkeit*	Krankenstand (in %)	Arbeitsunfähigkeiten je 100 AOK-Mitglieder		Tage je Fall	AU-Quote (in %)	Anteil Arbeitsunfälle an den AU-Tagen (in %)
		Fälle	Tage			
Betriebsschlosser, Reparaturschlosser	5,0	146,3	1832,5	12,5	61,5	9,4
Bürofachkräfte	3,0	126,1	1112,3	8,8	51,3	2,5
Elektroinstallateure, -monteure	4,2	130,1	1550,9	11,9	56,7	7,7
Energiemaschinisten	3,9	108,5	1431,6	13,2	53,6	4,7
Erdbewegungsmaschinenführer	4,8	107,2	1742,8	16,3	52,3	7,8
Erden-, Kies-, Sandgewinner	4,7	125,4	1705,1	13,6	54,9	7,9
Kraftfahrzeugführer	5,4	124,5	1988,6	16,0	56,4	8,1
Maschinenschlosser	4,7	136,6	1707,3	12,5	62,1	8,1
Maschinenwärter, Maschinistenhelfer	5,1	120,1	1874,7	15,6	56,9	8,2
Raum-, Hausratreiniger	6,3	152,6	2308,2	15,1	63,5	2,6
Rohrinstallateure	5,7	150,6	2074,0	13,8	65,1	5,1
Rohrnetzbauer, Rohrschlosser	5,1	147,6	1866,5	12,6	63,2	6,0
Steinbearbeiter	4,7	130,7	1732,2	13,3	57,0	8,4
Steinbrecher	5,3	137,6	1938,3	14,1	56,3	12,1
Straßenreiniger, Abfallbeseitiger	5,7	165,0	2085,7	12,6	67,2	5,3

* Berufsgruppen mit mehr als 1000 AOK-Versicherten

12.5.5 Kurz- und Langzeiterkrankungen

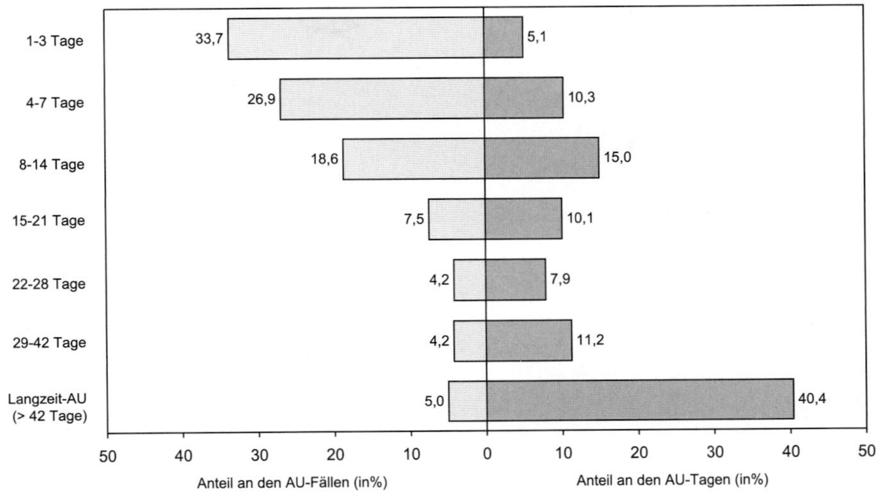

Abb. 12.5.3. Arbeitsunfähigkeitsfälle und -tage im Bereich Energie, Wasser und Bergbau nach der Dauer, 2004

12.5.6 Krankenstand nach Bundesländern

Tabelle 12.5.4. Energie, Wasser und Bergbau, Arbeitsunfähigkeit nach Bundesländern, 2004 im Vergleich zum Vorjahr

	Arbeitsunfähigkeiten je 100 AOK-Mitglieder					
	AU-Fälle	Veränd. z. Vorj. (in %)	AU-Tage	Veränd. z. Vorj. (in %)	Tage je Fall	Veränd. z. Vorj. (in %)
Baden-Württemberg	132,9	–7,4	1693,5	–7,7	12,7	–0,8
Bayern	115,5	–7,0	1624,4	–10,0	14,1	–2,8
Berlin	101,9	–6,2	1625,1	–13,8	16,0	–8,0
Brandenburg	110,6	–7,8	1421,3	–11,0	12,9	–3,0
Bremen	146,9	–6,0	1491,6	–23,0	10,2	–17,7
Hamburg	203,3	19,0	2379,3	15,9	11,7	–2,5
Hessen	149,4	–5,1	2005,1	–5,7	13,4	–0,7
Mecklenburg-Vorpommern	120,2	–5,4	1437,2	–11,5	12,0	–6,3
Niedersachsen	125,6	–8,4	1409,8	–6,9	11,2	1,8
Nordrhein-Westfalen	156,2	–4,9	2027,9	–3,2	13,0	1,6
Rheinland-Pfalz	139,5	–7,0	1905,4	–5,9	13,7	1,5
Saarland	145,1	12,5	2157,8	–1,1	14,9	–11,8
Sachsen	114,5	–5,8	1280,0	–11,5	11,2	–5,9
Sachsen-Anhalt	110,1	–0,9	1450,8	0,4	13,2	1,5
Schleswig-Holstein	136,8	–6,9	1848,7	4,9	13,5	12,5
Thüringen	120,5	–6,8	1501,7	–6,4	12,5	0,8
Bund	131,1	–6,3	1695,3	–7,1	12,9	–0,8

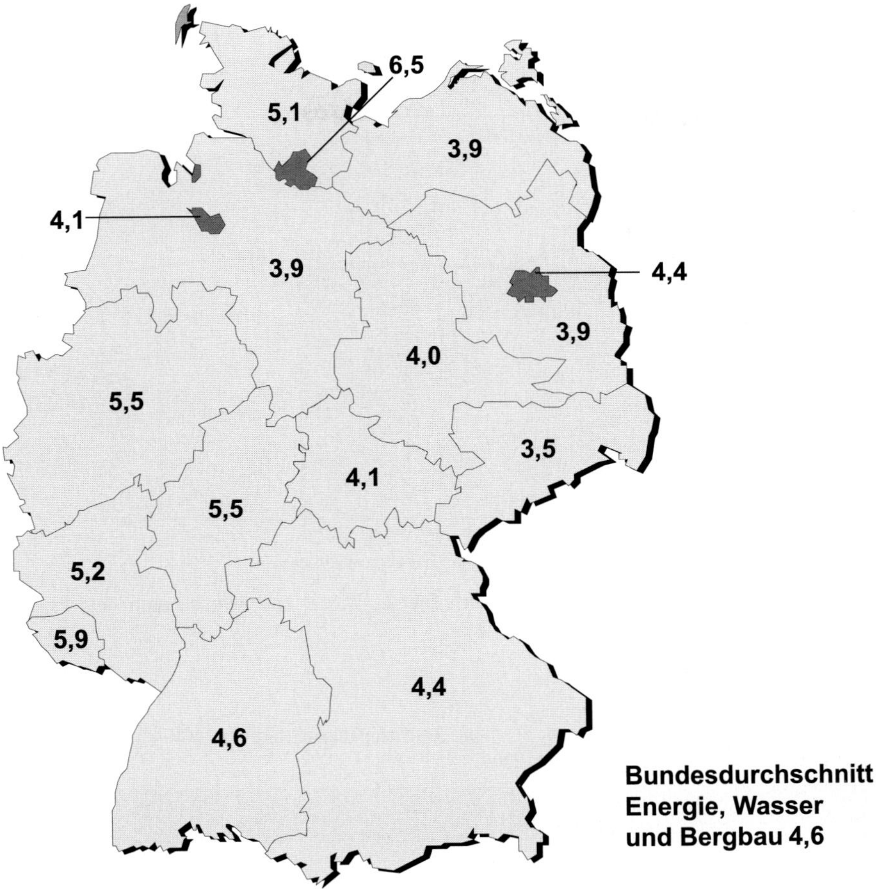

Abb. 12.5.4. Krankenstand (in %) im Bereich Energie, Wasser und Bergbau nach Bundesländern, 2004

12.5.7 Krankenstand nach Betriebsgröße

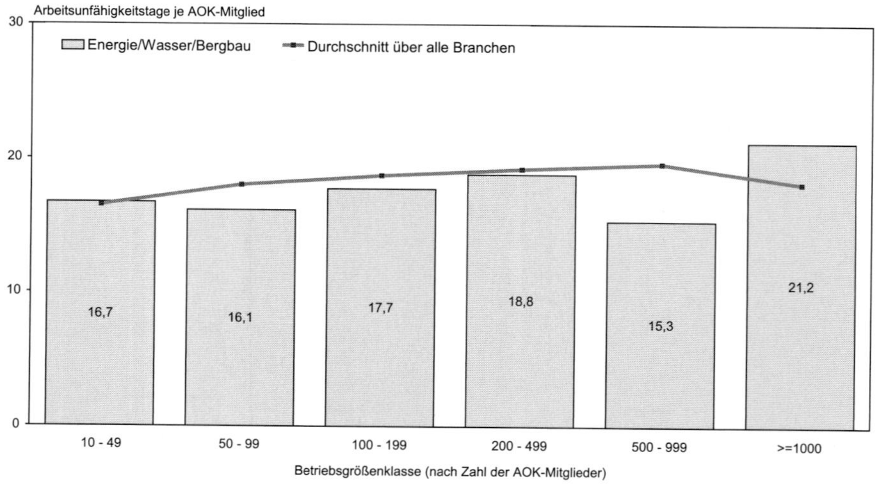

Abb. 12.5.5. Arbeitsunfähigkeitstage im Bereich Energie, Wasser und Bergbau nach Betriebsgröße, 2004

Tabelle 12.5.5. Energie, Wasser und Bergbau, Arbeitsunfähigkeitstage je AOK-Mitglied nach Betriebsgröße (Anzahl der AOK-Mitglieder), 2004

Wirtschaftsabteilung	10–49	50–99	100–199	200–499	500–999	≥1000
Energieversorgung	15,4	15,6	17,9	18,5	15,3	21,2
Erzbergbau	17,2	–	20,7	–	–	–
Gewinnung von Erdöl und Erdgas, Erbringung damit verbundener Dienstleistungen	12,9	10,7	–	12,9	–	–
Gewinnung von Steinen und Erden, sonstiger Bergbau	17,8	16,2	16,8	21,4	–	–
Kohlenbergbau, Torfgewinnung	13,4	17,1	11,4	–	–	–
Wasserversorgung	18,4	19,0	17,5	20,3	–	–
Durchschnitt über alle Branchen	16,5	18,0	18,7	19,2	19,6	18,1

12.5.8 Krankenstand nach Stellung im Beruf

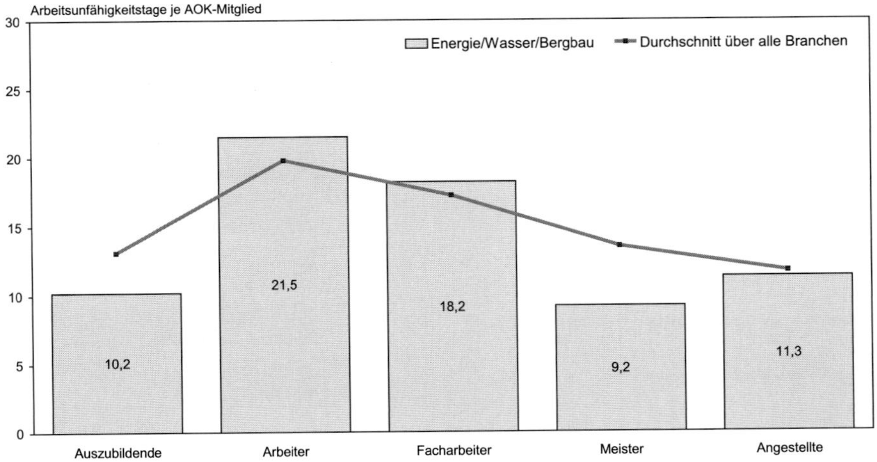

Abb. 12.5.6. Arbeitsunfähigkeitstage im Bereich Energie, Wasser und Bergbau nach Stellung im Beruf, 2004

Tabelle 12.5.6. Energie, Wasser und Bergbau, Krankenstand (in %) nach Stellung im Beruf, 2004

Wirtschaftsabteilung	Auszubildende	Arbeiter	Facharbeiter	Meister, Poliere	Angestellte
Energieversorgung	2,7	6,8	5,0	2,2	3,2
Erzbergbau	3,0	6,0	5,5	1,2	2,9
Gewinnung von Erdöl und Erdgas, Erbringung damit verbundener Dienstleistungen	2,3	4,2	4,2	2,4	1,4
Gewinnung von Steinen und Erden, sonstiger Bergbau	3,5	5,3	4,8	3,6	2,4
Kohlenbergbau, Torfgewinnung	3,8	3,8	4,3	4,7	2,5
Wasserversorgung	2,6	7,6	5,2	2,8	3,1

12

12.5.9 Arbeitsunfälle

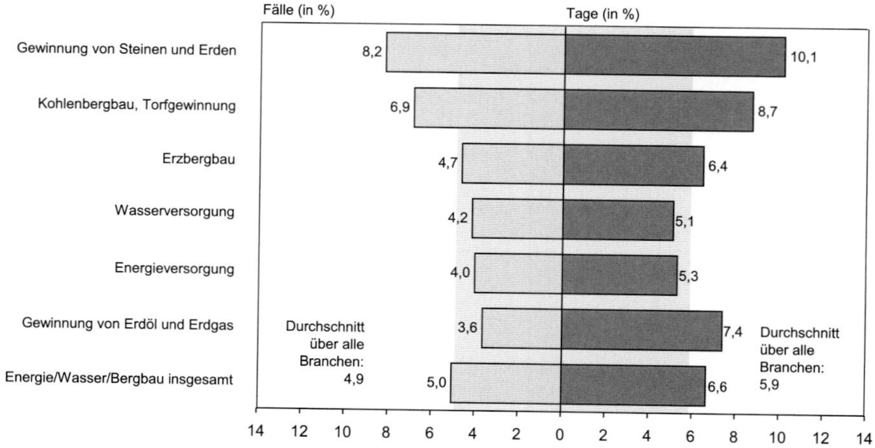

Abb. 12.5.7. Arbeitsunfälle im Bereich Energie, Wasser und Bergbau nach Wirtschaftsabteilungen, Anteil an den AU-Fällen und -Tagen in %, 2004

Tabelle 12.5.7. Energie, Wasser und Bergbau, Arbeitsunfähigkeitstage durch Arbeitsunfälle nach Berufsgruppen, 2004

Tätigkeit	AU-Tage je 1000 AOK-Mitglieder	Anteil an den AU-Tagen insgesamt (in %)
Steinbrecher	2356,4	12,1
Betriebsschlosser, Reparaturschlosser	1715,7	9,4
Kraftfahrzeugführer	1619,8	8,1
Kraftfahrzeuginstandsetzer	1536,6	7,9
Steinbearbeiter	1451,9	8,4
Maschinenschlosser	1395,6	8,1
Erdbewegungsmaschinenführer	1358,1	7,8
Erden-, Kies-, Sandgewinner	1345,6	7,9
Elektroinstallateure, -monteure	1193,5	7,7
Rohrnetzbauer, Rohrschlosser	1128,3	6,0
Straßenreiniger, Abfallbeseitiger	1103,2	5,3
Rohrinstallateure	1063,2	5,1
Lager-, Transportarbeiter	966	4,5

12.5.10 Krankheitsarten

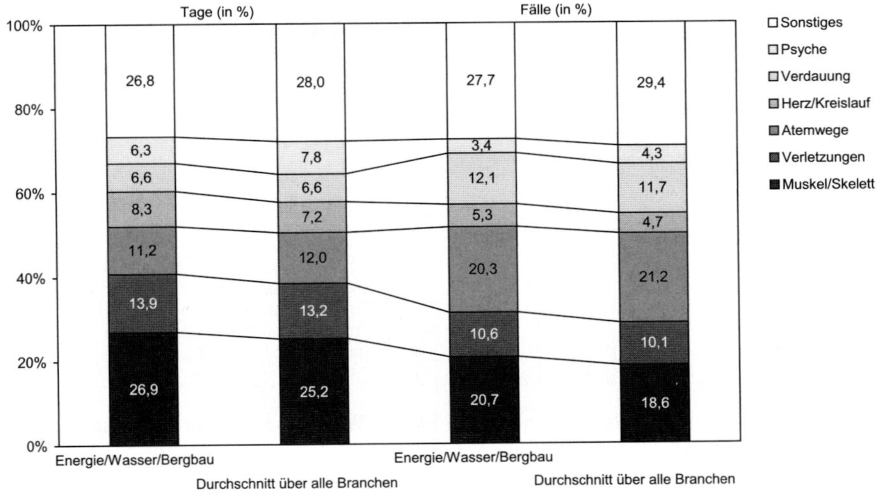

Abb. 12.5.8. Arbeitsunfähigkeiten im Bereich Energie, Wasser und Bergbau nach Krankheitsarten, 2004

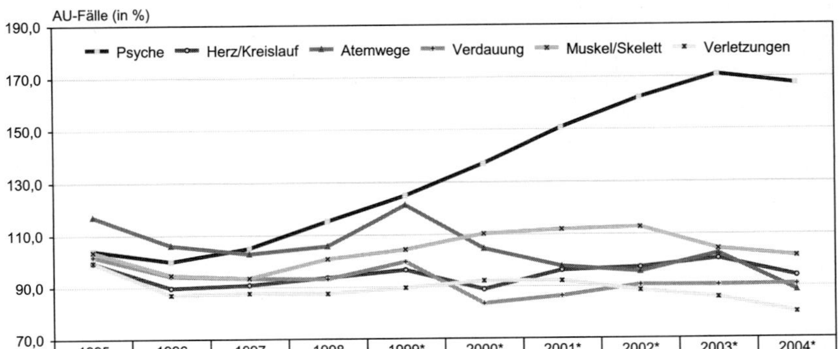

	1995	1996	1997	1998	1999*	2000*	2001*	2002*	2003*	2004*
Psyche	104,2	100,0	105,1	115,3	125,0	137,1	150,6	162,1	170,9	167,4
Herz/Kreislauf	99,5	89,7	90,9	93,6	96,5	88,9	96,2	97,3	100,6	93,8
Atemwege	117,1	106,1	102,9	105,7	121,4	104,7	97,7	95,6	102,6	88,3
Verdauung	101,9	94,3	93,4	93,1	99,7	83,5	86,3	90,6	90,4	90,6
Muskel/Skelett	103,6	94,7	93,5	100,8	104,4	110,3	111,9	112,8	104,4	101,6
Verletzungen	99,5	87,0	87,7	87,5	89,6	92,3	92,1	88,4	85,6	79,8

Abb. 12.5.9. Arbeitsunfähigkeitsfälle im Bereich Energie, Wasser und Bergbau nach Krankheitsarten 1995–2004, Indexdarstellung (1994 = 100%)

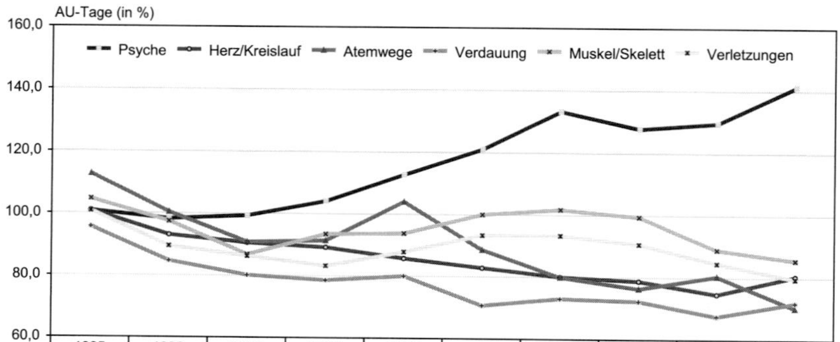

	1995	1996	1997	1998	1999*	2000*	2001*	2002*	2003*	2004*
Psyche	100,8	98,2	99,3	104,0	112,7	121,1	133,2	127,7	129,6	141,3
Herz/Kreislauf	100,9	93,1	90,6	89,3	85,8	82,9	80,0	78,8	74,7	80,4
Atemwege	112,7	100,4	90,9	91,4	104,0	88,7	79,9	76,3	80,4	70,3
Verdauung	95,7	84,7	80,1	78,6	80,1	70,7	73,0	72,3	67,5	71,9
Muskel/Skelett	104,6	97,5	86,8	93,5	93,9	100,0	101,7	99,5	89,0	85,6
Verletzungen	100,7	89,5	86,3	83,2	87,9	93,5	93,5	90,7	84,6	79,6

Abb. 12.5.10. Arbeitsunfähigkeitstage im Bereich Energie, Wasser und Bergbau nach Krankheitsarten 1995–2004, Indexdarstellung (1994 = 100%)

Tabelle 12.5.8. Energie, Wasser und Bergbau, Arbeitsunfähigkeitstage nach Krankheitsarten (in %), 2004

Wirtschafts-abteilung	Muskel/Skelett	Verletzungen	Atemwege	Herz/Kreislauf	Psyche	Verdauung	Sonstige
Energieversorgung	26,5	12,9	12,4	7,8	7,1	6,8	26,5
Erzbergbau	30,9	11,6	12,3	8,6	3,8	5,4	27,4
Gewinnung von Erdöl und Erdgas, Erbringung damit verbundener Dienstleistungen	30,8	12,7	14,1	6,9	2,2	10,4	22,9
Gewinnung von Steinen und Erden, sonstiger Bergbau	27,0	17,0	8,6	9,4	4,7	6,0	27,3
Kohlenbergbau, Torfgewinnung	30,0	13,2	11,7	8,9	3,2	6,4	26,6
Wasserversorgung	27,9	11,6	10,9	8,1	6,8	6,9	27,8

Tabelle 12.5.9. Energie, Wasser, Bergbau, Arbeitsunfähigkeiten nach Krankheitsarten, Anteile der ICD-Untergruppen an den ICD-Hauptgruppen, 2004

ICD-Untergruppen	Anteil an den AU-Fällen (in %)	Anteil an den AU-Tagen (in %)
Muskel-/Skeletterkrankungen		
Krankheiten der Wirbelsäule und des Rückens	52,7	50,0
Krankheiten der Weichteilgewebe	20,3	18,5
Arthropathien	19,9	24,8
Sonstige	7,1	6,7
Verletzungen		
Verletzungen nicht näher bezeichneter Teile des Rumpfes, der Extremitäten etc.	18,7	12,9
Verletzungen des Handgelenkes und der Hand	12,2	12,3
Verletzungen des Knies und des Unterschenkels	12,1	18,3
Verletzungen der Knöchelregion und des Fußes	10,9	10,9
Verletzungen des Kopfes	7,7	5,2
Sonstige	38,4	40,4
Atemwegserkrankungen		
Akute Infektionen der oberen Atemwege	42,7	33,1
Sonstige akute Infektionen der unteren Atemwege	19,0	16,9
Chronische Krankheiten der unteren Atemwege	18,4	23,2
Sonstige Krankheiten der oberen Atemwege	9,7	11,7
Sonstige	10,2	15,1
Herz-/Kreislauferkrankungen		
Hypertonie (Hochdruckkrankheit)	39,2	36,4
Ischämische Herzkrankheiten	16,9	21,6
Krankheiten der Venen/Lymphgefäße/Lymphknoten	15,1	10,9
Sonstige Formen der Herzkrankheit	13,2	14,9
Sonstige	15,6	16,2
Verdauung		
Krankheiten der Mundhöhle/Speicheldrüsen/Kiefer	26,6	8,0
Nichtinfektiöse Enteritis und Kolitis	26,0	16,9
Krankheiten des Ösophagus/Magens/Duodenums	20,8	20,3
Sonstige Krankheiten des Darmes	8,6	13,4
Hernien	5,7	14,0
Sonstige	12,3	27,4
Psychische und Verhaltensstörungen		
Neurotische, Belastungs- und somatoforme Störungen	37,6	30,3
Psychische und Verhaltensstörungen durch psychotrope Substanzen	27,0	26,3
Affektive Störungen	26,4	31,8
Schizophrenie, schizotype und wahnhafte Störungen	2,3	4,3
Sonstige	6,7	7,3

12.6 Erziehung und Unterricht

12.6.1 Datenbasis

Im Bereich Erziehung und Unterricht waren zur Jahresmitte 2004 insgesamt 1,02 Millionen Arbeitnehmer sozialversicherungspflichtig beschäftigt[1]. Von diesen Beschäftigten waren 209 875 (20,5%) bei der AOK versichert. In der Tabelle 12.6.1 wird die Verteilung der im Bereich Erziehung und Unterricht tätigen AOK-Versicherten nach Berufsgruppen dargestellt. Da für den Bereich typische Berufsgruppen wie Lehrer und Dozenten, Kindergärtnerinnen etc. in diesem Kollektiv unterrepräsentiert sind, können die vorliegenden Ergebnisse nicht als repräsentativ für den gesamten Erziehungs- und Bildungsbereich betrachtet werden.

12.6.2 Allgemeine Krankenstandsentwicklung

Mit einem Krankenstand von 5,9% erreichten die im Bereich Erziehung und Unterricht beschäftigten AOK-Mitglieder im Jahr 2004 einen Wert, der wie bereits in den Vorjahren deutlich über dem allgemeinen Branchendurchschnitt (4,5%) lag. Statistisch betrachtet resultiert der Krankenstand aus der Anzahl der Krankmeldungen (AU-Fälle) und deren Dauer. Der hohe Krankenstand im Bereich Erziehung und Unterricht ist auf eine auffällig hohe Zahl von Krankmeldungen zurückzuführen. Im Jahr 2004 war diese mehr als doppelt so hoch wie in den übrigen Branchen. Die mittlere Dauer der Arbeitsunfähigkeitsfälle hingegen lag mit 7,0 Tagen 42% unter dem allgemeinen Branchenschnitt (Tabelle 12.6.2).

---

[1] Bundesagentur für Arbeit, Sozialversicherungspflichtig Beschäftigte nach Wirtschaftszweigen der WZ2003/BA in der Bundesrepublik Deutschland am 30. Juni 2004, Nürnberg 2005.

Tabelle 12.6.1. AOK-Mitglieder im Bereich Erziehung und Unterricht nach Berufsgruppen, 2004

Tätigkeit	Anzahl AOK-Mitglieder	Anteil in %
Bürofachkräfte	21 184	10,8
Hilfsarbeiter ohne nähere Tätigkeitsangabe	18 297	9,2
Kindergärtnerinnen, Kinderpflegerinnen	15 087	5,5
Raum-, Hausratreiniger	11 841	4,7
Lehrlinge mit noch nicht feststehendem Beruf	10 062	4,3
Köche	7 495	3,6
Verkäufer	7 150	3,6
Gärtner, Gartenarbeiter	5 919	2,9
Maler, Lackierer	5 021	2,3
Sonstige Lehrer	4 927	2,3
Tischler	4 766	2,1
Hauswirtschaftliche Betreuer	4 702	2,1
Sozialarbeiter, Sozialpfleger	4 461	1,9
Heimleiter, Sozialpädagogen	4 280	1,9
Hochschullehrer, Dozenten an höheren Fachschulen und Akademien	3 908	1,8
Pförtner, Hauswarte	3 632	1,7
Praktikanten, Volontäre mit noch nicht feststehendem Beruf	3 522	1,6
Fachschul-, Berufsschul-, Werklehrer	3 300	1,4
Facharbeiter/innen	2 987	1,3
Sonstige Bauhilfsarbeiter, Bauhelfer	2 876	1,3
Maurer	2 828	1,3
Sonstige Mechaniker	2 733	1,1
Groß- und Einzelhandelskaufleute, Einkäufer	2 710	1,1
Real-, Volks-, Sonderschullehrer	2 682	1,0
Industriemeister, Werkmeister	2 486	1,0
Industriemechaniker/innen	2 302	1,0
Hauswirtschaftsverwalter	2 256	1,0
Gymnasiallehrer	1 499	0,9
Sonstige	59 071	25,3

Tabelle 12.6.2. Krankenstandsentwicklung im Bereich Erziehung und Unterricht, 2004

	Krankenstand (in %)	Arbeitsunfähigkeiten je 100 AOK-Mitglieder				Tage je Fall	AU-Quote (in %)
		Fälle	Veränd. z. Vorj. (in %)	Tage	Veränd. z. Vorj. (in %)		
West	5,1	247,5	−4,6	1872,0	−2,7	7,6	54,3
Ost	7,0	393,6	−17,6	2561,5	−9,1	6,5	62,9
Bund	5,9	304,7	−8,3	2141,8	−3,7	7,0	57,9

Im Vergleich zum Vorjahr ging 2004 die Zahl der Krankmeldungen deutlich zurück. Sie sank um 8,3%. Die Zahl der krankheitsbedingten Ausfalltage nahm nur um 3,7% ab, da sich die durchschnittliche Dauer der Krankheitsfälle etwas erhöhte. Auch die Arbeitsunfähigkeitsquote ging von 59,6 auf 57,9% zurück.

In Ostdeutschland fiel der Krankenstand auch im Jahr 2004 deutlich höher aus als in den westlichen Bundesländern (Ost: 7,0%; West: 5,1%). Dies ist auf die hohe Zahl von Krankmeldungen zurückzuführen, die fast doppelt so hoch war wie im Westen (s. Tabelle 12.6.2). Auch der Anteil der von Arbeitsunfähigkeit betroffenen Personen (AU-Quote) war im Osten um 8,6 Prozentpunkte höher als im Westen. 2004 war die Anzahl der Arbeitsunfähigkeitsfälle im Vergleich zum Vorjahr in West- wie Ostdeutschland rückläufig, im Osten erheblich stärker (–17,6%) als im Westen (–4,6%). Eine vergleichbare Entwicklung lässt sich bezüglich der Zahl der Arbeitsunfähigkeitstage feststellen, die in den neuen Ländern um 9,1% zurückging, in den alten Ländern nur um 2,7%.

12.6.3 Krankenstandsentwicklung nach Wirtschaftsgruppen

Der Krankenstand zwischen den einzelnen Bereichen des Bildungs- und Erziehungssektors variierte im Jahr 2004 zwischen 4,5% in der Gruppe der Hochschulen und 6,5% im Bereich „Erwachsenenbildung und sonstiger Unterricht“ (s. Tabelle 12.6.3). Die relativ hohen Kran-

Tabelle 12.6.3. Krankenstandsentwicklung im Bereich Erziehung und Unterricht nach Wirtschaftsgruppen, 2004

Wirtschaftsgruppe	Krankenstand (in %)			Arbeitsunfähigkeiten je 100 AOK-Mitglieder				Tage je Fall	AU-Quote (in %)
	2004	2004 stand.*	2003	Fälle	Veränd. z. Vorj. (in %)	Tage	Veränd. z. Vorj. (in %)		
Erwachsenenbildung und sonstiger Unterricht	6,5	5,9	7,1	359,8	–16,0	2374,4	–8,0	6,6	57,4
Hochschulen	4,5	4,1	4,6	200,7	0,3	1647,7	–2,6	8,2	50,4
Kindergärten, Vor- und Grundschulen	4,6	4,7	4,6	157,5	0,3	1678,3	0,6	10,7	58,7
Weiterführende Schulen	6,0	5,0	6,2	329,2	–7,2	2177,1	–3,6	6,6	61,8

* Krankenstand alters- und geschlechtsstandardisiert

kenstände in der Erwachsenenbildung und in den weiterführenden Schulen hängen zum Teil mit der Alters- und Geschlechtsstruktur in diesen Bereichen zusammen. Die alters- und geschlechtsstandardisierten Werte[2] fallen hier entsprechend niedriger aus (s. Tabelle 12.6.3).

Der Anteil der von Arbeitsunfähigkeit betroffenen Personen (AU-Quote) war 2004 in allen Wirtschaftsgruppen deutlich höher als im Branchendurchschnitt (51,2%). Einzig bei den Hochschulen fiel die Arbeitsunfähigkeitsquote mit 50,4% niedriger aus.

Im Vergleich zum Vorjahr ging 2004 die Zahl der Krankmeldungen im Bereich „Erwachsenenbildung und sonstiger Unterricht" sowie in den weiterführenden Schulen deutlich zurück (s. Tabelle 12.6.3). Die Zahl der Arbeitsunfähigkeitstage sank allerdings nicht in gleichem Maße, da sich die durchschnittliche Dauer der Krankheitsfälle etwas erhöhte.

In den Hochschulen und in Kindergärten, Vor- und Grundschulen stieg dagegen die Zahl der Krankmeldungen geringfügig an. Im Hochschulbereich nahm dennoch die Zahl der krankheitsbedingten Fehltage ab, da sich die durchschnittliche Falldauer reduzierte.

12.6.4 Krankenstand nach Berufsgruppen

Stärker noch als in den einzelnen Wirtschaftsgruppen variierten die Krankenstände in Abhängigkeit vom ausgeübten Beruf (s. Tabelle 12.6.4). Augenfällig, wie schon in den Jahren zuvor, sind die überdurchschnittlich hohen krankheitsbedingten Fehlzeiten im gewerblichen Bereich sowie bei den nicht Festangestellten (Krankenstand 2004: Hauswirtschaftliche Betreuer 7,1%; Hauswirtschaftsverwalter 6,6%, Praktikanten und Volontäre 6,2%). Die für den Bildungsbereich typischen Berufsgruppen wiesen dagegen relativ niedrige Krankenstände auf. Die geringsten Fehlzeiten hatten Lehrer für musische Fächer, Hochschullehrer und Dozenten an höheren Fachschulen und Akademien sowie Gymnasiallehrer. Auffällig bei den Lehrern sind die Unterschiede hinsichtlich des Krankenstandes in Abhängigkeit vom Schultyp: So zeichnet sich mit zunehmendem Bildungsgrad der Ausbildungsstätte ein Absinken der krankheitsbedingten Ausfallzeiten bei Lehrern ab. Die Krankenstände der Hochschul- und Gymnasiallehrer fielen niedriger aus als bei den Real-, Volks-, Sonder,- Fach- und Berufsschullehrern. Höher jedoch als bei den Lehrergruppen waren die

[2] Berechnet nach der Methode der direkten Standardisierung. Zugrunde gelegt wurde die Alters- und Geschlechtsstruktur der erwerbstätigen Mitglieder der gesetzlichen Krankenversicherung insgesamt im Jahr 2000 (Mitglieder mit Krankengeldanspruch). Quelle: VDR-Statistik.

Tabelle 12.6.4. Erziehung und Unterricht, Krankenstandskennzahlen nach ausgewählten Berufsgruppen, 2004

Tätigkeit*	Krankenstand (in %)	Arbeitsunfähigkeiten je 100 AOK-Mitglieder		Tage je Fall	AU-Quote (in %)	Anteil Arbeitsunfälle an den AU-Tagen (in %)
		Fälle	Tage			
Bürofachkräfte	5,1	280,0	1857,2	6,6	53,9	1,4
Bürohilfskräfte	4,6	202,9	1698,0	8,4	48,7	2,2
Fachschul-, Berufsschul-, Werklehrer	3,2	102,4	1153,6	11,3	44,0	1,1
Gymnasiallehrer	1,9	69,1	681,5	9,9	33,6	4,3
Hauswirtschaftliche Betreuer	7,1	337,7	2582,7	7,6	65,9	2,4
Hauswirtschaftsverwalter	6,6	385,8	2421,7	6,3	69,6	2,5
Heimleiter, Sozialpädagogen	3,6	146,7	1327,8	9,1	54,9	1,5
Hochschullehrer, Dozenten an höheren Fachschulen und Akademien	1,7	59,4	613,0	10,3	23,9	2,3
Kindergärtnerinnen, Kinderpflegerinnen	3,5	164,2	1297,7	7,9	59,5	1,9
Lehrer für musische Fächer, a.n.g.	1,1	51,2	398,3	7,8	31,7	0,5
Praktikanten, Volontäre mit noch nicht feststehendem Beruf	6,2	386,0	2263,6	5,9	49,8	2,7
Real-, Volks-, Sonderschullehrer	2,3	94,1	833,4	8,9	41,2	1,0
Sonstige Lehrer	2,5	84,1	915,7	10,9	35,5	3,3
Sozialarbieter, Sozialpfleger	4,8	222,3	1749,5	7,9	58,1	2,2

* Berufsgruppen mit mehr als 1000 AOK-Versicherten

Krankenstände der im Erziehungsbereich tätigen Berufsgruppen, wie Kindergärtnerinnen, Kinderpflegerinnen, Heimleitern, Sozialpädagogen, Sozialarbeitern und Sozialpflegern. Allerdings lagen auch bei diesen Gruppen die Krankenstände noch unter dem allgemeinen Branchendurchschnitt, mit Ausnahme der Gruppe „Sozialarbeiter, Sozialpfleger". Die AU-Quote bewegte sich in den einzelnen Berufsgruppen zwischen 69,6% bei Hauswirtschaftsverwaltern und 23,9% bei Hochschullehrern und Dozenten (vgl. Tab. 12.6.4).

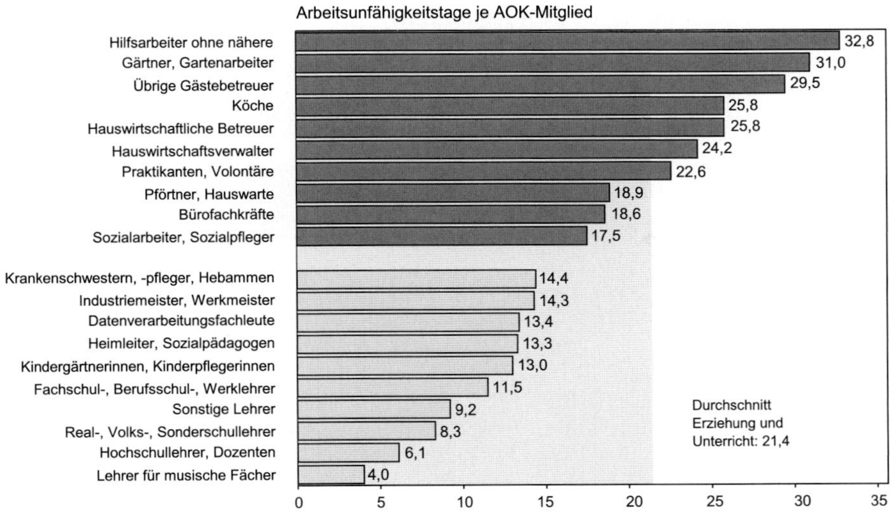

Abb. 12.6.1. 10 Berufsgruppen im Bereich Erziehung und Unterricht mit hohen und niedrigen Krankenständen, 2004

Tabellarische Übersichten und Abbildungen

12.6.5 Kurz- und Langzeiterkrankungen

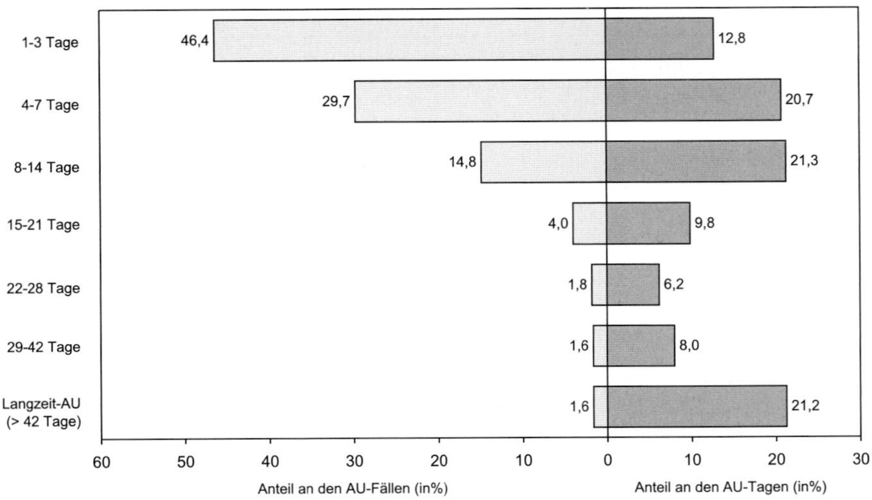

Abb. 12.6.2. Arbeitsunfähigkeitsfälle und -tage im Bereich Erziehung und Unterricht nach der Dauer, 2004

12.6.6 Krankenstand nach Bundesländern

Tabelle 12.6.5. Erziehung und Unterricht, Arbeitsunfähigkeit nach Bundesländern, 2004 im Vergleich zum Vorjahr

	Arbeitsunfähigkeiten je 100 AOK-Mitglieder					
	AU-Fälle	Veränd. z. Vorj. (in %)	AU-Tage	Veränd. z. Vorj. (in %)	Tage je Fall	Veränd. z. Vorj. (in %)
Baden-Württemberg	148,0	−9,0	1293,6	−7,1	8,7	1,2
Bayern	130,6	0,0	1295,6	−2,7	9,9	−2,9
Berlin	509,0	−10,4	3307,5	−5,5	6,5	4,8
Brandenburg	402,2	−15,9	2728,3	−7,7	6,8	9,7
Bremen	296,3	−24,7	2100,4	−21,7	7,1	4,4
Hamburg	341,1	−13,8	2748,5	−11,6	8,1	2,5
Hessen	274,5	−11,0	1998,3	−6,7	7,3	5,8
Mecklenburg-Vorpommern	373,0	−13,4	2351,2	−9,0	6,3	5,0
Niedersachsen	280,4	−9,0	1924,1	4,8	6,9	4,5
Nordrhein-Westfalen	278,8	−16,3	1978,7	−9,6	7,1	7,6
Rheinland-Pfalz	245,3	−10,5	2150,2	−2,8	8,8	8,6
Saarland	328,4	−21,3	2745,9	−13,1	8,4	10,5
Sachsen	388,0	−20,4	2556,8	−11,6	6,6	11,9
Sachsen-Anhalt	411,9	−16,6	2549,0	−7,2	6,2	10,7
Schleswig-Holstein	248,9	−23,8	1891,3	−19,4	7,6	5,6
Thüringen	402,1	−16,2	2619,7	−6,3	6,5	12,1
Bund	304,7	−8,3	2141,8	−3,7	7,0	4,5

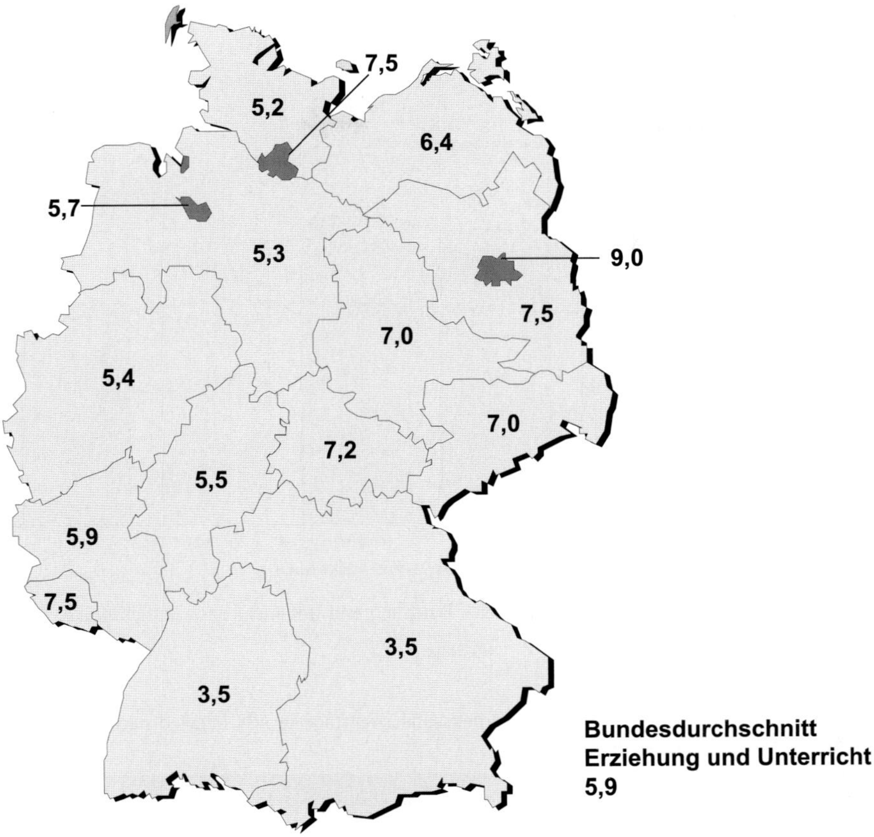

Abb. 12.6.3. Krankenstand (in %) im Bereich Erziehung und Unterricht nach Bundesländern, 2004

12.6.7 Krankenstand nach Betriebsgröße

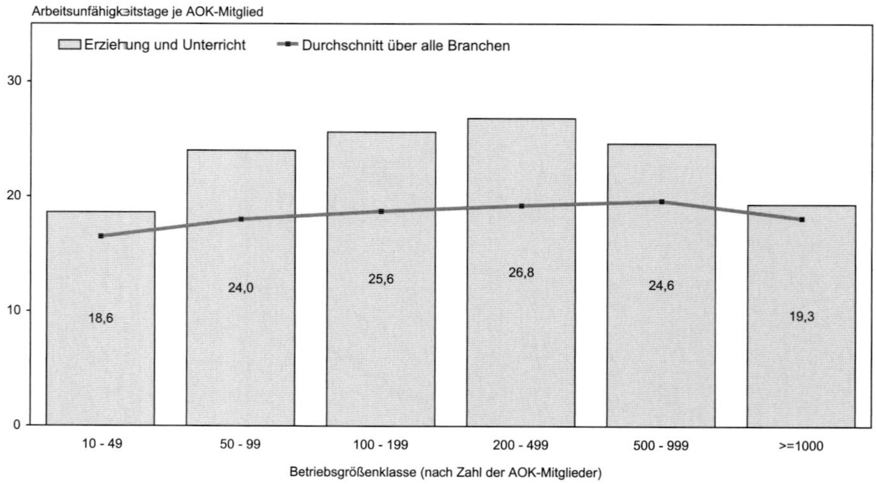

Abb. 12.6.4. Arbeitsunfähigkeitstage im Bereich Erziehung und Unterricht nach Betriebsgröße, 2004

Tabelle 12.6.6. Erziehung und Unterricht, Arbeitsunfähigkeitstage je AOK-Mitglied nach Betriebsgröße (Anzahl der AOK-Mitglieder), 2004

Wirtschaftsgruppe	10–49	50–99	100–199	200–499	500–999	≥1000
Erwachsenenbildung und sonstiger Unterricht	21,0	24,9	27,7	29,1	29,6	22,6
Hochschulen	14,9	22,6	19,9	18,2	16,0	13,7
Kindergärten, Vor- und Grundschulen	16,9	18,7	20,1	18,2	26,1	–
Weiterführende Schulen	17,0	24,6	24,0	28,6	21,8	23,0
Durchschnitt über alle Branchen	16,5	18,0	18,7	19,2	19,6	18,1

12.6.8 Krankenstand nach Stellung im Beruf

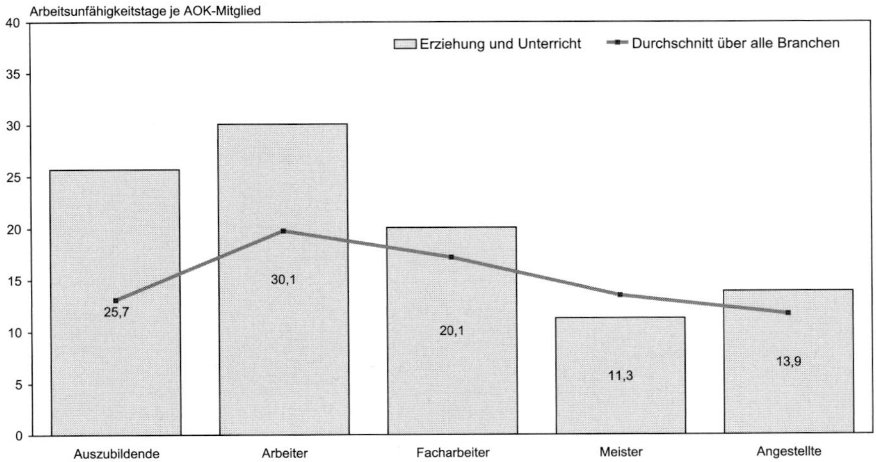

Abb. 12.6.5. Arbeitsunfähigkeitstage im Bereich Erziehung und Unterricht nach Stellung im Beruf, 2004

Tabelle 12.6.7. Erziehung und Unterricht, Krankenstand (in %) nach Stellung im Beruf, 2004

Wirtschaftsgruppe	Auszubildende	Arbeiter	Facharbeiter	Meister, Poliere	Angestellte
Erwachsenenbildung und sonstiger Unterricht	7,2	8,4	5,1	3,0	4,0
Hochschulen	6,4	7,5	6,1	2,7	3,3
Kindergärten, Vor- und Grundschulen	3,4	7,5	6,3	3,3	3,8
Weiterführende Schulen	7,1	8,0	5,5	3,5	3,6

12.6.9 Arbeitsunfälle

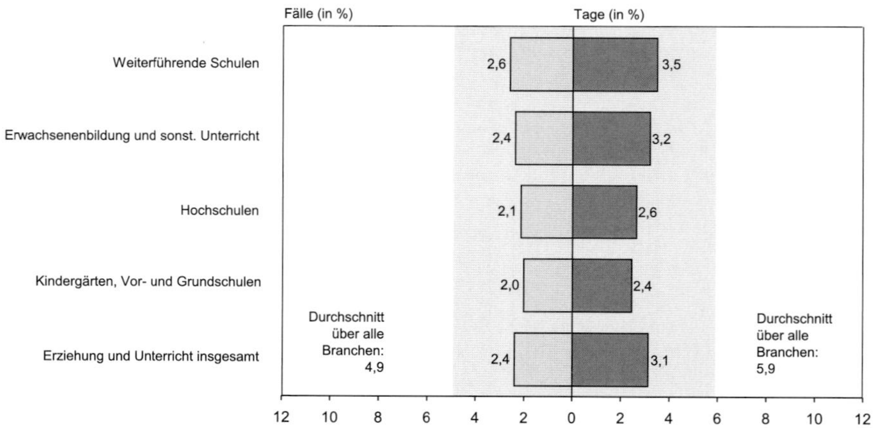

Abb. 12.6.6. Arbeitsunfälle im Bereich Erziehung und Unterricht nach Wirtschaftsgruppen, Anteil an den AU-Fällen und -Tagen in %, 2004

Tabelle 12.6.8. Erziehung und Unterricht, Arbeitsunfähigkeitstage durch Arbeitsunfälle nach Berufsgruppen, 2004

Tätigkeit	AU-Tage je 1000 AOK-Mitglieder	Anteil an den AU-Tagen insgesamt (in %)
Gärtner, Gartenarbeiter	1723,0	5,4
Tischler	1250,5	4,5
Lehrlinge mit noch nicht feststehendem Beruf	1068,8	4,0
Hilfsarbeiter ohne nähere Tätigkeitsangabe	1025,0	3,0
Köche	927,0	3,5
Pförtner, Hauswarte	836,3	4,4
Hauswirtschaftliche Betreuer	632,6	2,4
Raum-, Hausratreiniger	550,4	2,3
Sozialarbeiter, Sozialpfleger	396,0	2,2
Sonstige Lehrer	312,4	3,3
Bürofachkräfte	264,2	1,4
Kindergärtnerinnen, Kinderpflegerinnen	258,7	1,9
Heimleiter, Sozialpädagogen	213,9	1,5

12.6.10 Krankheitsarten

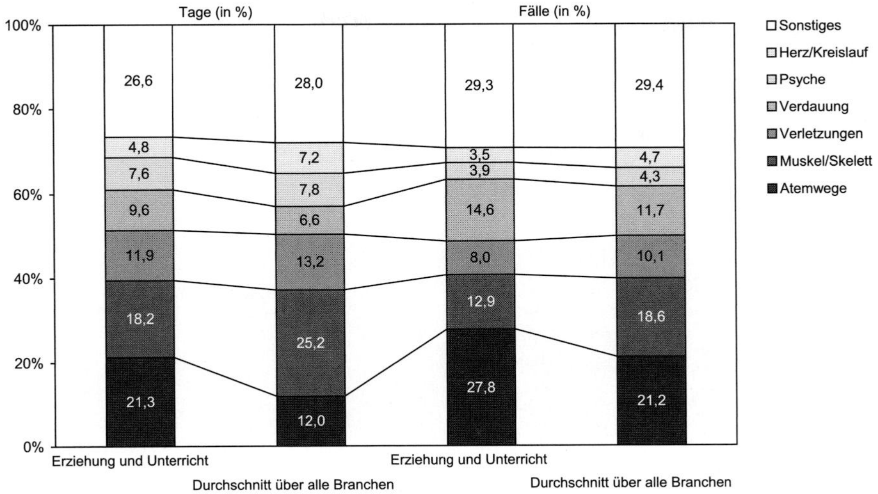

Abb. 12.6.7. Arbeitsunfähigkeiten im Bereich Erziehung und Unterricht nach Krankheitsarten, 2004

Tabelle 12.6.9. Erziehung und Unterricht, Arbeitsunfähigkeitstage nach Krankheitsarten (in %), 2004

Wirtschafts-gruppe	Atem-wege	Muskel/ Skelett	Verlet-zungen	Verdau-ung	Psyche	Herz/ Kreislauf	Sons-tige
Erwachsenenbildung und sonstiger Unterricht	22,4	17,6	12,3	10,3	7,1	4,4	25,9
Hochschulen	18,5	19,3	11,3	8,1	9,2	5,7	27,9
Kindergärten, Vor- und Grundschulen	15,3	22,9	9	6,4	9,3	6,2	30,9
Weiterführende Schulen	23,1	16,6	12,7	10,3	7,2	4,4	25,7

12

Tabelle 12.6.10. Erziehung und Unterricht, Arbeitsunfähigkeiten nach Krankheitsarten, Anteile der ICD-Untergruppen an den ICD-Hauptgruppen, 2004

ICD-Untergruppen	Anteil an den AU-Fällen (in %)	Anteil an den AU-Tagen (in %)
Muskel-/Skeletterkrankungen		
Krankheiten der Wirbelsäule und des Rückens	61,1	52,9
Krankheiten der Weichteilgewebe	18,0	18,4
Arthropathien	14,2	21,6
Sonstige	6,7	7,1
Verletzungen		
Verletzungen nicht näher bezeichneter Teile an Rumpf/Extremitäten/etc.	20,2	1,7
Verletzungen des Handgelenkes und der Hand	15,7	18,9
Verletzungen der Knöchelregion und des Fußes	13,0	15,2
Verletzungen des Knies und des Unterschenkels	10,0	17,2
Verletzungen des Kopfes	9,0	8,1
Sonstige	32,1	38,9
Atemwegserkrankungen		
Akute Infektionen der oberen Atemwege	56,8	51,5
Sonstige akute Infektionen der unteren Atemwege	15,4	16,6
Chronische Krankheiten der unteren Atemwege	11,7	14,0
Sonstige Krankheiten der oberen Atemwege	7,9	8,7
Sonstige	8,2	9,2
Herz-/Kreislauferkrankungen		
Sonstige u. nicht näher bez. Krankheiten des Kreislaufsystems	41,3	16,2
Hypertonie [Hochdruckkrankheit]	24,6	32,4
Krankheiten der Venen/Lymphgefäße/Lymphknoten	13,6	14,7
Sonstige Formen der Herzkrankheit	9,0	11,7
Sonstige	11,5	25,0
Verdauung		
Nichtinfektiöse Enteritis und Kolitis	41,5	34,5
Krankheiten des Ösophagus, des Magens und des Duodenums	34,6	31,9
Krankheiten der Mundhöhle, der Speicheldrüsen und der Kiefer	12,0	7,4
Sonstige Krankheiten des Darmes	3,8	6,1
Krankheiten der Appendix	2,3	4,3
Sonstige	5,8	15,8
Psychische und Verhaltensstörungen		
Neurotische, Belastungs- und somatoforme Störungen	45,4	34,0
Affektive Störungen	25,0	30,7
Psychische und Verhaltensstörungen durch psychotrope Substanzen	18,5	19,3
Persönlichkeits- und Verhaltensstörungen	3,7	5,7
Sonstige	7,4	10,3

12.7 Handel

12.7.1 Kosten der Arbeitsunfähigkeit

Von den rund 3,9 Millionen sozialversicherungspflichtig Beschäftigten[1] im Handel waren im Jahr 2004 31,9% (1,3 Millionen Erwerbstätige) bei der AOK versichert. Pro Beschäftigtem fielen in diesem Jahr durchschnittlich 13,9 krankheitsbedingte Fehltage an. Hochgerechnet auf die Branche ergab sich eine Ausfallzeit von insgesamt 54,9 Millionen Tagen oder 150022 Erwerbsjahren. Bei einem durchschnittlichen Arbeitnehmerentgelt in der Branche von 27381 Euro[2] pro Jahr, fielen Kosten in Höhe von 4,1 Milliarden Euro infolge von Produktionsausfällen durch Arbeitsunfähigkeit an. Für ein Handelsunternehmen mit 100 Mitarbeitern lag die finanzielle Belastung im Jahr 2004 bei ca. 104000 Euro.

12

12.7.2 Allgemeine Krankenstandsentwicklung

Fast jeder zweite (49,2%) der im Handel beschäftigten Arbeitnehmer meldete sich im Jahr 2004 einmal oder mehrfach krank. Die Krankmeldungen dauerten im Durchschnitt 11,3 Kalendertage an. Der Krankenstand im Handel lag auch 2004 mit 3,8% deutlich unter dem allgemeinen Branchendurchschnitt von 4,5%. In Ostdeutschland waren erheblich weniger Krankmeldungen zu verzeichnen als im Westen.

---

[1] Bundesagentur für Arbeit, Sozialversicherungspflichtig Beschäftigte nach Wirtschaftszweigen der WZ2003/BA in der Bundesrepublik Deutschland am 30. Juni 2004, Nürnberg 2005.

[2] Das Arbeitnehmerentgelt setzt sich zusammen aus den Bruttolöhnen und -gehältern sowie den tatsächlichen und unterstellten Sozialbeiträgen der Arbeitgeber. Quelle: Statistisches Bundesamt, Volkswirtschaftliche Gesamtrechnungen, Fachserie 18, Reihe 26, Arbeitnehmerentgelt im Inland, Revidierte Jahresergebnisse 1991–2004, Stand April 2005, Wiesbaden.

Der Anteil der von Arbeitsunfähigkeit Betroffenen war mit 44,2% ebenfalls deutlich niedriger als in den alten Bundesländern (50,1%). Der Krankenstand fiel im Osten (3,4%) um 0,5 Prozentpunkte niedriger aus als im Westen (3,9%) (Tabelle 12.7.1).

Im Jahr 2004 ging die Zahl der Krankmeldungen (AU-Fälle) auf Bundesebene im Vergleich zum Vorjahr um 9,8%, die Zahl der Krankheitstage um 8,9% zurück.

Abbildung 12.7.1[3] zeigt die Krankenstandsentwicklung im Handel in den Jahren 1993 bis 2004. Dem allgemeinen Trend folgend ging der

Tabelle 12.7.1. Krankenstandsentwicklung im Handel, 2004

	Krankenstand (in %)	Arbeitsunfähigkeiten je 100 AOK-Mitglieder				Tage je Fall	AU-Quote (in %)
		Fälle	Veränd. z. Vorj. (in %)	Tage	Veränd. z. Vorj. (in %)		
West	3,9	127,0	–9,6	1415,8	–8,5	11,2	50,1
Ost	3,4	100,9	–8,9	1232,7	–9,9	12,2	44,2
Bund	3,8	123,4	–9,8	1390,4	–8,9	11,3	49,2

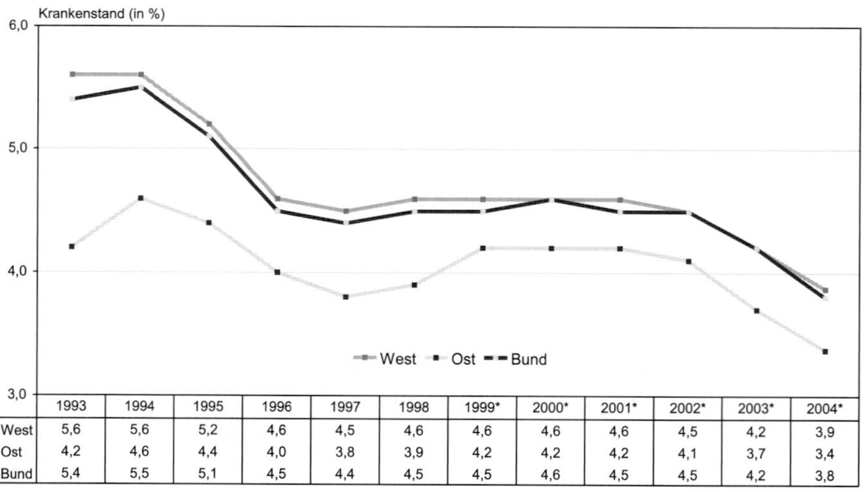

	1993	1994	1995	1996	1997	1998	1999*	2000*	2001*	2002*	2003*	2004*
West	5,6	5,6	5,2	4,6	4,5	4,6	4,6	4,6	4,6	4,5	4,2	3,9
Ost	4,2	4,6	4,4	4,0	3,8	3,9	4,2	4,2	4,2	4,1	3,7	3,4
Bund	5,4	5,5	5,1	4,5	4,4	4,5	4,5	4,6	4,5	4,5	4,2	3,8

Abb. 12.7.1. Krankenstandsentwicklung im Handel 1993–2004

[3] Die Werte der Jahre ab 1999 basieren auf der Klassifikation der Wirtschaftszweige der Bundesanstalt für Arbeit aus dem Jahre 1993 (WZ 93/NACE), ab 2003 auf dem WZ 2003/NACE, während den Werten der Jahre 1993 bis 1998 noch der Wirtschaftszweigschlüssel aus dem Jahr 1973 zugrunde lag.

Krankenstand in den Jahren 1995 bis 1997 deutlich zurück. Im Jahr 1997 fiel er auf einen Wert von 4,4%, während er 1994 noch bei 5,5% gelegen hatte. In den folgenden Jahren stabilisierte sich der Krankenstand bis 2002 mit Werten von 4,5 bzw. 4,6% auf niedrigem Niveau. In den letzten beiden Jahren sank er erneut deutlich und erreichte mit 3,8% den niedrigsten Wert seit 1993.

Nach der Wiedervereinigung waren in Westdeutschland zunächst noch deutlich höhere Krankenstände zu verzeichnen als in den ostdeutschen Ländern. Inzwischen jedoch haben sich die Werte in West und Ost einander angenähert. Hatte der Abstand 1993 noch 1,4 Prozentpunkte betragen, so waren es im Jahr 2004 nur noch 0,5 Prozentpunkte.

12.7.3 Krankenstandsentwicklung nach Wirtschaftsabteilungen

Tabelle 12.7.2 zeigt die Krankenstandskennzahlen für die einzelnen Wirtschaftsabteilungen des Handels. Im Großhandel war auch im Jahr 2004 der Krankenstand mit 4,2% deutlich höher als in den übrigen Abteilungen des Handels. Diese Unterschiede hängen allerdings zum Teil mit der Beschäftigtenstruktur in den einzelnen Branchen zusammen. Nach einer geschlechts- und altersspezifischen Standardisierung ergeben sich für den Großhandel niedrigere und für den Einzelhandel etwas höhere Werte[4]. Der Anteil der von Arbeitsunfähigkeit betroffe-

Tabelle 12.7.2. Krankenstandsentwicklung im Handel nach Wirtschaftsabteilungen, 2004

Wirtschaftsabteilung	Krankenstand (in %)			Arbeitsunfähigkeiten je 100 AOK-Mitglieder				Tage je Fall	AU-Quote (in %)
	2004	2004 stand.*	2003	Fälle	Veränd. z. Vorj. (in %)	Tage	Veränd. z. Vorj. (in %)		
Einzelhandel	3,6	3,7	3,9	114,0	–10,9	1301,3	–8,9	11,4	46,0
Großhandel	4,2	4,1	4,6	127,6	–9,0	1530,8	–9,4	12,0	51,9
Kraftfahrzeughandel	3,7	3,7	4,0	139,3	–9,0	1343,3	–7,1	9,6	52,9

* Krankenstand alters- und geschlechtsstandardisiert.

[4] Berechnet nach der Methode der direkten Standardisierung. Zugrunde gelegt wurde die Alters- und Geschlechtsstruktur der erwerbstätigen Mitglieder der gesetzlichen Krankenversicherung insgesamt im Jahr 2000 (Mitglieder mit Krankengeldanspruch). Quelle: VDR-Statistik.

nen Personen (AU-Quote) war im Einzelhandel am niedrigsten. Dort meldeten sich 2004 46,0% der Beschäftigten einmal bzw. mehrmals krank, im Groß- und Kraftfahrzeughandel waren es 51,9 bzw. 52,9%. Im Vergleich zum Jahr 2003 ging der Krankenstand in allen Wirtschaftsabteilungen zurück. Am stärksten im Großhandel mit 0,4 Prozentpunkten. Die Anzahl der Krankmeldungen sank ebenfalls in allen Gruppen, im Einzel- um 10,9% und im Groß- und Kraftfahrzeughandel um jeweils 9,0%. Auch die Anzahl der Krankheitstage je AOK-Mitglied nahm in allen Bereichen des Handels ab. Die Dauer der Krankmeldungen war im Bereich Kraftfahrzeughandel mit durchschnittlich 9,6 Tagen je Fall am kürzesten.

Tabellarische Übersichten und Abbildungen

12.7.4 Krankenstand nach Berufsgruppen

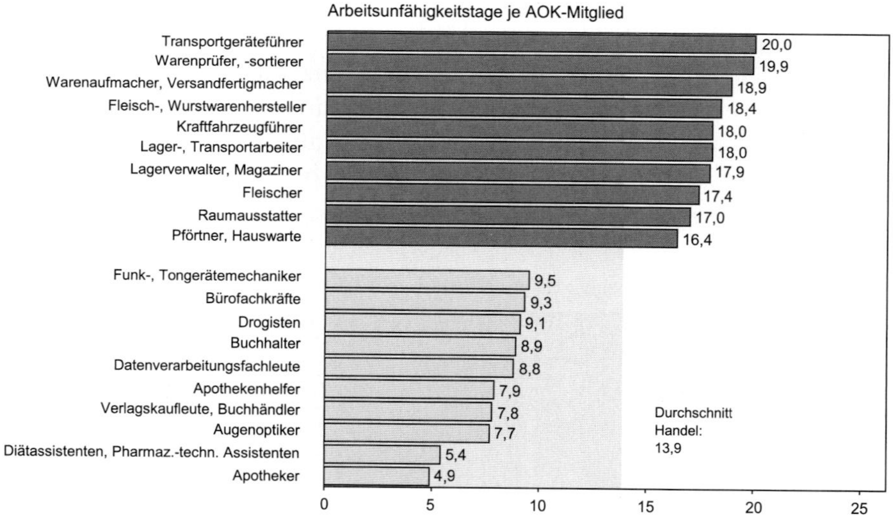

Abb. 12.7.2. 10 Berufsgruppen im Handel mit hohen und niedrigen Krankenständen, 2004

Tabelle 12.7.3. Handel, Krankenstandskennzahlen nach ausgewählten Berufsgruppen, 2004

Tätigkeit*	Krankenstand (in %)	Arbeitsunfähigkeiten je 100 AOK-Mitglieder		Tage je Fall	AU-Quote (in %)	Anteil Arbeitsunfälle an den AU-Tagen (in %)
		Fälle	Tage			
Apotheker	1,3	53,3	491,1	9,2	24,6	1,6
Augenoptiker	2,1	120,3	767,2	6,4	48,3	1,6
Backwarenhersteller	4,0	122,3	1481,3	12,1	46,1	5,2
Buchhalter	2,4	84,9	892,4	10,5	40,2	1,7
Bürofachkräfte	2,5	104,2	927,7	8,9	43,5	2,3
Datenverarbeitsfachleute	2,4	110,9	880,0	7,9	42,8	3,1
Fahrzeugreiniger, -pfleger	4,0	131,1	1455,8	11,1	48,1	3,8
Fleischer	4,8	114,7	1739,6	15,2	49,4	9,9
Floristen	2,7	104,9	1049,1	10,0	44,6	3,8
Groß- und Einzelhandelskaufleute	2,7	135,7	1001,1	7,4	50,0	3,4
Handelsvertreter, Reisende	3,1	100,1	1145,4	11,4	43,7	2,4
Kassierer	4,2	118,2	1522,8	12,9	50,5	2,6
Kraftfahrzeugführer	4,9	113,3	1795,7	15,8	51,9	10,3
Lager-, Transportarbeiter	4,9	147,4	1801,9	12,2	56,0	6,4
Lagerverwalter, Magaziner	4,9	142,7	1794,2	12,6	57,9	5,8
Raum-, Hausratreiniger	4,2	112,3	1541,0	13,7	49,1	2,6
Tankwarte	3,5	94,4	1277,9	13,5	42,7	3,0
Unternehmer, Geschäftsführer, Geschäftsbereichsleiter	2,6	60,3	966,2	16,0	31,2	3,7
Verkäufer	3,4	106,9	1253,7	11,7	44,0	3,6
Versandfertigmacher	5,2	154,7	1892,8	12,2	54,1	4,1

* Berufsgruppen mit mehr als 2000 AOK-Versicherten

12.7.5 Kurz- und Langzeiterkrankungen

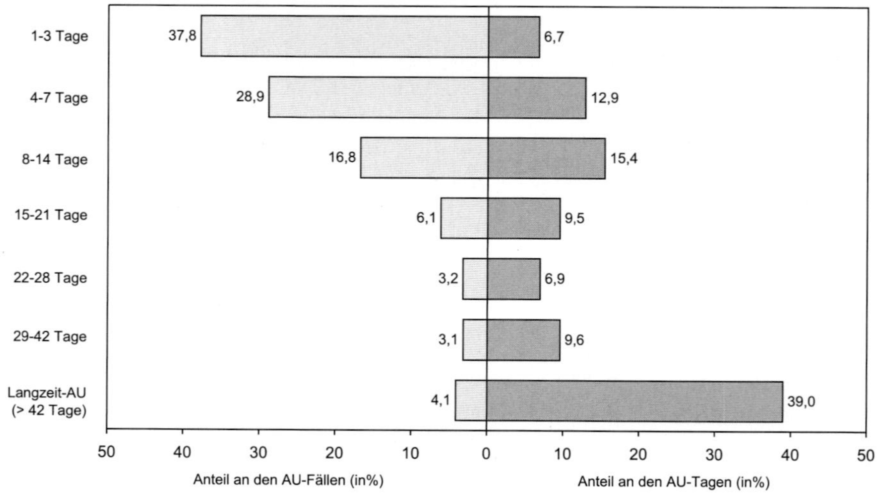

Abb. 12.7.3. Arbeitsunfähigkeitsfälle und -tage im Handel nach der Dauer, 2004

12.7.6 Krankenstand nach Bundesländern

Tabelle 12.7.4. Handel, Arbeitsunfähigkeit nach Bundesländern, 2004 im Vergleich zum Vorjahr

	Arbeitsunfähigkeiten je 100 AOK-Mitglieder					
	AU-Fälle	Veränd. z. Vorj. (in %)	AU-Tage	Veränd. z. Vorj. (in %)	Tage je Fall	Veränd. z. Vorj. (in %)
Baden-Württemberg	125,2	–10,7	1379,0	–8,6	11,0	1,9
Bayern	112,1	–10,1	1288,6	–8,6	11,5	1,8
Berlin	104,6	–10,1	1517,9	–10,9	14,5	–1,4
Brandenburg	101,8	–9,7	1364,4	–10,8	13,4	–1,5
Bremen	130,2	–11,5	1554,9	–8,3	11,9	3,5
Hamburg	146,3	–9,1	1803,5	–7,8	12,3	0,8
Hessen	142,2	–7,9	1594,7	–6,0	11,2	1,8
Mecklenburg-Vorpommern	102,1	–7,3	1283,5	–8,0	12,6	–0,8
Niedersachsen	127,4	–10,3	1225,2	–9,1	9,6	1,1
Nordrhein-Westfalen	135,0	–9,7	1519,1	–9,3	11,3	0,9
Rheinland-Pfalz	140,5	–7,9	1550,9	–7,0	11,0	0,9
Saarland	132,5	–7,7	1832,0	–8,5	13,8	–1,4
Sachsen	97,8	–8,4	1152,1	–9,8	11,8	–1,7
Sachsen-Anhalt	105,8	–7,3	1333,7	–8,2	12,6	–0,8
Schleswig-Holstein	133,5	–9,2	1471,7	–11,7	11,0	–2,7
Thüringen	106,6	–10,2	1318,4	–8,8	12,4	1,6
Bund	123,4	–9,8	1390,4	–8,9	11,3	0,9

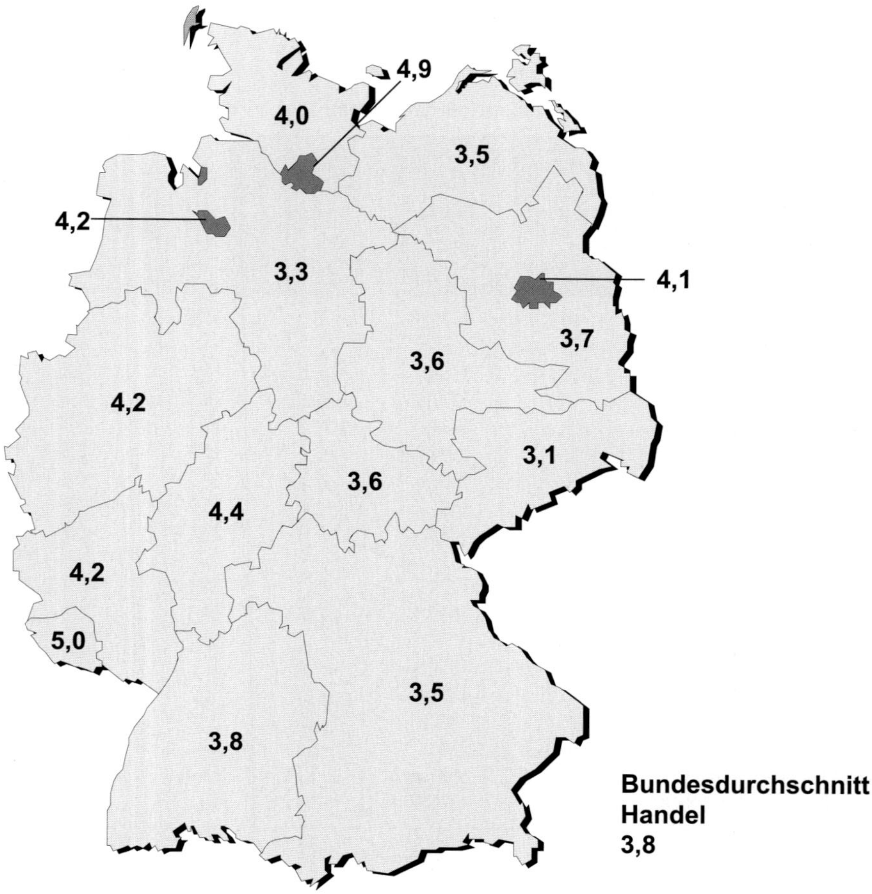

Abb. 12.7.4. Krankenstand (in %) im Handel nach Bundesländern, 2004

12.7.7 Krankenstand nach Betriebsgröße

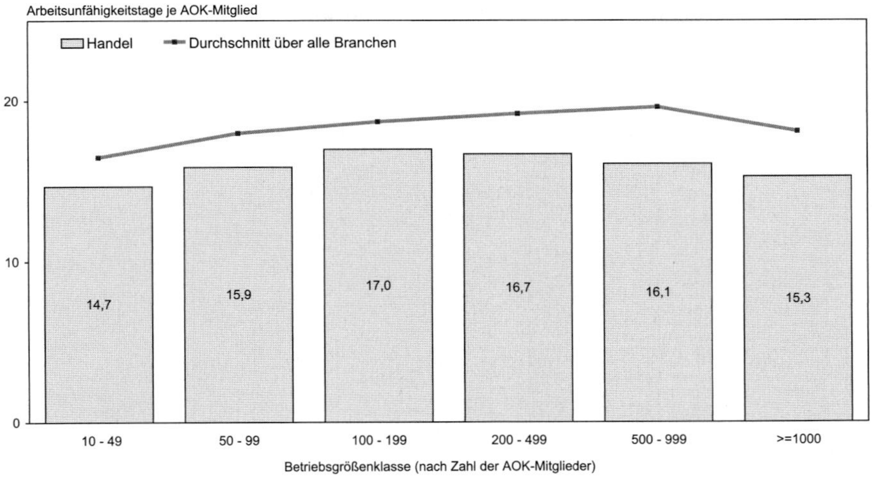

Abb. 12.7.5. Arbeitsunfähigkeitstage im Handel nach Betriebsgröße, 2004

Tabelle 12.7.5. Handel, Arbeitsunfähigkeitstage je AOK-Mitglied nach Betriebsgröße (Anzahl der AOK-Mitglieder), 2004

Wirtschaftsabteilung	10–49	50–99	100–199	200–499	500–999	≥1000
Einzelhandel	13,7	15,0	15,9	15,6	15,5	15,3
Großhandel	15,8	16,9	18,0	18,2	17,9	15,9
Kraftfahrzeughandel	13,9	14,6	16,9	17,2	16,7	–
Durchschnitt über alle Branchen	16,5	18,0	18,7	19,2	19,6	18,1

12.7.8 Krankenstand nach Stellung im Beruf

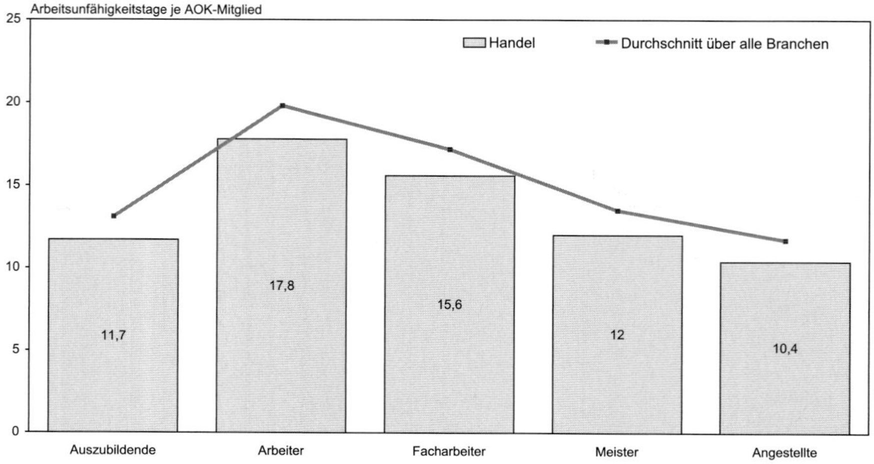

Abb. 12.7.6. Arbeitsunfähigkeitstage im Handel nach Stellung im Beruf, 2004

Tabelle 12.7.6. Handel, Krankenstand (in %) nach Stellung im Beruf, 2004

Wirtschaftabteilung	Auszubildende	Arbeiter	Facharbeiter	Meister, Poliere	Angestellte
Einzelhandel	3,0	4,6	3,9	3,1	2,9
Großhandel	2,9	5,1	4,7	3,9	2,8
Kraftfahrzeughandel	3,5	4,4	4,1	3,2	2,4

12.7.9 Arbeitsunfälle

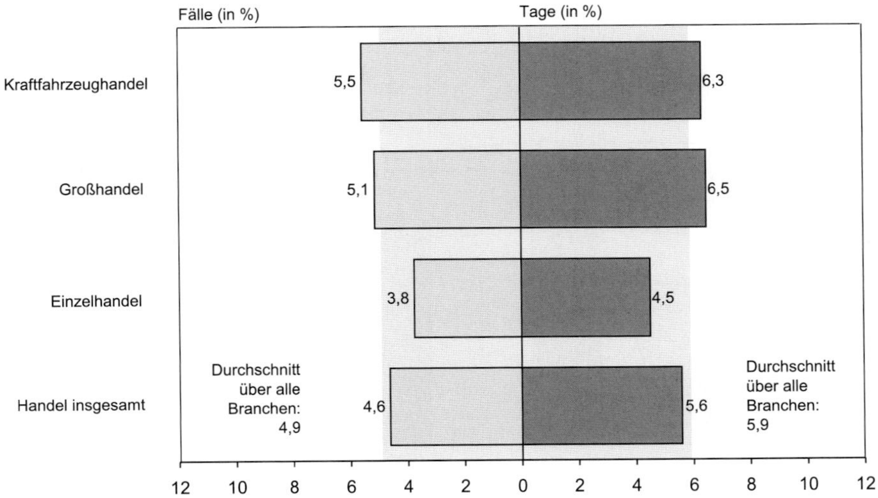

Abb. 12.7.7. Arbeitsunfälle im Handel nach Wirtschaftsabteilungen, Anteil an den AU-Fällen und -Tagen in %, 2004

Tabelle 12.7.7. Handel, Arbeitsunfähigkeitstage durch Arbeitsunfälle nach Berufsgruppen, 2004

Tätigkeit	AU-Tage je 1000 AOK-Mitglieder	Anteil an den AU-Tagen insgesamt (in %)
Kraftfahrzeugführer	1845,3	10,3
Fleischer	1724,2	9,9
Elektroinstallateure, -monteure	1236,8	8,7
Lager-, Transportarbeiter	1168,8	6,4
Kraftfahrzeuginstandsetzer	1131,3	7,9
Hilfsarbeiter ohne nähere Tätigkeitsangabe	1075,5	6,4
Lagerverwalter, Magaziner	1054,8	5,8
Warenprüfer, -sortierer	940,3	4,7
Warenaufmacher, Versandfertigmacher	773,2	4,1
Verkäufer	472,8	3,6
Kassierer	410,2	2,6
Groß- und Einzelhandelskaufleute, Einkäufer	351,0	3,4
Bürofachkräfte	223,8	2,3

12.7.10 Krankheitsarten

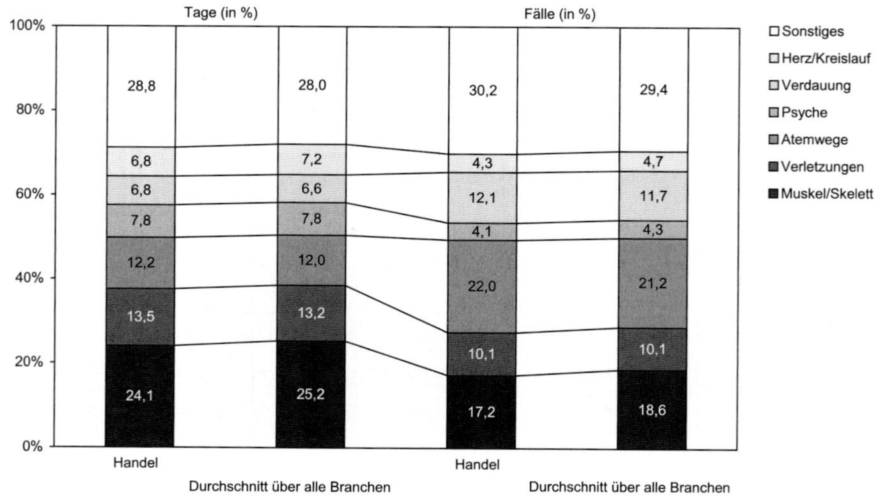

Abb. 12.7.8. Arbeitsunfähigkeiten im Handel nach Krankheitsarten, 2004

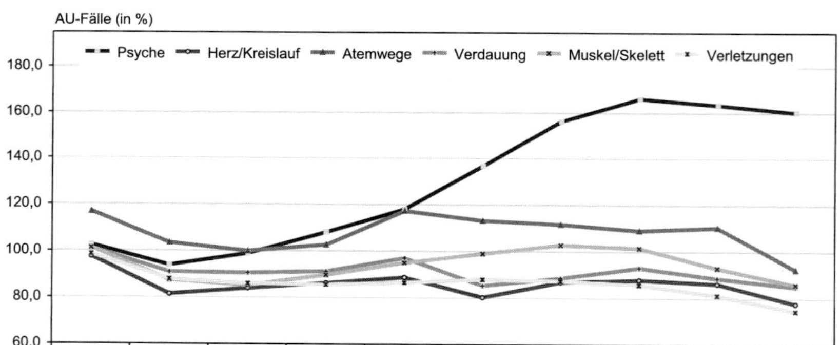

	1995	1996	1997	1998	1999*	2000*	2001*	2002*	2003*	2004*
Psyche	102,7	93,8	98,9	108,2	118,0	136,6	156,3	166,3	163,5	160,3
Herz/Kreislauf	97,5	81,4	83,9	86,3	88,8	80,3	86,9	88,0	86,4	77,9
Atemwege	116,8	103,5	99,9	102,7	117,3	113,3	111,8	109,2	110,6	92,4
Verdauung	101,1	90,8	90,4	91,2	97,0	85,3	88,6	93,1	88,7	85,1
Muskel/Skelett	101,3	87,4	85,1	89,7	95,0	99,1	102,9	101,5	93,1	86,0
Verletzungen	98,5	87,9	86,0	85,5	86,5	88,0	87,4	85,8	81,4	74,6

Abb. 12.7.9. Arbeitsunfähigkeitsfälle im Handel nach Krankheitsarten 1995–2004, Indexdarstellung (1994 = 100%)

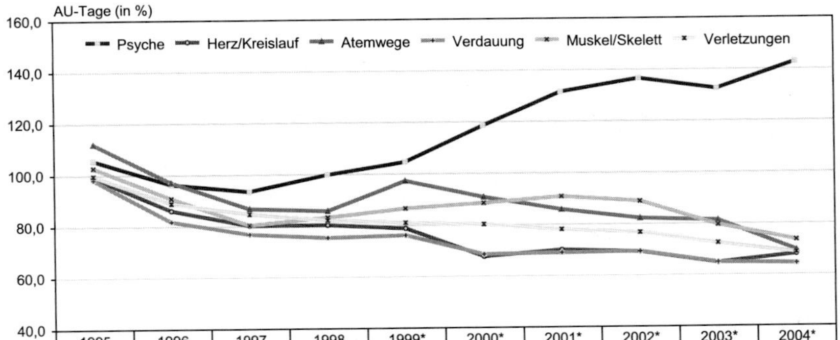

	1995	1996	1997	1998	1999*	2000*	2001*	2002*	2003*	2004*
Psyche	105,6	96,4	93,5	99,9	104,7	118,6	131,5	136,6	132,5	142,8
Herz/Kreislauf	99,2	86,2	80,3	80,3	78,9	67,7	70,1	69,2	64,8	68,0
Atemwege	112,1	97,1	86,8	85,9	97,3	90,8	85,9	82,3	81,4	69,6
Verdauung	98,2	81,9	76,9	75,4	76,2	68,6	69,0	69,4	64,9	64,5
Muskel/Skelett	102,8	91,0	80,4	83,3	86,7	88,5	90,9	88,9	79,7	73,6
Verletzungen	99,7	89,0	84,7	82,2	81,1	80,3	78,1	76,8	72,5	68,7

Abb. 12.7.10. Arbeitsunfähigkeitstage im Handel nach Krankheitsarten 1995–2004, Indexdarstellung (1994 = 100%)

Tabelle 12.7.8. Handel, Arbeitsunfähigkeitstage nach Krankheitsarten (in %), 2004

Wirtschafts-abteilung	Muskel/Skelett	Atem-wege	Verlet-zungen	Psyche	Verdauung	Herz/Kreislauf	Sonstige
Einzelhandel	22,8	12,2	11,7	9,1	6,8	6,4	31,0
Großhandel	25,8	11,6	13,7	7,0	6,7	7,7	27,5
Kraftfahrzeughandel	23,2	13,8	17,5	6,2	7,3	5,9	26,1

Tabelle 12.8.1. Krankenstandsentwicklung im Bereich Land- und Forstwirtschaft, 2004

	Kranken-stand (in %)	Arbeitsunfähigkeiten je 100 AOK-Mitglieder				Tage je Fall	AU-Quote (in %)
		Fälle	Veränd. z. Vorj. (in %)	Tage	Veränd. z. Vorj. (in %)		
West	3,8	121,5	−10,3	1383,0	−8,8	11,4	38,9
Ost	4,3	109,1	−9,5	1589,7	−10,9	14,6	43,5
Bund	4,1	115,6	−10,0	1480,7	−9,8	12,8	40,9

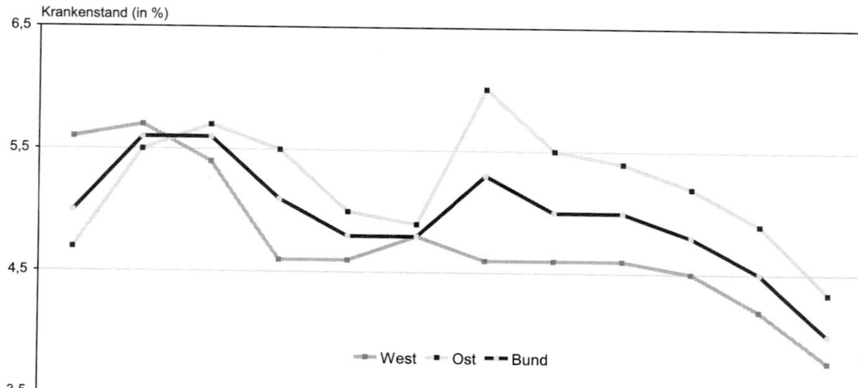

	1993	1994	1995	1996	1997	1998	1999*	2000*	2001*	2002*	2003*	2004*
West	5,6	5,7	5,4	4,6	4,6	4,8	4,6	4,6	4,6	4,5	4,2	3,8
Ost	4,7	5,5	5,7	5,5	5,0	4,9	6,0	5,5	5,4	5,2	4,9	4,3
Bund	5,0	5,6	5,6	5,1	4,8	4,8	5,3	5,0	5,0	4,8	4,5	4,0

Abb. 12.8.1. Krankenstandsentwicklung im Bereich Land- und Forstwirtschaft 1993–2004

lag im Jahr 2004 bei 40,9% und ist damit die niedrigste aller Wirtschaftszweige.

In Ostdeutschland war die Zahl der Krankmeldungen zwar geringer als in Westdeutschland (Ost: 109,1; West: 121,5 Fälle je 100 AOK-Mitglieder), die durchschnittliche Dauer der AU-Fälle fiel aber mit 14,6 Tagen erheblich höher aus als in den alten Ländern. Daraus resultierte für Ostdeutschland ein im Vergleich zum Westen um 0,5 Prozentpunkte höherer Krankenstand (Ost: 4,3%; West: 3,8%).

Im Vergleich zum Vorjahr verzeichnete der Krankenstand in West- und Ostdeutschland im Jahr 2004 einen deutlichen Rückgang. Die Anzahl der Arbeitsunfähigkeitstage nahm in Ostdeutschland stärker ab (−10,9%) als in Westdeutschland (−8,8%).

Die Abbildung 12.8.1[4] zeigt die Krankenstandsentwicklung der letzten 12 Jahre für den Wirtschaftszweig Land- und Forstwirtschaft. Von 1995 bis 1997 ging der Krankenstand kontinuierlich zurück. Im Jahr 1998 blieb er stabil. Durch den deutlichen Anstieg des Krankenstandes in den neuen Bundesländern stieg 1999 auch der gesamtdeutsche Krankenstand wieder an, ging aber im Jahr 2000 wieder auf das Niveau von 1993 zurück. 2001 blieb er stabil. Ab 2002 zeigte der Krankenstand wieder eine fallende Tendenz und erreichte mit 4,0% im Jahr 2004 den niedrigsten Stand seit 1993. Der seit 1997 zu beobachtende Trend einer Angleichung zwischen den Krankenständen in West- und Ostdeutschland setzte sich nach einer Trendumkehr im Jahr 1999 in den Jahren 2000 bis 2004 wieder fort.

12.8.3 Krankenstandsentwicklung nach Wirtschaftsabteilungen

Im Bereich Land- und Forstwirtschaft war 2004 in der Forstwirtschaft der höchste Krankenstand zu registrieren, der mit 6,0% deutlich über dem Mittel der gesamten Branche (4,0%) lag (Tabelle 12.8.2). Diese Wirtschaftsabteilung gehört mit 163,0 Krankheitsfällen und 2192,9 Krankheitstagen je 100 AOK-Mitglieder zu den Wirtschaftsabteilungen bzw. -gruppen mit einer sehr hohen Anzahl von Arbeitsunfähigkeits-

Tabelle 12.8.2. Krankenstandsentwicklung im Bereich Land- und Forstwirtschaft nach Wirtschaftsabteilungen, 2004

Wirtschaftsabteilung	Krankenstand (in %)			Arbeitsunfähigkeiten je 100 AOK-Mitglieder				Tage je Fall	AU-Quote (in %)
	2004	2004 stand.*	2003	Fälle	Veränd. z. Vorj. (in %)	Tage	Veränd. z. Vorj. (in %)		
Fischerei und Fischzucht	3,7	3,6	3,6	92,7	−4,1	1366,2	3,2	14,7	42,1
Forstwirtschaft	6,0	5,5	6,4	163,0	−6,0	2192,9	−5,8	13,5	51,7
Landwirtschaft, gewerbliche Jagd	3,9	3,9	4,4	112,2	−10,2	1427,5	−10,1	12,7	40,2

* Krankenstand alters- und geschlechtsstandardisiert

[4] Die Werte der Jahre ab 1999 basieren auf der Klassifikation der Wirtschaftszweige der Bundesanstalt für Arbeit aus dem Jahre 1993 (WZ 93/NACE), ab 2003 auf dem WZ 2003/NACE, während den Werten der Jahre 1993 bis 1998 noch der Wirtschaftszweigschlüssel aus dem Jahr 1973 zugrunde lag.

fällen und -tagen. Am niedrigsten war der Krankenstand im Bereich Fischerei und Fischzucht (3,7%). Die Anzahl der Erkrankungen dieses Bereichs (92,7 Fälle je 100 AOK-Mitglieder) gehörte zu den niedrigsten Werten aller Wirtschaftsabteilungen bzw. -gruppen.

Der hohe Krankenstand in der Forstwirtschaft (6,0%) ist zum Teil auf die Beschäftigtenstruktur in dieser Branche zurückzuführen. Berücksichtigt man die Alters- und Geschlechtsstruktur mit Hilfe eines Standardisierungsverfahrens, ergibt sich ein um 0,5 Prozentpunkte niedrigerer Wert (s. Tabelle 12.8.2)[5]. In der Fischerei und Fischzucht und der gewerblichen Jagd unterscheiden sich die nach Alter und Geschlecht standardisierten Werte dagegen nur unwesentlich oder gar nicht von den nicht standardisierten.

Die Zahl der Krankmeldungen nahm, wie Tabelle 12.8.2 zeigt, im Jahr 2004 im Vergleich zum Vorjahr in allen Bereichen ab, am deutlichsten in der Landwirtschaft und gewerblichen Jagd (–10,2%). In der Fischerei und Fischzucht stieg allerdings gleichzeitig die durchschnittliche Dauer der Krankheitsfälle so stark an, dass in diesem Bereich trotz des Rückgangs der Krankmeldungen die Zahl der Krankheitstage um 3,2% zunahm. Die niedrigste AU-Quote des Sektors war mit 40,2% in der Landwirtschaft und gewerblichen Jagd zu verzeichnen.

[5] Berechnet nach der Methode der direkten Standardisierung. Zugrunde gelegt wurde die Alters- und Geschlechtsstruktur der erwerbstätigen Mitglieder der gesetzlichen Krankenversicherung insgesamt im Jahr 2000 (Mitglieder mit Krankengeldanspruch). Quelle: VDR-Statistik.

Tabellarische Übersichten und Abbildungen

12.8.4 Krankenstand nach Berufsgruppen

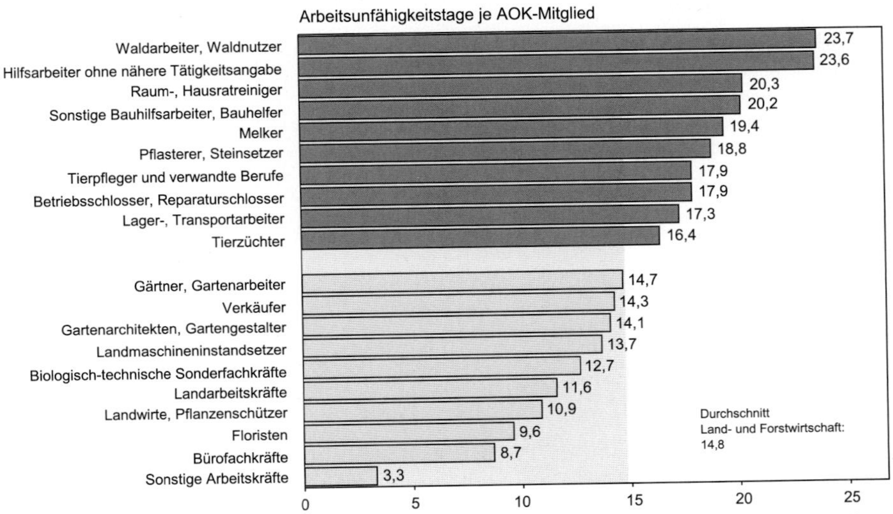

Abb. 12.8.2. 10 Berufsgruppen im Bereich Land- und Forstwirtschaft mit hohen und niedrigen Krankenständen, 2004

Tabelle 12.8.3. Land- und Forstwirtschaft, Krankenstandskennzahlen nach ausgewählten Berufsgruppen, 2004

Tätigkeit*	Krankenstand (in %)	Arbeitsunfähigkeiten je 100 AOK-Mitglieder		Tage je Fall	AU-Quote (in %)	Anteil Arbeitsunfälle an den AU-Tagen (in %)
		Fälle	Tage			
Bürofachkräfte	2,4	79,1	873,9	11,1	36,1	2,9
Floristen	2,6	103,1	963,9	9,3	45,2	4,0
Gärtner, Gartenarbeiter	4,0	140,1	1474,2	10,5	43,0	9,2
Hilfsarbeiter ohne nähere Tätigkeitsangaben	6,4	206,2	2357,4	11,4	45,6	5,7
Kraftfahrzeugführer	4,1	97,7	1514,7	15,5	43,7	11,0
Landarbeitskräfte	3,2	78,3	1160,2	14,8	29,5	13,8
Landmaschineninstandsetzer	3,8	97,8	1373,5	14,1	49,5	17,5
Landwirt(e/innen), Pflanzenschützer/innen	3,0	110,1	1092,5	9,9	40,7	16,4
Melker	5,3	93,4	1937,0	20,7	50,8	13,4
Sonstige Arbeitskräfte o. n. T.	0,9	28,8	332,1	11,5	14,8	0,2
Sonstige Bauhilfsarbeiter, Bauhelfer	5,5	195,4	2018,5	10,3	45,4	9,0
Tierpfleger und verwandte Berufe	4,9	90,5	1791,5	19,8	46,0	14,9
Tierzüchter	4,5	102,1	1637,1	16,0	47,4	13,8
Waldarbeiter, Waldnutzer	6,5	169,7	2367,4	14,0	53,5	15,3

* Berufsgruppen mit mehr als 2000 AOK-Versicherten

12.8.5 Kurz- und Langzeiterkrankungen

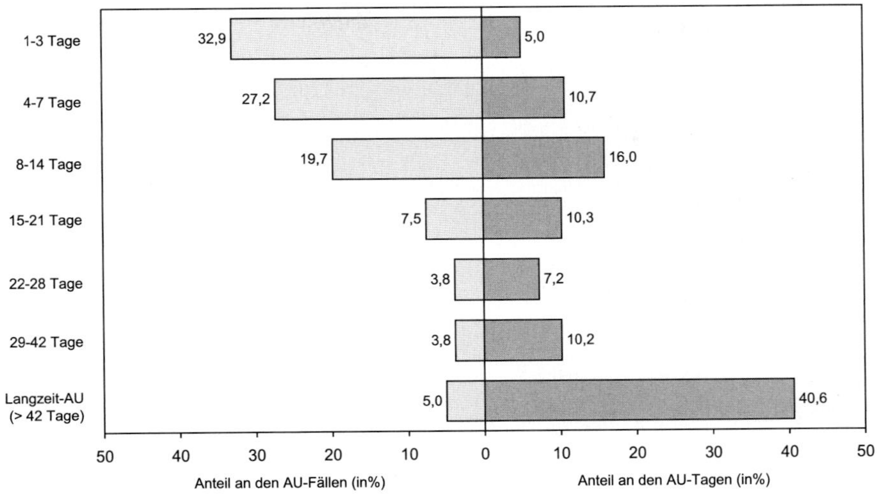

Abb. 12.8.3. Arbeitsunfähigkeitsfälle und -tage im Bereich Land- und Forstwirtschaft nach der Dauer, 2004

12.8.6 Krankenstand nach Bundesländern

Tabelle 12.8.4. Land- und Forstwirtschaft, Arbeitsunfähigkeit nach Bundesländern, 2004 im Vergleich zum Vorjahr

	Arbeitsunfähigkeiten je 100 AOK-Mitglieder					
	AU-Fälle	Veränd. z. Vorj. (in %)	AU-Tage	Veränd. z. Vorj. (in %)	Tage je Fall	Veränd. z. Vorj. (in %)
Baden-Württemberg	131,5	–8,1	1542,0	–6,0	11,7	1,7
Bayern	95,6	–14,6	1163,8	–12,7	12,2	2,5
Berlin	188,7	–3,5	2373,6	–8,8	12,6	–5,3
Brandenburg	104,2	–9,9	1604,9	–12,5	15,4	–3,1
Bremen	122,4	–19,6	1538,5	–7,2	12,6	15,6
Hamburg	139,4	–12,8	1679,5	0,9	12,0	15,4
Hessen	150,3	–8,2	1774,3	–4,3	11,8	4,4
Mecklenburg-Vorpommern	102,2	–4,6	1505,8	–10,2	14,7	–6,4
Niedersachsen	114,0	–10,0	1159,8	–8,4	10,2	2,0
Nordrhein-Westfalen	125,0	–12,3	1378,8	–8,1	11,0	4,8
Rheinland-Pfalz	135,4	–10,6	1549,6	–16,2	11,4	–6,6
Saarland	155,7	–8,9	2011,7	–1,6	12,9	7,5
Sachsen	107,0	–12,1	1516,4	–12,1	14,2	0,0
Sachsen-Anhalt	119,7	–8,3	1695,6	–9,7	14,2	–1,4
Schleswig-Holstein	112,6	–7,4	1297,6	–9,8	11,5	–2,5
Thüringen	114,8	–9,7	1689,7	–8,0	14,7	1,4
Bund	115,6	–10,0	1480,7	–9,8	12,8	0,0

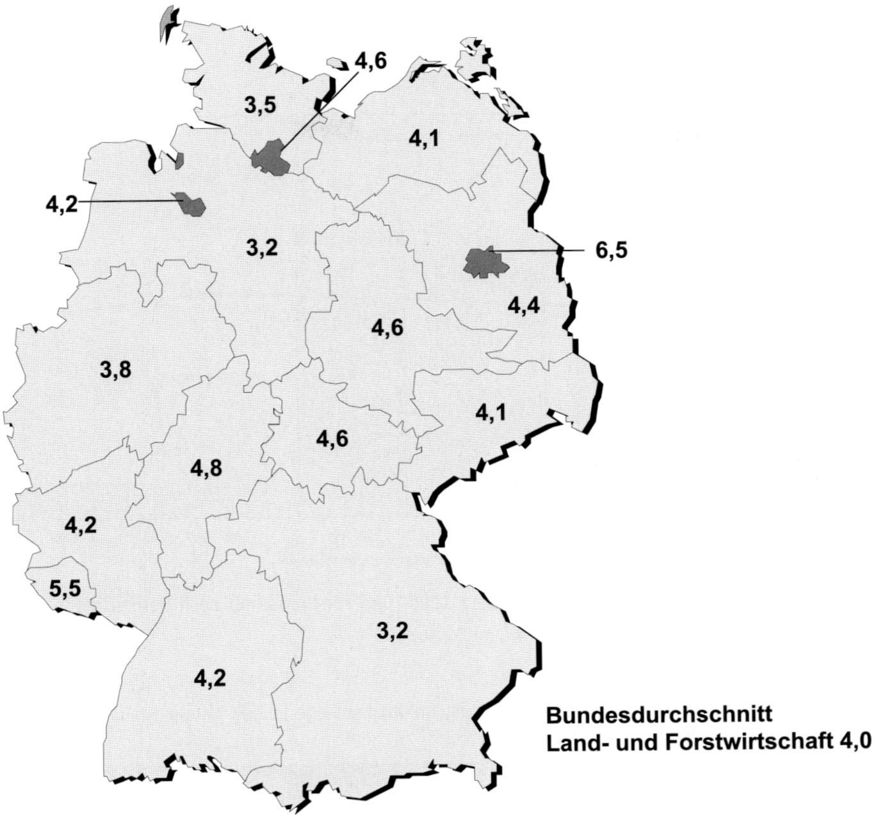

Abb. 12.8.4. Krankenstand (in %) im Bereich Land- und Forstwirtschaft nach Bundesländern, 2004

12.8.7 Krankenstand nach Betriebsgröße

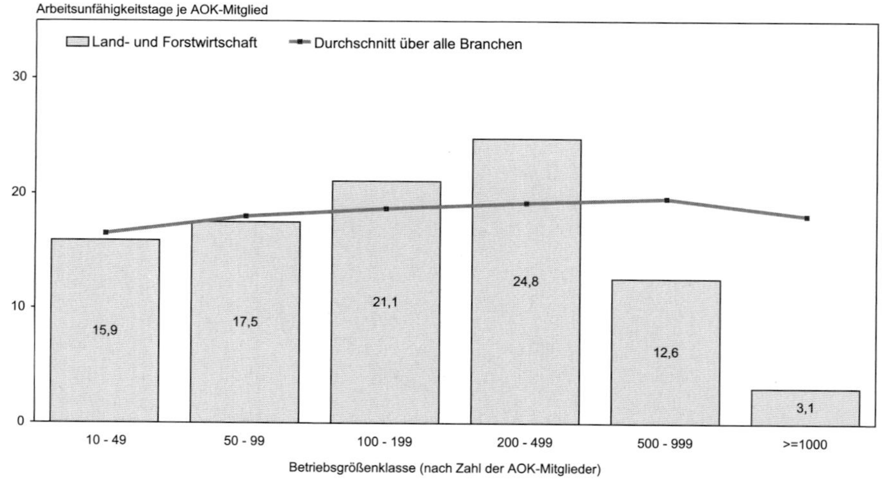

Abb. 12.8.5. Arbeitsunfähigkeitstage im Bereich Land- und Forstwirtschaft nach Betriebsgröße, 2004

Tabelle 12.8.5. Land- und Forstwirtschaft, Arbeitsunfähigkeitstage je AOK-Mitglied nach Betriebsgröße (Anzahl der AOK-Mitglieder), 2004

Wirtschaftsabteilung	10–49	50–99	100–199	200–499	500–999	≥1000
Fischerei und Fischzucht	14,4	–	–	–	–	–
Forstwirtschaft	22,4	24,2	23,0	27,4	–	–
Landwirtschaft, gewerbliche Jagd	15,4	17,2	20,8	24,2	12,6	3,1
Durchschnitt über alle Branchen	16,5	18,0	18,7	19,2	19,6	18,1

12.8.8 Krankenstand nach Stellung im Beruf

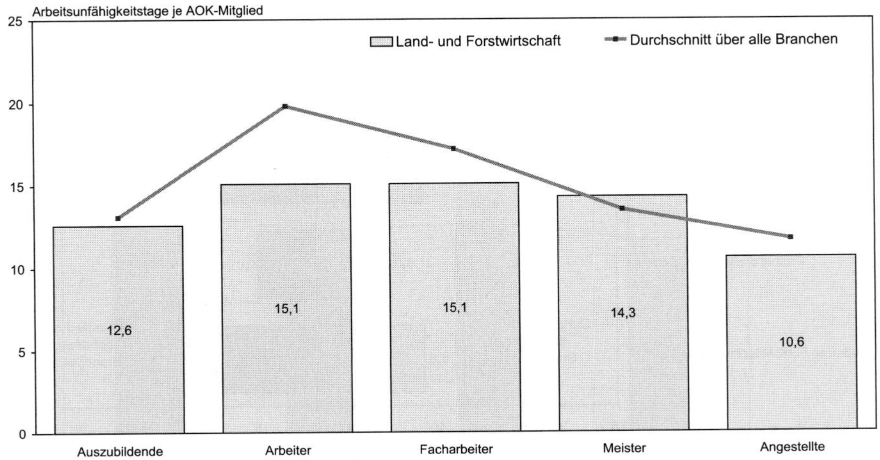

Abb. 12.8.6. Arbeitsunfähigkeitstage im Bereich Land- und Forstwirtschaft nach Stellung im Beruf, 2004

Tabelle 12.8.6. Land- und Forstwirtschaft, Krankenstand (in %) nach Stellung im Beruf, 2004

Wirtschaftsabteilung	Auszu-bildende	Arbeiter	Fach-arbeiter	Meister, Poliere	Ange-stellte
Fischerei und Fischzucht	3,2	4,1	3,9	3,6	2,5
Forstwirtschaft	4,3	6,3	6,4	4,1	3,0
Landwirtschaft, gewerbliche Jagd	3,4	4,0	4,0	3,9	2,9

12

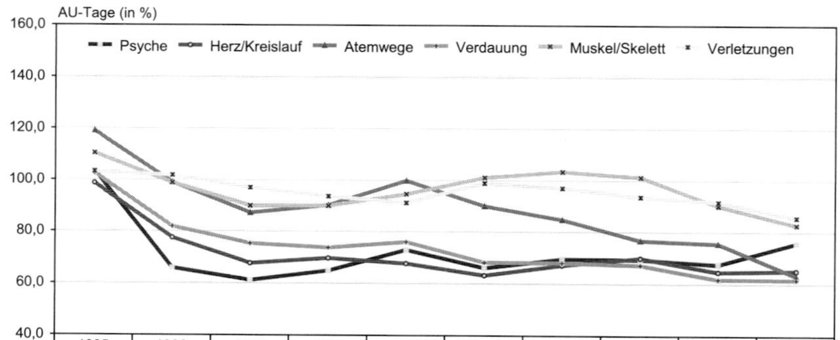

	1995	1996	1997	1998	1999*	2000*	2001*	2002*	2003*	2004*
Psyche	103,6	65,9	61,2	64,9	72,9	66,0	69,5	69,4	67,5	75,7
Herz/Kreislauf	98,7	77,5	67,7	69,7	67,7	63,2	67,2	69,9	64,7	65,2
Atemwege	119,0	99,0	87,2	90,2	99,8	90,0	84,8	76,7	75,5	63,2
Verdauung	102,6	81,9	75,3	73,7	76,0	68,2	68,1	67,2	61,8	61,7
Muskel/Skelett	110,4	98,8	90,0	89,9	94,6	101,1	103,5	101,3	90,1	82,7
Verletzungen	103,2	101,8	97,0	93,7	91,2	98,9	97,0	93,6	91,6	85,5

Abb. 12.8.10. Arbeitsunfähigkeitstage im Bereich Land- und Forstwirtschaft nach Krankheitsarten 1995–2004, Indexdarstellung (1994 = 100%)

Tabelle 12.8.8. Land- und Forstwirtschaft, Arbeitsunfähigkeitstage nach Krankheitsarten (in %), 2004

Wirtschafts-abteilung	Muskel/Skelett	Verlet-zungen	Herz/Kreislauf	Atem-wege	Verdau-ung	Psyche	Sonstige
Fischerei und Fischzucht	23,1	14,9	9,8	9,3	6,5	5,6	30,8
Forstwirtschaft	29,5	21,4	6,9	9,9	5,2	4,1	23
Landwirtschaft, gewerbliche Jagd	25	18,3	7,9	10,7	6,9	5,1	26,1

Tabelle 12.8.9. Land- und Forstwirtschaft, Arbeitsunfähigkeiten nach Krankheitsarten, Anteile der ICD-Untergruppen an den ICD-Hauptgruppen, 2004

ICD-Untergruppen	Anteil an den AU-Fällen (in %)	Anteil an den AU-Tagen (in %)
Muskel-/Skeletterkrankungen		
Krankheiten der Wirbelsäule und des Rückens	54,6	49,8
Krankheiten der Weichteilgewebe	20,3	18,6
Arthropathien	18,2	25,3
Sonstige	6,9	6,3
Verletzungen		
Verletzungen nicht näher bezeichneter Teile an Rumpf/Extremitäten/etc.	19,5	14,1
Verletzungen des Handgelenkes und der Hand	14,3	14,6
Verletzungen des Knies und des Unterschenkels	10,9	17,2
Verletzungen der Knöchelregion und des Fußes	10,4	11,0
Verletzungen des Kopfes	9,1	6,4
Sonstige	35,8	36,7
Atemwegserkrankungen		
Akute Infektionen der oberen Atemwege	45,5	35,9
Sonstige akute Infektionen der unteren Atemwege	18,4	16,4
Chronische Krankheiten der unteren Atemwege	16,6	21,0
Sonstige Krankheiten der oberen Atemwege	8,5	10,1
Sonstige	11,0	16,6
Herz-/Kreislauferkrankungen		
Hypertonie (Hochdruckkrankheit)	39,6	36,9
Krankheiten der Venen/Lymphgefäße/Lymphknoten	15,3	12,3
Ischämische Herzkrankheiten	14,2	18,7
Sonstige Formen der Herzkrankheit	13,4	15,9
Sonstige	17,5	16,2
Verdauung		
Nichtinfektiöse Enteritis und Kolitis	25,6	15,4
Krankheiten des Ösophagus/Magens/Duodenums	24,0	22,4
Krankheiten der Mundhöhle/Speicheldrüsen/Kiefer	23,9	8,8
Sonstige Krankheiten des Darmes	6,8	10,1
Hernien	5,8	15,3
Sonstige	13,9	28,0
Psychische und Verhaltensstörungen		
Neurotische, Belastungs- und somatoforme Störungen	34,4	28,1
Psychische und Verhaltensstörungen durch psychotrope Substanzen	32,9	31,5
Affektive Störungen	22,0	26,2
Schizophrenie, schizotype und wahnhafte Störungen	3,0	5,1
Sonstige	7,7	9,1

12.9 Metallindustrie

12.9.1 Kosten der Arbeitsunfähigkeit

In der Metallindustrie waren im Jahr 2004 3,4 Millionen Arbeitnehmer beschäftigt[1]. Die dieser Branche tätigen AOK-Mitglieder waren 2004 durchschnittlich 17,4 Kalendertage krankgeschrieben. Hochgerechnet auf das gesamte Metallgewerbe ergibt sich daraus eine Summe von 60 Millionen krankheitsbedingten Fehltagen bzw. von 163 652 Ausfalljahren. Der durchschnittliche Bruttojahresverdienst eines in der Metallindustrie Beschäftigten lag im Jahr 2004 bei 40 289 Euro[2]. Die daraus resultierenden Kosten der Produktionsausfälle durch Arbeitsunfähigkeit lagen bei 6,6 Milliarden Euro. Ein Unternehmen mit 100 Mitarbeitern hatte im Durchschnitt eine finanzielle Belastung von 191 384 Euro.

12.9.2 Allgemeine Krankenstandsentwicklung

Der Trend zu niedrigen Krankenständen hat sich weiter fortgesetzt. Im Jahr 2004 ging der Krankenstand in der Metallindustrie von 5,1 auf 4,8% zurück. 58,7% der Beschäftigten meldeten sich ein oder mehrmals krank (AU-Quote), im Jahr zuvor waren es noch 61,2% gewesen. Die Zahl der Krankmeldungen sank um 8,1%, bei den krankheitsbedingten Ausfalltagen war ein Rückgang um 6,8% zu verzeichnen.

In Ostdeutschland war der Krankenstand mit 4,2% deutlich niedriger als in Westdeutschland. Dort lag er bei 4,8%. Zurückzuführen ist dies darauf, dass sich weniger Beschäftigte krank meldeten (s. Ta-

[1] Quelle: http://www.gesamtmetall.de, M+E-Daten: Beschäftigung und Arbeitsmarkt, 2005.
[2] Quelle: http://www.gesamtmetall.de, M+E-Daten: Beschäftigung und Arbeitsmarkt, 2005.

Tabelle 12.9.1. Krankenstandsentwicklung in der Metallindustrie, 2004

	Kranken-stand (in %)	Arbeitsunfähigkeiten je 100 AOK-Mitglieder				Tage je Fall	AU-Quote (in %)
		Fälle	Veränd. z. Vorj. (in %)	Tage	Veränd. z. Vorj. (in %)		
West	4,8	144,6	-8,0	1763,9	-6,5	12,2	59,3
Ost	4,2	127,1	-8,3	1535,7	-9,1	12,1	54,4
Bund	4,8	142,7	-8,1	1738,6	-6,8	12,2	58,7

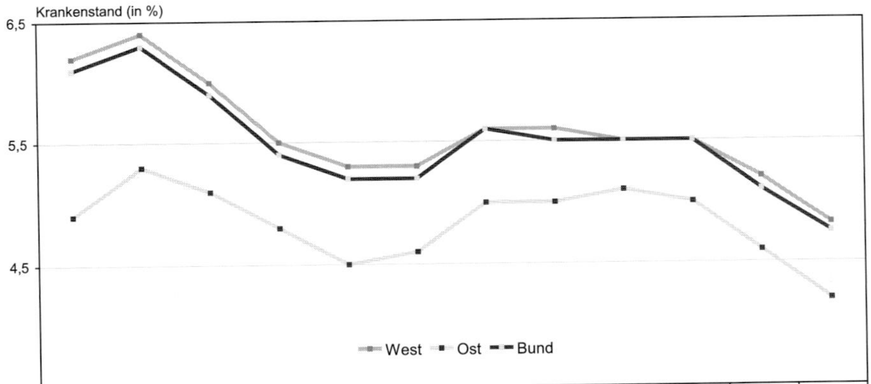

	1993	1994	1995	1996	1997	1998	1999*	2000*	2001*	2002*	2003*	2004*
West	6,2	6,4	6,0	5,5	5,3	5,3	5,6	5,6	5,5	5,5	5,2	4,8
Ost	4,9	5,3	5,1	4,8	4,5	4,6	5,0	5,0	5,1	5,0	4,6	4,2
Bund	6,1	6,3	5,9	5,4	5,2	5,2	5,6	5,5	5,5	5,5	5,1	4,8

Abb. 12.9.1. Krankenstandsentwicklung in der Metallindustrie 1993–2004

belle 12.9.1). Hinsichtlich der durchschnittlichen Dauer der Krankmeldungen gab es dagegen keine wesentlichen Unterschiede. Im Vergleich zum Vorjahr nahm die Zahl der krankheitsbedingten Fehltage in Ostdeutschland stärker ab als in Westdeutschland (–9,1 vs. -6,5%).

Abbildung 12.9.1[3] zeigt die Entwicklung des Krankenstandes in der Metallindustrie in den Jahren 1993 bis 2004. 1995 bis 1997 gingen die krankheitsbedingten Fehlzeiten kontinuierlich zurück. Im Jahr 1998 kam es zu keinem weiteren Rückgang, der Krankenstand blieb aber stabil. Eine Zunahme der krankheitsbedingten Ausfallzeiten war erst

[3] Die Werte der Jahre ab 1999 basieren auf der Klassifikation der Wirtschaftszweige der Bundesanstalt für Arbeit aus dem Jahre 1993 (WZ 93/NACE), ab 2003 auf dem WZ 2003/NACE, während den Werten der Jahre 1993 bis 1998 noch der Wirtschaftszweigschlüssel aus dem Jahr 1973 zugrunde lag.

wieder 1999 zu verzeichnen. Im Jahr 2000 ging der Krankenstand erneut etwas zurück und blieb dann in den beiden Folgejahren konstant. 2003 und 2004 sank der Krankenstand deutlich und erreichte mit 4,8% den niedrigsten Wert seit 1993.

Die Krankenstandswerte in West- und Ostdeutschland haben sich in den letzten Jahren zunehmend einander angenähert. Hatte der Abstand zwischen dem Krankenstand in Ost- und Westdeutschland 1993 noch 1,3 Prozentpunkte betragen, so differierten die Werte in den alten und neuen Bundesländern im Jahr 2001 nur noch um 0,4 Prozentpunkte. In den letzten Jahren hat sich der Ost/West-Unterschied allerdings wieder etwas vergrößert. Im Jahr 2004 lag er bei 0,6 Prozentpunkten.

12.9.3 Krankenstandsentwicklung nach Wirtschaftsabteilungen

In den einzelnen Wirtschaftsabteilungen der Metallindustrie variierten die Krankenstände auch 2004 sehr stark (Tabelle 12.9.2). Wie schon in den Vorjahren, war der höchste Krankenstand mit 5,4% in der Metallerzeugung und -bearbeitung zu verzeichnen. In diesem Bereich war sowohl die Zahl der Krankmeldungen als auch deren Dauer überdurchschnittlich hoch. Zum Teil sind diese hohen Werte allerdings auf die spezifische Beschäftigtenstruktur in diesem Wirtschaftszweig zurückzuführen. Eine Berücksichtigung der Alters- und Geschlechtsstruktur mit Hilfe eines Standardisierungsverfahrens, ergibt einen um 0,4 Prozentpunkte reduzierten Krankenstandswert[4].

In den Wirtschaftsabteilungen „Herstellung von Metallerzeugnissen", „Herstellung von Geräten der Elektrizitätserzeugung und -verteilung", in der Automobilindustrie sowie im sonstigen Fahrzeugbau lagen die Krankenstände ebenfalls über dem allgemeinen Branchendurchschnitt von 4,5%. Wie bereits in den Vorjahren verzeichnete der Bereich „Herstellung von Büromaschinen, Datenverarbeitungsgeräten und -einrichtungen" mit 3,5% den niedrigsten Krankenstand. Der Anteil der Beschäftigten, die sich 2004 ein- oder mehrmals krank meldeten, variierte in den einzelnen Wirtschaftsabteilungen der Metallindustrie zwischen 49,5 und 62,4% (vgl. Tabelle 12.9.2).

Im Vergleich zum Vorjahr ging 2004 sowohl die Zahl der AU-Fälle als auch der AU-Tage in allen Bereichen der Metallindustrie deutlich zurück (s. Tabelle 12.9.2). Die Zahl der Krankmeldungen sank am stärksten im Bereich der Herstellung von Büromaschinen, Datenver-

[4] Berechnet nach der Methode der direkten Standardisierung. Zugrunde gelegt wurde die Alters- und Geschlechtsstruktur der erwerbstätigen Mitglieder der gesetzlichen Krankenversicherung insgesamt im Jahr 2000 (Mitglieder mit Krankengeldanspruch). Quelle: VDR-Statistik

Tabelle 12.9.2. Krankenstandsentwicklung in der Metallindustrie nach Wirtschaftsabteilungen, 2004

Wirtschafts-abteilung	Krankenstand (in %)			Arbeitsunfähigkeiten je 100 AOK-Mitglieder				Tage je Fall	AU-Quote (in %)
	2004	2004 stand.*	2003	Fälle	Veränd. z. Vorj. (in %)	Tage	Veränd. z. Vorj. (in %)		
Herstellung von Büromaschinen, Datenverarbeitungsgeräten und -einrichtungen	3,5	3,5	3,6	122,0	–9,3	1261,5	–4,6	10,3	49,5
Herstellung von Geräten der Elektrizitätserzeugung, -verteilung	4,8	4,5	5,3	143,0	–8,0	1750,6	–9,5	12,2	58,8
Herstellung von Kraftwagen und Kraftwagenteilen	5,2	5,2	5,4	144,2	–7,6	1884,1	–4,7	13,1	60,0
Herstellung von Metallerzeugnissen	5,0	4,8	5,4	147,0	–8,6	1825,5	–7,3	12,4	59,0
Maschinenbau	4,4	4,3	4,7	137,3	–7,9	1615,3	–6,3	11,8	57,9
Medizin-, Mess-, Steuer- und Regelungstechnik, Optik	4,0	3,8	4,2	136,5	–7,8	1444,6	–6,5	10,6	56,1
Metallerzeugung und -bearbeitung	5,4	5,0	5,9	149,8	–8,1	1985,1	–7,4	13,3	62,4
Rundfunk-, Fernseh- und Nachrichtentechnik	4,1	4,1	4,6	140,0	–8,4	1511,1	–9,1	10,8	55,4
Sonstiger Fahrzeugbau	4,9	4,6	5,3	148,5	–7,2	1801,7	–6,3	12,1	59,7

* Krankenstand alters- und geschlechtsstandardisiert

arbeitungsgeräten und -einrichtungen (9,3%). Hinsichtlich der Arbeitsunfähigkeitstage waren die stärksten Rückgänge im Bereich „Herstellung von Geräten der Elektrizitätserzeugung und -verteilung" (–9,5%) sowie in der Rundfunk-, Fernseh- und Nachrichtentechnik (–9,1%) zu verzeichnen.

Tabellarische Übersichten und Abbildungen

12.9.4 Krankenstand nach Berufsgruppen

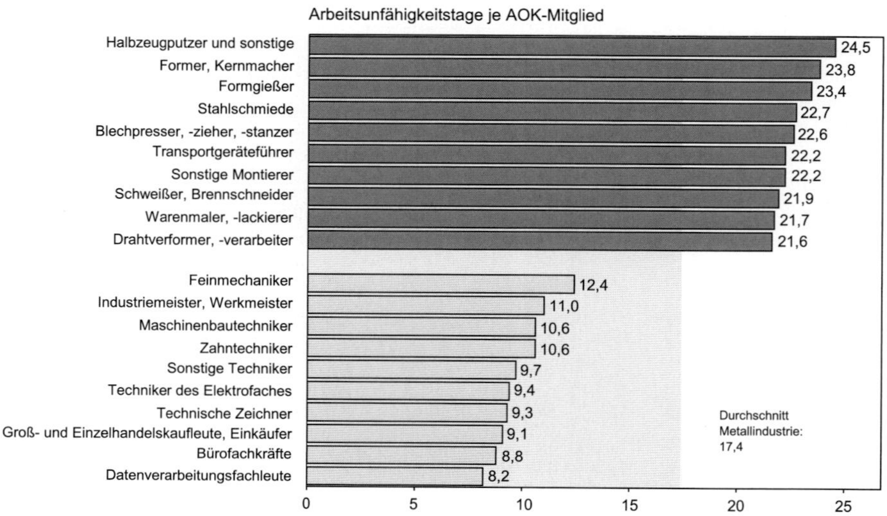

Abb. 12.9.2. 10 Berufsgruppen in der Metallindustrie mit hohen und niedrigen Krankenständen, 2004

Tabelle 12.9.3. Metallindustrie, Krankenstandskennzahlen nach ausgewählten Berufsgruppen, 2004

Tätigkeit*	Krankenstand (in %)	Arbeitsunfähigkeiten je 100 AOK-Mitglieder		Tage je Fall	AU-Quote (in %)	Anteil Arbeitsunfälle an den AU-Tagen (in %)
		Fälle	Tage			
Blechpresser, -zieher, -stanzer	6,2	160,7	2261,5	14,1	65,9	6,9
Bürofachkräfte	2,4	106,8	884,9	8,3	46,4	1,8
Drahtverformer, -verarbeiter	5,9	153,2	2156,4	14,1	64,7	5,6
Dreher	4,5	147,1	1643,5	11,2	61,7	7,0
Eisen-, Metallerzeuger, Schmelzer	5,7	149,5	2081,7	13,9	64,1	9,7
Elektrogeräte-, Elektroteilemontierer	5,7	158,1	2073,2	13,1	63,1	2,6
Elektroinstallateure, -monteure	4,0	128,4	1473,4	11,5	55,8	6,4
Feinblechner	4,9	156,3	1781,8	11,4	62,3	7,1
Feinmechaniker	3,4	152,4	1241,7	8,1	58,3	4,7
Fräser	4,2	145,7	1533,5	10,5	60,5	6,0
Galvaniseure, Metallfärber	5,8	154,0	2129,0	13,8	63,1	6,4
Industriemechniker/innen	4,5	156,9	1664,4	10,6	55,8	12,7
Ingenieure des Maschinen- und Fahrzeugbaues	1,7	67,6	610,6	9,0	34,5	3,8
Lager-, Transportarbeiter	5,1	146,6	1884,8	12,9	60,2	4,8
Maschinenschlosser	4,3	141,1	1581,8	11,2	60,5	8,1
Metallarbeiter	5,5	156,9	2025,6	12,9	63,0	5,8
Metallschleifer	5,0	150,0	1845,3	12,3	61,7	6,7
Rohrinstallateure	5,3	142,5	1957,0	13,7	57,5	8,8
Schweißer, Brennschneider	6,0	158,2	2185,1	13,8	63,9	8,3
Stahlschmiede	6,2	164,7	2271,8	13,8	66,5	9,8
Technische Zeichner	2,6	128,9	933,9	7,2	52,6	3,5
Warenaufmacher, Versandfertigmacher	5,7	152,6	2078,7	13,6	62,7	4,6
Werkzeugmacher	3,9	142,2	1418,3	10,0	59,9	6,9
Zahntechniker	2,9	131,9	1062,1	8,0	51,9	1,8

* Berufsgruppen mit mehr als 2000 AOK-Versicherten

12.9.5 Kurz- und Langzeiterkrankungen

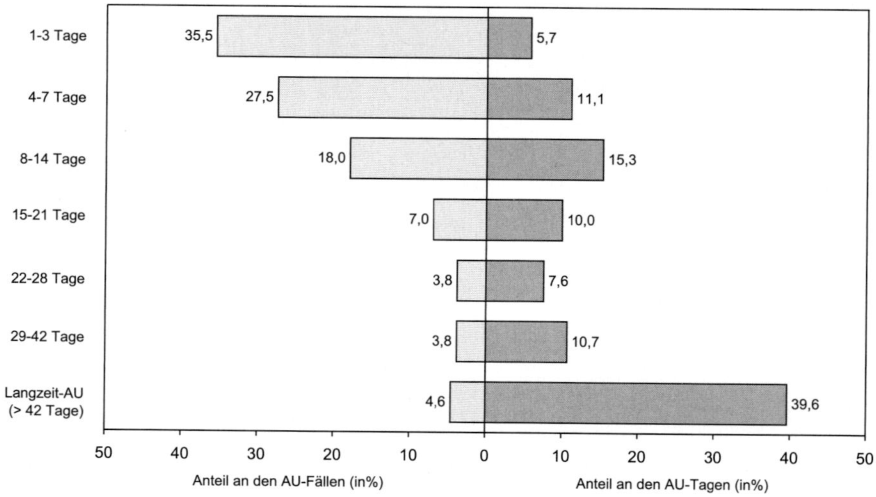

Abb. 12.9.3. Arbeitsunfähigkeitsfälle und -tage in der Metallindustrie nach der Dauer, 2004

12.9.6 Krankenstand nach Bundesländern

Tabelle 12.9.4. Metallindustrie, Arbeitsunfähigkeit nach Bundesländern, 2004 im Vergleich zum Vorjahr

	Arbeitsunfähigkeiten je 100 AOK-Mitglieder					
	AU-Fälle	Veränd. z. Vorj. (in %)	AU-Tage	Veränd. z. Vorj. (in %)	Tage je Fall	Veränd. z. Vorj. (in %)
Baden-Württemberg	142,2	–8,1	1707,7	–5,9	12,0	2,6
Bayern	130,4	–9,2	1550,5	–6,4	11,9	3,5
Berlin	126,4	–6,4	1993,5	–10,0	15,8	–3,7
Brandenburg	126,3	–10,6	1598,7	–11,2	12,7	0,0
Bremen	161,9	–7,9	1973,1	–8,4	12,2	–0,8
Hamburg	154,5	–6,0	2206,2	–9,1	14,3	–3,4
Hessen	159,7	–7,0	1982,1	–5,1	12,4	1,6
Mecklenburg-Vorpommern	135,8	–7,4	1606,6	–8,2	11,8	–0,8
Niedersachsen	150,4	–8,2	1517,0	–7,6	10,1	1,0
Nordrhein-Westfalen	153,9	–7,2	1964,5	–6,8	12,8	0,8
Rheinland-Pfalz	151,7	–7,0	1850,7	–7,2	12,2	0,0
Saarland	126,0	–5,3	2120,2	–3,1	16,8	2,4
Sachsen	121,9	–8,3	1456,2	–9,6	11,9	–1,7
Sachsen-Anhalt	128,8	–6,3	1596,5	–9,3	12,4	–3,1
Schleswig-Holstein	155,9	–10,5	1894,0	–10,3	12,1	0,0
Thüringen	138,3	–7,4	1674,9	–5,7	12,1	1,7
Bund	142,7	–8,1	1738,6	–6,8	12,2	1,7

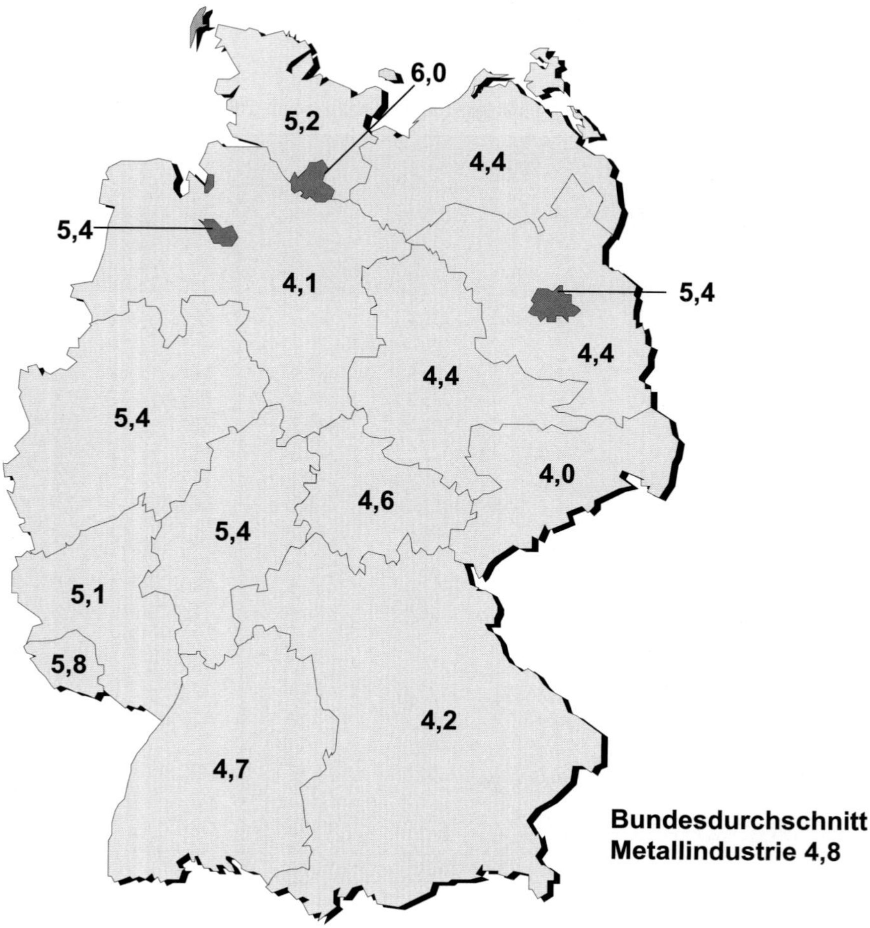

Abb. 12.9.4. Krankenstand (in %) in der Metallindustrie nach Bundesländern, 2004

12.9.7 Krankenstand nach Betriebsgröße

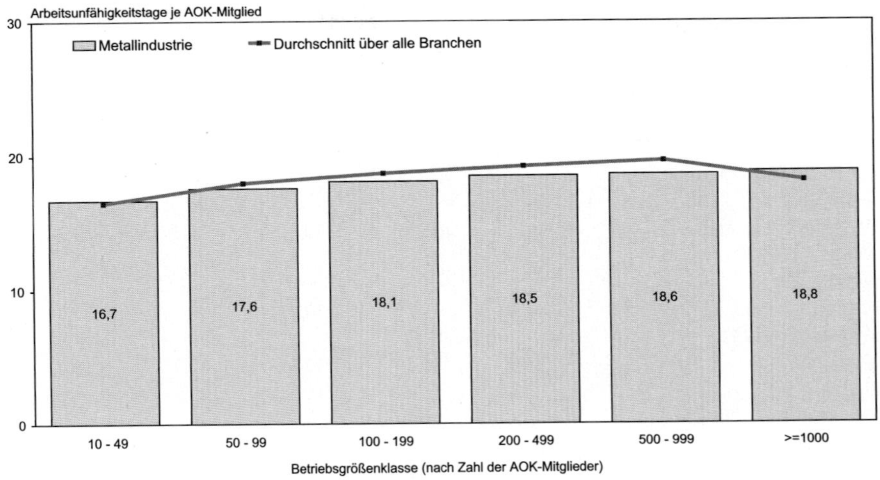

Abb. 12.9.5. Arbeitsunfähigkeitstage in der Metallindustrie nach Betriebsgröße, 2004

Tabelle 12.9.5. Metallindustrie, Arbeitsunfähigkeitstage je AOK-Mitglied nach Betriebsgröße (Anzahl der AOK-Mitglieder), 2004

Wirtschaftsabteilung	10–49	50–99	100–199	200–499	500–999	≥1000
Herstellung von Büromaschinen, Datenverarbeitungsgeräten und -einrichtungen	11,9	13,6	14,5	13,9	11,3	–
Herstellung von Geräten der Elektrizitätserzeugung, -verteilung	16,3	17,1	17,6	19,2	20,5	19,8
Herstellung von Kraftwagen und Kraftwagenteilen	16,1	16,9	18,6	19,2	19,2	19,7
Herstellung von Metallerzeugnissen	18,0	18,9	19,7	19,8	18,9	17,5
Maschinenbau	15,8	16,3	16,7	16,8	17,9	16,4
Medizin-, Mess, Steuer- und Regelungstechnik, Optik	13,9	16,0	16,4	16,6	17,5	–
Metallerzeugung und -bearbeitung	19,3	20,8	20,1	20,1	21,1	19,6
Rundfunk-, Fernseh- und Nachrichtentechnik	14,3	14,3	17,0	16,3	16,2	9,3
Sonstiger Fahrzeugbau	17,4	18,6	18,3	20,2	17,7	13,8
Durchschnitt über alle Branchen	16,5	18,0	18,7	19,2	19,6	18,1

12.9.8 Krankenstand nach Stellung im Beruf

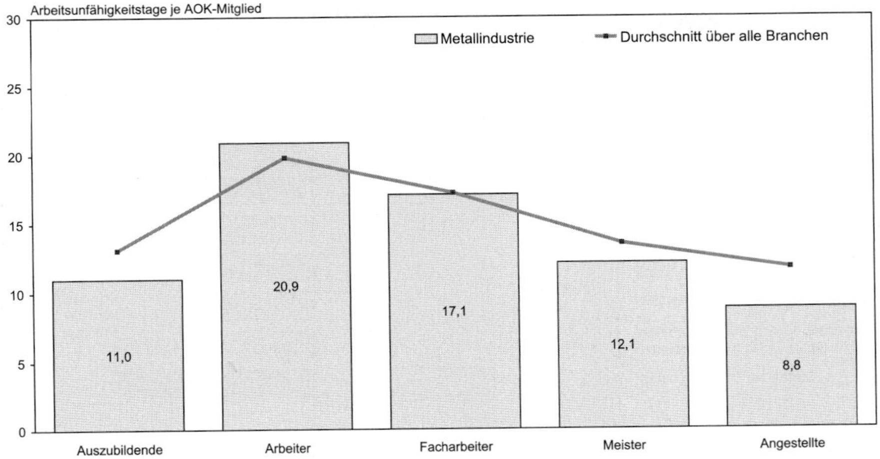

Abb. 12.9.6. Arbeitsunfähigkeitstage in der Metallindustrie nach Stellung im Beruf, 2004

Tabelle 12.9.6. Metallindustrie, Krankenstand (in %) nach Stellung im Beruf, 2004

Wirtschaftsabteilung	Auszubildende	Arbeiter	Facharbeiter	Meister, Poliere	Angestellte
Herstellung von Büromaschinen, Datenverarbeitungsgeräten und -einrichtungen	2,3	5,2	3,3	6,0	2,3
Herstellung von Geräten der Elektrizitätserzeugung, -verteilung	2,8	5,7	4,4	2,9	2,4
Herstellung von Kraftwagen und Kraftwagenteilen	2,7	6,0	4,9	2,7	2,4
Herstellung von Metallerzeugnissen	3,5	5,7	4,9	3,9	2,4
Maschinenbau	2,9	5,6	4,5	3,0	2,4
Medizin-, Mess, Steuer- und Regelungstechnik, Optik	2,8	5,1	3,8	3,0	2,5
Metallerzeugung und -bearbeitung	3,1	6,1	5,1	4,0	2,4
Rundfunk-, Fernseh- und Nachrichtentechnik	2,3	5,1	3,9	3,5	2,5
Sonstiger Fahrzeugbau	2,9	5,5	5,4	3,0	2,8

12

12.9.9 Arbeitsunfälle

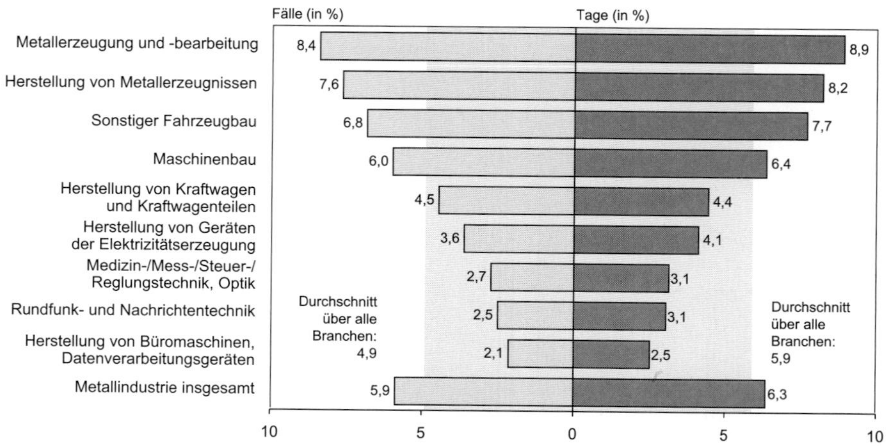

Abb. 12.9.7. Arbeitsunfälle in der Metallindustrie nach Wirtschaftsabteilungen, Anteil an den AU-Fällen und -Tagen in %, 2004

Tabelle 12.9.7. Metallindustrie, Arbeitsunfähigkeitstage durch Arbeitsunfälle nach Berufsgruppen, 2004

Tätigkeit	AU-Tage je 1000 AOK-Mitglieder	Anteil an den AU-Tagen insgesamt (in %)
Halbzeugputzer und sonstige Formgießerberufe	2879,7	11,7
Stahlbauschlosser, Eisenschiffbauer	2338,4	11,3
Industriemechaniker/innen	2124,7	12,7
Bauschlosser	2045,5	10,7
Schweißer, Brennschneider	1811,7	8,3
Betriebsschlosser, Reparaturschlosser	1810,6	10,4
Blechpresser, -zieher, -stanzer	1578,1	6,9
Maschinenschlosser	1281,4	8,1
Metallarbeiter	1179,6	5,8
Dreher	1150,7	7,0
Hilfsarbeiter ohne nähere Tätigkeitsangabe	1046,2	5,6
Werkzeugmacher	978,5	6,9
Sonstige Mechaniker	973,8	6,8
Elektroinstallateure, -monteure	940,0	6,4
Lager-, Transportarbeiter	907,0	4,8
Sonstige Montierer	720,3	3,2

12.9.10 Krankheitsarten

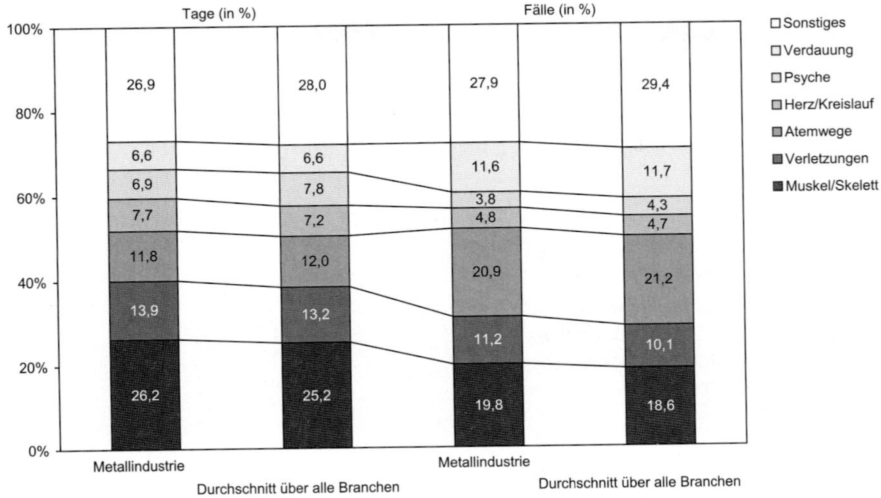

Abb. 12.9.8. Arbeitsunfähigkeiten in der Metallindustrie nach Krankheitsarten, 2004

Tabelle 12.9.8. Metallindustrie, Arbeitsunfähigkeitstage nach Krankheitsarten (in %), 2004

Wirtschafts-abteilung	Muskel/ Skelett	Atem-wege	Verlet-zungen	Psyche	Verdau-ung	Herz/ Kreislauf	Sons-tige
Herstellung von Büromaschinen, Datenverarbeitungsgeräten und -einrichtungen	23,4	17,4	10,8	7,7	7,0	6,0	27,7
Herstellung von Geräten der Elektrizitätserzeugung, -verteilung	27,6	13,6	11,6	7,8	6,3	6,8	26,3
Herstellung von Kraftwagen und Kraftwagenteilen	29,1	14,3	12,6	6,2	6,4	7,0	24,4
Herstellung von Metallerzeugnissen	28,1	12,6	16,0	5,7	6,5	7,2	23,9
Maschinenbau	26,7	13,5	15,2	5,7	6,6	7,4	24,9
Medizin-, Mess-, Steuer- und Regelungstechnik, Optik	23,6	15,5	11,2	7,9	6,6	6,5	28,7
Metallerzeugung und -bearbeitung	28,4	12,9	16,0	5,4	6,5	7,8	23,0
Rundfunk-, Fernseh- und Nachrichtentechnik	25,2	15,7	10,5	8,2	6,7	6,1	27,6
Sonstiger Fahrzeugbau	28,4	13,9	15,3	5,3	6,7	7,0	23,4

12

Tabelle 12.9.9. Metallindustrie, Arbeitsunfähigkeiten nach Krankheitsarten, Anteile der ICD-Untergruppen an den ICD-Hauptgruppen, 2004

ICD-Untergruppen	Anteil an den AU-Fällen (in %)	Anteil an den AU-Tagen (in %)
Muskel-/Skeletterkrankungen		
Krankheiten der Wirbelsäule und des Rückens	54,7	50,6
Krankheiten der Weichteilgewebe	21,0	20,0
Arthropathien	17,5	23,0
Sonstige	6,8	6,4
Verletzungen		
Verletzungen nicht näher bezeichneter Teile an Rumpf/Extremitäten/etc.	19,8	13,9
Verletzungen des Handgelenkes und der Hand	16,2	17,1
Verletzungen des Knies und des Unterschenkels	9,8	15,6
Verletzungen der Knöchelregion und des Fußes	9,8	10,2
Verletzungen des Kopfes	7,3	5,2
Sonstige	37,1	38,0
Atemwegserkrankungen		
Akute Infektionen der oberen Atemwege	42,6	33,2
Chronische Krankheiten der unteren Atemwege	18,7	23,8
Sonstige akute Infektionen der unteren Atemwege	18,6	17,1
Sonstige Krankheiten der oberen Atemwege	9,7	11,5
Sonstige	10,4	14,4
Herz-/Kreislauferkrankungen		
Hypertonie (Hochdruckkrankheit)	34,5	32,4
Krankheiten der Venen/Lymphgefäße/Lymphknoten	17,4	12,7
Ischämische Herzkrankheiten	15,5	22,0
Sonstige Formen der Herzkrankheit	13,1	13,8
Sonstige	19,5	19,1
Verdauung		
Nichtinfektiöse Enteritis und Kolitis	27,4	17,2
Krankheiten des Ösophagus/Magens/Duodenums	24,3	23,3
Krankheiten der Mundhöhle/Speicheldrüsen/Kiefer	23,7	7,9
Sonstige Krankheiten des Darmes	7,7	12,1
Hernien	5,8	16,0
Sonstige	11,1	23,5
Psychische und Verhaltensstörungen		
Neurotische, Belastungs- und somatoforme Störungen	38,2	31,2
Affektive Störungen	28,6	33,1
Psychische und Verhaltensstörungen durch psychotrope Substanzen	24,6	24,4
Schizophrenie, schizotype und wahnhafte Störungen	2,7	4,3
Sonstige	5,9	7,0

12.10 Öffentliche Verwaltung und Sozialversicherung

12.10.1 Kosten der Arbeitsunfähigkeit

Der Bereich Öffentliche Verwaltung und Sozialversicherung umfasste im Jahr 2004 1,7 Millionen sozialversicherungspflichtig Beschäftigte[1]. Der Anteil der AOK-Versicherten lag bei 40,1%. Jedes AOK-Mitglied war 2004 im Durchschnitt 19,1 Kalendertage krankgeschrieben. Hochgerechnet auf die Branche insgesamt resultiert daraus eine Summe von 33,3 Millionen krankheitsbedingten Fehltagen oder 91 099 Erwerbsjahren. Bei einem durchschnittlichen Arbeitnehmerentgelt von 36 492 Euro[2] ergeben sich für das Jahr 2004 Kosten in Höhe von 3,3 Milliarden Euro aufgrund von Produktionsausfällen durch Arbeitsunfähigkeit. Die finanzielle Belastung einer Einrichtung aus dem Bereich Öffentliche Verwaltung und Sozialversicherung mit 100 Mitarbeitern betrug durchschnittlich 190 927 Euro.

12.10.2 Allgemeine Krankenstandsentwicklung

Der Trend zu niedrigen Krankenständen hat sich ebenso wie in den meisten Wirtschaftszweigen auch in der Öffentlichen Verwaltung und im Bereich Sozialversicherung weiter fortgesetzt. Der Krankenstand betrug 2004 5,2% und ging damit gegenüber dem Vorjahr um 0,4 Prozentpunkte zurück. Dennoch lag er nach wie vor deutlich über dem allgemei-

[1] Bundesagentur für Arbeit, Sozialversicherungspflichtig Beschäftigte nach Wirtschaftszweigen der WZ2003/BA in der Bundesrepublik Deutschland am 30. Juni 2004, Nürnberg 2005.

[2] Das Arbeitnehmerentgelt setzt sich zusammen aus den Bruttolöhnen und -gehältern sowie den tatsächlichen und unterstellten Sozialbeiträgen der Arbeitgeber. Quelle: Statistisches Bundesamt, Volkswirtschaftliche Gesamtrechnungen, Fachserie 18, Reihe 26, Arbeitnehmerentgelt im Inland, Revidierte Jahresergebnisse 1991–2004, Stand April 2005, Wiesbaden.

nen Branchendurchschnitt von 4,5%[3]. Der Anteil der Beschäftigten, die sich im Jahr 2004 mindestens einmal krankmeldeten (AU-Quote), betrug 59,0% und ist damit gegenüber 2003 um 1,1 Prozentpunkte gesunken.

In Ostdeutschland waren etwas weniger Krankmeldungen zu verzeichnen als in Westdeutschland (s. Tabelle 12.10.1). Auch die durchschnittliche Dauer der Krankheitsfälle war geringer als im Westen. Der Krankenstand lag 2004 bei 5,0%, in Westdeutschland waren es 5,3%. Im Vergleich zum Vorjahr nahmen allerdings die Arbeitsunfähigkeitsfälle und -tage in den alten Bundesländern vergleichsweise stärker ab.

Tabelle 12.10.1. Krankenstandsentwicklung im Bereich Öffentliche Verwaltung und Sozialversicherung, 2004

	Krankenstand (in %)	Arbeitsunfähigkeiten je 100 AOK-Mitglieder				Tage je Fall	AU-Quote (in %)
		Fälle	Veränd. z. Vorj. (in %)	Tage	Veränd. z. Vorj. (in %)		
West	5,3	154,8	–7,5	1938,6	–6,5	12,5	59,2
Ost	5,0	152,2	–4,2	1819,8	–5,8	12,0	57,8
Bund	5,2	154,3	–6,9	1914,9	–6,4	12,4	59,0

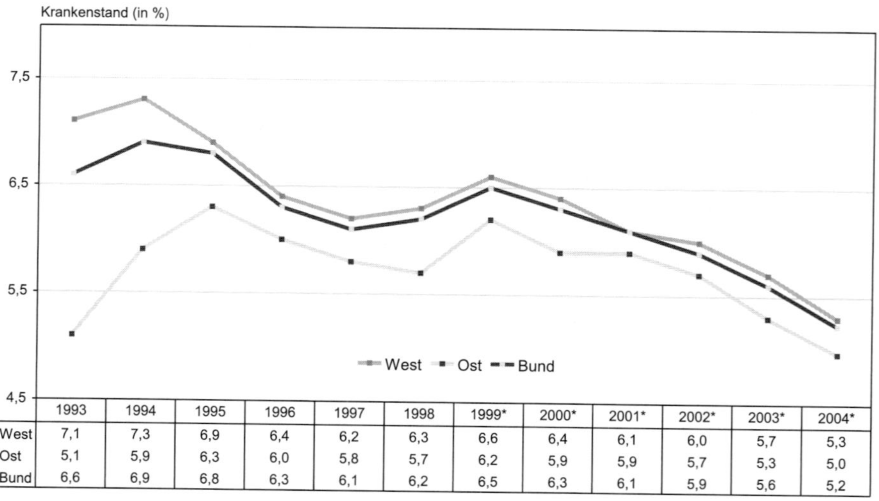

	1993	1994	1995	1996	1997	1998	1999*	2000*	2001*	2002*	2003*	2004*
West	7,1	7,3	6,9	6,4	6,2	6,3	6,6	6,4	6,1	6,0	5,7	5,3
Ost	5,1	5,9	6,3	6,0	5,8	5,7	6,2	5,9	5,9	5,7	5,3	5,0
Bund	6,6	6,9	6,8	6,3	6,1	6,2	6,5	6,3	6,1	5,9	5,6	5,2

Abb. 12.10.1. Krankenstandsentwicklung im Bereich Öffentliche Verwaltung und Sozialversicherung 1993–2004

[3] Zu den Gründen für den erhöhten Krankenstand vgl. Kap. 12.1.5.

Abbildung 12.10.1[4] zeigt die Krankenstandsentwicklung im Bereich Öffentliche Verwaltung und Sozialversicherung in den Jahren 1993 bis 2004. In diesem Zeitraum erreichte der Krankenstand mit 6,9% seinen höchsten Wert im Jahr 1994. In den Jahren 1995 bis 1997 ging der Krankenstand deutlich zurück und sank auf 6,1%. In den beiden Folgejahren stieg er dann vorübergehend wieder etwas an. Seit dem Jahr 2000 waren Jahr für Jahr sinkende Werte zu verzeichnen. 2004 erreichte der Krankenstand mit einem Wert von 5,2% den niedrigsten Stand seit 1993.

In Westdeutschland war der Krankenstand 1993 noch erheblich höher als in Ostdeutschland (2,0 Prozentpunkte). Seitdem näherten sich jedoch die Krankenstandszahlen in Ost und West einander zunehmend an und differierten im Jahr 2004 nur noch um 0,3 Prozentpunkte.

12.10.3 Krankenstandsentwicklung nach Wirtschaftsgruppen

Tabelle 12.10.2 zeigt die Krankenstandskennzahlen differenziert nach den einzelnen Sektoren der Öffentlichen Verwaltung und der Sozialversicherung. Dabei werden erhebliche Unterschiede zwischen den verschiedenen Bereichen deutlich. Der Krankenstand im Bereich Sozialversicherung und Arbeitsförderung war 2004 mit einem Wert von 4,2%, ebenso wie schon in den Vorjahren, erheblich niedriger als in den Bereichen Öffentliche Verwaltung sowie Exterritoriale Organisationen und Körperschaften. Er lag damit auch deutlich unter dem Durchschnitt der Gesamtbranche (5,2%). Auch der Anteil der von Arbeitsunfähigkeit Betroffenen (AU-Quote) war im Bereich Sozialversicherung und Arbeitsförderung (57,8 %) geringer als in der Öffentlichen Verwaltung (58,1%) und bei den exterritorialen Organisationen und Körperschaften (64,2%). Dies dürfte vor allem darauf zurückzuführen sein, dass der Angestelltenanteil in diesem Bereich höher ist als in der Öffentlichen Verwaltung.

Im Vergleich zum Vorjahr war 2004 die Zahl der Arbeitsunfähigkeitsfälle und -tage in allen Bereichen der Öffentlichen Verwaltung und der Sozialversicherung rückläufig. Der stärkste Rückgang war in der öffentlichen Verwaltung zu verzeichnen (s. Tabelle 12.10.2). Dort nahmen die Arbeitsunfähigkeitsfälle um 8,1% und die Arbeitsunfähig-

[4] Die Werte der Jahre ab 1999 basieren auf der Klassifikation der Wirtschaftszweige der Bundesanstalt für Arbeit aus dem Jahre 1993 (WZ 93/NACE), ab 2003 auf dem WZ 2003/NACE, während den Werten der Jahre 1993 bis 1998 noch der Wirtschaftszweigschlüssel aus dem Jahr 1973 zugrunde lag.

Tabelle 12.10.2. Krankenstandsentwicklung im Bereich Öffentliche Verwaltung und Sozialversicherung nach Wirtschaftsgruppen, 2004

Wirtschafts-gruppe	Krankenstand (in %)			Arbeitsunfähigkeiten je 100 AOK-Mitglieder				Tage je Fall	AU-Quote (in %)
	2004	2004 stand.*	2003	Fälle	Veränd. z. Vorj. (in %)	Tage	Veränd. z. Vorj. (in %)		
Exterritoriale Organisationen und Körperschaften	6,5	5,7	7,0	182,6	–4,1	2393,2	–4,4	13,1	64,2
Öffentliche Verwaltung	5,2	4,7	5,7	152,2	–8,1	2067,3	–5,1	13,6	58,1
Sozialversicherung und Arbeitsförderung	4,2	3,9	4,3	143,8	–2,6	1550,3	–0,2	10,8	57,8

* Krankenstand alters- und geschlechtsstandardisiert

keitstage um 5,1% ab. Der Anteil der Beschäftigten, die sich ein- oder mehrmals krank meldeten, sank von 61,1 auf 57,8%.

Die nach Alter und Geschlecht standardisierten Werte[5] fallen in allen Sektoren der Öffentlichen Verwaltung und Sozialversicherung niedriger aus als die entsprechenden Rohwerte (Tabelle 12.10.2, vgl. dazu Kap. 12.1.5). Am stärksten weichen die Werte bei Exterritorialen Organisationen und Körperschaften voneinander ab (0,8 Prozentpunkte).

[5] Berechnet nach der Methode der direkten Standardisierung. Zugrunde gelegt wurde die Alters- und Geschlechtsstruktur der erwerbstätigen Mitglieder der gesetzlichen Krankenversicherung insgesamt im Jahr 2000 (Mitglieder mit Krankengeldanspruch). Quelle: VDR-Statistik.

Tabellarische Übersichten und Abbildungen

12.10.4 Krankenstand nach Berufsgruppen

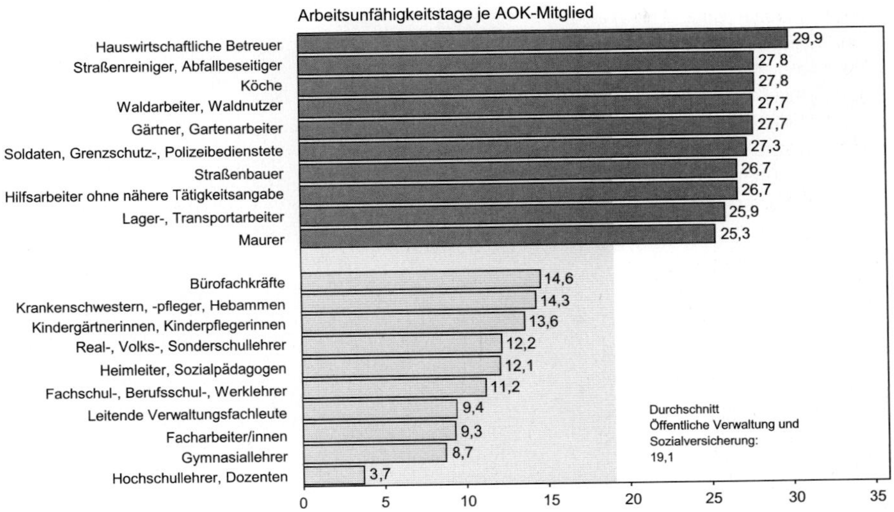

Abb. 12.10.2. 10 Berufsgruppen im Bereich Öffentliche Verwaltung und Sozialversicherung mit hohen und niedrigen Krankenständen, 2004

12

Tabelle 12.10.3. Öffenliche Verwaltung und Sozialversicherung, Krankenstandskennzahlen nach ausgewählten Berufsgruppen, 2004

Tätigkeit *	Krankenstand (in %)	Arbeitsunfähigkeiten je 100 AOK-Mitglieder		Tage je Fall	AU-Quote (in %)	Anteil Arbeitsunfälle an den AU-Tagen (in %)
		Fälle	Tage			
Bauhilfsarbeiter	6,4	173,3	2344,4	13,5	64,9	8,1
Bibliothekare, Archivare, Museumsfachleute	4,2	139,7	1534,1	11,0	55,1	1,3
Bürofachkräfte	4,0	140,4	1456,2	10,4	57,9	1,4
Bürohilfskräfte	6,0	169,1	2181,2	12,9	61,6	2,6
Datentypisten	5,7	166,8	2100,5	12,6	65,9	0,8
Gärtner, Gartenarbeiter	7,6	235,4	2765,1	11,7	66,6	5,1
Helfer in der Krankenpflege	6,5	179,0	2372,6	13,3	63,8	2,9
Kindergärtnerinnen, Kinderpflegerinnen	3,7	157,9	1358,1	8,6	60,7	1,7
Köche	7,6	196,2	2775,5	14,1	69,2	2,9
Kraftfahrzeugführer	6,7	162,4	2460,3	15,2	66,1	5,4
Krankenschwestern, -pfleger, Hebammen	3,9	116,2	1433,6	12,3	53,1	2,2
Lager-, Transportarbeiter	7,1	185,8	2587,3	13,9	67,7	5,6
Leitende und administrativ entscheidende Verwaltungsfachleute	2,6	91,0	939,2	10,3	38,1	2,6
Pförtner, Hauswarte	5,2	112,6	1904,6	16,9	53,3	4,9
Raum-, Hausratreiniger	6,8	151,4	2490,7	16,4	61,8	2,2
Soldaten, Grenzschutz-, Polizeibedienstete	7,5	219,0	2732,6	12,5	74,3	2,0
Stenographen, Stenotypistinnen, Maschinenschreiber	4,7	148,9	1736,8	11,7	61,4	1,4
Straßenreiniger, Abfallbeseitiger	7,6	195,6	2784,6	14,2	70,7	6,1
Straßenwarte	6,0	196,5	2186,7	11,1	72,4	7,5
Waldarbeiter, Waldnutzer	7,6	206,1	2772,6	13,5	71,9	12,9

* Berufsgruppen mit mehr als 2000 AOK-Versicherten

12.10.5 Kurz- und Langzeiterkrankungen

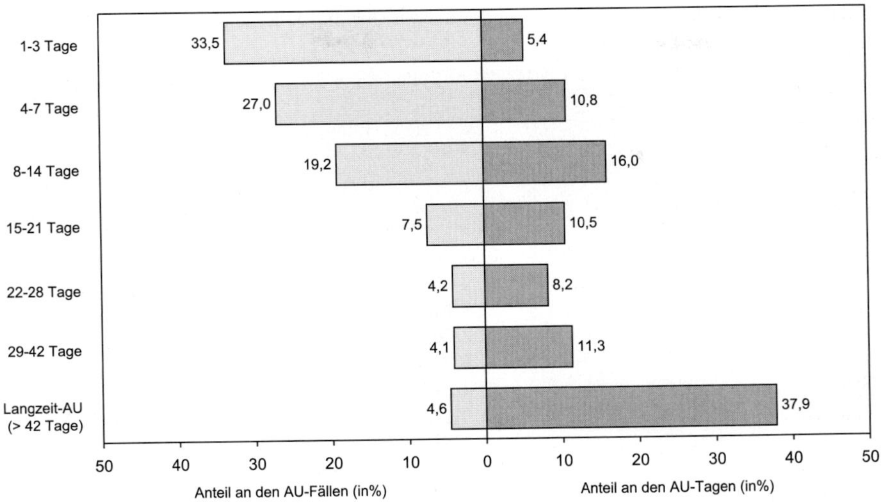

Abb. 12.10.3. Arbeitsunfähigkeitsfälle und -tage im Bereich Öffentliche Verwaltung und Sozialversicherung nach der Dauer, 2004

12.10.6 Krankenstand nach Bundesländern

Tabelle 12.10.4. Öffentliche Verwaltung und Sozialversicherung, Arbeitsunfähigkeit nach Bundesländern, 2004 im Vergleich zum Vorjahr

	Arbeitsunfähigkeiten je 100 AOK-Mitglieder					
	AU-Fälle	Veränd. z. Vorj. (in %)	AU-Tage	Veränd. z. Vorj. (in %)	Tage je Fall	Veränd. z. Vorj. (in %)
Baden-Württemberg	138,3	−6,8	1738,6	−4,3	12,6	3,3
Bayern	130,0	−8,6	1761,3	−7,1	13,6	2,3
Berlin	172,4	−14,8	2236,3	−9,3	13,0	6,6
Brandenburg	153,1	−5,4	2081,3	−5,1	13,6	0,7
Bremen	164,9	−8,6	2291,7	−4,1	13,9	5,3
Hamburg	156,8	−3,6	1962,9	−11,0	12,5	−8,1
Hessen	183,1	−4,6	2251,6	−6,4	12,3	−1,6
Mecklenburg-Vorpommern	176,8	−8,7	2171,5	−9,3	12,3	−0,8
Niedersachsen	175,6	−7,4	1852,1	−7,6	10,5	−0,9
Nordrhein-Westfalen	175,4	−6,5	2193,6	−6,6	12,5	0,0
Rheinland-Pfalz	170,7	−5,0	2100,8	−5,2	12,3	0,0
Saarland	173,9	−1,7	2750,2	−0,4	15,8	1,3
Sachsen	143,3	−1,7	1614,2	−3,3	11,3	−1,7
Sachsen-Anhalt	163,0	−3,1	1945,4	−6,4	11,9	−3,3
Schleswig-Holstein	169,8	−6,7	2180,0	−6,7	12,8	0,0
Thüringen	154,2	−5,8	1963,0	−5,1	12,7	0,8
Bund	154,3	−6,9	1914,9	−6,4	12,4	0,8

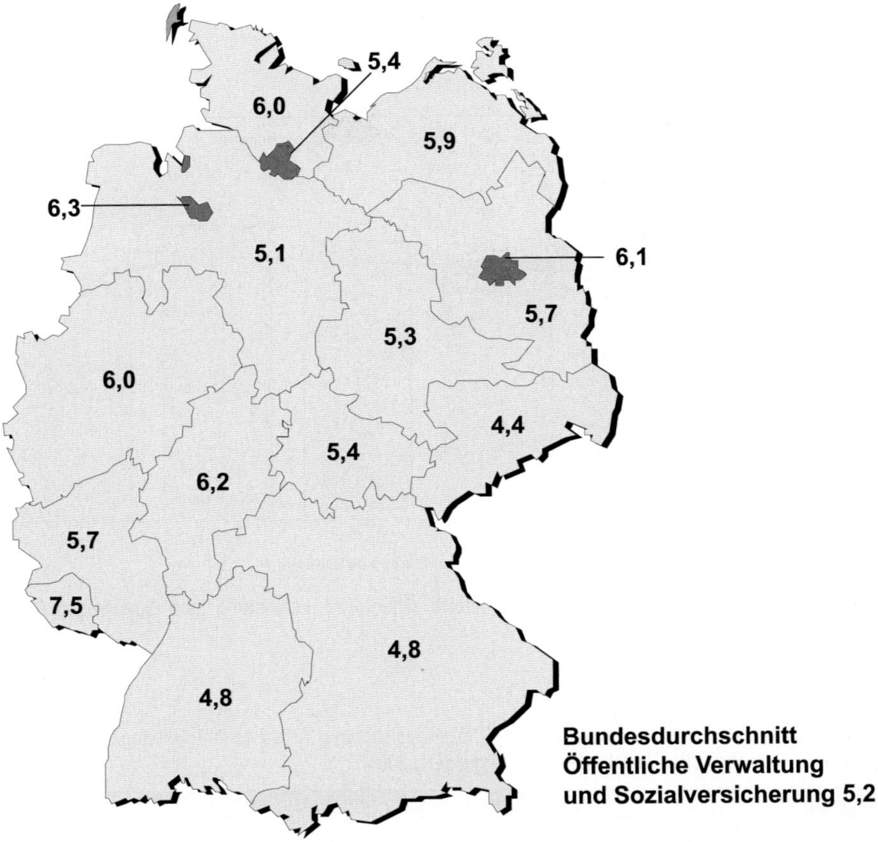

Abb. 12.10.4. Krankenstand (in %) im Bereich Öffentliche Verwaltung und Sozialversicherung nach Bundesländern, 2004

12.10.7 Krankenstand nach Betriebsgröße

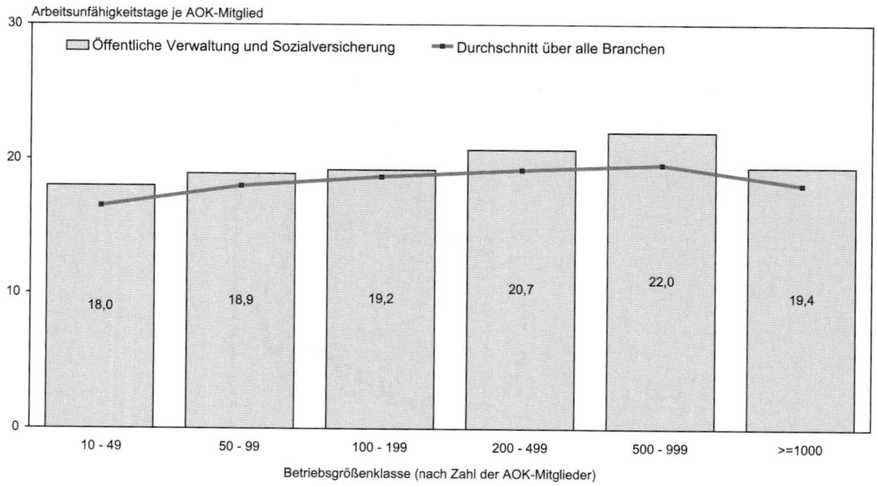

Abb. 12.10.5. Arbeitsunfähigkeitstage im Bereich Öffentliche Verwaltung und Sozialversicherung nach Betriebsgröße, 2004

Tabelle 12.10.5. Öffentliche Verwaltung und Sozialversicherung, Arbeitsunfähigkeitstage je AOK-Mitglied nach Betriebsgröße (Anzahl der AOK-Mitglieder), 2004

Wirtschaftsgruppe	10–49	50–99	100–199	200–499	500–999	≥1000
Exterritoriale Organisationen und Körperschaften	15,2	17,5	25,0	24,1	–	25,2
Öffentliche Verwaltung	18,0	18,9	19,4	21,1	22,1	19,4
Sozialversicherung und Arbeitsförderung	16,3	17,1	14,3	16,6	21,1	14,3
Durchschnitt über alle Branchen	16,5	18,0	18,7	19,2	19,6	18,1

12.10.8 Krankenstand nach Stellung im Beruf

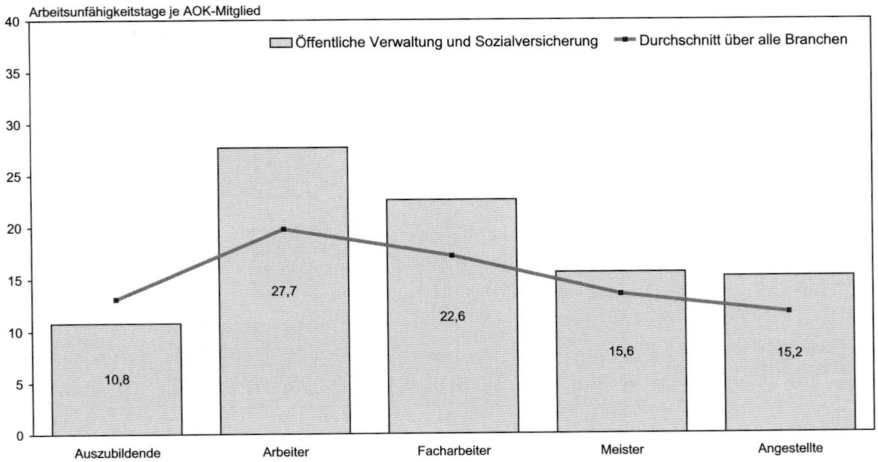

Abb. 12.10.6. Arbeitsunfähigkeitstage im Bereich Öffentliche Verwaltung und Sozialversicherung nach Stellung im Beruf, 2004

Tabelle 12.10.6. Öffentliche Verwaltung und Sozialversicherung, Krankenstand (in %) nach Stellung im Beruf, 2004

Wirtschaftsgruppe	Auszubildende	Arbeiter	Facharbeiter	Meister, Poliere	Angestellte
Exterritoriale Organisationen und Körperschaften	3,3	7,4	8,0	5,7	5,4
Öffentliche Verwaltung	3,0	7,5	6,0	4,2	4,1
Sozialversicherung und Arbeitsförderung	2,6	7,5	5,1	5,5	3,8

12

12.10.9 Arbeitsunfälle

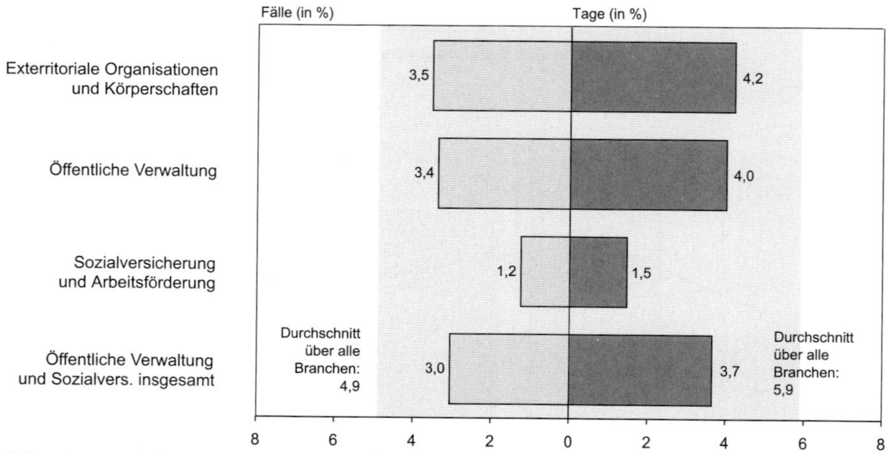

Abb. 12.10.7. Arbeitsunfälle im Bereich Öffentliche Verwaltung und Sozialversicherung nach Wirtschaftsgruppen, Anteil an den AU-Fällen und -Tagen in %, 2004

Tabelle 12.10.7. Öffentliche Verwaltung und Sozialversicherung, Arbeitsunfähigkeitstage durch Arbeitsunfälle nach Berufsgruppen, 2004

Tätigkeit	AU-Tage je 1000 AOK-Mitglieder	Anteil an den AU-Tagen insgesamt (in %)
Waldarbeiter, Waldnutzer	3593,3	12,9
Bauhilfsarbeiter	1892,0	8,1
Straßenreiniger, Abfallbeseitiger	1702,6	6,1
Straßenwarte	1645,5	7,5
Straßenbauer	1636,0	6,1
Lager-, Transportarbeiter	1460,7	5,6
Gärtner, Gartenarbeiter	1420,7	5,1
Kraftfahrzeugführer	1335,5	5,4
Sonstige Bauhilfsarbeiter, Bauhelfer, a. n. g.	1318,4	5,7
Hilfsarbeiter ohne nähere Tätigkeitsangabe	1256,8	4,7
Pförtner, Hauswarte	930,1	4,9
Köche	820,6	2,9
Raum-, Hausratreiniger	555,0	2,2
Bürofachkräfte	202,1	1,4

12.10.10 Krankheitsarten

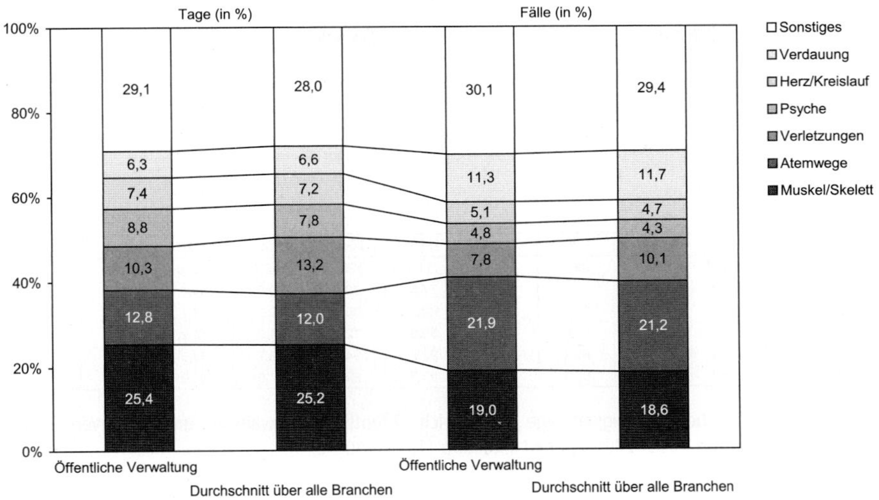

Abb. 12.10.8. Arbeitsunfähigkeiten im Bereich Öffentliche Verwaltung und Sozialversicherung nach Krankheitsarten, 2004

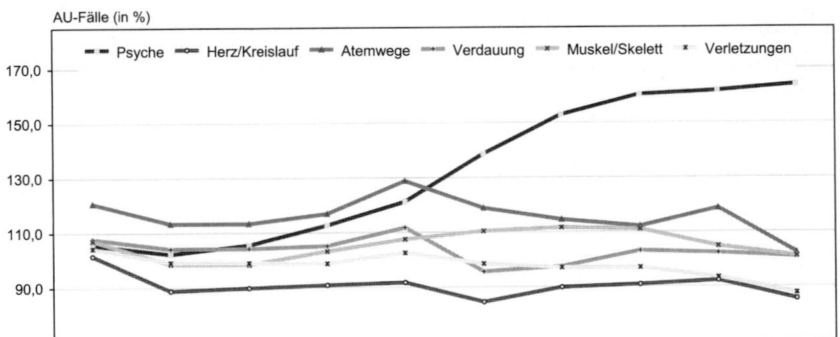

	1995	1996	1997	1998	1999*	2000*	2001*	2002*	2003*	2004*
Psyche	105,6	102,3	105,6	112,6	121,2	138,6	152,9	160,2	161,6	163,9
Herz/Kreislauf	101,5	88,8	89,9	90,8	91,7	84,4	89,8	90,8	92,2	85,4
Atemwege	120,7	113,3	113,3	116,8	128,8	118,7	114,5	112,0	118,6	102,3
Verdauung	107,8	104,2	104,2	105,1	111,8	95,5	97,4	103,1	102,3	100,8
Muskel/Skelett	107,1	98,6	98,5	103,2	107,5	110,3	111,6	110,9	104,8	101,0
Verletzungen	104,3	99,2	99,0	98,7	102,6	98,4	96,9	96,9	93,3	87,6

Abb. 12.10.9. Arbeitsunfähigkeitsfälle im Bereich Öffentliche Verwaltung und Sozialversicherung nach Krankheitsarten 1995–2004, Indexdarstellung (1994 = 100%)

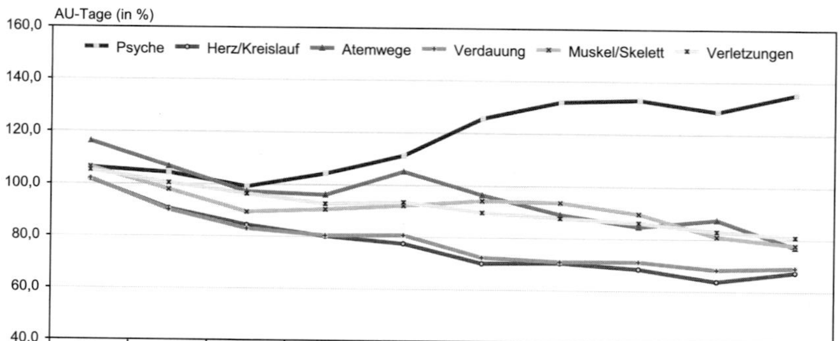

	1995	1996	1997	1998	1999*	2000*	2001*	2002*	2003*	2004*
Psyche	106,4	104,4	99,2	104,4	111,4	125,7	132,1	133,0	128,6	135,3
Herz/Kreislauf	101,9	90,6	84,3	80,2	77,5	70,1	70,5	68,4	63,8	67,4
Atemwege	116,3	106,9	97,2	96,2	105,3	96,5	89,2	84,7	87,4	77,0
Verdauung	102,1	90,1	83,0	80,5	80,8	72,4	71,0	71,2	68,3	69,1
Muskel/Skelett	106,5	97,9	89,4	90,5	92,2	94,2	93,7	89,6	81,0	77,8
Verletzungen	105,4	100,5	96,4	92,7	93,5	89,7	87,8	86,2	83,0	80,9

Abb. 12.10.10. Arbeitsunfähigkeitstage im Bereich Öffentliche Verwaltung und Sozialversicherung nach Krankheitsarten 1995–2004, Indexdarstellung (1994 = 100%)

Tabelle 12.10.8. Öffentliche Verwaltung und Sozialversicherung, Arbeitsunfähigkeitstage nach Krankheitsarten (in %), 2004

Wirtschaftsgruppe	Muskel/ Skelett	Atem-wege	Verlet-zungen	Herz/ Kreislauf	Psyche	Verdau-ung	Sons-tige
Exterritoriale Organisationen und Körperschaften	26,4	12,2	10,7	8,0	7,8	6,6	28,3
Öffentliche Verwaltung	25,7	12,7	10,6	7,4	8,6	6,2	28,8
Sozialversicherung und Arbeitsförderung	19,9	15,1	8,2	6,9	10,7	6,6	32,6

Tabelle 12.10.9. Öffentliche Verwaltung und Sozialversicherung, Arbeitsunfähigkeiten nach Krankheitsarten, Anteile der ICD-Untergruppen an den ICD-Hauptgruppen, 2004

ICD-Untergruppen	Anteil an den AU-Fällen (in %)	Anteil an den AU-Tagen (in %)
Muskel-/Skeletterkrankungen		
Krankheiten der Wirbelsäule und des Rückens	54,2	49,2
Krankheiten der Weichteilgewebe	20,2	19,7
Arthropathien	18,7	24,6
Sonstige	6,9	6,5
Verletzungen		
Verletzungen nicht näher bezeichneter Teile an Rumpf/Extremitäten/etc.	18,1	12,6
Verletzungen des Knies und des Unterschenkels	12,0	18,3
Verletzungen der Knöchelregion und des Fußes	11,6	11,0
Verletzungen des Handgelenkes und der Hand	10,8	10,6
Verletzungen des Kopfes	7,2	5,2
Sonstige	40,3	42,3
Atemwegserkrankungen		
Akute Infektionen der oberen Atemwege	44,6	36,4
Sonstige akute Infektionen der unteren Atemwege	18,3	17,7
Chronische Krankheiten der unteren Atemwege	18,0	22,6
Sonstige Krankheiten der oberen Atemwege	9,5	10,4
Sonstige	9,6	12,9
Herz-/Kreislauferkrankungen		
Hypertonie [Hochdruckkrankheit]	37,7	35,6
Krankheiten der Venen/Lymphgefäße/Lymphknoten	17,6	14,3
Ischämische Herzkrankheiten	13,1	17,2
Sonstige Formen der Herzkrankheit	12,6	13,5
Sonstige	19,0	19,4
Verdauung		
Nichtinfektiöse Enteritis und Kolitis	27,6	19,4
Krankheiten der Mundhöhle/Speicheldrüsen/Kiefer	25,4	9,1
Krankheiten des Ösophagus/Magens/Duodenums	22,9	23,0
Sonstige Krankheiten des Darmes	8,1	12,3
Krankheiten der Gallenblase/-wege/Pankreas	4,3	9,6
Sonstige	11,7	26,6
Psychische und Verhaltensstörungen		
Neurotische, Belastungs- und somatoforme Störungen	43,2	35,2
Affektive Störungen	31,5	37,5
Psychische und Verhaltensstörungen durch psychotrope Substanzen	16,2	15,6
Schizophrenie, schizotype und wahnhafte Störungen	2,7	3,9
Sonstige	6,4	7,8

12.11 Verarbeitendes Gewerbe

12.11.1 Kosten der Arbeitsunfähigkeit

Im Verarbeitenden Gewerbe[1] arbeiteten im Jahr 2004 2,8 Millionen sozialversicherungspflichtig Beschäftigte[2]. Die in diesem Wirtschaftszweig beschäftigten AOK-Mitglieder meldeten sich durchschnittlich 17,3 Kalendertage krank. Hochgerechnet auf die gesamte Branche resultiert daraus eine Summe von 48,6 Millionen krankheitsbedingten Fehltagen (AU-Tage) bzw. 132 691 Ausfalljahren. Bei einem durchschnittlichen Arbeitnehmerentgelt von 34 599 Euro[3] im Jahr 2004 ergeben sich für diesen Zeitraum Kosten in Höhe von 4,6 Milliarden Euro infolge von Produktionsausfällen durch Arbeitsunfähigkeit. Die finanzielle Belastung eines Betriebes mit 100 Mitarbeitern betrug durchschnittlich 163 180 Euro.

12.11.2 Allgemeine Krankenstandsentwicklung

Der Trend zu niedrigen Krankenständen hat sich im Verarbeitenden Gewerbe ebenso wie in den meisten übrigen Branchen weiter fortgesetzt. Der Krankenstand ging 2004 von 5,1 auf 4,7% zurück. Im Vergleich zum Vorjahr sank die Zahl der Krankmeldungen um 8,8%, die Zahl der krankheitsbedingten Ausfalltage nahm um 7,1% ab. 56,1%

---

[1] Ohne Metallindustrie. Diese wird in einem separaten Kapitel behandelt.

[2] Bundesanstalt für Arbeit, Sozialversicherungspflichtig Beschäftigte nach Wirtschaftszweigen der WZ2003/BA in der Bundesrepublik Deutschland am 30. Juni 2004, Nürnberg 2005.

[3] Das Arbeitnehmerentgelt setzt sich zusammen aus den Bruttolöhnen und -gehältern sowie den tatsächlichen und unterstellten Sozialbeiträgen der Arbeitgeber. Quelle: Statistisches Bundesamt, Volkswirtschaftliche Gesamtrechnungen, Fachserie 18, Reihe 26, Arbeitnehmerentgelt im Inland, Revidierte Jahresergebnisse 1991–2004, Stand April 2005, Wiesbaden.

der Beschäftigten meldeten sich ein- oder mehrmals krank. 2003 waren es noch 58,4% gewesen.

In Ostdeutschland lag der Krankenstand bei 4,4% und war damit 0,4 Prozentpunkte niedriger als in Westdeutschland. Zurückzuführen ist dies auf eine geringere Zahl an Krankmeldungen. Auch war im Vergleich zum Vorjahr in den neuen Ländern hinsichtlich der Arbeitsunfähigkeitsfälle und -tage ein stärkerer Rückgang zu verzeichnen (s. Tabelle 12.11.1).

Tabelle 12.11.1. Krankenstandsentwicklung im Verarbeitenden Gewerbe, 2004

	Krankenstand (in %)	Arbeitsunfähigkeiten je 100 AOK-Mitglieder				Tage je Fall	AU-Quote (in %)
		Fälle	Veränd. z. Vorj. (in %)	Tage	Veränd. z. Vorj. (in %)		
West	4,8	136,5	−8,6	1744,3	−6,9	12,8	56,6
Ost	4,4	120,2	−9,5	1603,5	−8,4	13,3	52,5
Bund	4,7	134,4	−8,8	1726,2	−7,1	12,8	56,1

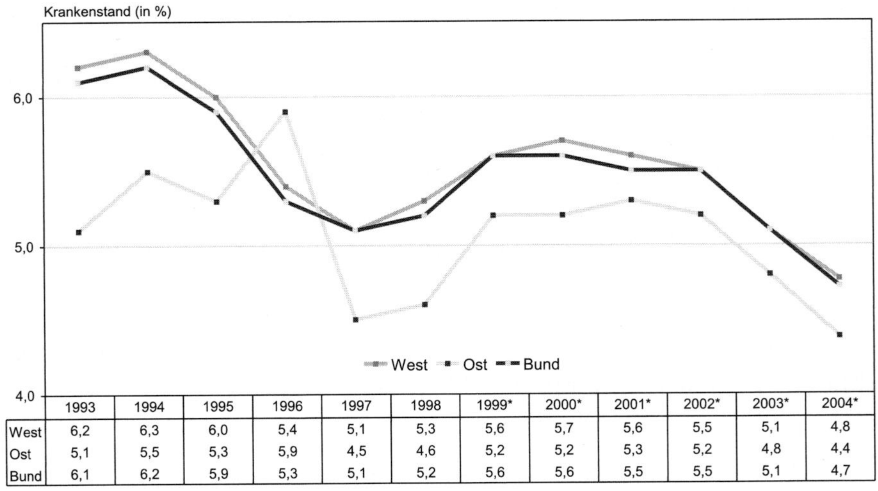

	1993	1994	1995	1996	1997	1998	1999*	2000*	2001*	2002*	2003*	2004*
West	6,2	6,3	6,0	5,4	5,1	5,3	5,6	5,7	5,6	5,5	5,1	4,8
Ost	5,1	5,5	5,3	5,9	4,5	4,6	5,2	5,2	5,3	5,2	4,8	4,4
Bund	6,1	6,2	5,9	5,3	5,1	5,2	5,6	5,6	5,5	5,5	5,1	4,7

Abb. 12.11.1. Krankenstandsentwicklung im Verarbeitenden Gewerbe 1993–2004

Abbildung 12.11.1[4] zeigt die Krankenstandsentwicklung im Verarbeitenden Gewerbe in den Jahren 1993 und 2004. In dieser Zeitspanne war der Krankenstand im Jahr 1994 mit 6,2% am höchsten. In den Jahren 1995 bis 1997 ging er auf 5,1% zurück. In den Folgejahren stieg der Krankenstand wieder an. Seit dem Jahr 2001 sind jedoch sinkende Werte zu verzeichnen. 2004 erreichte der Krankenstand mit einem Wert von 4,7% den niedrigsten Stand seit 1993.

Mit Ausnahme des Jahres 1996 waren in den Jahren 1993 bis 2004 in Ostdeutschland stets niedrigere Krankenstandswerte zu verzeichnen als in Westdeutschland. Allerdings haben sich die Werte in Ost und West inzwischen einander angenähert. Eine vollständige Angleichung erfolgte zwar nicht, jedoch reduzierte sich die Differenz zwischen West und Ost, die 1993 noch 1,1 Prozentpunkte betragen hatte, im Jahr 2004 auf nur noch 0,4 Prozentpunkte.

12.11.3 Krankenstandsentwicklung nach Wirtschaftsabteilungen

Innerhalb des Verarbeitenden Gewerbes variierten die Krankenstände auch im Jahr 2004 zum Teil erheblich (s. Tabelle 12.11.2). Der höchste Krankenstand war mit 5,6% im Bereich Recycling zu verzeichnen. Am niedrigsten war der Krankenstand mit 4,0% im Bereich „Kokerei, Mineralölverarbeitung, Herstellung und Verarbeitung von Spalt- und Brutstoffen".

In den meisten Branchen des Verarbeitenden Gewerbes lagen die Krankenstandswerte über dem allgemeinen Branchendurchschnitt von 4,5%. Zum Teil sind die überdurchschnittlich hohen Werte allerdings auf die spezielle Beschäftigtenstruktur in den einzelnen Wirtschaftsabteilungen zurückzuführen. Die nach Alter und Geschlecht standardisierten Werte[5] fallen teilweise deutlich niedriger aus als die realen Krankenstandskennzahlen (s. Tabelle 12.11.2).

Die höchste AU-Quote wies, wie bereits im Vorjahr, das Papiergewerbe auf. Hier meldeten sich im Jahr 2004 60,5% der Beschäftigten einmal bzw. mehrfach krank. Am geringsten war die AU-Quote im

---

[4] Die Werte ab dem Jahr 1999 basieren auf der Klassifikation der Wirtschaftszweige der Bundesanstalt für Arbeit aus dem Jahre 1993 (WZ 93/NACE), ab 2003 auf dem WZ 2003/NACE, während den Werten der Jahre 1993 bis 1998 noch der Wirtschaftszweigschlüssel aus dem Jahr 1973 zugrunde lag.

[5] Berechnet nach der Methode der direkten Standardisierung. Zugrunde gelegt wurde die Alters- und Geschlechtsstruktur der erwerbstätigen Mitglieder der gesetzlichen Krankenversicherung insgesamt im Jahr 2000 (Mitglieder mit Krankengeldanspruch). Quelle: VDR-Statistik.

Tabelle 12.11.2. Krankenstandsentwicklung im Verarbeitenden Gewerbe nach Wirtschaftsabteilungen, 2004

Wirtschaftsabteilung	Krankenstand (in %)			Arbeitsunfähigkeiten je 100 AOK-Mitglieder				Tage je Fall	AU-Quote (in %)
	2004	2004 stand.*	2003	Fälle	Veränd. z. Vorj. (in %)	Tage	Veränd. z. Vorj. (in %)		
Bekleidungsgewerbe	4,2	3,8	4,4	118,7	−8,5	1520,2	−5,2	12,8	50,9
Chemische Industrie	4,8	4,6	5,1	147,5	−7,8	1756,1	−6,0	11,9	60,0
Ernährungsgewerbe	4,6	4,6	5,0	129,8	−8,8	1686,2	−6,8	13,0	53,3
Glasgewerbe, Keramik, Verarbeitung von Steinen und Erden	5,0	4,5	5,4	130,1	−9,3	1823,0	−8,2	14,0	56,8
Herstellung von Gummi- und Kunststoffwaren	4,9	4,8	5,3	144,6	−9,2	1800,8	−7,7	12,5	59,8
Herstellung von Möbeln, Schmuck, Musikinstrumenten, Sportgeräten, Spielwaren und sonstigen Erzeugnissen	4,7	4,5	5,1	134,2	−9,3	1703,3	−8,3	12,7	56,2
Holzgewerbe (ohne Herstellung von Möbeln)	4,7	4,5	5,0	131,1	−9,6	1700,1	−7,2	13,0	55,6
Kokerei, Mineralölverarbeitung, Herstellung und Verarbeitung von Spalt- und Brutstoffen	4,0	3,7	4,7	130,2	−11,1	1471,2	−14,7	11,3	55,9
Ledergewerbe	5,1	4,7	5,4	130,3	−7,5	1861,8	−5,9	14,3	55,5
Papiergewerbe	4,9	4,7	5,3	138,5	−8,7	1791,5	−8,0	12,9	60,5
Recycling	5,6	5,5	6,1	161,3	−10,6	2032,4	−8,2	12,6	53,5
Tabakverarbeitung	4,9	4,3	5,6	140,8	−6,3	1776,3	−13,1	12,6	60,3
Textilgewerbe	4,9	4,4	5,2	130,9	−8,4	1786,9	−5,3	13,7	56,6
Verlagsgewerbe, Druckgewerbe, Vervielfältigung von bespielten Ton-, Bild- und Datenträgern	4,2	3,9	4,6	122,7	−8,2	1546,8	−7,2	12,6	52,7

* Krankenstand alters- und geschlechtsstandardisiert

Bekleidungsgewerbe. Hier lag der Anteil der von Arbeitsunfähigkeit Betroffenen lediglich bei 50,9%.

Im Vergleich zum Vorjahr ging 2004 sowohl die Zahl der AU-Fälle als auch der AU-Tage in allen Bereichen des Verarbeitenden Gewerbes erneut deutlich zurück. Hinsichtlich der krankheitsbedingten Ausfalltage waren die stärksten Rückgänge im Bereich „Kokerei, Mineralölverarbeitung, Herstellung und Verarbeitung von Spalt- und Brutstoffen“ sowie in der Tabakverarbeitung zu verzeichnen (s. Tabelle 12.11.2). Dort nahm die Zahl der Arbeitsunfähigkeitstage um 14,7 bzw. 13,1% ab. Auch die AU-Quote war in den meisten Branchen des Verarbeitenden Gewerbes rückläufig.

Tabellarische Übersichten und Abbildungen

12.11.4 Krankenstand nach Berufsgruppen

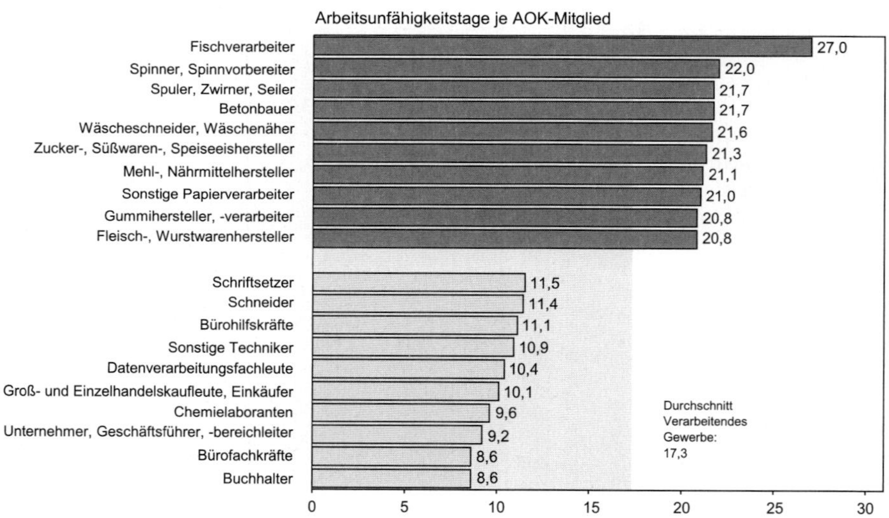

Abb. 12.11.2. 10 Berufsgruppen im Verarbeitenden Gewerbe mit hohen und niedrigen Krankenständen, 2004

Tabelle 12.11.3. Verarbeitendes Gewerbe, Krankenstandskennzahlen nach ausgewählten Berufsgruppen, 2004

Tätigkeit*	Krankenstand (in %)	Arbeitsunfähigkeiten je 100 AOK-Mitglieder		Tage je Fall	AU-Quote (in %)	Anteil Arbeitsunfälle an den AU-Tagen (in %)
		Fälle	Tage			
Backwarenhersteller	3,8	120,9	1381,9	11,4	48,7	6,5
Betriebsschlosser, Reparaturschlosser	5,3	143,6	1939,1	13,5	61,0	10,4
Buchhalter	2,3	84,9	859,3	10,1	41,4	0,9
Bürofachkräfte	2,4	100,5	861,5	8,6	44,6	1,9
Chemiebetriebswerker	5,5	158,6	1996,8	12,6	64,3	4,4
Datenverarbeitungsfachleute	2,9	113,4	1044,0	9,2	45,8	2,9
Elektroinstallateure, -monteure	3,7	114,8	1342,2	11,7	54,6	8,5
Fleisch-, Wurstwarenhersteller	5,7	165,0	2077,6	12,6	60,6	7,1
Glasbearbeiter, Glasveredler	5,6	145,2	2035,9	14,0	60,9	7,9
Gummihersteller, -verarbeiter	5,7	144,8	2084,7	14,4	62,7	4,9
Hilfsarbeiter ohne nähere Tätigkeitsangabe	5,2	153,5	1896,6	12,4	57,4	6,4
Kraftfahrzeugführer	5,2	110,2	1885,7	17,1	52,5	9,8
Kunststoffverarbeiter	5,3	155,1	1947,8	12,6	62,9	5,1
Lager-, Transportarbeiter	5,3	139,5	1936,4	13,9	56,7	6,5
Maschinenschlosser	4,2	137,4	1536,2	11,2	60,4	9,6
Näher	5,0	127,9	1843,7	14,4	55,0	2,6
Unternehmer, Geschäftsführer, Geschäftsbereichsleiter	2,5	68,4	917,8	13,4	35,0	4,8
Warenaufmacher, Versandfertigmacher	5,6	153,3	2064,8	13,5	61,2	4,9
Warenprüfer, -sortierer	5,1	139,6	1864,7	13,4	59,0	4,8
Werkzeugmacher	3,7	136,1	1361,7	10,0	58,4	7,5

* Berufsgruppen mit mehr als 2000 AOK-Versicherten

12.11.5 Kurz- und Langzeiterkrankungen

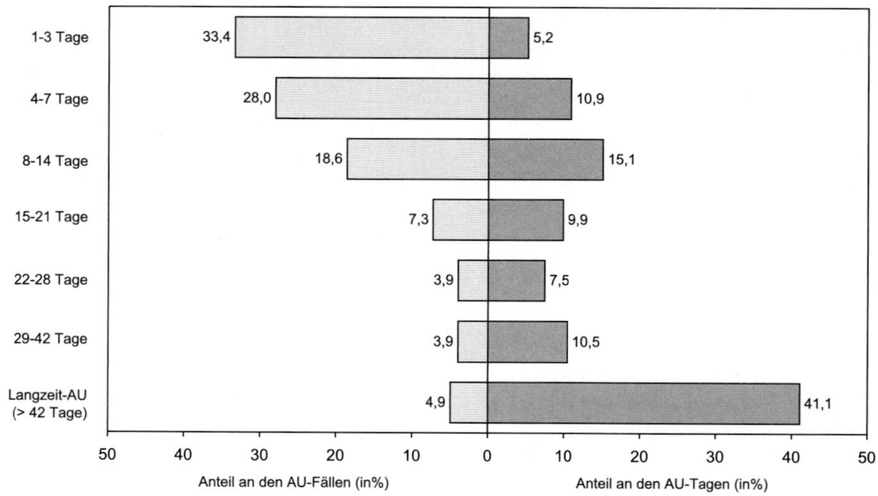

Abb. 12.11.3. Arbeitsunfähigkeitsfälle und -tage im Verarbeitenden Gewerbe nach der Dauer, 2004

12.11.6 Krankenstand nach Bundesländern

Tabelle 12.11.4. Verarbeitendes Gewerbe, Arbeitsunfähigkeit nach Bundesländern, 2004 im Vergleich zum Vorjahr

	Arbeitsunfähigkeiten je 100 AOK-Mitglieder					
	AU-Fälle	Veränd. z. Vorj. (in %)	AU-Tage	Veränd. z. Vorj. (in %)	Tage je Fall	Veränd. z. Vorj. (in %)
Baden-Württemberg	138,0	-9,1	1748,6	-6,0	12,7	3,3
Bayern	118,3	-9,6	1555,7	-6,5	13,2	3,9
Berlin	131,3	-9,2	2069,4	-14,4	15,8	-5,4
Brandenburg	117,0	-12,0	1661,6	-12,3	14,2	0,0
Bremen	150,9	-8,3	2137,5	-6,6	14,2	2,2
Hamburg	147,6	-10,3	2102,2	-6,3	14,2	4,4
Hessen	147,5	-7,1	1957,9	-6,2	13,3	1,5
Mecklenburg-Vorpommern	132,6	-6,5	1738,1	-7,6	13,1	-1,5
Niedersachsen	146,8	-9,0	1578,2	-8,7	10,7	0,0
Nordrhein-Westfalen	146,9	-7,7	1910,1	-6,4	13,0	1,6
Rheinland-Pfalz	142,2	-9,0	1814,9	-8,4	12,8	0,8
Saarland	123,9	-7,1	2040,1	-9,3	16,5	-2,4
Sachsen	113,1	-9,5	1485,1	-8,6	13,1	0,8
Sachsen-Anhalt	127,2	-9,5	1664,7	-9,6	13,1	0,0
Schleswig-Holstein	150,5	-6,1	1933,1	-7,9	12,8	-2,3
Thüringen	129,4	-8,6	1761,6	-4,6	13,6	3,8
Bund	134,4	-8,8	1726,2	-7,1	12,8	1,6

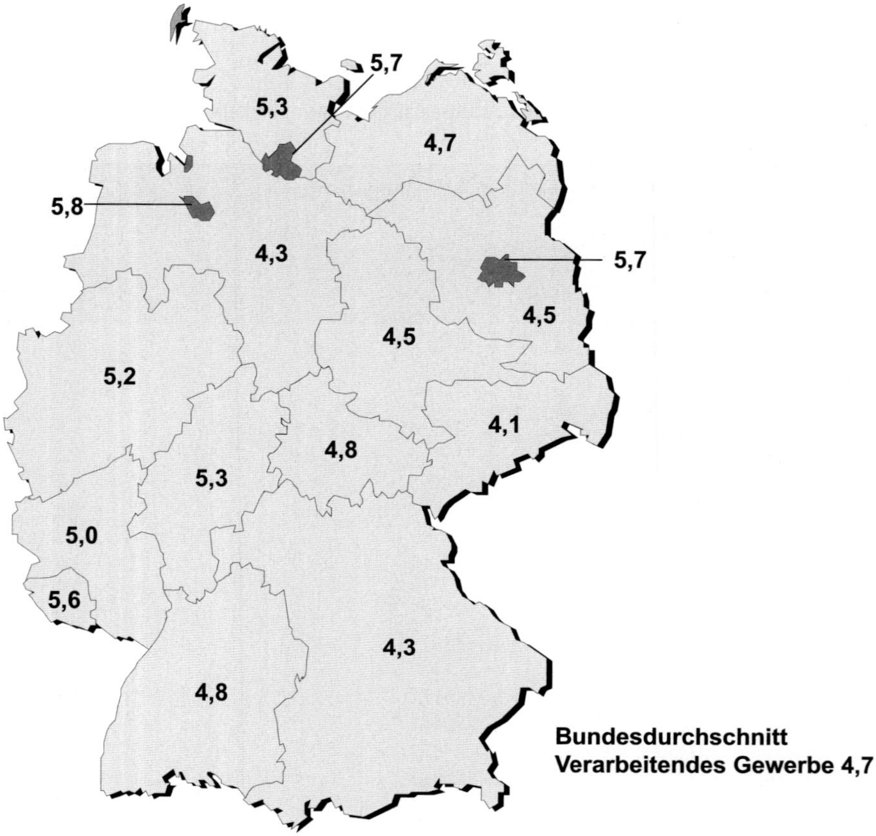

Abb. 12.11.4. Krankenstand (in %) im Verarbeitenden Gewerbe nach Bundesländern, 2004

12.11.7 Krankenstand nach Betriebsgröße

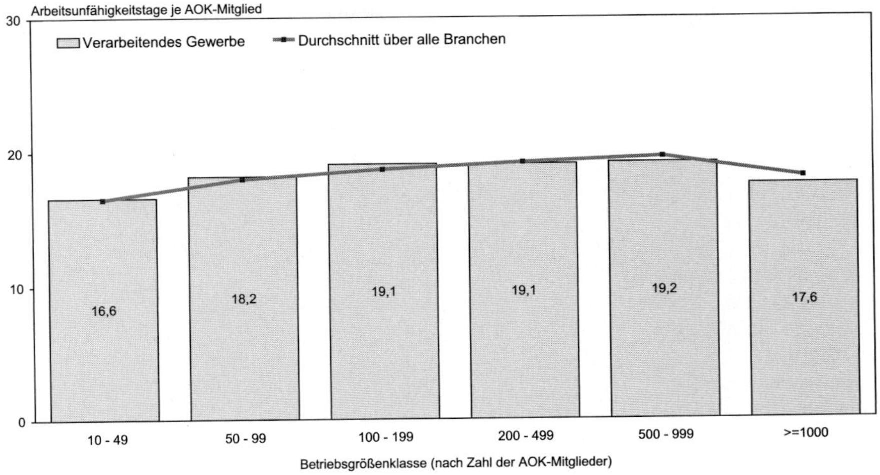

Abb. 12.11.5. Arbeitsunfähigkeitstage im Verarbeitenden Gewerbe nach Betriebsgröße, 2004

Tabelle 12.11.5. Verarbeitendes Gewerbe, Arbeitsunfähigkeitstage je AOK-Mitglied nach Betriebsgröße (Anzahl der AOK-Mitglieder), 2004

Wirtschaftsabteilung	10–49	50–99	100–199	200–499	500–999	≥1000
Bekleidungsgewerbe	14,0	15,3	16,1	21,4	14,0	–
Chemische Industrie	17,1	18,8	18,8	17,8	18,8	15,4
Ernährungsgewerbe	15,9	18,2	19,6	19,7	20,2	20,6
Glasgewerbe, Keramik, Verarbeitung von Steinen und Erden	18,2	18,4	19,7	19,3	18,3	–
Herstellung von Gummi- und Kunststoffwaren	17,3	18,8	19,0	18,4	19,3	15,6
Herstellung von Möbeln, Schmuck, Musikinstrumenten, Sportgeräten, Spielwaren und sonstigen Erzeugnissen	15,8	18,0	18,5	19,5	20,1	–
Holzgewerbe (ohne Herstellung von Möbeln)	17,0	17,8	18,6	18,8	20,8	–
Kokerei, Mineralölverarbeitung, Herstellung und Verarbeitung von Spalt- und Brutstoffen	16,6	15,4	14,9	10,9	–	–
Ledergewerbe	18,0	21,9	17,8	21,5	13,9	–
Papiergewerbe	17,9	18,0	19,3	17,9	14,6	–
Recycling	17,9	20,6	28,9	29,0	32,9	35,0
Tabakverarbeitung	17,6	23,0	17,0	18,1	14,5	–
Textilgewerbe	17,4	18,1	19,2	20,2	13,5	–
Verlagsgewerbe, Druckgewerbe, Vervielfältigung von bespielten Ton-, Bild- und Datenträgern	15,4	16,3	18,4	18,6	20,1	–
Durchschnitt über alle Branchen	16,5	18,0	18,7	19,2	19,6	18,1

12.11.8 Krankenstand nach Stellung im Beruf

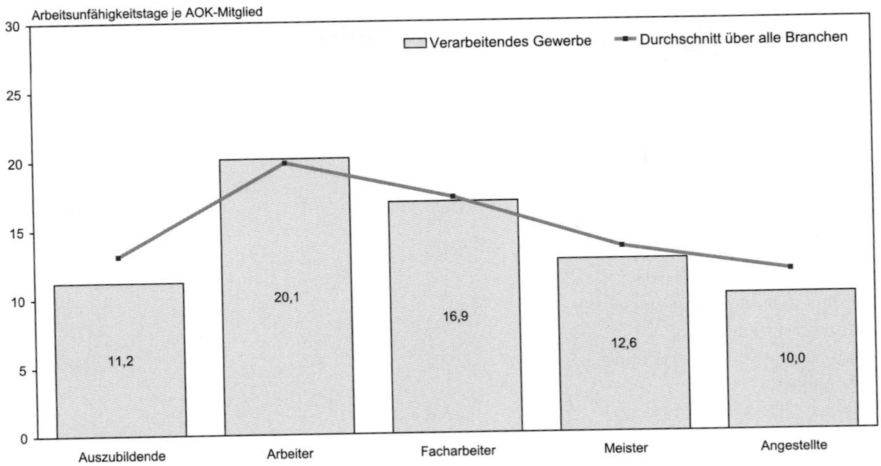

Abb. 12.11.6. Arbeitsunfähigkeitstage im Verarbeitenden Gewerbe nach Stellung im Beruf, 2004

Tabelle 12.11.6. Verarbeitendes Gewerbe, Krankenstand (in %) nach Stellung im Beruf, 2004

Wirtschaftsabteilung	Auszu-bildende	Arbeiter	Fach-arbeiter	Meister, Poliere	Ange-stellte
Bekleidungsgewerbe	2,5	5,0	4,0	2,6	2,4
Chemische Industrie	2,4	5,6	4,6	3,8	2,7
Ernährungsgewerbe	3,3	5,5	4,6	3,4	3,1
Glasgewerbe, Keramik, Verarbeitung von Steinen und Erden	3,2	5,5	5,1	4,0	2,5
Herstellung von Gummi- und Kunststoffwaren	2,8	5,5	4,6	3,1	2,4
Herstellung von Möbeln, Schmuck, Musikinstrumenten, Sportgeräten, Spielwaren und sonstigen Erzeugnissen	3,4	5,4	4,4	3,0	2,4
Holzgewerbe (ohne Herstellung von Möbeln)	3,7	5,2	4,6	3,4	2,4
Kokerei, Mineralölverarbeitung, Herstellung und Verarbeitung von Spalt- und Brutstoffen	1,8	5,4	4,2	3,0	2,4
Ledergewerbe	2,9	5,6	5,4	3,7	2,4
Papiergewerbe	2,8	5,5	4,6	3,5	2,6
Recycling	3,3	6,1	5,3	3,4	2,9
Tabakverarbeitung	2,8	5,4	4,4	3,3	2,6
Textilgewerbe	3,1	5,6	4,9	3,9	2,5
Verlagsgewerbe, Druckgewerbe, Vervielfältigung von bespielten Ton-, Bild- und Datenträgern	2,5	5,6	4,2	3,0	2,7

12.11.9 Arbeitsunfälle

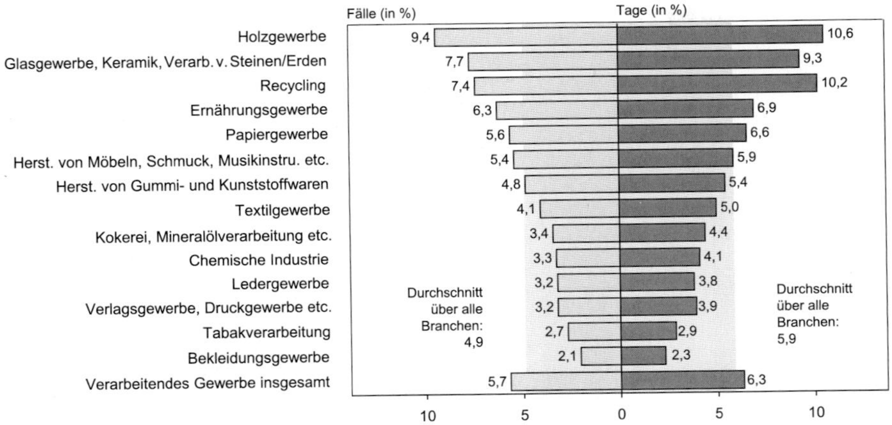

Abb. 12.11.7. Arbeitsunfälle im Verarbeitenden Gewerbe nach Wirtschaftsabteilungen, Anteil an den AU-Fällen und -Tagen in %, 2004

Tabelle 12.11.7. Verarbeitendes Gewerbe, Arbeitsunfähigkeitstage durch Arbeitsunfälle nach Berufsgruppen, 2004

Tätigkeit	AU-Tage je 1000 AOK-Mitglieder	Anteil an den AU-Tagen insgesamt (in %)
Formstein-, Betonhersteller	2567,0	12,8
Fleischer	2260,0	12,9
Holzaufbereiter	2040,9	11,0
Betriebsschlosser, Reparaturschlosser	1887,1	10,4
Kraftfahrzeugführer	1852,9	9,8
Tischler	1635,1	10,7
Fleisch-, Wurstwarenhersteller	1497,3	7,1
Sonstige Papierverarbeiter	1404,9	6,6
Lager-, Transportarbeiter	1266,3	6,5
Hilfsarbeiter ohne nähere Tätigkeitsangabe	1233,4	6,4
Warenaufmacher, Versandfertigmacher	1033,4	4,9
Kunststoffverarbeiter	1004,7	5,1
Backwarenhersteller	916,9	6,5
Druckerhelfer	891,6	4,4
Chemiebetriebswerker	886,2	4,4
Verkäufer	589,8	4,4

12.11.10 Krankheitsarten

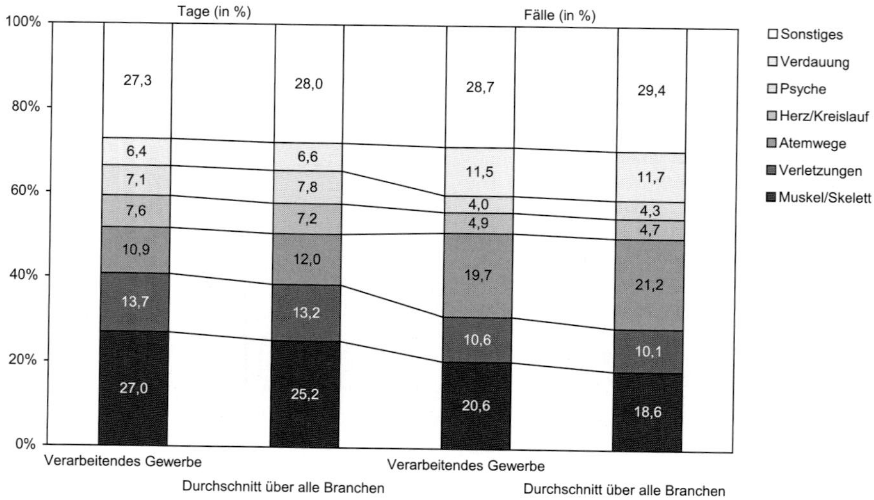

Abb. 12.11.8. Arbeitsunfähigkeiten im Verarbeitenden Gewerbe nach Krankheitsarten, 2004

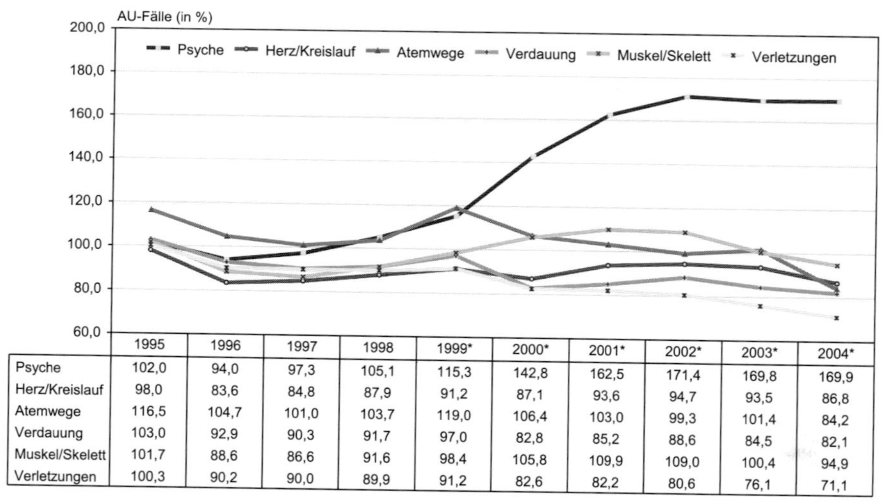

	1995	1996	1997	1998	1999*	2000*	2001*	2002*	2003*	2004*
Psyche	102,0	94,0	97,3	105,1	115,3	142,8	162,5	171,4	169,8	169,9
Herz/Kreislauf	98,0	83,6	84,8	87,9	91,2	87,1	93,6	94,7	93,5	86,8
Atemwege	116,5	104,7	101,0	103,7	119,0	106,4	103,0	99,3	101,4	84,2
Verdauung	103,0	92,9	90,3	91,7	97,0	82,8	85,2	88,6	84,5	82,1
Muskel/Skelett	101,7	88,6	86,6	91,6	98,4	105,8	109,9	109,0	100,4	94,9
Verletzungen	100,3	90,2	90,0	89,9	91,2	82,6	82,2	80,6	76,1	71,1

Abb. 12.11.9. Arbeitsunfähigkeitsfälle im Verarbeitenden Gewerbe nach Krankheitsarten 1995–2004, Indexdarstellung (1994 = 100%)

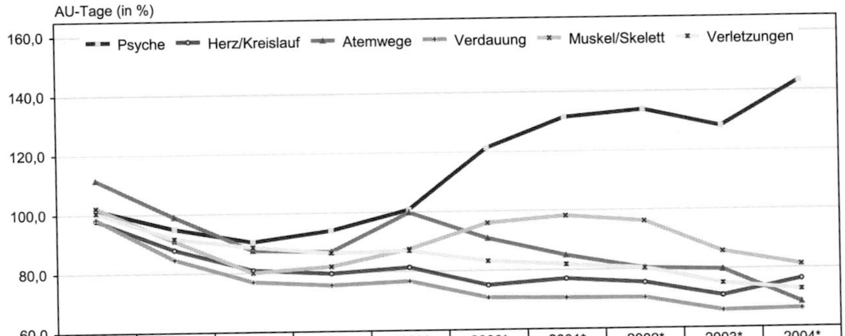

	1995	1996	1997	1998	1999*	2000*	2001*	2002*	2003*	2004*
Psyche	101,6	95,0	90,4	94,1	100,8	121,4	131,4	133,8	128,1	143,3
Herz/Kreislauf	98,0	88,0	80,9	79,5	81,3	75,0	77,0	75,5	70,9	76,3
Atemwege	111,5	99,1	87,6	86,9	99,8	90,9	84,9	80,3	79,7	68,4
Verdauung	98,4	84,7	76,9	75,5	76,6	70,8	70,5	70,3	65,8	66,2
Muskel/Skelett	102,2	91,0	80,0	81,9	87,5	96,0	98,2	96,2	85,8	81,2
Verletzungen	100,5	91,7	88,6	86,5	87,0	83,2	81,8	80,4	75,1	72,8

Abb. 12.11.10. Arbeitsunfähigkeitstage im Verarbeitenden Gewerbe nach Krankheitsarten 1995–2004, Indexdarstellung (1994 = 100%)

12

Tabelle 12.11.8. Verarbeitendes Gewerbe, Arbeitsunfähigkeitstage nach Krankheitsarten (in %), 2004

Wirtschafts-abteilung	Muskel/ Skelett	Atem-wege	Psyche	Verlet-zungen	Herz/ Kreislauf	Verdau-ung	Sons-tige
Bekleidungsgewerbe	25,9	10,6	8,9	8,6	7,4	6,1	32,5
Chemische Industrie	26,3	12,6	7,5	11,6	7,6	6,6	27,8
Ernährungsgewerbe	26,4	10,6	6,7	14,1	7,3	6,6	28,3
Glasgewerbe, Keramik, Verarbeitung von Steinen und Erden	28,3	9,7	5,9	16,7	8,2	5,9	25,3
Herstellung von Gummi- und Kunststoffwaren	27,9	11,4	7,2	12,7	7,4	6,4	27,0
Herstellung von Möbeln, Schmuck, Musikinstrumenten, Sportgeräten, Spielwaren und sonstigen Erzeugnissen	28,0	10,4	7,4	13,7	7,4	6,3	26,8
Holzgewerbe (ohne Herstellung von Möbeln)	27,1	9,7	6,0	18,9	7,3	6,0	25,0
Kokerei, Mineralölverarbeitung, Herstellung und Verarbeitung von Spalt- und Brutstoffen	27,1	11,8	6,2	14,2	7,1	7,1	26,5
Ledergewerbe	27,6	10,1	8,8	10,0	8,0	6,3	29,2
Papiergewerbe	27,7	10,8	6,9	14,4	7,2	6,3	26,7
Recycling	24,7	12,0	6,6	16,4	8,5	6,3	25,5
Tabakverarbeitung	27,9	12,2	7,4	11,0	8,8	6,7	26,0
Textilgewerbe	27,8	10,5	7,4	11,6	8,1	6,2	28,4
Verlagsgewerbe, Druckgewerbe, Vervielfältigung von bespielten Ton-, Bild- und Datenträgern	25,1	11,4	8,6	11,6	7,9	6,5	28,9

Tabelle 12.11.9. Verarbeitendes Gewerbe, Arbeitsunfähigkeiten nach Krankheitsarten, Anteile der ICD-Untergruppen an den ICD-Hauptgruppen, 2004

ICD-Untergruppen	Anteil an den AU-Fällen (in %)	Anteil an den AU-Tagen (in %)
Muskel-/Skeletterkrankungen		
Krankheiten der Wirbelsäule und des Rückens	54,5	50,3
Krankheiten der Weichteilgewebe	21,2	20,1
Arthropathien	17,6	23,3
Sonstige	6,7	6,3
Verletzungen		
Verletzungen nicht näher bezeichneter Teile an Rumpf/Extremitäten/etc.	20,5	14,0
Verletzungen des Handgelenkes und der Hand	15,7	15,8
Verletzungen der Knöchelregion und des Fußes	10,5	10,3
Verletzungen des Knies und des Unterschenkels	10,2	15,3
Verletzungen des Kopfes	7,0	5,1
Sonstige	36,1	39,5
Atemwegserkrankungen		
Akute Infektionen der oberen Atemwege	42,1	32,8
Chronische Krankheiten der unteren Atemwege	19,0	24,4
Sonstige akute Infektionen der unteren Atemwege	18,8	16,7
Sonstige Krankheiten der oberen Atemwege	9,7	11,3
Sonstige	10,4	14,8
Herz-/Kreislauferkrankungen		
Hypertonie [Hochdruckkrankheit]	34,2	33,2
Krankheiten der Venen/Lymphgefäße/Lymphknoten	18,5	14,2
Ischämische Herzkrankheiten	14,6	19,9
Sonstige Formen der Herzkrankheit	12,6	13,8
Sonstige	20,1	18,9
Verdauung		
Nichtinfektiöse Enteritis und Kolitis	27,6	17,6
Krankheiten des Ösophagus/Magens/Duodenums	24,3	23,2
Krankheiten der Mundhöhle/Speicheldrüsen/Kiefer	23,1	7,8
Sonstige Krankheiten des Darmes	7,7	12,3
Hernien	5,3	14,3
Sonstige	12,0	24,8
Psychische und Verhaltensstörungen		
Neurotische, Belastungs- und somatoforme Störungen	39,9	33,0
Affektive Störungen	28,9	33,8
Psychische und Verhaltensstörungen durch psychotrope Substanzen	22,8	22,1
Schizophrenie, schizotype und wahnhafte Störungen	2,6	4,2
Sonstige	5,8	6,9

12.12 Verkehr und Transportgewerbe

12.12.1 Kosten der Arbeitsunfähigkeit

Im Verkehrs- und Transportgewerbe waren im Jahr 2004 1,47 Millionen Arbeitnehmer sozialversicherungspflichtig beschäftigt[1]. In dieser Branche betrug der Anteil der AOK-Versicherten 40,3% (592 387 Erwerbstätige). Jedes AOK-Mitglied war im Jahresmittel 17,4 Kalendertage krank gemeldet. Auf die Branche hochgerechnet addierten sich die krankheitsbedingten Fehlzeiten insgesamt auf 25,5 Millionen Tage oder 69 799 Erwerbsjahre. Bei einem durchschnittlichen Arbeitnehmerentgelt von 31 027[2] Euro im Verkehrs- und Transportgewerbe ergaben sich für das Jahr 2004 hochgerechnet auf alle Beschäftigten Ausfallkosten durch Arbeitsunfähigkeit in Höhe von 2,2 Mrd. Euro. Bei einem Betrieb mit 100 Beschäftigten entspricht dies einer Belastung von 147 505 Euro, die auf die Abwesenheit erkrankter Mitarbeiter zurückzuführen war.

12.12.2 Allgemeine Krankenstandsentwicklung

Im Verkehrs- und Transportgewerbe erreichte der Krankenstand im Jahr 2004 4,8% und sank damit gegenüber dem Vorjahr um 0,4 Prozentpunkte (Tabelle 12.12.1). Die mittlere Krankheitsdauer war im Vergleich zu allen übrigen Wirtschaftszweigen mit 14,4 Kalendertagen

[1] Bundesagentur für Arbeit, Sozialversicherungspflichtig Beschäftigte nach Wirtschaftszweigen der WZ2003/BA in der Bundesrepublik Deutschland am 30. Juni 2004, Nürnberg 2005.

[2] Das Arbeitnehmerentgelt setzt sich zusammen aus den Bruttolöhnen und -gehältern sowie den tatsächlichen und unterstellten Sozialbeiträgen der Arbeitgeber. Quelle: Statistisches Bundesamt, Volkswirtschaftliche Gesamtrechnungen, Fachserie 18, Reihe 26, Arbeitnehmerentgelt im Inland, Revidierte Jahresergebnisse 1991–2004, Stand April 2005, Wiesbaden.

die längste. In Ostdeutschland lag der Krankenstand mit 4,2% deutlich niedriger als im Westen Deutschlands (4,9%). Er nahm gegenüber dem Vorjahr 2003 für West- und Ostdeutschland ab. Der Anteil der Arbeitnehmer, die sich mindestens einmal krank meldeten, lag im Westen deutlich höher als im Osten (AU-Quote West: 48,7%, Ost: 43,6%). Bundesweit betrug die Arbeitsunfähigkeitsquote für das Verkehrs- und Transportgewerbe 47,9% und sank damit im Vergleich zum Vorjahr.

Die Zahl der Arbeitsunfähigkeitsfälle je 100 AOK-Mitglieder nahm 2004 im Verkehrs- und Transportgewerbe im Bundesdurchschnitt um 9,9% ab. In Westdeutschland ging die Zahl der Krankheitsfälle stärker als in Ostdeutschland zurück (West: -9,9%; Ost: -7,8%). Bei den Arbeitsunfähigkeitstagen je 100 AOK-Mitglieder gingen die Werte für

Tabelle 12.12.1. Krankenstandsentwicklung im Bereich Verkehr und Transport, 2004

	Krankenstand (in %)	Arbeitsunfähigkeiten je 100 AOK-Mitglieder				Tage je Fall	AU-Quote (in %)
		Fälle	Veränd. z. Vorj. (in %)	Tage	Veränd. z. Vorj. (in %)		
West	4,9	125,0	-9,9	1781,5	-7,9	14,3	48,7
Ost	4,2	97,6	-7,8	1522,0	-6,8	15,6	43,6
Bund	4,8	120,6	-9,9	1740,0	-7,9	14,4	47,9

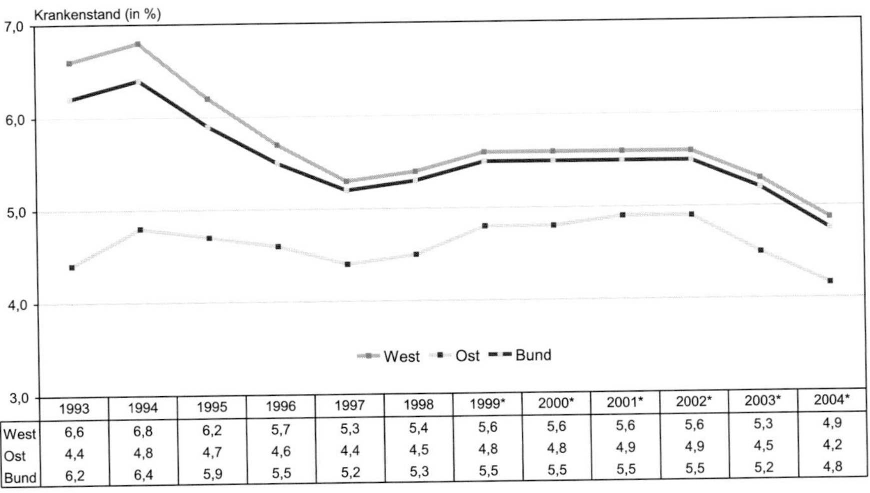

	1993	1994	1995	1996	1997	1998	1999*	2000*	2001*	2002*	2003*	2004*
West	6,6	6,8	6,2	5,7	5,3	5,4	5,6	5,6	5,6	5,6	5,3	4,9
Ost	4,4	4,8	4,7	4,6	4,4	4,5	4,8	4,8	4,9	4,9	4,5	4,2
Bund	6,2	6,4	5,9	5,5	5,2	5,3	5,5	5,5	5,5	5,5	5,2	4,8

Abb. 12.12.1. Krankenstandsentwicklung im Bereich Verkehr und Transport 1993–2004

das Jahr 2004 auf Bundesebene um 7,9% zurück. Auch hier war im Westen (–7,9%) Deutschlands ein stärkerer Rückgang zu verzeichnen als im Osten (–6,8%).

Abbildung 12.12.1[3] zeigt die Entwicklung des Krankenstands im Verkehrs- und Transportgewerbe in den Jahren 1993 bis 2004. Von 1994 bis 1997 ging der Krankenstand von 6,4 auf 5,2% zurück. Danach stieg er wieder geringfügig an und erreichte 1999 einen Wert von 5,5%. In den Folgejahren blieb der Krankenstand stabil. Ab 2003 sank der Krankenstand deutlich und erreichte im Jahr 2004 den niedrigsten Stand (4,8%) seit Beginn der Erfassung. 1993 lag der Krankenstand in Westdeutschland noch 2,2 Prozentpunkte höher als in Ostdeutschland. In den folgenden Jahren verringerte sich der Abstand zwischen den Krankenstandswerten in Ost und West kontinuierlich. 2001 betrug er nur noch 0,7 Prozentpunkte und blieb in den Folgejahren weitgehend stabil.

12.12.3 Krankenstandsentwicklung nach Wirtschaftsabteilungen

In den einzelnen Wirtschaftsabteilungen des Verkehrs- und Transportgewerbes fielen die Krankenstände teilweise unterschiedlich aus. Den niedrigsten Stand verzeichnete die Schifffahrt (4,3%), den höchsten verzeichneten die Abteilungen „Verkehrsvermittlung, Hilfs- und Nebentätigkeiten für den Verkehr“ sowie „Landverkehr, Transport in Rohrfernleitungen“ mit jeweils 4,8% (Tabelle 12.12.2).

Standardisiert man die Krankenstände nach Alter und Geschlecht[4] ergeben sich für die genannten Bereiche allerdings niedrigere Werte. In den Bereichen Luftfahrt und Nachrichtenübermittlung fallen die standardisierten Werte dagegen höher aus.

Die höchste Anzahl an Arbeitsunfähigkeitsfällen je 100 AOK-Mitglieder (163,7 Fälle) sowie die höchste Arbeitsunfähigkeitsquote des gesamten Wirtschaftszweiges (59,1%) verzeichnete die Luftfahrt. Die geringste Anzahl von Krankheitsfällen (95,8) und die niedrigste AU-Quote der Branche (36,2%) war in der Schifffahrt festzustellen.

[3] Die Werte ab dem Jahr 1999 basieren auf der Klassifikation der Wirtschaftszweige der Bundesanstalt für Arbeit aus dem Jahre 1993, ab 2003 auf dem WZ2003/NACE, während den Werten der Jahre 1993 bis 1998 noch der Wirtschaftszweigschlüssel aus dem Jahr 1973 zugrunde lag.

[4] Berechnet nach der Methode der direkten Standardisierung. Zugrunde gelegt wurde die Alters- und Geschlechtsstruktur der erwerbstätigen Mitglieder der gesetzlichen Krankenversicherung insgesamt im Jahr 2000 (Mitglieder mit Krankengeldanspruch). Quelle: VDR-Statistik.

Tabelle 12.12.2. Krankenstandsentwicklung im Bereich Verkehr und Transport nach Wirtschaftsabteilungen, 2004

Wirtschafts-abteilung	Krankenstand (in %)			Arbeitsunfähigkeiten je 100 AOK-Mitglieder				Tage je Fall	AU-Quote (in %)
	2004	2004 stand.*	2003	Fälle	Veränd. z. Vorj. (in %)	Tage	Veränd. z. Vorj. (in %)		
Hilfs- und Nebentätigkeiten für den Verkehr, Verkehrsvermittlung	4,8	4,5	5,2	127,0	−9,8	1759,1	−8,1	13,9	50,0
Landverkehr, Transport in Rohrfernleitungen	4,8	4,4	5,2	108,5	−9,6	1747,6	−7,8	16,1	45,4
Luftfahrt	4,6	5,0	4,6	163,7	−0,5	1677,5	0,4	10,2	59,1
Nachrichtenübermittlung	4,4	4,6	4,9	135,2	−12,1	1615,7	−9,2	12,0	47,3
Schifffahrt	4,3	3,7	4,5	95,8	−10,0	1581,5	−3,9	16,5	36,2

* Krankenstand alters- und geschlechtsstandardisiert

Gleichzeitig war jedoch dort die Falldauer mit durchschnittlich 16,5 Tagen je Krankheitsfall am längsten.

Im Vergleich zum Jahr 2004 nahmen bis auf den Sektor Luftfahrt in allen Wirtschaftszweigen die Krankenstände ab, am stärksten in der Abteilung Nachrichtenübermittlung. Dort ging die Zahl der Arbeitsunfähigkeitstage im Vergleich zum Vorjahr um 9,2% zurück.

12

Tabellarische Übersichten und Abbildungen

12.12.4 Krankenstand nach Berufsgruppen

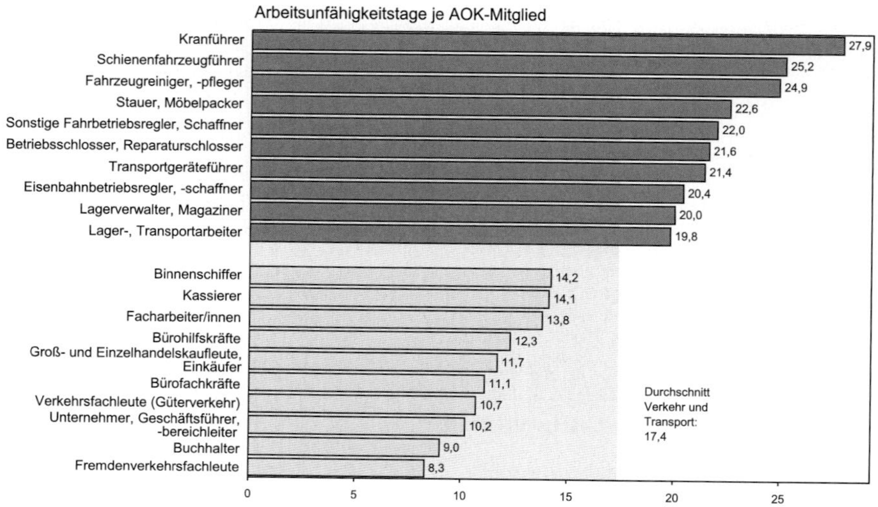

Abb. 12.12.2. 10 Berufsgruppen im Bereich Verkehr und Transport mit hohen und niedrigen Krankenständen, 2004

Tabelle 12.12.3. Verkehr und Transport, Krankenstandskennzahlen nach ausgewählten Berufsgruppen, 2004

Tätigkeit*	Krankenstand (in %)	Arbeitsunfähigkeiten je 100 AOK-Mitglieder		Tage je Fall	AU-Quote (in %)	Anteil Arbeitsunfälle an den AU-Tagen (in %)
		Fälle	Tage			
Betriebsschlosser, Reparaturschlosser	5,9	160,2	2164,1	13,5	64,5	8,3
Binnenschiffer	3,9	66,8	1415,3	21,2	27,2	15,7
Bürofachkräfte	3,0	106,6	1108,3	10,4	43,4	2,2
Bürohilfskräfte	3,4	91,8	1226,5	13,4	37,5	3,2
Eisenbahnbetriebsregler, -schaffner	5,6	141,8	2036,6	14,4	57,3	5,1
Elektroinstallateure, -monteure	4,8	145,4	1745,7	12,0	59,3	5,1
Fahrzeugreiniger, -pfleger	6,8	152,0	2485,8	16,4	58,0	6,8
Fremdenverkehrsfachleute	2,3	109,3	830,6	7,6	42,5	1,7
Kraftfahrzeugführer	4,9	103,2	1796,8	17,4	44,6	10,1
Kraftfahrzeuginstandsetzer	4,4	130,3	1625,5	12,5	56,6	10,5
Kranführer	7,6	150,3	2788,3	18,6	63,7	14,2
Lager-, Transportarbeiter	5,4	154,8	1983,1	12,8	55,4	7,9
Luftverkehrsberufe	4,6	152,6	1668,0	10,9	54,9	3,5
Postverteiler	4,6	151,2	1679,6	11,1	50,7	6,9
Schienenfahrzeugführer	6,9	168,6	2522,8	15,0	65,6	4,8
Stauer, Möbelpacker	6,2	152,9	2256,0	14,8	52,5	10,2
Transportgeräteführer	5,8	162,3	2138,6	13,2	63,7	6,7
Unternehmer, Geschäftsführer	2,8	61,8	1023,2	16,6	30,2	4,1
Verkehrsfachleute (Güterverkehr)	2,9	134,4	1072,5	8,0	50,2	4,5
Warenaufmacher, Versandfertigmacher	5,3	177,8	1952,4	11,0	56,6	6,2

* Berufsgruppen mit mehr als 1000 AOK-Versicherten

12

12.12.5 Kurz- und Langzeiterkrankungen

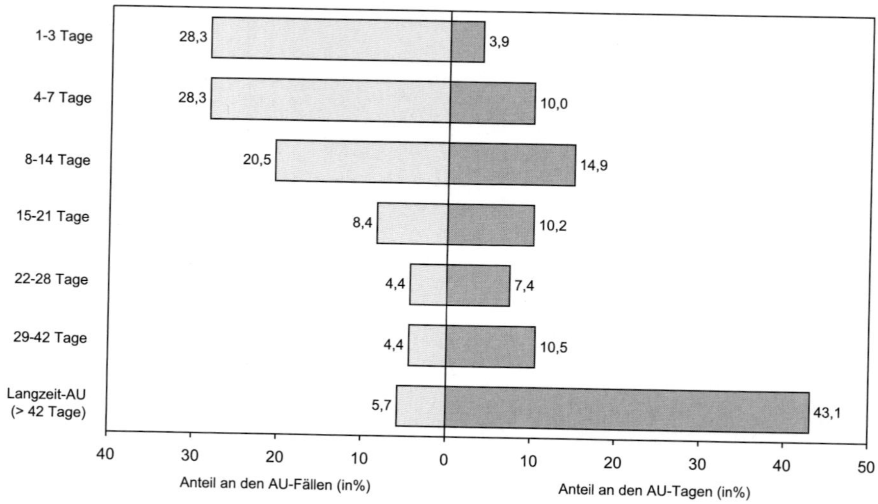

Abb. 12.12.3. Arbeitsunfähigkeitsfälle und -tage im Bereich Verkehr und Transport nach der Dauer, 2004

12.12.6 Krankenstand nach Bundesländern

Tabelle 12.12.4. Verkehr und Transport, Arbeitsunfähigkeit nach Bundesländern, 2004 im Vergleich zum Vorjahr

	Arbeitsunfähigkeiten je 100 AOK-Mitglieder					
	AU-Fälle	Veränd. z. Vorj. (in %)	AU-Tage	Veränd. z. Vorj. (in %)	Tage je Fall	Veränd. z. Vorj. (in %)
Baden-Württemberg	124,8	–10,3	1760,8	–7,0	14,1	3,7
Bayern	103,5	–12,1	1544,4	–9,2	14,9	3,5
Berlin	120,9	–5,6	2105,4	–9,3	17,4	–3,9
Brandenburg	96,6	–9,3	1601,2	–9,8	16,6	–0,6
Bremen	150,8	–7,5	2305,7	–4,2	15,3	3,4
Hamburg	136,2	–8,0	1959,9	–10,4	14,4	–2,7
Hessen	150,4	–8,8	1956,6	–6,0	13,0	3,2
Mecklenburg-Vorpommern	91,7	–9,2	1449,1	–8,4	15,8	0,6
Niedersachsen	122,3	–10,6	1510,2	–6,7	12,3	4,2
Nordrhein-Westfalen	130,9	–9,6	1917,7	–8,7	14,6	0,7
Rheinland-Pfalz	131,7	–8,2	1872,2	–7,2	14,2	0,7
Saarland	117,7	–5,5	2086,3	–3,4	17,7	2,3
Sachsen	96,4	–7,5	1461,1	–6,8	15,2	1,3
Sachsen-Anhalt	98,0	–7,5	1635,1	–2,6	16,7	5,0
Schleswig-Holstein	114,6	–10,5	1730,6	–11,2	15,1	–0,7
Thüringen	104,4	–6,6	1571,4	–6,1	15,1	0,7
Bund	120,6	–9,9	1740,0	–7,9	14,4	2,1

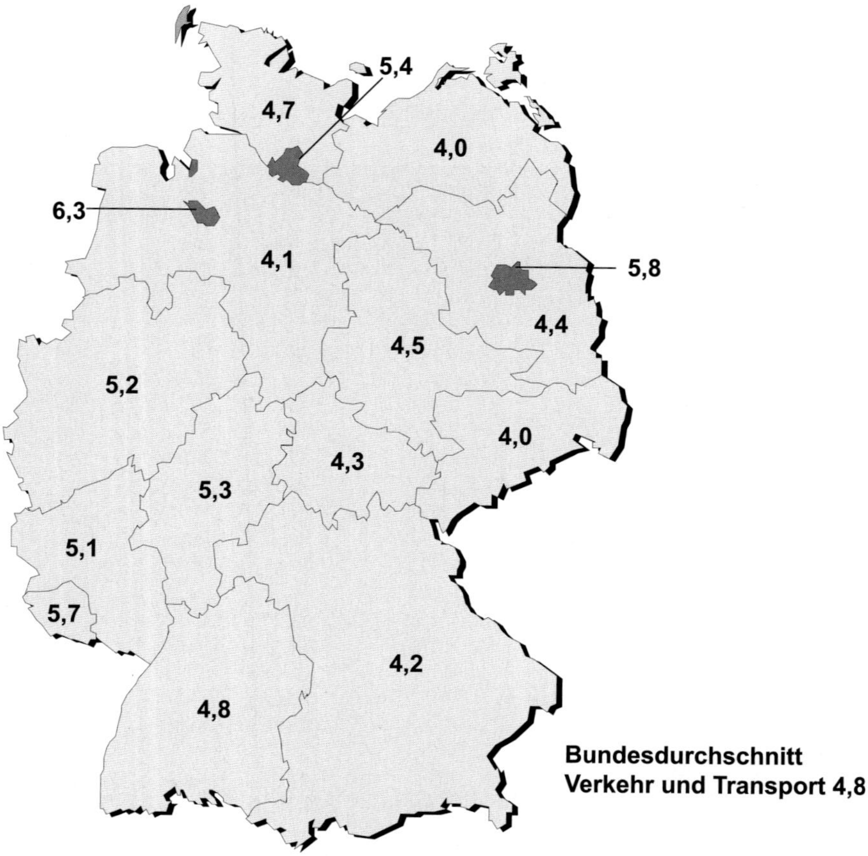

Abb. 12.12.4. Krankenstand (in %) im Bereich Verkehr und Transport nach Bundesländern, 2004

12.12.7 Krankenstand nach Betriebsgröße

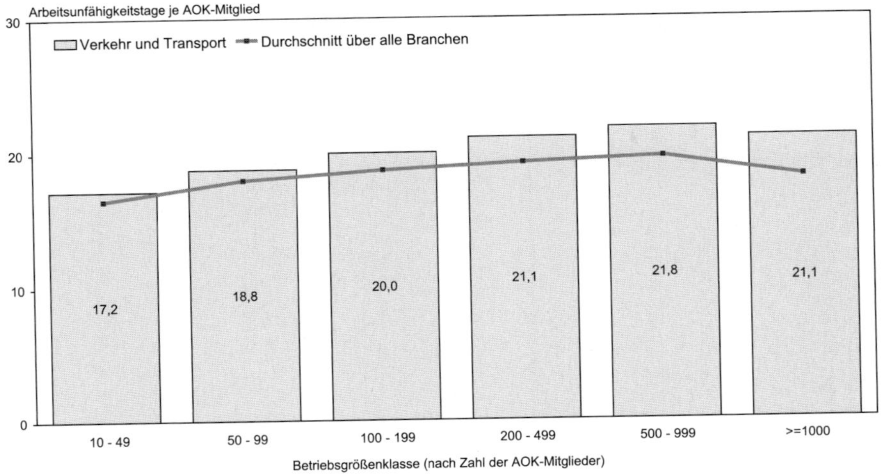

Abb. 12.12.5. Arbeitsunfähigkeitstage im Bereich Verkehr und Transport nach Betriebsgröße, 2004

Tabelle 12.12.5. Verkehr und Transport, Arbeitsunfähigkeitstage je AOK-Mitglied nach Betriebsgröße (Anzahl der AOK-Mitglieder), 2004

Wirtschaftsabteilung	10–49	50–99	100–199	200–499	500–999	≥1000
Hilfs- und Nebentätigkeiten für den Verkehr, Verkehrsvermittlung	17,7	18,6	19,1	19,8	22,1	20,6
Landverkehr, Transport in Rohrfernleitungen	16,7	19,8	22,8	24,7	29,3	25,8
Luftfahrt	15,0	17,9	16,2	16,6	20,4	–
Nachrichtenübermittlung	16,1	16,9	17,6	17,7	17,6	16,1
Schifffahrt	19,2	13,1	22,2	–	–	–
Durchschnitt über alle Branchen	16,5	18,0	18,7	19,2	19,6	18,1

12.12.8 Krankenstand nach Stellung im Beruf

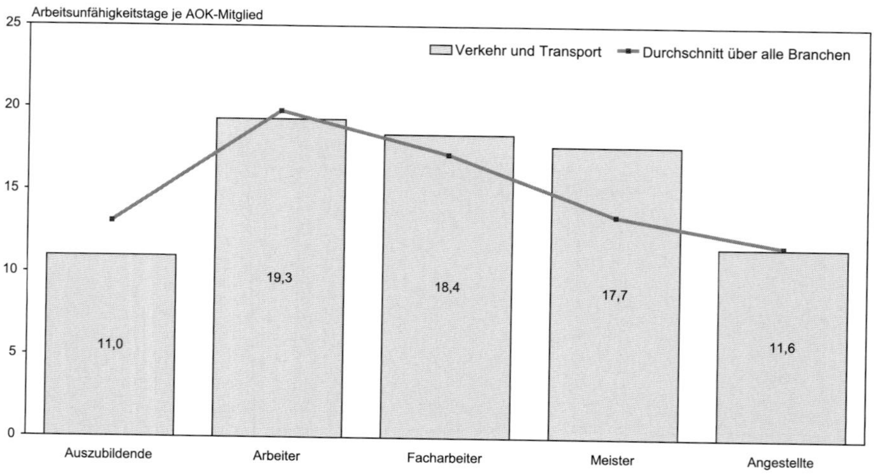

Abb. 12.12.6. Arbeitsunfähigkeitstage im Bereich Verkehr und Transport nach Stellung im Beruf, 2004

Tabelle 12.12.6. Verkehr und Transport, Krankenstand (in %) nach Stellung im Beruf, 2004

Wirtschaftsabteilung	Auszubildende	Arbeiter	Facharbeiter	Meister, Poliere	Angestellte
Hilfs- und Nebentätigkeiten für den Verkehr, Verkehrsvermittlung	3,0	5,4	5,2	5,2	2,9
Landverkehr, Transport in Rohrfernleitungen	3,1	5,1	4,9	4,3	3,4
Luftfahrt	2,3	7,5	5,7	6,8	3,9
Nachrichtenübermittlung	3,1	5,1	4,6	6,3	3,6
Schifffahrt	2,7	4,8	4,5	3,7	3,3

12.12.9 Arbeitsunfälle

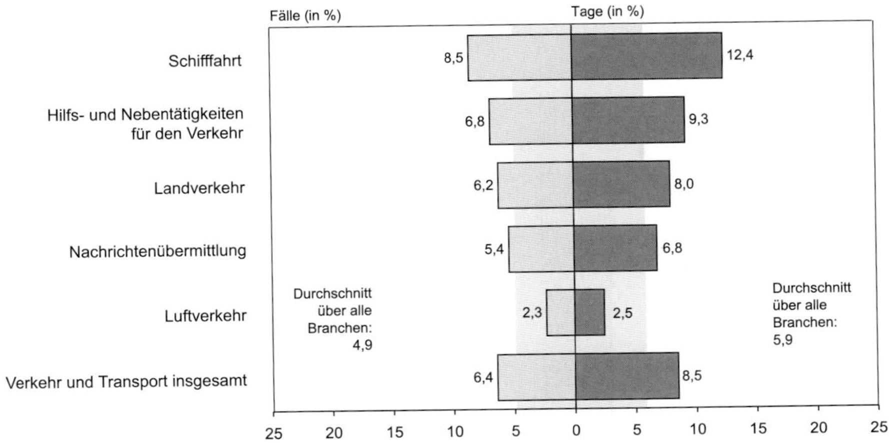

Abb. 12.12.7. Arbeitsunfälle im Bereich Verkehr und Transport nach Wirtschaftsabteilungen, Anteil an den AU-Fällen und -Tagen in %, 2004

Tabelle 12.12.7. Verkehr und Transport, Arbeitsunfähigkeitstage durch Arbeitsunfälle nach Berufsgruppen, 2004

Tätigkeit	AU-Tage je 1000 AOK-Mitglieder	Anteil an den AU-Tagen insgesamt (in %)
Stauer, Möbelpacker	2305,4	10,2
Binnenschiffer	2223,4	15,7
Kraftfahrzeugführer	1812,8	10,1
Betriebsschlosser, Reparaturschlosser	1801,1	8,3
Kraftfahrzeuginstandsetzer	1709,9	10,5
Lager-, Transportarbeiter	1577,8	7,9
Lagerverwalter, Magaziner	1517,5	7,5
Transportgeräteführer	1436,1	6,7
Facharbeiter/innen o. n. T.	1398,8	10,1
Hilfsarbeiter ohne nähere Tätigkeitsangabe	1253,4	6,9
Warenaufmacher, Versandfertigmacher	1222,1	6,2
Schienenfahrzeugführer	1205,1	4,8
Postverteiler	1184,9	6,9
Warenprüfer, -sortierer, a. n. g.	1016,0	5,8
Elektroinstallateure, -monteure	891,0	5,1
Verkäufer	650,0	4,2
Kassierer	489,3	3,3

12.12.10 Krankheitsarten

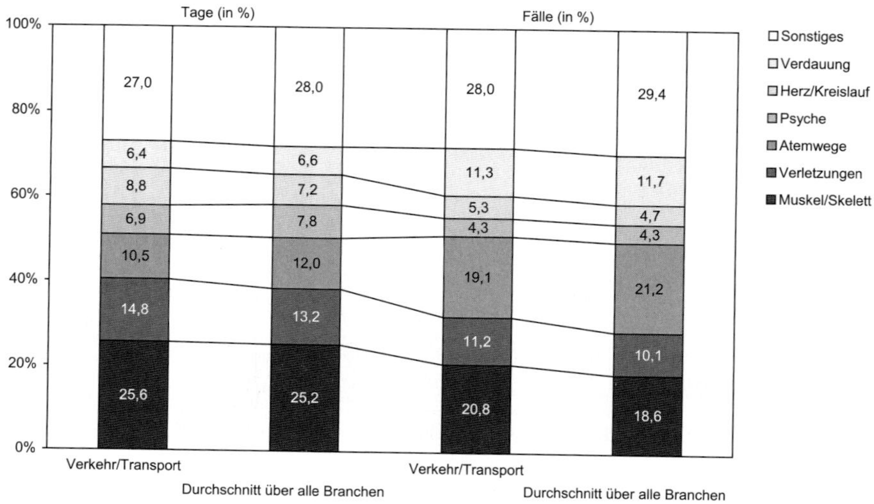

Abb. 12.12.8. Arbeitsunfähigkeiten im Bereich Verkehr und Transport nach Krankheitsarten, 2004

	1995	1996	1997	1998	1999*	2000*	2001*	2002*	2003*	2004*
Psyche	103,0	95,8	101,3	106,1	117,7	147,0	172,1	187,3	189,9	190,9
Herz/Kreislauf	97,7	85,4	87,4	90,5	92,0	89,0	95,8	99,6	101,2	93,5
Atemwege	115,2	104,2	99,2	103,3	116,5	111,1	110,2	107,9	109,0	90,0
Verdauung	99,8	92,2	90,5	91,2	97,0	85,8	89,9	92,8	88,7	84,3
Muskel/Skelett	100,9	90,1	86,1	91,2	96,7	102,6	108,2	107,4	99,7	91,9
Verletzungen	99,5	91,6	91,1	90,3	92,0	88,7	87,4	85,0	80,3	73,5

Abb. 12.12.9. Arbeitsunfähigkeitsfälle im Bereich Verkehr und Transport nach Krankheitsarten 1995–2004, Indexdarstellung (1994 = 100%)

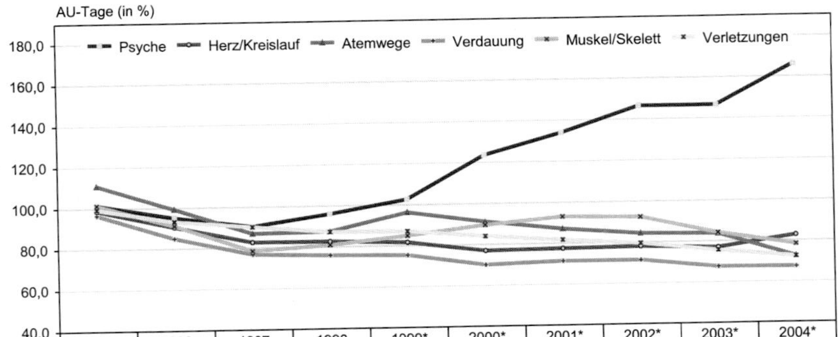

	1995	1996	1997	1998	1999*	2000*	2001*	2002*	2003*	2004*
Psyche	101,4	95,1	90,5	96,1	102,7	123,6	134,0	146,5	146,6	166,3
Herz/Kreislauf	98,7	90,5	82,8	82,7	81,7	77,0	77,5	78,0	77,1	82,8
Atemwege	110,9	99,3	87,0	87,5	96,3	91,2	87,2	84,4	83,9	72,4
Verdauung	96,5	85,0	76,7	75,9	75,4	70,1	71,4	71,3	67,6	67,3
Muskel/Skelett	101,4	91,2	78,5	80,9	84,9	89,5	93,1	92,4	84,2	78,3
Verletzungen	99,3	93,2	90,3	87,3	87,0	84,1	81,8	79,5	75,7	72,3

Abb. 12.12.10. Arbeitsunfähigkeitstage im Bereich Verkehr und Transport nach Krankheitsarten 1995–2004, Indexdarstellung (1994=100%)

Tabelle 12.12.8. Verkehr und Transport, Arbeitsunfähigkeitstage nach Krankheitsarten (in %), 2004

Wirtschaftsabteilung	Muskel/ Skelett	Verlet- zungen	Atem- wege	Herz/ Kreislauf	Psyche	Verdau- ung	Sons- tige
Hilfs- und Nebentätig- keiten für den Verkehr, Verkehrsvermittlung	26,2	15,4	10,6	8,4	6,6	6,4	26,4
Landverkehr, Transport in Rohrfernleitungen	25,1	14,2	9,8	9,8	7,1	6,4	27,6
Luftfahrt	19,2	10,2	18,2	5,2	10,5	6,5	30,2
Nachrichtenüber- mittlung	25,5	14,1	12,7	6,0	7,7	6,6	27,4
Schifffahrt	25,8	15,7	8,5	8,9	6,6	6,5	28,0

Tabelle 12.12.9. Verkehr und Transport, Arbeitsunfähigkeiten nach Krankheitsarten, Anteile der ICD-Untergruppen an den ICD-Hauptgruppen, 2004

ICD-Untergruppen	Anteil an den AU-Fällen (in %)	Anteil an den AU-Tagen (in %)
Muskel-/Skeletterkrankungen		
Krankheiten der Wirbelsäule und des Rückens	57,9	54,6
Krankheiten der Weichteilgewebe	19,3	18,0
Arthropathien	16,1	21,2
Sonstige	6,7	6,2
Verletzungen		
Verletzungen nicht näher bezeichneter Teile an Rumpf/Extremitäten/etc.	17,5	12,7
Verletzungen der Knöchelregion und des Fußes	12,9	13,1
Verletzungen des Knies und des Unterschenkels	11,8	17,0
Verletzungen des Handgelenkes und der Hand	11,2	10,7
Verletzungen des Kopfes	7,9	5,9
Sonstige	38,7	40,6
Atemwegserkrankungen		
Akute Infektionen der oberen Atemwege	41,0	31,5
Chronische Krankheiten der unteren Atemwege	19,5	25,4
Sonstige akute Infektionen der unteren Atemwege	18,6	16,5
Sonstige Krankheiten der oberen Atemwege	9,9	11,3
Sonstige	11,0	15,3
Herz-/Kreislauferkrankungen		
Hypertonie [Hochdruckkrankheit]	36,1	33,2
Ischämische Herzkrankheiten	17,5	24,1
Krankheiten der Venen/Lymphgefäße/Lymphknoten	14,0	9,3
Sonstige Formen der Herzkrankheit	13,1	13,5
Sonstige	19,3	19,9
Verdauung		
Nichtinfektiöse Enteritis und Kolitis	26,8	16,7
Krankheiten des Ösophagus/Magens/Duodenums	25,0	24,3
Krankheiten der Mundhöhle/Speicheldrüsen/Kiefer	21,4	7,4
Sonstige Krankheiten des Darmes	8,4	13,8
Hernien	6,1	14,6
Sonstige	12,3	23,2
Psychische und Verhaltensstörungen		
Neurotische, Belastungs- und somatoforme Störungen	39,5	34,4
Psychische und Verhaltensstörungen durch psychotrope Substanzen	28,0	26,2
Affektive Störungen	24,2	28,3
Persönlichkeits- und Verhaltensstörungen	2,3	3,2
Sonstige	6,0	7,9

Anhang

A 1 Internationale Statistische Klassifikation der Krankheiten und verwandter Gesundheitsprobleme (10. Revision, Version 2004, German Modification)

I. Bestimmte infektiöse und parasitäre Krankheiten (A00–B99)

A00–A09	Infektiöse Darmkrankheiten
A15–A19	Tuberkulose
A20–A28	Bestimmte bakterielle Zoonosen
A30–A49	Sonstige bakterielle Krankheiten
A50–A64	Infektionen, die vorwiegend durch Geschlechtsverkehr übertragen werden
A65–A69	Sonstige Spirochätenkrankheiten
A70–A74	Sonstige Krankheiten durch Chlamydien
A75–A79	Rickettsiosen
A80–A89	Virusinfektionen des Zentralnervensystems
A90–A99	Durch Arthropoden übertragene Viruskrankheiten und virale hämorrhagische Fieber
B00–B09	Virusinfektionen, die durch Haut- und Schleimhautläsionen gekennzeichnet sind
B15–B19	Virushepatitis
B20–B24	HIV-Krankheit [Humane Immundefizienz-Viruskrankheit]
B25–B34	Sonstige Viruskrankheiten
B35–B49	Mykosen
B50–B64	Protozoenkrankheit
B65–B83	Helminthosen
B85–B89	Pedikulose [Läusebefall], Akarinose [Milbenbefall] und sonstiger Parasitenbefall der Haut
B90–B94	Folgezustände von infektiösen und parasitären Krankheiten
B95–B97	Bakterien, Viren und sonstige Infektionserreger als Ursache von Krankheiten, die in anderen Kapiteln klassifiziert sind
B99	Sonstige Infektionskrankheiten

II. Neubildungen (C00–D48)

C00–C75	Bösartige Neubildungen an genau bezeichneten Lokalisationen, als primär festgestellt oder vermutet, ausgenommen lymphatisches, blutbildendes und verwandtes Gewebe
C76–C80	Bösartige Neubildungen ungenau bezeichneter, sekundärer und nicht näher bezeichneter Lokalisationen
C81–C96	Bösartige Neubildungen des lymphatischen, blutbildenden und verwandten Gewebes, als primär festgestellt und vermutet
C97	Bösartige Neubildungen als Primärtumoren an mehreren Lokalisationen
D00–D09	In-situ-Neubildungen
D10–D36	Gutartige Neubildungen
D37–D48	Neubildungen unsicheren oder unbekannten Verhaltens [siehe Hinweis am Anfang der Krankheitsgruppe D37–D48]

III. Krankheiten des Blutes und der blutbildenden Organe sowie bestimmte Störungen mit Beteiligung des Immunsystems (D50–D89)

D50–D53	Alimentäre Anämien
D55–D59	Hämolytische Anämien
D60–D64	Aplastische und sonstige Anämien
D65–D69	Koagulopathien, Purpura und sonstige hämorrhagische Diathesen
D70–D77	Sonstige Krankheiten des Blutes und der blutbildenden Organe
D80–D89	Bestimmte Störungen mit Beteiligung des Immunsystems

IV. Endokrine, Ernährungs- und Stoffwechselkrankheiten (E00–E90)

E00–E07	Krankheiten der Schilddrüse
E10–E14	Diabetis mellitus
E15–E16	Sonstige Störungen der Blutglukose-Regulation und der inneren Sekretion des Pankreas
E20–E35	Krankheiten sonstiger endokriner Drüsen
E40–E46	Mangelernährung
E50–E64	Sonstige alimentäre Mangelzustände
E65–E68	Adipositas und sonstige Überernährung
E70–E90	Stoffwechselstörungen

V. Psychische und Verhaltensstörungen (F00–F99)

F00–F09	Organische, einschließlich symptomatischer psychischer Störungen
F10–F19	Psychische und Verhaltensstörungen durch psychotrope Substanzen
F20–F29	Schizophrenie, schizotype und wahnhafte Störungen
F30–F39	Affektive Störungen
F40–F48	Neurotische, Belastungs- und somatoforme Störungen
F50–F59	Verhaltensauffälligkeiten mit körperlichen Störungen und Faktoren
F60–F69	Persönlichkeits- und Verhaltensstörungen
F70–F79	Intelligenzminderung
F80–F89	Entwicklungsstörungen
F90–F98	Verhaltens- und emotionale Störungen mit Beginn in der Kindheit und Jugend
F99	Nicht näher bezeichnete psychische Störungen

VI. Krankheiten des Nervensystems (G00–G99)

G00–G09	Entzündliche Krankheiten des Zentralnervensystems
G10–G13	Systematrophien, die vorwiegend das Zentralnervensystem betreffen
G20–G26	Extrapyramidale Krankheiten und Bewegungsstörungen
G30–G32	Sonstige degenerative Krankheiten des Nervensystems
G35–G37	Demyelinisierende Krankheiten des Zentralnervensystems
G40–G47	Episodische und paroxysmale Krankheiten des Nervensystems
G50–G59	Krankheiten von Nerven, Nervenwurzeln und Nervenplexus
G60–G64	Polyneuroapathien und sonstige Krankheiten des peripheren Nervensystems
G70–G73	Krankheiten im Bereich der neuromuskulären Synapse und des Muskels
G80–G83	Zerebrale Lähmung und sonstige Lähmungssyndrome
G90–G99	Sonstige Krankheiten des Nervensystems

VII. Krankheiten des Auges und der Augenanhangsgebilde (H00–H59)

H00–H06	Affektionen des Augenlides, des Tränenapparates und der Orbita
H10–H13	Affektionen der Konjunktiva

H15–H22	Affektionen der Sklera, der Hornhaut, der Iris und des Ziliarkörpers
H25–H28	Affektionen der Linse
H30–H36	Affektionen der Aderhaut und der Netzhaut
H40–H42	Glaukom
H43–H45	Affektionen des Glaskörpers und des Augapfels
H46–H48	Affektionen des N. opticus und der Sehbahn
H49–H52	Affektionen der Augenmuskeln, Störungen der Blickbewegungen sowie Akkommodationsstörungen und Refraktionsfehler
H53–H54	Sehstörungen und Blindheit
H55–H59	Sonstige Affektionen des Auges und Augenanhangsgebilde

VIII. Krankheiten des Ohres und des Warzenfortsatzes (H60–H95)

H60–H62	Krankheiten des äußeren Ohres
H65–H75	Krankheiten des Mittelohres und des Warzenfortsatzes
H80 H83	Krankheiten des Innenohres
H90–H95	Sonstige Krankheiten des Ohres

IX. Krankheiten des Kreislaufsystems (I00–I99)

I00–I02	Akutes rheumatisches Fieber
I05–I09	Chronische rheumatische Herzkrankheiten
I10–I15	Hypertonie [Hochdruckkrankheit]
I20–I25	Ischämische Herzkrankheiten
I26–I28	Pulmonale Herzkrankheit und Krankheiten des Lungenkreislaufs
I30–I52	Sonstige Formen der Herzkrankheit
I60–I69	Zerebrovaskuläre Krankheiten
I70–I79	Krankheiten der Arterien, Arteriolen, und Kapillaren
I80–I89	Krankheiten der Venen, der Lymphgefäße und de Lymphknoten, anderenorts nicht klassifiziert
I95–I99	Sonstige und nicht näher bezeichnete Krankheiten des Kreislaufsystems

X. Krankheiten des Atmungssystems (J00–J99)

J00–J06	Akute Infektionen der oberen Atemwege
J10–J18	Grippe und Pneumonie
J20–J22	Sonstige akute Infektionen der unteren Atemwege
J30–J39	Sonstige Krankheiten der oberen Atemwege

J40–J47	Chronische Krankheiten der unteren Atemwege
J60–J70	Lungenkrankheiten durch exogene Substanzen
J80–J84	Sonstige Krankheiten der Atmungsorgane, die hauptsächlich das Interstitium betreffen
J85–J86	Purulente und nekrotisierende Krankheitszustände der unteren Atemwege
J90–J94	Sonstige Krankheiten der Pleura
J95–J99	Sonstige Krankheiten des Atmungssystems

XI. Krankheiten des Verdauungssystems (K00–K93)

K00–K14	Krankheiten der Mundhöhle, der Speicheldrüsen und der Kiefer
K20–K31	Krankheiten des Ösophagus, des Magens und des Duodenums
K35–K38	Krankheiten des Appendix
K40–K46	Hernien
K50–K52	Nichtinfektiöse Enteritis und Kolitis
K55–K63	Sonstige Krankheiten des Darms
K65–K67	Krankheiten des Peritoneums
K70–K77	Krankheiten der Leber
K80–K87	Krankheiten der Gallenblase, der Gallenwege und des Pankreas
K90–K93	Sonstige Krankheiten des Verdauungssystems

XII. Krankheiten der Haut und der Unterhaut (L00–L99)

L00–L08	Infektionen der Haut und der Unterhaut
L10–L14	Bullöse Dermatosen
L20–L30	Dermatitis und Ekzem
L40–L45	Papulosquamöse Hautkrankheiten
L50–L54	Urtikaria und Erythem
L55–L59	Krankheiten der Haut und der Unterhaut durch Strahleneinwirkung
L60–L75	Krankheiten der Hautanhangsgebilde
L80–L99	Sonstige Krankheiten der Haut und der Unterhaut

XIII. Krankheiten des Muskel-Skelett-Systems und des Bindegewebes (M00–M99)

M00–M25	Arthropathien
M30–M36	Systemkrankheiten des Bindegewebes

M40–M54	Krankheiten der Wirbelsäule und des Rückens
M60–M79	Krankheiten der Weichteilgewebe
M80–M94	Osteopathien und Chondropathien
M95–M99	Sonstige Krankheiten des Muskel-Skelett-Systems und des Bindegewebes

XIV. Krankheiten des Urogenitalsystems (N00–N99)

N00–N08	Glomeruläre Krankheiten
N10–N16	Tubulointerstitielle Nierenkrankheiten
N17–N19	Niereninsuffizienz
N20–N23	Urolithiasis
N25–N29	Sonstige Krankheiten der Niere und des Ureters
N30–N39	Sonstige Krankheiten des Harnsystems
N40–N51	Krankheiten der männlichen Genitalorgane
N60–N64	Krankheiten der Mamma [Brustdrüse]
N70–N77	Entzündliche Krankheiten der weiblichen Beckenorgane
N80–N98	Nichtentzündliche Krankheiten des weiblichen Genitaltraktes
N99	Sonstige Krankheiten des Urogenitalsystems

XV. Schwangerschaft, Geburt und Wochenbett (O00–O99)

O00–O08	Schwangerschaft mit abortivem Ausgang
O10–O16	Ödeme, Proteinurie und Hypertonie während der Schwangerschaft, der Geburt und des Wochenbettes
O20–O29	Sonstige Krankheiten der Mutter, die vorwiegend mit der Schwangerschaft verbunden sind
O30–O48	Betreuung der Mutter im Hinblick auf den Feten und die Amnionhöhle sowie mögliche Entbindungskomplikationen
O60–O75	Komplikation bei Wehentätigkeit und Entbindung
O80–O84	Entbindung
O85–O92	Komplikationen, die vorwiegend im Wochenbett auftreten
O95–O99	Sonstige Krankheitszustände während der Gestationsperiode, die anderenorts nicht klassifiziert sind.

XVI. Bestimmte Zustände, die ihren Ursprung in der Perinatalperiode haben (P00–P96)

P00–P04	Schädigung des Feten und Neugeborenen durch mütterliche Faktoren und durch Komplikationen bei Schwangerschaft, Wehentätigkeit und Entbindung

P05–P08	Störungen im Zusammenhang mit der Schwangerschaftsdauer und dem fetalen Wachstum
P10–P15	Geburtstrauma
P20–P29	Krankheiten des Atmungs- und Herz-Kreislaufsystems, die für die Perinatalperiode spezifisch sind
P35–P39	Infektionen, die für die Perinatalperiode spezifisch sind
P50–P61	Hämorrhagische und hämatomologische Krankheiten beim Feten und Neugeborenen
P70–P74	Transitorische endokrine und Stoffwechselstörungen, die für Feten und das Neugeborene spezifisch sind
P75–P78	Krankheiten des Verdauungssystems beim Feten und Neugeborenen
P80–P83	Krankheitszustände mit Beteiligung der Haut und der Temperaturregulation beim Feten und Neugeborenen
P90–P96	Sonstige Störungen, die ihren Ursprung in der Perinatalperiode haben

XVII. Angeborene Fehlbildungen, Deformitäten und Chromosomenanomalien (Q00–Q99)

Q00–Q07	Angeborene Fehlbildungen des Nervensystems
Q10–Q18	Angeborene Fehlbildungen des Auges, des Ohres, des Gesichts und des Halses
Q20–Q28	Angeborene Fehlbildungen des Kreislaufsystems
Q30–Q34	Angeborene Fehlbildungen des Atmungssystems
Q35–Q37	Lippen-, Kiefer- und Gaumenspalte
Q38–Q45	Sonstige angeborene Fehlbildungen des Verdauungssystems
Q50–Q56	Angeborene Fehlbildungen der Genitalorgane
Q60–Q64	Angeborene Fehlbildungen des Harnsystems
Q65–Q79	Angeborene Fehlbildungen und Deformitäten des Muskel-Skelett-Systems
Q80–Q89	Sonstige angeborene Fehlbildungen
Q90–Q99	Chromosomenanomalien, anderenorts nicht klassifiziert

XVIII. Symptome und abnorme klinische und Laborbefunde, die anderenorts nicht klassifiziert sind (R00–R99)

R00–R09	Symptome, die das Kreislaufsystem und Atmungssystem betreffen
R10–R19	Symptome, die das Verdauungssystem und das Abdomen betreffen

R20–R23	Symptome, die die Haut und das Unterhautgewebe betreffen
R25–R29	Symptome, die das Nervensystem und Muskel-Skelett-System betreffen
R30–R39	Symptome, die das Harnsystem betreffen
R40–R46	Symptome, die das Erkennungs- und Wahrnehmungsvermögen, die Stimmung und das Verhalten betreffen
R47–R49	Symptome, die die Sprache und die Stimme betreffen
R50–R69	Allgemeinsymptome
R70–R79	Abnorme Blutuntersuchungsbefunde ohne Vorliegen einer Diagnose
R80–R82	Abnorme Urinuntersuchungsbefunde ohne Vorliegen einer Diagnose
R83–R89	Abnorme Befunde ohne Vorliegen einer Diagnose bei der Untersuchung anderer Körperflüssigkeiten, Substanzen und Gewebe
R90–R94	Abnorme Befunde ohne Vorliegen einer Diagnose bei bildgebender Diagnostik und Funktionsprüfungen
R95–R99	Ungenau bezeichnete und unbekannte Todesursachen

XIX. Verletzungen, Vergiftungen und bestimmte andere Folgen äußerer Ursachen (S00–T98)

S00–S09	Verletzungen des Kopfes
S10–S19	Verletzungen des Halses
S20–S29	Verletzungen des Thorax
S30–S39	Verletzungen des Abdomens, der Lumbosakralgegend, der Lendenwirbelsäule und des Beckens
S40–S49	Verletzungen der Schulter und des Oberarms
S50–S59	Verletzungen des Ellenbogens und des Unterarms
S60–S69	Verletzungen des Handgelenks und der Hand
S70–S79	Verletzungen der Hüfte und des Oberschenkels
S80–S89	Verletzungen des Knies und des Unterschenkels
S90–S99	Verletzungen der Knöchelregion und des Fußes
T00–T07	Verletzung mit Beteiligung mehrerer Körperregionen
T08–T14	Verletzungen nicht näher bezeichneter Teile des Rumpfes, der Extremitäten oder anderer Körperregionen
T15–T19	Folgen des Eindringens eines Fremdkörpers durch eine natürliche Körperöffnung
T20–T32	Verbrennungen oder Verätzungen
T36–T50	Vergiftungen durch Arzneimittel, Drogen und biologisch aktiver Substanzen

T51–T65	Toxische Wirkungen von vorwiegend nicht medizinisch verwendeten Substanzen
T66–T78	Sonstige nicht näher bezeichnete Schäden durch äußere Ursachen
T79	Bestimmte Frühkomplikationen eines Traumas
T80–T88	Komplikationen bei chirurgischen Eingriffen und medizinischer Behandlung, anderenorts nicht klassifiziert
T90–T98	Folgen von Verletzung, Vergiftungen und sonstigen Auswirkungen äußerer Ursachen

XX. Äußere Ursachen von Morbidität und Mortalität (V01–Y98)

V01–X59	Unfälle
X60–X84	Vorsätzliche Selbstbeschädigung
X85–Y09	Tätlicher Angriff
Y10–Y34	Ereignis, dessen nähere Umstände unbestimmt sind
Y35–Y36	Gesetzliche Maßnahmen und Kriegshandlungen
Y40–Y84	Komplikationen bei der medizinischen und chirurgischen Behandlung

XXI. Faktoren, die den Gesundheitszustand beeinflussen und zur Inanspruchnahme des Gesundheitswesen führen (Z00–Z99)

Z00–Z13	Personen, die das Gesundheitswesen zur Untersuchung und Abklärung in Anspruch nehmen
Z20–Z29	Personen mit potentiellen Gesundheitsrisiken hinsichtlich übertragbarer Krankheiten
Z30–Z39	Personen, die das Gesundheitswesen im Zusammenhang mit Problemen der Reproduktion in Anspruch nehmen
Z40–Z54	Personen, die das Gesundheitswesen zum Zwecke spezifischer Maßnahmen und zur medizinischen Betreuung in Anspruch nehmen
Z70–Z76	Personen, die das Gesundheitswesen aus sonstigen Gründen in Anspruch nehmen
Z80–Z99	Personen mit potentiellen Gesundheitsrisiken aufgrund der Familien- oder Eigenanamnese und bestimmte Zustände, die den Gesundheitszustand beeinflussen

A 2 Klassifikation der Wirtschaftszweige (WZ 2003/NACE) Übersicht über den Aufbau nach Abschnitten und Abteilungen

A + B Land- und Forstwirtschaft, Fischerei und Fischzucht

01 Landwirtschaft, Jagd
02 Forstwirtschaft
05 Fischerei und Fischzucht

C Bergbau und Gewinnung von Steinen und Erden

10 Kohlenbergbau, Torfgewinnung
11 Gewinnung von Erdöl und Erdgas, Erbringung damit verbundener Dienstleistungen
12 Bergbau auf Uran- und Thoriumerze
13 Erzbergbau
14 Gewinnung von Steinen und Erden, sonstiger Bergbau

D Verarbeitendes Gewerbe

15 Ernährungsgewerbe
16 Tabakverarbeitung
17 Textilgewerbe
18 Bekleidungsgewerbe
19 Ledergewerbe
20 Holzgewerbe (ohne Herstellung von Möbeln)
21 Papiergewerbe
22 Verlagsgewerbe, Druckgewerbe, Vervielfältigung von bespielten Ton-, Bild- und Datenträgern
23 Kokerei, Mineralölverarbeitung, Herstellung und Verarbeitung von Spalt- und Brutstoffen
24 Herstellung von chemischen Erzeugnissen
25 Herstellung von Gummi- und Kunststoffwaren

26 Glasgewerbe, Herstellung von Keramik, Verarbeitung von Steinen und Erden
27 Metallerzeugung und -bearbeitung
28 Herstellung von Metallerzeugnissen
29 Maschinenbau
30 Herstellung von Büromaschinen, Datenverarbeitungsgeräten und -einrichtungen u. Ä.
31 Herstellung von Geräten der Elektrizitätserzeugung, -verteilung
32 Rundfunk- und Nachrichtentechnik
33 Medizin-, Mess-, Steuer- und Regelungstechnik, Optik und Herstellung von Uhren
34 Herstellung von Kraftwagen und Kraftwagenteilen
35 Sonstiger Fahrzeugbau
36 Herstellung von Möbeln, Schmuck, Musikinstrumenten, Sportgeräten, Spielwaren und sonstigen Erzeugnissen
37 Recycling

E Energie- und Wasserversorgung

40 Energieversorgung
41 Wasserversorgung

F Baugewerbe

45 Baugewerbe

G Handel; Instandhaltung und Reparatur von Kraftfahrzeugen und Gebrauchsgütern

50 Kraftfahrzeughandel; Instandhaltung und Reparatur von Kraftfahrzeugen; Tankstellen
51 Handelsvermittlung und Großhandel (ohne Handel mit Kfz)
52 Einzelhandel (ohne Handel mit Kraftfahrzeugen und ohne Tankstellen); Reparatur von Gebrauchsgütern

H Gastgewerbe

55 Gastgewerbe

I Verkehr und Nachrichtenübermittlung

60 Landverkehr; Transport in Rohrfernleitungen
61 Schifffahrt

62 Luftfahrt
63 Hilfs- und Nebentätigkeiten für den Verkehr; Verkehrsvermittlung
64 Nachrichtenübermittlung

J Kredit- und Versicherungsgewerbe

65 Kreditgewerbe
66 Versicherungsgewerbe
67 Mit dem Kredit- und Versicherungsgewerbe verbundene Tätigkeiten

K Grundstücks- und Wohnungswesen, Vermietung beweglicher Sachen, Erbringung von Dienstleistungen, a. n. g.

70 Grundstücks- und Wohnungswesen
71 Vermietung beweglicher Sachen ohne Bedienungspersonal
72 Datenverarbeitung und Datenbanken
73 Forschung und Entwicklung
74 Erbringung von Dienstleistungen, a. n. g.

L Öffentliche Verwaltung, Verteidigung, Sozialversicherung

75 Öffentliche Verwaltung, Verteidigung, Sozialversicherung

M Erziehung und Unterricht

80 Erziehung und Unterricht

N Gesundheits-, Veterinär- und Sozialwesen

85 Gesundheits-, Veterinär- und Sozialwesen

O Erbringung von sonstigen öffentlichen und persönlichen Dienstleistungen

90 Abwasser- und Abfallbeseitigung und sonstige Entsorgung
91 Interessenvertretungen sowie kirchliche und sonstige religiöse Vereinigungen (ohne Sozialwesen, Kultur und Sport)
92 Kultur, Sport und Unterhaltung
93 Erbringung von sonstigen Dienstleistungen

P Private Haushalte mit Hauspersonal

95 Private Haushalte mit Hauspersonal

Q Exterritoriale Organisationen und Körperschaften

99 Exterritoriale Organisationen und Körperschaften

Die Autorinnen und Autoren

Prof. Dr. Bernhard Badura

Universität Bielefeld
Fakultät für Gesundheitswissenschaften
Postfach 100131
33501 Bielefeld

Geboren 1943. Dr. rer. soc., Studium der Soziologie, Philosophie, Politikwissenschaften in Tübingen, Freiburg, Konstanz, Harvard/Mass.; Professor der Fakultät für Gesundheitswissenschaften der Universität Bielefeld; Leiter der Arbeitsgruppe Sozialepidemiologie und Gesundheitssystemgestaltung; Vorstandsvorsitzender der Deutschen Gesellschaft für Public Health. Arbeitsschwerpunkte: Sozialepidemiologie, Stressforschung, Gesundheitsförderung, Evaluationsforschung, Rehabilitation, Gesundheitspolitik.

Dr. Gert Beelmann

Quotac Management GmbH
Bremer Str. 70
28832 Achim

Seit 01/2005 Geschäftsführer des Outplacement-Beratungsunternehmens Quotac, 1998 bis 2004 wissenschaftliche Tätigkeit in zwei EU-Projekten im Institut für Psychologie der Arbeit, Arbeitslosigkeit und Gesundheit (IPG) an der Universität Bremen, 2003 Promotion im

Fachgebiet Psychologie an der Universität Bremen. Seit 1998 Lehrbeauftragter an der Universität Bremen im Studiengang Psychologie. 10/2003 bis 05/2005 Fortbildung zum „systemischen Unternehmens- und Organisationsberater". Seit 1998 nebenberufliche Tätigkeiten im Bereich Erwachsenenbildung, Gesundheitsmanagement und Beratung.

Fanny Bonkaß

Wissenschaftliches Institut der AOK (WIdO)
Kortrijker Straße 1
53177 Bonn

Diplom-Kauffrau. Geboren 1977 in Cottbus. Studium der Wirtschaftswissenschaften, Studienrichtung Betriebswirtschaftslehre an der Universität Duisburg-Essen, Campus Essen. Studienschwerpunkte: Medizin-Management, Finanzwissenschaft, Personalwirtschaft. 05 bis 09/2005 Praktikantin im WIdO, Projektbereich Betriebliche Gesundheitsförderung.

Hartmut Buck

Fraunhofer Institut für Arbeitswirtschaft
und Organisation (IAO)
MT Entwicklungsförderliche Organisationsgestaltung
Nobelstraße 12
70569 Stuttgart

Geboren 1961. Teamleiter des Bereichs „Organisationsgestaltung" am Fraunhofer IAO in Stuttgart. Aktueller Tätigkeitsschwerpunkt im Bereich der personalpolitischen Herausforderungen des demographischen Wandels für Unternehmen. Weitere Arbeitsthemen konzentrieren sich auf zukünftige Entwicklungen der Arbeit, Qualifikationsmanagement sowie Wandlungsprozesse in Unternehmen.

Nico Dragano

Institut für Medizinische Soziologie
Universitätsklinikum Düsseldorf
Postfach 10 10 07
40001 Düsseldorf

Studium der Sozial-, Politik und Medienwissenschaften an der Universität Düsseldorf. Seit 2000 wissenschaftlicher Mitarbeiter am Institut für Medizinische Soziologie. Die inhaltlichen Schwerpunkte der Arbeit liegen auf Methoden der Studienplanung (epidemiologische und klinische Studien), sowie auf der Erforschung von Arbeitsbelastungen und deren arbeitsorganisatorischen Rahmenbedingungen in der modernen Arbeitswelt. Leiter der Arbeitsgemeinschaft Öffentlichkeitsarbeit der Heinz-Nixdorf-Recall-Studie, einer großen Herz-Kreislauf-Epidemiologischen Kohortenstudie im Ruhrgebiet.

Dr. Werner Eichhorst

Institut für Arbeitsmarkt-
und Berufsforschung (IAB)
Regensburger Straße 104
90478 Nürnberg

Geboren 1969. 1988 bis 95 Studium der Soziologie, Politikwissenschaft, Psychologie und Verwaltungswissenschaft in Tübingen und Konstanz. 1996 bis 1998 Doktorand am Max-Planck-Institut für Gesellschaftsforschung in Köln. Promotion in Politikwissenschaft 1998. 1998 bis 1999 Post-Doc-Tätigkeit am MPI. 1999 bis 2004 Projektleiter im Themenfeld Wirtschaft und Soziales der Bertelsmann Stiftung, verantwortlich für das Projekt „Benchmarking Deutschland". 2004 bis 2005 Bereichsleiter und Koordinator für vergleichende Arbeitsmarktforschung am IAB in Nürnberg, seit Juli 2005 Research Associate am Forschungsinstitut zur Zukunft der Arbeit (IZA) in Bonn. Arbeitsschwerpunkt: International vergleichende Arbeitsmarktforschung und Politikberatung.

Dr. Jane E. Ferrie

Department of Epidemiology & Public Health
University College London (UCL)
Gower Street Campus
1–19 Torrington Place
GB-London WC1E 6BT

Wissenschaftliche Mitarbeiterin beim Department of Epidemiology and Public Health am UCL. 1988 Beginn als Feldforscherin; 1999 Promotion in Epidemiologie. Derzeit Erforschung des Zusammenhangs zwischen Arbeitsmarkt und Gesundheit. Daneben Durchführung von Studien zu Fehlzeiten, Organisationsrecht und sozioökonomisch bedingter Ungleichheit von Gesundheitschancen. Beteiligung an zwei aktuell laufenden internationalen Kooperationen mit dem Finnish Institute of Occupational Health sowie dem Swedish Institute for Psychosocial Medicine in Stockholm.

Dr. Johnny Hellgren

Department of Psychology
Stockholm University
S-10691 Stockholm

Wissenschaftler und Dozent am Institut für Psychologie an der Universität Stockholm. Forschungsschwerpunkte: organisatorischer Wandel, Arbeitsplatzunsicherheit, Gesundheit, Arbeits- und Betriebsklima und dessen Einfluss auf die Motivation und Leistung der Arbeitnehmer sowie die Rolle der Gewerkschaften in der heutigen Arbeitswelt.

Dr. Alfons Hollederer MPH

Landesinstitut für den Öffentlichen Gesundheitsdienst NRW (lögd)
Westerfeldstr. 35–37
33611 Bielefeld

Seit 2003 Leiter des Dezernats „Gesundheitspolitische Konzepte, Gesundheitsziele" im lögd. Zuvor von 2001 bis 2003 wissenschaftlicher Mitarbeiter am Institut für Arbeitsmarkt- und Berufsforschung der BA (IAB) und von 1997 bis 2001 am Institut für präventive Pneumologie des Klinikums Nürnberg.

Prof. Dr. phil. Thomas Kieselbach

Institut für Psychologie der Arbeit, Arbeitslosigkeit und Gesundheit
Universität Bremen, Fachbereich 11
Grazer Str. 2
28359 Bremen

Geboren 1944. Prof. Dr. phil., Dipl.-Psychologe; Sprecher des Instituts für Psychologie der Arbeit, Arbeitslosigkeit und Gesundheit (IPG) im Studiengang Psychologie der Universität Bremen; Forschungsschwerpunkte: Arbeitslosenforschung, Gesundheitspsychologie, Arbeitspsychologie, Public-Health-Forschung, Sozialpsychologie, Gemeindepsychologie.

Internationaler Koordinator von EU-Forschungsprojekten sowie seit 1996 nationaler Partner in einer Reihe von EU-Projekten zum Thema lokale Ansätze zur Bekämpfung sozialer Exklusion, Arbeitslosigkeit und seelische Gesundheit, Arbeitsplatzunsicherheit, innovative Ansätze von Unternehmensumstrukturierungen; seit 2000 Vorsitzender des Wissenschaftskomitees „Arbeitslosigkeit und Gesundheit" der International Commission on Occupational Health (ICOH). Organisator von internationalen Konferenzen zum Thema Arbeitslosigkeit und Gesundheit.

Ingrid Küsgens

Wissenschaftliches Institut der AOK (WIdO)
Kortrijker Straße 1
53177 Bonn

Diplom-Geographin. Geboren 1963 in Aachen. Studium der Geographie an der RWTH Aachen und der Rheinischen Friedrich-Wilhelms-Universität Bonn. 1991 wissenschaftliche Mitarbeiterin in einem Abgeordnetenbüro des Deutschen Bundestages, Arbeitsschwerpunkte Natur-/Umweltschutz und Abfallwirtschaft. Danach Tätigkeiten im Abfallwirtschafts- und Verlagswesen im Bereich Angewandte Statistik und Programmierung. Seit Mai 2001 wissenschaftliche Mitarbeiterin am WIdO, Projektbereich Betriebliche Gesundheitsförderung.

Dr. Katharina Näswall

Department of Psychology
Stockholm University
S-106 91 Stockholm

Wissenschaftlerin und Dozentin am Institut für Psychologie an der Universität Stockholm. Forschungsschwerpunkte: Arbeitsplatzunsicherheit und andere arbeitsbedingte Stressoren und Gesundheitsoutcomes, Coping, Folgen von organisatorischen Veränderungen für das Wohlbefinden der Arbeitnehmer.

Dr. rer. pol. Ulrich Pröll

Landesinstitut Sozialforschungsstelle
Dortmund
Evinger Platz 17
44339 Dortmund

Diplom-Sozialwissenschaftler, Jahrgang 1952. Wissenschaftlicher Mitarbeiter des Landesinstituts Sozialforschungsstelle Dortmund, Forschungsbereich „Arbeit und Gesundheit". Arbeitsschwerpunkte: Arbeitsschutz- und Präventionsforschung, betriebliche Arbeitsschutzsysteme, staatliche Intervention und Regulierung zu Arbeit und Gesundheit, regionale und sektorale Präventionsnetzwerke, Prävention in Kleinbetrieben; Gesundheitliche Auswirkungen flexibler Arbeit und Arbeitsmärkte; zahlreiche Veröffentlichungen.

Helmut Rudolph

Institut für Arbeitsmarkt-
und Berufsforschung (IAB)
Weddigenstr. 20–22
90478 Nürnberg

Diplom-Mathematiker. Studium der Mathematik, Informatik und Wirtschaftswissenschaften an den Universitäten Bonn und Toulouse. Seit 1981 Wissenschaftlicher Mitarbeiter im IAB. Seit 2005 Leiter des Forschungsbereichs 10: „SGB II: Strukturen und Bewegungen im Niedrigeinkommensbereich". Arbeitsschwerpunkte: Übergang von Arbeitslosenhilfe- und Sozialhilfebeziehern in die Grundsicherung für Arbeitsuchende; Atypische Beschäftigung; Profiling; Arbeitsmarktstatistik.

Dr. rer. pol. Henner Schellschmidt

Wissenschaftliches Institut der AOK (WIdO)
Kortrijker Straße 1
53177 Bonn

Geboren 1962. Studium der Volkswirtschaftslehre, Soziologie und Politologie in Kiel und Köln; Mitarbeiter am Seminar für Sozialpolitik der Universität Köln; Wissenschaftlicher Mitarbeiter an der Wirtschaftswissenschaftlichen Fakultät der Universität Bielefeld, Lehrbereich Wirtschaftspolitik; Mitglied der Arbeitsgruppe Sozialepidemiologie und Gesundheitssystemgestaltung der Fakultät für Gesundheitswissenschaften der Universität Bielefeld; Wiss. Geschäftsführer des Nordrhein-Westfälischen Forschungsverbundes Public Health; seit 1999 Wissenschaftlicher Mitarbeiter im WIdO; seit Ende 2000 dort Forschungsbereichsleiter Krankenhaus/Betriebliche Gesundheitsförderung. Mitherausgeber des Krankenhaus-Reports.

Prof. Dr. Johannes Siegrist

Institut für Medizinische Soziologie
Universitätsklinikum Düsseldorf
Postfach 10 10 07
40001 Düsseldorf

Studium der Soziologie an den Universitäten Basel und Freiburg i. B., Promotion 1969, Habilitation 1973. Von 1973 bis 1992 Professor für Medizinische Soziologie an der Philipps-Universität Marburg, unterbrochen durch Gastprofessuren an der Johns Hopkins University, Baltimore USA und am Institut für Höhere Studien, Wien. Seit 1992 Professor und Direktor des Instituts für Medizinische Soziologie an der Heinrich-Heine-Universität Düsseldorf und Leiter des Zusatzstudiengangs Public Health. Langjährige Forschungen zu sozialen Einflüssen auf Gesundheit, mit besonderem Schwerpunkt auf psychosozialen Stressbelastungen am Arbeitsplatz. Zahlreiche internationale Forschungskooperationen und -publikationen.

Prof. Dr. Magnus Sverke

Department of Psychology
Stockholm University
S-10691 Stockholm

Professor für Arbeits- und Organisationspsychologie am Institut für Psychologie der Universität Stockholm. Seine Forschungsarbeit widmet sich hauptsächlich der Frage, wie Motivation und Zufriedenheit der Arbeitnehmer durch organisatorische Veränderungen und unsichere Arbeitsverhältnisse beeinflusst werden. Insbesondere befasst er sich mit den Gewerkschaften, deren strukturellen Veränderungen, der Einstellung und Partizipation ihrer Mitglieder und der Rolle der Gewerkschaften auf dem flexiblen Arbeitsmarkt.

Prof. Dr. Ivars Udris

Zentrum für Organisations-
und Arbeitswissenschaften (ZOA)
Eidgenössisch Technische Hochschule
(ETH) Zürich
Kreuzplatz 5
CH-8032 Zürich

Geboren 1941 in Riga/Lettland. Studium der Psychologie an der Universität Hamburg und der Technischen Universität Berlin. 1974 Promotion an der Universität Bern, 1986 Habilitation in Arbeits- und Organisationspsychologie an der Universität Konstanz, 1994 außerplanmäßiger Professor. Seit 1972 an der ETH Zürich am ehemaligen Institut für Arbeitspsychologie, jetzt ZOA, seit 1999 Titularprofessor der ETH Zürich.

Forschungsschwerpunkte: Arbeit und Gesundheit, betriebliches Gesundheitsmanagement, Methoden der Arbeitspsychologie, Kompetenzentwicklung, Wertewandel, Berufsbiographie, Frau und Beruf, Zukunft der Arbeit. Präsident der Schweizerischen Gesellschaft für Arbeits- und Organisationspsychologie SGAOP, Präsident des gemeinnützigen Vereins stressnostress.ch und Mit-Herausgeber von „ARBEIT - Zeitschrift für Arbeitsforschung, Arbeitsgestaltung und Arbeitspolitik".

Christian Vetter

Wissenschaftliches Institut der AOK (WIdO)
Kortrijker Straße 1
53177 Bonn

Diplom-Psychologe, Jahrgang 1957. Studium der Psychologie, Soziologie und Philosophie an der Universität Münster. 1988 bis 1991 freiberufliche Tätigkeit im Bereich der Erwachsenenbildung und Personalentwicklung, u. a. Referent am Management-Institut Dr. Kitzmann. 1991 bis 1993 Durchführung von Modellprojekten im Bereich der betrieblichen Gesundheitsförderung für die AOK für den Kreis Warendorf. Seit 1993 wissenschaftlicher Mitarbeiter am WIdO. Arbeitsschwerpunkte: Arbeit und Gesundheit, Gesundheitsmanagement in Unternehmen, betriebliche und branchenbezogene Gesundheitsberichterstattung, Fehlzeitenanalysen, Mitarbeiterbefragungen, Evaluation von Präventionsprogrammen.

Dr. Ulrich Walwei

Institut für Arbeitsmarkt-
und Berufsforschung (IAB)
Regensburger Straße 104
90478 Nürnberg

Studium der Volkswirtschaftslehre an der Universität-Gesamthochschule Paderborn. Promotion zu rechtsökonomischen Fragen. Seit 1988 im Institut für Arbeitsmarkt- und Berufsforschung tätig, dort derzeit Vizedirektor und Leiter des Forschungsbereichs „Wachstum, Demographie und Arbeitsmarkt" am Institut für Arbeitsmarkt- und Berufsforschung. Arbeitsschwerpunkte: Längerfristige Arbeitsmarkttrends, Politikanalysen und Institutionenökonomik. Veröffentlichungen unter anderem zu folgenden Themen: Zukunft der Arbeit, Deregulierung des Arbeitsrechts, Niedriglohnsektor, internationale Vergleiche sowie Arbeitsmarktpolitik.

Dr. phil. Vera Weiss

Gesundheitsamt
Gesundheitsförderung und Prävention
Ägeristrasse 56
CH-6300 Zug

Geboren 1969 in Zürich. Studium der Psychologie, der Kinder- und Jugendpsychopathologie und der Sozialpädagogik an der Universität in Zürich. 1999 bis 2004 wissenschaftliche Mitarbeiterin am ehemaligen Institut für Arbeitspsychologie (jetzt Zentrum für Organisations- und Arbeitswissenschaften, ZOA) der Eidgenössischen Technischen Hochschule (ETH) Zürich. Projekte in den Bereichen: Restrukturierung und Personalabbau (Downsizing), Stress, Belastungen, Gesundheit, Wertewandel, Berufslaufbahnen und Teamentwicklung. 2004 Promotion an der Universität

Zürich mit dem Thema „Personalabbau und die Situation der Verbleibenden". Seit 2005 im Gesundheitsamt des Kantons Zug, Abteilung Gesundheitsförderung und Prävention, als Programmleiterin der Betrieblichen Gesundheitsförderung tätig. Unterstützung, Begleitung und Beratung von Unternehmen in betrieblichen Gesundheitsförderungsprojekten.

Klaus Zok

Wissenschaftliches Institut der AOK (WIdO)
Kortrijker Str. 1
53177 Bonn

Diplom-Sozialwissenschaftler. Geboren 1962 in Moers. Seit 1992 wissenschaftlicher Mitarbeiter im WIdO. Arbeitsschwerpunkt Sozialforschung: Neben der Erstellung von Transparenzstudien in einzelnen Teilmärkten des Gesundheitssystems (z. B. Zahnersatz, Hörgeräte) Arbeit an strategischen und unternehmensbezogenen Erhebungen und Analysen im GKV-Markt: Versichertenumfragen, Kündigeranalysen, Arbeitgeberbefragungen, Preissensitivitätsstudien.

Sachverzeichnis